Volker Alsen, Linda O'Bryan, Hans Zaglitsch

Panama

„In Panama", sagte er, „ist alles viel schöner, weißt du.
Denn Panama riecht von oben bis unten nach Bananen.
Panama ist das Land unserer Träume, Tiger.
Wir müssen sofort morgen nach Panama ..."

Janosch

Impressum

Volker Alsen, Linda O'Bryan, Hans Zaglitsch
Reise Know-How Panama

erschienen im
Reise Know-How Verlag Peter Rump GmbH
Osnabrücker Str. 79, 33649 Bielefeld

9., neu bearbeitete
und komplett aktualisierte Auflage 2017

Gestaltung
Umschlag: G. Pawlak, P. Rump (Layout);
M. Luck (Realisierung)
Inhalt: G. Pawlak (Layout);
K. Schmelzer, M. Luck (Realisierung)
Fotonachweis: H. Zaglitsch (hz),
V. Alsen (va), Ch. Strassnig (cs)
Titelfoto: V. Alsen (Motiv: Hotel Eclypse del Mar
auf der Isla Bastimentos)
Karten: C. Raisin, der Verlag
Umschlagkarten: B. Spachmüller, der Verlag

Lektorat (Aktualisierung): M. Luck

Druck und Bindung
D3 Druckhaus GmbH, Hainburg

ISBN 978-3-8317-2921-0
Printed in Germany

Dieses Buch ist erhältlich in jeder Buchhandlung Deutschlands, der Schweiz, Österreichs, Belgiens und der Niederlande. Bitte informieren Sie Ihren Buchhändler über folgende Bezugsadressen:

Deutschland
Prolit GmbH, Postfach 9, D–35461 Fernwald (Annerod)
sowie alle Barsortimente

Schweiz
AVA Verlagsauslieferung AG,
Postfach 27, CH–8910 Affoltern

Österreich
Mohr Morawa Buchvertrieb GmbH
Sulzengasse 2, A–1230 Wien

Niederlande, Belgien
Willems Adventure, www.willemsadventure.nl

Wer im Buchhandel trotzdem kein Glück hat, bekommt unsere Bücher auch über unseren **Büchershop im Internet: www.reise-know-how.de**

181pa hz

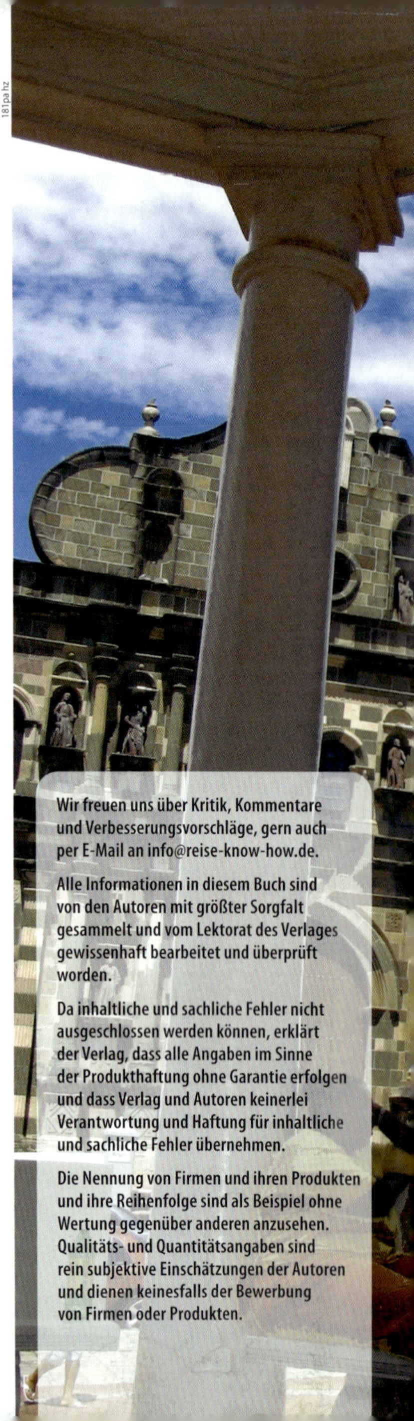

Wir freuen uns über Kritik, Kommentare und Verbesserungsvorschläge, gern auch per E-Mail an info@reise-know-how.de.

Alle Informationen in diesem Buch sind von den Autoren mit größter Sorgfalt gesammelt und vom Lektorat des Verlages gewissenhaft bearbeitet und überprüft worden.

Da inhaltliche und sachliche Fehler nicht ausgeschlossen werden können, erklärt der Verlag, dass alle Angaben im Sinne der Produkthaftung ohne Garantie erfolgen und dass Verlag und Autoren keinerlei Verantwortung und Haftung für inhaltliche und sachliche Fehler übernehmen.

Die Nennung von Firmen und ihren Produkten und ihre Reihenfolge sind als Beispiel ohne Wertung gegenüber anderen anzusehen. Qualitäts- und Quantitätsangaben sind rein subjektive Einschätzungen der Autoren und dienen keinesfalls der Bewerbung von Firmen oder Produkten.

Volker Alsen
Linda O'Bryan
Hans Zaglitsch

PANAMA

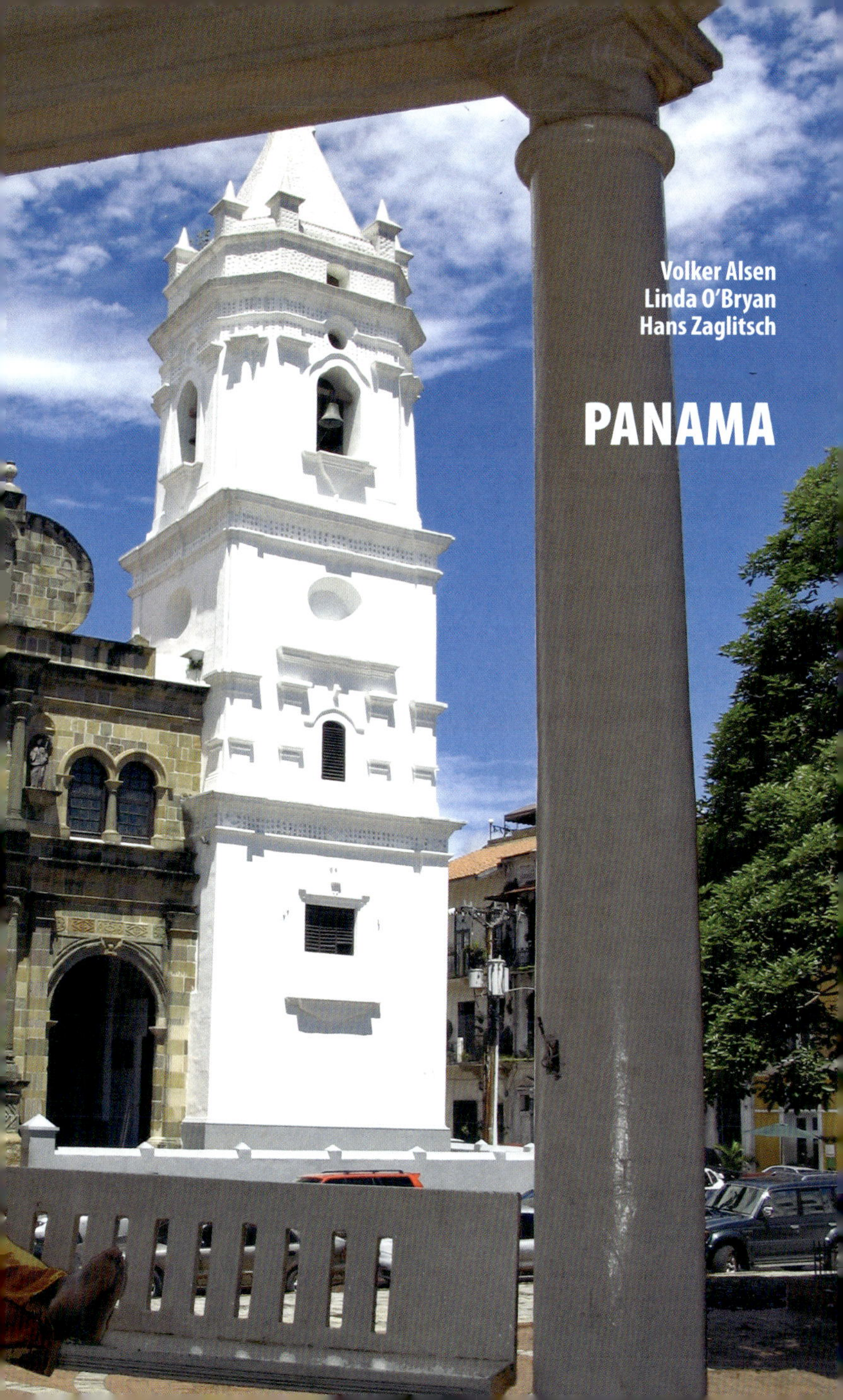

Vorwort

Es gibt heutzutage nur noch wenige reizvolle Länder, die nicht von Urlaubern überschwemmt sind, keine touristisch maßgeschneiderten, künstlichen Welten haben und nicht vom Tourismuskommerz und -konsum geprägt werden. Panama ist eines davon. Diese Tatsache und die Schönheiten Panamas machen es zu einem der letzten Paradiese auf der Erde, zu einem jungfräulichen Land in jeder Hinsicht.

Aber was ist schon über dieses kleine Land im Südosten Zentralamerikas bekannt, das meistens in einem Atemzug mit dem Panamakanal erwähnt wird? Der Bau ist zwar eine gigantische Leistung der Ingenieursarbeit und eines der teuersten Einzelunternehmen überhaupt, doch sollten auf keinen Fall die anderen Sehenswürdigkeiten Panamas in den Schatten gestellt werden. Deshalb möchten wir Ihnen mit diesem Reiseführer das kleine zentralamerikanische Land näherbringen.

Um es gleich vorwegzunehmen: Die panamaische Tourismusbranche steckt in vielen Regionen noch immer in den Kinderschuhen, und die Touristen, die nach Panama kommen, konzentrieren sich weitgehend auf die Landeshauptstadt Ciudad de Panamá mit ihren vielen Einkaufsmöglichkeiten, auf den Panamakanal, auf das Bergdorf Boquete und die Inselwelt von Bocas del Toro. Gerade deswegen werden Sie unterwegs relativ wenig internationalen Touristen begegnen und ein Land vorfinden, das ungeahnte Schönheiten zu bieten hat: viele palmengesäumte, menschenleere Strände, mehr Inseln, als das Jahr Tage zählt, ehrwürdige historische Stätten und Natur in Hülle und Fülle. Rund dreißig Naturschutzgebiete erstrecken sich zwischen den mystisch erscheinenden Nebelwäldern der Bergregion im Westen und dem nahezu unberührten Regenwald im Osten, dem größten zusammenhängenden Urwald in Zentralamerika.

Die gastfreundlichen, warmherzigen Menschen, die mit Stolz ihr kulturelles Erbe hegen und temperamentvolle Feste mit Salsa, Ragga und Kongos feiern, freuen sich, wenn europäische Touristen ihr Dorf besuchen, Kirchen und sonstige Sehenswürdigkeiten bestaunen oder einfach nach einem gemütlichen Plätzchen suchen. Und sie sind überaus hilfsbereit, ohne dabei auch nur einen Gedanken an ihren Vorteil zu verschwenden.

Panama hat Charme und ist gut zu bereisen. Das Land hat ein gutes Bussystem, gute Inlandsflugverbindungen und relativ gute Straßen, die auch eine Reise durchs Land mit einem Mietauto ermöglichen. Mit etwas Zeit im Reisegepäck und ohne die Erwartung, überall perfektionierten Tourismus vorzufinden, werden Sie dieses faszinierende Land entdecken können.

An dieser Stelle möchten wir auch herzlichen **Dank** sagen an alle Personen, die uns vor, während und nach unseren Reisen bei der Erstellung des Reiseführers mit Rat und Tat zur Seite standen. Unser besonderer Dank gilt *Minerva Alsen, Christian Strassnig, Tom Oman, Yami* und *Alex Lam, Uwe Nebel, Nicolas Berger, Malena Trevisan, Ursula González, Bert* und *Sandra Werner* und allen Reisenden, die mit zahlreichen Tipps an der Überarbeitung der 9. Auflage dieses Buches mitgeholfen haben.

Gute Reise –
hasta luego en Panamá!

009pa hz

Inhalt

Vorwort 4
Verzeichnis der Exkurse 9
Verzeichnis der Karten 9
Die Regionen im Überblick 10
Das Wichtigste in Kürze 12
Was Sie unbedingt wissen sollten 16

1 Panama-Stadt und Umgebung 18

Panama-Stadt 20
Überblick 20
Geschichte 24
Unterwegs in Panama-Stadt 26
Sehenswertes 29
An- und Weiterreise 54
Übernachten 59
Essen und Trinken 61
Unterhaltung und Nachtleben 64
Einkaufen 66
Adressen A–Z 68

Umgebung von Panama-Stadt 71
Playa Bonita 72
Isla Taboga 72
Isla Contadora 74
Parque Municipal y Jardín Botánico Summit 76
Die Naturschutzgebiete 77
Camino Real 85

2 Der Panamakanal 90
Vom Traum zur Wirklichkeit 94
Rund um den Kanalbetrieb 106

3 Zentrale Karibikküste 110
Überblick 113
Colón 114
Costa Abajo 117
Costa Arriba 119

4 Zentrale Pazifikküste 126
Überblick 128
Von Panama-Stadt in Richtung Westen 130
Parque Nacional Altos de Campana 130
Punta Chame 133
Playa Gorgona 134
Playa Coronado 134
San Carlos 135
El Valle 136
Playa Corona 145
Playa Santa Clara 145
Playa Blanca 146
Penonomé 147
Parque Nacional El Copé 150
El Caño 151
Natá 152
Aguadulce 153

5 Halbinsel Azuero 154
Überblick 156
Santa María 160
Parita 160
Parque Nacional Sarigua 161
Chitré 164
Los Santos 168
Das Hinterland von Chitré 173

Guararé 174
Las Tablas 177
Pedasí 182
Refugio de Vida Silvestre
Isla Iguana 183
Playa Venao 183
Isla Cañas 184
Tonosí 185

6 Der Westen 190

Provinz Veraguas 192
Geschichte 192
Santiago 194
Parque Nacional Isla de Coiba 203

Provinz Chiriquí 204
Geschichte 206
Zwischen Santiago und David 206
David 209
Boquete 216
Parque Nacional Volcán Barú 227
Volcán 229
Bambito 231
Cerro Punta 232
Parque Internacional La Amistad 234
Von David nach Costa Rica 236
Halbinsel Burica 237

Provinz Bocas del Toro 238
Geschichte 240
Von Chiriquí nach Bocas del Toro 240
Almirante 241
Isla Colón 243
Isla Caranero 254
Isla Solarte 255
Isla Bastimentos 256
Isla San Cristóbal 259
Ausflug nach Costa Rica 261

7 Der Osten 264

Comarca de San Blas 266
San-Blas-Inseln 267
Naturschutzgebiet Nusagandí 276

Provinz Darién 278
Geschichte 278
Vorbereitung 280
Von Panama-Stadt nach Yaviza 281
Yaviza 283
El Real 285
Parque Nacional Darién 287
Pazifikküste 290

8 Praktische Reisetipps A–Z 292

An- und Weiterreise 294
Ausrüstung 299
Autofahren 301
Bekleidung 304
Diplomatische Vertretungen 305
Ein- und
Ausreisebestimmungen 305
Einkaufen 309
Elektrizität 310
Essen und Trinken 311
Feste und Feiertage 316
Fotografieren 320
Frauen allein unterwegs 320
Geld 321
Gesundheit 323
Hygiene 324
Informationsstellen 324
Mit Kindern unterwegs 326
Maße und Gewichte 327
Nachtleben 327

Öffnungszeiten 328
Orientierung 329
Post 330
Reiseveranstalter 331
Reisezeit 332
Sicherheit 332
Souvenirs 336
Sport und Erholung 338
Sprache 342
Telefon und Internet 345
Uhrzeit 346
Unterkunft 347
Verkehrsmittel 349
Versicherungen 354
Zeitungen 357

9 Land und Natur 358

Geografie 360
Landschaften Panamas 360

Nicht verpassen!

Die Highlights der Region erkennt man an der **gelben Hinterlegung.**

Unser Tipp: ...

... steht für spezielle Empfehlungen der Autoren: abseits der Hauptpfade, nach ihrem persönlichen Geschmack.

Hinweise zur Schreibweise von **Internet-adressen** und **Abkürzungen** in diesem Buch finden sich auf Seite 13.

4 Die **Ziffern** in den farbigen Kästchen bei den **Praktischen Tipps der Ortskapitel** verweisen auf den jeweiligen Legendeneintrag im Stadtplan.

Klima 370
Flora 371
Fauna 377
Natur- und Umweltschutz 387

10 Staat und Gesellschaft 392

Geschichte 394
Staat und Politik 433
Massenmedien 437
Wirtschaft 438
Tourismus 442

11 Menschen und Kultur 446

Die Regenbogengesellschaft 448
Die Frau in der Gesellschaft 459
Religion 460
Architektur 463
Literatur 465
Kunsthandwerk 467
Malerei 472
Musik und Tanz 474
Bildungswesen 478
Gesundheitswesen 480

12 Anhang 482

Reise-Gesundheits-informationen 484
Glossar 486
Sprachhilfe 489
Literaturtipps 499
Register 504
Die Autoren 516

Exkurse

Panama-Stadt und Umgebung
Der Urwald vor der Haustür 49
Die Wiederentdeckung des Camino Real 88

Zentrale Karibikküste
Los Bailes de los Congos 125

Halbinsel Azuero
La Casa de Quincha 159
La Pollera 176
Wenn in Las Tablas Karneval gefeiert wird 180
Der Panamahut 186

Der Westen
Bis der Kaffee in Ihre Tasse kommt 222
Die Schildkröte und der Leguan 247
Parque Nacional Marino Bastimentos 259
Banane ist nicht gleich Banane 260

Der Osten
La Mola – von der Körperbemalung zum Kunsthandwerk 272

Staat und Gesellschaft
Panamas Staatssymbole 395
El Commandante Noriega 424
Operation Just Cause 430

Karten

Panama Ost **Umschlag hinten**
Panama West **Umschlag vorn**
Die Regionen im Überblick **10**

Übersichtskarten
Boquete, Umgebung 224
Camino Real und Camino de Cruces 86
Comarca de San Blas 266
Halbinsel Azuero 156
Panamakanal 92
Panama-Stadt, Umgebung 70
Parque Nacional Sobería 78
Provinz Bocas del Toro 238
Provinz Chiriquí 204
Provinz Darién 279
Provinz Veraguas 193
Zentrale Karibikküste 112
Zentrale Pazifikküste 128

Stadtpläne
Bocas del Toro 244
Boquete 218
Chitré 164
Colón 116
David 210
El Real 286
El Valle 138
Las Tablas 178
Los Santos 170
Panamá Viejo 44
Panama-Stadt – Casco Viejo 30
Panama-Stadt – Parque Natural Metropolitano 48
Panama-Stadt Nord 58
Panama-Stadt Übersicht 22
Penonomé 148
Santiago 194
Yaviza 284

Thematische Karten
Indianische Bevölkerung 452
Landschaften 362
Naturschutzgebiete 388
Provinzen und indigene Gebiete 364
Spanisches Kolonialreich 407
Vegetationszonen 372

1 Panama-Stadt und Umgebung | 18

Panamas Hauptstadt ist eine der modernsten Metropolen Lateinamerikas. Verwinkelt und malerisch dagegen zeigt sich die **Altstadt Casco Viejo,** die zum UNESCO-Weltkulturerbe gehört. In der Umgebung der Hauptstadt locken tropische Naturgebiete und die Blumeninsel Isla Taboga.

2 Der Panamakanal | 90

In direkter Nachbarschaft zur Hauptstadt liegt der Panamakanal. Er zählt zu den **technischen Meisterleistungen der Menschheit** und zu den Höhepunkten einer Panama-Reise. Faszinierend und hochinteressant ist auch seine Entstehungsgeschichte.

5 Halbinsel Azuero | 154

Um die Schönheit Azueros zu entdecken, braucht es Zeit. Nicht nur die **unberührte Landschaft** im Süden der Halbinsel, sondern vor allem die Traditionen, die **Fiestas** und die Herzlichkeit der Menschen sind Azueros wichtigste Schätze.

6 Der Westen | 190

Panamas populärste Reiseziele liegen im Westen, wie z.B. das Bergdorf Boquete und die tropische Inselgruppe Bocas del Toro. Sie sind nicht nur wegen der Landschaft und der Naturerlebnisse beliebt, sondern auch wegen dem dortigen Ambiente.

3 Zentrale Karibikküste | 110

Die kleine Region am Karibischen Meer scheint so wenig mit Lateinamerika gemein zu haben. Hier erlebt man vor allem **karibische Kultur.**

4 Zentrale Pazifikküste | 126

Die zentrale Pazifikküste lockt vor allem **wohlhabende einheimische Touristen** an, die ihre Freizeit in luxuriösen Wochenendhäusern an den Stränden verbringen. Anders dagegen das Bergdorf El Valle, dessen üppig grüne Landschaft zum Schönsten zählt, was diese Region zu bieten hat.

7 Der Osten | 264

Im Osten des Landes wird die Landschaft allmählich einsam und unberührt. Dieses entlegene Gebiet ist **nicht leicht zugänglich** und zieht nur wenig Touristen an, mit Ausnahme der wunderschönen San-Blas-Inseln der Kuna-Indianer.

Das Wichtigste in aller Kürze

Ausführlichere Informationen zu den einzelnen Punkten finden Sie im Kapitel „Praktische Reisetipps A–Z“.

An- und Weiterreise

Der **internationale Flughafen Tocumen** liegt 28 km östlich von Panama-Stadt (internationaler Code: PTY). Der Airport der Hauptstadt hat sich dank der nationalen Fluglinie Copa und deren Kooperation mit der Star Alliance zum Flugknotenpunkt in Mittelamerika entwickelt. Partnerfluglinien wie die Lufthansa fliegen aus Europa nach Panama, um von hier dann den Rest des Kontinents zu bedienen. Daher bestehen für die Anreise aus Europa nach Panama **viele Möglichkeiten zu günstigen Preisen.** Neben Lufthansa ab Frankfurt direkt fliegen Condor (mit Zwischenstopp in Santo Domingo), KLM ab Amsterdam und Iberia täglich ab Madrid.

Bei der **Anreise über die USA** mit einer US-amerikanischen Fluglinie mag man evtl. ein paar Euro sparen, ist dann aber viel länger unterwegs, muss u.U. mehrfach in den USA umsteigen und dort die Einreiseformalitäten über sich ergehen lassen; dazu ist ein ESTA-Antrag notwendig.

Von Panama gibt es Flüge in viele Städte des amerikanischen Kontinents, einschließlich der Karibikinseln.

Mit dem **Bus** ist Panama **ab Costa Rica** erreichbar. Durch die guten Busverbindungen zwischen Panama und Costa Rica sind eventuell auch Billigflüge in die costaricanische Hauptstadt San José eine Anreisemöglichkeit. Zwischen Kolumbien und Panama besteht keine Überlandverbindung.

Einreisebestimmungen

Für die Einreise nach Panama und einen Aufenthalt bis zu 180 Tagen genügt ein mindestens noch 6 Monate **gültiger Reisepass** für die Staatsbürger eines EU-Landes und der Schweiz. Man beachte, dass auch jedes Kind über ein eigenes Reisedokument verfügen muss; es reicht nicht mehr aus, wenn es im Reisepass eines Elternteils eingetragen ist. Der Aufenthalt kann vor Ort verlängert werden. Für die **Verlängerung** benötigen Sie aber viel Zeit und Geduld. An den Grenzkontrollstellen, vor allem am internationalen Flughafen, herrschen flexible **Zollkontrollen.** Etwas genauer und bürokratischer ist dagegen die **Passkontrolle,** wobei man bereits bei der Anreise im Flugzeug bzw. bei der Überlandeinreise im Bus ein Einreiseformular ausfüllen muss.

Essen und Trinken

Als Gourmet-Paradies kann Panama nicht eingestuft werden. Die gängigsten und **typischen Gerichte** setzen sich aus Reis, Bohnen, gebackenen Bananen und etwas Fleisch oder Fisch zusammen. Als **Durstlöscher** erhält man meist frische Fruchtsäfte, Limonaden und Bier. Nachgespült wird mit einem inländischen Rum *(ron)* oder mit *seco*, einem wodkaähnlichen Getränk. In den meisten **Restaurants** ist Rauchen unerwünscht, in der Regel sogar verboten. Normalerweise ist in den Restaurantpreisen kein Trinkgeld enthalten. Für die Bedienung sind als Richtlinie etwa 10 % vom Rechnungsbetrag üblich.

Geld

Die **offizielle Landeswährung,** der **Balboa** (B/.), ist nur als Münzgeld im Umlauf, Banknoten gibt es nur in **US-Dollar ($).** Beim Einwechseln spielt das keine Rolle, beide stehen im Verhältnis 1:1. Reiseschecks werden nicht eingetauscht. Mit **Debitkarten** (Maestro, EC, Cirrus) kann man an Geldautomaten (engl. ATM, *Automatic Teller Machine*) Geld abheben. Hin und wieder kann es aber zu Problemen kommen, weshalb es ratsam ist, **mehrere Zahlungsmittel** (Debitkarte, Kreditkarte und Bargeld) mitzunehmen und sich vorab bei seinem Geldinstitut über den aktuellen Stand zu informieren. Der **Euro** ist kein gängiges Zahlungsmittel, kann aber in Panama-Stadt eingetauscht werden (schlechter Kurs!).

Gesundheit

Zu detaillierten Angaben siehe „Reise-Gesundheits-Information“ im Anhang. Laut Weltgesundheitsorganisation besteht zur Einreise nach Panama zur Zeit keine **Impfverpflichtung.** Bei einer Tour in den Osten des Landes (Darién) sollten eine Gelbfieberimpfung und ein Schutz gegen Malaria jedoch nicht fehlen.

Internetadressen und Abkürzungen in diesem Buch

Internet- und E-Mail-Adressen

Die Internet- und E-Mail-Adressen in diesem Buch können – bedingt durch den Zeilenumbruch – so getrennt werden, dass ein Trennstrich erscheint, der nicht zur Adresse gehören muss!

Abkürzungen in diesem Buch

AC	*Air Condition* (Klimaanlage)
ANAM	Staatliche Naturschutzbehörde
Apdo., Aptdo.	*Apartado Postal* (Postfach)
Ave., Av.	*Avenida* (große Straße)
B/.	*Balboa* (Landeswährung)
C&W	Telefongesellschaft
Cd.	*Ciudad* (Stadt)
Cl.	*Calle* (kleine Straße)
COTEL	Post
Ct.	*Centésimo* (Münze)
DBZ	Dreibettzimmer
DZ	Doppelzimmer
Edif.	*Edificio* (Gebäude)
Esq.	*Esquina* (Ecke)
EZ	Einzelzimmer
Loc.	*Local* (Geschäft)
No., N.	*Numero de la casa* (Hausnummer)
Nvo.	*Nuevo* (neuer Stadtteil)
Ofic., Ofc.	*Oficina* (Büro)
Pma.	Panamá (gilt nur für Panama-Stadt)
Pto.	*Puerto* (Hafen)
Sta.	*Santa* (Heilige)
Sto.	*Santo* (Heiliger)
Urb.	*Urbanización* (Neubausiedlung)

Steckbrief Panama

- **Offizieller Name:** República de Panamá
- **Internationales Autokennzeichen:** PA
- **Fläche:** 77.082 km²
- **Lage:** im Südosten Zentralamerikas
- **Klima:** feuchtheißes Tropenklima in den Tieflagen, kühleres, frühlingshaftes Klima in der westlichen Bergregion
- **Höchster Berg:** Vulkan Barú, 3475 m
- **Größte Insel:** Isla de Coibá, 493 km²
- **Längster Fluss:** Río Chucunaque, 231 km
- **Größter See:** Lago Gatún, 424 km²
- **Hauptstadt:**
Ciudad de Panamá (Panama-Stadt)
- **Staats- und Regierungsform:**
präsidiale Republik
- **Unabhängigkeit:** seit November 1903
- **Staatspräsident/Regierungschef:**
Juan Carlos Varela (seit Juli 2014)
- **Einwohnerzahl:** 3,93 Mio. (2015)
- **Sprachen:** Spanisch (Amtssprache), Englisch und verschiedene Indianersprachen
- **Religion:**
Katholizismus und Protestantismus
- **Währung:** Die offizielle Währung heißt Balboa (B/.), der US-Dollar ($) wird aber als Zahlungsmittel verwendet.
- **Wirtschaft:** Den größten Teil zum Bruttoinlandsprodukt (BIP) trägt der Dienstleistungssektor (79 %) bei, gefolgt von der Industrie (17 %) und der Landwirtschaft (4 %).
- **Arbeitslosenquote:** ca. 4,6 % (2015)
Bruttosozialprodukt:
ca. 15.000 $ pro Einwohner (2015)
- **Hauptexportgüter:**
Bananen, Garnelen und Rohrzucker
- **Hauptimportgüter:**
Maschinen, Erdöl und Chemieprodukte

Informationen

In Deutschland ist derzeit folgendes panamaisches Touristenbüro etabliert:

- **Panamaisches Institut für Tourismus (ATP),** Joachim Karnatz Allee 45, 10557 Berlin, Tel. 030-22605822, ipat@gmx.de.

Kleidung

Leichte, atmungsaktive Sommerkleidung ist anzuraten. Bei einem Aufenthalt in der westlichen Bergregion sind Pullover und Jacke vonnöten. Auch gutes Schuhwerk und Regenschutz sollten in dieser Region keinesfalls fehlen.

Klima

Die **Temperaturen** schwanken lediglich zwischen Tag und Nacht. Sie bewegen sich das ganze Jahr über zwischen 25 und 30 °C in den Tieflagen und zwischen 15 und 20 °C in der Bergregion um 100 m. Die **Luftfeuchtigkeit** variiert regional und ist in den Monaten September und Oktober am höchsten.

Mietwagen

Mit dem Mietwagen unterwegs zu sein ist natürlich sehr praktisch, und man sieht sehr viel mehr vom Land, da man anhalten kann, wo und wann man mag. Man sollte immer ein **Allradfahrzeug** oder zumindest einen Wagen mit viel Bodenfreiheit anmieten, denn es gibt viele schlechte Straßen. Alle großen Verleihfirmen sind in Panama-Stadt vertreten. Am besten man plant die Anmietung vor der Reise, kurzfristige Buchungen sind immer teurer. Der Verkehr ist ruhig, die Verkehrsregeln relativ klar.

Pauschal oder individuell?

Organisierte Reisen werden derzeit nur von einigen wenigen europäischen Veranstaltern und oft nur in Kombination mit anderen zentral- und südamerikanischen Ländern angeboten. Vor Ort können Sie bei verschiedenen Reiseveranstaltern Touren im ganzen Land buchen. Aber auch **auf eigene Faust** ist Panama gut zu bereisen.

Bei der Vorbereitung einer individuellen Reise ist die **Agentur alautentico** (www.alautentico.com) behilflich. Der Autor Volker Alsen und seine Kollegen gehen auf persönliche Wünsche ein, die Beratung ist umfassend, und es gibt wichtige und aktuelle Informationen und Ideen zur Routenplanung.

Reisedauer

Trotz der geringen Größe Panamas sollten Sie für die Reise mindestens zwei Wochen rechnen, schon allein wegen der langen Anreisezeit und der Klimaveränderung.

Reisekosten

Panama ist, gemessen an europäischen Reisezielen, kein preiswertes Land und liegt im Preisvergleich mit anderen zentralamerikanischen Ländern etwa gleich mit Belize und Costa Rica.

Reisezeit

Panama ist ganzjährig zu bereisen, doch eine Reise durch das Land lässt sich **am angenehmsten zwischen Anfang Dezember und Ende März** gestalten.

Routenplanung

Die Drehscheibe für öffentliche Verkehrsmittel ist Panama-Stadt, und da von hier jeweils nur eine Straße Richtung Norden, Osten und Westen führt, lassen sich am besten folgende **Touren** kombinieren:

- **Norden:** der Panamakanal mit seinen Schleusen, die zentrale Karibikküste (Isla Grande) und die San-Blas-Inseln.
- **Osten:** nur die Provinz Darién (Nationalpark Darién) und das Naturschutzgebiet Nusagandí.
- **Westen:** die Zentrale Pazifikküste (Strände, El Valle), die Halbinsel Azuero (Kultur pur) und die Provinzen Chiriquí (Bergregion, Vulkan Barú) und Bocas del Toro (Mariner Nationalpark).
- **Aus der Hauptstadt** lassen sich an einem Tag erreichen: der Panamakanal (Miraflores-Schleusen), die Inseln Taboga und Contadora sowie die Nationalparks am Ostufer des Panamakanals.

Warnhinweis

Achtung! Im Grenzgebiet zwischen Panama und Kolumbien wütet seit Langem ein Krieg, der die **Durchquerung des Darién** zu einem lebensgefährlichen Unternehmen macht. Aktuelle Informationen erhalten Sie bei den Botschaften in Panama-Stadt und bei den Auswärtigen Ämtern. Siehe auch Warnhinweis im Kapitel „Provinz Darién“.

Was Sie unbedingt wissen sollten

Damit unterwegs keine Missverständnisse, Überraschungen oder Enttäuschungen auftreten, sollten Sie folgendes wissen:

- Die Landeshauptstadt **Ciudad de Panamá** wird immer mit *Panamá* (abgekürzt: *Pma.*) bezeichnet, das Landesinnere mit *Interior*.
- Viele **Hotels** entsprechen nicht europäischem Standard. In der Hochsaison (Dezember bis Mai) und an Wochenenden gelten in den Touristenorten erhöhte Zimmerpreise (oft bis zu 100 %), dafür gibt es in der Nebensaison und wochentags Ermäßigungen.
- Viele **Naturschutzgebiete** verfügen kaum über eine Infrastruktur. Der Besuch ist oft nur mit Parkaufsehern und Genehmigung möglich, die Sie im Büro der staatlichen Naturschutzbehörde ANAM in Paraíso erhalten.
- Die **Bürokratie** nimmt in Panama oft sehr viel Zeit und Geduld in Anspruch.
- In einem **Museum** zu **fotografieren** oder zu filmen ist nur mit einer Genehmigung des Kulturministeriums in Panama-Stadt möglich.

Sicherheit

Die Hauptursache für die Kriminalität liegt in den großen Gegensätzen zwischen der sozial schwachen und der gehobenen Schicht, vorwiegend in Panama-Stadt und Colón. Für übertriebene Ängstlichkeit besteht aber kein Grund. Unterwegs sind **Vorsicht und Verständnis** der beste Schutz.

Sport

Neben den hotelgebundenen Sportarten wie Tennis oder Golf, bietet Panama Möglichkeiten zum Wandern, Tauchen, Schnorcheln, Surfen und Rafting.

Unterkunft

Die **Zimmerqualität** in den Hotels ist landesweit betrachtet eher als gering einzustufen, die **Hotelkapazität** ist sehr beschränkt, mit Ausnahme von Panama-Stadt, David, Boquete, El Valle de Antón und Bocas del Toro, wo Unterkünfte für jeden Geschmack und Geldbeutel zu finden sind. **Campingplätze** sind nur sehr wenige vorhanden. In den letzten Jahren kommen verstärkt und über das ganze Land verstreut **Hostels** hinzu.

Versorgung

Selbstversorger werden in Panama auf keine Probleme stoßen, die Supermärkte sind voll mit (Import-)Waren.

› In der Provinz Bocas del Toro

- Beim **Fotografieren von Menschen** sollten Sie immer um Erlaubnis fragen.
- Es gibt zahlreiche, fast menschenleere **Strände.**
- Die **Provinz Darién** ist mit dem Bus ganzjährig erreichbar (Yaviza). Dagegen wurden die Flüge nach El Real eingestellt. Für die Reise in die Provinz Darién bzw. in den Nationalpark Darién werden Lebensmittel benötigt. Wenn mehrere Tage geplant sind, sollten Sie hygienisch verpackte, haltbare und leicht zuzubereitende Trekking-Nahrung aus Europa mitbringen. Das Trinkwasser in Darién muss entkeimt werden.
- Das **Leitungswasser** in Panama ist in aller Regel von sehr guter Qualität und kann ohne Bedenken getrunken werden.
- In Panama wird **Spanisch** gesprochen. An der Karbikküste spricht man zusätzlich Englisch, ansonsten kommt man mit Englisch nur bedingt weiter.
- Auf eine Frage wird nicht mit „Ich weiß nicht“ geantwortet und eher eine falsche als gar keine Antwort gegeben.

700pa hz

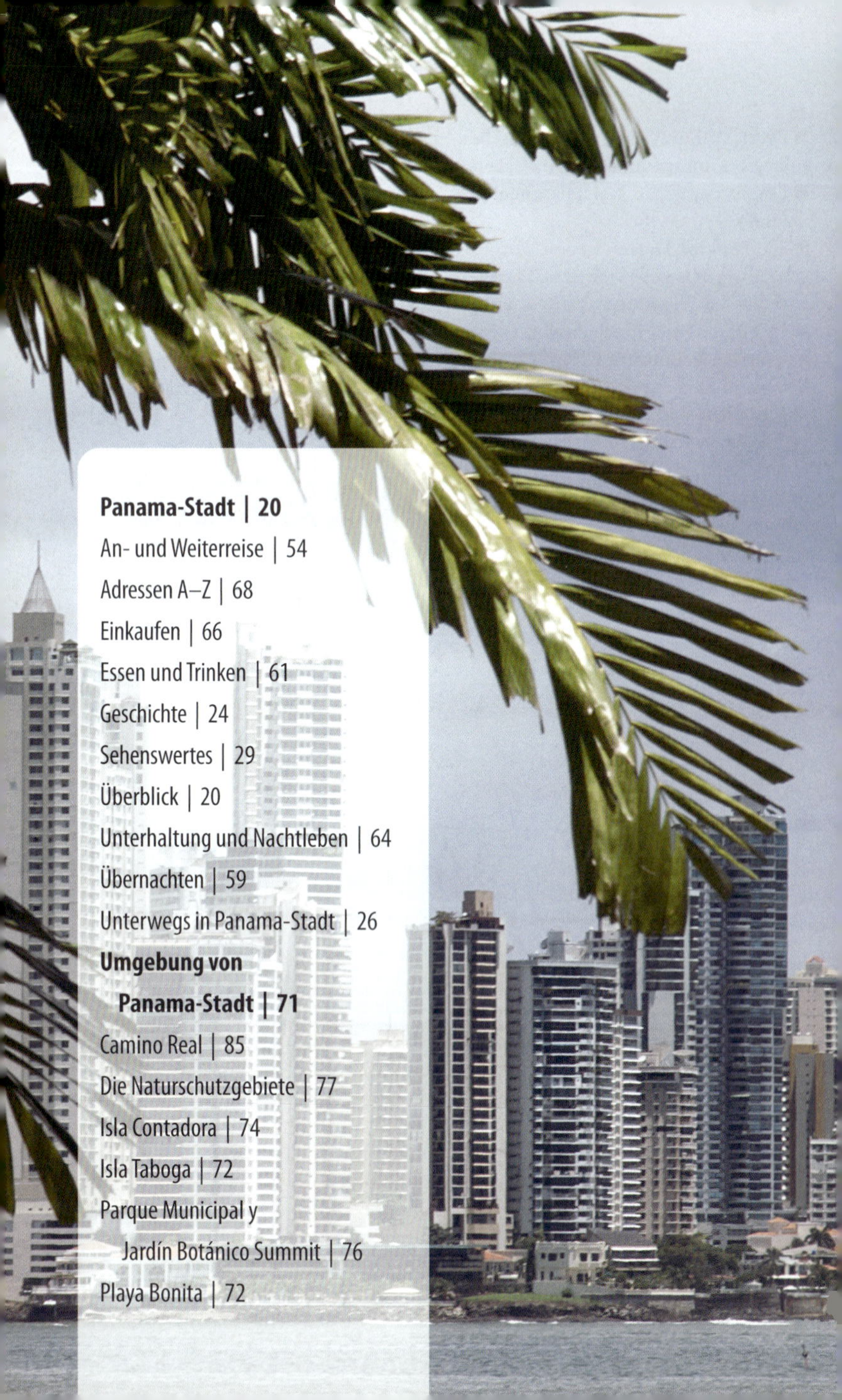

Panama-Stadt | 20
An- und Weiterreise | 54
Adressen A–Z | 68
Einkaufen | 66
Essen und Trinken | 61
Geschichte | 24
Sehenswertes | 29
Überblick | 20
Unterhaltung und Nachtleben | 64
Übernachten | 59
Unterwegs in Panama-Stadt | 26
Umgebung von Panama-Stadt | 71
Camino Real | 85
Die Naturschutzgebiete | 77
Isla Contadora | 74
Isla Taboga | 72
Parque Municipal y Jardín Botánico Summit | 76
Playa Bonita | 72

1 Panama-Stadt und Umgebung

Vom kolonialen Handelsposten am Pazifik zur modernen Metropole. Eine hinreißende Kulisse

aus Wolkenkratzern, schicken Villen und angenehmen Kneipen unter tropischer Sonne.

‹ Die moderne Skyline von Panama-Stadt

PANAMA-STADT Überblick

Die ersten Impressionen erhalten die meisten Besucher Panamas in der spanisch-amerikanisch geprägten Landeshauptstadt **Ciudad de Panamá,** dem kulturellen, politischen und ökonomischen Zentrum des Landes. Die hinreißende Kulisse aus Villen, Wolkenkratzern, grünen Hügeln, breiten Straßen, Ozeanriesen und Luxusjachten überrascht die Besucher ebenso wie die Ausmaße der Stadt. Wer sich nicht gleich vom hektischen Treiben, Straßenlärm und von Abgasen abschrecken lässt, erlebt eine **quicklebendige, kosmopolitische** Stadt – kurz und bündig **Panamá** genannt.

Durch ihre Größe und ihre Bedeutung lässt Panama-Stadt alle anderen Städte des Landes verblassen. Die **Wurzeln** dafür liegen **in der kolonialen Epoche.** Durch die Zentralisierung im politischen und kommerziellen Bereich wurde ein Konkurrenzkampf mit anderen Siedlungen unterbunden, weshalb sich keine andere Stadt am Isthmus besser und größer entfalten konnte als Panama-Stadt. Seit *Francisco Pizarro* im Hafen seine Segel

Willkommen an der Calzada de Amador

pa2017-002 va

setzte und in Richtung Peru aufbrach, entwickelte sich die Stadt zu einem **Handels- und Verwaltungszentrum.** Das ist Panamá bis heute geblieben und wird es, solange die Zukunft des Panamakanals sichergestellt ist, auch bleiben.

Der Panamakanal spielt unverändert die erste Geige in der **Wirtschaft** von Panama-Stadt und damit auch in der Ökonomie des Landes. Ende der 70er Jahre des 20. Jahrhunderts wurden mit liberalen Bankgesetzen ausländische Geldinstitute in das Land geholt und damit wurde ein zweites ökonomisches Standbein aufgebaut. Mittlerweile haben ca. 130 ausländische Banken eine Filiale in der Hauptstadt, die vorwiegend in den Stadtteilen Bella Vista, El Cangrejo und in Punta Paitilla ihre markanten Gebäude errichtet haben und die Panama-Stadt zu einem der größten Finanzzentren der Welt machen.

Seit der Eröffnung des Kanals erlebt die Stadt einen **permanenten Menschenzustrom.** Gegenwärtig leben in der weitläufigen Metropole, die die Vorstädte San Miguelitos an sich gezogen hat, etwa 1,5 Mio. Menschen, das ist fast die Hälfte der Gesamtbevölkerung des Landes, was zwangsläufig zu einer Überbevölkerung geführt hat. Als „Goliathkopf“ bezeichnet man derartige Städte in Lateinamerika, womit gleichzeitig auch die Missverhältnisse zwischen Stadt und Land demonstriert werden. Panama-Stadt bildet dabei keine Ausnahme, denn es dient vor allem sich selber. Die Kanal- und Banken-Dollar bleiben in erster Linie in der Hauptstadt und eine Umverteilung wird kaum getätigt, womit auch der Finger auf die wunde Stelle im Verhältnis zwischen Panama-Land und Panama-Stadt gelegt ist.

Die Konsequenzen der Zuwanderung sind **Armut und Kriminalität,** die hier genauso zu Hause sind wie **Wohlstand und Luxus,** oft nur getrennt durch eine Straße. Einige Stadtteile erscheinen wie das Manhattan von New York oder das Beverly Hills von Los Angeles – Nobelbezirke, die hier Namen wie La Boca, Paitilla oder El Dorado tragen. Andere Bezirke dagegen, wie etwa Curundú oder El Chorrillo – das im Volksmund ironischerweise „Hollywood“ genannt wird –, zeigen die Armut, Trost- und Aussichtslosigkeit auf und lassen sich durchaus mit New Yorks berüchtigter Bronx vergleichen.

NICHT VERPASSEN!

- **El Casco Viejo:** Panamas Altstadt ist geprägt von spanischer und französischer Architektur und wurde zum Weltkulturerbe erklärt | 29
- **Puente de Las Américas:** die Brücke gehört zu den größten Stahlbrücken der Welt | 39
- **Calzada de Amador:** der 5 km lange Damm zwischen Panama-Stadt und den vorgelagerten Inseln ist ein faszinierend vielfältiges Freizeitgebiet | 41
- **Panamá Viejo:** die ursprüngliche Hauptstadt Panamas gehört zum UNESCO-Weltkulturerbe und besteht aus historischen Gebäuden | 43

Diese Tipps sind gelb hinterlegt.

Panama-Stadt Übersicht

0 1 km
©Reise Know-How 2017
Panama01
44
Panamá Viejo
12
Tocumen International Airport
Av. Ernesto Lefevre
3
Clínica Hospital San Fernando
Av. Central España
Fernández de Córdoba
11
Av. Cincuentenario
Galeria Arteconsult
10
Av. Belisario Porras
Calle 50
SAN FRANCISCO
Atlapa-Konferenzzentrum
Vía Argentina
OBARRIO
9
BOCA LA CAJA
Carredor Sur
Via Israel
Blvrd Pacifica
MARBELLA
7
6
8
PUNTA PACIFICA
PUNTA PAITILLA
58
JUAN DIAS
Isla Este
Isla Oeste
Metro
San Isidro
Los Andes
Pan de Azúcar
San Miguelito
Pueblo Nuevo
12 de Octubre
El Ingenio
Fernández de Córdoba
Vía Argentina
Iglesia del Carmen
Albrook
Santo Tomás
Lotería
Curundú
5 de Mayo
AMADOR
50
Museo de la Biodiversidad
BAHÍA DE PANAMÁ
41
Calzada de Amador
BAHÍA DE PANAMÁ
Smithsonian Tropical Research Institute
Isla Perico
Calypso Queen (Fähre)
13
Flamenco Marina
Isla Naos
Start von Aguabus
Isla Culebra
Isla Flamenco

Die Hauptstädter scheinen trotz der Probleme, die ihnen diese kontrastreiche Stadt täglich zur Bewältigung gibt, ihre gute Laune beibehalten zu haben. Vielleicht liegt das auch am **tropischen Klima.** Die Metropole ist das ganze Jahr über in eine lähmende Hitze gehüllt, in der die durchschnittlichen Temperaturen zwischen 22 °C am Morgen und 32 °C um die Mittagszeit schwanken.

Mit dem ersten Sonnenstrahl erwacht das **Leben in der Stadt.** Öffentliche Busse bringen nicht nur die ersten Arbeiter an ihren Bestimmungsort, sie verbreiten auch enorme Abgas- und Staubwolken, die sich mit der immer größer werdenden Hitze vermischen. Langsam wird es auf den Straßen zunehmend lebhaft, der vorprogrammierte Stau auf der Vía España setzt wie jeden Tag, mit Ausnahme des Wochenendes, gegen 9 Uhr ein und das morgendliche Hupkonzert der gestressten Autofahrer durchschneidet die Staub- und Abgaswolken, die langsam auf das Häusermeer herabsinken.

Um die Mittagszeit, wenn die Sonne die Stadt in einen Backofen verwandelt, hilft oft nur die Flucht in einen klimatisierten Raum, in den schattenspendenden Parque Natural Metropolitana, dem „Dschungel vor der Haustür" oder zum Erholungsgebiet am Calzada de Amador.

Am späten Nachmittag steht die Vía España abermals im Mittelpunkt des Verkehrsgeschehens. Der Büroschluss gegen 16 Uhr verursacht erneut ein Verkehrschaos, dem die Polizei machtlos gegenübersteht. Kotflügel an Kotflügel, Stoßstange an Stoßstange schieben sich die Fahrzeuge im Schneckentempo stadtauswärts und nach einer guten Stunde löst sich langsam der Stau auf. Das geschäftige Treiben, vor allem in der Avenida Central und der Vía España, verschwindet mit der Ladenschlusszeit gegen 20 Uhr. Das Verkehrschaos vom Nachmittag auf der Vía España ist dann längst vergessen, die Rollbalken schützen die Geschäfte gegen den Zugriff von Kriminellen, und die Bewohner ziehen sich in ihre Wohnungen zurück. Gegen 22 Uhr sind die Straßen leergefegt, ab und zu fährt noch ein qualmender, Stadtbus durch die Straßen und sammelt die letzten Fahrgäste an den Haltestellen auf. Nach Mitternacht wird es still in der Stadt, kaum jemand ist in den künstlich erhellten Straßen noch zu sehen, bis der Morgen vom Lärm der ersten Busse angekündigt wird.

Geschichte

Über die **Bedeutung des Wortes Panamá,** das aus einer längst verschwundenen Sprache der ursprünglichen Bevölkerung stammt, gehen die Meinungen auseinander. Die meisten Panamaer halten an jener Version fest, in der Panamá **„Fisch im Überfluss"** bedeutet, womit auch die Verbundenheit mit dem Meer zum Tragen kommt, das eine bedeutungsvolle Rolle bei der Entwicklung der Hauptstadt und des Landes gespielt hat.

Ursprung von Panama-Stadt war eine kleine Fischersiedlung der Ureinwohner an der Mündung des heutigen Río Abajo, wo am 15. August 1519 mit dem spanischen Gouverneur *Pedro Arias de Avila* (auch *Pedrarias Dávila*) die Stadtgeschichte beginnt. Er gründete **Nuestra Señora de la Asunción de Panamá,** das rasch an Gestalt gewann und der Stützpunkt für Expeditionen nach Zentral- und Südamerika wurde. Aus dem Hafen liefen Segelschiffe in alle Himmelsrichtungen aus, deren Kapitäne und Mannschaften von der Gier nach Ruhm und Gold getrieben wurden.

Mit der Entdeckung des Inkareiches in Peru durch *Francisco Pizarro* (1524) glaubten die Spanier, endlich das sagenumwobene Goldland *El Dorado* gefunden zu haben.

Panamá erlebte kurz danach eine **wirtschaftliche Blütezeit** und wurde der wichtigste Umschlagplatz für die erbeuteten Reichtümer, die von Peru zunächst nach Panamá, anschließend über den Camino de Cruces und den Camino Real an die Atlantikküste und von dort weiter nach Spanien transportiert wurden. Mit zunehmender Ausbeutung des Inkareiches und dem anwachsenden Handel mit Kolonialwaren entwickelte sich Panamá zu einer Handelsstadt von Format. Reisende berichteten: *„Die Stadt wird fast nur von Leuten mit Handelsgeist bewohnt. Ein großer Teil dieser Handelsleute stammt aus Sevilla. Es sind hauptsächlich reiche Menschen, die ihr Personal gut behandeln und ihre Häuser pflegen"*. Wie wohlhabend die Einwohner waren, zeigt die Tatsache, dass jeder vierte, im 17. Jahrhundert sogar jeder dritte Einwohner der Stadt Panamá als reich galt.

Derartige Berichte weckten natürlich auch das Interesse der **Piraten.** Nach mehreren erfolglosen Angriffen auf Panamá stand im Januar 1671 der britische Pirat *Henry Morgan* mit seiner Mannschaft vor den Stadttoren. Nach einem kurzen Kampf mussten die spanischen Soldaten trotz ihrer zahlenmäßigen Überlegenheit die Stadt an *Henry Morgan* übergeben. Die Piraten plünderten, wo es etwas zu holen gab, und raubten nebenbei auch noch die Schiffe aus, die mit neuen Schätzen aus Peru völlig ahnungslos in den Hafen einliefen. Nach einer dreiwöchigen Besetzung war der Spuk für die Bewohner vorbei. *Morgan* und seine Männer packten ihre reiche Beute auf 165 Esel, verschwanden auf Nimmerwiedersehen am Horizont und Panamá blieb in Schutt und Asche zurück. Die Ruinen der Stadt, die als **Panamá Viejo** (Alt-Panamá) bekannt sind, zählen heute zu den bedeutungsvollsten historischen Monumenten des Landes.

Kurz nach dem Abzug der Piraten beschlossen die Spanier, die Stadt an einer für die Verteidigung günstigeren Stelle **neu aufzubauen.** Die Wahl fiel dabei auf eine kleine Landzunge in der Küstenmitte der Bahía de Panamá, auf jene Stelle, wo sich heute die Altstadt *(Casco Viejo)* von Panamá ausbreitet. Wegen der ständig drohenden Piratenüberfälle errichtete man ein riesiges Bollwerk, das so kostspielig war, dass die Verantwortlichen in Spanien die Frage stellten, ob die Befestigungsanlage etwa aus Gold und Silber erbaut werde.

Während der Bau der Verteidigungsanlage auf Hochtouren lief, kündigte sich bereits der **wirtschaftliche Abstieg** Panamás an. Die permanenten Piratenangriffe auf die spanischen Handelsflotten in der Karibik und der Schmuggelhandel auf der Landenge brachten der spanischen Krone hohe Verluste ein. Man entschloss sich deshalb zur Einstellung der Handelsroute über die Landenge, zugunsten einer Seeroute um den Südzipfel des amerikanischen Kontinents, womit Panamá eine Statistenrolle erhielt.

Die völlig vom Handel mit den Kolonialwaren und den Reichtümern aus Peru abhängige Stadt stürzte in eine tiefe politische und ökonomische Krise, die einen Exodus in Richtung Peru auslöste.

Erst mit dem Goldrausch in Kalifornien, um die Mitte des 19. Jahrhunderts, kam der **neuerliche Aufschwung** für Panamá. Die alten Landhandelswege zwischen dem Pazifik und dem Atlantik wurden für die regen Goldtransporte von der Ost- zur Westküste der USA neu aufpoliert und in Panamá schossen Geschäfte, Hotels, Casinos und Bordelle wie Pilze aus dem Boden. Die größten Wirtschaftsimpulse kamen allerdings von zwei technischen Großprojekten. Zunächst war es der Bau der **interozeanischen Eisenbahn** (1850–1858), der einen Wirtschaftsboom auslöste, später fiel diese Rolle dem **Panamakanalbau** (1904–1914) zu. Die beiden Monsterprojekte lockten Tausende von Menschen aus allen Berufssparten und aus allen Erdteilen nach Panamá, womit der Grundstein für die kosmopolitische Metropole der Gegenwart gelegt wurde.

Unterwegs in Panama-Stadt

Orientierung

Das Häusermeer der Landeshauptstadt wird von den mittlerweile zusammengewachsenen, dicht besiedelten Distrikten von Panamá und San Miguelito gebildet und erstreckt sich entlang der Pazifikküste, vom Panamakanal im Südwesten über Vororte wie Santa Clara, San Pedro, La Concepción und Pedregal bis fast an den internationalen Flughafen im Nordosten. Nach Norden hin breiten sich an den Hügeln fast grenzenlos kleine und große Siedlungen aus, wie etwa Nuevo Veranillo, El Bosque, La Colina, El Valle oder Santa Librada, die zum Distrito San Miguelito gezählt werden.

Das **Kerngebiet** von Panama-Stadt liegt entlang der ca. 3 km langen Bucht, die im Südwesten von der Altstadt San Felipe (auch *Casco Viejo*) und vom Stadtteil Santa Ana, im Nordosten von den modernen Stadtteilen Bella Vista und Punta Paitilla begrenzt wird. Im Kerngebiet, zu dem noch die Stadtteile El Chorrillo, Calidonia, La Exposición, El Carmen, La Cresta und El Cangrejo zählen, befinden sich nahezu alle Hotels, Restaurants, Sehenswürdigkeiten etc.

Für viele Besucher wird das Häusermeer der Hauptstadt auf den ersten Blick wie ein undurchdringlicher Dschungel erscheinen. Zur Orientierung: Die wichtigsten Straßen sind auf großen Verkehrstafeln oberhalb der Fahrbahnen angegeben. Im modernen Stadtzentrum sind das die **Avenida Balboa** entlang des Meeres, die **Vía España** und die **Calle 50** quer durch das Banken- und Geschäftsviertel sowie **Vía Brasil, Vía Federico Boyd** und **Avenida Manuel Batista.**

Die neue **Cinta Costera** ist eine vierspurige Umgehungsstraße, auf der man am Meer die Altstadt umrundet. Wer über die Puente de Las Américas in die Stadt kommt, gelangt schnell zur **Avenida Balboa.** Von der Straße hat man einen fantastischen Blick auf die Alt- und die Neustadt und auf den Calzada de Amador. Anhalten darf man dort allerdings nicht.

Für den Besucher ist die relativ neue **Metro** eine große Hilfe, was Fortbewegung und auch Orientierung anbelangt. Bisher existiert nur die Linie 1, die Linie 2 befindet sich seit Ende 2015 im Bau, die Linien 3 bis 8 sind über den Planungsstatus noch nicht hinaus. Die **Linie 1** mit insgesamt 13,7 km Länge verläuft grob in Nord-Süd-Richtung, nämlich von San Isidro im Norden bis zum Flughafen und dem Busterminal Albrook; für den Besucher ist der unterirdische Teil zwischen Albrook und der Station Fernández de Córdoba in El Carmen interessant. Die Metro fährt in Richtung Süden unter der Vía España entlang. Es folgen die Stationen Vía Argentina und Iglesia del Carmen, immer noch im Ortsteil El Carmen. Im Ortsteil La Cresta verlässt die Metro dann die Vía España und führt südlich unter der Avenida Justo Arosomena zur Station Santo Tomás in Bella Vista, zur Station Lotería in Calidonia und zur Station 5 de Mayo in San Miguel, dem südlichsten Punkt, der erreicht wird; von hier kann man zum Casco Histórico, dem Altstadtkern, laufen. Weiter führt die Metro in Richtung Nordwesten zur Station Albrook, dem wichtigsten Verkehrsknotenpunkt der Stadt.

Die **Linie 2** soll in Zukunft den internationalen Flughafen Tocumen mit ins Netz einschließen, einen Fertigstellungstermin gibt es noch nicht.

Ergänzt wird die Metro durch zahlreiche klimatisierte **Metrobusse,** die von den verschiedenen Stationen die wichtigsten Ziele ansteuern; Infos dazu unter www.mibus.com.pa. Der Metrobus hat in der gesamten Stadt die früheren Stadtbusse, die *Diablos rojos,* so gut wie ersetzt.

Aus der Stadt folgt man den Verkehrstafeln mit der Aufschrift „Corredor Norte" (Autobahn Richtung nationalem Flughafen, Panamakanal und nach Westen über die Kanalbrücke Puente Centenario) und „Corredor Sur" (Autobahn Richtung internationalem Flughafen und Darién).

Verschiedene Straßen, die vor einigen Jahren nur mit einer Nummer versehen waren, haben einen Namen dazubekommen. Die Calle 49 im Viertel El Cangrejo zum Beispiel heißt jetzt Vía Venetto; beide Straßenbezeichnungen werden verwendet. Benutzen Sie neben der Straßenbezeichnung immer auch den Namen eines Hotels, Restaurants, Geschäftes oder Gebäudes nahe Ihrem Ziel.

Stadtverkehr

Metro de Panamá

Die Metro von Panama-Stadt ist Montag bis Freitag **von 5 Uhr morgens bis um 23 Uhr** in Betrieb, samstags von 5 bis 22 Uhr sowie sonn- und feiertags von 7 bis 22 Uhr. Die Züge fahren zu Stoßzeiten im 3-Minutentakt, sonst etwa alle 5 bis 7 Minuten. Anzeigetafeln an den Stationen informieren über die Zeit bis zum nächsten Zug.

Um die Metro zu benutzen, muss man nach Pariser Vorbild bei Betreten und Verlassen der Stationen durch ein Drehkreuz gehen, was natürlich nur mit einem gültigen **Fahrschein** in Form und Größe einer Kreditkarte geht. Diese Karte für 2 $ ist eine einmalige Anschaffung. Man erhält sie an den Automaten in den Stationen, manchmal auch an den Schaltern in den Stationen, aber ebenso in Supermärkten, Apotheken und an Kiosks. Anschließend muss die Karte am Automaten mit Guthaben aufgeladen werden, denn zunächst ist sie leer. Eine einfache Fahrt kostet 35 ct., eine Fahrt mit dem Metrobus 25 ct., auch wenn man umsteigen muss (max. Fahrtzeit vor dem Umsteigen 40 Min.). Die „Metrobus-Fernrouten" im Stadtgebiet, die über die Autobahnen Nord bzw. Süd gehen, kosten 1,25 $, z.B. der Metrobus zum Flughafen Tocumen. Je nachdem, wie oft man die Metro nutzen möchte, sollte man gleich zu Beginn genügend Guthaben aufladen.

Um U-Bahn zu fahren, muss man die Metro-Karte an das **Lesegerät** am Drehkreuz bzw. Eingang zur Station halten, der fällige Betrag wird abgezogen. Beim Verlassen der Station muss man die Karte nochmals ablesen lassen.

Mit einer Karte können **mehrere Fahrgäste** reisen, man muss also nicht für jede Person eine Karte kaufen. Bevor man die Stadt verlässt, bietet es sich an, die Karte einem anderen Reisenden zu schenken oder z.B. an der Hotelrezeption zu hinterlassen, damit der nächste Gast sie nutzen kann.

Die **Metrobusse** haben ein sehr umfassendes Netz, sind sauber und sicher und bieten zusammen mit der Metro die beste Möglichkeit zur Erkundung der Stadt. Erkennbar sind die Metrobusse an ihrem orangefarbenen Logo mit weißer Schrift.

■ Auf **www.elmetrodepanama.com** kann man unter dem Link „la Red" einen detaillierten Streckenplan einsehen.

Stadtbusse

Wo man keinen Metrobus findet, kann man die normalen, etwas chaotischeren Stadtbusse, im Volksmund *Diablo rojo* („Roter Teufel") genannt, benutzen. Sie verkehren täglich zwischen 6 und 23 Uhr. An der Windschutzscheibe steht die Fahrtroute mit Stadtteilen und/oder Straßen bzw. Plätzen angeschrieben. Der **Fahrpreis** liegt bei 50 ct. und wird beim Einsteigen entrichtet. Entlang der Straßen gibt es **Haltestellen** *(Paradas)*, und nur dort dürfen die Busfahrer anhalten. In vielen, meist verkehrsarmen Straßen nimmt man dieses Gesetz allerdings nicht so ernst. Zum Anhalten genügt ein Wink mit der Hand, zum Aussteigen ruft man kurz vor der Haltestelle **„Parada por favor"**.

Sicherheit

Aus Sicherheitsgründen sollten Sie, sowohl zu Fuß wie auch mit dem Mietwagen, die Viertel El Chorrillo und Curundú sowie die Siedlungen im Distrito San Miguelito meiden. **Nach Einbruch der Dunkelheit** sollte man nicht zu Fuß unterwegs sein sollte, das gilt auch für die Stadtteile El Cangrejo, Bella Vista und Marbella. Sicherheitshalber sollten Sie nachts immer ein Taxi nehmen, und für den Preis von nur 3–8 $ pro Taxifahrt geht in der Stadt kaum jemand zu Fuß.

Weitere Sicherheitsmaßnahmen, die heute nahezu jede Großstadt fordert, finden Sie im Kapitel „Praktische Reisetipps A–Z".

Sehenswertes

Casco Viejo – der historische Stadtkern

Einen Besuch wert ist mit Sicherheit Panamas Altstadt *Casco Viejo*, die von der UNESCO zum **Weltkulturerbe** erklärt wurde und der Drehort für den James-Bond-Film „Ein Quantum Trost“ war. Der historische Stadtkern mit seinen von spanischer und französischer Architektur geprägten Residenzen und Handelshäusern aus längst vergangenen Tagen wird **ständig weiter renoviert** und dadurch immer attraktiver. Die Schönheit der pastellfarbenen, mehrstöckigen Gebäude mit schmiedeeisernen Balkonen lässt sich dank großen Restaurierungsprojekten wieder erkennen. Moderne Apartments sind nun in den renovierten historischen Häusern untergebracht, und natürlich auch stimmungsvolle Restaurants, noble Bars, Konferenzräume und Galerien. Sie geben dem alten Zentrum wieder Flair.

Tagsüber kann man den Casco Viejo **problemlos besichtigen,** denn eine Touristenpolizei patrouilliert mit Fahrrädern, und rund um den Präsidentenpalast gibt es genügend Sicherheitskräfte. Nach Einbruch der Dunkelheit sollte man etwas vorsichtiger sein. Zu dieser Zeit bietet sich eine Rundfahrt mit dem Taxi an.

Casco Viejo erreicht man am besten mit der **Metro, Haltestelle 5 de Mayo;** von da ist es noch ein kurzer Fußweg durch die Fußgängerzone der Avenida Central zur Altstadt.

Plaza Santa Ana

Der Beginn der Altstadt wird von der schattenreichen, immer von einer bunten Gesellschaft bevölkerten Plaza Santa Ana gebildet, die zugleich die Avenida Central unterbricht. An ihrer Westseite steht die schlicht ausgestattete Kirche **Iglesia de Santa Ana,** die vom Jahr 1676 datiert.

Casa de la Municipalidad

Die weiß getünchte Casa de la Municipalidad, der **ehemalige Sitz des Bürgermeisters,** bildet nach wenigen Gehminuten das erste sehenswerte Bauwerk. Es zählt nach einer Restaurierung zu den schönsten Gebäuden der Stadt. Sein neoklassizistischer Baustil, der dem architektonischen Trend am Ende des 19. Jh. entspricht, lässt sich u.a. anhand der stattlichen Säulenreihe erkennen.

Im **Vorraum** fällt der Blick auf das Fliesenmosaik, das den spanisch-maurischen Einfluss erkennen lässt. An der rechten Seite des Vorraumes liegt der **Empfangssalon,** dessen stilvolle Innenausstattung nicht mehr original ist, mit Ausnahme des kleinen Deckengemäldes und der Bordüre. Die ursprüngliche Einrichtung wurde während der Unruhen, die auf die US-Invasion folgten, gestohlen. Das gleiche gilt für das Interieur des **Ess- und** des angrenzenden **Arbeitszimmers,** die links vom Vorraum liegen. Trotz der Kopien atmen diese Räume noch Stil und Grandeur der vergangenen Tage. Originale dagegen sind die im Arbeitszimmer in einer Vitrine ausgestellten präkolumbischen Keramiken und die Überreste der alten Stadtmauer,

Panama Stadt – Casco Viejo

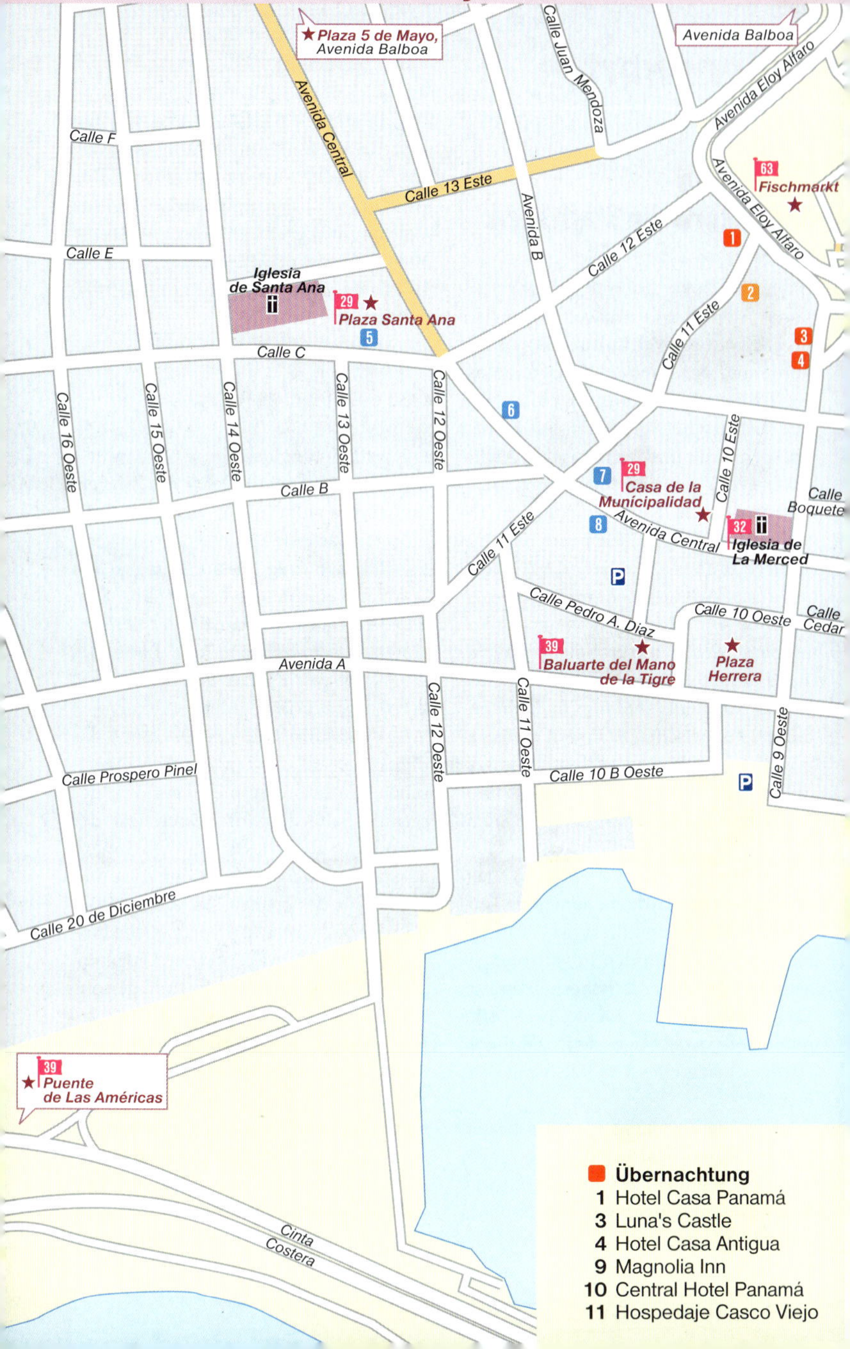

Übernachtung
- **1** Hotel Casa Panamá
- **3** Luna's Castle
- **4** Hotel Casa Antigua
- **9** Magnolia Inn
- **10** Central Hotel Panamá
- **11** Hospedaje Casco Viejo

0 50 m
Panama02
BAHÍA DE PANAMÁ
Avenida Eloy Alfaro
34
Palacio Presidencial
ehemaliges
Franziskanerkloster
Auswärtiges
Amt
37
Plaza
Simón Bolívar
Calle 8 Este
Calle 7 Este
Calle 6 Este
Calle 5 Este
Avenida B
Iglesia
de San Francisco
Calle Pedro J. Sosae
Kathedrale
9
10
Calle 4 Este
Calle 3 Este
Teatro
Nacional
Calle 2 Este
P
32
Plaza de la
Independencia
Calle de Antonio
Avenida Central
Calle 8 Oeste
Palacio Municipal
38
Ruinen der
Landesuniversität
Museo de Historia de Panamá
51
52
Museo del Canal
Interoceánico
de Panamá
38
Dominikanerkloster
Santo Domingo
Calle Central
Calle 2 Oeste
38
Iglesia
de San José
11
Calle 7 Oeste
Calle 6 Oeste
Calle 5 Oeste
Avenida A
Calle 4 Oeste
Museo de Arte
Colonial Religioso
52
Calle Demetrio H. Brid
12
Französische
Botschaft
Kulturinstitut
BAHÍA DE PANAMÁ
37
Plaza de Francia
13
37
Paseo de
las Bóvedas
Essen und Trinken
5 Café Coca Cola
6 Caliope
7 Donde José
8 The Fish Market
12 Veggie Moon
13 Restaurante Las Bóvedas
Nachtleben
2 Cervecería
La Rana Dorada
Fußgängerzone

die unter einer dicken Glasplatte am Boden zu sehen sind.

Im ersten Stock der Villa befinden sich zwei ehemalige Schlafzimmer. Sie dienen heute als Ausstellungsräume für eine **internationale Briefmarkenkollektion** und eine **Sammlung von Fotos,** die das Casco Viejo der 30er und 40er Jahre des 20. Jahrhunderts zeigen. Über eine Galerie an der Innenhofseite erreicht man das im Art-déco-Stil geschaffene **Badezimmer** und einen touristisch weniger interessanten **Saal,** der für Musikproben und musikalische Darbietungen reserviert ist. Zu beachten wäre das Galeriegeländer, das mit schmiedeeisernen Ornamenten verziert ist, ein Zeichen des damaligen Wohlstandes, denn Panama verfügte über keine Eisenerzeugung.

Iglesia de La Merced

Von der Galerie aus blickt man bereits auf die barocke Sandsteinfassade der Iglesia de La Merced, die vermutlich 1680 aus den Überresten des Klosters de La Merced in Panamá Viejo errichtet wurde. Die **karg ausgestattete Kirche** fungierte wahrscheinlich als Sanktuarium, in dem Reliquien von der angrenzenden Kathedrale aufbewahrt wurden.

Plaza de la Independencia

Kurz nach der Kirche wird die Avenida Central vom **„Herz“ Casco Viejos,** der Plaza de la Independencia, unterbrochen. Hier trifft sich Jung und Alt, um zu plaudern oder über das politische Geschehen zu diskutieren. Die Spanier übernahmen in ihrer kolonialen Stadtplanung die alte Tradition des zentralen

pa2017-003 va

[>] Plaza de la Independencia

Platzes als **sozialer Treffpunkt.** Im Casco Viejo wurde dessen traditioneller Name, Plaza Mayor, in Plaza de la Independencia (Unabhängigkeitsplatz) abgeändert, als Würdigung für die Unterzeichnung des Souveränitätsvertrages im Palacio Municipal. Am Platz wird die Vergangenheit von Bronzebüsten prominenter Personen aus der panamaischen Geschichte wachgehalten.

Für die Bevölkerung scheinen die historischen Hintergründe allerdings nur nebensächlich zu sein. Sie bezeichnen den schattenreichen Platz schlicht als **Plaza Catédral,** nach der an der Westseite des Platzes liegenden **Kathedrale,** die nach einer Bauzeit von 108 Jahren im April 1796 geweiht wurde. 1943 zum Nationaldenkmal erklärt, bildet sie den Blickfang der eleganten Kulisse rund um

die Plaza. Die sonst eher schlichte barocke Fassade hat einen Schwerpunkt in ihrem mittleren Teil, dank dessen ausgeprägt dekorativen Elementen. Der Effekt wird durch die Robustheit der beiden weißen viereckigen Seitentürme noch verstärkt. Ein gutes Auge entdeckt an den Turmdächern ein dekoratives Muster aus unzähligen Perlmuttstücken, die im Sonnenlicht funkeln. Von den Turmglocken wird behauptet, dass drei Exemplare aus der alten Kathedrale in Panamá Viejo stammen. Im Inneren der Kathedrale kommt der dramatische und theatralische Stil des Barocks kaum mehr zum Ausdruck. Vom ehemaligen Prunk ist bei der Restaurierung in den 1920er Jahren viel verloren gegangen.

Gegenüber der Kathedrale liegt die Nobelherberge der Stadt, das **Central Hotel Panamá,** ein Gebäude aus dem Jahre 1874, das erste Hotel der Stadt.

Schräg gegenüber dem Hotel Central steht ein Haus mit bewegter Vergangenheit. Es wurde 1875 von *George Loew* als Grandhotel errichtet, 1883 von *Ferdinand de Lesseps* für die Kanalgesellschaft gekauft und von 1904 bis 1912 als Büro der Kanalkommision verwendet. Danach diente das Haus vorwiegend als Postamt. Heute beherbergt es das **Museo del Canal Interoceánico de Panamá** (siehe „Museen").

Neben dem Museum liegt der **Palacio Municipal,** in dem am 3. November 1903 die Unabhängigkeitserklärung unterzeichnet wurde. Das neoklassizistische Gebäude hat vom Erscheinungsbild her wenig vom Charme vergangener Jahre eingebüßt und fungiert heute als **Rathaus.** Der zweite Stock des historischen Schauplatzes beherbergt das Museo de Historia de Panamá (siehe „Museen").

Palacio Presidencial

Zwei Straßen nördlich der Plaza de la Independencia prunkt der auf das Jahr 1673 datierte **Präsidentenpalast,** ein

142pa hz

Liebevoll restauriert: die Häuser in Casco Viejo

weiß getünchtes, wunderschönes Gebäude, das erhaben auf die Bucht von Panama blickt. Sein imposantes Erscheinungsbild ist dem ehemaligen Präsidenten *Belisario Porras* (1857–1942) zu verdanken, der 1921 eine umfassende Restaurierung veranlasste. Aus dieser Zeit stammen auch die allegorischen Wandmalereien des panamaischen Künstlers *Roberto Lewis* und der stimmungsvolle Patio in spanisch-maurischem Stil. Die Statuen der Weißen Reiher *(garza reales)*, die sich um den kleinen Brunnen des Patios gruppieren, gaben dem Palacio Presidencial den Beinamen „de las Garzas". Da er als offizielle Residenz des Präsidenten der Republik dient, ist der Zugang für Besucher lediglich an Wochenenden zwischen 9 und 16 Uhr gestattet, allerdings nur dann, wenn kein wichtiges Amtsgeschäft auf dem Terminplan des Präsidenten steht.

040pa hz

Plaza Simón Bolívar

Die nächste Station im Rundgang durch die Altstadt ist dieser ruhige Platz, benannt nach dem venezolanischen Unabhängigkeitskämpfer und lateinamerikanischen Freiheitsidol *Simón Bolívar.* Die Bronzestatue des „Libertador" ziert die Mitte des **Platzes** und wurde 1926 enthüllt, anlässlich der Feierlichkeiten zum 100. Jahrestag des lateinamerikanischen Kongresses, der von *Bolívar* auf der Landenge einberufen wurde (siehe Kapitel „Staat und Gesellschaft, Geschichte").

Schauplatz des historischen Zusammentreffens war das an der Ostseite des Platzes befindliche **Franziskanerkloster.** Es wurde 1678 erbaut und beherbergt heute das Auswärtige Amt. Die in verschiedenen Phasen erfolgten Restaurierungsarbeiten zeigen sich in den Stilmischungen der Fassade.

An das ehemalige Kloster grenzt die **Iglesia de San Francisco,** deren barockes Gesicht dank der bewussten Restaurierungsprojekte in Casco Viejo langsam wieder zurückkehrt, nachdem es durch fachunkundige Arbeiten im Jahre 1918 ein weniger schmeichelhaftes Aussehen erhalten hatte. Sehenswert sind das geschmückte Portal und der achteckige Kirchenturm.

Auch im gegenüberliegenden neoklassizistischen **Teatro Nacional** ist seit 1974 wieder der alte Glanz eingekehrt. Der elegante Theatersaal kann an Wochentagen gegen eine geringe Gebühr besichtigt werden. Doch wird der europäische Stil des kleinen Theaters nur wenige Touristen beeindrucken.

Das Theater bildet mit dem ehemaligen Palacio Nacional eine Einheit. Das Gebäudeensemble wurde 1908 an der Stelle eines Klosters erbaut, zu dem auch eine Bastion am Meer gehörte, wo die Mönche gerne verweilten, was schließlich zum Namen der Anlage führte: **Baluarte de las Monjas.** Auf den Resten der Bastion und der alten Stadtmauern wurde ein kleiner Park angelegt, von wo aus man eine schöne Aussicht auf die modernen Hochhäuser der Stadt hat.

Lateinamerikanisches Wohnen: nie ohne Balkon

Paseo de las Bóvedas

Das nächste Ziel des Rundgangs ist der auf einer breiten Festungsmauer angelegte Paseo de las Bóvedas (auch **Paseo Estebán Huertas** genannt). Er zählt zu den schönsten Flecken von Panama-Stadt und lädt mit seinen Bänkchen und Bougainvilleahecken zum Verweilen ein. Kuna-Frauen in ihrer exotischen Tracht bieten Souvenirs an. Von der **Promenade** bietet sich ein spektakulärer Panoramablick auf die Bahía de Panamá und das Häusermeer der Stadt.

Plaza de Francia

Einige Stufen führen vom Paseo de las Bóvedas hinunter zu diesem gepflegten Platz, der **teilweise von Festungsmauern umschlossen** ist. An seiner Ostseite befinden sich in der soliden Festungsmauer noch gut erhaltene Gewölbe *(bóvedas),* in denen einstmals eine Kaserne, ein Waffendepot und einige Gefängniszellen untergebracht waren. Heute hat sich in diesen Räumen das bekannte französische Restaurant *Las Bóvedas* etabliert.

Im Südteil der charmanten Plaza de Francia, die der französischen Kanalinitiative gewidmet ist, erhebt sich ein **Obelisk,** an dessen Spitze ein gallischer Hahn steht, das Sinnbild des französischen Geistes. Im Halbkreis um den Obelisken, der Panama 1923 von Frankreich zum Geschenk gemacht wurde, befinden sich die Bronzebüsten prominenter Personen des gescheiterten Kanalprojektes. Aus dem Halbkreis hebt sich die Abbildung *Ferdinand de Lesseps'* optisch hervor, zur Würdigung seiner wegbereitenden Rolle im Kanalbau. Hinter dem Obelisken wurden in den Nischen der Festungsmauer 10 Marmortafeln angebracht, auf denen die Kanalgeschichte zu lesen ist.

Die rund um den Platz stehenden **gepflegten Gebäude** wie etwa die französische Botschaft oder das nationale Kulturinstitut (Instituto Nacional de la Cultura) spiegeln die Architektur aus Spanien und Frankreich.

Dominikanerkloster Santo Domingo

Nach wenigen Gehminuten durch die Calle 2 und die Avenida A passiert man die **Backsteinruinen** des Dominikanerklosters Santo Domingo. Der umfangreiche Komplex stammt aus dem 17. Jahrhundert und wurde im 18. Jahrhundert von zwei Brandkatastrophen heimgesucht. Sein Wiederaufbau wurde aufgrund der sinkenden Anzahl von Ordensbrüdern und mangelnden finanziellen Mitteln nur beschränkt durchgeführt. Die weiße **Capilla de Santo Domingo** wurde 1941 zum Nationaldenkmal erklärt und beherbergt heute das Museo de Arte Colonial Religioso (siehe unter „Museen").

Ruinen der Landesuniversität

An der gleichen Avenida, fünf Straßen weiter westlich, trifft man ebenfalls auf historische Spuren: Die **Ruinas de la Compañía de Jesús** sind die Überreste der ersten, 1749 im barocken Stil erbauten Landesuniversität, die unter der Leitung des Jesuitenordens stand. Der Schule war aber nur ein kurzes Leben vergönnt. Mit einem päpstlichen Beschluss wurde 1773 der Jesuitenorden verboten und die Schule aufgelöst, und acht Jahre später kam der endgültige Ruin, als der Komplex zerstört wurde. Die Fassade wurde jedoch mittlerweile rekonstruiert und vermittelt einen guten Eindruck von der ehemaligen Schönheit des Kolonialgebäudes.

Iglesia de San José

Einen Häuserblock von den Ruinen der Landesuniversität entfernt, an der Ecke Avenida A/Calle 8, steht die Iglesia de San José, die mit ihrem **Goldenen Altar** viele Besucher anlockt. Das Glanzstück besteht aber nicht aus massivem Gold, sondern aus Holz, das mit einer dünnen Goldschicht belegt wurde. Mit seinem Glanz, schmuckvollen Formen- und Ornamentenspiel entspricht das sakrale Kunstwerk der Vorliebe des Barocks für reichen, künstlerischen Ausdruck. Der vergoldete Altar stand ursprünglich in der Iglesia de San José in Nuestra Señora de la Asunción de Panamá (heute Panamá Viejo), das von den Piraten unter *Henry Morgan* bei ihrem Raubzug 1671 zerstört wurde. Der Altar konnte allerdings vom listigen Pfarrer vor den Freibeutern verborgen werden. In Windeseile wurde die Goldschicht mit schwarzer Farbe bedeckt, und der Pfarrer spielte angeblich seine Rolle als Hüter einer „sehr armen" Gemeinde so perfekt, dass er eine großzügige Spende erhielt. *Morgan* gab damit das Startkapital zum Wiederaufbau der Kirche an ihrer heutigen Stelle. Die anderen Kirchenaltäre sind weniger spektakulär und stammen aus späteren neugotisch und neubarock geprägten Zeiten. Die Kirche ist Mo bis So von 8 bis 19 Uhr geöffnet, So um 17 Uhr ist Messe, Eintritt frei.

Mauerreste der Festung

Auf dem Weg zum letzten Ziel wird zwangsläufig die **Plaza Herrera** überquert; der etwas vernachlässigte Platz ist von halb verfallenen Häusern umgeben. Das Schlusslicht des Rundgangs bilden die Mauerreste des **Baluarte del Mano de la Tigre** („Bollwerk der Tigerpfote"). Wahrscheinlich erhielt der robuste Festungsring diesen populären Namen wegen seiner klauenähnlichen Form und seiner großen Verteidigungskraft. Als die Stadt 1853 aus allen Fugen platzte, wurde mit dem Abbruch des Mauerringes begonnen, um neues Terrain für Wohnhäuser zu schaffen. Die winzigen Überreste lassen kaum noch erkennen, welche Ausmaße das Bollwerk Mitte des 19. Jahrhunderts hatte.

Puente de Las Américas

„An irgendeinem Tag kommst du vom Strand zurück und der Zugang zu deiner Stadt ist eine Brücke, die versucht, eine viel zu große Wunde zu klammern. An irgendeinem Tag kommst du zurück und unter der Brücke ist dein Land geteilt"

Aus den Versen des Gedichtes von *Manuel Orestes Nieto* kommt bereits deutlich die **Rollenverteilung der beiden größten Bauwerke Panamas** hervor. Während der Kanal wie eine klaffende Wunde das Land in einen Ost- und Westteil trennt, hält die *Puente de Las Américas* wie eine riesengroße Klammer die beiden Teile zusammen.

149pa hz

Neokoloniales Ambiente im Casco Viejo

Die Puente de Las Américas, die zu den **größten Stahlbrücken der Welt** zählt, konnte nach vierjähriger Bauzeit am 16. Mai 1962 in das Verkehrsnetz eingebunden werden. Bis zu ihrer Fertigstellung hat man die Lücke im Straßennetz mit Fähren geschlossen, die gleichzeitig mit der feierlichen **Eröffnung** am 12. Oktober **1962** verschwanden. Die 1654 m lange Brücke überspannt in einer Höhe von ca. 117 m die Kanaleinfahrt am Pazifik. Das stolze Projekt verschlang 20 Mio. US-Dollar, finanziert, geplant und gebaut von den USA. Das war alles andere als eine noble Geste von *Uncle Sam,* sondern ein für das US-Militär wichtiges Projekt innerhalb der damaligen Kanalzone, denn beidseitig des Kanals befanden sich alle wichtigen amerikanischen Militärstützpunkte.

Obwohl die beeindruckende Puente de Las Américas mit dem Land und Kanal im wahrsten Sinn des Wortes unzertrennlich verbunden ist und sie nahezu in jedem Hochglanzprospekt abgebildet ist, wird ihr der Rang als Wahrzeichen „número uno" von der neuen, modernen Centenario-Brücke beim Culebra-Durchstich streitig gemacht.

Eine **gute Sicht auf die Puente de Las Américas** ergibt sich von der Plaza de Francia in der Altstadt, der Calzada de Amador und natürlich bei einer Bootsfahrt zur Isla Taboga.

☑ Das Museo de la Biodiversidad, entworfen von dem Stararchitketen Frank Gehry

pa2017-001 va

Calzada de Amador

Südwestlich des alten Stadtzentrums, **zwischen der Halbinsel Amador** (benannt nach dem Arzt *Manuel Amador*) **und den kleinen Inseln Naos, Culebra, Perico und Flamenco,** erstreckt sich ein **künstlich angelegter Damm** (*calzada* oder *causeway*), der seit dem Bestehen des Panamakanals als Wellenbrecher dient und der gleichzeitig das Festland mit den vorgelagerten Inseln verbindet.

Die Calzada de Amador, wie der ca. 5 km lange Damm genannt wird, und die Inseln sind ein **beliebtes Freizeitgebiet,** wo die Stadtbewohner gerne joggen, Rad fahren oder spazieren gehen. Neben den angepflanzten Palmen, der angenehmen Meeresbrise und der Ruhe, die die Großstadthektik in weite Ferne rückt, ist es vor allem der atemberaubende Blick auf die Skyline der Hauptstadt, die Puente de Las Américas und die Schlange wartender Schiffe, der zum Charme der Calzada de Amador beiträgt. Außerdem ist sie für ihre luxuriösen Freiluftrestaurants und -bars sowie diverse Einkaufsmöglichkeiten bekannt. Die **Gastronomie** und **Geschäfte** konzentrieren sich auf die beiden letzten Inseln: Isla Perico und Isla Flamenco. Angenehm und populär bei den Panameños ist das Freiluftrestaurant *Mi Ranchito* am Ende der Isla Naos. Die Shops sind aber vor allem für die Urlauber auf den Kreuzfahrtschiffen gedacht, die hier im Hafen vor Anker liegen. Der Damm eignet sich zudem gut, um bei einem Cocktail oder einem Glas Bier den Sonnenuntergang zu genießen.

Hier findet sich auch das **Museo de la Biodiversidad** mit derzeit sechs Sälen. Schon von Weitem fällt das spektakuläre Bauwerk auf, das nach den Entwürfen des Stararchitekten *Frank Gehry* erbaut wurde (mehr unter „Museen“).

Die Calzada de Amador ist mit dem **Metrobus** ab den Stationen Albrook oder 5 de Mayo einfach zu erreichen. Stadtrundfahrten und der Aguabus enden meist an der Calzada de Amador.

Auf der **Isla Naos** befindet sich das **Marinelaboratorium** des nordamerikanischen *Smithsonian Tropical Research Institute (STRI),* das nur für Wissenschaftler und Personal des Instituts zugänglich ist.

Die **Isla Culebra** hat zwei schmale Sandstrände, die vor allem am Wochenende gut besucht sind. Bei Flut allerdings verschwinden sie fast vollständig.

Cerro Ancón

Der Cerro Ancón und der Wald aus den abends beleuchteten Radio- und Fernsehmasten, Satelliten- und Radarschirmen auf der Spitze des fast 200 m hohen **Berges** bilden rund um die Uhr einen guten Orientierungspunkt in der Stadt. An seinen Berghängen bis hin zum Kanal ist, während die Kanalzone noch ihren Sonderstatus hatte, eine **gepflegte Wohngegend** entstanden, die vorwiegend der amerikanischen *High Society* vorbehalten war und noch immer ist. Ein kleiner Spaziergang durch diese ruhige Gegend gibt einen guten Einblick in die Wohnkultur der ehemaligen und heutigen Top-Angestellten der Panamakanal-Kommission. Zwischen dem üppigen Grün heben sich gepflegte alte Gebäude hervor und unterwegs bieten sich verschiedene Panoramablicke über die Dächer von Panama-Stadt.

Am besten beginnt man die Tour an der **Calle Gorgas** nahe dem Museo de Arte Contemporáneo (siehe „Museen), die von der Metrostation an der Plaza 5 de Mayo in wenigen Minuten zu Fuß erreicht ist. Die leicht ansteigende Straße führt am US-Militärkrankenhaus „William C. Gorgas" vorbei. Nach kurzer Zeit passiert man ein **wunderschönes Holzhaus** mit der Nr. 107; erbaut im Jahr 1906, stand es ursprünglich am Culebra-Bergrücken, wo es die Wohnung des Ingenieurs *John F. Stevens* war, der einen großen Beitrag zur Durchschneidung dieses Bergrückens während des Kanalbaus leistete. Nach der Eröffnung des Kanals 1914 wurde das Haus abmontiert und noch im gleichen Jahr an der heutigen Stelle aufgebaut. Bis in das Jahr 1979, als mit dem Torrijos-Carter-Kanalvertrag der Sonderstatus der Kanalzone aufgehoben wurde, diente das Haus als repräsentative Unterkunft für die US-Gouverneure der Kanalzone. In diese Tradition passt auch die heutige Funktion der Villa als Wohnsitz des Direktors der Panamakanal-Kommission.

Wenige Schritte nach der Villa stößt die Calle Gorgas an die **Quarry Heights Road,** die zum Gipfel des Cerro Ancón führt. Die Straße ist für Gipfelstürmer offen, egal ob zu Fuß oder mit dem Auto. Ein Wachposten sorgt für Ordnung und Sicherheit, denn tief im Inneren des Berges liegt ein atom- und abhörsicherer Notfallbunker für den Präsidenten. Ab 16 Uhr ist der Zugang untersagt.

Auf dem Rückweg gelangt man links auf der Ridge Road zum imposanten **Gebäude der Panamakanal-Kommission,** das auf einer kleinen Anhöhe liegt und das an der Rückseite betreten wird. Das 1914 erbaute neoklassizistische Gebäude beherbergt ein sehenswertes Rundbild, das die Wand einer innenliegenden Kuppel ziert und dessen Thema wohl keine Überraschung ist: der Kanalbau. Der Maler dieses Meisterwerkes, *W. B. van Ingen,* hat auf beeindruckende Weise dem Kanalbau durch die feinen Details, die perspektivische Wirkung und das stimmungsvolle Farbenspiel eine künstlerische Gestalt gegeben. Das Werk wurde übrigens nicht vor Ort auf die Wand gemalt, sondern 1915 im New Yorker Studio des Malers angefertigt und nach Panama verschifft. Seit der Restaurierung 1993 blickt das Rundbild wieder strahlend auf die Bronzestatue von *Theodore „Teddy" Roosevelt* (1858–1919), dem 26. Präsidenten der USA. Unter seiner Führung (1901–1909) begann das Kanal-

< Eine der Prestigebauten der Hauptstadt: das Gebäude der Panamakanal-Kommission

projekt für die USA, mit dem legendären Ausspruch des Präsidenten „I took the canal". Außer dem Rundbild sind wechselnde Ausstellungen von Ölgemälden, Aquarellen und Zeichnungen, die den Kanal zum Thema haben, zu bewundern. Die Kunstwerke sind an Werktagen kostenlos zu besichtigen, dürfen aber nicht fotografiert werden.

Verlässt man das Gebäude durch den Haupteingang, bietet sich ein wunderschöner Blick auf die Puente de Las Américas, die hinter den Baumwipfeln des Stadtteils La Boca hervortritt. Vor dem Eingang liegt ein Steinbrocken, der aus dem Culebra-Bergrücken stammt und der die Kraft und den Einsatz der Kanalbauarbeiter symbolisieren soll. Vom Haupteingang führen Stufen hinunter zu einer palmengesäumten **Allee.** Ihre Abmessungen entsprechen exakt der Breite und Länge einer der früheren Schleusenkammern, und das ca. 17 m hohe Marmordenkmal des Kanal-Chefingenieurs und ersten Gouverneurs der Kanalzone *George W. Goethals* am Fuße der Stufen zeigt die Höhe der kontinentalen Wasserscheide an.

Templo Bahá'í

Bei **San Isidro,** auf einem Hügel nahe der Metro-Endhaltestelle der Linie 1, befindet sich diese Kuriosität, umgeben von traumhaften gepflegten Gärten. Man genießt einen herrlichen Ausblick auf die moderne Stadt, den Pazifik und das Hinterland. Bei dem **Tempel** handelt es sich um den ersten und bisher einzigen Sakralbau **der iranischen Bahá'í-Religion** in Lateinamerika, eine Oase der Ruhe in einem der düsteren und ärmsten Stadtteile von Panama City. Er steht für jedermann offen, egal ob nur zum Ansehen oder zur inneren Einkehr; nur das Fotografieren im Innenraum ist nicht gestattet. Der Tempel ist täglich geöffnet, der Eintritt umsonst, ebenso die Abholung am Eingang zum Tempel nahe der Metrostation San Isidro.

Kanzlei Mossack Fonseca & Co.

Seit dem Erscheinen der **„Panama-Papers"** 2016 hat das Gebäude, in dem die global tätige Rechtsdienstleistungsfirma Mossack Fonseca & Co. ihren Sitz hat, eine gewisse Anziehungskraft. Die Kanzlei war bei der Gründung von über 300.000 Briefkastenfirmen in 21 Steueroasen weltweit beteiligt. Gegründet wurde die Firma 1977 von *Jürgen Mossack,* einem deutschen Rechtsanwalt. Das Gebäude mit der Kanzlei befindet sich in der Calle 54 Este, schräg gegenüber vom Hostel *Los Mostros,* nahe der Calle 50.

Panamá Viejo

Schon nach dem ersten Blick auf das Zentrum von Panamá Viejo wird sichtbar, dass von der ursprünglichen Hauptstadt mit dem Namen Nuestra Señora de la Asunción de Panamá (siehe „Geschichte" von Panama-Stadt) nur noch einige wenige **Ruinen** vorhanden sind. Nicht auf Grund ihrer Schönheit, sondern wegen ihrer besonderen historischen Bedeutung hat Panama Viejo einen Platz auf der UNESCO-Weltkulturerbeliste erhalten.

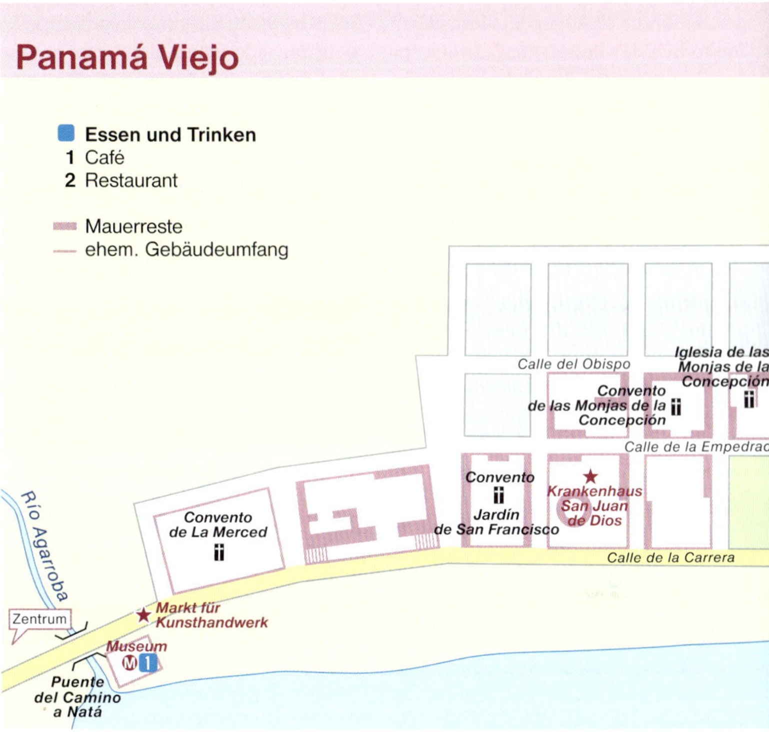

Panamá, wie die Stadt in Kurzform genannt wurde, war die erste europäische Siedlung an der Pazifikküste des amerikanischen Kontinents. Sie entwickelte sich zwischen ihrer Gründung am 15. August 1519 und ihrem Untergang im Jahre 1671 zu einer ziemlich wohlhabenden Stadt, über die in historischen Reiseberichten anerkennend geschrieben steht: *„Panamá ist das Zentrum, wo sich der florierende Seehandel bündelt [...], die Stelle, wo Reisende aus Spanien sich nach ihrer anstrengenden Tour erholen, bevor sie die Weiterfahrt nach Peru antreten [...], das Depot des für Spanien bestimmten Goldes und der Handelswaren, die von verschiedenen Küsten des Imperiums kommen ...“*

Ein modernes, nicht besonders geschmackvolles Gebäude am Anfang von Panamá Viejo, beherbergt ein **Museum,** das u.a. ein Modell von Panamá Viejo und einen bronzenen **Gedenkstein** beherbergt, der den spanischen Abenteurern *Francisco Pizzaro* und *Diego de Almagro* gewidmet ist. Sie begannen im Hafen von Panamá, der sich in der Mündungsbucht des Río Gallindero (heute Río Abajo) befand, ihren Eroberungsfeldzug, der sie bis nach Peru in das

Reich der Inka führte und der mit grausamen Folgen für die dortige Hochkultur verbunden war. Die Gräueltaten der beiden Männer, die sich aus Habgier gegenseitig in den Untergang stürzten, lassen Zweifel an der Existenzberechtigung dieses Denkmals aufkommen.

Kathedrale und Hauptplatz

Die ersten Häuser der Siedlung erbaute man aus Holz, das im Verlauf des 17. Jahrhunderts durch Sandsteine ersetzt wurde. Trotzdem haben viele Gebäude den Zahn der Zeit nicht überstanden. Der blockhafte **Kirchturm der Kathedrale** ist am besten erhalten und überragt in jeder Hinsicht die anderen Ruinen, was schließlich auch dazu führte, dass man den Turm zum **Wahrzeichen von Panama-Stadt** erklärte. Nördlich des Turmes schließt sich das **Längshaus der Kathedrale** an, dessen Mauerreste eine dreischiffige Kirchenform erkennen lassen. Vor dem Turm und dem Längshaus breitet sich der ehemalige Treffpunkt des gesellschaftlichen Lebens aus: die **Plaza Mayor,** die heute eine gepflegte Grünfläche ist.

Die Ruinen von Panamá Viejo

Gebäude der weltlichen Macht

Die nahe der Plaza Mayor liegenden Stadtteile waren den Gebäuden der weltlichen und geistlichen Macht vorbehalten. Außer der bereits erwähnten Kathedrale standen in diesen Vierteln unter anderem der **Cabildo** (Rathaus), vor dessen Mauerresten sich die Statue von Kolumbus befindet, die **Casa del Obispo** (Sitz des Erzbischofs) und der wahrscheinlich größte Gebäudekomplex der Stadt, der **Convento de Santo Domingo** (Dominikanerkloster), von dem noch umfangreiche und wuchtige Mauerreste zu bewundern sind.

Von der **Casa de los Genoveses** (Sklavenmarkt) ist dagegen weniger zu sehen. Während der Blütezeit des Menschenhandels im 16. und 17. Jahrhundert fungierte Panamá als Sklavenhandelszentrum für Ecuador, Peru, Chile und die Río-Plata-Staaten Argentinien und Uruguay. Als die spanische Krone das Handelsmonopol an Kaufmänner aus Genua verpachtete, erhielt das Haus den Namen „Casa de los Genoveses".

Bereich der Klosterorden

Westlich der Plaza Mayor, an der anderen Seite der in den Verkehr eingebundenen Calle de Santo Domingo, lag der Bereich der verschiedenen Klosterorden. Die erste Ruine an der Calle de la Empedrada ist das frühere **Convento de la**

150pa hz

Compañía de Jesús (Jesuitenkloster). Im Anschluss daran liegen die Mauerreste der Iglesia und des **Convento de las Monjas de la Concepción** (Dominikanerinnenkirche und -kloster). Einige Teile der Klostermauern sind fast in ihrer gesamten Höhe erhalten geblieben, sie geben einen Eindruck von der vereinfachten gotischen Architektur, die damals für den Baustil des Dominikaner- und Franziskanerbettelordens kennzeichnend war. Die Wände und kleinen Fenster wurden ohne schmückende Elemente gestaltet, um die Konzentration der Kirchenbesucher nicht von der Predigt abzulenken.

Das **Krankenhaus San Juan de Dios** wurde von einer Sebastianer-Bruderschaft (*Sebastián* ist der Schutzpatron der Schützen) gegründet und 1628 von den Brüdern des Johanniterordens übernommen, die das Gebäude kurzerhand in ein Krankenhaus umwandelten. Das Gesundheitswesen war einer der traditionellen Bereiche des geistlichen Ritterordens der Johanniter, dessen Ursprung in einem Krankenhaus für Pilger in Jerusalem zu finden ist.

Die Mauern und Fundamente des **Convento y Jardín de San Francisco** (Franziskanerkloster) sind weniger beachtenswert, ebenso die Ruinen des **Convento de La Merced** (Klosterorden der Mercedarier), die **Casas Reales,** wo die königliche Verwaltung untergebracht war, und die **Puente del Rey** (Königsbrücke) im Norden der Stadt. Sie war das „Tor" zum Camino Real, einem Handelsweg, auf dem die kostbaren Güter aus der Neuen Welt von Panamá nach Portobelo transportiert und weiter nach Spanien gebracht wurden.

Die **Puente del Camino a Natá** über den heutigen Río Agarroba eignet sich wegen ihrer Lage und ihres Zustandes besser für eine Besichtigung.

Markt

Panamá Viejo bietet nicht nur Kultur aus der Vergangenheit, sondern auch aus der Gegenwart: einen überdachten Markt für **landestypische Kunsthandwerke,** der täglich von 10 bis 18 Uhr geöffnet ist.

Praktische Tipps

- Panamá Viejo liegt ca. 10 km nordöstlich der Altstadt und wird von **Bussen auf vier Metrobus-Strecken** direkt angefahren: Balboa – Albrook – Vía Israel – Panamá Viejo, Mercado de Mariscos – Cinta Costera – Panamá Viejo, Albrook – Cinta Cos-

Parque Natural Metropolitano

Der Urwald vor der Haustür

Mit den ersten Sonnenstrahlen erwacht die nahezu unberührte Tropenwelt des 265 ha großen **Parque Natural Metropolitano,** der sich an den Hügeln der Stadtgrenze ausbreitet und das morgendliche Tierkonzert begrüßt stimmungsvoll die ersten Besucher. Sie sind sehr früh aus dem Bett gekrochen, um die Schätze des Urwaldes, vor allem die exotischen Tiere, zu bewundern, die sich im dichten Urwald gut getarnt verborgen halten. Mit einer dünnen, englischsprachigen Broschüre *(self guided booklet),* die vor Ort erhältlich ist, können die Naturliebhaber vom Besucherzentrum aus den Urwald selbst „erforschen".

Die Wanderung führt nordwärts, dann entlang eines **Waldlehrpfades** *(Sendero La Cienaguita)* bergauf und zum *mirador* auf 150 m Höhe (ca. 1½ Std.). Von diesem **Aussichtspunkt** blickt man auf die Baumkronen des Parks und auf die Häuser und Wolkenkratzer der Stadt. Nach dem herrlichen Panoramablick geht es auf dem *Sendero del Mono Tití* wieder in **Richtung Besucherzentrum zurück.** *Mono Tití* ist die örtliche Bezeichnung für das bedrohte Panama-Perückenäffchen, das zur Familie der Krallenaffen gehört und nur in Panama beheimatet ist. Mit etwas Glück lässt sich der scheue Baumbewohner mit seiner rötlichen Färbung und seiner weißen Halskrause, die sich vom schwarzen Gesicht deutlich abhebt, beobachten.

Exotische Tiere im dichten Blätterwerk zu entdecken ist jedoch keine leichte Aufgabe für ein ungeübtes Auge. Wer erkennt schon auf den ersten Blick ein Faultier, das regungslos an den Ästen hängt, noch dazu mit einem Fell, das mit grünschimmernden Moosen und Algen überzogen ist? Die **Tarnung** ist aber nur eine von vielen raffinierten Naturregeln, die es den Besuchern erschweren, in dieser dämmrigen Welt ein Tier ausfindig zu machen. Obwohl viele Tiergattungen wie beispielsweise Agutis, Weißrüsselbären, Gürteltiere und Leguane ebenso im Park beheimatet sind wie eine Vielzahl von Vögeln, Schmetterlingen und Insekten, sollten Sie daran denken, dass der Parque Natural Metropolitano kein Zoo ist, in dem die Tiere auf Abruf ganz aus der Nähe zu sehen sind.

Der **Parkeingang** beim **Besucherzentrum** liegt an der Ave. Juan Pablo II. Der Stadtbus hält nicht direkt vor dem Eingang, sodass evtl. eine Taxifahrt in Erwägung zu ziehen ist. Wer mit dem **Bus** fahren will, nimmt einen Metrobus am Plaza 5 de Mayo in Richtung „Via España Albrook". Man steigt an der Haltestelle Domo aus, von dort sind es noch 550 m zu Fuß zum **Besucherzentrum.** Hier gibt es auch einen kleinen Laden mit Kunsthandwerk und Büchern über die Landesnatur.

■ **Infos:** Der Park ist täglich von 6 bis 17 Uhr geöffnet, Eintritt 5 $. Die Mitnahme von guten Wanderschuhen, Getränken, Verpflegung, Moskito- und Sonnenschutz und einem Fernglas ist ratsam.

tera – Panamá Viejo und Albrook – 5 de Mayo – Vía Porras – Cincuentenario – Panamá Viejo. Alle Busse fahren in das Gelände hinein, bis zu den Ruinen. Alle Busse fahren auch wieder in die Stadt zurück.

- Das **Museum** ist Di bis So von 8.30 bis 16.30 Uhr geöffnet, Eintritt 12 $, Kinder 5 $ (Kombi-Ticket für Museum und Ruinen), Tel. 226-8915.
- Die Gegend um Panamá Viejo ist **evtl. unsicher,** vor allem nach Einbruch der Dunkelheit sollten die Ruinen nur mit Vorsicht bzw. nicht allein besucht werden.

Monumento und Avenida Balboa

Die **Strandpromenade** von Panama City bilden die Avenida Balboa und die Cinta Costera, besonders schön sind die ca. 4 km zwischen den Stadtteilen Santa Ana und Punta Paitilla: Grünflächen sowie Sport- und Parkanlagen beidseitig der breiten Straßen laden zum Verweilen und Schlendern ein. Zwischen Calle 35 und Calle 36 erhebt sich die **Bronzestatue von Vasco Núñez Balboa,** die auf einem steinernen, von vier Männern gehaltenen Globus steht. Die triumphale Haltung *Balboas* und der Blick auf das offene Meer symbolisieren seine Entdeckung des Pazifiks im Jahre 1513 (siehe „Staat und Gesellschaft, Geschichte").

Museen

Museo Mi Pueblito

In diesem **Freiluftmuseum** beim Cerro Ancòn werden Folklore-Shows abgehalten, traditionelle panamaische Häuser (*casa de quincha*; s.a. Halbinsel Azuero) und einfache Hütten der Indígenas gezeigt, vor allem jene der Kuna, über deren Lebensweise auch informiert wird.

- **Infos:** Mo 8–16 Uhr, Di bis So 9–17 Uhr, Eintritt 3 $, bis 5 Jahre umsonst, Tel. 506-5730.

Museo de la Biodiversidad

Ein Besuch des Museums für Biodiversität, im Oktober 2014 auf der Calzada de Amador eröffnet, ist schon wegen der **ausgefallenen Architektur** ein Muss. Das Bauwerk wird von einer eindrucksvollen Stahlkonstruktion mit bunten Metallelementen überdacht, welche die karibische Farbenvielfalt darstellen. Entworfen wurde das Museum von dem weltberühmten Architekten *Frank Gehry,* der sich u.a. mit der Walt-Disney-Konzerthalle in Los Angeles und dem Guggenheim-Museum in Bilbao einen Namen gemacht hat. Auch die **Lage ist fantastisch.** Man hat von einer Seite einen tollen Blick auf die Skyline von Panama-Stadt und von der anderen Seite auf den Pazifik mit der Einfahrt zum Panamakanal.

Den Kern des Museums bildet ein **Freiraum-Bereich,** zu dem man Zugang bekommt, ohne Eintritt zu bezahlen. Dort gibt es einen kleinen Laden, ein Café, Toiletten und die Räumlichkeiten für temporäre Ausstellungen.

Das Motto des Museums heißt **„Puente de la vida"** (Brücke des Lebens) und nimmt Bezug darauf, dass Panama die Brücke zwischen zwei Teilkontinenten darstellt. Es werden Entstehung und Entwicklung der zentralamerikanischen Landenge über einen Zeitraum von über drei Millionen Jahren veranschaulicht.

In dem naturwissenschaftlichen Museum kann man die **einzigartige Vielfalt des panamaischen Ökosystems** und seinen Artenreichtum kennenlernen. Audiovisuelle Vorträge, moderne Videopräsentationen und viele Ausstellungsstücke begeistern den Besucher.

Rund um das Museum wurde der frei zugängliche **Parque de la Biodiversidad** mit fast 2½ Hektar Fläche geschaffen. Darin finden sich Stationen, an denen die heimischen Tiere und Pflanzen und ihre Lebenswelt erläutert werden. Im gesamten Museumsbereich stehen freundliche Mitarbeiter bereit, um Fragen zu beantworten oder bei der Orientierung behilflich zu sein.

■ **Infos:** Man erreicht das Biomuseum mit dem Mietwagen über die Calzada de Amador kurz nach dem „Centro de Convenciónes Figali". Es sind reichlich kostenfreie Parkplätze vorhanden. Mit der Metro fährt man bis zur Station Albrook und dann entweder weiter mit dem Taxi oder mit dem Metrobus auf der Route Albrook – Amador; Ausstieg an der Haltestelle am Restaurant al Dente. Der stolze Eintrittspreis liegt bei 22 $ p.P. (und soll auf 26 $ erhöht werden, wenn alle Ausstellungen eröffnet sind), es gibt aber einen günstigeren Familienpass und hin und wieder auch spezielle Angebote. Informationen dazu auf www.biomuseopanama.org oder unter Tel. 830-6700. Geöffnet ist das Museum Di bis So von 10 bis 16 Uhr, am Wochenende bis 17 Uhr – das ist jeweils die letzte Einlasszeit.

Museo Afro-Antillano de Panamá

In diesem liebevoll eingerichteten kleinen Museum wird der **Werdegang der afro-antillanischen Einwanderer** illustriert, die als Bauarbeiter für das Eisenbahn-, später das Kanalprojekt von den französisch und englisch geprägten Karibikinseln in das Land geholt wurden (siehe „Menschen und Kultur"). Historische Möbelstücke vermitteln einen guten Eindruck von der alten, europäisch orientierten Wohnkultur, die die Arbeiter von ihren karibischen Heimatinseln nach Panama mitbrachten. Besonders die alte Kochnische mit dem betagten Ofen und das Bügelbrett aus längst vergangener Zeit strahlen eine lebensechte Atmosphäre aus. Die kleine Ausstellung ergänzen einige zeitgenössische Fotos und Originaldokumente.

Das Museum ist seit 1980 in einer ehemalig protestantischen Kirche aus Holz (**Iglesia de la Misión Cristiana** aus dem Jahr 1910) untergebracht. Es liegt im ehemals als Barrio del Marañon bezeichneten Stadtteil, in dem im 19. Jahrhundert viele karibische Arbeiter ihre Wohnhäuser hatten. Heute wird dieses Stadtviertel als Calidonia bezeichnet.

■ **Infos:** Di bis Sa 9–16 Uhr, So und an Feiertagen geschlossen, Eintritt 1 $. Das Museum erreicht man am besten mit der Metro, Station 5 de Mayo; dann muss man nur noch 100 m Richtung Osten gehen.

Museo de Historia de Panamá

Das 1977 gegründete **Historische Museum** führt Sie in großen Zügen durch die Schwerpunkte der **Stadtgeschichte.** Es befindet sich im Erdgeschoss des neoklassizistischen Palacio Municipal südlich vom Plaza de la Independencia, dem Sitz der Stadtregierung.

Neben den **kolonialen Anfangsjahren,** die anhand von Modellen, Dokumenten und Plänen beleuchtet werden, dokumentieren Ausstellungen mit Gemälden und alten Dokumen-ten die Zeit des **Unabhängigkeitskampfes.** Darüber hinaus sind einige Möbelstücke aus der Zeit um 1900 aufgestellt, die einen kleinen Einblick in den damaligen **Wohnstil der wohlhabenden** Familien vermitteln. Von einem großen Fenster bietet sich übrigens ein fotogenes Panorama über die Dächer der Altstadt und die Plaza de la Independencia.

■ **Infos:** Mo bis Fr 9–16 Uhr, am Wochenende und an Feiertagen geschlossen, Eintritt 1 $.

Museo del Canal Interoceánico de Panamá

Etwas östlich vom Historischen Museum, direkt am Plaza de la Independencia, liegt das besonders interessante **Kanalmuseum.** Es befindet sich in einem historischen Haus aus dem Jahr 1874 und wurde 1997 als Museum eröffnet. Wie der Name bereits andeutet, ist es der Lebensader des Landes gewidmet. Mit vielen Exponaten wird hier in sehr beeindruckender Weise die wirtschaftliche Funktion und die Geschichte des Kanals sowie das einfache Leben und die harte Arbeit während der zehnjährigen Bautätigkeit ausführlich dokumentiert (nur in Spanisch) und anhand eines Modells beleuchtet man die Hydrologie des Kanals. Der Besuch des Museums ist ein Muss, vorzugsweise vor der Besichtigung des echten Bauwerks.

■ **Infos:** Di bis So 9–17 Uhr, die Kasse schließt um 16.30 Uhr, Mo geschlossen, Eintritt 10 $, Kinder 5 $, www.museodelcanal.com.

Museo de Arte Colonial Religioso

Einen kleinen, wenn auch bescheidenen Einblick in die koloniale Vergangenheit erhält man im ältesten Stadtmuseum, dem im Jahre 1974 gegründeten **Museum der religiös-kolonialen Kunst.** Das im passenden Rahmen der ehemaligen Capilla de Santo Domingo untergebrachte Museum zeigt einige **Gemälde und Holzschnitzereien** aus dem 18. Jahrhundert, die im Auftrag der Kirche von anonymen Künstlern in den Kulturhochburgen Quito, Lima und Mexiko hergestellt wurden. Die schönsten Stücke der Sammlung bilden die **silbernen Reliquien,** die der panamaischen Silberschmiedeschule entstammen. Die Schule lieferte ab dem 16. Jahrhundert feine Handarbeiten, die den Weg nach Südamerika und Spanien fanden.

Das Museum befindet sich (wie das Historische Museum) in Casco Viejo, weshalb der Besuch am besten mit einem Rundgang durch die Altstadt (siehe „El Casco Viejo – der historische Stadtkern") verbunden wird.

■ **Infos:** Di bis So 9.20–16 Uhr, Eintritt 0,75 $.

Museo de Ciencias Naturales

Das 1975 gegründete **Naturkundemuseum** gibt einen kleinen Einblick in die Landesgeologie und vermittelt zugleich einen bescheidenen Überblick über die panamaische Fauna. Der Rundgang beginnt in der *Sala de Evolución, Geología y Paleontología.* Dieser kleine Raum birgt eine Kollektion von **Mineralien** und **Fossilien** sowie geologische Schautafeln und Karten. Der nächste und zugleich der größte Raum des Museums ist die *Sala de Vertebrados,* wo sich Vitrinen mit einer Kollektion von **präparierten Säugetieren, Vögeln, Reptilien und Amphibien** befinden. Dahinter schließt die *Sala de Entomología y Biología Marina* an, die unter anderem **Korallen, Fische, Muscheln** sowie eine umfangreiche **Käfer- und Schmetterlingssammlung** beherbergt. Links von der *Sala Vertebrados* liegt die *Sala de Fauna Extranjera,* in der ausgestopfte **Tiere aus der ganzen Welt** zu sehen sind.

Das Naturkundemuseum an der Ecke Avenida Cuba/Calle 30 wurde in einem Herrenhaus (Baujahr 1930) mit einem auffallenden Rundturm untergebracht.

■ **Infos:** täglich 9–16 Uhr, Eintritt 1 $.

Casa Museo del Banco Nacional de Panamá

Hinter dem beeindruckenden Dekor einer aus dem Jahr 1925 stammenden Villa versteckt sich ein Museum, das die **historische Entwicklung des Geld-, Bank- und Postwesens** dokumentiert. Die Ausstellung zeigt Münzen aus der kolonialen Epoche, Banknoten aus der ganzen Welt, antike Telefone und Briefkästen sowie panamaische Briefmarken ab dem Beginn des 20. Jh.

Das in der Calle 34 nahe der Avenida Cuba liegende Museum ist eine Initiative der Banco Nacional de Panamá (BNP) und wurde anlässlich ihres 70-jährigen Bestehens im Oktober 1983 gegründet.

■ **Infos:** Mo bis Fr 8–12.30 und 13.30–16 Uhr, Sa, So und an Feiertagen geschlossen, Eintritt frei, Tel. 800-5151.

Museo de Arte Contemporáneo

Das in einem sehr gepflegten und baumreichen Stadtteil am Fuße des Cerro Ancón gelegene **Museum für Gegenwartskunst** entstand im Jahr 1981 durch eine Initiative des *Instituto Panameño de Arte* (PANARTE). Es ist eines der wenigen Museen, das nicht unter staatlicher Leitung steht. Für die Kunstförderung ist PANARTE völlig auf Sponsorengelder und Spenden angewiesen. Bis jetzt konnte damit im Museum nur eine winzige Sammlung von unspektakulären Landschaftsbildern von einheimischen Künstlern aufgebaut werden.

Die **feste Sammlung** ist im ersten Stock untergebracht, wo sich auch ein Konzertsaal und ein Raum für wechselnde Expositionen befinden. Interessanter dagegen sind die **wechselnden Ausstellungen** lateinamerikanischer Kunst im geräumigen, hellen Erdgeschoss, wo sich die Werke führender internationaler, aber auch nationaler Künstler bewundern lassen (siehe „Menschen und Kultur, Malerei").

■ **Infos:** Di bis Sa 10–17 Uhr, So 10–16 Uhr, Mo und feiertags geschlossen, Eintritt 5 $, Infos zu aktuellen Ausstellungen unter www.macpanama.org oder direkt im Museum, Ave. de los Mártires/Cl. San Blas, Tel. 262-8012.

Galerien

Interessierte an **lateinamerikanischer zeitgenössischer Kunst** treffen auf überraschende Ausstellungen in den Galerien der Hauptstadt. Empfehlenswert sind z.B.:

- **Galeria Arteconsult,** Tel. 270-3436, Av. 31, zwischen Calle 76 und 77, www.arteconsultgaleria.com. Eine der ältesten Galerien für lateinamerikanische Kunst in der Stadt.
- **Galeria Bernheim,** Tel. 6672-305, Calle 50 im Erdgeschoss des *Edificio Madison.*
- **Staatliche Galerie** des Instituto Nacional de Cultura (INAC), Tel. 228-8057, Las Bóvedas/Plaza de Francia in Casco Viejo.

An- und Weiterreise

Flugzeug

Internationaler Flughafen

Der **Aeropuerto General Omar Torrijos** liegt etwa 28 km nordöstlich der Hauptstadt nahe dem Ort Tocumen und wird daher auch **Tocumen International Airport** (PTY) genannt.

- Hinter der Pass- und Zollkontrolle befindet sich ein **Informationsschalter des Tourismusamtes** der 24 Stunden geöffnet ist.
- In der **Ankunftshalle** im Erdgeschoss finden sich u.a. kleinere Restaurants, ein Business Center von *Cable & Wireless* (kurz C&W) zum Telefonieren, die Schalter der größeren Autovermieter und eine Filiale der *Banco Nacional de Panamá.*
- Im **ersten Stock** des Flughafengebäudes **(Abflughalle)** gibt es ein Restaurant, ein Postamt und eine Erste-Hilfe-Station.
- In der **Transitzone** des Flughafens findet man diverse Geschäfte mit zollfreien Waren (24 Std. geöffnet), kleine Restaurants, ein *C&W*-Büro und eine Filiale der *Banco Nacional de Panamá,* die Mo bis Fr von 8 bis 15 Uhr geöffnet ist.

Transport vom/zum internationalen Flughafen

- **Bus:** Busse verkehren regelmäßig zwischen dem internationalen Flughafen und dem Stadtzentrum. Busse vom Stadtzentrum zum Flughafen tragen die Aufschrift *Tocumen/Corredor Sur* und benutzen die Autobahn. Die Busse fahren vom zentralen Busbahnhof zwischen 8 und 20.30 Uhr ab, früher bzw. später fahren die Busse nur noch vom Plaza 5 de Mayo neben der Metrostation ab.
- **Taxi:** Vor der Ankunftshalle des internationalen Flughafens befindet sich ein Taxistandplatz. Die Fahrt kostet 25 $ pro Taxi bzw. 10 $ pro Person im Sammeltaxi. Für etwa 2,50 $ (Maut) mehr nimmt der Taxifahrer die Küstenschnellstraße ins Zentrum, auch bekannt als Corredor Sur, was normalerweise rund 20 Minuten an Fahrzeit erspart. Tickets für das Taxi gibt es in der Ankunftshalle am Schalter *Transportes turísticos.*

Internationale Flugverbindungen

Die wichtigsten internationalen Flugverbindungen finden Sie im Kapitel „Praktische Reisetipps A–Z" unter „An- und Weiterreise".

In der nachfolgenden Übersicht sind die in Panama-Stadt ansässigen internationalen **Fluggesellschaften** aufgelistet.

- **Air France,** www.airfrance.com, Büro am Flughafen.
- **Air Panama,** Nationaler Flughafen Albrook, Tel. 316-9000, www.airpanama.com.
- **American Airlines,** Tel. 269-6022 (24 Std.), www.aa.com.
- **Avianca** (Kolumbien), Calle Manuel M. Icazú, Tel. 264-31201, www.avianca.com.
- **Condor,** www.condor.com, Tel. in Deutschland: 0049-(0)180-6767767.

- **Continental/United Airlines,** Vía España, Tel. 265-0040, www.united.com.
- **Copa** (Panama), Av. Justo Arosemena/Cl. 39 und 49, Tel. 217-2672, www.copaair.com.
- **Delta Airlines,** Calle 53a, Urb. Marbella, Tel. 214-8118, www.delta.com.
- **Iberia,** Av. Balboa/Cl. 34, Tel. 227-3966, www.iberia.com.
- **KLM,** www.klm.com.
- **Lufthansa,** Tel. 833-9737, www.lufthansa.com.

Nationaler Flughafen

Der nationale Flughafen **Albrook Marcos A. Gelabert** (PAC) befindet sich auf der ehemaligen US-Militärbasis Albrook direkt an der Metro-Endstation Albrook und wenige Gehminuten vom zentralen Busbahnhof entfernt. Seit dem Konkurs fast aller Fluglinien konzentriert sich der nationale Flugverkehr größtenteils auf die Fluggesellschaft **Air Panama,** die am nationalen Flughafen ein Buchungsbüro unterhält; am besten bucht man online: www.airpanama.com.

Nationale Flugverbindungen

Nachstehend eine **Übersicht** der wenigen nationalen Flugverbindungen mit **Preisen,** die als Richtlinie für das einfache Ticket dienen sollen. Je früher man das Ticket besorgt, umso günstiger ist der angebotene Tarif. Das Retourticket kostet das Doppelte. Für Kinder bis 11 Jahre und Senioren gibt es kleine Ermäßigungen.

- **David,** 3x täglich, 82–115 $.
- **Bocas del Toro,** 3x täglich, 94–115 $, Changuinola über Bocas 2x täglich.
- **Isla Contadora,** 1x täglich, 47–60 $.
- **Chitre,** 2x täglich, 53–96 $.
- **Isla San José** (Perleninsel), 1x täglich, 58 $, nur mit Reservierung in der *Hacienda del Mar* (www.haciendadelmar.net).

Bus

Zentraler Busbahnhof

Ab Panama-Stadt können alle größeren Städte des Landes mehrmals täglich mit dem Bus erreicht werden. Die Busse fahren vom zentralen Busbahnhof ab, der offiziell **Terminal de Albrook** oder **Gran Terminal Nacional de Transporte** heißt, aber allgemein einfach „Terminal" genannt wird (www.grantnt.com). Der Busbahnhof liegt neben der Autobahn Corredor Norte am Rande der ehemaligen US-Militärbasis Albrook. Es gibt dort diverse Geschäfte, Frühstückscafés, öffentliche Toiletten, Bäckereien, Banken mit Geldautomat, Restaurants und das Einkaufszentrum *Albrook Mall,* das mit dem Busbahnhof verbunden ist.

Der Busbahnhof ist mit der Metrolinie 1 oder Stadtbussen ab dem Zentrum **leicht erreichbar.** Ein Taxi aus der City sollte nicht mehr als 8 $ kosten.

Der Busbahnhof ist in **zwei Etagen** gegliedert: Oben kommen die Busse an, unten fahren sie ab. **Tickets** kauft man an den Schaltern der Busunternehmen, die Fahrtziele sind angeschrieben.

Nationale Busverbindungen

- **El Valle** zwischen 6.30 und 18.30 Uhr alle 20 Minuten. Mit diesem Bus kann man auch nach Campana, Chame, Coronado und San Carlos fahren.

Veraguas
Locales Comerciales
Plaza de Comidas
Boleterias
CONWAY
Panamá
145pa hz

- **Penonomé** zwischen 5.15 und 21 Uhr alle 20–30 Minuten.
- **Santiago** zwischen 5 und 21 Uhr halbstündlich, danach um 23, 1 und 3 Uhr. Der Bus hält je nach Nachfrage u.a. in Natá, Aguadulce und Divisa.
- **Soná,** 6x täglich ab 8.20 bis 17.30 Uhr.
- **David** zwischen 7 und 13 Uhr jede volle Stunde, danach 6x bis Mitternacht.
- **Chitré** und **Los Santos** stündlich zwischen 5.50 und 19 Uhr.
- **Guararé** und **Las Tablas** zwischen 6 und 18 Uhr. Die Abfahrt erfolgt, wenn der Bus voll ist, in der Regel jede volle Stunde.
- **Yaviza** über Pacora, Chepo, Metetí und Canglón 5x zwischen 4.30 und 14 Uhr.
- **Colón** täglich zwischen 3.30 und 1 Uhr alle 20 Minuten. Colón ist der Umsteigeort nach Portobelo sowie zur Isla Grande. Über diese Busverbindungen siehe „An- und Weiterreise" bei Colón.
- Einmal täglich fährt ein Bus nach **Chiriquí Grande, Almirante** und **Changuinola,** wo man nach einer Fahrzeit von etwa 12 Stunden (nach Chiriquí Grande 8 Stunden) mit einer Fähre oder einem Wassertaxi nach **Bocas** übersetzen kann.

Internationale Busverbindungen

- Ab Panama-Stadt fahren Direktbusse nach **San José (Costa Rica)** von den Gesellschaften Epacoc (Tel. 314-6837) und Tica Bus (Tel. 2221-7694). Abfahrt ist 2x täglich um 11 und 23 Uhr ab dem zentralen Busbahnhof. Die Fahrtdauer beträgt ca. 15 Stunden, der Preis zwischen 40 und 55 $ für den Luxusbus. Eine Ticketreservierung am Schalter im Busbahnhof ist ratsam.
- Weitere Busverbindungen ab Panama-Stadt mit Tica Bus: nach **Nicaragua** (84/97 $ pro Fahrt), **Honduras** (110/123 $), **San Salvador** (104/139 $), **Guatemala-Stadt** (124/159 $), allerdings immer mit Umsteigen in San José in Costa Rica. Aktuelle Informationen gibt es auf www.ticabus.com, wo man auch online Tickets reservieren kann. Abfahrtszeiten findet man unter www.grantnt.com; hier das Stichwort „Destinos/Internacionales" auswählen.

Boot

- Eine **Passagierfähre** *(lancha)* verbindet Panama-Stadt mit der **Isla Taboga.**
- Unter dem Namen **„Taboga Express"** fahren Schnellboote in 30 Minuten zur Isla Taboga. Abfahrt an der Calzada de Amador neben dem Restaurant *Fridays de Amador.* Erwachsene zahlen hin und zurück 20 $, Kinder 14 $. Aktuelle Uhrzeiten auf www.tabogaexpress.com, Tel. 6234-8989.
- Die **„Calypso Queen",** Tel. 314-1730, fährt 1- bis 3x am Tag zur Isla Taboga. Abfahrt an der Calzada de Amador am Restaurant Mi Ranchito. Wegen des großen Andrangs, vor allem am Wochenende und an Feiertagen, sollte man das Ticket reservieren oder sich etwa 1 Stunde vor der Abfahrt an der Kasse einfinden.
- Die **Isla Contadora** ist mit dem Fährunternehmen **Sea Las Perlas** erreichbar: 1x täglich am Morgen hin und am Nachmittag zurück, 90 Minuten, ab dem Terminal Sea Las Perlas am Jachtclub Balboa an der Calzada de Amador, Tel. 391-1424, www.ferrypearlislands.com.

Modern und übersichtlich: der zentrale Busbahnhof

Panama-Stadt Nord

0 — 200 m

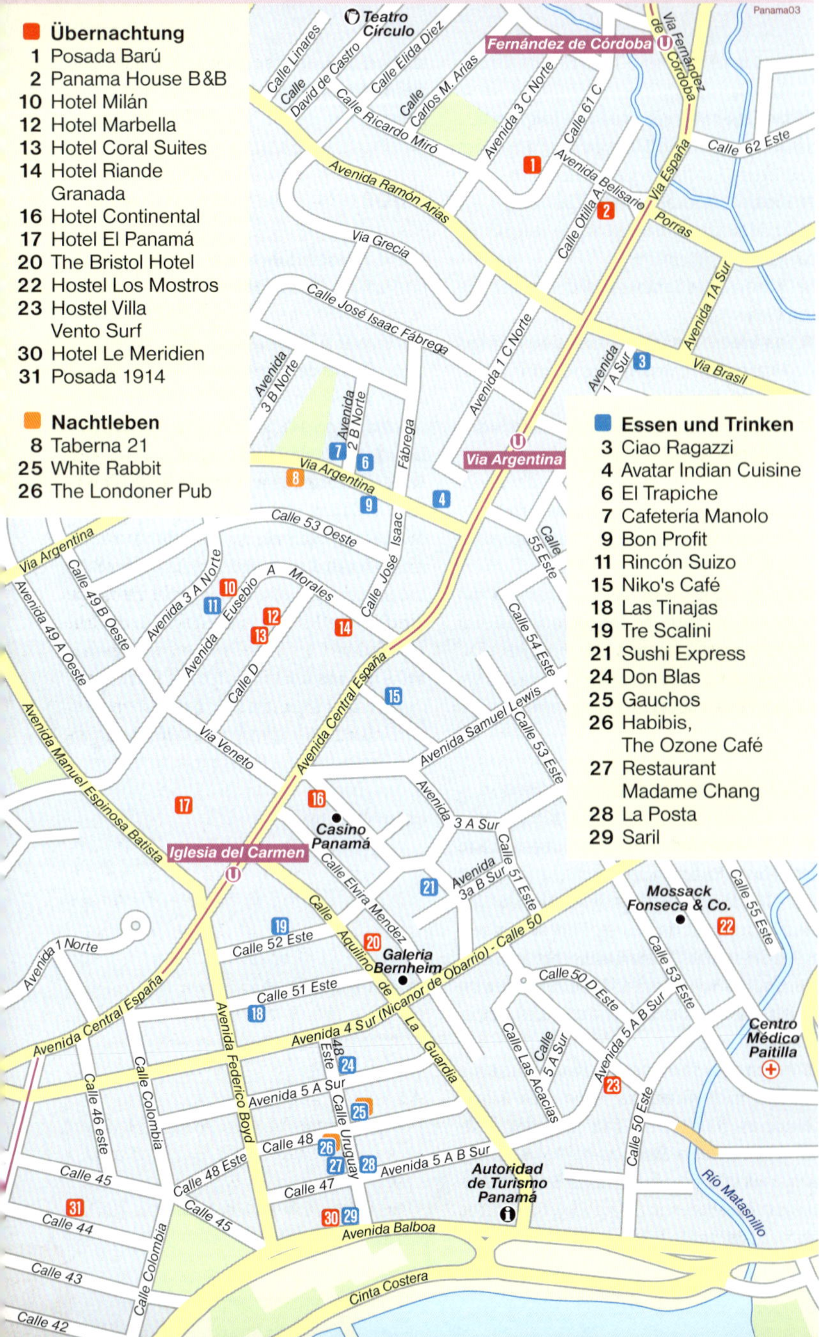

Eisenbahn

■ Von der **Bahnstation Corozal** etwa 1 km westlich vom nationalen Flughafen Albrook, mit dem Bus zu erreichen von der Metrostation Albrook oder der Station 5 de Mayo, fährt Mo bis Fr um 7.15 Uhr ein Personenzug nach **Colón** und um 15.15 Uhr wieder zurück. Die Fahrzeit beträgt ca. 1½ Stunden, der Preis pro Strecke 25 $ (Kinder bis 12 Jahre 15 $). Eine Option wäre, die Hinfahrt mit dem Zug zu machen und von Colón mit dem Bus zurückzufahren oder weiterzureisen. Die Bahntrasse führt zwar in großen Teilen parallel zum Panamakanal, doch sieht man diesen kaum, da dichte Vegetation den Blick verhindert. Die Zugfahrt, obwohl ein tolles Erlebnis, ist kein Ersatz für eine Kanaltour oder -besichtigung. Infos unter www.panarail.com.

Unterwegs in der Stadt

■ Wie in vielen Großstädten der Welt gibt es auch in Panama-Stadt mittlerweile einen sogenannten **Hop-on-hop-off-Bus.** Mit einem Tagesticket kann man sehr einfach und angenehm die Stadt besichtigen und an verschiedenen Haltestellen in den zentralen Stadtteilen, in Casco Viejo und in der Kanalzone ein- und aussteigen. Die genauen Routen, Preise und vieles mehr gibt es unter Tel. 392-6000 oder www.citytourspanama.com.

Unser Tipp: Noch viel interessanter wird eine Stadttour mit dem **Aguabus.** Dieser einzigartige Bus für 47 Fahrgäste ist ein umgebautes Amphibienfahrzeug aus US-Militärbeständen und bietet ein einmaliges Erlebnis. Die Stadttour, die gute 2 Stunden dauert, kann bei **Panama Marine Adventures** unter Tel. 226-8917 und www.pmatours.net gebucht werden. Die Tour startet nur 1x am Tag (abhängig von der Tide, aktuelle Infos auf der Website) an der Flamenco Marina ganz am Ende der Calzada de Amador auf der Isla Flamenco. Von hier geht es mit Blick auf die Skyline quer durch die Bucht zur Altstadt, zur Puente de Las Américas und der Kanaleinfahrt. Erwachsene zahlen 49 $, Kinder bis 12 Jahre 39 $.

■ **Metro-Busse** und normale **Stadtbusse** *(diablos rojos)*, die in die Kanalzone nahe Panama-Stadt fahren, starten neben der Metrostation am Plaza 5 de Mayo (siehe auch „Stadtverkehr“ eingangs des Kapitels).

Übernachten

Panama-Stadt besitzt eine große Anzahl von **Hotels aller Preisklassen.** Die billigeren Unterkünfte konzentrieren sich in den westlich des Stadtzentrums gelegenen Stadtteilen La Exposición und Calidonia, die keinen guten Ruf genießen. Dagegen werden die Viertel El Cangrejo und Bella Vista im Osten des Zentrums sowohl von Urlaubern als auch von Geschäftsreisenden bevorzugt frequentiert, nicht zuletzt wegen der guten Lage, der Sicherheit und des gastronomischen Angebotes.

Stadtplan S. 22

8 Hostal Casa Areka, Calle 56 mit Calle H. Duque, gegenüber von *Super 99,* Paitilla, nahe der Calle Uruguay und dem *Multicentro,* Tel. 399-0986, casaarekapty@gmail.com. 36 Betten verteilt auf 10 Dorms für 13 $ p.P. und private Zimmer für 40 $ das Zimmer mit Bad und 35 $ ohne, inkl. einfaches Frühstück. Alle Zimmer sind klimatisiert. Billardtisch, Wäscheservice.

11 Casa Ramírez, Vía Cincuentenario No. 51, Coco del Mar, gegenüber vom Restaurant Steinbock an der Straße nach Panamá Viejo, Tel. 397-03-40, www.casa-ramirez.com. Schöne Posada in guter Lage, 6 Zimmer plus 2 *dormitorios* mit je 4 Betten für 23–25 $, DZ 77–99 $ inkl. Frühstück. Garten, kleiner Pool, Bar Honesty.

12 Hotel Riande Aeropuerto, Tel. 290-3333. www.riandehoteles.com. Riesiges, schon etwas in die Jahre gekommenes Hotel nahe des internationalen Flughafens (3 km). Swimmingpool, Fitnessraum, Restaurant, Bar und Tennisplatz. EZ/DZ ab 94 $ inkl. Frühstück.

Stadtplan S. 30

Unser Tipp: **1 Hotel Casa Panamá,** im Casco Viejo, Av. Eloy Alfaro mit Calle 11, Tel. 303-0992, www.hotelpanama.com. 32 klimatisierte Zimmer auf drei Ebenen, sehr viele, feine Details, auf rustikal gemacht, ab 88 $ inkl. Frühstück, die Zimmer oben mit Balkon und Aussicht für 121 $.

3 Luna's Castle, Calle 9NA Este 3.28, Casco Viejo, Tel. 262-1540, www.lunascastlehostel.com. Hostel mit über 100 Betten in mehreren Sälen, gut für Rucksacktouristen, in einem alten Kolonialhaus in der Altstadt. Im Mehrbettzimmer 14 $ p.P., EZ/DZ 30 $, alle mit Gemeinschaftsbad, inkl. Frühstück, Kaffee oder Tee. Partystimmung.

4 Hotel Casa Antigua, im Casco Viejo, Calle 9, zwischen Av. B und Av. Eloy Alfaro, Tel. 203-5056, www.casaantiguapanama.com. 9 komplett ausgestattete große und schöne Apartments auf vier Stockwerken in einem kolonialen Haus, Restaurant Pips am Abend, kostenlose Fahrräder.

9 Magnolia Inn, im Casco Viejo, Calle 8a Este, hinter der Basilika, Tel. 202-0872, www.magnoliapanama.com. Top Lage im historischen Viertel, 16 Zimmer in verschiedenen Preisklassen, davon 2 als Dorms für 15 $ das Bett und 3 Penthouse-Zimmer mit spektakulärem Blick auf die Stadt für knapp 150 $, inkl. Frühstück.

10 Central Hotel Panamá, gegenüber der Plaza de la Independencia im Casco Viejo, Tel. 309-0300, www.centralhotelpanama.com. Das älteste Hotel in Panama-Stadt, das seine Tore im Jahr 1874 als Grand Central Hotel öffnete. Schön eingerichtete Zimmer ab 250 $ inkl. Frühstück. Pool mit fantastischer Aussicht auf dem Dach, gute Gastronomie.

11 Hospedaje Casco Viejo, Calle 8a/Avenida A, Casco Viejo, Tel. 211-2027, www.hospedajecascoviejopanama.com. Pension in einem alten Haus inmitten der Altstadt. 14 Zimmer, davon 4 mit eigenem Bad, Mehrbettzimmer ab 15 $ p.P., Einzelzimmer mit Bad ab 35 $, ohne Bad 30 $, mit Frühstück. Kochgelegenheit vorhanden, insgesamt leider etwas vernachlässigt.

Stadtplan S. 58

16 Hotel Continental, Calle 50/Vía España, El Cangrejo, Tel. 263-9999, www.continentalhotel.com. Großes, gepflegtes Hotel mit klassischer Einrichtung. Swimmingpool, Restaurant und Bar werden ebenso geboten wie ein großes Casino. Tarif bei Online-Buchung: DZ ab 75 $, Frühstück extra.

22 Hostel Los Mostros, Calle 54 Este, Marbella, Tel. 396-6570, www.losmostroshostel.com. Hier treffen sich die jungen Leute, Dorms mit 6 bis 10 Betten, teilweise mit internen Bädern, 15 $ p.P. inkl. Frühstück, gut besucht, Pool, Gepäckaufbewahrung für 3 $.

2 Panama House B&B, Calle 1ra, El Carmen, Tel. 263-4366, www.panamahousebb.com. Alte Villa in traditionellem Baustil mit ordentlichen Zimmern. Nette Terrasse zum Entspannen, gratis WLAN und Küchenbenutzung. Etwas abseits in guter Lage nahe der Vía Brasil im Viertel El Carmen. 2016 war das Hostel vorübergehend geschlossen.

23 Hostel Villa Vento Surf, Calle 47, Marbella, Tel. 397-600, www.hostelvillaventosurf.com. Sauberes Hostel in guter, zentraler Lage. Pool im Garten und gratis WLAN. Im Mehrbettzimmer ab 13 $ p.P. inkl. Frühstück.

Unser Tipp: **1 Posada Barú,** Calle Ricardo Miró, El Carmen, knapp 200 m von der Metrostation Fernández de Córdoba, Tel. 393-2340, www.barulodge.com. Sehr freundliche Posada, der venezolanische Besitzer *Toni* kümmert sich persönlich um seine Kunden, 9 klimatisierte Zimmer in verschiedenen Kategorien, alles sehr gut ausgestattet und gemütlich, sauber, schöner Garten in ruhiger Lage, ab 60 $ inkl. Frühstück.

31 Posada 1914, Calle 44, Casa 2-112, Bella Vista, Tel. 398-7606, www.posada1914.com. 15 z.T. klimatisierte Zimmer, davon 3 Gemeinschaftssäle (20 $ p.P.), freundlich, Küchenbenutzung, Kletterwand, 52 $ für ein Zimmer mit Gemeinschaftsbad, 62 $ mit eigenem Bad, jeweils inkl. Frühstück.

10 **Hotel Milán,** Calle Eusebio Morales, El Cangrejo, Tel. 263-6130, www.hotelmilan.com.pa. Gutes Stadthotel mit 107 Standardzimmern, alle mit Kabel-TV und AC. Restaurant. EZ/DZ ab 77 $.

12 **Hotel Marbella,** Calle D, El Cangrejo, Tel. 263-2220, www.hmarbella.com. Einfaches Stadthotel mit 84 Zimmern mit Kabel-TV und AC, DZ ab 50 $. Restaurant.

13 **Hotel Coral Suites,** Calle D, El Cangrejo, Tel. 269-2727, www.coralsuites.net. Aparthotel mit 62 klimatisierten, geräumigen Suiten mit 1 oder 2 Zimmern ab 86 $ inkl. Frühstück, alle mit Küche. Kleiner Pool auf dem Dach, Business-Center.

14 **Hotel Riande Granada,** Calle Eusebio Morales, El Cangrejo, Tel. 204-4444, www.riandehoteles.com. Renoviertes 4-Sterne-Hotel in guter, zentraler Lage. Moderne Zimmer, guter Service, Restaurant, Bar, Pool und ein schöner Biergarten im Hinterhof. EZ/DZ ab 82 $ mit Frühstück.

17 **Hotel El Panamá,** Vía España, Tel. 215-9000, www.elpanama.com. Eines der renommiertesten Hotels mit Pool, Restaurants, Bars, Casino, Disco, Fitnessräumen und Sauna. Zimmer teilweise mit Terrasse oder Balkon. EZ/DZ ab 120 $.

20 **The Bristol Hotel,** Calle Aquilino de la Guardia, Tel. 265-7844, www.thebristol.com. Hotel mit Stil, von der Lounge bis zu den Zimmern, und sogar mit eigenem Butlerservice für jedes Zimmer. Das hat seinen Preis: DZ ab 400 $.

30 **Hotel Le Meridien,** Tel. 297-3200, Calle Uruguay mit Av. Balboa, gehört zur Starwood-Hotelkette. Modernes Hotel mit 111 Zimmern und Suiten mit Whirlpool, gute Lage, Bar, gutes Restaurant. Ab 140 $ die Nacht, Frühstück extra.

Essen und Trinken

Restaurants und Cafeterias

Die größte Auswahl an Restaurants in den verschiedenen Preisklassen findet man in den Stadtvierteln El Cangrejo und Bella Vista, z.B. in der Calle Uruguay und in der Vía Argentina. Das **Angebot ist vielfältig** und reicht von preiswerten panamaischen Gerichten über italienische und griechische Küche bis hin zu asiatischen und arabischen Leckerbissen.

Panamaische Küche

Stadtplan S. 22

UNSER TIPP: 2 **El Rincón del Chef,** Tel. 202-6444, Calle 24 Este, 100 m östlich der Metrostation 5 de Mayo. Neben einem Bauernmarkt, auf dem man frisches Obst und Gemüse erhält, stehen auf einem großen Parkplatz ein Küchenwagen, Plastiktische und hölzerne Kabeltrommeln. Hier gibt es täglich wechselnde Tagesmenüs für 5 $.

UNSER TIPP: 1 **Mercado de los Mariscos,** Cinta Costera, am Zugang zum Casco Viejo. Auf und rund um den Fischmarkt finden sich unzählige kleine Restaurants, Imbisse und Verkaufsstände. Frisch, lecker, unkompliziert und – laut! Im oberen Geschoss ist ein geschlossenes Restaurant untergebracht, in dem es etwas kühler und ruhiger ist.

13 **Mi Ranchito,** Calzada de Amador, www.restaurantemiranchito.com. In diesem preiswerten Freiluftrestaurant kann man bei gutem Essen die herrliche Aussicht und den spektakulären Sonnenuntergang genießen. Am Ende der Calzada de Amador gibt es weitere Restaurants.

Stadtplan S. 30

Unser Tipp: 6 **Caliope,** Av. Central, zwischen Calle 11 und Calle 13, in der Altstadt über dem Theater Amador. Künstlerische Atmosphäre, guter Service, ausgefallene Karte, großartige Weine, Cocktails und leckeres Essen – was braucht man mehr. Großes Angebot an vegetarischen Speisen.

Unser Tipp: 7 **Donde José,** im Casco Viejo, Av. Central mit Calle 11, Tel. 262-1682, www.dondejose.com. Kleines, traditionelles panamaisches Restaurant in toller Lage. Hier werden die Rezepte von *Josés* Großeltern mit kreativen Ideen neu belebt. Nur abends geöffnet.

Unser Tipp: 8 **The Fish Market,** im Casco Viejo, Av. Central, zwischen Calle 10 und 11. Aus der rollenden Küche auf einem offenen Platz serviert: frischer Fisch, Fisch-Gyros und Sushi. Tägl. ab 18 Uhr.

Stadtplan S. 58

29 **Saril,** im Hotel Le Meridien, Calle Uruguay Ecke Av. Balboa. Traditionelles Essen aus Panama, fein präsentiert in noblem Ambiente, Mittagstisch mit guter Salatbar, lecker.

15 **Niko's Café,** Calle 51 nahe der Vía España. Großes SB-Restaurant mit preiswertem und variationsreichem Büfett ab 4 $. 24 Stunden geöffnet, wenig Atmosphäre, aber gut, billig und populär.

6 **El Trapiche,** Vía Argentina, Edificio Alejandra 10, Tel. 269-4353. In top Ausgehlage gelegenes, sehr authentisches Restaurant. Man wird von Kellnern mit Panamahut bedient, die meisten Gerichte werden frittiert serviert, Empanadas, Trapo viejo etc. Relativ günstig. Ein weiteres Trapiche gibt es im Einkaufszentrum Albrook am Eingang La Cebra. Täglich ab 7 Uhr geöffnet.

7 Große Popularität genießt die **Cafetería Manolo** in der Nähe des El Trapiche, Vía Argentina/Ave. 1a B Norte. 24 Stunden geöffnet.

24 **Don Blas,** Calle Uruguay mit Calle 49 Este. Einfaches, nettes Restaurant mit Terrasse. Gut und preiswert.

18 **Las Tinajas,** nahe der Av. Federico Boyd mit Calle 51 No. 22, Bella Vista, www.tinajas.com.pa. Atmosphärisches, auf Touristen ausgerichtetes Lokal der gehobenen Klasse mit Folklore-Shows am Di, Mi, Do, Fr und Sa um 21 Uhr, 10 $ Eintritt für die Show. So geschlossen.

Mediterrane Küche

Stadtplan S. 22

4 Für den kleinen Hunger: An der Metrostation Santo Tómas befinden sich mehrere gut besuchte **Imbissbuden,** darunter ein *Döner House* mit gutem vegetarischen Angebot und ein „Italiener".

Stadtplan S. 30

13 **Restaurante Las Bóvedas,** Calle 2/Plaza de Francia, in der Altstadt. Stilvolles, sehr teures Nobeletablissement, am Wochenende spielen oft Jazzbands, ab 12 Uhr.

Stadtplan S. 58

Unser Tipp: 3 **Ciao Ragazzi,** Av. 1a Sur mit Vía Brasil, gegenüber von *PriceSmart,* Obarrio. Hauchdünne italienische Pizzen, Pasta in allen Varianten, man wird von den Besitzern persönlich bedient, gute Atmosphäre. Di bis So 12–22 Uhr.

Unser Tipp: 28 **La Posta,** Calle Uruguay, nahe dem Waldorf Astoria, Tel. 269-1076. Kreative italienische Küche gemixt mit lateinamerikanischen Rezepten. Das Risotto ist unschlagbar, gute Weinkarte, gehobene Preisklasse. Täglich 12–14.30 und 19–22 Uhr.

19 **Tre Scalini,** Calle 52 Este/Ave. Federico Boyd, Tel. 269-9951. Gutes und beliebtes italienisches Restaurant im Zentrum, nicht günstig. Täglich 12–16 und 18–22 Uhr.

26 **The Ozone Café,** Calle Uruguay mit Calle 48, Tel. 214-9616. Mediterrane Küche mit großer Auswahl an Salaten, Sandwiches und Grillgerichten. Ungezwungenes Ambiente, moderate Preise. Beliebt.

26 **Habibis,** Calle 48 mit Calle Uruguay, Bella Vista, Tel. 264-3647, www.habibispanama.com. Trendiges arabisch-mediterranes Restaurant mit einer

schönen Terrasse und sehr gutem Service. Täglich 11.30–1 Uhr.

Internationale und vegetarische Küche

Stadtplan S. 30

Unser Tipp: 12 **Veggie Moon,** in der Altstadt, Calle 1a Oeste, nahe am Paseo de las Bóvedas, Tel. 228-5028, www.veggiemoonpty.com. Frische, leckere vegetarische Speisen, auch viel aus dem Meer, romantische Atmosphäre. Täglich von 11.30 Uhr bis Mitternacht.

Stadtplan S. 58

Unser Tipp: 4 **Avatar Indian Cuisine,** Vía Argentina, 10 m westlich der Vía España, nahe der Metrostation Vía Argentina, Tel. 393-9066. Leckereien aus dem Tandoori, Currys, Roti und Naans, große Speisekarte mit vielen vegetarischen Optionen, freundliche Besitzer.

21 **Sushi Express,** die Kette einfacher Sushi-Lokale hat u.a. eine Filiale im Zentrum neben dem Casino des Marriott-Hotels. Sushi und Teppanyaki sowie asiatische Salate, alles preiswert und frisch. Auch für Vegetarier gut geeignet.

27 **Restaurant Madame Chang,** Av. 5a Sur/Calle Uruguay. Recht teures, exklusives chinesisches Essen wird hier serviert, auch diverse Sushi-Gerichte.

25 **Gauchos,** Calle Uruguay mit Calle 48. Populäres argentinisches Steakhouse, aber auch gegrillte Hühnchen und Fisch gibt es. Täglich 12–23 Uhr.

9 **Bon Profit,** Vía Argentina nahe der Av. 1b Norte. Kleines Lokal mit spanischen Gerichten, Paella.

Restaurants für Heimwehgeplagte

Stadtplan S. 22

■ Treffpunkte für Deutsche in Panama-Stadt sind folgende Restaurants: 10 **Rincón Alemán,** Calle 68 Este mit Av. 3 Sur, San Francisco, mit großem Biergarten und über 40 Biersorten, Tel. 264-0590, 11 **Steinbock,** Vía Cincuentenario, Tel. 270-2784, mit großem Tresen, immer gut besucht und auch bei Einheimischen sehr beliebt.

Stadtplan S. 58

11 **Rincón Suizo,** Calle Eusebio Morales. Im Chaletstil errichtetes Restaurant mit typischen Gerichten aus der Schweiz, u.a. diverse Käsefondues.

Essen und Trinken im Casco Viejo (Stadtplan S. 30)

Mittlerweile bietet die Altstadt auch dem kulinarisch interessierten Besucher ein reichhaltiges Angebot. So findet man am Plaza Santa Ana das 5 **Café Coca Cola.** Das Café, in dem es unter anderem leckere Sandwiches gibt, ist in einem der ältesten Gebäude der Stadt zu finden.

■ Fischliebhaber sollten unbedingt den ufernahen **Fischmarkt** *(Mercado de mariscos)* und die einfachen Straßenrestaurants davor besuchen. Fangfrischer Fisch und leckere Meeresfrüchte werden mit Plastikbesteck serviert, die Stimmung ist laut, heiß und sehr authentisch. Ruhiger geht es im Restaurant im ersten Stock zu.

140pa hz

Unterhaltung und Nachtleben

Panama-Stadt ist, landesweit betrachtet, das Zentrum des Nachtlebens, nur ist es nicht immer ganz einfach, das „richtige“ Lokal zu finden. Am besten fängt man in der Calle Uruguay in Bella Vista an, wo sich in der Regel die Szene der Hauptstadt trifft. Das Publikum ist jung, stammt aus der gehobenen Mittelklasse, und die Preise für Drinks entsprechen denen zu Hause.

Lotterieverkäuferinnen

Viel los ist abends auch entlang der **Calzada de Amador,** wo Freiluftbars und Kneipen Nachtschwärmer anlocken – und die schöne Aussicht auf die Skyline der Stadt.

Im alten Teil der Stadt, in **Casco Viejo,** haben sich rund um die Plaza Francia und die angrenzenden Straßen trendige Bars und Nachtclubs angesiedelt, vor allem an der Plaza Bolívar und den Calles 7 und 8.

Viele Luxushotels betreiben ein **Casino,** in denen man mit einer gehörigen Portion Glück sein Reisebudget aufbessern kann.

Fast jedes Wochenende wird der **Paseo Peatonal de San Francisco** in der Calle 68 zwischen den Avenidas 4a Sur und Belisario Porras ins Leben gerufen. Neben Restaurants und Kneipen gibt es in der verkehrsfreien Zone auch Straßentheater und -konzerte.

Ein ziemlich ausgeflippter Spaß ist **„La Chiva Parrandera"**. Gemeint ist eine Busfahrt der etwas anderen Art durch Panama-Stadt. An Bord gibt es Snacks, Getränke und dröhnende Musik. 3 Stunden kosten 30 $, Infos unter www.chivafiesta.com.

Kneipen

Stadtplan S. 30

2 **Cervecería La Rana Dorada,** Calle 11 Este mit Calle Eloy Alfaro, in der Altstadt. Auch in Panama sind frische Biere in Mode gekommen, hier hat man eine große Auswahl an internationalen Spezialitäten und regionalem Bier. Gute Pizzen, mit Tischen auf der Straße. Ungezwungene Atmosphäre.

Stadtplan S. 58

26 **The Londoner Pub,** Calle Uruguay. Typisches englisches Pub mit Pints, Dart und TV-Sportkanälen, es gibt auch Kleinigkeiten zu Essen. Mo bis Sa 18–2 Uhr.

25 **White Rabbit,** Calle 48 mit Calle Uruguay, Bella Vista. Netter Biergarten, mit viel Holz gebaut. Viele Biersorten, freundlicher Service.

8 **Taberna 21,** in der Vía Argentina gegenüber vom Parque Andrés Bello, www.taberna21.com. Fußballkneipe, freitags Live-Musik, gute spanische Küche. Täglich 11–2 Uhr, Do bis Sa bis 3 Uhr.

Folklore, Theater, Musik

Aktuelle Veranstaltungen sind den lokalen Tageszeitungen und der Touristenzeitung „El Visitante – The Visitor" (www.thevisitorpanama.com) zu entnehmen.

Zahlreiche Events werden über **Reisebüros** und **Hotels** angeboten.

- Abendliche **Folklore-Shows** werden im Hotel *El Panamá* und im Restaurant *Las Tinajas* veranstaltet.
- Die **Theater Nacional, Atlapa** (im gleichnamigen Konferenzzentrum) und **Círculo** bieten ein breites Programm an, das von Jazz- bis zu Klassikkonzerten und von Ballett bis zu Folkloretänzen reicht.
- Im **Atlapa-Konferenzzentrum** in der Av. 5B nahe der Av. Cincuentenario werden große Popkonzerte, Showveranstaltungen sowie messeähnliche Ausstellungen abgehalten, außerdem befinden sich hier die erfolgreichen Theater Anayansi und La Huaca. Infos unter www.atlapa.gob.pa.

Kino

Filme werden täglich zwischen 15 und 22 Uhr drei- bis viermal ausgestrahlt, meistens in der Originalfassung mit spanischen Untertiteln. Eine Eintrittskarte kostet zwischen 2,50 $ und 5,50 $.

Das **Kinoprogramm** steht in den Wochenendbeilagen der Tageszeitungen und auf www.cinespanama.com.

- **Cinemark Albrook Mall,** *Albrook Mall,* Tel. 314-6001.
- **Cinepolis,** *Multiplaza Punta Pacífica,* mit besonders bequemem VIP-Saal (Service während der Vorführung), Tel. 302-6262.
- **Cinemark Multicentro,** *Multicentro,* Av. Balboa, Tel. 208-2507.
- **Cine Universitario,** Tel. 264-2737, auf dem Uni-Gelände. Hier laufen neben aktuellen Hollywoodstreifen auch Produktionen aus der alternativen Szene.

Einkaufen

Wahre Paradiese für eine ausgedehnte Shoppingtour sind die bekannten **Einkaufsstraßen Vía España und Avenida Central,** die täglich (außer sonntags) zu einem Bummel einladen. Während in der Vía España das Treiben eher als ruhig zu beschreiben ist, herrscht in der Avenida Central im Stadtteil La Exposición ein chaotisches Bild: Zwischen den heranbrausenden, hupenden und qualmenden Stadtbussen überqueren meist unter Lebensgefahr die Kauflustigen die Straße. An den schmalen Gehsteigen häufen sich die wackeligen Verkaufs-

stände der Straßenhändler, die von der Stecknadel bis zum elektronischen Schnickschnack alles in ihrem Sortiment haben. Und zwischen den Geschäften, die von billigen Waren aus allen Bereichen des Lebens überquellen, und den Verkaufsständen tummeln sich Hunderte von Menschen.

Souvenirs

■ Für die Schnitzereien der Chocó-Indianer und für *chacaras* (praktische Umhängetaschen aus Pflanzenfasern) ist der **Mercado de Artesanía in Pa-**

Eine der zahlreichen Shopping Malls

144pa hz

namá Viejo (Plan S. 44) eine gute Adresse. Mola-Textilien können hier direkt von den Kuna-Frauen gekauft werden. Sie bieten ihre Waren auch im Casco Viejo am Paseo an.

- Nahe der Metrostation 5 de Mayo findet man einen weiteren **Kunsthandwerksmarkt,** jedoch kleiner als der in Panamá Viejo.
- **Schmuck,** der nach dem Vorbild der präkolumbischen Goldschmiedekunst hergestellt wurde, wird in Juwelierläden angeboten, z.B. in der Av. Samuel Lewis. In der gleichen Straße, an der Ecke mit der Calle 54, befindet sich das *Reprosa,* wo neue und alte Traditionen miteinander verbunden werden.
- **CDs und Musikkassetten** mit panamaischer Volksmusik sind an den Straßenständen entlang der Av. Central, im Kaufhaus Gran Morrison, in der Vía España und auch an den Eingängen zu den Metrostationen erhältlich.

Einkaufszentren

- Das größte Angebot an Geschäften findet sich in den modernen, klimatisierten Einkaufszentren, den **Shopping Malls,** wo neben diversen Läden meist auch Kinos und Restaurants die Menschen anziehen. Die Einkaufszentren (Plan S. 22) sind in der Regel Mo bis Sa von 10 bis 21 Uhr und So von 11 bis 20 Uhr geöffnet, so z.B. **5 El Dorado, 6 Multicentro, 7 Punta Paitilla** und **9 Multiplaza Punta Pacífica.** Das derzeit größte Einkaufszentrum der Stadt ist die **3 Albrook Mall** beim zentralen Busbahnhof; die Eingänge dieser gigantischen Mall sind übrigens nach Tieren benannt.

Adressen A–Z

Apotheke, Ärzte und Krankenhäuser

- Die **Apothekenfiliale von Arrocha** in der Calle 49 nahe der Vía España hat rund um die Uhr geöffnet und führt ein großes Sortiment an Medikamenten, u.a. Malaria-Tabletten, die vor Ort unter dem Namen *Aralen* und *Plaquinol* abgegeben werden.
- Wegen der großen Anzahl an **Ärzten** wende man sich am besten an die Botschaft (siehe „Diplomatische Vertretungen" im Kapitel „Praktische Reisetipps A–Z") oder an die deutsch-panamaische Handelskammer in der Vía España/Av. Argentina, die bei der Vermittlung eines Arztes helfen können.
- **Hospital Santo Tomás,** Tel. 507-5600. Das öffentliche Krankenhaus hat einen modernen Standard und einen guten Ruf.
- Gute private Krankenhäuser sind das **Hospital Nacional,** Tel. 207-8100, www.hospitalnacional.com, das **Centro Médico Paitilla,** Tel. 265-8800, www.centromedicopaitilla.com, und die **Clínica Hospital San Fernando,** Tel. 305-6300, www.hospitalsanfernando.com.

Autoverleih

Die meisten Autovermieter haben ein Büro am **internationalen Flughafen Tocumen,** am nationalen Flughafen Albrook und im Stadtviertel El Cangrejo und bieten sehr günstige Internettarife an; mehr dazu auf den entsprechenden Homepages.

- **Avis,** www.avis.com.pa, Tel. 278-9444.
- **Budget,** www.budgetpanama.com, Tel. 263-8777.
- **Dollar Rent a Car,** www.dollarpanama.com, Tel. 270-0355.

1

- **Hertz,** www.hertzpanama.com.pa, Tel. 321-8301
- **National,** www.nationalpanama.com, Tel. 275-7222
- **Thrifty,** www.panamathrifty.net, Tel. 204-9555.

Botschaften und Konsulate

Adressen und Telefonnummern der Botschaften und Konsulate stehen im Kapitel „Praktische Reisetipps A–Z" unter „Diplomatische Vertretungen".

Ein- und Ausreisebehörde

- Eine Aufenthaltsverlängerung erteilt das **Servicio Nacional de Migración** in der Vía Ricardo J. Alfaro.

Geld

Bargeldabhebungen an einem der zahlreichen **Geldautomaten** (ATM = *Automatic Teller Machine*) im Stadtgebiet sind mit der Kreditkarte möglich und mit einer Maestro-Karte, wenn diese das Logo „Maestro" und/oder „Cirrus" trägt. Einige Mittelklasse- und Luxushotels verfügen über eine **Wechselstube,** allerdings ist der Kurs ziemlich schlecht. Zusätzlich sollte man etwas Bargeld (US-Dollar) von zu Hause mitbringen.

Polizei

- **Notruf: 104**

Post und Telefon

- Die meisten **Postämter** *(estafetas)* in Panama-Stadt haben Mo bis Fr von 8 bis 17 Uhr und am Sa bis 16 Uhr geöffnet.
- Regionale und internationale Gespräche können mit einer Telefonwertkarte *(tarjeta)* aus jeder **Telefonzelle,** die es an vielen Straßenecken gibt, geführt werden.
- **SIM-Karten,** die man im eigenen Handy benutzen kann, erhält man in jedem Supermarkt, Kiosk oder bei Straßenhändlern.

Touristeninformation

- Die Zentrale der **Autoridad de Turismo Panamá (ATP)** befindet sich im Edificio BICSA Financial Center im 29. Stock, Av. Balboa mit Aquilino de La Guardia, Tel. 226-7000, www.atp.gob.pa und www.visitpanama.com, geöffnet Mo bis Fr 9–16 Uhr. Am Flughafen Albrook betreibt die *Autoridad* ein kleines Infobüro, Tel. 526-6990, ebenso in einigen Regionen des Landes: Bocas del Toro, Tel. 757-9642; Paso Canoa (Grenze zu Costa Rica), Tel. 727-6524; El Valle de Antón, am Kunsthandwerksmarkt, Tel. 983-6474.

Umgebung von Panama-Stadt

UMGEBUNG VON PANAMA-STADT

Bei der Umgebung der Hauptstadt wurden in diesem Buch alle interessante Orte, Strände, Sehenswürdigkeiten etc. berücksichtigt, welche in einem Umkreis von ca. 30 km liegen und ab Panama-Stadt erreichbar sind.

NICHT VERPASSEN!

- **Isla Taboga:** diese „Blumeninsel" ist ein kleines Paradies | 72
- **Parque Municipal y Jardín Botánico Summit:** tropischer Park mit Picknick-Arealen, botanischem Garten und kleinem Zoo | 76
- **Camino Real:** historischer Handelsweg durch den Regenwald von Küste zu Küste | 85

Diese Tipps sind gelb hinterlegt.

Playa Bonita

Etwa 20 Busminuten südwestlich des Stadtzentrums und jenseits des Kanals befindet sich in einer **kleinen Pazifikbucht** die Playa Bonita. Der helle, von türkisfarbenem Wasser umspülte **Sandstrand** mit eleganten Palmen und Sonnenschirmen aus Palmblättern sowie der Anblick von Braunen Pelikanen, die im Sturzflug ihre Mahlzeit aus dem Meer holen, vermitteln ein Bild, das sich bereits der Klischeevorstellung eines Karibikstrandes nähert. Die Wasserqualität wird aber durch die Nähe des Panamakanals als zweifelhaft beurteilt.

Praktische Hinweise

- Die Playa Bonita ist mit dem **Bus** nach Veracruz erreichbar, der ab dem zentralen Busbahnhof in Panama-Stadt losfährt. Die letzten 400 m zum Strand müssen gelaufen werden.
- Wer mit dem **Auto** zur Playa fahren will, nimmt nach der Puente de Las Américas die erste Abzweigung rechts. Danach geht es unter der Brücke hindurch und quer durch die ehemalige US-Basis Howard, heute zum Teil ein Wohngebiet mit Kontrollstelle bei der Einfahrt. Die Straße führt direkt zum Hotel Playa Bonita, wo die Straße nach rechts zur Playa Veracruz abzweigt.

  Unterwegs bietet sich übrigens ein fantastischer Blick auf die Brücke und die Pazifikeinfahrt des Panamakanals.
- Zimmer gibt es im **Luxushotel Westin Playa Bonita,** Tel. 304-6600, www.starwoodhotels.com.

Isla Taboga

Nur eine Bootsstunde liegt zwischen dem lebhaften Treiben in der Hauptstadt und der angenehmen Ruhe auf der ca. 11 Quadratkilometer großen Isla Taboga, wo Autos oder Mopeds ein nahezu unbekanntes Phänomen sind. Und wenn die Tagestouristen am Nachmittag mit der letzten Fähre die Insel verlassen haben, hören die Verbleibenden nur noch das Rauschen des Meeres. Selbst wenn man keine Zeit hat, um länger auf der Insel zu verweilen, lohnt sich ein **Tagesausflug** nach Taboga allein schon wegen der Bootsfahrt, bei der man einen fantastischen Blick auf die Puente de Las Américas und die in der Hitze flimmernde Skyline von Panama-Stadt hat.

Die **1500 Inselbewohner** bezeichnen ihr kleines Paradies mit Recht als Isla de las Flores, die „Blumeninsel“: Bougainvilleas, Oleander, Beerenmalve, Hibiscus und Jasmin schmücken die schmalen, verwinkelten Gassen des einzigen Ortes, der schlicht als **Pueblo** („Dorf“) bezeichnet wird. Die pastellfarbenen Häuser heben sich gegen den grünen Tropenwald ab, das türkis schimmernde Wasser und die hellen Sandstrände runden das Bild der Insel ab.

Der malerische Flecken inspirierte schon vor Jahrzehnten viele **Künstler** wie den panamaischen Maler *Roberto Lewis* oder den französischen Maler *Paul Gauguin,* dessen expressive Figurenbilder von Tahiti Weltbekanntheit erlangten. *Gauguin* war zweimal für wenige Tage auf der Insel und wollte sich hier für längere Zeit niederlassen. Die hohen Grundstückspreise veranlassten ihn jedoch dazu, in Richtung Südsee weiterzureisen.

Hinsichtlich des Namens Taboga gehen die Meinungen auseinander: Mit größter Wahrscheinlichkeit wurde der Inselname vom Kaziken *Haboga* abgeleitet, der bei der Ankunft der Spanier die Insel regierte. Eine andere Version besagt, dass Taboga aus einer Indianersprache stammt und „Wasserberg" bedeutete, gleichzeitig aber auch als Definition für eine Fischart verwendet wurde. Woher der Name stammt, wird weiterhin ein Rätsel bleiben. Die ursprüngliche Bevölkerung samt ihrer Kultur ist während der Kolonialzeit untergegangen und damit auch der Schlüssel zum Ursprung des Namens Taboga. Als die Spanier 1524 eine Siedlung auf Taboga gründeten, versuchten sie, ihr den neuen Namen Isla de San Pedro aufzuzwingen, doch vergeblich – Inselbewohner sind ja bekanntlich etwas eigensinnig.

Taboga ist nicht nur ein malerischer Flecken, sondern auch einer, an dem sich der Mensch wohlfühlt, und das wurde schon in der Vergangenheit erkannt. Mit ihren beiden Stränden lockt die Insel heute viele **Ruhesuchende,** aber auch **Badehungrige** an, die vor allem am Wochenende und an Feiertagen anreisen.

Bei einem Inselbesuch sollten Sie nicht versäumen, einen **Rundgang durch das Dorf** zu machen, das mit seinen imposanten Gassen, Stiegen und pastellfarbenen Hausfassaden an ein Dorf des europäischen Mittelmeerraumes erinnert. Im Ortszentrum erhebt sich die Kirche, deren Turm noch aus der Ortsgründungszeit im Jahre 1550 datiert. Unweit von Chu Apartments befindet sich eine Besonderheit: die **Casa La Concha,** ein Häuschen, das über und über mit Muscheln dekoriert wurde.

Für ausgedehnte Touren eignet sich die Insel nicht. Eine Ausnahme ist der Weg zum **Mirador** im Südosten der Insel (gute Fernsicht). Wer diese einstündige Wanderung nicht machen möchte, kann sich von einem Guide für etwa 5 $ hochfahren lassen.

Die Hälfte von Taboga und die gesamte Nachbarinsel Urabá bilden ein **Wildtierreservat,** das für die Brutkolonien der Fregattvögel und der Braunen Pelikane geschaffen wurde. Um die Tiere nicht zu stören, werden nur **Bootsfahrten um die Inseln** angeboten, wobei man die Vögel beobachten und die Insel aus einer anderen Perspektive betrachten kann.

Praktische Hinweise

An- und Weiterreise

■ Taboga ist mit den Booten von **Taboga Express** zu erreichen, Tel. 6234-8989, www.tabogaexpress.com. Die Schnellboote, die 30 Min. für die Überfahrt benötigen, fahren von der Calzada de Amador direkt neben dem Fridays de Amador ab. Die Überfahrt kostet 20 $, Kinder zahlen 14 $, jeweils hin und zurück. Aktuelle Uhrzeiten sind der Website von Taboga Express zu entnehmen.

■ Ein weiteres Boot ist die **„Calypso Queen",** Tel. 314-1730, die nur 1- bis 3x am Tag fährt. Abfahrt an der Calzada de Amador am Freiluftrestaurant Mi Ranchito.

Übernachten, Essen und Trinken

■ **Hotel Vereda Tropical,** Tel. 250-2154, www.hotelveredatropical.com. Stimmungsvolle kleine Anlage in mediterranem Stil. Alle 11 Zimmer mit Bad, WC, Meeres- oder Dorfblick. EZ/DZ ab 72 $. Restaurant und nette Bar.

- **Cerrito Tropical,** Tel. 6489-0074, www.cerritotropicalpanama.com. Großräumige Apartments mit Küche, Bad, Balkon und drahtloser Internetverbindung. DZ mit Klimaanlage ab 78 $ inkl. Frühstück.
- **Ocean Rock Café,** nahe dem Anlegesteg mit Terrasse am Wasser und schönem Ausblick. Gute Adressen zum Essen sind auch das Restaurant im Cerrito Tropical und das im Hotel Vereda Tropical.

Weitere Informationen

- **Tretboote** können direkt an der Playa La Restinga gemietet werden, **Bootsausflüge** um die Insel können im ANAM-Büro erfragt werden.
- Auf Taboga gibt es **keine Bank** bzw. Geldautomat, keine Post oder sonstige Einrichtungen.
- Im **ANAM-Büro** nahe der Anlegestelle können hilfreiche Informationen über die Insel und das Naturschutzgebiet eingeholt werden.

Isla Contadora

Kaum 30 Flugminuten von Panama-Stadt entfernt, liegt **mitten im Golf von Panama** dieses schimmernde Juwel – ein **Paradies, in dem karibische Träume wahr werden:** Elf weiße, feinsandige Strände, Kokospalmen und kristallklares Wasser verzaubern die Besucher, einige davon sind allerdings in Privatbesitz.

Die ca. 300 Hektar große Insel gehört zum **Archipiélago de las Perlas,** einer Inselgruppe, die im Jahr 1513 von *Vasco Nuñéz Balboa* entdeckt wurde. Wegen ihres Perlenreichtums in den umliegenden Gewässern erweckte die Inselgruppe schon bald das Interesse der Spanier, die im Verlauf der Kolonialzeit die Perlenbänke ausbeuteten. Die *señores de canoas,* wie man die spanischen Händler damals nannte, holten große Mengen von **Naturperlen** aus dem Wasser. Allerdings beschränkte sich ihre Arbeit auf die Organisation, die Taucharbeit verrichteten indianische und schwarze Sklaven. Die Beute der unfreiwilligen Perlentaucher wurde auf der Insel penibel gezählt und registriert, was schließlich zu ihrem Namen führte: Isla Contadora, die „Buchhalterinsel".

Die Spuren der kolonialen Vergangenheit sind längst verwischt und die Buchhalter nur noch Legende. In den letzten Jahrzehnten stand die Insel gelegentlich im **internationalen Rampenlicht,** etwa Ende der 1970er Jahre, als hier der Schah von Persien, *Mohammed Reza Pahlevi,* mit seiner Gattin für einige Zeit im Exil lebte, oder 1983, als sich hier die Regierungschefs von Mexiko, Venezuela, Kolumbien und Panama zum ersten Mal trafen und eine Konferenz zur Wiederherstellung des Friedens in Mittelamerika abhielten. Die noch immer regelmäßig zusammentreffende Politikergruppe ist seither als **Contadora-Gruppe** ein internationaler Begriff.

Die Insel ist heute ein beliebter Zweitwohnsitz finanzkräftiger Panamaer, ein Aussteigerort und Altersruhesitz für Europäer und eines der exklusivsten Touristenziele in Panama.

Auch **andere Inseln des Archipels** haben ihren Reiz, so die Isla Pacheca, wo Tausende von Braunen Pelikanen und Fregattvögeln nisten.

[>] Abendstimmung nahe der Isla Contadora

Umgebung von Panama-Stadt

Praktische Hinweise

An- und Weiterreise

■ Contadora ist ab dem Flughafen Panama-Albrook mit **Air Panama** täglich am frühen Vormittag in 20 Minuten erreichbar. Ein Ticket kostet 47–60 $, zu kaufen unter www.airpanama.com.

Zwei **Fährbetriebe** bieten die Route zur Isla Contadora ab Panama-Stadt an:

■ **Sea Las Perlas,** 1x täglich am Morgen hin und am Nachmittag zurück, 90 Minuten, ab dem Terminal Sea Las Perlas am Jachtclub Balboa an der Calzada de Amador, Tel. 391-1424, www.ferrypearlislands.com.

■ **Ferry Las Perlas,** nur Do bis So, Tel. 831-5048, www.ferrylasperlas.com.

Übernachten, Essen und Trinken

■ **Gerald's B & B,** Contadora Island Hotel, Tel. 250-4159, www.island-contadora.com. Nette, zweckmäßige Zimmer mit TV und Ventilator. DZ ab 100 $ inkl. Frühstück. Mit Swimmingpool, Bar und beliebtem Restaurant.

■ **Contadora Island Inn,** Tel. 250-4164, www.contadoraislandinn.com. Zentral gelegen, 5 schöne Zimmer, gutes Frühstück, sehr hilfsbereit.

■ **Perla Real Inn,** Tel. 228-885190, www.perlareal.com. Zimmer ab 65 $.

■ Für das leibliche Wohl sorgen neben den **Restaurants** in den großen Resorts auch das **Galéon** (Fisch und internationale Gerichte) und das **Pelicano,** beide am Playa Galéon, das **Super Blandy** hinter dem Air-Panama-Büro, das **Multi Comida** gegenüber dem Aeroperlas-Büro, das **Sagitario** (lo-

717pa hz

kale Speisen) und **Angelina's Bar** (u.a. Pizza), alle im Zentrum der Siedlung gelegen.

Aktivitäten

- Tauchkurse sowie Schnorchel- und Tauchausrüstung werden vom **Tauchzentrum Coral Dreams** angeboten; weitere Informationen unter www.coral-dreams.com. Zum Schnorcheln eignet sich u.a. das Gebiet vor dem Playa Larga.
- **Touren** zu nahe gelegenen Inseln werden von lokalen Fischern angeboten. Zudem werden **Segeltörns, Angeltrips** und Fahrten mit dem **Glasbodenboot** angeboten, und man kann **Fahrräder** und **Jet-Ski** ausleihen.

Parque Municipal y Jardín Botánico Summit

An der Ostseite des Kanals, zwischen Paraíso und Gamboa, befindet sich eine 250 Hektar große Parkanlage, die allgemein als **Botanischer Garten Summit** bezeichnet wird. Sie bildet einen Teil des heutigen Nationalparks Soberanía (siehe weiter unten), der zwischen 1923 und 1979 der Panamakanal-Kommission als wissenschaftliches Gebiet für Experimente im Bereich der Tropenflora diente. Mit dem Wegfall des Sonderstatus der

043pa hz

< Wassergefüllter Bombax

Kanalzone im Jahr 1979 kam das gesamte Terrain unter die Leitung des staatlichen Naturschutzinstitutes ANAM, das es zum Nationalpark erklärte. Die Verwaltung von Panama-Stadt übernahm 1985 die Verantwortlichkeit über einen kleinen Teil des Nationalparks.

Die **abwechslungsreich gestaltete Parkanlage** steht auf der Ausflugsliste der Panamaer ganz oben. Vor allem Familien kommen in den Park, in dem die Kinder nahezu ungehemmt spielen können, während die Erwachsenen an einem Picknicktisch sitzen und plaudern oder sich zur Entspannung auf den gepflegten Rasen legen. Neben dem Erholungswert hat die Parkanlage aber auch das Ziel, die Panamaer, vor allem die jüngere Generation, mit der Natur vertraut zu machen. Zu diesem Zweck wurde ein **kleiner Zoo** errichtet, in dem heimische Säugetiere, Vögel, Reptilien und Amphibien aus nächster Nähe zu beobachten sind.

Die Anlage stellt zudem insgesamt 140 verschiedene, weltweit verbreitete **Tropenpflanzen** vor, die entlang der Wege angepflanzt und mit Tafeln zur Erklärung versehen wurden. Wegen seines Baumreichtums eignet sich der Park besonders gut, um mit wenig Aufwand **frei lebende Vögel** zu beobachten, unter anderem Kolibris. In einem kleinen, für die Besucher unzugänglichen Winkel des Areals wird seit Jahren versucht, die Raubvogelart Harpyie zu züchten, leider bis heute ohne Erfolg.

Infos: Die Parkanlage ist täglich von 8 bis 16 Uhr geöffnet, Eintritt 1 $, wer in Schuluniform kommt, darf umsonst hinein. Die Anlage ist direkt mit dem Bus nach Gamboa ab der Plaza 5 de Mayo erreichbar. Tel. 232-4850.

Die Naturschutzgebiete

Auf beiden Seiten des Panamakanals wurden von der panamaischen Regierung in den 1980er Jahren große, teilweise mit tropischen Feuchtwäldern bedeckte Flächen als Naturschutzgebiete ausgewiesen, die primär zum **Schutz der Wassereinzugsgebiete des Kanals** dienen. Sie garantieren aber ebenso den Erhalt der Flora und Fauna und sind von wesentlicher Bedeutung für die Wasserversorgung der beiden Städte Colón und Panama-Stadt. Ein weiterer Zweck der Naturschutzgebiete ist die **Regeneration brandgerodeter Flächen.** Laut Statistik ist in den letzten Jahrzehnten durch diese traditionelle Landgewinnungsmethode ca. 35 % des Primärwaldes verloren gegangen, vor allem in den Randzonen der Naturschutzgebiete, wo der Primärwald mit bis zu 40 m hohen Baumriesen mittlerweile Seite an Seite mit niedrigen Sekundärwäldern steht. Die Natur holt sich langsam wieder zurück, was ihr der Mensch genommen hat.

Wegen der wichtigen Funktionen der Naturschutzgebiete ist **kaum** eine **Infrastruktur** vorhanden, weshalb man einige Gebiete nicht besuchen kann. Dazu gehört auch der etwa 4000 Hektar große Parque Nacional Camino de Cruces, der die Lücke zwischen dem Parque Natural Metropolitano am Rande von Panama-Stadt und dem Summit-Park schließt.

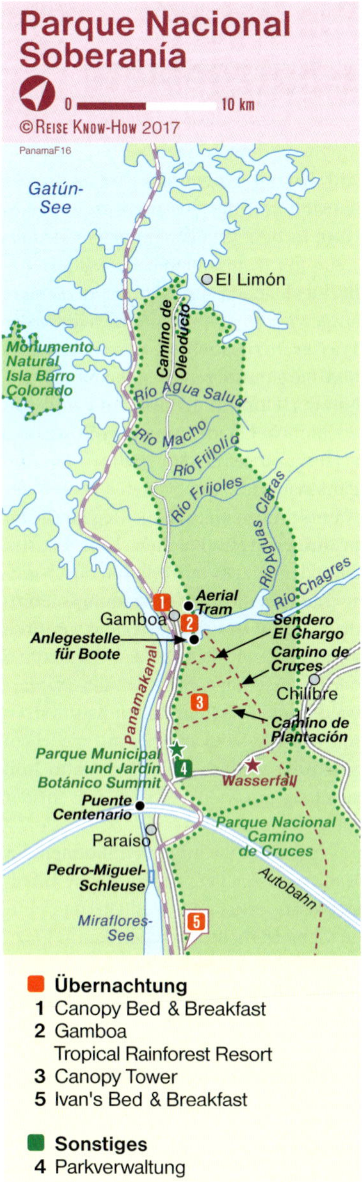

Parque Nacional Soberanía

Der lang gestreckte Nationalpark Soberanía **am Ostufer des Panamakanals,** zwischen den Orten Paraíso und El Limón, lässt sich von allen Naturschutzgebieten in der Umgebung der Hauptstadt am einfachsten besuchen und begehen. Bereits bei einer kurzen Wanderung durch die **mannigfaltige Tropenflora** Soberanías können mit etwas Glück verschiedene Tiere beobachtet werden. Im üppigen Grün flattern farbenprächtige Vögel und seltene Insekten durch den Park, hüpfen winzige Frösche am blätterbedeckten Boden und bahnen sich exotische Vierbeiner einen Weg durch das Dickicht.

Auf die Besucher übt vor allem die **Vogelwelt** einen besonderen Reiz aus, und bei Ornithologen hat Soberanía einen ausgezeichneten Ruf. Weihnachten 1985 registrierte die *Panama Audubon Society* an nur einem Tag 380 verschiedene Vogelarten im Park, worunter sich viele nur dort heimische Arten befanden. Soberanía trägt seither mit Stolz das Etikett, die weltweit größte Artenvielfalt von Vögeln im Verhältnis zur Parkgröße zu beheimaten.

Wanderweg Camino de Oleoducto

Die meisten Vögel wurden und werden entlang des alten Camino de Oleoducto gesichtet, einer Schotterpiste, die auch als **Pipeline Road** bezeichnet wird und das Naturschutzgebiet zur Hälfte durchquert. Die ca. 18 km lange Piste wurde im Zweiten Weltkrieg von US-Soldaten angelegt und verläuft parallel zur ehemaligen interozeanischen Eisenbahnstrecke von der Ortsgrenze Gamboas bis nach Agua Salud, einer Hydraulikstation am Gatún-See. Die interessante Kulisse aus **jungfräulichem Feuchtwald** offenbart sich den Besuchern erst nach einigen Kilometern ab Gamboa. Obwohl fast die gesamte Strecke während der Trockenzeit gut befahrbar ist, empfiehlt sich eine Wanderung, nicht nur, um die Natur näher kennenzulernen, sondern auch, weil die selten befahrene Route oft durch umgefallene Baumriesen versperrt wird.

Wanderweg Camino de Cruces

Eine andere reizvolle Wanderroute bildet der teilweise erhaltene Camino de Cruces, der einst Atlantik- und Pazifikküste miteinander verband. Auf einer Länge von ca. 10 km werden Sie in die Fußstapfen von Kaufleuten und Sklaven aus der spanischen Kolonialzeit, von europäischen Emigranten und nordamerikanischen Goldsuchern treten, die diesen Weg benutzten, um **von Küste zu Küste** zu gelangen. Während der Wanderung kann man sich ein wenig vorstellen, welche Strapazen die Menschen auf diesem Weg durch die tropische Welt auf sich nehmen mussten, bedrängt von der feuchten Hitze, umgeben von Mückenschwärmen, geheimnisvollen Naturgeräuschen und der ständigen Angst, überfallen zu werden. Alte Pflastersteine, die den Reisenden damals den Weg wiesen, sind zwischen den Moospolstern und vermodernden Blättern noch an einzelnen Stellen sichtbar. Die Wanderung empfiehlt sich wegen der rutschigen Pflastersteine des alten Camino de Cruces eher für die Trockenzeit.

Die **Wanderroute** beginnt an der waldgesäumten Straße zwischen Paraíso und Chilibre, ein Schild weist auf den Beginn des Wanderweges hin. Wer die Wanderung machen möchte, der sollte unbedingt bedenken, dass nach ca. 4 bis 5 Gehstunden der **Weg am Río Chagres im Nichts endet.** Das heißt, der Aus-

Ein Juwel in Panamas Fauna: der Blue Morpho

154pa hz

gangspunkt muss noch vor Einbruch der Dunkelheit wieder erreicht werden. Alternativ kann man die Wanderung mit einem lokalen Wanderveranstalter machen, dieser organisiert dann ein Boot zwischen Venta de Cruces und Gamboa.

Etwa 1,5 km vor dem Schild (in Richtung Chilibre) befindet sich an der gegenüberliegenden Straßenseite ein größerer **Wasserfall,** der eine gute Stelle für eine Rast ist und außerdem zur Orientierung bei der Busfahrt dienen kann.

Wanderweg Sendero El Charco

Der dritte Wanderweg im Nationalpark Soberanía beginnt wenige Kilometer nach dem Botanischen Garten Summit an der Straße nach Gamboa. Es ist ein **angenehmer Rundweg** von ca. 20 Minuten Dauer quer durch herrlichen Tropenwald. Ein Wasserfall, Bademöglichkeiten und Picknickbänkchen machen den Sendero El Charco am Wochenende zu einem beliebten Ausflugsziel. Mückenschutz nicht vergessen!

Wanderweg Camino de Plantación

Der letzte Wanderweg im Nationalpark ist der Camino de Plantación. Beim Bau des Panamakanals wurde ein Weg zur Plantage Las Cascades angelegt, wo u.a. Kaffee, Kakao und Gummibäume für die Kanalbehörden wuchs. Der **alte Plantagenweg** ist eine sehr angenehme Wanderroute. Er ist ca. 7 km lang und beginnt am Eingang zum Hotel Canopy Tower und trifft nach 7 km auf den Camino de Cruces. Auch hier gilt – früh aufbrechen!

Aerial Tram

Der Regenwald des Nationalparks Soberanía lässt sich nicht nur zu Fuß, sondern auch mit der Aerial Tram, die einer Seilbahn ähnelt, erkunden. Die **unvergessliche und bequeme Fahrt zwischen den Baumkronen** dauert knapp 2 Stunden und beginnt und endet im Gamboa Tropical Rainforest Resort.

■ **Infos:** Di bis So 4x pro Tag für 42 $ p.P., 21 $ für Kinder. Montags ist die Aerial Tram wegen Wartungsarbeiten geschlossen. Eine langfristige Reservierung kann man auf der Website www.gamboaresort.com vornehmen, kurzfristig dann nur noch per Telefon unter 314-5028 (span./engl.).

Praktische Hinweise

Übernachten, Essen und Trinken

2 Zimmer gibt es im sehr luxuriösen und teuren **Gamboa Tropical Rainforest Resort** direkt am Río Chagres, Tel. 314-5000. Aus ehemaligen Wohnhäusern der Kanalverwalter entstand eine Anlage mit 107 Hotel- und 38 Eco-Zimmern in Villen; ab 245 $ pro Nacht. Mit Restaurants, Pool, Urwaldseilbahn (50 $ p.P., auch für Nicht-Gäste), Kajaks, Bootstouren, Jachthafen und Wellnesszentrum. Mehr Infos unter www.gamboaresort.com.

3 Übernachten kann man auch im **Canopy Tower,** Tel. 264-5720, einer zum Hotel umgebauten ehemaligen amerikanischen Radarstation am Semaphore-Hügel mitten im Regenwald. Das außergewöhnliche Hotel bietet auch Halbtagestouren für Tagesbesucher an. Das Ganze ist nicht gerade günstig und startet in der Nebensaison bei 180 $ p.P. inkl. Vollpension.

1 Vom gleichen Unternehmen wird das **Canopy Bed & Breakfast** im Ort Gamboa geführt. DZ 155 $ inkl. Frühstück. Infos unter www.canopytower.com.

Unser Tipp: 5 **Ivan's Bed & Breakfast,** Tel. 6981-4583 und 314-9436, www.gamboaecotours.com, neben dem Canopy B & B. 4 Zimmer und ein Apartment, von *Ivan* sehr nett geführt, mit einem fantastischen Garten. 55 $ p.P. mit Frühstück. Tourangebote, beliebt bei Vogelkundlern.

Weitere Informationen

- **Gamboa** ist ein idealer Ausgangspunkt für viele Unternehmungen in der Umgebung.
- Der Nationalpark ist täglich von 8.30 bis 16.30 Uhr **geöffnet,** der **Eintritt** kostet 5 $. Tel. 232-4192, www.anam.gob.pa/soberania.
- Soberanía ist ab dem zentralen Busbahnhof bzw. ab der Metrostation Plaza 5 de Mayo in Panama-Stadt erreichbar. Zur Pipeline Road, zum Camino de Plantación und zum Sendero El Chato nehmen Sie den **Bus** nach Gamboa, zum Camino de Cruces den Bus nach Chilibre.
- **Organisierte Halbtages- und Tagestouren** werden von verschiedenen Reiseveranstaltern in der Hauptstadt angeboten (siehe Kapitel „Praktische Reisetipps A–Z, Reiseveranstalter").
- Achtung! Es wurden **Überfälle** auf Touristen gemeldet. Besuchen Sie den Nationalpark deshalb nicht alleine, nehmen Sie nur etwas Bargeld mit und lassen Sie wichtige Dokumente im Hotelsafe.

Parque Nacional Chagres

Der Nationalpark Chagres ist mit einer Fläche von rund 129.000 Hektar das größte Naturschutzgebiet nahe dem Panamakanal und der **viertgrößte Nationalpark des Landes.** Ein Besucherzentrum mit Ausstellung zum Park wurde im Jahr 2016 in der Nähe des Flusshafens Puerto Corotú eröffnet. Der Chagres-Park **schützt das Flusssystem des gleichnamigen Flusses,** der ca. 40 % des Wassers für den Panamakanal zuführt und dessen Wassermassen im Alajuelasee gestaut werden. Darüber hinaus weist er eine **vielfältige Topografie** auf und bietet damit verschiedene Vegetationszonen. Im südlichen Bereich des Alajuela-Sees wächst laubabwerfender tropischer Trockenwald, in den Bergregionen der Karibik und des Pazifiks Bergregenwälder. Im Park findet sich eine Vielzahl von Tier- und Pflanzenarten, wobei die Präsenz von Jaguaren und der Harpyie (die größte Adlerart der Welt) hervorstechen. Zusätzlich hat der Park ein reiches **historisch-kulturelles Erbe** mit dem Camino Real, der lebendigen Kultur der Emberá-Indios und der Clovis-Kultur, von der 12.000 Jahre alte paläo-indianische Speerspitzen gefunden wurden.

Jaguar und Harpyie

Im Nationalpark Chagres leben noch Jaguare und Harpyien. Einen **Jaguar** leibhaftig zu Gesicht zu bekommen, ist fast unmöglich, doch relativ leicht lassen sich mit einem geschulten Führer seine Tatzenabdrücke im morastigen Regenwaldboden entdecken. Mit den Campesinos von Quebrada Ancha und Peñas Blancas wurden Wanderungen zu den Abdrücken entwickelt, um diesen faszinierenden Großkatzen etwas näher zu kommen und gleichzeitig die lokale Bevölkerung in deren Schutz miteinzubeziehen.

Die **Harpyie,** der Nationalvogel Panamas, ist die größte Adlerart der Welt und lebt auch in den ursprünglichen Regenwaldgebieten von Panama. Zuletzt wurde in der Nähe des Emberá-Dorfes Emberá Puru ein Nest der Harpyie gesehen.

Besuch der Emberá-Indianer

Die **populärste Aktivität** im Nationalpark Chagres ist der Besuch bei den Emberá-Indianern. Die Emberá sind in den 1960er Jahren in das Gebiet gezogen und leben entlang des Chagres- und Pequení-Flusses. Der Ausflug dorthin beginnt mit einer **Fahrt im Einbaum** entlang der regenwaldbedeckten Flussläufe. Die traditionellen palmgedeckten Hütten heben sich schon aus der Ferne vom Regenwald ab und stellen wie die Tänze und Kultur die Hauptattraktion eines Besuches dar. Als Teil des Ausfluges kann man den wunderschönen **Wasserfall Quebrada Bonita** besuchen und in ihm baden (Badesachen mitnehmen!). Man kann auch über Nacht in einem Indianerdorf bleiben, ein Aufenthalt fernab der modernen Zivilisation.

Wandern am Camino Real

Ein wichtiger Abschnitt des Camino Real (Details s.u.) führt durch den Nationalpark Chagres. Diesen historischen

Weg kann man heute wieder ausgezeichnet erwandern. Die Wanderungen dauern von einigen Stunden bis zu vier Tagen, zusätzlich werden Bootsausflüge angeboten. Mit dem Camino-Real-Forschungsprojekt (siehe Exkurs weiter unten) soll ein **nachhaltiger Tourismus** in den Dörfern am Camino Real, wie z.B. Quebrada Ancha und Santa Librada, gefördert werden.

Begehen Sie die mit Vegetation überwucherten Pfade nicht auf eigene Faust, sondern **nur in Begleitung eines ortskundigen Führers!**

046pa hz

Rafting und Kayaking im Río Chagres

Eine der faszinierendsten Raftingtouren Panamas wird im Nationalpark Chagres angeboten. Dazu fährt man mit dem Jeep zu einem Dorf hinter Cerro Azul und beginnt dort die Fahrt entlang des Chagres-Flusses bis Puerto Corotú. Bei dieser Tour wird ein noch komplett ursprünglicher Teil des Chagres-Flusses befahren. Auch Kayaking kann am Chagres bzw. Seekayaking im Alajuela-See durchgeführt werden.

Cerro Azul

Das Gebiet um Cerro Azul bietet **ein paar Wege,** u.a. zu dem Sendemast am Berg Cerro Jefe und zu einem unscheinbaren Wasserfall im Regenwald. Vorsicht! Einige Strecken sind ziemlich steil.

Praktische Hinweise

- Das 2016 eröffnete **Besucherzentrum** des Nationalparks Chagres liegt kurz vor dem Flusshafen Puerto Corotú und ist von Montag bis Sonntag von 8 bis 16 Uhr geöffnet, der Eintritt beträgt 5 $. Tel. 320-7521.
- Der enorm große Park hat mehrere **Zugänge,** die wichtigsten sind die Flusshäfen Puerto Corotú, Puerto Nueva Vigía und Puerto Revolución, alle am Alajuela-See gelegen, zusätzlich gibt es Zugänge am Fluss Boquerón, und ganz abgelegen vom zentralen Alajuela-See ist der Zugang zu der Region Cerro Azul, der über Panama-Stadt erreicht werden kann.

Unterwegs im Nationalpark Chagres

- **Besuche der Emberá** in den Dörfern Tusipono, Parara Puru, Emberá Drua und Emberá Puru werden ab Panama-Stadt angeboten.
- **Wanderungen** am Camino Real und zu den Fußabdrücken von Jaguaren bietet *Cultour Panama* an; Infos unter www.cultour.info.
- **Kayak- und Raftingtouren** auf dem Río Chagres werden von *Aventuras Panama* angeboten; Infos unter www.adventurespanama.com.
- Es gibt **keine Hotels im Park,** bei mehrtätigen Aktivitäten vor Ort muss man daher Campingausrüstung mitnehmen. Spezialanbieter stellen die Ausrüstung bei ihren Touren zur Verfügung.

Isla Barro Colorado

Inmitten des 424 km² großen Gatún-Stausees schimmert die paradiesische Insel Barro Colorado. Sie ist **während der Kanalflutung entstanden,** wobei ein waldreiches Gebiet unter dem Wasser verschwand und nur der Zipfel eines ursprünglich 171 m hohen Hügels übrig blieb: die heutige Isla Barro Colorado, wo der im Wasser matt glänzende Wald die Fantasie über ein panamaisches Atlantis weckt.

Viele von der Flutung bedrohte Tierarten haben auf der Insel Zuflucht gefunden. Durch die Isolation kann die **Tier- und Pflanzenwelt** weiterhin auf der Insel ungestört existieren. Dank der Initiative nordamerikanischer Wissenschaftler ist Barro Colorado bereits seit 1923 **als biologisches Reservat (Monumento Natural) geschützt,** das übrigens als eines der ersten Naturschutzgebiete auf dem amerikanischen Kontinent gilt.

Aus der Tierwelt Panamas scheint fast jede Gattung den Schritt auf die „Arche Noah" geschafft zu haben; so herrscht eine **erstaunliche Artenvielfalt.** Studenten und Wissenschaftler haben bis heute auf der 15 Quadratkilometer großen Insel Hunderte von Insekten, darunter 300 Schmetterlingsarten, 56 verschiedene Fledermäuse, 40 Schlangen-, 30 Frosch- und 366 Vogelarten registriert. Stolze 200 Vogelarten haben ihre Brutstelle ständig auf der Insel. Jedes Jahr kommen **Biologen aus der ganzen Welt** nach Barro Colorado, um Forschungsarbeiten durchzuführen und vielleicht neue Arten zu entdecken. Vor allem in der Inselflora werden regelmäßig neue Arten entdeckt, obwohl bereits 1370 Pflanzenarten auf der Insel bestimmt wurden.

Die Isla Barro Colorado ist **in erster Linie der Wissenschaft vorbehalten** und wird vom *Smithsonian Tropical Research Institute* (STRI) verwaltet. Ökotourismus ruft hier die nötige Skepsis hervor, gespeist von der nicht unberechtigten Angst, dass die neugierigen Besucher das ökologische Gleichgewicht gefährden könnten. Aber man zeigt auch Verständnis für das Interesse an der tropischen Natur.

Der **individuelle Besuch** der Insel ist mit Voranmeldung und Vorauszahlung von 80 $, dienstags, mittwochs und freitags möglich. Die Reservierung macht man auf der Seite www.stri.si.edu, allerdings muss man sich rechtzeitig darum kümmern, denn die Wartezeiten sind lang. Einige lokale Reiseveranstalter (siehe Kapitel „Praktische Reisetipps A–Z, Reiseveranstalter") bieten **Bootsausflüge** zur Insel an, bei denen die tropische Tier- und Pflanzenwelt aus nächster Nähe zu beobachten ist. Das unverkennbare tiefe Gebrüll des schwarzen Brüllaffens, das wiederholte „kre-ék, kre-ék" des farbenprächtigen Regenbogentukans oder das „kauh" der Trogone sorgen für ein passendes Morgenkonzert. Die Insel darf während einer solchen Tour nicht betreten werden.

Aus diesem Grund nehmen die Bootsführer später Kurs auf die **Península de Gigante,** die südlich des Reservats liegt und teilweise unter Naturschutz steht. Auf der Halbinsel wird eine etwa einstündige Wanderung durch Sekundärwald unternommen, nicht selten unter den neugierigen Blicken exotischer Spezies, allen voran Totenkopfäffchen und Brüllaffen.

Camino Real

Der **„Königliche Weg"** war ursprünglich ein **gepflasterter Handelsweg** der Spanier in der Kolonialzeit vor 1596 von Panama-Stadt nach Portobelo bzw. nach Nombre de Dios an der Karibikküste. Zu seiner Zeit war er die **bedeutendste Handelsstraße im spanischen Weltreich und Vorgänger des Panamakanals.** Heute befinden sich seine zugänglichen Abschnitte vor allem in den Nationalparks Chagres und Portobelo. Der Camino Real bietet **hervorragende Wanderrouten** und eine **Vielfalt an Eindrücken:** intakter Primärregenwald, tiefblaue Flüsse und paradiesische Wasserfälle, freundliche Menschen in den Dörfern und Impressionen von der Geschichte der Goldkarawanen und Piraten am Camino Real. Die fotogenen Landschaften am Alajuela-See und die vielfältigen Panoramablicke von den Bergen der Chagres- und Portobelo-Nationalparks runden das Erlebnis ab.

Geschichte

Der Streckenverlauf des Camino Real wurde bei den Expeditionen des Eroberers **Pedrarias Davilas** „entdeckt", der Bau des Weges gleichzeitig mit der Gründung von Panama Viejo im Jahr 1519 vollendet. Gouverneur *Davilas* ritt dann über den neuen Weg zum Pazifik und gründete die Stadt Panama. Der Weg zwischen Panama-Stadt und Portobelo war knapp 100 km lang, die mit Gold und Silber beladenen Maultierkarawanen brauchten im Schnitt **vier Tage vom Pazifik zur Karibik.** Wenige Jahre nach der Anlage des Weges segelte *Francisco Pizarro* von Panama-Stadt nach Peru, schlug die Schlacht von Cajamarca (1532) und eroberte das Inkareich. Gold aus dem Lösegeld für den Inka-Herrscher *Atahualpa* wurde dann über den Camino Real zur Karibik transportiert.

Mitte des 16. Jahrhunderts stießen die Spanier auf die Silberminen des Cerro Rico in Potosí in Bolivien; danach kamen durchschnittlich 100 Tonnen Silber pro Jahr über den Camino Real auf dem Rücken von Maultieren. Dieser **Reichtum** weckte auch das Interesse anderer europäischer Mächte und rief Piraten wie *Sir Francis Drake* auf den Plan, die zahlreiche Überfälle auf die Maultierkarawanen am Camino Real unternahmen.

Der Weg verlor nach dem englisch-spanischen Krieg von 1739 bis 1742 seine Monopolstellung und wurde danach sich selbst bzw. dem Regenwald überlassen.

Doch jetzt erlebt der Camino Real eine **Renaissance:** Seit 2008 wird er nach und nach der Öffentlichkeit zugänglich gemacht. *Christian Strassnig* (siehe Exkurs weiter unten) hat im Rahmen eines

Camino Real und Camino de Cruces

Forschungsprojekts in den Jahren 2008 bis 2011 ca. 80 % des originalen Verlaufs wiederentdeckt und anschließend mit Hilfe der Bauern aus der Region Teile des Weges vom Urwald befreit. So kann man heute wieder dieses epische Abenteuer einer Querung vom Pazifik zur Karibik auf einem schmalen Pfad durch den Dschungel erleben.

Bootsausflug

Bei einem Bootsausflug am Alajuela-See kann man viel vom originalen Pflasterstein des Camino Real sehen. Am Seeufer erblickt man den Regenwald des Chagres-Nationalparks, zusätzlich sind viele Vögel zu beobachten. Am Ufer werden **einige Abschnitte** des Camino Real, teils **zu Fuß, erkundet,** bevor ein Dorf am Wegesrand erreicht wird, das aktiv bei der Erforschung und Instandsetzung des Camino Real mitgearbeitet hat. Im **Dorf** erhält man typische panamaische Speisen und lernt die Kultur der Landbevölkerung kennen. Es wird empfohlen, den Ausflug frühzeitig zu koordinieren, da die Boote in den Dörfern entlang des Camino Real rechtzeitig bestellt werden müssen.

Wanderungen zwischen den Dörfern am Camino Real

Am Ufer des Alajuela-Sees und am Fluss Boquerón gibt es zahlreiche Dörfer, die sich entlang des Camino Real aneinanderreihen. In diesem Bereich befinden sich auch die meisten, noch **gut sichtbaren Abschnitte des ursprünglichen Weges.** Eine Wanderung hier empfiehlt sich für diejenigen, die viel vom Camino Real und der vielfältigen Natur des Chagres-Nationalparks sehen wollen, aber nicht die Ausdauer oder das Training haben, um an der Expedition (s.u.) teilzunehmen. Die Wanderungen können einen oder mehrere Tage dauern, mit Tagesetappen von 3 bis 6 Stunden, je nach Wunsch und Kondition der Beteiligten.

Am Alajuela-See geht die Wanderung auf dem Camino Real **durch hügeliges Gelände,** das vom pazifischen laubabwerfenden Regenwald geprägt ist. Im Norden erklimmt der Camino Real einen Höhenzug zwischen den Flüssen Pequení und Boquerón. Dieser von Landwirtschaft geprägte Abschnitt bietet zahlreiche Panoramablicke auf die Berge des Chagres-Nationalparks, und man stößt hier auf einige sehr gut erhaltene Bereiche des Camino Real.

Eine weitere Tageswanderung folgt dem **Río Boquerón** in den Primärregenwald des Alto Chagres, wo es beeindruckende Urwaldriesen und Tropenpflanzen entlang der unberührten Flussufer zu sehen gibt. Auch befinden sich hier im Regenwald eine Brücke und Eisenbahnschienen, Relikte einer vor langer Zeit aufgegebenen Bergwerksbahn.

3- bis 4-tägige Expedition vom Pazifik zur Karibik

Die Expedition von der Pazifikseite zur Karibik ist zweifellos die Königsetappe am Camino Real. Dieses Trekking sei **nur belastungsfähigen Wanderern empfohlen,** die regelmäßig mehrtägige Wanderungen mit 8 Stunden Laufleistung pro Tag absolvieren. Trittsicherheit ist absolute Voraussetzung.

Die Wiederentdeckung des Camino Real

Obwohl der Camino Real in der Kolonialzeit eine der wichtigsten Straßen der Welt war, geriet er **spätestens im 18. Jahrhundert in Vergessenheit.** Schon bald überwucherte der Regenwald den Weg, und im Verlauf der Jahre wurde sein genauer Verlauf komplett vergessen. Er war nur noch in alten spanischen Chroniken gegenwärtig und in den Erzählungen von Piraten, die von den unbeschreiblichen Reichtümern handelten, die man auf diesem schmalen Pfad einst erbeuten konnte.

Es war dann im Jahr 2003, als der Österreicher **Christian Strassnig** von seiner Existenz erfuhr und sein Interesse erwachte, diesen vergessenen Weg wieder ans Tageslicht zu holen. Von 2008 bis 2011 dauerte die Feldforschung, begleitet vom Nationalen Kulturinstitut und unterstützt von dem Panamaischen Sekretariat für Forschungsförderung. In diesem Zeitraum legte der österreichische Forscher über 600 km im Regenwald der Chagres- und Portobelo-Nationalparks zurück. Es gelang ihm mit seinem lokalen Team, ca. 80 % des originalen Streckenverlaufs wiederzuentdecken. „Als Arbeitsinstrumente hatten wir nur unsere Macheten, Kompass, Karten, ein GPS, um den Verlauf zu markieren, und, besonders wichtig, „Jungle Boots" und militärische Dschungeluniformen, um nicht von den Dornen und Stacheln im Unterholz durchbohrt zu werden. Wir begannen die Suche am Ufer des Alajuela-Sees, wo Teile des Camino Real in der Trockenzeit aus dem See auftauchen, danach haben wir versucht, dieser Route wie einem roten Faden zu folgen, was natürlich oft nicht gelungen ist, weil die Topografie und der Regenwald einem einen Strich durch die Rechnung machten; dann mussten wir vom letzten bekannten Punkt den gesamten Umkreis absuchen, um wieder Zeichen vom Camino Real zu finden. Manchmal dauerte das einige Stunden, ein andermal haben wir drei Tage nach der Fortsetzung des Weges am Seeufer gesucht. Die wichtigen Hinweise auf den früheren Verlauf des Camino Real waren für uns die kolonialen Pflastersteine. Diese liegen leider in großen Bereichen unter einer dicken Sedimentschicht, sodass man nur Hohlwege in der Landschaft erkennen konnte".

Im Jahr 2011 begann *Strassnig* seine **Zusammenarbeit mit den lokalen Gemeinschaften:** Bauern, die bis dahin nur von der Subsistenzlandwirtschaft lebten, sollen entlang des Camino Real beim Aufbau eines nachhaltigen Tourismus mithelfen. Die Dorfbewohner von Quebrada Ancha z.B. hackten 3 km des Weges aus dem Unterholz. In einem weiteren Projekt mit dem Dorf Santa Librada wurden 11 km des Camino Real wieder zugänglich gemacht. Ein wichtiges Ziel ist die Deklaration des Weges als UNESCO-Weltkulturerbe, um damit mehr Aufmerksamkeit für die Erhaltung dieses wichtigen Kulturerbes, für den Schutz des Regenwaldes und die Verbesserung der Lebensbedingungen der Menschen zu schaffen.

Die Tour startet in einem Dorf am Alajuela-See und führt durch weitere Dörfer entlang des Camino quer **durch den Primärregenwald** bis an die Karibik. Hier bietet sich die **größte Vielfalt:** die Landschaften am Alajuela-See, wunderschöne Ausblicke vom Höhenrücken zwischen den Flüssen Pequení und Boquerón und schließlich das Naturerlebnis des dichten und intakten Primärregenwalds des Alto Chagres. Hier folgt der Camino Real den Flüssen der Region durch unglaublich urweltliche Landschaften.

Das letzte Nachtlager der Expedition wird auf einem Bauernhof auf der Karibikseite, schon im **Portobelo-Nationalpark,** aufgeschlagen. Der abschließende Wandertag folgt den Resten des Camino Real am Río Cascajal in Richtung Porto belo. Eine alternative Route folgt dem Fluss Nombre de Dios zum gleichnamigen Ort.

An der Karibik angekommen, empfiehlt sich ein Besuch im **Königlichen Zollhaus in Portobelo.** In diesem Gebäude wurden das über den Camino Real transportierte Gold und Silber registriert und die Abgaben für die spanische Krone eingezogen.

Praktische Hinweise

- **Nur mit ortskundigen Wanderführern** starten, Markierungen sind praktisch nicht vorhanden, die Vegetation überwächst binnen Wochen jeden freigeschlagenen Pfad. Ortsunkundige verirren sich leicht im Regenwald, in dem eine Vielzahl an Tierwegen, Pfaden von lokalen Bauern und Flüssen die Orientierung erschweren. Erfahrene Guides helfen auch bei der Zusammenstellung der passenden Ausrüstung und bei der Vorbereitung der Touren.
- **Organisierte Reisen** zum Camino Real bietet *Cultour Panama* an: Dieser lokale Spezialveranstalter wurde vom österreichischen Erforscher des Camino Real gegründet und hat Tagesausflüge (auch ab Panama-Stadt) und mehrtägige Wanderungen am Camino Real im Programm sowie Rundreisen in ganz Panama. Der kleine Veranstalter legt besonderen Wert auf die Erhaltung des Natur- und Kulturerbes sowie die nachhaltige Entwicklung der Dörfer entlang des Camino Real. Tel. 6539-2064, www.cultour.info.
- **Übernachtet** wird entweder in den Dörfern am Wegesrand oder in abgelegenen Bauernhöfen im Regenwald, daher immer Schlafsack und Iso-Matte mitnehmen, Zelt oder Hängematte werden vom Tourveranstalter gestellt.

Brauner Pelikan

048pa hz

Rund um den Kanalbetrieb | 106
Vom Traum zur Wirklichkeit | 94

09pa hz

2 Der Panama-Kanal

Der wohl bekannteste Kanal der Welt. Keiner sollte sich die Chance entgehen lassen, den Betrieb aus

nächster Nähe, von einer der Aussichtsplattformen aus, zu betrachten. Einfach beeindruckend.

An einer Schleuse des Panamakanals

Panamakanal
0
10 km
KARIBISCHES MEER (ATLANTIK)
Wellenbrecher
Fuerte Sherman
114
Colón
Coco Solo
Cativá
3
Puerto Pilón
Sabanita
9
Cristobal
Bahía de Limón
118
Fort San Lorenzo
Santa Rita Arriba
Río Rita
Gatún
Französisches Kanalprojekt
Río Chagres
GRENZE DER EHEMALIGEN KANALZONE
Gatún
Gatún-Damm
117
Agua-Clara-Schleuse
Nueva Providencia
Palmas Bellas
Achiote
Fahrrinne des Panamakanals
78
PARQUE NACIONAL SOBERANÍA
PROVINZ COLÓN
84
Isla Barro Colorado
84
MONUMENTO NATURAL ISLA BARRO COLORADO
Escobal
Gamb
Gatún-See
Muelle vom Smithsonian Institu
Península Gigante
BOSQUE PROTECTOR DE ARRAIJÁN
Cuipo
Lagarterita
Arenosa
Cerro Cama
Nuevo Emperador
Santa Clara
Nuevo Emperd
KONTINENTALE WASSERSCHEIDE
Arosemena
Brisas de G de Arraija
PROVINZ PANAMÁ
Nuevo Arraiján
Carretera Interamerica
Potrero Grande
Anschlusskarte Seite 128
La Chorrera
Westen

ZWISCHEN ATLANTIK UND PAZIFIK

Mit der Entdeckung des Pazifiks durch *Vasco Núñez Balboa* im Jahre 1513 begann der große Traum einer Wasserverbindung zwischen dem Atlantischen und dem Pazifischen Ozean – 1914 wurde er Wirklichkeit.

NICHT VERPASSEN!

- **Miraflores-Schleusen:** von dieser Aussichtsplattform kann man die Schleusenvorgänge am Kanal bestens beobachten | 109
- **Agua-Clara-Schleusen:** nach der Erweiterung des Kanals fahren hier die größten Containerschiffe der Welt durch | 109

Diese Tipps sind gelb hinterlegt.

Vom Traum zur Wirklichkeit

Die ersten Schritte

Während die interozeanische Eisenbahn dampfend über die Landenge pendelt, beginnt der französische Ingenieur *Ferdinand de Lesseps* 1859 in Ägypten mit dem Bau des Suezkanals, der am 17. November 1869 feierlich seiner Bestimmung übergeben wird.

Zwei Jahre später tritt in Antwerpen der erste Internationale Geografische Kongress zusammen, um die Möglichkeit eines Wasserweges in Zentralamerika zu diskutieren. Es vergehen vier Jahre, bis sich die Geografen, Geologen und Ingenieure aus 22 Ländern wieder zusammenfinden. Das Treffen findet diesmal in Paris statt, wobei man ein **Komitee** gründet, das die Möglichkeit einer Durchschneidung des zentralamerikanischen Isthmus vor Ort studieren soll. Das Geld für die bevorstehenden Expeditionen stellt die gleichzeitig mit dem Komitee gegründete Bürgerinitiative *Sociedad Civil Internacional del Canal Interocéanico del Darién* zur Verfügung, womit bereits klar wird, wo der Kanal entstehen soll: im Osten des Isthmus von Panama, quer durch den Regenwald der heutigen Provinz Darién.

1876 und 1877 wird je eine **Expedition** auf die Landenge geschickt, um eine geeignete Kanalroute zu suchen. Unter den Expeditionsteilnehmern befinden sich *Ferdinand de Lesseps* und *Bonaparte Wyse,* die mithilfe ortskundiger Geologen und Geografen der *Panama Railroad Company,* die die interozeanische Eisenbahn Panamá-Colón erbaute, Pläne für einen Kanal ausarbeiten.

Am 4. März 1878 schließt *Wyse* mit der kolumbianischen Regierung (die Landenge war damals ein Teil von Kolumbien) den **Salagar-Wyse-Vertrag,** der den Franzosen gestattet, innerhalb von 10 Jahren einen Kanal auf dem Isthmus zu erbauen und ab der Fertigstellung diesen für 99 Jahre zu betreiben. Mit dem Vertrag und vier Vorschlägen für eine Kanalroute in der Tasche kehren *de Lesseps* und *Wyse* 1878 nach Paris zurück und legen sie dem Geografischen Kongress vor. Im gleichen Jahr entsteht aus der Bürgerinitiative die Kanalgesellschaft *Compagnie Universelle du Canal Interocéanique de Panamá,* die das geplante Kanalprojekt finanzieren wird.

Am 15. Mai 1879 beschließen die 136 Delegierten des Geografischen Kongresses, das **Kanalprojekt in Angriff zu nehmen.** Die Entscheidung fällt dabei auf den Plan von *de Lesseps,* der einen Kanal in Meereshöhe, entlang der interozeanischen Eisenbahnstrecke von der Bahía de Limón zur Bahía de Panamá vorsieht. Mit dem Projekt wird *Ferdinand de Lesseps* betraut.

Der Fehlschlag

Am **31. Dezember 1879** geht *de Lesseps* in Colón von Bord und trifft am Neujahrstag unter dem stürmischen Beifall der Bevölkerung in Panama-Stadt ein, um mit der Vorbereitung des Bauprojektes zu beginnen. Ein Jahr später folgen ihm die ersten 200 Techniker und 800 Arbeiter. Im **Januar 1881** erfolgt der erste Spatenstich zum Kanalbau.

Nach und nach vergrößert sich das Heer der Arbeitskräfte, die vorwiegend von den karibischen Inseln kommen. Doch die geplanten **Arbeiten gehen nur schleppend voran,** Tausende Arbeiter sterben an **Tropenkrankheiten** und große Fortschritte bleiben aus. *De Lesseps* muss jährlich neue Berechnungen und

Der Panamakanal – alles auf einen Blick

Abmessungen

- **Kanalfahrrinne:** 81,6 km lang, 153 m breit, 14,30 m tief.
- **Schleusenkammer:** 305 m lang, 35,50 m breit, 12,80 m tief; die neuen Kammern sind 427 m lang, 55 m breit und 18,30 m tief.
- **Gatún-Damm:** Länge 2,4 km, Breite 800 m unten, 30 m oben.

Daten und Fakten

- **Gesamtbauzeit:** 10 Jahre (1904–1914).
- **Gesamtbaukosten:** 387 Mio. US-Dollar, zusätzlich 40 Mio. US-Dollar für Land- und Kanalrechteerwerb.
- **Erdbewegungen:** unter den Franzosen (1881–1898) 23 Mio. Kubikmeter, unter den USA (1904–1914) 177 Mio. Kubikmeter.
- Eingesetzte **Arbeitskräfte:** ca. 75.000.
- **Tote** durch Krankheiten und Unfälle während der Bauarbeiten: ca. 25.000.
- **Gegenwärtig eingesetzte Arbeitskräfte:** 7500, davon 90 % Panamaer.

Verkehr

- **Maximal** zugelassene **Abmessungen des Schiffes:** 366 m Länge, 49 m Breite, 15,20 m Tiefgang.
- **Schiffe pro Tag:** durchschnittlich 38.
- **Schiffe pro Jahr:** durchschnittlich 14.000.
- **Schiffe seit der Eröffnung:** ca. 1,3 Mio.
- **Fracht pro Jahr:** ca. 220 Mio. Tonnen.
- **Durchfahrtszeit:** 8–10 Stunden im Kanalwasser, plus einer Wartezeit von 12 Stunden vor der Durchfahrt.
- **Einsparung im Transportweg:** Von der US-Ostküste nach Japan ca. 4800 km, von Ecuador bis Europa ca. 8000 km.
- **Das erste Schiff:** das französische Kranschiff *Alexandre La Valley,* am 7. Januar 1914.
- **Das erste seetüchtige Schiff:** der panamaische Frachter *Cristóbal,* am 3. August 1914.
- **Das erste offizielle seetüchtige Schiff:** das US-Flaggschiff *Ancón,* am 15. August 1914 während der Eröffnung.
- **Das längste Schiff:** der Öltanker *Marcona Prospector,* 299 m lang, 32,20 m breit.
- **Das breiteste Schiff:** die *US New Jersey,* 33 m breit, 278 m lang.
- **Das größte Passagierschiff:** das „Loveboat" *Crown Princess.*
- **Durchschnittsgebühr:** 34.000 US-Dollar
- **Die höchste Gebühr:** die *MSC Fabienne* (Mai 2008), 317.142 US-Dollar
- **Die niedrigste Gebühr:** 36 ct., bezahlt von *Richard Halliburton,* der 1928 den Kanal durchschwamm.
- **Das am schnellsten durchgeschleuste Schiff:** die *US-Navy Pegasus,* die von den Miraflores-Schleusen bis zu den Gatún-Schleusen nur 2 Stunden und 41 Minuten benötigte.

Panamakanal live

Bei den Miraflores-Schleusen befinden sich **Webcams,** www.pancanal.com.

Schätzungen im technischen, vor allem aber im finanziellen Bereich erstellen, die die ersten Kalkulationen bei Weitem übertreffen. Schnell wird deutlich, dass die französische Gesellschaft den Kanal in nur zehn Jahren niemals fertigstellen kann. Acht Jahre nach dem ersten Spatenstich bringt ein Bestechungsskandal in Paris, der im Zusammenhang mit dem Kanalbau steht (Panama-Skandal), der französischen Kanalgesellschaft den **finanziellen Ruin.**

Im Mai 1889 fordert der Konkursverwalter die Gesellschaft auf, die Kanalarbeiten sofort einzustellen. Um die Zwangseinstellung der Arbeiten zu umgehen, bietet die kolumbianische Regierung den **USA** das gesamte Eigentum und die Lizenzen der Gesellschaft zum Kauf an. Die USA zeigen aber wenig Interesse daran. Sie konzentrieren sich auf die Möglichkeit eines Kanals in Nicaragua, der in der Nähe der costaricanischen Grenze entstehen soll.

Trotz der finanziellen Probleme laufen die Kanalarbeiten weiter. Sie sind inzwischen so weit fortgeschritten, dass die kolumbianische Regierung noch einmal auf die Franzosen setzt. 1893 verlängert man ihre Konzession um weitere 10 Jahre, allerdings unter der Bedingung, dass eine **neue Kanalgesellschaft** die Kosten übernimmt. *De Lesseps* gründet mit Privatkapital die *Compagnie Nouvelle du Canal de Panamá,* womit der Baustopp vorläufig abgewendet ist. Als *de Lesseps* am 7. Dezember 1894 stirbt, kündigt sich das Ende des Kanalprojektes an. Nach 17-jähriger Bautätigkeit unter französischer Leitung, wobei über 20.000 Menschen an den Folgen von Malaria und Gelbfieber starben, werden **1898 die Arbeiten endgültig eingestellt.**

Bis zu diesem Zeitpunkt wurde zwischen Miraflores und dem Pazifik ein schiffbarer Kanal und zwischen Miraflores und Gatún eine ca. 50 km lange Fahrrinne ausgehoben, am Culebra-Durchstich ein rund 50 m tiefer, terrassenförmiger Einschnitt gemacht, insgesamt 55 km Entwässerungskanäle für den Río Chagres angelegt und eine 18 km lange, 20 m breite und 7 m tiefe Fahrrinne westlich von Colón ausgehoben, die auf der Fahrt zum Fort San Lorenzo (siehe „Zentrale Karibikküste") noch heute zu sehen ist. Etwa **23 Mio. Kubikmeter Erde,** Felsen und Schlamm wurden von den Franzosen verarbeitet – Material, das die neuen Bauherren aus den USA nicht mehr bewegen müssen.

Das Projekt unterm Sternenbanner

Nach dem gescheiterten Versuch der Franzosen kehrt Ruhe um das Kanalprojekt ein, die Arbeiten sind eingestellt und auf der Landenge kämpft man im sogenannten 1000-Tage-Krieg (1899–1902).

Mit dem steigenden **Interesse der USA** an einer Kanalroute in Zentralamerika und dem Scheitern des amerikanischen Kanaltraums in Nicaragua wächst die Chance, dass der Kanal am Istmo de Panamá doch noch fertiggestellt wird. 1899 wenden sich die USA an Kolumbien, um über einen Kanal auf der Landenge zu verhandeln. Nach jahrelangen Unterredungen schließen die USA unter dem Präsidenten *Theodore Roosevelt* mit Kolumbien den **ersten Vertrag ab,** der sie ermächtigt, einen Kanal auf der Landenge innerhalb einer Zone mit politischem Sonderstatus zu bauen, zu betreiben und zu schützen, ferner die Konzessionen und das Eigentum der alten Kanalgesellschaft zu erwerben.

Im Januar 1903 legen die USA ihr Angebot auf den kolumbianischen Tisch: 10 Millionen Dollar nach dem endgültigen Vertragsabschluss, außerdem ab dem 9. Jahr nach Fertigstellung des Kanals 250.000 Dollar jährlich. Doch als die Detailverhandlungen mit Kolumbien im Sand verlaufen, wenden sich die USA direkt an Panama, das bereits die Souveränität von Kolumbien anstrebt. Unter der Zusicherung, im **Unabhängigkeitskampf** „hilfreich zur Seite zu stehen“, wird unter strenger Geheimhaltung ein Vertrag ausgehandelt, der sich vom Vertrag mit Kolumbien nicht unterscheidet.

Als am 12. August 1903 die kolumbianische Regierung das Angebot der USA ablehnt, trennt sich Panama mit kräftiger Hilfe der USA von Kolumbien und mit der **Unabhängigkeitserklärung Panamas** am 3. November 1903 fällt das Kanalprojekt endgültig unter das Sternenbanner. Ein Jahr später kaufen die USA für 40 Mio. Dollar das Land (die ehemalige Kanalzone) und die Baurechte von der *Lesseps-Kanalgesellschaft*. Die letzten Hürden auf dem Weg zum Kanalbau sind damit endgültig beseitigt.

Fast eine Niederlage für die USA

US-Präsident *Roosevelt* gründet für das Bauvorhaben 1904 die **Isthmus-Kanal-Kommission,** die sich aus je einem Marine- und Heeresoffizier, einem Geschäftsmann und vier Zivilingenieuren zusammensetzt. Die Leitung der Kommission erhält *John Walker,* als Kommissionssitz wird Washington gewählt – 3000 km vom Schauplatz des Geschehens entfernt. Mit dem Posten des Chefingenieurs betraut man *John Findley Wallace,* den Chefposten im Gesundheitsbereich erhält der Militärarzt *William Crawford Gorgas,* der bereits 1898 im Kubakrieg umfangreiche Erfahrungen in puncto Tropenkrankheiten sammeln konnte.

Roosevelt unterstellt mit einer Verordnung die Kommission direkt dem Kriegsministerium, womit sie voll befugt ist, das Kanalprojekt im wahrsten Sinne des Wortes „in Angriff“ zu nehmen. Doch die **Organisation ist hochbürokratisch und chaotisch,** alle Materialanforderungen müssen über das Büro in Washington laufen. Wegen dieses Papierkrieges und des langen Post- bzw. Telegrafenweges trifft das Material entweder zu spät oder überhaupt nicht ein. Chefingenieur *Wallace,* der einen Kanal in Meereshöhe plant, glänzt vor Ort mit großer Unfähigkeit und die geplanten 20.000 Arbeitskräfte bleiben nur Wunschvorstellung. Im November 1904 arbeiten gerade 3500 Männer in Panama, die vorwiegend am Culebra-Durchstich eingesetzt sind und über die ein Gesandter der Kommission schreibt: *„Die Arbeitskräfte, die von Amerika nach Panama kommen, sind vorwiegend unqualifizierte Männer, die der USA durch ihren Weggang einen Gefallen taten ...“*

Zu den organisatorischen Problemen in den ersten Monaten der Bauarbeiten kommen auch noch die ersten **Malaria- und Gelbfiebererkrankungen** hinzu. Doch die Kommission misst dem Gesundheitsbereich keine große Bedeutung zu. Obwohl *Gorgas* immer wieder auf die Übertragung der Tropenkrankheiten aufmerksam macht, hört die 3000 km entfernte Kommission nicht darauf, schon gar nicht auf das Hirngespinst von *Gorgas,* der behauptet, dass die Mücken die gefährlichen Krankheiten übertragen. *Gorgas* kann allerdings keine eindeutigen Beweise für seine Theorie vorweisen. Er stützt sich lediglich auf die Berichte des englischen Arztes *Ronald Ross,* der 1897 in Indien die Ursache der Malaria entdeckt hat. Trotz der geringen Unterstützung kämpft *Gorgas* gegen die Mücken an.

Die geringe Zahl von Krankheitsfällen, die bis zum Beginn des Jahres 1905 verzeichnet wurden, geben der Kommission keinen Anlass, dem Gesundheitsbereich mehr Aufmerksamkeit zu widmen. Nach wie vor konzentriert man sich auf den Baubereich. Langsam wird aber immer deutlicher, dass bisher **keine Fortschritte** gemacht wurden. Ein Jahr war verloren und 128 Mio. Dollar waren bereits ausgegeben, ohne auch nur einen wesentlichen Schritt weitergekommen zu sein. Für die USA bahnt sich langsam eine demütigende Niederlage an.

Die entscheidende Wende

Präsident *Roosevelt* erkennt den Ernst der Lage, löst die siebenköpfige Isthmus-Kanal-Kommission auf und gründet im April 1905 eine **Drei-Mann-Kommission,** die er unter die Leitung von *Theodore Perry Shonts* stellt. *Wallace* bleibt vorerst Chefingenieur, tritt aber im Juni des gleichen Jahres zurück. Die freigewordene Stelle besetzt *Roosevelt* mit *John Stevens,* der in den USA einen sehr guten Ruf erlangt hat beim Brücken-, Tunnel- und Eisenbahnbau. *Stevens* kommt im Juli 1905 nach Panama – und mit ihm die entscheidende Wende.

Während sich die Ablösung des Chefingenieurs vollzieht, wütet in Panama eine **Epidemie.** Die Vernachlässigung des Gesundheitsbereiches kommt jetzt voll zur Wirkung. Rund 1000 Menschen sind an Gelbfieber, Cholera, Malaria, Ruhr, Lungenentzündung und Tuberkulose erkrankt. Als noch ein Fall von Beulenpest und zwei Pockenfälle auftreten, ist das Chaos perfekt. Die Konsequenz ist eine Fluchtwelle von Arbeits- und Führungskräften. Nach einem Überblick über die Lage stellt *Stevens* im August 1905 die Bauarbeiten am Kanal vorläufig ein.

Auf seine Anweisung hin genießen ab sofort alle **gesundheitlichen Belange Priorität.** Während *Stevens* die Städte von Unrat reinigen lässt und mit dem Bau von Arbeiterwohnungen, Kirchen, Kantinen, Schulen, Kühlhäusern, Kanalisationen und Wasserreservoirs beginnt, bekämpft *Gorgas* zusammen mit dem panamaischen Arzt *Manuel Amador* und einem großen Heer von Helfern die unerträgliche Mückenplage. In einer großangelegten Aktion werden Wohnhäuser und Büros ausgeräuchert, Trinkwasserbehälter, Fässer und Tonnen, die von Gelbfiebermücken als Brutstellen genutzt wurden, verschlossen und offene Wasserflächen mit Öl oder Kerosin bedeckt (zur Bekämpfung der Malariamücken und ihrer Larven). Im Dezember 1905 ist durch diese spektakuläre Aktion das Gelbfieber am Isthmus verschwunden, die Gefahr durch die Malaria eingedämmt und das Problem von ansteckenden Krankheiten weitgehend unter Kontrolle.

Nicht nur im Gesundheitsbereich beginnt mit *Stevens* eine neue Ära am Isthmus, sondern auch im Bereich des Kanalbaus. *Stevens* macht die von *Wallace* angelegte **Eisenbahn** zur „Lebensader" des Kanalprojekts. Im Zuge einer umfassenden Erneuerung überholt man die gesamte Eisenbahnanlage, legt einen zweiten Schienenstrang an und stattet die Züge mit größeren Waggons und kräftigeren Lokomotiven aus. Zudem schafft man alle wichtigen Betriebseinrichtungen, die für den Betrieb einer Eisenbahn notwendig sind und holt qualifiziertes US-Bahnpersonal aus allen Bereichen nach Panama. *Stevens* entwickelt ein System von Zügen zum Abtransport des Erdreichs, das wie ein überdimensionales Förderband funktioniert und das endlos neben den riesigen, 95 Tonnen schweren Baggern läuft. Zu Beginn des Jahres 1906 sind die Arbeiten an der Eisenbahn soweit abgeschlossen, der Maschinenpark erweitert und die nötigen Arbeitskräfte vorhanden, dass man den Kanalbau wieder in Angriff nehmen kann.

Der Schleusenkanal

Während die Reorganisation des Kanalprojektes auf Hochtouren läuft, stellt man sich die Frage, **welcher Kanaltyp** eigentlich gebaut werden soll. Doch *Stevens* will sich anfänglich noch nicht genau festlegen. Er geht bei seinen Berechnungen von einem Kanal in Meereshöhe aus, der größtenteils dem Verlauf des Río Chagres entspricht. Um die Entscheidung dieser Frage zu erleichtern, legt US-Präsident *Roosevelt* das Problem einem internationalen Gremium von Fachleuten vor, das aus acht Amerikanern und fünf Europäern besteht. Am 18. November 1905 befürwortet die Mehrheit dieses Gremiums den Bau eines Kanals in Meereshöhe, nach dem Vorbild des Suezkanals. Die ersten Berechnungen ergeben, dass dieses Projekt eine gewaltige Summe in Höhe von ungefähr 247 Millionen Dollar verschlingen und eine Bauzeit von 12 bis 13 Jahren in Anspruch nehmen würde.

Ein anderer Plan, der sogenannte **Gatún-Plan,** sieht einen Kanal vor, nach dem die Schiffe in Schleusen gehoben und gesenkt werden und ein künstlich aufgestauter See die Verbindung zwischen den Schleusenabschnitten herstellt. Das größte Problem dieses Kanaltyps ist der Damm, mit dem der Río Chagres aufgestaut werden soll. Nach den Berechnungen muss dieser Erdwall ca. 2 km lang und 30 m hoch sein, ein Bauwerk, das bis dahin nirgends auf der Welt durchgeführt wurde. Den Gatún-Plan entwickelte übrigens der Amerikaner *Alfred Noble,* nach dem Vorbild des Soo-Kanals in den USA.

Um eine Entscheidung herbeizuführen, lässt *Roosevelt* Chefingenieur *Stevens* nach Washington kommen. *Stevens* befürwortet den Gatún-Plan und schätzt die Bauzeit des Schleusenkanals auf etwa neun Jahre (bis 1914). Nach längeren Beratungen entscheidet sich die Isthmus-Kanal-Kommission am 5. Februar 1906 schließlich für den Gatún-Plan, dem die US-Regierung im Juni des gleichen Jahres zustimmt.

» Am Panamakanal

George Washington Goethals

Die Entscheidung für den Bau des Schleusenkanals bringt natürlich andere Gesichtspunkte mit sich. Alles muss neu überdacht und berechnet werden. Die Organisation, Planung und Entwicklung lastet aber zu sehr auf den Schultern eines einzigen Mannes, des Chefingenieurs **John Stevens,** der mit den neuen Aufgaben total überfordert ist. Er erklärt im Januar 1907 seinen **Rücktritt** und kehrt in die USA zurück.

Roosevelt besetzt einen Monat nach dem Rücktritt von *Stevens* den Posten mit dem Militäringenieur *George Wa-*

shington Goethals und verändert die Isthmus-Kanal-Kommission zum dritten und letzten Mal. *Goethals,* der Chefarzt *William Gorgas* und der Offizier und Ingenieur *David DuBose Gaillard* bilden die Pfeiler der neuen Kommission. **Chefingenieur Goethals** ist gleichzeitig auch der Vorsitzende der Kommission, womit die gesamte Macht und Kompetenz allein in seinen Händen liegt und er leitet das Kanalprojekt bis zum Ende mit diktatorischer Hand.

Mit *Goethals* kommt im Bereich der Organisation ein neuer Wind auf den Isthmus. Er teilt das Bauprojekt in die Atlantik-, die Pazifik- und die mittlere Zone ein. Die Meereszonen umfassen die Kanaleinfahrten und die Schleusen-

717pa hz

abschnitte und stehen unter der Leitung der Ingenieure *William Sibert* und *Sidney Williamson*. Die Leitung der Schleusenkonstruktionen erhält *Harry Foote Hodges*. Der Mittelteil ist mit 52 km der längste und mit dem Culebra-Durchstich der schwierigste und wichtigste Abschnitt des Projekts, womit der Ingenieur *David DuBose Gaillard* betraut wird, nach dem dieser Abschnitt später auch benannt wird: der Gaillard-Cut.

Der Culebra-Durchstich

Die **größte Hürde** beim Bau der Kanalfahrrinne bildet der Culebra-Bergrücken. Er verläuft parallel zur Pazifikküste zwischen Paraíso und Gamboa und bildet die kontinentale Wasserscheide in dieser Region. Bei der Durchschneidung muss der Bergrücken von ursprünglich 96 m über dem Meeresspiegel bis auf die geplanten 12 m über dem Meeresniveau abgetragen werden, in einer Breite von ca. 550 m oben und 91,5 m an der Sohle, auf einer Länge von 13,5 km.

Goethals erklärt deshalb den Culebra-Durchstich zum **Projekt mit höchster Priorität** und konzentriert den größten Teil der Baumaschinen und der Arbeitskräfte in diesem Abschnitt. Täglich sind ca. 60 Bagger im Einsatz, die sich zugleich von der Pazifik- und von der Atlantikseite aufeinander zubewegen. Rund 160 Züge transportieren die Erde über 7 Gleisstrecken ab. Die Nächte benutzt man dazu, um alle notwendigen Reparaturen an den Baggern und Zügen durchzuführen. Ca. 6000 Männer arbeiten 7 Jahre lang ununterbrochen an dem Durchstich. Dabei werden ca. 120 Mio. Kubikmeter Material bewegt, um die Fahrrinne durch Schiefer und Fels zu graben, teilweise auch zu sprengen.

Mit zunehmender Fahrrinnentiefe treten an den relativ steilen Hängen immer häufiger Erdrutsche auf. Vor allem während der Regenzeit brechen unerwartet Lawinen aus Schlamm und Felsen los, die den Fortgang der Arbeiten tagelang hemmen. Als das Ende des Durchbruches naht, wird die Fahrrinne langsam mit Wasser gefüllt, weshalb für die restlichen Erdarbeiten nur noch schwimmende Bagger zum Einsatz kommen.

Nach jahrelanger Arbeit am Culebra-Durchstich steht am **10. Oktober 1913** die **letzte Sprengung** auf dem Tagesprogramm. Um die historische Bedeutung des Ereignisses zu unterstreichen, soll US-Präsident *Woodrow Wilson* (1913–1921) die Sprengung vornehmen, und zwar aus dem 3000 km entfernten Washington. Dies geschieht am 10. Oktober 1913 durch einen Knopfdruck; eine Telegrafenleitung leitet das Signal nach Panama weiter, wo Hunderte von Dynamitladungen ein riesiges Loch in das Erdreich reißen und sich das Wasser im Culebra-Graben mit dem Wasser des Gatún-Sees für immer vereint.

Dämme, Schleusen und Seen

Gleichzeitig mit den Grabungen am Culebra-Durchstich entsteht westlich der Gatún-Schleusen der prekärste Teil des Kanals: der **Gatún-Damm.** Nach den Berechnungen der Techniker muss der geplante Erdwall eine Länge von 2,4 km, eine Sohlenbreite von 800 m und eine Kronenbreite von 30 m haben, um dem enormen Druck der Wassermassen des Gatún-Sees standhalten zu können. Der See entsteht durch die Stauung des Río Chagres und ist als Überbrückung des Kanals zwischen den Schleusenabschnitten Pedro Miguel und Gatún notwendig. Mit der im Culebra-Durchstich gewonnenen Erde und mit Felsbrocken wächst der Erddamm Monat für Monat sichtbar an und langsam ergänzt er das aus natürlichen Wänden bestehende Seebecken.

Die Oberkante des Dammes liegt heute 32 m über dem Meeresniveau bzw. 6 m über dem Wasserspiegel des Gatún-Sees, der heute als **zweitgrößter von Menschenhand geschaffener See** gilt. Seine Flutung bis auf das heutige Niveau dauerte 15 Jahre. Dabei wurden Hunderte Quadratkilometer jungfräulichen Hügellandes überflutet und ganze Siedlungen mussten verlegt werden.

Nahe der Pazifikseite entsteht durch die Stauung des Río Grande der 1,6 km breite **Miraflores-See,** der die beiden Schleusenabschnitte Miraflores und Pedro Miguel miteinander verbindet. Sie bilden zusammen mit den Gatún-Schleusen zweifellos die technischen Meisterstücke des Kanals. Kein Bauwerk der damaligen Welt enthält so viel Beton wie die **Schleusen,** deren Kammern je 305 m lang, 35,5 m breit und 24,5 m tief sind. Vier Jahre nach dem Baubeginn der Schleusen ist mit der letzten Ladung Beton, die man im Mai 1913 bei den Gatún-Schleusen verarbeitet, der Kanal praktisch betriebsbereit.

Endlich am Ziel

Seit *Goethals* mit diktatorischer Hand das Kommando am Isthmus übernommen hat, wird Woche für Woche augenscheinlicher, dass der Kanal auch tatsächlich in der geplanten Zeit fertiggestellt wird. 1913 sind fast alle Arbeiten abgeschlossen, das Wasser des Kanals erreicht langsam sein Betriebsniveau und die Schwimmbagger reinigen ununterbrochen die Fahrrinne. Ironischerweise ist **das erste Schiff,** das den Panamakanal vollständig durchfährt, das französische Kranschiff *Alexandre La Valley* am 7. Januar 1914. Mit diesem kleinen Detail fällt den Franzosen nach ihrem gescheiterten Versuch doch noch eine Ehre zu.

Mit dem Beginn des Jahres 1914 wird die **Isthmus-Kanal-Kommission aufgelöst** und *Goethals* zum ersten Gouverneur des US-Verwaltungsbezirkes Panamakanal ernannt (womit eigentlich die Kanalzone gemeint ist). Bürogebäude und Wohnhäuser werden abgerissen und Tausende Arbeiter packen mit ihren Familien die Koffer. Täglich laufen vom Hafen in Colón und in Panama-Stadt Schiffe aus, um sie wieder in ihre Heimat zu bringen.

Während in Panama das Ende des Kanalbaus in Sicht ist, bereitet man in Washington und San Francisco ein **großes Eröffnungsspektakel** vor. Als Höhepunkt der feierlichen Eröffnung am 15. August 1914 soll die US-Kriegsflotte den Kanal durchfahren – so, wie es sich *„Teddy" Roosevelt* immer erträumt hat. Der Ausbruch des **Ersten Weltkrieges** in Europa zieht allerdings einen Strich durch die Rechnung. Die Weltöffentlichkeit richtet ihr Augenmerk vorwiegend auf den europäischen Kriegsschauplatz, wodurch die offizielle Kanaleröffnung kaum mehr Beachtung findet.

Die Erbauung des Panamakanals war **eine der größten menschlichen Leis-**

tungen aller Zeiten. Keine Statistik der Welt kann nur annähernd vermitteln, was die Menschen auf der Landenge geleistet haben. Für eine ganze Generation von Amerikanern war es eigentlich Präsident *Roosevelt,* der den Panamakanal erbaute. Aber ohne die Fähigkeiten von *John Stevens, George Washington Goethals* und *Dr. William Gorgas* hätte sicher erst viel später ein Schiff die Landenge überqueren können – und ohne die 75.000 unbekannten Arbeiter wäre der Traum, mit diesem technischen Wunderwerk die Welt ein Stückchen näher zusammenzurücken, niemals wahr geworden. Und nicht vergessen werden dürfen die ca. 25.000 Arbeiter, die durch Krankheiten und Unfälle starben – etwa jeder dritte Kanalmeter kostete einen Arbeiter das Leben.

Verbreiterung 2016

Um die **Zukunft des Kanals** in Anbetracht immer größer werdender Containerschiffe zu **sichern,** wurde 2007 eine Verbreiterung des Panamakanals beschlossen und in Angriff genommen. Das Bauprojekt, bei dem zeitweise bis zu 40.000 Arbeiter beschäftigt waren, 12 Millionen Tonnen Zement und über 190.000 Tonnen Stahl verbaut wurden, ging ohne größere Verzögerungen über die Bühne, sodass der erweiterte Panamakanal im Juni 2016 seine Schleusen öffnen konnte.

Jetzt ist der Kanal gewappnet für die sogenannten **„Megacarrier“**, die bis zu 14.000 Container laden können; zuvor konnten nur Schiffe mit maximal 4400 Containern an Bord den Kanal durchqueren.

2015 waren es fast 15.000 Schiffe, die den Kanal in Anspruch nahmen, d.h. ungefähr **6% des Welthandels** wurden über den Panamakanal abgewickelt. Mit der Erweiterung will Panama das Handelsvolumen in den nächsten Jahren ver-

pa2017-004 va

☐ Agua-Clara-Schleuse – Durchfahrt eines Megacarriers

doppeln, denn jetzt können 98% aller Handelsschiffe den Kanal nutzen, anstatt die viel längere und gefährlichere Route um das südamerikanische Kap Hoorn wählen zu müssen.

Für den Ausbau wurde der **Culebra-Durchstich** mühsam **vertieft und verbreitert,** an beiden Weltmeeren entstanden neue Zugangskanäle mit modernen Schleusenanlagen, die jetzt zusätzlich zu den bereits vorhandenen Einrichtungen arbeiten. Die **neuen Schleusen** *(esclusas)* sind dreistufig, sparen Wasser und haben unvorstellbare Dimensionen von 427 m Länge und 55 m Breite pro Kammer. Wassersparend deswegen, weil ein Teil des für jeden Schleusengang nötigen Wassers in Auffangbecken zwischengespeichert und wiederverwendet wird. Am Pazifik heißen die neuen Schleusen **Esclusa de Cocolí,** sie liegen ein Stück südwestlich der alten Miraflores-Anlage. Die Schleusen können nicht besichtigt werden. Hingegen ist die **Esclusa de**

Agua Clara am Atlantik vom Besucherzentrum in der Nähe der Karibikstadt Colón hervorragend zu beobachten. Mehr Informationen dazu im Kapitel zur Costa Abajo.

■ **Infos:** Die offizielle Website des neuen Kanals ist www.canalampliado.com, interessante Videos zum erweiterten Kanal finden sich z.B. auf Youtube.

Rund um den Kanalbetrieb

Verwaltung

Der Panamakanal ist offiziell „eine nicht gewinnorientierte Einrichtung im Dienste der Menschheit". Er wurde bis Ende der 1970er Jahre allein von den USA verwaltet. Danach lagen die Geschäfte entsprechend dem Kanalvertrag vom Oktober 1979 (siehe „Staat und Gesellschaft", „Geschichte") zu gleichen Teilen bei den USA und Panama, wobei in den 1980er Jahren die USA, in den 1990er Jahren Panama den Vorsitzenden der Kanalkommission stellte. Seit 1. Januar 2000 liegt die Kanalverwaltung vollständig in den Händen von Panama, nur die militärische Sicherheit wird noch von den USA gewährleistet. An den offiziellen Bezeichnungen für die Verwaltung hat sich nichts geändert: Die Geschäfte werden von der **Panamakanal-Kommission** geleitet, die von einem **Aufsichtsrat** aus neun Mitgliedern überwacht und von einem *Administrador* (die offizielle Bezeichnung für den Leiter der Kommission) geleitet wird.

Gebühren

Zur Berechnung der Durchfahrtsgebühr wurde die Bezeichnung **Panamakanal-Nettotonne** geschaffen, die 2,83168 Kubikmeter des kommerziell genutzten Schiffsraumes entspricht, egal ob Cargo- oder Passagierraum. Pro beladener Panamakanal-Nettotonne werden 2,41 $ berechnet, pro ungeladener Tonne 1,96 $. So werden für einen „Megacarrier" rund 800.000 US-Dollar fällig. Schiffe, die unter der panamaischen Flagge laufen, erhalten einen Spezialtarif. Die gesamte Durchfahrtsgebühr muss 48 Stunden vor der Durchquerung auf dem Konto der Kanalgesellschaft eingehen, ein Kredit wird nicht gewährt. Gegen eine zusätzliche Gebühr kann die Durchfahrt reserviert werden, was die Wartezeit erheblich verkürzt. Diese Möglichkeit wird meistens von Kreuzfahrtsschiffen genutzt.

Schleusenbetrieb

Ohne die kräftigen Regenfälle und die für das Wassersystem des Kanals unentbehrlichen Waldreservate an seinen beiden Seiten könnte der Panamakanal nicht 24 Stunden pro Tag und das ganze Jahr hindurch reibungslos funktionieren. Pro Boot und Schleuse werden rund 400.000 Liter Wasser benötigt, das man allerdings nur einmal verwenden kann und das dem Gatún- oder dem Miraflores-See entnommen wird. Um die **Wasserversorgung** während der Trockenzeit zu gewährleisten, wurde in den 1930er Jahren der Madden- bzw. Alajuela-See geschaffen. Er wird von den Flüssen Chagres und Perqueni gespeist und reguliert über Rohrleitungen das ganze Jahr über den Wasserspiegel der Seen.

Der **Zu- und Abfluss des Wassers** in die Schleusenkammer bzw. aus der Kammer erfolgt ohne Pumpen über die am Boden und in der Wand befindlichen Öffnungen, die durch ein Rohrleitungssystem mit den höherliegenden Kanalseen und den tieferliegenden Meeren verbunden sind und basiert auf dem physikalischen Prinzip der kommunizierenden Röhren. Das Boot wird durch die Wasserkraft in ca. 10 Minuten pro Schleusenkammer gehoben beziehungsweise gesenkt. Zum Öffnen und Schließen der 800 Tonnen schweren Schleusentore werden 400-PS-Elektromotoren verwendet.

Der Kanal verfügt über drei **Schleusenabschnitte:** die zweistufige Miraflores-Schleuse (ca. 16,50 m), die einstufige Pedro-Miguel-Schleuse (ca. 9,50 m) an der Pazifikseite und die dreistufige Gatún-Schleuse (ca. 26 m) an der Atlantikseite. In den 1960er Jahren wurden sie mit einer Beleuchtung ausgestattet, um eine Abfertigung der Schiffe fast rund um die Uhr zu ermöglichen.

Um die Stabilität eines Schiffes in der Schleusenkammer während des Hebens bzw. Senkens zu gewährleisten, werden **Diesellokomotiven** *(mulas)* eingesetzt, die je 47 Tonnen wiegen und über Stahlseile mit dem Schiff verbunden sind. Je nach Größe des Schiffes werden an der Vorderseite zwei oder vier, an der Rückseite immer zwei Lokomotiven verwendet. Die Loks werden auch als Zugmaschinen eingesetzt, um die Schiffe in die Schleusenkammer bzw. aus der Kammer zu ziehen, allerdings nur in geringem Maße, denn zu 90 % fährt das Schiff aus eigener Kraft in die Schleuse hinein beziehungsweise verlässt diese wieder.

Instandhaltung

Für die lebenswichtigen Instandhaltungsmaßnahmen werden jährlich ca. 100 Mio. Dollar ausgegeben. Die empfindlichsten Teile sind die Stemmtore, Schleusenkammern, Ventile, Abzugs- und Einlaufkanäle, die ständig gewartet werden. Um die Fahrrinne sauber zu halten und den maximalen Tiefgang von 18 m zu si-

050pa hz

Hält die Fäden in der Hand: Kanalarbeiter

051pa hz

chern, wurde die **Kanal-Bagger-Kommission** eingerichtet, deren Hauptquartier sich in Gamboa befindet.

Sicherheitsvorschriften

Auf dem Kanal herrscht **Einbahnverkehr,** der jeweils am Morgen und am Mittag die Richtung wechselt. Große Schiffe dürfen nur tagsüber fahren. Während der gesamten Durchfahrt muss mindestens ein **Kanallotse** (auch Kanalpilot) an Bord sein, der für die Navigation verantwortlich ist und der ständig in Kontakt steht mit dem *Marine Traffic Control Center,* einem voll computerisierten Kontrollzentrum, das den gesamten Schiffsverkehr überwacht. Während kleine Schiffe mit einem Lotsen auskommen, werden auf großen Schiffen bis zu vier eingesetzt.

Praktische Hinweise

- Die **Schleusenvorgänge** können Sie am besten im **Gatún-Abschnitt** (hier kann man auch die erweiterten Schleusen von Agua Clara besuchen; siehe „Zentrale Karibikküste") oder von der **Aussichtsplattform der Miraflores-Schleuse** beobachten, die ca. 20 km nordwestlich der Hauptstadt liegen. Der Zugang ist täglich gegen Bezahlung von 9 bis 17 Uhr gestattet. Während die Schiffe gehoben bzw. gesenkt werden, erhalten die Besucher über Lautsprecher Informationen in spanischer und englischer Sprache. Wenn es keine Schiffe zu beobachten gibt, wird ein kostenloser Filmvortrag gehalten (bei den Miraflores-Schleusen, bei Agua Clara ist ständig ein englischsprachiger Guide präsent, der auch Fragen beantwortet). An beiden Stellen gibt es ein modernes **Besucherzentrum** mit Aussichtsplattformen, Restaurant und Souvenirladen. Außerdem kann eine interessante Ausstellung über den Kanal besichtigt werden. Eintritt: 15 $ inkl. Filmvortrag und Ausstellung, 10 $ für Kinder.

  Die besten Chancen, ein Schiff in den Miraflores-Schleusen anzutreffen, hat man täglich zwischen 9 und 10 sowie zwischen 15 und 17 Uhr. Die genauen **Durchfahrtszeiten** der Schiffe können unter Tel. 276-8617 (span./engl.) abgefragt werden.

  Die Miraflores-Schleusen sind mit dem **Bus** Richtung Paraíso oder Gamboa ab der Plaza Cinco de Mayo erreichbar. Sollte der Busfahrer wegen mangelnder Nachfrage keinen Abstecher zum Parkplatz vor den Schleusen machen, müssen Sie an der Durchfahrtsstraße aussteigen. Ein großes Schild zeigt die Abzweigung an, außerdem können Sie sich an der Universität Ciudad de Saber orientieren, die ca. 100 m vor der Abzweigung an der rechten Straßenseite steht. Von der Abzweigung sind es ca. 15 Gehminuten zu den Schleusen. Eine **Taxifahrt** kostet ab Panama-Stadt mindestens 15 $.

- Die neue **Schleuse Agua Clara** ist beim Besucherzentrum Gatún zu finden und ab Colón zu erreichen. Weitere Infos im Regionalkapitel „Zentrale Karibikküste" auf S. 117.
- Die **Pedro-Miguel-Schleuse** kann nur aus der Ferne beobachtet werden.
- **Kanaldurchfahrten** vom Pazifik zur Karibik werden am ersten Samstag im Monat für 195 $ p.P. (Kinder bis 12 Jahre 105 $) durchgeführt, inkl. Frühstück, Mittagessen, Getränke und Rückfahrt zum Hotel. Teildurchfahrten bis Gamboa (retour mit Bus) sind jeden Samstag für 150 $ möglich. Start ist an der Calzada de Amador in Panama-Stadt. Mehr Informationen und Tourkalender unter www.canalandbaytours.com.
- **Kanalmuseum:** siehe unter Panama-Stadt.

Schiffe auf dem Panamakanal

Colón | 114
Costa Abajo | 117
Costa Arriba | 119

110pa hz

3 Zentrale Karibikküste

An der Karibikküste setzten die Spanier Fuß an Land. Die Landschaft ist nicht mehr ganz so

unberührt wie zu Kolumbus' Zeiten, aber die Uhren laufen hier noch immer anders. Don't worry, be happy.

Traumhafte Karibikküste Panamas

DIE KÜSTE RUND UM COLÓN

Die „Mutter Natur“ zeigt sich an der Zentralen Karibikküste, die sich beidseitig der Hafenstadt Colón erstreckt, von ihrer freundlichen Seite, was man vom „Vater Staat“ nicht behaupten kann.

Die **Kontraste** sind erschreckend: Während in der Metropole an der Pazifikküste **moderner Komfort** überwiegt, dominiert an der Karibikküste **Armut,** vor allem in und um Colón.

Überblick

Die beiden Küstenstreifen sind durch die Lebensadern der Zentralregion, den Panamakanal und eine ca. 80 km lange Autobahn, die die Carretera Transístmica ablöste, verbunden. Die Autobahn endet in Sabanita kurz vor der Hafenstadt Colón. Lohnenswerte Ziele bietet die **Costa Arriba** („Obere Küste") nordöstlich von Colón. Dort liegen unter anderem das historische Hafenstädtchen **Portobelo** mit den Ruinen spanischer Befestigungsanlagen und der **Nationalpark Portobelo,** dessen maritimer Bereich mit kristallklarem Wasser, Korallenriffen und feinen Sandstränden am Wochenende viele Taucher, Schnorchler und Sonnenanbeter anlockt; besonders beliebt ist die vom karibischen Flair geprägte Isla Mamey mit ihrem Bilderbuchstrand.

Das Gegenstück zur Costa Arriba, die **Costa Abajo** („Untere Küste"), erstreckt sich südwestlich von Colón. Sie ist über die Gatún-Schleusen des Panamakanals erreichbar, wo die Ozeanriesen über drei Stufen zum Atlantik gesenkt bzw. zum Gatún-See gehoben werden. Zwischen dem Gatún-See und dem Karibischen Meer und westwärts des Río Chagres, der nahe dem Kanal in das Meer mün-

NICHT VERPASSEN!

- **Agua-Clara-Schleusen:** die Aussichtsplatform bietet einen imposanten Ausblick auf die neuen Schleusenkammern des Panama-Kanals | 117
- **Portobelo:** malerische Bucht, umsäumt von historischen Ruinen | 120
- **Isla Grande:** traumhaftes Eiland mit einem Bilderbuchstrand | 123

Diese Tipps sind gelb hinterlegt.

det, liegt ein nahezu unberührter Regenwald. An der Flussmündung erhebt sich das Fort San Lorenzo, das mit den Befestigungsanlagen Portobelo zu den imposanten Zeugnissen der Vergangenheit zählt.

Die Zentrale Karibikküste gehört vollständig zur Provinz Colón, deren gleichnamige Hauptstadt das Ballungszentrum der Region ist. Die Mehrheit der **regionalen Bevölkerung** bilden die Nachkommen der Arbeiter, die als billige Arbeitskräfte im 19. Jahrhundert von den englischsprachigen Karibikinseln nach Panama kamen und jene der afrikanischen Sklaven, deren Traditionen bis heute größtenteils erhalten geblieben sind. Nicht umsonst wird die Zentrale Karibikküste auch als die Region der Congos bezeichnet (siehe Exkurs „Los Bailes de los Congos“).

Colón

Geschichte

Colón, **Panamas drittgrößte Stadt,** hat ca. 90.000 Einwohner und breitet sich an der Ostseite der Bahía de Limón aus. Die Siedlung entstand Mitte des 19. Jahrhunderts als Warenumschlagplatz und als Umsteigeort für die Reisenden, die von einer US-Küste zur anderen den zeitsparenden Schiffs- und Eisenbahnweg über die Landenge nahmen.

Die **Stadtgründung** geht größtenteils auf das Konto der Schiffs- und Eisenbahngesellschaft *United States Mail Steam Line,* deren Direktor den Ort zunächst nach seinem Familiennamen *Aspinwall* taufte, erst später trat der heutige Name Colón in den Vordergrund. Durch seine Bedeutung als Knotenpunkt wuchs der Ort rasch zu einer Kleinstadt an. Ein Reisender beschrieb Colón 1853 als „*eine angelsächsische Siedlung, die dem spanischen Amerika eingefügt wurde, aber nur auf den ersten Blick, denn sie wird von Nordamerikanern dominiert und die Einrichtung der Häuser ist nicht komfortabel. Sie verfügt über keine Kirche, lediglich über ein Krankenhaus für die drei- bis viertausend Einwohner, aber dagegen sind Hotels, Tavernen und alle Arten von Läden reichlich vorhanden. Ihre Bevölkerung wird vom Abschaum aller Nationen gebildet, speziell von dem der englischen Antillen. Niemand wagt es, durch die Straßen zu gehen und in den Hotels zu übernachten, ohne gut bewaffnet zu sein. Es ist nicht verwunderlich, dass Colón ist, was es ist: Ein ungesunder Ort und es ist erstaunlich, dass es möglich ist, Leben zu erhalten in dieser unreinen Pfütze.*“

Colón heute

Fast eineinhalb Jahrhunderte später hat der Reisebericht kaum an Aussagekraft verloren. Bei einem Blick in die Straßen der Stadt erscheint es, als ob der Berichtschreiber nicht 1853 Colón besuchte, sondern gestern in der Stadt unterwegs war. Der negative Ruf einer **gefährlichen, schmutzigen Stadt** ist nicht übertrieben.

Colón besitzt mit der **Zona Libre** einen **Freihandelshafen** (www.zolicol.gob.pa), der nach Hongkong der zweitgrößte der Welt ist und einen nicht unerheblichen Beitrag zur panamaischen Wirtschaft leistet. Aber die Gewinne fließen größtenteils nach Panama-Stadt oder ins Ausland, und Colón bleibt mit leeren Taschen zurück. Die Kunden fahren mit dem Auto, Taxi oder Bus direkt zum Eingang der Zona Libre, einer **Art Kleinstadt im Südosten Colóns,** die mit hohen Mauern und Stacheldraht umgeben ist und bewacht wird wie der Hochsicherheitstrakt eines Gefängnisses. In den Straßen vor dem Eingang drängen sich Bettler, Kinder und Arbeitslose, die für ein paar Cents die Autos der Besucher bewachen.

Der **Kontrast** könnte nirgendwo größer sein als vor dem Tor der Zona Libre, in der täglich Millionen von US-Dollars umgesetzt werden, während draußen die Bevölkerung um jedes Stück Brot kämpfen muss.

Der Ruf nach **Maßnahmen** wird zwar von Tag zu Tag immer lauter, doch bis heute hat die Landesregierung nur mit einer sehr langsam anlaufenden Stadtrenovierung und beschränkten Umsiedlung der Ärmsten reagiert. Einige Kilometer vor Colón, direkt an der Carretera Transístmica, sind Siedlungen aus Einzimmerhäuschen entstanden. Diese sind in Reih und Glied angeordnet und kaum größer als ein Gartenschuppen. Wenn die Regierung weiterhin die Ohren und Augen vor den Problemen der Bewohner von Colón verschließt, kann dies zu einer Explosion führen, deren Druckwelle bis nach Panama-Stadt reichen könnte.

Nur einmal im Jahr, während des **Karnevals** im Oktober, werden alle Probleme für ein paar Tage vergessen, wird in den Straßen ausgelassen gefeiert und getanzt, ganz in der temperamentvollen afro-karibischen Art. Plant man einen Besuch, sollte man sich vorher erkundigen, ob der Karneval auch stattfindet; 2016 wurde er aus finanziellen Gründen abgesagt.

Praktische Hinweise

Sicherheit

■ **Achtung!** In Colón kann es zu Überfällen kommen, auch tagsüber. Gehen Sie sicherheitshalber nicht zu Fuß durch die Stadt. Der Flughafen, der Busbahnhof, die unten genannten Hotels sowie die Zona Libre und Colón 2000 gelten als sichere Orte.

An- und Weiterreise

Bus

Der **zentrale Busbahnhof** liegt an der Avenida Bolívar/Calle 13. Ab hier gibt es täglich Verbindungen u.a. nach:

■ **Panama-Stadt,** zwischen 4.30 und 16 Uhr alle 20–25 Minuten.

■ **Portobelo,** von 6.30 bis 21 Uhr fast stündlich.

■ **La Guaira (Isla Grande),** von 7 bis 18 Uhr fast stündlich.

■ **Agua-Clara-Schleuse,** von 9 bis 18 Uhr stündlich.

Zug

■ Am **Bahnhof,** knapp 500 m südlich vom Busterminal, kommt einmal täglich der Passagierzug aus Panama-Stadt an. Rückfahrt um 15.15 Uhr, Fahrpreis 25 $ one way, Kinder 15 $.

Übernachten

7 **Sand Diamond Hotel,** Tel. 447-1000, Centro Comercial Millenium Plaza, am Haupteingang der Freihandelszone, www.sanddiamondhotel.com.

Modernes Business-Hotel mit komplett ausgestatteten Zimmern und gutem Büfett-Restaurant. Zimmer ab 105 $, nur Bargeld.

2 **Hotel Andros,** Tel. 441-0477, Av. Herrera, zwischen Calle 9 und Calle 10, im westlichen Teil der Stadt, www.hotelandros.com. Funktionelles Stadthotel mit 60 Zimmern, mäßiges Restaurant mit guter Aussicht. DZ ab 60 $.

6 **Hotel Radisson Colón 2000,** Paseo Gorgas mit Calle 13, im östlichen Teil der Stadt in Richtung Kreuzfahrthafen, Tel. 446-2000, www.radisson.com. Ab 150 $ das DZ mit Frühstück. Ein typisches Hotel der bekannten Kette mit allem, was dazugehört: großer Pool, Restaurant etc. Teilweise Blick auf den Hafen.

8 Außerhalb von Colón, direkt am Ufer des Gatún-Sees in schöner Umgebung, entstand aus einem Teil des ehemaligen US-Forts Gulick das **Hotel Meliá** mit viel Komfort, riesigem Pool und gutem Restaurant. DZ ab 88 $. Tel. 470-1100, www.melia.com.

Einkaufen

■ Für den Besuch der **Freihandelszone (Zona Libre)** benötigen Sie eine Besucherkarte, die Sie kostenlos am Eingang an der Carretera Transístmica erhalten (Reisepass nicht vergessen!). Fahrzeuge dürfen nur mit besonderer Erlaubnis (allerdings nicht für Touristen) innerhalb der Zona Libre abgestellt werden. Die Zona Libre ist ein riesiges, umsatzsteuerfreies Einkaufszentrum, wo eigentlich nur *en gros (por mayor)* gekauft wird. Einige Geschäfte bieten ihre Produkte auch einzeln an. Die gekaufte Ware wird verpackt und Ihnen vor der Ausreise am internationalen Flughafen in Panama-Stadt ausgehändigt. Wenn Sie in mehreren Geschäften einkaufen, sollten Sie dies immer angeben, damit nur ein einziges Paket für Sie zusammengestellt wird. Für den Transport von der Zona Libre zum internationalen Flughafen werden 5 $ pro Paket berechnet. Weitere Informationen unter www.colonfreezone.com und www.zonalibredecolon.com.pa.

4 Das **Einkaufszentrum Colón 2000** verfügt über einen Terminal für Kreuzfahrtschiffe und soll mit kauffreudigen Geschäftsleuten und Kreuzfahrtpassagieren der Stadt einen Aufschwung bringen.

Adressen A–Z

5 **Autovermietung:** *Budget Rent a Car,* im Einkaufszentrum Colón 2000, Tel. 441-7161.

■ **Geld/ATM:** *Banco Nacional de Panamá,* Av. Roosevelt/Calle 14, geöffnet Mo bis Fr 8–15 Uhr, Sa 9–12 Uhr.

■ **Post:** Av. Roosevelt, geöffnet Mo bis Fr 7–18 Uhr, am Sa bis 17 Uhr.

■ **Telefonieren:** In den Hotels oder im Büro von *Cable & Wireless,* Paseo del Centenario/Calle 12, geöffnet Mo bis Fr 8–17 Uhr.

Costa Abajo

Zufahrt

Der Teil der Karibikküste, der sich vom Westufer des Kanals bis an die Provinzgrenze Veraguas' erstreckt, wird generell als Costa Abajo („Untere Küste") bezeichnet. Die einzige **Straße,** die in diese Region führt, zweigt von der Autobahn ca. 2 km vor Colón nach links ab. Sie führt an der ehemaligen US-Basis Fort Davis und an der Abzweigung zum Hotel *Meliá* vorbei, über die Agua-Clara- und Gatún-Schleusen (ca. 10 km ab der Abzweigung), an das Westufer des Kanals. Busse hierher fahren ab dem Busterminal in Colón.

Schleusen von Agua Clara und Gatún

Mit der **Erweiterung des Panamakanals** im Jahr 2016 sind neue, größere und ökologisch ausgeglichenere Schleusenanlagen entstanden. Ein Teil des verwendeten Wassers für die Schleusengänge wird in großen Auffangbecken zwischengespeichert und wiederverwendet. Die **neuen Schleusen** sind 427 m lang, 55 m breit und 18,30 m tief, die größten erlaubten Schiffsabmessungen für eine Kanaldurchfahrt sind nun 366 m Länge, 49 m Breite und 15,20 m Tiefgang, was auch sog. „Megacarriern" die Querung erlaubt. Die Agua-Clara-Schleusen liegen nahe der „alten" Gatún-Schleusen und wurden am 26. Juni 2016 mit der

Durchfahrt des Schiffes „Cosco Shipping Panama“ eingeweiht.

Von der großen **Aussichtsplattform** hat man einen tollen Blick in die Schleusenkammer auf der Seite des Gatún-Stausees und kann mit ein wenig Glück die Durchfahrt eines der riesigen Schiffe beobachten.

Ein freundlicher englischsprachiger **Guide** erläutert Hintergründe zum Kanal und begleitet die Durchfahrt der Schiffe mit interessanten Details; man kann auch Fragen stellen.

An der Schleusenanlage sind eine Cafeteria, ein großes Restaurant mit Blick auf den See und die Schleuse sowie ein kleines Kino und ein Ausstellungsraum zu finden.

052pa hz

■ **Infos:** Die Agua-Clara-Schleuse befindet sich hinter dem früheren Besucherzentrum Gatún und ist ab Colón zu erreichen. Eintritt 15 $, Kinder 10 $, täglich 8–15.15 Uhr (dann endet der Ticketverkauf und man kommt nicht mehr rein).

Fort San Lorenzo

Nur wenige Meter nach den Agua-Clara-Schleusen gabelt sich die Straße: Sie führt nach links entlang des Gatún-Staudammes, zum Abschnitt des gescheiterten französischen Kanalprojekts (siehe „Der Panamakanal“), geradeaus zum historischen Fort San Lorenzo. Nach etwa 12 km erreicht man eine Kasse, an der 5 $ pro Person für den Besuch des Forts San Lorenzo erhoben werden (geöffnet 8–16 Uhr). Rund 8 km weiter erreicht man das **Fort San Lorenzo.** Es wurde im 17. Jahrhundert auf einem Plateau hoch über der Mündung des Río Chagres errichtet, als Verteidigungsanlage gegen die Piraten, die es auf die begehrten Handelswaren der Spanier abgesehen hatten. Die schweren Kanonen sind heute noch auf das Meer gerichtet, als ob der legendäre englische Pirat *Sir Francis Drake* jeden Moment auftauchen könnte. Das aus groben, unsymmetrischen Steinblöcken erbaute Fort ist gut unterhalten und gibt mit seinen Kasematten, seiner Zugbrücke und seiner Bastei einen kleinen Einblick in jene Zeit, als sich die europäischen Seemächte heftig bekämpften.

☐ Weiter Meeresblick vom Fort San Lorenzo

Vom Fort hat man einen fantastischen **Ausblick** auf die Mündung des Río Chagres, über das kaum berührte Pflanzenmeer der Costa Abajo, die ehemalige US-Base Fort Sherman und das türkisfarbene Wasser der Karibischen See.

Costa Arriba

Im Dorf **Sabanita** etwa 13 km vor Colón zweigt von der Carretera Transístmica eine Asphaltstraße zur Costa Arriba ab; von hier sind es 34 km nach Portobelo, 50 km nach Puerto Lindo und 55 km nach La Guaira. Diese Kreuzung, mit einer Filiale der Supermarktkette *REY,* ist eine praktische Stelle zum Umsteigen für Busreisende in Richtung Portobelo, Puerto Lindo und Isla Grande; hier stehen auch die letzten Geldautomaten bereit.

Nach Sabanita verläuft die **Straße** durch verschlafene Siedlungen und entlang von Weideflächen mit Rinderherden. Im Hintergrund des Weidelandes erhebt sich die grün bewachsene Sierra Llorona de Portobelo, an deren Hängen sich der Nationalpark Portobelo ausbreitet. Die ersten Strände unterwegs, der **Playa María Chiquita** (ca. 15 km ab Sabanita) und der **Playa Langosta** (3 km weiter), eignen sich nicht besonders für ein Sonnen- und Meeresbad. Je näher man Portobelo kommt, desto näher rücken die Berghänge, bis sie die Straße ganz an das Meeresufer drängen. Während an der einen Straßenseite Blumen und Pflanzen in allen Sorten gedeihen, öffnet sich an der anderen Seite das dunkelblaue Meer, dessen aufsteigender Dunst den Küstenstreifen umhüllt.

Parque Nacional Portobelo

Der knapp 36.000 Hektar große **Nationalpark** erstreckt sich an der Küste zwischen der Bahía de Portobelo und der Bahía de San Cristóbal und stößt im Süden an den Nationalpark Chagres. Sein mittlerer, unzugänglicher Teil ist noch vollständig von tropischem Regenwald bedeckt während in seinen Randzonen die ursprüngliche Vegetationsdecke der Agrarwirtschaft weichen musste. Etwa 22 % der Fläche des Nationalparks Portobelo liegen im Karibischen Meer entlang einer ca. 70 km langen Küstenlinie mit vielen Buchten.

Durch das schon lange geltende ungeschriebene Gesetz, dass jener Person das Land gehört, die es urbar machte, sind viele *campesinos* aus den Provinzen der Zentralen Pazifikküste und der Halbinsel Azuero an die Costa Arriba gezogen. Ein Beispiel für diese Zuwanderung bildet die Ortschaft **Nuevo Tonosí,** wenige Kilometer nach Portobelo, wo besitzarme Bauern der Halbinsel Azuero eine neue Existenz aufzubauen versuchen.

Trotz des geschützten Status des Parks wird die **illegale Waldrodung** fortgesetzt. Wer nach Gegenmaßnahmen fragt, stößt immer wieder auf das gleiche Problem: Es mangelt an Geld, um den Nationalpark effizient schützen und den Kleinbauern eine Alternative anbieten zu können. In Nuevo Tonosí befindet sich ein *ANAM*-Büro, das mit Informations- und Aufforstungsprojekten versucht, eine Wende zugunsten der Natur einzuleiten.

Im Nationalpark, direkt in einer geschützten Bucht und über eine Straße zu erreichen, liegt das verschlafene Fischerdorf **Puerto Lindo.**

Praktische Hinweise

Wenige Kilometer vor Portobelo, in einer malerischen, teils mangrovenbewachsenen Bucht, haben sich **Tauchclubs** etabliert, die Anfängerkurse, Tauchgänge für die Besitzer einer internationalen Tauchlizenz (PADI-Ausweis) und Schnorcheltouren zu den vorgelagerten Korallenriffen und Inseln im Programm haben. Mehr Informationen erhalten Sie unter anderem bei:

- **Golden Frog Scuba,** ca. 5 km vor Portobelo, Tel. 6586-4838, www.goldenfrogscuba.com.
- Das Tauchzentrum ist mit der **Coco Plum Eco Lodge,** Tel. 448-2102, verbunden, einer kleinen, stimmungsvollen Hotelanlage mit netten Zimmern und dem angenehmen Restaurant *Las Anclas*. EZ 46 $, DZ 57 $.
- **Scuba Portobelo,** Tel. 261-3841 (Panama-Stadt), www.scubapanama.com, ca. 3 km vor Portobelo. Gepflegte Anlage mit 6 freistehenden, einfachen Häuschen für 45 $ pro Haus, 5 Zimmer für 35 $ oder 15 $ pro Person im Mehrbettzimmer. Reservierung am Wochenende ratsam.
- **Essen und Trinken:** Direkt an der Straße zu den Tauchclubs, 8 km bevor man Portobelo erreicht, liegt das von einem französischen Paar betriebene **Restaurant Don Quichote.** In dem netten Lokal gibt es gute Pizzen und Pasta zu fairen Preisen.

Unser Tipp: **Übernachten:** Unterkunft und Touren bekommt man im **Bambú-Guesthouse** von *Sandra* und *Bert* angeboten, Puerto Lindo, Tel. 6600-4616 und 6353-0798, www.panamaguesthouse.com. 3 klimatisierte Zimmer mit Bad (45 $, Frühstück extra), Bar und Restaurant, sehr persönliches Ambiente.

- Die Tauchclubs und die Restaurants sind mit dem **Bus,** der ab Colón Richtung Portobelo fährt, mehrmals täglich erreichbar.
- **Geld:** Nehmen Sie genügend Bargeld mit, denn die nächstgelegene Bank für die gesamte Costa Arriba befindet sich in Sabanita vis-à-vis des REY-Supermarktes. Kreditkarten werden nicht überall akzeptiert.

Portobelo

Nur wenige Minuten nach dem letzten Tauchclub wird der Blick von einer **malerischen Meeresbucht** eingefangen, die sich nach Westen hin öffnet. *Kolumbus* taufte diesen wunderschönen Flecken,

093pa hz

der von seinem Reiz bis heute nichts verloren hat, *porto belo* („schöner Hafen"). Die tiefgrüne, hügelige Landschaft, die schaukelnden Boote und die Braunen Pelikane, die im Sturzflug in das türkisfarbene Wasser eintauchen, bilden eine zauberhafte Kulisse, die von historischen Spuren abgerundet wird.

Entlang der Bucht ragen die Ruinen mehrerer spanischer Verteidigungsanlagen empor, als stumme Zeugen für die Bedeutung von Portobelo in der Vergangenheit, das einstmals der wichtigste Festlandshafen in der Neuen Welt war.

Geschichte

Portobelo verdankt seine Existenz dem Ruin der einstigen Hafenstadt Nombre de Dios, die der englische Pirat *Sir Francis Drake* mit seiner Mannschaft zerstörte. Aus strategischen Gründen verlegten die Spanier den Hafen in die Bahía de Portobelo. Im Jahr 1597 entstand das Städtchen San Felipe de Portobelo, benannt nach dem damaligen spanischen König *Philipp II.* Während des 17. und der ersten Hälfte des 18. Jahrhunderts erfüllte Portobelo eine **Schlüsselrolle in der Verteidigung dieser Küstenregion** und im Handel mit allen anderen spanischen Kolonien auf dem Kontinent.

Einmal jährlich ging in der Bucht eine große **spanische Kriegs- und Handelsflotte** vor Anker. Zwei Monate lang wurde im Hafenstädtchen gefeilscht, gefeiert, wurden Nachrichten ausgetauscht und Gold, Silber und Perlen aus den Kolonien auf die Schiffe verladen. Wochenlang herrschte Hochbetrieb auf dem Camino de Cruces und dem Camino Real (siehe „Umgebung von Panama-Stadt"), den einzigen Überlandverbindungen zwischen Atlantik und Pazifik. In den restlichen zehn Monaten des Jahres lag Portobelo, das aus etwa 130 Häusern, einer Kirche, einem Kloster und einem Krankenhaus bestand, im **Tiefschlaf.** Die Mehrheit der Bevölkerung wohnte nur kurzfristig in Portobelo. Mit dem Auslaufen der Flotte kehrten sie in ihre Heimatorte an der Pazifikküste der Landenge zurück. Im Hafenstädtchen blieben vorwiegend Soldaten und Sklaven zurück.

Wegen der großen Bedeutung Portobelos für den Handel errichteten die Spanier eine **imposante Festungsanlage.** Abschreckende Forts umrahmten die Bucht, um die Begierde und den Übermut der Piraten zu zügeln, die meistens im Auftrag anderer europäischer Seefahrtsmächte die „spanischen" Gewässer nach Beute absuchten. Die Militärarchitektur bestand aus dem vorgeschobenen Fort San Felipe Todo Fierro am Nordufer der Bucht und dem gegenüberliegenden Fort Santiago de la Gloria. Die mittlere Verteidigungslinie bildeten die Forts San Cristóbal und San Férnando, während die Kasematten an den Hügeln und Berghängen zur Unterstützung der Forts dienten. Das letzte Verteidigungsbollwerk, die Festung San Jerónimo, lag direkt im Ort neben dem Gold- und Silberdepot.

Die Festungsanlage von Portobelo steht wegen ihrer historischen Bedeutung auf der **UNESCO-Weltkulturerbeliste,** ihre Besichtigung ist kostenlos.

☒ An der Karibikküste ist das Boot oft das einzig brauchbare Verkehrsmittel

Portobelo heute

Mit der Einstellung des Handels im 18. Jahrhundert wurde Portobelo seiner Existenzgrundlage beraubt und das einst blühende Hafenstädtchen geriet zunehmend in Vergessenheit. Das gegenwärtige Portobelo ist ein **schlichter Ort,** der noch zahlreiche monumentale Spuren aus der lebhaften Vergangenheit birgt.

Außer den Überresten der Befestigungsanlage ist **La Aduana** erwähnenswert, das als umfangreiches Handelshaus, Depot und zugleich als Unterkunft für die damaligen Beamten diente. Das restaurierte Gebäude beherbergt Ausstellungen über die Geschichte Portobelos, die Festungsanlagen und über den Schutzpatron *Cristo Negro.*

Die schlicht ausgestattete Kirche **Iglesia de San Felipe** aus dem 17. Jahrhundert wirkt sehr gepflegt, dank der Statue des **Cristo Negro de Portobelo,** die wie ein Augapfel gehütet wird. Alljährlich am 21. Oktober pilgern Tausende von Gläubigen aus dem ganzen Land nach Portobelo, um sich Panamas bedeutendster **Prozession** zu Ehren des schwarzen Christus anzuschließen. Auf individuelle, teils sehr schmerzhafte Weise erfüllen die Gläubigen die selbstauferlegte Buße für ihre Sünden. Sie legen die letzten Meter zur Kirche oft auf den Knien zurück oder sie lassen heißes Kerzenwachs auf ihren nackten Oberkörper tropfen. Während der Prozession wird die Statue des Cristo Negro über und über mit Gaben und Bildern geschmückt, als Zeichen der Dankbarkeit der Gläubigen.

Die Verehrung des Cristo Negro beruht auf einer Legende. Während die Region von einer schweren Cholera-Epidemie betroffen war, tauchte in der Bahía de Portobelo plötzlich eine Kiste auf. Die Fischer des Ortes holten sie an Land und fanden zu ihrem Erstaunen eine schwarze Christus-Figur darin. Sie brachten die Figur sofort in die Kirche und noch am gleichen Tag verschwand die Cholera-Epidemie.

Praktische Hinweise

- Portobelo ist ab Colón mit dem **Bus** zwischen 6.30 und 21 Uhr fast stündlich erreichbar, nach einem kurzen Aufenthalt fährt der Bus wieder zurück. Ein paar Unterkünfte sind vorhanden.
- In der **Bäckerei Rico-Rico** im Ortskern an der Hauptstraße gibt es gutes Baguette und leckeres Mittagessen (nicht teuer).
- **Hotel Casa Congo,** Tel. 202-0880, am Meer in der Bucht, etwa 100 m vor dem Fuerte San Jerónimo. Kulturhaus, Kunsthandwerk, Mini-Hotel mit vier Zimmern und Restaurant, das nicht ganz billig ist. Mehr Infos unter www.fundacionbp.org/es/casa-de-la-cultura-congo.

Isla Mamey

Die kleine, unbewohnte malerische Insel hat absolut **keine Infrastruktur,** dafür einen ca. 400 m langen **sauberen Sandstrand,** der einer der beliebtesten Strände der Gegend ist. Das Wasser ist azurblau und kristallklar, einige Riffe vor dem Strand bieten ideale Voraussetzungen zum Schnorcheln. Der Strand ist gut für Familien geeignet, da er flach ins ruhige Meer geht.

- **Anreise:** Mamey ist in knapp 10 Minuten mit dem Boot von Puerto Lindo zu erreichen und in 15 Minuten von der Isla Grande; der Preis von Puerto Lindo beträgt 6 $ p.P., von der Isla Grande 10 $.

053pa hz

Isla Grande

Ca. 7 km nach Portobelo teilt sich die Straße: Nach rechts führt sie in den 13 km entfernten, unscheinbaren Ort **Nombre de Dios,** in dem nichts mehr an seine koloniale Vergangenheit erinnert, geradeaus führt sie in das 8 km entfernte **La Guaira,** dem Ausgangspunkt für die Überfahrt zur Isla Grande. Obwohl die Distanz zwischen Colón und La Guaira nur 51 km beträgt, benötigt der Bus für diese Strecke etwa 1½ Stunden.

Der Name **Isla Grande** („Große Insel") scheint in Bezug auf ihre Abmessungen wohl etwas übertrieben, jedenfalls ist das Eiland ein Traum. Die Isla Grande liegt kaum fünf Bootsminuten vom Festland entfernt, wird von einem Korallenriff gegen die hohen Meereswellen geschützt und wirkt bereits vom Festland aus wie eine ruhige Oase in der unruhigen Karibischen See. Die einzige Siedlung auf dem Eiland besteht aus wenigen Häuschen, die das zum Festland gerichtete Ufer säumen. Lärmender Verkehr ist hier ein unbekannter Begriff, denn in ca. 15 Gehminuten hat man die Insel von Osten nach Westen durchquert. Mit bunten Fischerbooten, die nahe dem Anlegesteg im ruhigen Wasser schaukeln oder am hellen Sandstrand liegen, werden die Gäste vom Festland abgeholt und direkt vor der Tür einer Unterkunft abgesetzt.

Das „Lockmittel" der Isla Grande ist ihr **Bilderbuchstrand** im Westen, der zum süßen Nichtstun einlädt, ferner das kristallklare Wasser und die Ruhe. Am Wochenende jedoch und in der Hochsaison im Dezember und an Ostern wird die Insel aus ihrem Dornröschenschlaf gerissen, wenn die „Großstadtmüden"

⌃ Ein idyllisches Fleckchen: Isla Grande

ihre Freizeit auf dem Eiland verbringen. Die meisten Besucher kommen aus Panama-Stadt, Colón und Portobelo. Während die Hauptstädter meist zwei Tage auf der Isla Grande verbringen, verweilen die Besucher aus Colón und Portobelo nur am Sonntagnachmittag, doch diese Stunden haben es in sich: Zu karibischen Klängen aus den Musikanlagen werden von den tanzenden, knapp bekleideten Frauen und Männern die mitgebrachten Speisen und Flaschen bis zum letzten Krümel verzehrt bzw. bis zum letzten Tropfen geleert. *Sun, Sea and Fun* beherrschen den Sonntagnachmittag, bis mit dem faszinierenden Sonnenuntergang wieder Ruhe auf der Insel einkehrt.

Der karibische Charme der Isla Grande wird langsam von **Wohlhabenden** untergraben, die die ersten Grundstücke auf dem Eiland erstanden und dort ihre Häuser errichtet haben. Mit der Ortsgemeinde haben sie relativ weniger Kontakt, denn zwischen der wohlhabenden, meist weißen Schicht und den Insulanern, den Nachkommen der Sklaven, liegen leider auch heute noch immer Welten.

Praktische Hinweise

An- und Weiterreise

- Ab Colón fährt ein **Bus** mehrmals täglich zwischen 7 und 18 Uhr nach La Guaira, von wo aus die **Überfahrt** zur Isla Grande (5 $ pro Person) ständig möglich ist. Von La Guaira nach Colón fährt der Bus mehrmals täglich zwischen 7.30 und 16 Uhr.

Unterkunft, Essen und Trinken

- **Cabañas Candy Rose,** Tel. 448-2947, 6656-6917. Zimmer ab 46 $ ohne und ab 90 $ mit AC.
- **Cabañas La Cholita,** Tel. 448-2962, 6673-1157, www.hotellacholita.com. Zweckmäßig ausgestattete Zimmer mit Bad und AC ab 55 $. Kleine Gartenanlage mit Restaurant. Am Wochenende ist eine Reservierung ratsam.
- **Hotel El Nido del Postre,** Tel. 448-2061, 6550-5587, www.elnidodelpostre.net. Sehr einfache Zimmer ab 61 $.
- **Posada Villa Ensueño,** Tel. 448-2964, 6685-2026, www.hotelvillaensueno.com. Zimmer mit Bad, Ventilator oder AC und kleiner Terrasse, max. 6 Personen, ab 55 $. Es besteht auch die Möglichkeit, in der Gartenanlage zu campieren (10 $ pro Zelt), wofür eine sehr einfache sanitäre Anlage zur Verfügung gestellt wird. Mit Restaurant.
- **Hotel Isla Grande,** Tel. 225-6722, 225-2798, www.hotelislagrande.com. Einfach ausgestattete Zimmer mit Bad und Ventilator in Stein- und Holzbungalows für 48 $. Großer Garten, Restaurant/Bar mit schöner Terrasse am Meer.
- **Hotel Sister Moon,** an der Nordostküste gelegen, www.hotelsistermoon.com. Ansprechende Cabañas mit Ventilator, Bad und Terrasse, Zimmer ab 69 $. Liegt malerisch, aber etwas abseits: ca. 12 Minuten zu Fuß in den Ort (abends Taschenlampe mitnehmen), ca. 20 Minuten zum Strand im Westen. Restaurant nur spärlich in Betrieb!
- Fisch, Bohnen, gebackene Bananen und in Kokosmilch gekochter Reis bilden das „Inselmenü". Empfehlenswert ist das **Restaurant in der Posada Villa Ensueño.**

Ausflüge

- Die Ausflugsmöglichkeiten ab der Isla Grande beschränken sich auf den Besuch der **Nachbarinsel Mamey** sowie auf **Tauch- und Schnorchelausflüge,** die von den Hotels angeboten werden.

Los Bailes de los Congos

Jeden Samstagabend zieht eine Horde „böser Geister" mit lauten Pfeiftönen, Trommelwirbel und furchterregenden Schlägen, die mit Holzstäben erzeugt werden, durch das sonst friedliche Dorf der Isla Grande. Das **unüberhörbare Spektakel** kündigt die kurz bevorstehende Ankunft der *Reina* (Königin) *de los Congos* und ihres Hofstaates an. Wenn die „bösen Geister" mitten im Dorf ihren Platz eingenommen haben, erscheint zunächst der königliche Hofstaat. Mit musikalischer Untermalung, deren Rhythmus von den Musikern mit ihren Standtrommeln *(tambores)* hervorgerufen wird und der die afrikanischen Traditionen erkennen lässt, taucht später die Königin auf. Ihr Haupt ziert eine große Blumenkrone, womit sie sich von den Prinzessinnen deutlich abhebt.

Die Königin eröffnet alleine den Hoftanz und mit sinnlichen Hüft- und Fußbewegungen fordert sie einen Prinzen zum **Tanz** auf. Zwischen dem Paar entsteht eine Spannung, die von den aufputschenden Trommelrhythmen, dem Gesang des Hofstaates und dem Händeklatschen der Umstehenden in Richtung Höhepunkt getrieben wird, bis die Musik kurz davor abrupt abbricht. Nach einer kurzen Pause begibt sich eine Prinzessin auf das Tanzparkett, die mit ihrem flatternden Rock um einen Partner wirbt. Sie bleibt auch nicht lange alleine und schon bald herrscht wieder eine „knisternde" Spannung auf dem Tanzparkett.

In die Tänze werden **auch Außenstehende miteinbezogen,** von denen am Ende des Tanzes eine kleine Spende, meistens in Form einer Flasche Rum, erwartet wird.

Die als Baile de los Congos („Ball der Kongos") bekannte Tradition stammt aus der **Kolonialzeit,** als die Sklaven auf den Plantagen einen Fürsten nach den damaligen sozialkulturellen Strukturen der afrikanischen Kongo-Völker (Westafrika) wählten. Auf diese Weise verbanden sich die Sklaven fernab von ihrer Heimat zu einer neuen Gemeinschaft. Vielerorts in Lateinamerika, wo unter den Sklaven die Kongo-Kultur dominierte, im Speziellen in Brasilien, wurden die Traditionen von Generation zu Generation mit Stolz weitergegeben. Und ein Zipfel des Schleiers, der diese Traditionen für Außenstehende verhüllt, wird jeden Samstag auf der Isla Grande gelüftet.

055pa hz

Aguadulce | 153
El Caño | 151
El Valle | 136
Natá | 152
Parque Nacional
Altos de Campana | 130
Parque Nacional El Copé | 150
Penonomé | 147
Playa Blanca | 146
Playa Corona | 145
Playa Coronado | 134
Playa Gorgona | 134
Playa Santa Clara | 145
Punta Chame | 133
San Carlos | 135
Panama-Stadt Richtung Westen | 130

725pa hz

4 Zentrale Pazifikküste

Hier macht Panama gern selbst Urlaub, zumindest, wer es sich leisten kann. Mondänes Leben unter

freiem Himmel in Meeresbuchten mit langen Sandstränden, all das unweit der Hauptstadt.

< Traumstrand an der Pazifikküste Panamas

ÜBERBLICK

Nach der Puente de las Américas bzw. der Puente Centenario beginnt für die Panamaer der **Interior,** die Definition für das Land zwischen dem Panamakanal und der Grenze mit Costa Rica. Der Interior ist das Gebiet der Bauern, der Plantagenarbeiter und des trägen Lebensrhythmus', aber auch das Gebiet der Traditionen, wo die Wiege der panamaischen Kultur steht und wo der typische Panamahut aus dem Alltag nicht mehr wegzudenken ist.

NICHT VERPASSEN!

- **Parque Nacional Altos de Campana:** von der dortigen Aussichtsplattform überschaut man das Land bis zur Pazifikküste | 130
- **El Valle:** eines der schönsten Dörfer Panamas besitzt einen Markt, der die Fruchtbarkeit der Gegend spiegelt | 136
- **Playa Blanca:** Traumstrand an der panamaischen Pazifikküste | 146
- **El Caño:** Panamas einzige Zeremonialstätte präkolumbischer Kulturen | 151

Diese Tipps sind gelb hinterlegt.

4

Die erste Region westlich der Hauptstadt wird als **Zentrale Pazifikküste** bezeichnet. Sie erstreckt sich vom Panamakanal bis an die Halbinsel Azuero und gliedert sich in den Westteil der Provinz Panamá und in die Provinz Coclé. Der spanische Entdecker *Gaspar de Espinoza* schrieb in seinen Berichten über diesen Küsten-

streifen: „*Das Land hier ist fruchtbar und teils flach, voll mit Gewächsen und Wild, hat fischreiche Gewässer und die besten Salzseen, die ich bis jetzt in diesem Land gesehen habe. Die Bevölkerung hüllt sich in Baumwollkleidung, ist intelligenter und schöner als alle anderen Völker des entdeckten Gebietes ...*" Gute Voraussetzungen für die spanische Kolonisation, die mit der Gründung des Ortes Natá im Jahre 1520 begann.

Heute dient der teilweise buchtenreiche Küstenstreifen als **Naherholungsgebiet** für die Hauptstädter, die am Wochenende und an Feiertagen Panama-Stadt verlassen, um Abkühlung und Er-

■ **Übernachtung**
1 Cabañas Panamá
2 Hotel Rey David
3 Hotel Interamericano, Hotel Carisabel
4 Playa Blanca Resort, Royal Decameron Beach Resort
5 Cabañas Las Veraneras, Hostal Acuarela
6 Guicci Resort
7 Río Mar Surf & Skate Camp
8 Residencial San Carlos
9 Bay View Resort, Palmar Surf Camp, Manglar Lodge, Rancho los Toros
10 Bluebay Coronado Beach & Golf Resort
12 Hotel Casa sin Punto, Cabañas de Playa Gorgona
13 Hostal Casa Amarilla
14 Punta Chame Villas
15 Mamallena Eco Lodge
16 Villa Tavida Lodge

■ **Essen und Trinken**
4 Playa Blanca Resort, Royal Decameron Beach Resort
5 Restaurante Pipas

holung in der Bergregion bei El Valle oder an einem der vielen Strände an der Pazifikküste zu suchen. Der populärste Strand ist die **Playa Coronado** mit ihren zahlreichen Wochenendvillen und Ferienwohnungen. Die schöneren Strände liegen etwas weiter westlich: die **Playa Blanca** und die **Playa Santa Clara.**

Von Panama-Stadt in Richtung Westen

Die Fahrt in Richtung Westen erfolgt nach der Puente de Las Américas oder der Puente Centenario über einen kleinen Teil des **Panamerican Highway,** der wahrscheinlich berühmtesten Straße der Welt, die mit einer Länge von rund 26.000 km von Alaska bis nach Feuerland führt. In Zentralamerika wird diese Straße als *Interamericana,* teilweise auch als *Panamericana* bezeichnet. Hinter Panama-Stadt beginnt eine vierspurige Autobahn, die bis Santiago reicht. Die ersten Kilometer führen durch einen beeindruckenden Primär- und Sekundärwald, der im Parque Nacional Interoceánico las Américas vor Abholzung geschützt wird. Zwischen Arraiján und Chorrera wird die üppige Vegetation langsam von jungen Vorortsiedlungen verdrängt, mit denen die Regierung versucht, das Überquellen der Hauptstadt zu verhindern.

Ab San Carlos bis Río Hato verläuft die Autobahn fast parallel zur Pazifikküste und durch viele größere und kleinere Orte. Die zahlreichen Strände liegen einige Kilometer abseits der Straße; Buslenker machen sich kaum die Mühe, bis an den Strand zu fahren.

Ca. 55 km westlich der Hauptstadt passiert man das staubige **Capira.** Der Ort ist der Ausgangspunkt für Reisende, die den Nationalpark Altos de Campana besuchen möchten, der sich auf dem in Nebel gehüllten Ausläufer der Cordillera Central ausbreitet.

Parque Nacional Altos de Campana

Etwa 5 km nach Capira, gegenüber einer hoch gelegenen Asphaltstraße, zweigt nach rechts eine Straße ab, die sich in einer Länge von 12 km bergauf zum Eingang des Parque Nacional Altos de Campana schlängelt. Der 4800 Hektar große **Nationalpark** liegt an den Hängen des Cerro de Altos de Campana, beidseitig der kontinentalen Wasserscheide auf ungefähr 1000 m Höhe und hebt sich wie eine grüne Insel von der umliegenden Steppenlandschaft ab. Sein **üppiger tropischer Berg- und Nebelwald** steht in starkem Kontrast zu der kargen, fast baumlosen Gegend, deren schwarze Felsbrocken auf den vulkanischen Ursprung des Berges hinweisen.

› Wilde Pazifikküste

Etwa 100 m hinter dem Parkeingang wurde eine Aussichtsplattform errichtet, von der aus sich ein faszinierender **Panoramablick** eröffnet. Mit dem Rücken zum Nationalpark schweift der Blick bis an die Pazifikküste, über sanfte, mit Weiden und Feldern überzogene Hügel, die in der Trockenzeit wie riesige Schokoladenhaufen aus der Landschaft ragen. Beim Rundblick wird deutlich, dass die Rodung hier oben tiefe Spuren hinterlassen hat. Der Wind hat ohne die Barriere der Vegetation freie Hand bekommen und kann in diesen Höhen mit kräftigen und frischen Brisen auftreten.

Von Froschkonzerten und Vogelgesang begleitet, betritt man den **Berg- und Nebelwald,** eine märchenhaft erscheinende Welt aus uralten Baumriesen, deren Äste mit Lianen, Bromelien, Moosen, Flechten und Farnen überwuchert sind. Unter den vielen Pflanzen, die im Nationalpark gedeihen, nehmen die artenreich vertretenen Orchideen eine Sonderstellung ein. Der Nationalpark ist aber auch die Heimat für kriechende, flatternde oder springende Lebensformen. Der **Weißschulterkapuzineraffe** mit seinem weißen Gesichtsfell findet

Parque Nacional Altos de Campana

hier ebenso optimale Lebensbedingungen vor wie der **Graukappenvireo,** ein kleiner, aktiver Singvogel oder wie der sehr seltene, goldfarbene **Stummelfußfrosch** (*rana dorada,* lat. *Atelopus zeteki)* der ausschließlich im Nationalpark und in der Gegend um El Valle anzutreffen ist.

Praktische Hinweise

- Der Nationalpark kann **ohne Begleitung eines Parkaufsehers besucht** werden; Eintritt 5 $. Nicht alle Wege sind deutlich markiert.
- Aktuelle Infos bekommt man bei der **Parkdirektion Altos de Campana,** Tel. 254-2848.

057pa hz

- Altos de Campana ist mit dem öffentlichen **Bus** nicht erreichbar. Ab Capira bestehen unregelmäßige **Verbindungen nach Chicha,** einer kleinen Siedlung an der Parkgrenze. Über die Abfahrtszeiten erkundigt man sich im Ortszentrum von Capira.

Punta Chame

Ca. 20 km nach Capira weist ein großes Schild den Weg zur Punta Chame, einer **Halbinsel,** die wie ein schmaler, lang gestreckter Finger in den Golfo de Panamá ragt. Die ca. 8 km lange Landzunge prägen Wochenendhäuser, Privatgrundstücke, einige Hotelanlagen und Mangroven, die die Landzunge vor allem am Beginn säumen. An jeder Seite der „Fingerspitze" liegt ein langer **Strand,** wobei der **Nordstrand** während der Flut fast zur Gänze vom Wasser verschluckt wird. Der **Südstrand,** aber auch der Nordstrand außerhalb der Flut, eigenen sich hervorragend für ausgedehnte Spaziergänge. Dank des permanenten Windes hat sich Punta Chame zu einem **(Kite-) Surfparadies** entwickelt, doch überlaufen ist die Halbinsel noch nicht. Wer Kitesurfen oder Stand-up-Paddling ausprobieren oder erlernen möchte, der wendet sich am besten an die Kitesurfschule Shokogi (www.shokogi.com).

Praktische Hinweise

- Punta Chame liegt 25 km von der Carretera Interamericana entfernt. Ab Bejuco fahren regelmäßig **Busse** dorthin.
- **Übernachten: 14 Punta Chame Villas,** Calle R, Tel. 202-0852, 240-5590, www.hotelpuntacha-

mevillas.com, 15 schöne Zimmer ab 150 $, Sky-Bar mit tollem Rundum-Meeresblick und Restaurant; **13** **Hostal Casa Amarilla,** Tel. 6138-6738 oder 345-3679, www.hostalcasaamarilla.com, ab 75 $, mit Pool in einem traumhaften Garten, sehr gutem Restaurant und Bar, französische Geschäftsleitung.

Playa Gorgona

Etwa 6 km nach der Abzweigung zur Punta Chame und ca. 3 km von der Carretera Interamericana entfernt liegt in einer kleinen Bucht die Playa Gorgona, ein **dunkler, feinsandiger Strand.** Vor allem am Wochenende ist er voll mit Menschen. Sie genießen die Sonne und das Wasser, spielen eine Partie Strandvolleyball oder geben sich den kulinarischen Genüssen hin. Im Westen wird der Strand von einem Felsen begrenzt, hinter dem die Apartmenthochhäuser der Playa Coronado aufragen. Hinter dem Strand liegt die aufstrebende **Siedlung Gorgona,** die touristisch ausgebaut wird. An den Stränden entstehen Apartmenthäuser, und die Versorgung mit Lebensmitteln ist mit derzeit vier *Supermercados* mehr als gewährleistet.

Praktische Hinweise

- Die Playa Gorgona ist mit dem öffentlichen **Bus** ab dem zentralen Busbahnhof in Panama-Stadt erreichbar.
- **Übernachten:** **12** **Cabañas de Playa Gorgona,** Tel. 263-2433, 223-1218, www.cabanasplayagorgona.com, kleine Anlage mit Pool, Grillmöglichkeit im Garten, Restaurant, private Picknickanlage mit Sonnenschirmen am Strand, einfache Apartments mit Bad, AC, Küche, Schlafzimmer und Terrasse ab 110 $, inkl. Abendessen vom Grill, am Wochenende teurer; *Thomas Karl Häuptli* betreibt in schöner Lage das **12** **Casa sin Punto,** Calle Los Pescadores, Nueva Gorgona, Chame, Tel. 6780-5495, www.casasinpunto.com, nette, einfache Anlage mit drei Apartments, alle mit Dusche, WC und Kühlschrank.
- **Restaurants** in Strandnähe sorgen für das leibliche Wohl.

Playa Coronado

Das moderne Einkaufszentrum an der Carretera Interamericana/Abzweigung Playa Coronado ist bereits ein kleiner Vorgeschmack auf die Exklusivität des Ortes und des Strandes, die mit dem öffentlichen Bus nicht erreichbar sind. Coronado ist ein **eleganter, gepflegter Ort,** der vorwiegend aus Zweitwohnsitzen besteht. Moderne Apartmentkomplexe und traumhafte Villen zeugen vom *Dolce Vita* in Coronado. Die „Idylle" wird von einem Wächter an einer beschrankten Zufahrt (etwa 1 km ab der Carretera) überwacht. Nicht jeder ist im Ort gerne gesehen, aber ausländischen Touristen steht der Zugang jederzeit offen. Man tut sich schwer, eine Gasse zum Strand zu finden, denn entlang des feinen Sandstrandes reiht sich Grundstück an Grundstück mit noblen Herbergen der Reichen, Schönen und Mächtigen.

Um entspannende Stunden am Strand zu verbringen, gibt es deutlich bessere Möglichkeiten als die Playa Coronado. Der Strand ist Naherholungsgebiet für betuchte Hauptstädter und Standort einiger (teurer) All-Inclusive-Hotels.

Übernachten, Essen und Trinken

10 **Bluebay Coronado Beach & Golf Resort,** Tel. 240-4444, www.bluebayresorts.com/de/hotel-bluebay-coronado-beach-panama.html. 104 Zimmer und Suiten gruppieren sich um einen großen Pool nur wenige Meter vom Strand entfernt; mit Bar, Disco, Golf, Wellness, Reitschule und mehreren Restaurants (akzeptables Essen). Ab ca. 95 $ p.P.

■ In Coronado werden viele **Privatbungalows und -häuser** vermietet. Auskunft und Einzelheiten dazu bei Airbnb.

San Carlos

San Carlos, der letzte größere Ort im Westteil der Provinz Panamá, liegt etwa 90 km von Panama-Stadt entfernt. 1775 von einem Bischof als San Carlos del Chirú gegründet, der von hier aus die umliegenden Agrargemeinden betreute, ist die Stadt **aus touristischer Sicht weniger interessant** und ihr Strand nicht besonders attraktiv. Der Ort dient lediglich als Raststätte oder als Umsteigemöglichkeit nach El Valle, falls man nicht einen Direktbus ab Panama-Stadt genommen hat. In der Umgebung der Stadt liegen schöne Strände.

Übernachten, Essen und Trinken

8 Wer in San Carlos hängen bleibt, findet Unterkunft im alten, einfachen **Residencial San Carlos,** Carretera Interamericana, Tel. 240-8185 oder 6616-7915. EZ/DZ mit Ventilator 35 $, mit AC 40 $, am Wochenende teurer. 14 zweckmäßig eingerichtete, laute Zimmer mit Bad, WC und z.T. Balkon. Die Zimmer mit AC sind fensterlos. Mit Restaurant.

Playa El Palmar

Etwa 300 m nach San Carlos zweigt nach links eine 1 km lange Straße zur Playa El Palmar ab. An diesem feinen, ca. 400 m langen **Sandstrand** hat sich seit einigen Jahren die nationale und internationale **Surfszene** angesiedelt, die größtenteils das Flair im Ort und am Strand prägt.

Übernachten, Essen und Trinken

9 **Bay View Resort,** Tel. 240-9621, www.bayviewelpalmar.net. Bar, Restaurant, Swimmingpool und 27 gute Zimmer ab 78 $.

9 **Palmar Surf Camp,** Tel. 6615-5654, einfache Zimmer mit AC ab 50 $.

9 **Manglar Lodge,** Tel. 345-4014, www.manglarlodge.com. Kleines Strandhotel mit 4 kleinen, sehr sauberen Zimmern und beliebtem Restaurant.

9 **Rancho Los Toros,** Tel. 6232-9206, www.rancholostoros.com. Dorms für 25 $ plus 7 schöne Zimmer mit Bad (55–110 $). Tourangebote, Restaurant und Weinkeller.

Surfen

9 **Panama Surf School,** Tel. 6673-0820, www.panamasurfschool.com. Surfunterricht, Touren und Vermietung von Surf-, Stand-up-Paddle- und Bodyboards.

■ **Surfbretter** werden von fast allen Unterkünften verliehen.

Playa Río Mar

Ca. 2,5 km hinter San Carlos führt eine Straße zur Playa Río Mar, die in einer kleinen Bucht mit Steilküste idyllisch eingebettet liegt. Den kräftigen Wellen verdankt der **Sandstrand** seinen guten Ruf unter den **Surfern** als idealer Ort an der Zentralen Pazifikküste für das Spiel mit den sich überstürzenden Wellen.

Aber auch Badefreunde kommen nicht zu kurz an diesem schönen Strand, allerdings wird er mit zunehmender Flut immer kleiner.

Übernachten

7 Río Mar Surf & Skate Camp, Tel. 345-4010 und 6212-0707, www.riomarsurf.com, 2 Minuten vom Strand entfernt. Dorms ab 15 $ und einfache Privatzimmer ab 33 $. Surfunterricht, Verleih von Skate- und Surfboards.

El Valle

Von der Carretera Interamericana geht im Ort Las Uvas eine Asphaltstraße nach El Valle de Antón ab, das sich auf 600 m Höhe am Boden eines ca. 20 km großen, kreisrunden **Kraterkessels** ausbreitet. Nach dem Erlöschen des Vulkans vor vielen Jahrhunderten verwandelte sich der Kraterboden in ein Sumpfgebiet, das trockengelegt und kultiviert wurde.

Die 25 km lange Straße nach El Valle verläuft durch **fruchtbares, hügeliges Agrarland** und entlang kleiner Siedlungen, wo am Straßenrand tropische Früchte und einfache Handarbeiten aus Ton oder Stroh zum Verkauf angeboten werden. Im Dorf **Los Lanitos** erreicht die Straße auf ca. 800 m ihre höchste Stelle, danach fällt sie langsam nach El Valle ab. Wenige Kilometer vor der Ortseinfahrt bietet sich vom *Mirador* am Kraterrand aus ein imposanter Blick auf den waldreichen, meist von Nebel umhüllten Kraterkessel.

Wenn es einen Schönheitspreis für die Dörfer des Landes geben würde, dann wäre El Valle sicher unter den Spitzenreitern zu finden. Es scheint, als ob fast jede tropische Pflanze in dem ausgedehnten Ort vertreten ist: breit gefächerte Mangobäume, kletternde Bougainvilleas, Palmen, Kiefern, Zitrusbäume, Bambus und Farne. Diese **tropische Vielfalt** zieht bunte Kolibris, winzige Singvögel, Waldtauben und viele Schmetterlinge in jeder Farbschattierung an. Oft entfaltet sich die Natur direkt vor der Haustür, lassen sich vom Hotel aus mühelos Pflanzen und Vögel bewundern. Kein Wunder, dass diese Gegend mit ihrem frühlingshaften Klima viele Panamaer anlockt, die sich in El Valle ein Wochenendhäuschen errichtet haben.

Während sich die neu erbauten Häuser entlang der wenigen Asphaltstraßen befinden, liegt der ursprüngliche, vorwiegend von Einheimischen bewohnte Ortskern westlich des Río Antón. Im Volksmund ist dieses Gebiet als „La Pintada“ bekannt, was sich von den interessanten **präkolumbischen Felszeichnungen** *(piedras pintadas)* in unmittelbarer Nähe ableitet.

Sehenswertes

Alle interessanten touristischen Attraktionen im Ort selbst sowie in der näheren Umgebung sind gut ausgeschildert.

Museo de El Valle

In diesem kleinen Museum bei der Kirche San José wird mit den unterschiedlichsten Exponaten die **Geschichte der Region** beleuchtet.

■ **Infos:** Das Museum ist nach Vereinbarung zu besichtigen, Tel. 6425-9239 (span./engl.).

Hacienda El Níspero

Im kleinen **Zoo** und **botanischen Garten** des 12 Hektar großen Landgutes **El Níspero** können viele heimische Vögel und Säugetiere, aber auch Tierarten aus anderen Ländern bewundert werden. Auf Wunsch führt ein Mitarbeiter die Besucher in einem Rundgang durch das Anwesen, entlang der Tiergehege und durch den botanischen Garten. In El Níspero kann außerdem ein seltener Waldbewohner bewundert werden: der goldfarbene Stummelfußfrosch (*rana dorada,* lat. *Atelopus zeteki*), der in freier Natur immer seltener gesichtet wird. Leider bleibt die einst so gerühmte Orchideenzucht für die Öffentlichkeit vorläufig geschlossen, da es immer wieder vorkam, dass Besucher Pflanzen entwendeten.

■ **Infos:** Das Anwesen liegt ca. 1 km nördlich der Polizeistation und ist täglich von 7 bis 17 Uhr geöffnet. Eintritt 5 $, Kinder 2 $.

Interessant sowie ergänzend zum El Níspero kann der Besuch des **Serpentario de Mario** sein, wo viele einheimische Schlangen zu bewundern sind und man viel über die Tiere erfahren wird (täglich 8.30–7 Uhr, Fr, Sa bis 19 Uhr, Eintritt 1 $, Kinder zahlen die Hälfte), und des **Centro de Orquidea,** einer gemeinnützigen Organisation, die sich der Zucht und Erhaltung gefährdeter regionaler Orchideen verschrieben hat (Tel. 983-6472, täglich 9–16 Uhr, Eintritt 2 $, Studenten 1 $, Kinder 0,75 $).

Markt

Das Angebot des kleinen, überdachten Tagesmarktes spiegelt die Fruchtbarkeit der Gegend wider. Liegt von Montag bis Freitag der Schwerpunkt auf **Gemüse, Obst und sonstigen Lebensmitteln,** kommen jeden Samstag und Sonntag noch **tropische Pflanzen, Kunsthandwerk** aus Holz, Seifenstein, Naturfasern und Flaschenkürbissen sowie bunte **Textilprodukte** vom lateinamerikanischen Kontinent hinzu, wobei die panamaischen *molas* der Kuna-Frauen alle Produkte bei Weitem übertreffen. Sonntags ist der frühe Morgen die beste Zeit, um in Ruhe einen Bummel über den Markt zu machen, ab 10 Uhr kommen sehr viele Leute und es herrscht dichtes Gedränge. Zur Mittagszeit wird das Treiben noch lebhafter, nicht nur weil die duftenden Speisen die Menschen anlocken, sondern auch viele Tagestouristen auf den Markt strömen.

Pozos Termales

Die Anlage verfügt über nur sehr einfache Planschbecken im Freien und Picknickbänkchen. Die Hygiene lässt zu wünschen übrig, die Wasserqualität ist zweifelhaft und die Mücken sind sehr lästig. Für Wellness und zum Entspannen sollte man lieber das Angebot des *Crater Valley Resorts* in Anspruch nehmen.

El Valle

Übernachtung

2 Cabañas Potosí
6 Hotel Pekin
7 Bodhi Hostel & Lounge
8 Residencial El Valle
9 Hotel Don Pepe
10 Windmill Hostel
11 Casa Mariposa
12 Cabañas de Colores
14 La Casa de Lourdes
15 Los Mandarinos Boutique Spa & Hotel
16 Hotel Valle Verde
17 Hotel Campestre
19 Crater Valley Resort
20 Cabinas/Café Las Mozas
23 Park Eden Bed and Breakfast

0 500 m
© Reise Know-How 2017
PanamaF22
Essen und Trinken
4 Bruschetta
13 Camino del Inca
Einkaufen/Sonstiges
1 Canopy-Touren
3 Kiosk Casa El Valle
5 Panadería (Bäckerei)
7 Souvenirladen
13 Supermarkt Hong Kong
18 Mietpferde
21 Supermarkt
22 Einkaufszentrum Paseo del Valle
145 Cerro Gaital
137 Hacienda El Níspero
Quadratische Bäume
EL HATO
Schule
Calle El Gaital
Quebrada Embalsadero
Calle El Ciclo
Calle El Hato
Polizei & Feuerwehr
Avenida Principal
Park
Spielplatz
Schule
Calle El Encanto
Centro de Orquidea
LAS MEDINAS
CAPIRITA
Calle El Valle
Calle Espave
Calle El Nance
Rio Antón
Quebrada Capirita

Praktische Hinweise

An- und Weiterreise

El Valle ist mit dem **Bus** ab Panama-Stadt, San Carlos und Penonomé direkt erreichbar. Retour fahren die Busse von der Bushaltestelle beim Markt (auch entlang der Hauptstraße kann man zusteigen).

- Von **Panama-Stadt/Albrook** 7–19 Uhr, von El Valle nach Panama-Stadt 3–16 Uhr, jeweils im 30-Minuten-Takt, 4,20 $.
- Von **San Carlos** nach El Valle und zurück 5–18 Uhr, alle 30 Minuten.
- Nach **Penonomé** mit Anschluss in Richtung Santiago, David und Costa Rica gibt es zwei Routen: entweder die Hauptstraße über Las Uvas (täglich 6, 8, 9, 12 und 15 Uhr) oder die landwirtschaftlich viel schönere Strecke über Alto de la Estancia und die Berge, die nebenbei auch noch schneller ist (täglich 5, 8, 11 und 14 Uhr, 90 Minuten später fährt der Bus dann wieder von Penonomé zurück).

Übernachten

An Wochentagen ist es sehr ruhig in El Valle, die meisten Besucher kommen am Wochenende aus der Hauptstadt; wochentags gibt es daher evtl. günstigere Preise. Die Unterkünfte sind im Stadtplan eingezeichnet.

UNSER TIPP: 7 **Bodhi Hostel & Lounge,** Tel. 908-7120, www. bodhihostels.com, an der Hauptstraße an der Kreuzung zur Calle La Planta. Einladendes Hostel im indischen Stil, eines der 27 Betten im Schlafsaal kostet 15 $ pro Nacht, private Zimmer gibt es ab 35 $. Kleine Bar mit gemütlicher Sitzecke, sehr sauber, viele Infos zu El Valle.

12 **Cabañas de Colores,** Tel. 983-6613. Unterschiedlich eingerichtete Häuschen mit Garten für 2 bis 6 Personen, ab 40 $.

2 **Cabañas Potosí,** Tel. 983-6181, www.elvalle-potosi.com, 1 km westlich des Kioskes Casa El Valle. 4 einfach ausgestattete Cabinas mit Bad und WC in einem großen tropischen Garten, sehr engagiert

059pa hz

von *Mireya* und *Dennis* geführt, gemütlich mit Hängematten zum Entspannen. 59 $ pro Cabina.

10 Windmill Hostel, Tel. 6344-1199, www.windmillhostel.com, 50 m nördlich der Hauptstraße. Ruhiges Backpacker-Hostel mit großem Garten und Pool. Dorms für 15 $ p.P., private Zimmer ab 30 $, Campingplatz, Küchenbenutzung möglich, Fahrradverleih für 10 $ am Tag.

Unser Tipp: 11 Casa Mariposa, Tel. 908-7014, www.casamariposaelvalle.com, an der Hauptstraße 200 m nach dem Supermarkt *Hong Kong* links. Apartment und zwei geräumige Zimmer in schönem tropischen Garten unter freundlicher schweizerischer Leitung. *Harry* und *Ursula* kümmern sich um verwaiste, verletzte und kranke Faultiere, und da nicht alle Tiere wieder ausgesetzt werden können, trifft man einige hier an. DZ mit Kaffee und Tee am Morgen ab 60 $, das Apartment ab 100 $.

17 Hotel Campestre, Tel. 983-6146, www.hotelcampestre.com. Schön gelegenes rustikales Landhotel mit netten Zimmern: EZ ab 40 $, DZ ab 95 $. Gutes Restaurant (wochentags nur mittags geöffnet). Von hier führt ein etwa 800 m langer Wanderweg zu interessanten Bäumen *(Quararibea asterolepis)*, die in dieser Gegend endemisch sind.

6 Hotel Pekin, Tel. 908-7066, www.hotelpekinelvalle.jimdo.com, zentral gelegen an der Hauptstraße. 28 schlichte klimatisierte Zimmer, DZ 70 $, Mo bis Do 50 % Preisnachlass.

16 Hotel Valle Verde, Tel. 983-6080, www.hotelvalleverde.com. Anlage unter venezolanischer Leitung mit Restaurant und Garten. EZ/DZ ab 40/60 $.

20 Cabinas/Café Las Mozas, Tel. 983-6200 oder 983-6865, www.lasmozas.com. 8 schlicht eingerichtete Zimmer mit kleiner Kochnische, Bad und WC. Großer Garten. DZ 85 $ mit Frühstück.

9 Hotel Don Pepe, Tel. 983-6425, 6418-5351, www.hoteldonpepe.com.pa, oberhalb des Souvenirladens. Große, saubere Zimmer, schlicht ausgestattet, aber günstig: EZ/DZ ab 55 $. Mit Dachterrasse und Restaurant.

8 Residencial El Valle, Tel. 983-6536, www.hotelresidencialelvalle.com, neben dem Hotel Don Pepe, ebenfalls oberhalb des Souvenirladens. Nette, saubere Zimmer, die schon wegen der gemeinsamen Dachterrasse mit Hängematten, Sitzgelegenheiten und Blick auf die Berge empfehlenswert sind. Morgens Gratis-Kaffee. EZ/DZ ab 60 $.

23 Park Eden Bed and Breakfast, Tel. 983-6167, www.parkeden.com. Gepflegte Anlage mit 7 Zimmern und kleinen Ferienhäusern in ruhiger Lage, persönlich geführt von *Monica* und *Lionel*. DZ inkl. sehr leckerem Frühstück (wird im schönen Garten serviert) ab 125 $.

14 La Casa de Lourdes, Tel. 983-6450, www.lacasadelourdes.com, 2 km nördlich vom Supermarkt *Hong Kong*. Sehr schönes Boutique-Hotel im Grünen mit sehr gutem Restaurant im Haus. DZ ab 195 $ inkl. Frühstück.

19 Crater Valley Resort, Tel. 215-2328 (Panama-Stadt) oder 983-6942, www.crater-valley.com. In der Calle Capirita im Grünen gelegene kleine Anlage mit Sauna, Jacuzzi, Swimmingpool und Wellnessbereich. Große, stilvolle, unterschiedlich gestaltete Zimmer, teils mit Terrasse, ab 200 $ inkl. Frühstück.

15 Los Mandarinos Boutique Spa & Hotel, Tel. 983-6645, www.losmandarinos.com, 2 km nördlich vom Supermarkt *Hong Kong*. Ideal für den anspruchsvollen Gast, 52 geräumige und luxuriöse Zimmer in vier Kategorien, Spa, Massagen, Touren, Pool und Whirlpool. Ab 200 $.

Außerhalb von El Valle (Karte S. 128)

15 Mamallena Eco Lodge, 17 km außerhalb nahe dem Ort La Laguna, Tel. 6379-8267, www.mamallenaecolodge.com. Exotische Urwaldlodge für Selbstversorger, im Schlafsaal 13 $ p.P., private Zimmer mit geteiltem Bad ab 45 $, auch schöne, frei stehende Cabinas mit Privatbad für 65 $, Frühstück inkl. Der Hotelpool ist der nahe Fluss, schöne Wandermöglichkeiten, Touren.

◁ Sonntagsmarkt in El Valle

Essen und Trinken

In El Valle findet man einige einfache Restaurants mit lokaler Küche, eine Anzahl Pizzerien, einige chinesische Restaurants, Chawarma-Lokale und das berühmte *Carlito* mit leckeren Empanadas. Alle liegen entlang der Hauptstraße. Die meisten Restaurants schließen gegen 20 Uhr.

Deutsches Brot kann man bei *Maren* und *Charly* bekommen, allerdings nur an bestimmten Tagen auf Vorbestellung per Tel. 6592-8544 oder über ihre Website www.el-valle-panama.com/pan.

4 **Bruschetta,** sehr freundliches italienisches Restaurant an der Hauptstraße, einmalige Pasta, man muss allerdings etwas Zeit mitbringen, da der Service recht langsam ist, auch gutes Frühstück. Do bis Di 7.30–9 und 11–21 Uhr.

13 **Camino del Inca,** beim Supermarkt *Hong Kong,* peruanisches Restaurant mit günstigen Meeresfrüchten, Ceviche und Fisch, freundlich und sehr lecker. Di bis So 11–21 Uhr.

Adressen A–Z

- **Fahrradverleih:** im Residencial El Valle und im Windmill Hostel für ca. 10 $ pro Tag.
- **Geld:** Die *Banco Nacional de Panamá* ist in der Hauptstraße zu finden, außerdem gibt es mehrere Geldautomaten. Mo bis Fr 8–16 Uhr.
- **Post:** hinter dem Markt, Mo bis Fr 8–16 Uhr.
- **Quad-Touren:** *Neil Stein,* Tel. 6837-9909, neil.stein7@gmail.com. Spannende, etwa 3-stündige Touren durch den Regenwald bis zu dem wunderschönen Wasserfall Cascada Tavita mit Bademöglichkeit; 110 $ p.P. im Buggy, 140 $ selber fahrend auf einem Quad, Tourstart 2x tägl. um 9 und 13 Uhr.
- **Reiten:** An der Straße zum Hotel *Campestre* gibt es eine Reitschule, die auch Pferdetouren anbietet. Vermittlung auch über die Hotels.
- **Supermärkte:** An der Hauptstraße, neben der Tankstelle, liegt das kleine 22 **Einkaufszentrum Paseo del Valle,** in dem sich der Supermarkt *El Rey* (6–22 Uhr), eine Weintheke, einige Restaurants, Fahrradhändler und Geldautomaten befinden. Auch der 13 **Supermarkt Hong Kong** an der Hauptstraße bietet alles Notwendige für den täglichen Bedarf und wird außerdem häufig als Referenzpunkt für Adressangaben genutzt.

Präkolumbisches Erbe: die mysteriösen Felszeichnungen Piedra Pintada

060pa hz

Umgebung von El Valle

Piedra Pintada

Diese mysteriösen **Felszeichnungen** liegen im Ortsteil La Pintada, versteckt im Wald am Fuße des Cerro del Indio (auch als La India Dormida bezeichnet). Der Pfad zum präkolumbischen Erbe beginnt bei der Kapelle Santa Cruz und verläuft entlang eines kleinen Flusses stromaufwärts. Nach ca. 10 Minuten zu Fuß offenbaren sich an einem mächtigen Felsen mit einer glatten Schrägwand die imposanten Spuren der Vergangenheit. Was die Felszeichnungen bedeuten, wie alt sie sind oder wer sie hinterlassen hat, sind bis heute noch offene Fragen. Eintritt: 1 $ pro Person.

Salto El Sapo und Salto Cerro del Indio

Die beiden **Wasserfälle** lassen sich gut mit einer Besichtigung der Felszeichnungen verbinden. Kurz nach den Felszeichnungen steigt der Pfad steil bergan.

Nach etwa 10 Minuten passiert man den ersten Wasserfall, kaum 5 Minuten später den zweiten. Zum Baden sind die Becken am Fuße der Fälle nicht geeignet, doch zum kurzen Verweilen, zum Erfrischen und um die Natur auf sich einwirken zu lassen, sind sie die idealen Stellen.

Nach dem zweiten Wasserfall geht es für ca. 10 Minuten bergauf bis zu zwei markanten Felsen. 100 Meter danach zweigt nach links ein schmaler Pfad zum Cerro del Indio ab. Kurze Zeit später steht man vor zwei Hütten; dahinter beginnt der Weg. Die ersten Meter sind sehr steil und gefährlich rutschig. Nach ca. 25 Minuten erreicht man ein baumarmes Plateau, von dem aus sich ein **wunderschöner Blick** auf den Kraterkessel und das darin liegende El Valle bietet. Am Plateau endet meistens die Wanderung, denn der restliche Weg zur Spitze des Cerro del Indio ist wegen der Gefahr von Hangrutschen oft gesperrt. Am besten vorher im Ort nach dem jeweiligen Zustand des Weges fragen.

Chorro El Macho und Canopy

Etwa 2 km nach der Bushaltestelle im Ortsteil La Pintada liegt der herrliche **Wasserfall** Chorro El Macho, benannt nach dem *Macho del Monte,* dem Tapir, das einst das Becken als Trinkstelle benutzte. Kaum 3 Gehminuten von der Straße entfernt, stürzt dieser Wasserfall über eine breite, ca. 20 m hohe Felswand hinunter in ein kleines Becken. Der Weg zum Wasserfall ist mit Steinen befestigt und teilweise durch ein Geländer gesichert. Vorsicht! Je näher man dem Wasserfall kommt, desto rutschiger werden die Steine. Entlang des kurzen Weges trifft man auf ein 3 m großes **Naturschwimmbecken,** das zu einem erfrischenden Bad einlädt. Eintritt 5 $.

Die zweite Attraktion in dem 30 Hektar großen *refugio*, der Heimat von Agutis, Faul- und Gürteltieren sowie von rund 130 Vogelarten, ist eine **Canopy-Tour.** Dabei gleitet man an Seilen durch das Kronendach des Waldes. Die Tour dauert ungefähr 1 Stunde. Zwei Drittel davon muss aber zur „Startrampe" hochgegangen werden, um dann in luftiger Höhe wieder zum Eingang „zurückschweben" zu können.

- Das gesamte Gelände steht unter Privatleitung. **Geöffnet** täglich 9–16 Uhr, **Eintritt** 3,50 $.
- Auf dem Weg zum Wasserfall passiert man ein kleines **Kunsthandwerks-Geschäft,** das im Gegensatz zum Sonntagsmarkt nur über ein kleines Angebot von Handwerksarbeiten verfügt.
- Die **Canopy-Tour** kostet 55 $ p.P. und findet täglich von 8 bis 10 Uhr und 13 bis 15 Uhr statt. Die Tour verläuft über mehrere Plattformen. Es gibt auch eine kurze Variante für 15 $, zudem werden geführte Wanderungen angeboten (35 $, 4 km).

Chorro Las Mozas

Mit Chorro Las Mozas bezeichnet man die drei **Stromschnellen des Río Antón,** die etwa 60 Gehminuten vom Markt im Ort entfernt inmitten üppiger Vegetation liegen. Der Weg dorthin ist ausgeschildert und verläuft über eine breite Straße direkt zum Fluss, wo sich eine beliebte Badestelle befindet.

Ab der Badestelle führt ein schmaler Weg entlang des Ufers stromabwärts, über glitschige Felsen und Steine zu den imposanten rauschenden Stromschnellen. Eintritt 3 $.

Cerro Gaital

Nordwestlich hinter dem Hotel *Campestre* erhebt sich der 1173 m hohe Cerro Gaital, dessen Gipfel über zwei Wege erreichbar ist: Der eine beginnt in Alto de la Mesa, der andere etwa einen halben Kilometer hinter dem Hotel Campestre bei der Rancho Steingut (auch Finca de la Piedra) in einer kleinen Bauernsiedlung, die während der Landreformpolitik unter General *Omar Torrijos* entstanden ist. Beide Wege werden wenig frequentiert, was bedeutet, dass der **tropische Feuchtwald** die Pfade in rasantem Tempo wieder zurückerobert. Es ist durchaus möglich, dass Sie sich den Weg hinauf teilweise selber bahnen müssen. Für diejenigen, die es trotzdem wagen möchten, empfehlen wir unbedingt, einen **Führer aus El Valle** zu organisieren, denn die **Besteigung des Cerro Gaitals** erfordert gute Kenntnis des Terrains, viel Kraft, vor allem während der Regenzeit, und einige Klettererfahrung. Personen mit Höhenangst muss von der Tour abgeraten werden, denn unterwegs trifft man auch auf eine schmale Gratwanderung, bei der man sich an zwei Stahlseilen festhalten muss!

Playa Corona

Ferienhäuschen und Wochenendvillen haben die schönsten Stellen an der Playa Corona eingenommen. Die Bebauung ist dicht und reicht bis an den Strand. Es wird dadurch schwierig, ans Wasser zu gelangen, was schade ist, denn der dunkle Sandstrand und die teilweise steile Küste haben ihren Reiz.

Praktische Hinweise

■ Die Playa Corona liegt ca. 2 km von der Carretera Interamericana entfernt und ist **mit dem Bus nicht erreichbar.**

6 **Guicci Resort,** Tel. 247-7206 oder 6674-7672, www.guicciresort.com, einen Block vom Strand. 6 schlichte *Cabañas* mit Küche und Terrasse für 2 bis 4 Personen. Ab 126 $ für 2 Personen, manchmal gibt es günstigere Angebote. Kleiner Pool.

Playa Santa Clara

Der Río Las Guías bildet die Grenze zwischen den Provinzen Panamá und Coclé, wo das erste Ziel der Ort Santa Clara ist. Von der Abzweigung sind es noch einige Kilometer zum Santa-Clara-Strand. Trotz seiner Beliebtheit herrscht am Meeresufer erholsame Ruhe, denn der **kilometerlange weiße Sandstrand** bietet mehr als genug Platz für alle Besucher. Die Playa Santa Clara ist sicher einer der schönsten Strände entlang der Pazifikküste, ein idealer Ort für das süße Nichtstun. Für Schatten sorgen einige aus Palmblättern hergestellte Sonnenschirme. Einige gemütliche **Strandrestaurants** sorgen fürs leibliche Wohl. Eintritt/Strandbenutzung: 3 $ für Erwachsene, 1 $ für Kinder.

Übernachten, Essen und Trinken

5 **Cabañas Las Veraneras,** Tel. 993-3313, www.veraneraspanama.com. Kleine Anlage direkt am Strand mit einfachen und etwas vernachlässigten *Cabañas,* teilweise mit Küche ausgestattet, für 2 bis 6 Personen, ab 88 $. Nettes Strandrestaurant.

Playa Blanca

Ein traumhaft schöner Strand an der panamaischen Pazifikküste ist die lang gezogene Playa Blanca mit hellem weißen Sand. Dieses **Kleinod** ist natürlich nicht unbemerkt geblieben, und so haben einige große **Luxusresorts** ihre Türen geöffnet. Restaurants, Bars, Swimmingpools, Strandaktivitäten, animierte Unterhaltung, ein Golfkurs, ein Casino, diverse Autovermieter und ein Wellnessbereich runden das Angebot ab. Neben den Strandhotels schießen aber auch immer mehr Zweitwohnungen und Ferienapartments aus dem Boden. Das Publikum ist gehoben und kommt größtenteils aus Panama und den USA. Dazwischen mengen sich zahlreiche Wochenendtouristen aus der Hauptstadt und internationale Touristen, die einen Strandurlaub in Panama gebucht haben.

Der nahe Fischerort **Farallón** mit eigenem Strand wird Individualurlauber eher ansprechen. Der Dorfstrand ist öffentlich zugängig, Restaurants und eine nette Strandbar sind vorhanden.

Übernachten, Essen und Trinken

Playa Blanca

4 **Playa Blanca Resort,** Tel. 264-6444, www.playablancaresort.com. Gigantische All-Inclusive-Anlage mit zwei Pools, mehreren Restaurants, Bars, Disco und Wassersportangeboten. Guter Service. Zimmer mit AC, TV und Balkon. DZ ab 200 $.

4 **Royal Decameron Beach Resort,** Tel. 993-2255, www.decameron.com. Resort einer renommierte Hotelkette, sehr große Anlage zum Verlaufen, mit Casino, Wellnessbereich, diversen Restaurants und Bars. Ferner Tennisplätze, Wassersportangebote, Autoverleih und Golfkurs. DZ ab 200 $, die Zimmer sind teilweise sehr weit vom Strand entfernt.

Playa Farallón

5 **Hostal Acuarela**, Tel. 993-2409, 6371-8547, www.aquarelabb.wixsite.com/aquarela, im Ort, 350 m zum Strand. Freundlich, bunt und fantasievoll. Zimmer mit Bad ab 55 $, Dorms für 16 $ p.P., mit Frühstück. Küchenbenutzung, kleiner Garten.

5 **Restaurante Pipas,** direkt am Strand Farallón. Vielseitiges Angebot vom Wrap für 10 $ bis zur Languste für 25 $, Schwerpunkt sind Meeresfrüchte und frischer Fisch, bunte Tische direkt am Strand, man kann tagesweise Sonnendächer mieten, wer im Restaurant konsumiert, bezahlt nichts extra. Täglich 9.30–18 Uhr. Verleih von Stand-up-Paddle-Boards. Direkt beim Restaurant ist ein kleiner **Kunsthandwerksmarkt** von Langzeitreisenden entstanden, die hier einen Treffpunkt haben.

Penonomé

Geschichte

Penonomé, die Hauptstadt der Agrarprovinz Coclé, wurde 1588 als **Missionsgebiet** mit beschränkter Selbstverwaltung gegründet. Ziel der sogenannten *reducciónes* war die Verbreitung des christlichen Glaubens unter der ursprünglichen Bevölkerung, Hand in Hand mit dem Unterricht der spanischen Sprache. Die Abgeschiedenheit, ähnlich der einer Klostergemeinschaft, schien damals ein geeigneter pädagogischer Weg. Der Erfolg blieb nicht aus: Im 17. Jh. hatte sich Penonomé zu einem „vorbildlichen" Ort entwickelt, dessen indianische Bevölkerung sich an die spanische Kultur angepasst hatte. Letzte Spuren der reichen präkolumbischen Kultur sind nur noch im Stadtmuseum sowie im Ortsnamen vorhanden, der von einem kämpferischen Kaziken abgeleitet wurde.

Sehenswertes

Penonomé ist anzusehen, dass es einst eine nicht unbedeutende Kolonialstadt war. Der Wohlstand aus längst vergangenen Tagen lässt sich noch an einigen Lehmhäusern mit ihren charakteristischen Holzbalkonen und Gitterfenstern ablesen, von denen aus die würdevollen Damen des Hauses das Treiben auf der Straße unbemerkt beobachten konnten.

⊡ Maske im Museum von Penonomé

Verschiedene Beispiele dieser **Kolonialarchitektur** sind renoviert und bieten einen tollen Anblick, z.B. die **Kathedrale** direkt am Parque 8 de Diciembre. Südlich der Kirche findet sich eine sehr schöne, weiß-blaue Häuserreihe aus dem 18. Jahrhundert – ein Spaziergang lohnt sich hier allemal.

In Penonomé finden einige nationale und regionale Feste statt, dann verwandelt sich das sonst ruhige Städtchen in einen lebhaften Festplatz. Höhepunkt des Jahres ist der **Carneval Acuático,** der am Faschingssamstag, meist gegen 17 Uhr, auf dem Río Mendozas stattfindet. Dieses einzigartige Spektakel mit geschmückten Booten und bunten Kostümen zu bestimmten Themen genießt einen einzigartigen Ruf weit über die Landesgrenze hinaus. Am Faschingssonntag findet dann abends der Umzug der *Pol-*

061pa hz

Penonomé
0
100 m
Kathedrale
Regierungs-
gebäude
Parque
8 de
Diciembre
Policia
Nacional
Markt
von Penonomé
La Pintada
Feuerwehr
Busbahnhof
für die Umgebung
Calle Suarez
Calle Nicanor Rosa
Avenida Arosemena
Guardia Nacional
Puma-Tankstelle
Calle Cincuentenario
Calle Damian Charles
Calle Segunda
Avenida
Carretera Interamericana
2
3
Santiago,
David
Calle 12 de

leras auf der Avenida Central Arosemena statt, am Rosenmontag und Faschingsdienstag gibt es einen bunten Umzug mit diversen Fantasiethemen. Der Karneval in Penonomé, der von aufputschenden Rhythmen der folkloristischen Musikgruppen bis in die frühen Morgenstunden begleitet wird, gehört zu den ausgelassensten Festen des Landes.

Praktische Hinweise

An- und Weiterreise

- Penonomé ist mit dem **Bus** ab Panama-Stadt, El Valle, David, Santiago und Chitré erreichbar.
- Der Busbahnhof für die Kleinbusse in die **nähere Umgebung** liegt nahe der Feuerwehr. Von dort starten die Busse täglich zwischen 6 und 19 Uhr alle 20 bis 30 Minuten, u.a. nach **El Copé** (Nationalpark), **Chaimito, El Caño** (Archäologischer Park) und nach **Natá.**
- Die kleinen Busse nach **Antón, Coronado, Bejuco** und **La Chorrera** fahren vor dem Krankenhaus neben dem Busterminal ab.
- Alle anderen Busse fahren von der Carretera Interamericana ab: nach **Panama-Stadt** vom Busbahnhof UTRAPEP gegenüber dem Hotel *Dos Continentes* täglich zwischen 5 und 19 Uhr stündlich; nach **Chitré** von der Puma-Tankstelle zwischen 6.30 und 18.30 Uhr alle 30 bis 40 Minuten und nach **Santiago** und **David** ebenfalls von der Puma-Tankstelle täglich zwischen 7 und 18 Uhr alle 45 bis 50 Minuten.

Unterkunft, Essen und Trinken

6 **Hotel La Pradera,** Carretera Interamericana, Tel. 991-0107. Freundliches Business-Hotel mit gutem Preis-Leistungsverhältnis. Schöner Garten mit Pool, Bar und Restaurant. Zimmer ab 65 $.

5 Hotel Dos Continentes, Av. Juan Arosemena/ Carretera Interamericana, Tel. 997-9325, www.hoteldoscontinentes.net. DZ 54 $. 60 saubere Zimmer mit Bad und WC. Typisches Stadthotel mit Restaurant, Cafeteria und Bar. Oft ausgebucht!

- Die meisten **Restaurants** der Stadt liegen direkt an der Carretera Interamericana. Populär ist das Restaurant im Hotel *Dos Continentes* mit deftiger lokaler Küche.

Außerhalb (Karte S. 128)

16 Villa Tavida Lodge, 33 km nördlich von Penonomé in einem Privatreservat im Regenwald gelegen, Tel. 838-6114 und 6485-0505, www.villatavida.com. Die Lodge liegt auf einem Plateau im winzigen Ort Chiguiri Arriba; Busse ab Penonomé fahren meist nur bis Caimito (etwa 8 km von der Posada entfernt). 4 schön eingerichtete klimatisierte Zimmer mit Balkon und Hängematte mit Blick auf den Wasserfall des Río Tavida. DZ 190 $ inkl. Frühstück, es gibt manchmal viel günstigere Angebote. Die Bezeichnung „Spa" übertreibt etwas. Kleiner, gepflegter Campingplatz: Hier bezahlt man 15 $ pro Zelt, wenn man sein eigenes dabeihat, oder 25 $, wenn man sich eines ausleihen möchte.

Adressen A–Z

- **Geld:** Die *Banco Nacional de Panamá* ist nahe der Panamericana in der Av. Arosemena zu finden, Mo bis Fr 8–15 Uhr, Sa 9–12 Uhr. Im Ort gibt es noch weitere Banken, fast alle mit Geldautomat (ATM).
- **Post und Telefon:** Das Postamt und das Büro von *Cable & Wireless* liegen nahe der Kirche. Beide sind Mo bis Fr von 8 bis 17 Uhr geöffnet.

Umgebung von Penonomé

Schmale Täler zwischen Hügelketten, ausgedehnte Grasfluren und ab und zu eine Oase aus tropischem Bergwald prägen das Hinterland von Penonomé. Die moderne Zeit scheint die **verschlafenen Dörfchen** in der traditionellen indianischen oder kolonialen Bauweise kaum berührt zu haben. Eine Fernsehantenne und ein wackeliges Auto bilden die sichtbaren Zeugen der Gegenwart. Mit zunehmender Distanz zur Provinzhauptstadt bzw. zur Carretera Interamericana verringert sich die Qualität der Straßen, bis schließlich eine holprige Piste übrig bleibt. Entsprechend fahren statt der sonst komfortablen Überlandbusse hier nur aus Lastwagen umgebaute Busse in die entlegensten Winkel der Provinz. Als Nahtransportmittel in den abgelegenen Dörfern bleibt schließlich nur das Pferd oder ein verrosteter Drahtesel. Die Umgebung von Penonomé gibt einen Einblick in den ländlichen Alltag und die Naturschönheiten dieser Provinz.

- Ein **Ausgangspunkt** für **Ausflüge** ist die **Villa Tavida Lodge** (s.o.).
- Die in La Pintada angesiedelte kleine **Zigarrenfabrik Cigars Joyas de Panama** hat ihre Pforten für Besucher bis auf Weiteres geschlossen.

Parque Nacional El Copé

Nahezu unberührt ist der ca. 6000 ha große Nationalpark El Copé, der sich an den Hängen der Serranía del Tabasará um den Ort El Copé bis hin zur Karibikküste ausbreitet. Seine unendlich erscheinenden **Berg- und Nebelwälder,** die mit abnehmender Höhe zur Karibikseite hin in **Regenwälder** übergehen, zählen zu den schönsten des Landes. Farne, Moose, Orchideen und Bromelien haben sich auf den Baumriesen einquartiert. „Bäume, wo die Götter zu Hause sind", nennen die Indios die mächtigen Exemplare. Die ständig durch die Baumkronen streichenden Nebelschwaden und die Geräuschkulisse der Natur verstärken die mysteriöse Atmosphäre des Waldes. Das Kronendach und die ewigen Nebelfetzen hindern die Sonnenstrahlen daran, bis an den Boden vorzudringen und nur im Frühling berührt helles Licht die untere Waldzone.

Das **Klima** im Nationalpark ist in den Hochlagen feuchtkalt, schwülwarm dagegen an der Karibikküste, also nicht gerade einladend für eine Wanderung durch den Park.

Ganz einfach ist der Park nicht zu erreichen; Ausgangspunkte für eine Tour durch den Nationalpark sind die **Bergdörfer Las Sabanas und El Copé,** in dessen Zentrum die Asphaltstraße und Transportverbindung ab Penonomé endet. Vom Ort führt westwärts eine 15 km lange, **rutschige Piste** nach Las Sabanas und Barrigón, die nur mit einem Allradjeep zu bewältigen ist.

Wanderrouten

Derzeit gibt es zwei Möglichkeiten, den Nationalpark zu durchwandern: Ab **Las Sabanas** geht es in einem 5- bis 6-stündigen Fußmarsch quer durch den Nebelwald über die kontinentale Wasserscheide (ca. 1450 m, hier endet die befahrbare Strecke) nach **Limón** und in weiteren zwei Gehstunden nach **San Juan,** einer winzigen Siedlung direkt am Río San Juan. Von dort fährt man mit dem Boot nach **Coclesito,** wo es allerdings nur unregelmäßige Verbindungen nach Penonomé gibt. Ab der Wasserscheide bestehen gute Möglichkeiten für Wanderungen im Park, ohne dass man eine komplette Durchquerung starten muss.

Die zweite Tour führt in einem 8- bis 9-stündigen Fußmarsch von **El Copé** nach **Turbe** und mit dem Boot auf dem Río Turbe nach **Coclesito.** Für die komplette Durchquerung des Nationalparks sollte man sich einen Führer nehmen. Informationen dazu bekommt man in den *Cabañas Panamá.*

Übernachten

1 In El Copé kann man sich in den **Cabañas Panamá** inmitten purer Natur in bester Ausgangslage für Parktouren einmieten, Tel. 6535-8448 und 6724-6493. Es handelt sich um fünf frei stehende Häuschen, drei für bis zu 8 Personen, zwei für 2 Personen, alle mit Terrasse und komplett mit Küche eingerichtet. In der Anlage kann man grillen, zwei kleine Pools, Hängematten und ein Spielplatz stehen zur Verfügung.

El Caño

Nicht der auf halber Strecke zwischen Penonomé und Aguadulce gelegene **Ort** El Caño bildet den touristischen Anziehungspunkt, sondern der gleichnamige archäologische Park: Panamas einzige erhaltene **Zeremonialstätte der präkolumbischen Kulturen.** Beim Gedanken an die Kultstätte haben die Touristen sofort Vorstellungen von imposanten Ruinen, wie sie von den Mayas oder Azteken bekannt sind – immerhin befindet man sich auf zentralamerikanischem Boden. Die präkolumbischen Kulturen des Isthmus haben aber keine Bauwerke von derartigem Umfang hinterlassen.

In den 1920er Jahren begannen unter der Leitung der nordamerikanischen Archäologen *Verhill* und *Lothrop* die **Ausgrabungen** in El Caño und dem nahe gelegenen Sitio Conte. Ihre Funde brachten ans Licht, dass diese Gegend zwischen 500 und 1100 unserer Zeitrechnung als Zeremonialzentrum fungierte; ein heiliger Ort, wo die Begegnung mit den Göttern gesucht wurde.

Von der präkolumbischen Tempelanlage sind noch einige *columnas de basalto* geblieben, riesige **Steinsäulen,** die ursprünglich mit Tier- und menschlichen Gestalten verziert waren. Heute existieren nur noch Bruchteile der Säulen, ohne die charakteristischen oberen Teile, die z.T. im Museum Reina Torres de Araúz in Panama-Stadt zu besichtigen sind.

Die archäologischen Funde waren von unschätzbarem Wert bei der Lüftung des Schleiers über die präkolumbischen Kulturen in Panama und ihrer Kontakte zu anderen Völkern des Kontinents (siehe „Staat und Gesellschaft", „Geschichte", sowie „Menschen und Kultur", „Kunsthandwerk"). Die Grabstätten mit Beigaben und die Alltagsgegenstände im kleinen Museum des Parks vermitteln einen kleinen Einblick in die Kultur des fast noch unbekannten Volkes, das in dieser Region angesiedelt war.

■ **Infos:** Der Park ist Di bis So von 9 bis 16 Uhr geöffnet, am Mo und an Feiertagen geschlossen. Eintritt 1 $. Mehr Infos telefonisch unter 228-6231. Der archäologische Park liegt etwa 4 km südwestlich des Ortszentrums und ist mit öffentlichen Verkehrsmitteln nicht erreichbar. Die Busse aus Penonomé stoppen an der Plaza Central. Auch mit dem Mietwagen ist der Park nicht einfach zu finden, man sollte öfters nach dem Weg fragen.

Natá

„*Bienvenido a Natá de Caballeros*", so heißt ein Schild am Rand der Carretera Interamericana die Reisenden willkommen – eine große Geste angesichts der wenigen Häuser, die sich an einer Hand abzählen lassen. Der erste Eindruck trügt jedoch, denn wie vielerorts entlang der Carretera Interamericana bilden die Häuser, Geschäfte und Restaurants an der Durchfahrtsstraße nur den Vorposten der eigentlichen Siedlung. Das trifft auch auf Natá zu, denn der Ortskern liegt ca. 1,5 km abseits der Hauptstraße.

Natá gehört zu den ältesten Orten des Landes und verdankt seine Existenz *Gaspar de Espinoza,* der im Jahr 1520 den Ort als Stützpunkt für die mühsame **Eroberung des Hinterlandes** gründete. Von den Kolonialbauten kann heute nur noch die zum Nationaldenkmal erhobene **Kirche** besichtigt werden, die mit Spenden der Deutschen Botschaft in Panama-Stadt und der Schweizer Botschaft in San José (Costa Rica) vollständig renoviert wurde. Sie datiert aus dem Gründungsjahr des Ortes und ist in ihrer Art und Ausstattung kaum mehr als eine kleine Provinzkirche. Die schlichte Renaissancefassade schmücken seitlich liegende Voluten. Sie wird flankiert von einem viereckigen Turm mit einem eingelegten Perlmuttmuster. Im Innenraum sind vor allem an den Haupt- und Seitenaltären die Stilmischungen späterer Perioden erkennbar, wobei der neobarocke Stil überwiegt. Vor dem Hauptportal an der Plaza Central steht eine Bronzebüste des Ortsgründers *Espinoza.*

■ Natá ist mit dem **Bus** ab Penonomé und Aguadulce mehrmals täglich erreichbar.

2 Hotel Rey David, Tel. 993-5149, an der Interamericana im Ortszentrum. Einfach, sauber und günstig, aber nichts Besonderes. Mit Restaurant.

Aguadulce

Aguadulce (das heißt Süßwasser), das letzte größere Städtchen an der Route entlang der Zentralen Pazifikküste, liegt etwa 200 km von Panama-Stadt entfernt. Es fungiert als Zentrum für die Bauerngemeinden der Region, in der vorwiegend **Zuckerrohr** angebaut wird. Diese schilfähnlichen Gräser, die bis zu 9 m Höhe erreichen können, sind an ihren beigen Rispen, leichter aber an ihrer Größe erkennbar. Wenn die Ähren gelb leuchten, wird das Startsignal für die Ernte gegeben. Die dicken Stängel müssen dann mit der Machete geschlagen und rasch in die Fabrik zur Weiterverarbeitung geschafft werden, denn bei den vorherrschenden Temperaturen verdirbt Zuckerrohr rasend schnell. Die Zuckerrohrkultur stammt ursprünglich aus Asien, fand mit den Kreuzfahrern den Weg nach Europa und landete mit den spanischen Entdeckern schließlich in der „Neuen Welt".

Kulturhistorische Sehenswürdigkeiten oder Naturattraktionen kann die Stadt nicht vorweisen, auch die **küstennahen** **Salzseen** *(salinas)* nicht; hier kann man jedoch hervorragend Meeres- und **Sumpfvögel** beobachten.

Praktische Hinweise

An- und Weiterreise

■ Zwischen Aguadulce und Santiago, Chitré und Penonomé besteht von frühmorgens bis spätabends ein reger **Busverkehr.**

Übernachten, Essen und Trinken

3 Hotel Interamericano, vernachlässigtes altes Hotel an der Carretera Interamericana, Tel. 997-4363. 25 zweckmäßig ausgestattete Zimmer mit Bad, WC, TV und z.T. Balkon. Die straßenseitig gelegenen Zimmer sind recht laut. EZ/DZ mit Ventilator 28 $, mit AC 32 $.

3 Hotel Carisabel, gutes Hotel in Zentrumsnähe, Tel. 997-3800. 14 Zimmer mit Bad und AC. Mit Restaurant.

Adressen A–Z

■ **Bank:** *Banco Nacional de Panamá*, Ave. Rodolfo Chiari, ca. 3 Blocks nördlich der Kirche, Mo bis Fr 8–15 Uhr, Sa 9–12 Uhr.

■ **Post:** Einen Block südlich der Plaza Central, Mo bis Fr 8–16 Uhr.

■ **Telefonieren:** Im Postamt oder im Büro von *Cable & Wireless* an der Einfahrtsstraße kurz vor der Avenida Central.

Chitré | 164
Chitré, Hinterland | 173
Guararé | 174
Isla Cañas | 184
Las Tablas | 177
Los Santos | 168
Parita | 160
Parque Nacional Sarigua | 161
Pedasí | 182
Playa Venao | 183
Refugio de Vida Silvestre
Isla Iguana | 183
Santa María | 160
Tonosí | 185

5 Halbinsel Azuero

Authentisch und noch weitgehend vom Tourismus verschont, liegt der Reiz der Halbinsel eher im

Kleinen, im Alltäglichen, in ihren Bewohnern und Traditionen. Auf Azuero entdeckt man noch den wahren Charakter von Panama.

Mädchen in der Landestracht La pollera

728pa hz

ÜBERBLICK

Die Península de Azuero ist eine Region mit unverkennbarem Kolonialcharakter. Nicht umsonst wird Azuero als die **Wiege der panamaischen Kultur** betrachtet.

Die meisten Bewohner der Halbinsel sind **spanischer Abstammung** und tragen mit großem Stolz Namen wie *Díaz, González* oder *Vergara*. Sie hegen und pflegen die **Traditionen** ihrer iberischen Vorfahren, unter anderem mit der *pollera* und dem *montuno* (Nationaltrachten), der *tuna* (Straßenfest) und mit den *casas de quinchas* (siehe Exkurse). Unter der Oberfläche verbergen sich aber ebenso Spuren der ursprünglichen Bevölkerung, die vor allem im musikalischen, religiösen und landwirtschaftlichen Bereich hervortreten. Auch an einigen Ortsnamen sind indianische Spuren abzulesen, wie etwa *París* und *Guararé* – Na-

NICHT VERPASSEN!

- **Guararé:** lebhaftes Örtchen mit malerischen Lehmhäusern | 174
- **La Angostura:** natürliche Wasserbecken laden zu einem erfrischenden Bad ein | 187
- **Playa Guaníco Abajo:** Paradies für Surfer und Schutzgebiet für Meeresschildkröten | 188

Diese Tipps sind gelb hinterlegt.

0 10 km
©Reise Know-How 2017
PanamaF24
147 Penonomé, 135 San Carlos, 20 Panama-Stadt
Bahía de Parita
GOLFO DE PANAMÁ
Santa María
Refugio de Vida Silvestre Ciénega de las Macanas
Río Santa María
Parque Nacional Sarigua
PROVINZ HERRERA
Parita
Monagrillo
Salzsee
Chitré
La Arena
Río Parita
Llano Grande
Playa El Agallito
Playa Monagre
Playa El Rompio
Refugio de Vida Silvestre Peñón de la Honda
Los Santos
Santa Ana
Pesé
Las Cabras
Rincon Hondo
Río la Villa
La Espigadila
Tres Quebradas
El Espinal
Playa El Puerto
Salzsee
La Enea
Playa Bella Vista
La Colorada
Chupá
Agua Buena
Guararé
Las Tablas Abajo
Los Pozos
Las Tablas
Macaracas
Las Trancas
El Carate
Carretera Nacional
Cimarronera
La Palma
Refugio de Vida Silvestre Isla Iguana
El Muñoz
Llano de Piedras
Cerro Canajagua 830 m
San José
Vale Rico
Bajo Corral
La Laguna
Purio
Canajagua-Bergland
Cerro Vigía 510 m
Güera
Playa El Arenal
Pedasí
Río Güera
La Angostura
Los Asientos
Playa Toro
Altos de Güera
PROVINZ LOS SANTOS
Las Escobas
Venado
Punta Mata
Bootsanlegestelle zur Isla Cañas
El Ciruelo
Reserva Forestal La Tronosa
Río Tonosí
Tonosí
Isla Cañas
Playa Venao
Playa Destiladores
Refugio de Vida Silvestre Isla Cañas
Playa Bucaró
Guanico Abajo
Cambutal
Playa Guanico Abajo
Playa Cambutal
Playa La Minera
Playa Piedra Careta

men, die von den einst auf der Halbinsel regierenden Kaziken abgeleitet wurden.

Die **Kaziken und ihr Volk** begrüßten mit großen Ehren die Spanier und beschenkten sie mit Goldschmuck, da sie die Konquistadoren wegen ihrer ungewöhnlichen Kleidung möglicherweise für Himmelsboten hielten, dies allerdings nur für kurze Zeit. Der brutale Auftritt der Spanier öffnete den *Indígenas* die Augen; *París* und sein Volk schlugen mit der gleichen Brutalität zurück. Die wenigen spanischen Überlebenden lösten unter der Leitung von *Gaspar de Espinoza* eine **erbarmungslose Racheaktion** aus. Nahezu die gesamte Bevölkerung der Halbinsel wurde getötet, vertrieben oder versklavt. Heute leben nur noch in der Bergregion Azueros einige Bewohner, deren Vorfahren den präkolumbischen Hochkulturen der Halbinsel angehörten.

pa2017-005 va

Während der Kolonialzeit entstanden auf der Halbinsel keine großen, wohlhabenden Orte. Einerseits wurde dies von der Verwaltung in Panama-Stadt aus Angst vor Konkurrenz unterbunden, andererseits fehlte auch das nötige Geld, um größere Orte mit Befestigungsanlagen vor den Piraten zu schützen. So blieb Azuero eine einfache **Agrarprovinz,** die Panama-Stadt mit Nahrungsmitteln versorgte – daran hat sich bis heute nichts geändert.

Die Halbinsel ist einer der **wärmsten und trockensten** Teile des Landes. Regenzeit und Trockenzeit sind hier ausgeprägte Perioden, die die hügelige Landschaft entweder in ein saftiges Grün tauchen oder die sie in einen braunen, dürr erscheinenden Mantel hüllen. Ausgedehnte Grasfluren mit vereinzelten Schatten spendenden Bauminseln dominieren das Landschaftsbild.

Azuero gliedert sich in die **Provinzen** Herrera, Los Santos und Veraguas. Zu Veraguas gehört ein etwa 20 km breiter Küstenstreifen im Westen der Halbinsel, der verkehrsbedingt in die Beschreibung der Umgebung von Santiago (siehe „Der Westen“) miteinbezogen wurde. Das Tor zum östlichen und interessantesten Teil der Península de Azuero bildet **Divisa** an der Carretera Interamericana; dort zweigt die Carretera Nacional No. 2 ab, die über Chitré, Guararé und Las Tablas bis nach Pedasí führt.

[<] Delikatessen am Strand

La Casa de Quincha

Mit *casa de quincha* bezeichnet man das für die Halbinsel Azuero typische schlichte Kolonialhaus aus Lehm, Holz, Schilf und Stroh. Am **traditionellen Hausbau** arbeiten generell alle Dorfbewohner unentgeltlich und tatkräftig mit, denn schließlich geht es darum, ein Haus für ein Mitglied der Dorfgemeinschaft zu bauen. Der Bauherr besorgt das Baumaterial und das Essen, jeder Dorfbewohner lässt seine Arbeit liegen und in nur zwei Tagen steht das Haus – oder wie es im Fachjargon so schön ausgedrückt wird, „kann es schlüsselfertig übergeben werden".

Bereits im Morgengrauen beginnen die Männer des Dorfes, ein Hausgerüst samt Dach aus Holz und Schilfrohr zu zimmern, das bis zum Einbruch der Dunkelheit fertiggestellt ist. Am nächsten Morgen legen die Männer am Bauplatz einen großen Teppich aus Lehm, Stroh und Wasser an, der zum Errichten der Wände dient. Sie ziehen ihre Schuhe aus, rollen die Hosenbeine hoch und kneten mit ihren Füßen die Baumaterialien kräftig durch. Wie bei einem Tanz bilden sie eine Kette, legen ihre Arme um die Schultern der Mitarbeiter und mit lauten und fröhlichen Liedern werden die Materialien so lange vermischt, bis ein verarbeitungsfähiger Lehmmörtel entstanden ist. Dieses fröhliche Bauverfahren erhielt auf der Halbinsel die Bezeichnung *junta de embarre* – eine „Gemeinschaft zum Beschmieren".

Während die Männer singend und tanzend die *casa de quincha* errichten, sorgen die Frauen des Dorfes mit kräftigem Essen und Erfrischungsgetränken für das leibliche Wohl der Bauarbeiter. Alles findet im Freien statt und wie in einer panamaischen Großküche wird in riesigen Töpfen *sancocho* zubereitet, Reis gekocht, *chichas* zur Erfrischung angerührt und auf großen Eisengittern Fleisch geröstet.

Mit einer riesigen **Einweihungsfeier** am Abend des zweiten Tages wird dann die fröhliche Gemeinschaftsleistung abgeschlossen, eine Feier, die oft bis in die frühen Morgenstunden dauert, bis der Lehm schließlich getrocknet ist und der Hausbesitzer samt Kind und Kegel einziehen kann.

063pa hz

Santa María

Der erste Ort hinter Divisa, knapp 6 km von der Interamericana entfernt, ist Santa María, eine lang gezogene, beidseitig der Carretera No. 2 liegende Siedlung. Die pastellfarbenen Häuschen im Kolonialstil und die plaudernden Bewohner auf den schattenreichen Terrassen und Balkonen zeugen vom ungezwungenen, aber traditionellen Ton der Halbinsel. Das hohe Alter von über 400 Jahren ist dem Ort nicht anzusehen, aber Santa María überschritt in der Geschichte nie den Rang einer **unbedeutenden Pfarrgemeinde.** Die kulturhistorischen Sehenswürdigkeiten von Santa María beschränken sich auf das Ortsbild, aber Architekturbeispiele aus der Kolonialzeit gibt es in den nachfolgenden Orten genügend zu sehen. Ein Grund, um in Santa María zu verweilen, ergibt sich im März, wenn das *Festival Acuático* auf und um den Río Santa María für eine lebhafte Stimmung im Ort sorgt.

Refugio de Vida Silvestre Ciénega de las Macanas

Wenige Kilometer östlich von Santa María breitet sich um die Mündung des Río Santa María dieses ca. 1000 Hektar große **Tierschutzgebiet** aus. Es besteht vorwiegend aus von Mangroven überwucherten Sümpfen und Lagunen und dient den unterschiedlichsten **Zugvögeln** des amerikanischen Kontinents als wichtige Zwischenstation; daher ist das Schutzgebiet vor allem unter Ornithologen bekannt. Es gibt ein paar **Pfade,** die durch den Wald und an das Feuchtgebiet heranführen sowie eine **Aussichtsplattform** zur Vogelbeobachtung. Im Jahre 2013 hat die Regierung in der Region ein umfangreiches Aufforstungsprogramm gestartet, mit dem Ziel, durch Waldbrände zerstörte Wälder wiederherzustellen. Man erreicht den Park mit einem Mietwagen oder per Taxi über El Rincón de Santa María.

Parita

Das Markenzeichen Paritas, des zweiten größeren Ortes auf der Route nach Chitré, ist die **Iglesia de Santo Domingo de Guzmán.** Die auf 1656 datierte Kirche wurde im Auftrag der Dominikanermission von Natá erbaut und hat während der unsachkundigen Restaurierung in den 1920er Jahren viel von ihrer barocken Würde verloren. Der architektonische Akzent wird vom Kirchturm gesetzt, der sich über das Hauptportal erhebt und damit die Fassade betont. Das dekorative Element bildet ein Muster aus Perlmutter, das für den kolonialen Kirchenbaustil des Landes typisch ist.

Der **Innenraum** wurde mit Hilfe von ausländischen Organisationen fast wieder an den ursprünglichen Zustand angepasst. Fast, denn verschiedene Kunstgegenstände der Kirche verschwanden während der Säkularisation Anfang des 20. Jahrhunderts, unter anderem der Hauptaltar. An seiner Stelle steht jetzt ein farbenprächtiger, ehemaliger Seitenaltar aus Holz mit neobarocken und neoklassizistischen Stilmerkmalen, flankiert von zwei zierlichen Barockaltären.

Das Prunkstück der Kirche ist die mit Schnitzereien verzierte barocke Kanzel aus Holz.

Die weiß getünchte Kirche befindet sich im Ortszentrum, an der ehemaligen Plaza de Toros (Stierkampfarena), die von schönen Kolonialhäusern umringt ist. Man kann sich leicht vorstellen, wie die Hausbewohner und ihre Verwandten das Stierkampfspektakel von der Veranda aus gemütlich verfolgt haben.

Parque Nacional Sarigua

Nicht alles, was in den Tropen blüht und gedeiht, ist ein undurchdringlicher Urwald, was von den Dornenbüschen und laubabwerfenden Bäumen des **Nationalparks** Sarigua illustriert wird. Sie zeigen ein völlig anderes Gesicht und bestätigen die Definition der Tropenzone als „Gürtel der Extreme".

Das 8000 Hektar große Naturschutzgebiet erstreckt sich an der Küste des Golfo de Panamá zwischen den Flüssen Parita und Santa María in **einer der trockensten Ecken** des gesamten Landes. Für Pflanzen und Tiere herrschen hier schlechte Lebensbedingungen: Die lange Trockenperiode wird von einer Saison mit kurzen, aber kräftigen Regenschauern abgelöst. Dabei wurden und werden die Nährstoffe des Bodens ständig fortgeschwemmt, wodurch sich das ehemals fruchtbare Gebiet in ein Trockenareal verwandelt hat.

Die **Temperaturen** schwanken zwischen maximal 45°C am Tag und durchschnittlich 20°C in der Nacht und sind damit eine weitere Belastung für die Lebensformen. Sogar Steine bersten durch die große Spannung, die von der Temperaturschwankung hervorgerufen wird, auseinander. In der Stille der Nacht sind diese knackenden Geräusche angeblich

Das Markenzeichen des Sarigua-Parks – Steine, so weit das Auge reicht

095pa hz

gut hörbar. Im steinigen Sektor des Parks, der auch als *cantera* (Steinbruch) bezeichnet wird, können Sie sich tagsüber von dem nächtlichen Naturschauspiel überzeugen, denn die gespaltenen Steine, die in großen Mengen den Boden bedecken, lassen sich leicht wieder in ihre ursprüngliche Form zusammenfügen.

Aufgrund der extremen Sonneneinstrahlung im Nationalpark wurde hier der erste **Photovoltaik-Park** von Panama mit einer Leistung von 2,4 Megawatt errichtet.

Die wenigen **Pflanzen** des Nationalparks sind auf verschiedenste Art an die natürlichen Gegebenheiten angepasst. Außer den Kakteen, als typischer Wüstenpflanze, sind Bäume zu bewundern, deren Stämme und Zweige mit dicken Moosschichten umhüllt sind, welche die Bäume wie eine Jacke gegen das unbarmherzige Klima schützen. Andere Pflanzen wiederum verfügen über gefiederte Blätter, die am Abend zusammengefaltet werden, um die Verdunstung zu reduzieren.

Allein die Mangrove entlang der Küste hat keinen speziellen Schutz entwickelt. Sie wächst mit einem undurchdringlichen Wurzelnetz, das im Salzwasserboden fest verankert ist. Keine andere Pflanzenart gedeiht im salzigen Boden so gut wie die Mangrove. Und in Sarigua gewinnt der **Salzboden** rasch an Territorium. Überall dort, wo der starke Wind den Boden mit salzigem Sandstaub überzieht, sterben jährlich immer mehr Pflanzen ab. Verschiedene Versuche, diesen Versalzungs- und Entwaldungsprozess zu stoppen, blieben allerdings bislang erfolglos.

Das unwirtliche Klima in Sarigua lockt nur wenige **Tiere** an. Neben den fleißigen Ameisen, den schnellen Geckos und den prähistorisch anmutenden Leguanen zählen viele Boas zu den Dauergästen Sariguas. Den größten Anteil an der Tierwelt bilden die Vögel. Bis heute wurden über 160 verschiedene Arten regis-triert, worunter sich unter anderem der Strichelkauz mit seinen weißumrandeten, augenähnlichen Flecken am Hinterkopf, das Sperlingstäubchen und der Fischadler befinden.

Der Park hat neben seiner Funktion als Naturschutzgebiet auch eine große **kulturhistorische Bedeutung.** Archäologische Funde haben gezeigt, dass in Sarigua eine der ältesten und größten präkolumbischen Siedlungen auf panamaischem Territorium stand. Die ältesten Bodenfunde sind Steinspitzen, die von Nomadenvölkern der paläoindianischen Periode (12.000 bis 7000 v. Chr.) stammen. Die interessantesten Spuren, die auf sesshafte **Jäger- und Sammlerkulturen** hinweisen, bilden die Muschelhaufen *(concheros)*. Sie sind noch immer am größtenteils rotgefärbten Boden deutlich erkennbar, teilweise als kleine Pyramiden. Die natürlichen Müllhaufen aus der Vergangenheit zeugen von einer Zeit, als die Bewohner dieser Region Wild, Fisch, Meerestiere, Nutzpflanzen, Salz und Süßwasser im Überfluss fanden. In den Randzonen des Nationalparks lässt die gegenwärtige Vegetation den ursprünglichen Lebensraum zumindest noch einigermaßen erahnen.

◁ Kakteen sind perfekt an die (klimatischen) Gegebenheiten im Parque Nacional Sarigua angepasst

Trotz der großen natur- und kulturhistorischen Bedeutung scheint der Park bei den Verantwortlichen keinen hohen Stellenwert zu besitzen.

Infos: Der Park ist täglich von 8 bis 16 Uhr geöffnet, Eintritt 5 $, Tel. 996-8216. Der Park ist mit öffentlichen Verkehrsmitteln nicht erreichbar. Kurz vor Parita, das mit dem Bus ab Chitré erreichbar ist, zweigt nach rechts eine Straße (ausgeschildert) zum Nationalpark ab. Ab hier sind es ca. 6 km zum Parkeingang, wo sich eine Rangerstation von ANAM befindet. An den Straßengabelungen immer an die links verlaufende Straße halten.

Chitré

Chitré, die **Hauptstadt der Provinz Herrera** und das **Industrie- und Handelszentrum** Azueros, bietet die erste Übernachtungsmöglichkeit auf der Halbinsel. Die Kleinstadt am Nordufer des Río La Villa verfügt zwar über keine außergewöhnlichen Sehenswürdigkeiten, ist aber ein **angenehmer Ort** mit knapp 20.000 Einwohnern. Die ungezwungene Atmosphäre der Halbinsel ist hier deutlich spürbar, etwa bei einem Bummel durch das überschaubare Zentrum, entlang der Geschäfte und typischen Häuser im Kolonialstil. Auch eine Rast auf der *Plaza Central*, wo die freundlichen Einwohner von Chitré genüsslich tratschen, eignet sich, um die Atmosphäre auf sich wirken zu lassen.

Der Name Chitré wird übrigens landesweit mit dem *Seco* verbunden, einem wodkaähnlichen Getränk aus Zuckerrohr, das bei keiner „feucht-fröhlichen" Feier fehlen darf.

Chitré

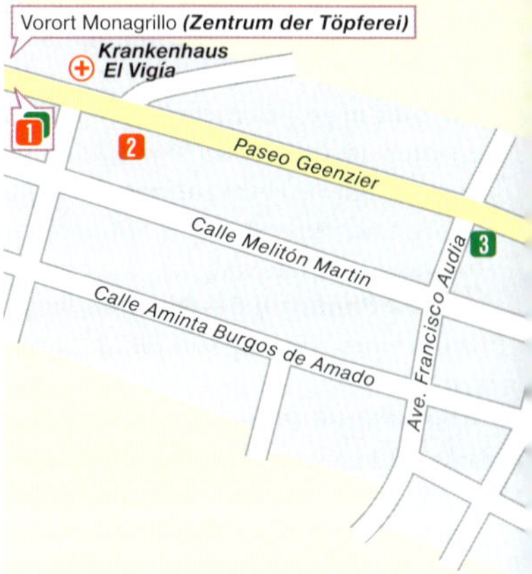

Übernachtung
1 Gran Hotel Azuero
2 Hotel Versalles
7 Hotel Santa Rita
9 Miami Mike's Backpacker Hostel
10 Hotel Bali
16 Los Guayacanes

Essen und Trinken
8 Panadería Chiquita
11 La Araura
13 Chuiquito
14 Pizzeria Trevi
15 Restaurante Salsa y Carbón

Einkaufen/Sonstiges
1 Autoverleih Avis
3 Supermercado Masisa
4 CECA
5 Supermercado Lira
6 Farmacia Internacional
12 Wäscherei

0 100 m
©Reise Know-How 2017
PanamaF25
Flughafen,
Playa El Agallito,
La Arena
Calle José María
Calle San Pedro
Ave. Pérez
Burgos
Museo de Herrera
Ave. Antonio
Ave. Manuel María Correa
4
5
6
7
8
9
10
11
12
13
14
15
Feuerwehr
Calle Tomás Sanchez
Plaza Central
Parque Union
Markt
Iglesia San Juan Bautista
Stadion
Ave. Antonio Burgos
Ave. Herrera
Ave. Centenario
Privatklinik D. Villarreal
16
Divisa
Krankenhaus Integrado
Zentraler Busbahnhof
Carretera Nacional No. 2
Los Santos, Las Tablas
Los Santos, Las Tablas

Sehenswertes

Iglesia San Juan Bautista

Chitré wurde im 18. Jahrhundert gegründet. **Aus den Anfangsjahren des Ortes** stammt die Kirche San Juan Bautista (Johannes der Täufer), die noch Stilmerkmale des einfachen panamaischen Barock aufweist, z.B. die Doppelturmfassade. Der Innenraum wurde neu gestaltet, unter anderem mit einem Hauptaltar aus Edelhölzern.

Museo de Herrera

Lohnenswert ist der Besuch des **Stadtmuseums** an der Ave. Manuel Correa. Der blau-weiße Holzbau mit einem auffallenden Balkon wurde im Jahr 1917 von einer wohlhabenden kolumbianischen Familie erbaut und diente von 1920 bis 1979 als Postamt. Nach einer umfassenden Renovierung zog 1984 das Stadtmuseum ein.

Als ersten Raum betritt man die **Sala Archeológica.** Sie ist den präkolumbischen Kulturen der Halbinsel gewidmet. Ihre interessante Ausstellung wird von Texten in Spanisch begleitet, aber die Fotos und Zeichnungen ermöglichen, die kulturelle Entwicklung auch ohne ausreichende Spanischkenntnisse zu verfolgen. Ein bedeutungsvolles Objekt befindet sich in der Mitte des Raumes: das nachgebildete Grab *(tumba)* des Kaziken *París* (auch *Parita* oder *El Viejo*), der großen Respekt für seinen erbitterten Widerstand gegen die Spanier genießt.

Im ersten Stock des Museums liegt die **Sala Herrera,** deren Exponate einen Überblick über die Biografie des Generals *Tomás Herrera* (1804–1854), des Namensgebers der Provinz, bieten. Unter seiner Führung trennte sich Panama für kurze Zeit von Kolumbien (siehe „Land und Leute, Geschichte“).

Nach der Sala Herrera folgt die **Sala Etnografía,** die der Bevölkerung Azueros und ihren **Traditionen** gewidmet ist.

Im letzten Raum befindet sich eine kleine Sammlung von antiken **Waffen,** religiösen **Kunstgegenständen** und **Dokumenten aus der Stadtgeschichte.** Vor dem Ausgang ist unter freiem Himmel das ländliche Leben auf der Halbinsel dargestellt.

■ **Infos:** Di bis So 9.20–16 Uhr, Eintritt 1 $.

Zentrum der Töpferei

Chitré ist ein Zentrum für Töpferei, eine Tradition, die wegen der archäologischen Funde in der Provinz Herrera, u.a. im Vorort **Monagrillo,** neue Impulse erhalten hat. Im 3 km nördlich von Chitré gelegenen Ort **La Arena** säumen kleine Keramikgeschäfte die Carretera No. 2, die ihre Waren entlang der Straße zur Schau und zum Verkauf ausstellen. Schöne Keramikstücke gibt es auch im **Mercado Artesanal de Herrera,** der sich ebenfalls in La Arena an der Durchfahrtsstraße befindet.

Praktische Hinweise

An- und Weiterreise

Chitré ist mit dem Bus ab Panama-Stadt, Santiago, Aguadulce, Penonomé und den größeren Orten der Halbinsel erreichbar. Alle **Busse** kommen an bzw.

fahren ab vom zentralen Busbahnhof *(Terminal de Transportes de Herrera)* unter anderem nach:

- **Los Santos** zwischen 5.30 und 20 Uhr alle 15–20 Minuten. Die Busse sind oft genauso bunt bemalt wie die von Panama-Stadt.
- **Guararé** und **Las Tablas** zwischen 6 und 19 Uhr alle 15 Minuten.
- **Tonosí** 4x täglich.
- **Parita** über **La Arena** zwischen 7 und 18.45 Uhr alle 10 Minuten.
- **Llano Grande** und **Ocú** zwischen 6 und 19 Uhr jede halbe Stunde.
- **Santiago** zwischen 7 und 18.30 Uhr jede halbe Stunde.
- **Penonomé** über **Aguadulce** zwischen 6 und 19 Uhr alle 30–35 Minuten.
- **Pesé** und **La Minas** zwischen 6 und 16.30 Uhr stündlich.
- Nach **Panama-Stadt** können Sie wählen zwischen *Tuasa,* Tel. 996-5619, und *Inazún,* Tel. 9964-177; Tickets im Vorverkauf gibt es bei beiden Busunternehmen. *Tuasa* fährt täglich zwischen 12 und 18 Uhr stündlich, *Inazún* täglich zwischen 6 und 15 Uhr ebenfalls im Stundentakt.
- Nach **David** gibt es keine direkte Busverbindung, man muss in **Santiago** beim Hotel *Piramidal* direkt an der Carretera Interamerciana umsteigen.

Übernachten

10 Hotel Bali, Av. Herrera, Tel. 996-4620, www.hotelbalipanama.com. EZ/DZ 50/60 $. Sehr gute Zimmer mit TV, Bad, AC und WC. Restaurant (auch indonesische Küche) und Lounge im ersten Stock. Die Besitzer sprechen Englisch.

7 Hotel Santa Rita, Av. M. Correa/Av. Herrera, Tel. 996-4610. 20 einfache, saubere Zimmer mit Bad und WC, teilweise mit Balkon, aber ohne Fenster. EZ/DZ mit Ventilator 23 $, mit AC 32 $, die Benutzung des Sat-TV kostet 1,50 $ extra pro Tag. Die Zimmer an der Straßenseite sind ziemlich laut.

2 Hotel Versalles, am Paseo Enrique Geenzier, der Hauptstraße, Tel. 996-4422, www.hotelversalles.com. Großes Hotel mit 80 modernen Zimmern, alle mit AC, Bad, Telefon und TV. EZ/DZ ab 75 $. Das Hotel liegt etwas abseits und hat ein Restaurant/Bar (24 Std. geöffnet) und einen Pool.

16 Hotel Los Guayacanes, Vía Circunvalación, Tel. 996-9758, www.losguayacanes.com. Etwas in die Jahre gekommenes Hotel in guter Lage mit einem üppigen Garten mit Teich, Pool und Restaurant. Zimmer ab 86 $ mit Frühstück.

1 Gran Hotel Azuero, gute Lage am Paseo Enrique Geenzier, Tel. 970-1000 oder 996-5125, www.hotelazuero.com. Großes Hotel mit über 100 Zimmern in verschiedenen Klassen, gutes Restaurant mit Bar. Zimmer ab 82 $ inkl. Frühstück.

9 Für preisbewusste Reisende gibt es das **Miami Mike's Backpacker Hostel** 100 m nördlich der Kathedrale neben der Bäckerei Chiquita, Tel. 910-0628 oder 6603-9711, www.miamimikeshostel.com. 10 Betten in 4 Themen-Zimmern, ab 11 $ p.P., Privatzimmer für 2 Personen mit externem Bad für 22 $. Küchenbenutzung möglich.

Essen und Trinken

Unser Tipp: 15 Restaurante Salsa y Carbón, Calle Julio Botello y Francisco Corro, gegenüber vom *Estadio Rico Cedeño,* Tel. 996-6022. Riesiges kolumbianisches Restaurant mit Open-Air-Bereich, guter Service, korrekte Preise, Grillplatten und Leckereien aus dem Meer.

13 Chuiquito, Av. Herrera, preiswerter „Chinese" südlich der Iglesia San Juan Bautista.

14 Pizzeria Trevi, südwestlich der Kirche, modern eingerichtet, neben Pizzas und Pasta wird auch guter Wein angeboten.

11 La Araura, Av. Herrera, kleines Selbstbedienungslokal mit preiswerten lokalen Gerichten.

8 Panadería Chiquita, Av. Herrera, die Bäckerei serviert auch ein gutes Frühstück mit Kaffee und frischem Fruchtsaft.

Adressen A–Z

6 Apotheke: *Farmacia Internacional,* Av. Manuel Correa/Av. Antonio Burgos.

1 Autoverleih: *Avis,* am Paseo Enrique Geenzier im Gran Hotel Azuero, Tel. 996-0233.

4 CECA-Büro (Umweltschutzorganisation): Av. Manuel Correa/Av. Tomás de Sanchez, im 1. Stock.

■ **Einkaufen:** Die **Supermercados 3 Masisa** und **5 Lira,** beide Av. Manuel Correa/Av. Tomás de Sanchez, haben ein umfangreiches Angebot an Lebensmitteln und Dingen des täglichen Bedarfs. Beide sind Mo bis Sa von 9 bis 20 Uhr geöffnet. Frisches Obst und Gemüse gibt es am **kleinen Markt** östlich der Kirche, im Ort selbst sieht man viele Geschäfte mit Gebrauchtwaren.

■ **Geld:** *Banco Nacional de Panamá*, Paseo Enrique Geenzier, Mo bis Fr 8–15 Uhr, Sa 9–12 Uhr; *Banistmo,* Av. Manuel Correa, Mo bis Fr 8–15.30 Uhr, Sa 9–12 Uhr; jeweils mit Geldautomat.

■ **Krankenhaus:** Den besten Ruf hat die Privatklinik von *Dr. Venancio Villarreal* an der Carretera No. 2 Richtung Los Santos.

■ **Nationalparkbüro:** siehe Los Santos.

■ **Post:** Av. Manuel Correa, neben dem Büro von *Cable & Wireless,* Mo bis Fr 7–18 Uhr, Sa nur bis 12 Uhr.

12 Wäscherei: In der *Lavamático Vequin* einige Schritte östlich des Stadtzentrums kann die Kleidung für ca. 1,50 $ selber gewaschen und getrocknet werden.

Los Santos

La Villa Los Santos, so der offizielle Ortsname, und Chitré sind fast miteinander verschmolzen, wäre nicht die natürliche geografische Trennung durch den breiten Río La Villa, der wegen seiner großen Bedeutung für die Landwirtschaft von Azuero als der „Nil der Halbinsel" bezeichnet wird. Der Fluss trennt

065pa hz

› Traditionelles Häuschen in Los Santos

nicht nur die beiden Orte, sondern bildet auch die Grenze zwischen den Provinzen Herrera und Los Santos. Das industriell und kommerziell bedeutendere Chitré hat Los Santos ein Schattendasein beschert, doch die Santeños übertreffen die ökonomische Bedeutung des Nachbarortes durch ihre Kultur und Geschichte.

Das **Gründungsdatum** von Los Santos wird mit dem 1. November 1569 angegeben, obwohl man dies mit Dokumenten nicht untermauern kann. Ein kleines Detail am Rande, das die alljährlich ausgelassene Stimmung während der Gründungsfeier in keiner Weise beeinträchtigen kann.

Im Streben nach der **Unabhängigkeit von Spanien** nahm Los Santos eine Führungsrolle ein. Stolz wird erwähnt, dass die Ortsregierung als erste im Land 1821 die Unabhängigkeit vom iberischen Mutterland ausgerufen hat. Ein historischer Moment, der alljährlich am 10.

November so groß und ausgiebig gefeiert wird, dass viele Besucher aus dem ganzen Land hierher strömen.

Die Unabhängigkeitserklärung wurde im heutigen **Museo de la Nacionalidad** an der Plaza Central unterzeichnet. Der Sala de Concejo ist in seiner ursprünglichen Ausstattung erhalten geblieben und dem panamaischen Wegbereiter der Unabhängigkeit *José Vallarino Guiménez* sowie Lateinamerikas Freiheitshelden *Simón Bolívar* gewidmet.

Außer Originaldokumenten des denkwürdigen Ereignisses beherbergt das kleine Museum eine Sammlung von **religiösen Kunstgegenständen** aus dem 18. Jh. und präkolumbische Keramiken.

Im gepflegten **Museumsgarten** steht eine typische Küche aus der Region samt Ausstattung.

Ein Raum des Museums ist außerdem für wechselnde Ausstellungen der Gegenwartskunst und für neue archäologische Funde aus der Gegend reserviert.

■ **Infos:** geöffnet Di bis So 9–16 Uhr, Eintritt 1 $, Kinder 25 ct., Tel. 966-8192.

Schräg gegenüber dem Museum erhebt sich die **Iglesia de San Atanasio de Los Santos** mit einem ehrwürdigen Alter von über 200 Jahren. Seit 1938 ist sie **Nationaldenkmal.** Gemäß der panamaischen Auffassung des Barockstils wurde die Kirche mit einer robusten Doppelturmfassade ausgestattet. Figurennischen und Muster aus Perlmutter sorgen für die Gestaltung. Die Kirche besitzt verschiedene Barock- und Rokokoaltäre aus Holz, die mit ihrer Bemalung und Verzierung dem theatralischen Stil des Barocks entsprechen. An den Kirchenmauern befinden sich einige Gedenktafeln aus Marmor zur Erinnerung an die *Santeños,* die eine tragende Rolle beim Kampf um die Unabhängigkeit von Spanien spielten.

Um die Plaza herum und in den Seitengassen des ruhigen Zentrums gibt es farbenprächtige Beispiele des charakteristischen **Kolonialbaustils,** welche die Atmosphäre von Los Santos bestimmen.

Praktische Hinweise

An- und Weiterreise

■ Los Santos ist mit dem **Bus** ab Panama-Stadt und den größeren Orten der Halbinsel erreichbar.

■ Busse nach **Chitré** fahren von der Haltestelle in der Calle José Vallarino nahe der Carretera No. 2 ab; tägl. von 5.30 und 20 Uhr alle 10–15 Min., 0,45 $.

■ Direkt an der Carretera No. 2 können Busse auch per Handzeichen angehalten werden, und zwar solche nach **Guararé, Las Tablas** und **Tonosí.**

■ **Panama-Stadt** (über Penonomé und San Carlos) bedienen die Busunternehmen *Transportes Unidos de Azuero* (TUASA), Tel. 966-8303, 996-2661, und *Inazún,* Tel. 9696-8646. Beide Gesellschaften betreiben ihr Ticketbüro mit Vorverkauf und ihre Haltestelle am Busterminal an der Carretera No. 2 in Richtung Chitré. *TUASA* fährt täglich um 2.45, 7, 8, 9.30. 11, 14, 15.30 und 17 Uhr, weitere Busse fahren ab Chitré; *Inazún* fährt täglich um 7.30 Uhr, danach zu jeder vollen Stunde bis 12 Uhr, ab Mittag jede halbe Stunde bis 17.30 Uhr.

Übernachten, Essen und Trinken

1 **Hotel La Villa,** etwa 500 m südwestlich der Via Dr. Belisario Porras, Tel. 966-8201, www.hotellavillapanama.com. Klimatisierte Zimmer mit Bad, WC und TV. EZ/DZ ab 33 $. Ältere Anlage mit Pool und nettem Restaurant.

3 **Hotel Rancho Kevin,** Tel. 996-8276, an der Carretera Nacional. 20 moderne, saubere Zimmer mit Bad, TV und AC ab 38 $. Das Hotel verfügt auch über ein gutes Restaurant mit einigen regionalen Gerichten. Empfehlenswert.

4 **Fonda El Ciruelo,** ca. 5 km südöstlich von Los Santos an der Carretera No. 2 nach Las Tablas. Großes Restaurant, guter Eintopf, günstig.

2 **Restaurante Ponchalos,** neben dem Hotel Rancho Kevin, internationale Küche, gute Hamburger, Quesadillas, Pizza. Mi bis Mo 11.30–22 Uhr.

Adressen A–Z

■ **ANAM-Nationalparkbüro:** an der Carretera No. 2 ca. 3 km außerhalb des Zentrums in Richtung Las Tablas (Abzweig beim Restaurant *Juancito*), geöffnet Mo bis Fr 8–16 Uhr.

- **Geld:** *Banco Nacional de Panamá*, Plaza Central, geöffnet Mo bis Fr 8–13.30 Uhr.
- **Taxi La Villa,** Tel. 966-9165, Taxistandplätze an der Plaza Central und der Carretera No. 2 nahe der Polizei, nach Chitré kostet die Fahrt 2 $.

Strände in der Umgebung von Chitré und Los Santos

Playa El Agallito

Die Playa El Agallito, der **Hausstrand von Chitré,** ist kein Naturstrand, sondern wurde der Natur mühsam abgerungen, wobei man eine breite Schneise in den dichten Mangrovengürtel der Küste geschlagen hat. Ab und zu ragen noch Wurzeln aus der dunklen Sandoberfläche, aber daran stört sich niemand, schon gar nicht die Kinder, die sich am Strand und auf dem Kinderspielplatz vergnügen, während ihre Eltern im einfachen Restaurant ein Häppchen essen. Der 5,5 km nordöstlich von Chitré liegende Strand ist zwar ein beliebtes Ausflugsziel, aber im Vergleich mit den Stränden an der Zentralen Pazifikküste weniger lohnenswert und mit öffentlichen Verkehrsmitteln nicht erreichbar.

Playa Monagre und Playa El Rompio

Wenige Kilometer südlich von Los Santos im Ort Santa Ana zweigt von der Carretera No. 2 eine Straße ab, die zu den ca. 9 km entfernten Stränden Monagre und El Rompio führt. Die Palmen

192pa hz

nahe der Küste versprechen einiges, doch sie säumen nicht die Strände, sondern stehen nützlich in Reih und Glied auf einer Plantage. Die **ungepflegten Strände ohne jeglichen Schatten,** die ab Chitré halbstündlich mit dem öffentlichen Bus erreicht werden können, sind nicht gerade attraktiv, noch dazu ist das Meer rau. Die Bewohner der Region stört das weniger, denn an den Wochenenden herrscht hier typisch panamaisches Strandleben mit kühlem Bier, Salsa-, Merengue- und Volksmusik – wer schaut da noch auf das Meer und die Strände.

Von der Playa El Rompio aus blickt man auf das 2000 Hektar große **Refugio de Vida Silvestre Peñón de la Honda,** das aus einer kleinen Insel und zahlreichen Riffen besteht. Das Wildtierreservat ist ein bedeutender Brutplatz für Meeresvögel, es ist allerdings für Besucher gesperrt.

Übernachten, Essen und Trinken

■ **Cabañas/Restaurant Brisas del Mar,** Tel. 966-9845. Neben guten Gerichten gibt es hier auch Zimmer mit Bad, WC und Ventilator für 40 $.

Wildromantisch – die Küsten von Azuero

Das Hinterland von Chitré

Westlich von Chitré erstreckt sich eine Ebene, die überwiegend von **Ackerland und Weideflächen** geprägt wird. Die ursprüngliche Vegetation ist bis an das kaum 1000 m hohe Bergland von Azuero zurückgedrängt, das einen schmalen, zur Provinz Veraguas gehörenden Küstenstreifen vom Territorium der Provinzen Herrera und Los Santos trennt. Ein Blick auf die Landkarte genügt bereits, um zu sehen, wie spärlich das Straßennetz in diesem Bergland ausgebaut ist.

Die mangelnde Infrastruktur hat aber auch ihre positive Seite: In den Bergen sind noch **Waldbestände** vorhanden, die vom Hunger nach neuem Weideland und Holz verschont geblieben sind. Gerade diese grünen Oasen haben im Entwaldungsprozess, der seit der Kolonialzeit ununterbrochen Meter für Meter die ursprüngliche Vegetation dahingerafft hat, eine Wende eingeleitet. Die Bedeutung des Waldes wurde auf der Halbinsel lange Zeit unterschätzt.

Reserva Forestal El Montuoso

In den letzten Jahren wurde versucht, mit **Aufforstungsprojekten** den Waldschaden zu reparieren. Unter der Führung von *ANAM* wurde dabei ein erster Schritt gemacht, der zur Entstehung des etwa 12.000 Hektar großen Waldreservates El Montuoso geführt hat. Dieser

tropische Feuchtwald liegt westlich von Las Minas und beherbergt eine Vielzahl an endemischen Insekten und Pflanzen, z.B. die *Rosera panamensis,* eine fleischfressende Pflanze. Im Wald sind nicht ausgeschilderte Wege und Straßen vorhanden, die nach Chepo oder La Torre führen.

■ Im **ANAM-Büro** in Los Santos lassen sich **begleitete Touren** arrangieren. Las Minas ist mit dem **Bus** ab Chitré zu erreichen. Wer mit einem **Auto** die Gegend erkunden möchte, der kann die Straße über Pesé und Los Pozos oder die über Macaracas benutzen.

Pesé

Zu den interessantesten Orten im Hinterland von Chitré zählt das Bauerndörfchen Pesé. Es ist bekannt wegen seiner **Fronleichnamsprozession El Corpus Christi** mit den sehenswerten *Danzas de los Diablícos* (Teufelstänze mit grotesken Masken) und wegen der **Passionsspiele La Semana Santa de Vivo,** an denen fast die ganze Dorfbevölkerung beteiligt ist.

Llano Grande

17 km nordwestlich von Pesé liegt der winzige Ort Llano Grande, wo sich einst das Naturschutzprojekt *Fundación pro Iguana Verde* befand. Das Projekt konzentrierte sich auf die **Züchtung des** stark bedrohten **Grünen Leguans** (lat. *Iguana iguana*), wurde aber inzwischen eingestellt. Ob es jemals wieder in Betrieb genommen wird, ist derzeit nicht bekannt.

Guararé

Guararé mit seinen schmalen Gassen und seinen malerischen Lehmhäusern liegt ca. 25 km südlich von Chitré. Der Ort entstand als Zentrum einer kleinen Bauerngemeinschaft, die von Los Santos aus, auf der Suche nach neuem Land, in Richtung Süden gezogen war.

Festival de La Mejorana

Das nette und ruhige Kleinstädtchen Guararé verwandelt sich **einmal pro Jahr** in das **pulsierende Zentrum der panamaischen Kultur.** Radiostationen bringen dann ständig Liveberichte und über die Fernsehschirme flimmern stundenlang die Bilder von diesem kunterbunten Festival, das sich auf und rund um die mit einer überdimensionalen *mejorana* (panamaische Gitarre) geschmückten Bühne im Zentrum des Ortes abspielt.

Die temperamentvolle Veranstaltung mit Musik, Tanz und Liedern aus dem Alltagsleben liegt den Panamaern, vor allem aber den Bewohnern der Halbinsel, am Herzen. Folklorekostüme werden aus dem Schrank geholt, die Instrumente gestimmt, die Kehle wird mit *seco* oder *ron* angefeuchtet und die letzten Handgriffe an den geschmückten Paradewagen werden gemacht.

Nach der offiziellen Eröffnung wird **vier Tage lang bis in die frühen Morgenstunden ausgelassen gefeiert,** bis die Krönung der Festivalskönigin mit ihrer eleganten *pollera* (siehe Exkurs „La Pollera") den Schlusspunkt setzt.

Die Guarareños warten das ganze Jahr über sehnsüchtig auf diesen Moment, der Guararé aus seinem Dornröschenschlaf weckt. Das Startsignal für die Veranstaltung wird von der **Fiesta de la Virgen de Las Mercedes** gegeben, die an wechselnden Daten etwa um den 24. September beginnt.

Sehenswertes

Museum Manuel F. Zárate

Für jene Reisenden, die nicht zum Zeitpunkt des Festivals in Guararé sind, sei ein Blick in die beiden Räume des kleinen Museo Manuel F. Zárate empfohlen. Fotos von Paraden und der Krönung der Festivalskönigin geben einen Einblick in das bunte Treiben während des Festes. Blickfänger des Museums sind die handgemachten *polleras* und *montunos,* diverse Teufelsmasken, zahlreiche traditionelle Musikinstrumente und Kostüme der Congos, die die zentrale Karibikküste um Colón charakterisieren. Der hintere Raum ist *Manuel F. Zárate* gewidmet, dem Gründer des Festival de La Mejorana, der mit einer Marmorstatute im Garten vor dem Eingang eine weitere Würdigung erhielt. Das Museum ist **in einer typischen casa de quincha untergebracht,** die 1969 in der traditionellen Arbeitsweise von den Guarareños erbaut wurde.

- **Infos:** Di bis So 9–16 Uhr, Eintritt 0,75 $.

⟩ Beim Festival de La Mejorana

Praktische Hinweise

- Guararé ist mit dem **Bus** ab **Panama-Stadt** und aus den größeren Orten der Halbinsel erreichbar. Zwischen **Guararé, Chitré** und **Las Tablas** fahren von frühmorgens bis zum Einbruch der Dunkelheit ständig Kleinbusse, die man an der Carretera No. 2 anhalten kann. Der Bus nach Panama-Stadt kann nur in Las Tablas oder Chitré bestiegen werden.
- **Hotel Residencial La Mejorana,** direkt an der Carretera No. 2, Tel. 994-5794. 20 große, nett eingerichtete Zimmer mit Bad, WC, AC und Ventilator. DZ 60 $. Saubere Anlage mit günstigem Restaurant.
- **Supermarkt Mario,** an der Durchfahrtsstraße. Schräg gegenüber vom Supermarkt befindet sich ein **Imbissstand** (Frühstück).
- **Post und Telefon:** Das Postamt (Mo bis Fr 9–16 Uhr), das Büro von *Cable & Wireless* (Mo bis Fr 8–15 Uhr) und die **Polizei** liegen direkt an der Carretera No. 2 nahe der *Residencial La Mejorana.*

Umgebung von Guararé

Playa El Puerto und Playa Bella Vista

Einige Kilometer östlich bzw. nordöstlich von Guararé liegen die Playa Bella Vista bzw. der **Hausstrand von Guararé,** die Playa El Puerto („Der Hafen"), der noch an die alten Zeiten erinnert, als das

066pa hz

La Pollera

Das Dirndlkleid findet in Panama eine Verwandte in der *pollera,* der **panamaischen Nationaltracht der Frauen.** Bei diesem wunderschönen, feinverarbeiteten Trachtenkleid lassen sich zwei Grundtypen unterscheiden: die *pollera montuna,* die ländliche Alltagskleidung und die *pollera de lujo,* das Prachtgewand, das heute nahezu auf jedem Fest zu bewundern ist.

Die panamaische Nationaltracht ist grundsätzlich ein **koloniales Erbe** aus Spanien. Der schwungvolle Glockenrock, die leicht von den Schultern hängende Bluse und die Haarkämme erinnern an die Flamenco-Tänzerinnen Andalusiens. Die *pollera* wurde in Panama zunächst von Dienstmädchen und den armen Bauernfrauen getragen und weckte erst im vorigen Jahrhundert, im Zuge der Romantik und des Aufblühens des Nationalbewusstseins, die Begeisterung der kapitalkräftigen Bevölkerungsschicht. Sie nahmen die weiße Hochzeitstracht zum Vorbild, verwendeten bei den Materialien das Feinste vom Feinen und fügten dekorative Details hinzu.

Für das Anziehen des **Prachtgewandes,** der *pollera de lujo,* samt Unterrock, Mieder, Bluse, Rock und Kopfschmuck, benötigt die *empollerada,* wie die Trägerin der *pollera* genannt wird, eine unterstützende Hand und mindestens zwei Stunden. Über dem Unterrock wird ein wadenlanger Glockenrock, über das Mieder wird eine Bluse mit Rüschen getragen, die mit einer einfarbigen, leuchtenden Wollschnur an den Schultern zusammengezogen wird. Das Grundmaterial der *pollera de lujo* bildet ein leichter, weißer Baumwollstoff, der rundum mit auffallenden, einfarbigen Bordüren aus Ranken, Blumen und/oder Früchten verziert ist. Feine Klöppelspitzen halten den mehrteiligen Glockenrock zusammen und säumen die Bluse. Zur *pollera de lujo* gehören außerdem vier bis acht prachtvolle Goldketten, die ursprünglich eine religiöse und magische Bedeutung hatten, sowie der bemerkenswerte Kopfschmuck. In früheren Zeiten wurden frische Blumen ins Haar gesteckt, bis die glitzernden, aus feinen Blumen- und Blattmotiven bestehenden *tembleques* zur Tracht kamen, die größtenteils das Haar verdecken. Unverändert geblieben sind die Kämme, die mit einem schmuckvollen Gold- und/oder Perlenrand das hochgesteckte Haar zieren.

Der **Wert** einer *pollera de lujo,* die mittlerweile als kostbares Familienstück gehütet wird, liegt bei etwa 3000 US-Dollar. Und bei jedem Fest wird die pollera de lujo aus der „Familienschatztruhe" geholt und in der Öffentlichkeit voller Stolz präsentiert.

Die **ländliche Alltagstracht,** die *pollera montuna,* ist im Vergleich mit der *pollera de lujo* sehr schlicht gehalten und besteht aus einem einfarbigen, hellen Rock und einer weißen, bordürelosen Bluse mit schmalen Bändern aus Klöppelspitzen, die den Akzent setzen. Auch der Kopfschmuck fällt mit unverzierten Kämmen oder gelegentlich mit dem Panamahut eher bescheiden aus. Bis vor einigen Jahrzehnten gehörte diese Art der *pollera* zum täglichen Ortsbild auf der Halbinsel. Heute kann man sie aber fast nur noch als Museumsstück bewundern.

Meer ein wichtiger Verkehrsweg zwischen der heutigen Provinz Los Santos und Panama-Stadt war. Kaum war ein Schiffshorn zu hören, eilten die Bewohner über die holprige Straße zum Hafen, um ihre Waren abzuholen und Neuigkeiten aus der Großstadt zu erfahren. Heute sind das nostalgische Erinnerungen der betagten Ortsbewohner, nur die staubige Straße zum Strand und eine unscheinbare Schiffswerft scheinen noch unverändert zu sein.

Der dunkle Strand liegt an der Mündung des Río Guararé. Dahinter befinden sich kleine **Salzseen,** an denen sich in der Regensaison zahlreiche Wasservögel tummeln. Die Gegend eignet sich gut zur **Vogelbeobachtung,** aber für ein Badevergnügen sind Sie an der Playa El Puerto an der falschen Adresse, ebenso an der Playa Bella Vista, die sich wenige Kilometer südlich der Playa El Puerto erstreckt. Der nicht gerade schöne Sandstrand wird von rauer See umspült, hat keine schattenspendenden Bäume und die Sanddünen wurden und werden aus kommerziellen Gründen abgetragen.

Eine bessere Badestelle findet sich ca. 15 km westlich von Guararé nahe dem Dorf **Las Trancas** am Río Perales im Naturbecken eines kleinen **Wasserfalls,** dem Salto del Mero, allerdings nur in der Trockenzeit, denn sonst trübt sich das Wasser durch die starke Strömung.

Las Tablas

Las Tablas, die **Hauptstadt der Provinz Los Santos,** ist das Agrarzentrum der Südregion der Halbinsel und liegt etwa auf halber Strecke zwischen Chitré und Pedasí. Ihre Gründung erfolgte im Jahre 1671 kurz nach der Zerstörung von Panama-Stadt durch den Piraten *Henry Morgan.* Viele Familien in der Hauptstadt packten danach ihr restliches Hab und Gut und fuhren mit dem Schiff in Richtung Halbinsel. Auf der Höhe des heutigen Las Tablas gingen sie vor Anker, demontierten das Schiff und erbauten aus den Holzplanken die ersten Häuser. Die in Los Santos lebenden Kolonisten der ersten Stunde inspirierte dieser „Recyclingprozess" der Neuankömmlinge dazu, ihnen den weniger schmeichelhaften Namen „Las gentes de las tablas" (Menschen von den Holzplanken) zu geben, woraus der Ortsname entstand. Die Holzhäuser sind heute verschwunden und durch Lehm- und Steinhäuser ersetzt, und dass viele Familien in ihrer neuen Heimat eine gute Existenz aufbauten, ist an vielen wunderschönen Häusern abzulesen.

Sehenswertes

Ein Rundgang durch Las Tablas führt unvermeidlich über die **Plaza Central,** wo am Sonntag oft Folkloremusik dargeboten wird. Der Platz wird von der **Iglesia de Santa Librada** dominiert, einem schlicht barocken Gotteshaus aus dem Jahre 1789, das einen beachtenswerten vergoldeten Hauptaltar mit dekorativen

Las Tablas

Übernachtung
- 6 Hotel Piamonte
- 8 Hotel Casa Praga
- 9 Hostel Kimmell
- 10 Mansion Juliana

Essen und Trinken
- 3 Dolce & Saladito
- 7 Restaurant El Caseron

Einkaufen/ Sonstiges
- 1 Supermercado Las Tablas
- 2 Farmacia Neña
- 4 Farmacia Santa Fé
- 5 Farmacia Azuero

Schnitzereien besitzt. Das wichtigste Relikt ist allerdings die Statue der *Virgin de La Santa Librada*, die jedes Jahr am 19. Juli in einer feierlichen Prozession durch Las Tablas getragen wird.

Schräg gegenüber der Kirche, an der Stelle seines einstigen Geburtshauses, befindet sich das **Museum Belisario Porras,** das dem Botschafter und dreifachen Präsidenten des Landes gewidmet ist. Die Sammlung von Dokumenten, Fotos und persönlichen Gegenständen bildet eine kleine Biografie von *Belisario Porras* (1857–1942), der in einem Marmorsarg in der Mitte des Raumes seine letzte Ruhestätte gefunden hat.

- **Museo Belisario Porras,** Di bis So 9–16 Uhr, Eintritt 0,75 $, Kinder 0,25 $, Tel. 994-9062.

Feste

Die bedeutendsten Ereignisse des Jahres in Las Tablas sind das **Festival de La Pollera** in der zweiten Juliwoche, ein folkloristisches Spektakel, das die Wahl der Dame mit der schönsten *pollera* (siehe Exkurs „La Pollera") einschließt und natürlich der **Karneval,** für den Las Tablas bekannt ist.

Praktische Hinweise

An- und Weiterreise

- Las Tablas ist mit dem **Bus** ab Panama-Stadt und aus den größeren Orten der Halbinsel erreichbar.
- Die Busse nach **Panama-Stadt** fahren am Paseo López, Ecke Av. Emilio Castro, neben der Polizeiwache ab, und zwar zwischen 6 und 18 Uhr alle 90 Minuten.
- Die Busse an die **Strände** und in die **Nachbarorte** starten in der Vía hacia El Carate, das ist die Straße in Richtung Tonosí; die Station nennt sich *Piquera de Buses.*
- **Guararé, Los Santos** und **Chitré:** zwischen 6 und 18 Uhr jede halbe Stunde.
- **Pedasí:** zwischen 8 und 16 Uhr etwa alle 2 Std.
- **Tonosí:** zwischen 7 und 11 Uhr alle 30–40 Minuten, danach bis 18 Uhr etwa alle 90 Minuten.

Übernachten, Essen und Trinken

UNSER TIPP: 9 **Hostel Kimmell,** Tel. 6673-2507, www.hostellastablas.com, 4,5 km außerhalb der Ortschaft an der Straße nach Pedasí. Kleine Posada mit herzlichster Bewirtung durch *Martha* und ihre Familie, 5 klimatisierte und mit viel Liebe zum Detail eingerichtete Gästezimmer, netter Gemeinschaftsraum mit Hängematten und Schaukelstühlen, sehr gutes Frühstück. DZ 72 $.

6 **Hotel Piamonte,** Av. Belisario Porras, Tel. 994-6372. Kleine Zimmer mit Bad, WC und AC, DZ 35 $ mit Frühstück. Mit Restaurant und kleiner Bar.

8 **Casa Praga,** Tel. 923-0621, am östlichen Ende der Av. Moises Espino. 14 Hotelzimmer mit einem schönen Garten mit Pool und vielen Obstbäumen. DZ 88 $, Frühstück extra.

10 **Mansion Juliana,** Tel. 923-2587 und 6860-0625, www.mansionjuliana.jimdo.com. 9 Zimmer in verschiedenen Größen und Ausstattungen, manche mit Gemeinschaftsbad. DZ ab 35 $, Frühstück extra. Sehr freundlich, gutes italienisches Essen im eigenen Restaurant.

7 Empfehlenswert ist das **Restaurant El Caserón** in der Av. Moises Espino/Calle Augustin Batista mit nationalen und internationalen Gerichten.

3 **Dolce & Saladito,** Plaza Las Gringas, Local 6, Tel. 923-2521. Abwechslungsreiche Speisekarte, gute Pasta. Das Lokal sieht sehr schlicht aus, bietet aber gutes Essen zu fairen Preisen sowie leckere Desserts.

Wenn in Las Tablas Karneval gefeiert wird

… dann platzt das sonst ruhige Kleinstädtchen aus allen Fugen und Nähten, denn Las Tablas gilt weit über die Provinzgrenzen hinaus als **Zentrum des Karnevals.** Tausende Menschen aus allen Landesteilen pilgern in großen Bus- und Autokarawanen jedes Jahr im Februar bzw. März nach Las Tablas, um sich tagelang dem Rausch des temperamentvollen Festes hinzugeben. Der Karneval in Las Tablas ist eben einer der Superlative: der bedeutendste, der spektakulärste und natürlich auch der exzessivste des Landes.

Einige Ortsbewohner sind vom Karneval-Bazillus das ganze Jahr über befallen. Vor allem unter den Anwohnern der *Calle Abajo* und der *Calle Arriba*, der „unteren" und der „oberen" Straße, treten die Symptome der „chronischen" Krankheit deutlich auf. Die Heilmittel heißen Basteln, Komponieren und Arbeiten mit „Herz und Seele". Die Anwohner dieser Straßen, aber auch ihre nahen Verwandten, arbeiten das ganze Jahr hindurch hinter streng verschlossenen Türen an Kostümen, Melodien, Texten und Paradewagen für den Karneval.

Dabei geht es nicht nur darum, der Konkurrenz von der „anderen" Straße bei der Präsentation den ersten Rang abzulaufen, sondern auch darum, sie mit **gepfefferten Liedtexten** während des Karnevals in aller Öffentlichkeit zu verspotten. Die Kontrahenten schicken lange vor dem Festbeginn ihre „Spione" durch die Straßen und Kneipen von Las Tablas, um „heiße" Tipps, pikante Informationen oder Gerüchte über die „anderen" zu sammeln, allerdings nicht immer zum Vergnügen der Betroffenen, denn viele Texte gehen ziemlich unter die Gürtellinie. Aber es gehört zum Karneval in Las Tablas dazu und die Zuschauer warten gespannt darauf, wer diesmal mit einem Lied durch den Dreck gezogen wird.

Um Punkt Mitternacht des **Silvestertages,** wenn die Kirchenglocken das neue Jahr einläuten und die Sektkorken und Feuerwerkskörper knallen, werden die ersten Kostproben der Spottlieder für den bevorstehenden Karneval gegeben, während die Kandidatinnen der jeweiligen „Straßen" für den Titel der neuen Karnevalskönigin in einem stundenlangen Umzug durch die Straßen dem Publikum offiziell vorgestellt werden.

Viele Reaktionen aus dem Publikum werden dabei aufgenommen und noch schnell in den Liedern verarbeitet, bis endlich der **Startschuss zum Karneval** gegeben wird. Dann wird die Silvesternacht bei Weitem übertroffen. Das Spektakel wird größer und exzessiver als zur Jahreswende und Jahr für Jahr ist der Ablauf der gleiche: Durch die Straßen werden die prächtig geschmückten Paradewagen gezogen, auf denen auf denen die wunderschön gekleideten Kandidatinnen dem Publikum strahlend zulächeln, während die Musiker, unter dem stürmischen Beifall des Publikums, ihre Lieder vortragen. Hinter den Paradewagen folgt eine große Menschentraube, die ausgelassen tanzt und lautstark mitsingt, so wie jeder eben kann.

[>] Karnevalskönigin in Las Tablas

068pa hz

Adressen A–Z

- **Apotheken:** 2 **Farmacia Neña,** Paseo López/Av. Rogelio Gaéz, 5 **Farmacia Azuero** und 4 **Farmacia Santa Fé** an der Plaza Central.
- **Geld/ATM:** *Banco Nacional de Panamá*, Cl. Ramón Mora nahe dem Paseo López, geöffnet Mo bis Fr 8–15 Uhr; *Banistmo,* Av. Belisario Porras mit Calle 3 de Noviembre, gegenüber vom Parque Belisario Porras, Mo bis Fr 8–15.30 Uhr, Sa 9–12 Uhr; ATM der BAC 50 m östlich der Plaza Central in der Av. Belisario Porras (alle Geldkarten).
- **Post:** Cl. Ramón Mora hinter dem Regierungsgebäude, geöffnet Mo bis Fr 8–16 Uhr.
- **Supermarkt:** 1 **Supermercado Las Tablas,** Paseo López/Cl. Ramón Mora.
- **Telefonieren:** Es sind viele Telefonzellen für (inter)nationale Gespräche vorhanden.
- **Wäscherei:** *Lavandería Popular,* gegenüber dem *Hotel Piamonte.*

Pedasí

Pedasí ist der letzte größere Ort im Südosten der Halbinsel Azuero und wurde 1785 zum ersten Mal auf einer Landkarte erwähnt. Benannt ist er nach *Peazí,* dem Kaziken der Region. Der wunderschöne Ort liegt ca. 42 km von Las Tablas entfernt und wird, wie viele Orte auf der Halbinsel, von ländlicher Ruhe und kolonialem Ambiente geprägt. Pedasí ist ein auf nur zwei Straßenzüge begrenztes, **historisch geprägtes Dorf,** in dem man sich wohlfühlen kann. Die nahen Strände wie der Playa Toro und der Playa El Arenal mit der vorgelagerten **Isla Iguana** sind weitere Attraktionen. Fischerboote bringen Gäste für 35–40 $ pro Boot zur Insel, auf der weiße Sandstrände, Korallenriffe, kristallklares Wasser und hervorragende Schnorchelgründe für bestes Urlaubsfeeling sorgen. Am **Playa El Arenal** gibt es zwei einfache Strandrestaurants, in denen man frisch gefangenen Fisch und Fischeintopf genießen kann.

Übernachten, Essen und Trinken

- **Casita Margarita,** an der Hauptstraße neben der Polizeiwache, Tel. 995-2898 und 6906-2228. Schönes Kolonialhaus mit 5 Gästezimmern mit Bad für 60– 90 $ mit Frühstück.
- **Residencial Pedasí,** Tel. 995-2490, an der Ortseinfahrt gegenüber der *Banco Nacional.* 15 Zimmer mit Bad, WC und AC, DZ 25 $. Günstige Fonda und Cafeteria, auch für Nicht-Gäste empfehlenswert. In der Unterkunft können auch Touren zur Isla Iguana organisiert werden.

Unser Tipp: **Hospedaje Dim,** Tel. 995-2302. Zentral gelegene kleine Familienpension mit 5 klimatisierten Zimmern mit Bad ab 35 $ inkl. einfachem Frühstück. Sehr hilfsbereit und freundlich.

Unser Tipp: **Casa Lajagua,** Tel. 995-2912, www.casalajagua.com, etwas abseits der Hauptstraße gegenüber der Polizeiwache. Bed & Breakfast mit nur 3 Zimmern, großer, bunter Garten mit Hängematten und einem originellen Pool. Zimmer ab knapp 100 $ inkl. leckerem Frühstück, *April* und *Craig* bieten auch gutes Abendessen an.

- **Cliff's Place,** Tel. 6681-7571 oder 6760-4226, in einer ruhigen Seitenstraße. Camping, Schlafsaal und Hängematten, offene Küche zur freien Benutzung, sehr günstig.
- **Restaurante Isla Iguana,** an der Hauptstraße. Meeresfrüchte und frischer Fisch in netter Umgebung, Mittagstisch und Abendessen. Mi Ruhetag.

Refugio de Vida Silvestre Isla Iguana

Dieses kleine Eiland befindet sich ca. 20 Bootsminuten östlich der Küste. In erster Linie ist die Isla Iguana ein **Wildtierreservat für die Prachtfregattvögel,** die auf der Insel ihre Brutkolonien haben. Die schwarz-weißen, mächtigen Seevögel mit dem charakteristischen tief gegabelten Schwanz und langem, in einem Haken endenden Schnabel, lassen sich hier aus unmittelbarer Nähe beobachten. Wenn das Männchen während der Balz seinen roten Kehlsack zu einem riesigen Ballon anschwellen lässt, macht er dem würdevollen Namen dieser Gattung alle Ehre. Neben den Fregattvögeln zieht die Insel auch viele Braune Pelikane an. Zwischen den Brutkolonien tummeln sich unzählige **Leguane** *(iguanas),* die allerdings keine Gefahr für den Nachwuchs der Vögel darstellen, sie sind „strenge" Vegetarier.

Von Weitem macht die Insel mit ihrem weißen Sandstrand einen idyllischen Eindruck, doch das ca. 50 Hektar große Vogelparadies ist leider **etwas verschmutzt.** Zwischen den Felsen und Sträuchern der Küste sowie am Strand liegen Abfälle, die größtenteils vom Festland angespült werden. Leider entsorgen einige Anwohner an den Ufern der Flüsse Purio und Pedasí ihre Abfälle in den Flüssen, die den Müll (vor allem in der Regenzeit) zum Meer transportieren, wo er mit der Strömung an die Westküste der Isla Iguana gespült wird.

Ein weiteres, allerdings unsichtbares Problem ist eine **Bombe,** die während der US-Invasion über der Insel abgeworfen wurde, jedoch nicht explodiert ist. Sie liegt nahe dem Strand, allerdings tief im Sandboden des Meeres. Bis jetzt haben weder die USA noch die panamaische Regierung etwas dagegen unternommen, um die Bombe zu bergen bzw. zu entschärfen.

■ Ein **Boot** von der Playa Pedasí zur Insel und retour kostet 60 $ (maximal für 8 Personen).

Playa Venao

Die Playa Venao liegt an der Südküste der Halbinsel Azuero auf halber Strecke zwischen Pedasí und Tonosí. Die Straße zu diesem grauen, lang gezogenen **Sandstrand** ist asphaltiert und in gutem Zustand, im Gegensatz zur weiterführenden Straße nach Tonosí. Venao ist bekannt und beliebt wegen der **meterhohen Wellen,** die sich zum sogenannten „Body-Surfen" besonders gut eignen. Direkt am Strand gibt es jede Menge Hostels, Hotels aller Kategorien, Restaurants und jeden Abend viel Party. Wer ausgelassene Strandstimmung sucht, der ist hier an der richtigen Adresse.

Die letzten Jahre hat Playa Venao einen **Boom** erfahren, ausgelöst durch eine Gruppe von Investoren aus Israel, die das Angebot auch dominieren. Es wird immer weiter gebaut, und es ist nicht absehbar, wie sich die Siedlung entwickeln wird.

Praktische Hinweise

- Der **Bus** von Las Cañas nach las Tablas kommt um kurz nach 7 Uhr in Venao vorbei. Auf dem Rückweg kann es etwa 13.30 bis 14 Uhr werden. Der Bummelbus von Pedasí nach Las Cañas kommt 2x vorbei, etwa um 8 und 11.40 Uhr, auf dem Rückweg nach Pedasí um ca. 9.15 und 15 Uhr.

Unser Tipp: **Hotel Eco Venao,** wenn man von Venao in Richtung Tonosí geht, das vorletzte Hotel oberhalb der Straße, Tel. 832-0530. Hier wird fleißig aufgeforstet. Das großzügig am Hang gebaute Hotel bietet 5 komplette Häuser zum Mieten an (ab 85 $ für 2 Personen), kleine Gästezimmer ab 39 $ und ein Dorm mit 8 Betten (12 $ pro Bett). Campingplatz (7 $ p.P.), Surfschule, Yoga.

- **Hotel El Sitio,** der alles vor Ort dominierende „Platz" (so die Übersetzung des Namens), zentral und direkt am Strand, Tel. 832-1010, www.elsitiohotel.com. Nur 14 Zimmer und Suiten, alle klimatisiert, die meisten mit Meerblick. Ab 132 $ bis 275 $ für das Apartment mit Küche, Frühstück extra. Gutes, abwechslungsreiches Strandrestaurant, tolle Grünflächen, Tourangebote.

Isla Cañas

Wer die Fahrt auf der Straße in Richtung Tonosí fortsetzt, wird kurze Zeit später auf die Abzweigung zur Isla Cañas treffen. Cañas ist im geografischen Sinn keine Insel, sondern eine schmale, parallel zum Festland verlaufende **Landzunge,** die nur über den Río Limón erreichbar ist. Mit dem Besuch der Isla Cañas betritt man eine andere, eine ruhige Welt, obwohl Cañas nur 500 m vom Festland entfernt ist. Das Leben der sich selbst versorgenden Dorfgemeinschaft wird weitgehend vom **Zyklus des Säens und Erntens** bestimmt. Während die Männer und größeren Kinder die Arbeit auf den Reis- und Bohnenfelder verrichten oder fischen, kochen die Frauen in der Gemeinschaftsküche die Mahlzeiten.

Der Stolz der Insulaner ist der 13 Kilometer lange Südstrand, der ganz ohne Schatten ist. Er ist als **Wildtierreservat** zum Schutz der bedrohten **Leder- und Meeresschildkröten** ausgewiesen, die alljährlich zu Tausenden an den Strand kommen, um ihre Eier im Sand abzulegen. Ein einzigartiges Schauspiel, das von den Insulanern derzeit nur als gute Einnahmequelle betrachtet wird, denn sie verkaufen die Eier in großen Mengen am Festland als Delikatesse.

Um den **Naturschutz** auf der Insel zu fördern, sind Aufklärungsprojekte angelaufen. Die Insulaner arbeiten an touristischen Einrichtungen, um mit Unterstützung von IPAT und ANAM einen kontrollierbaren Tourismus zu betreiben. Auf diese Weise bekommt die Dorfgemeinschaft eine neue Einnahmequelle und einen guten Grund, die Schildkröteneier zu schützen anstatt die Nester zu plündern.

Praktische Hinweise

- Mit dem **Bus** ab Chitré oder Las Tablas bis Tonosí oder Las Cañas und von dort mit einem Taxi bis zur Anlegestelle. Die Zufahrt zur Anlegestelle ist 6 km östlich von Cañas bei ungefähr einem Viertel der Strecke bis Tonosí; die Taxifahrer kennen normalerweise die Stelle. An der **Anlegestelle** muss man sich bemerkbar machen und wird dort einige Minuten später mit dem Boot abgeholt. Die Überfahrt kostet 1 $ p.P. Der Zugang zur Anlegestelle ist stark tidenabhängig, man holt sich u.U. sehr schmutzige Schuhe bzw. Füße.

■ In Puerto Cañas, das 1,5 km südlich von Las Cañas liegt, kann man **Touren und Ausflüge** zur Insel und in das Schutzgebiet buchen: *Isla Cañas Marina (ICM-Adventures)*, Tel. 6980-0110 oder 6244-5339, www.islacañasmarina.com, Paddeltouren, Wal- und Schildkrötenbeobachtung, Surfen. Die Überfahrt kostet von hier ca. 20 $ pro Boot für bis zu 6 Personen.

■ **Hostal Pachamama,** einsam am Nordstrand der Insel in Richtung Festland gelegen, mit dem Boot einfach ab Puerto Cañas für 20 $ pro Boot zu erreichen. Günstige Option mit 5 einfachen, gemütlichen und nett dekorierten Zimmern ab 60 $, ideal für Abenteurer und Kitesurfer. Schnorchel- und Fahrradverleih. Freundliche französische Leitung.

■ **Es ist ratsam,** auf die Insel eine Taschenlampe, Insektenschutzmittel, körperbedeckende Kleidung und wasserfeste Schuhe mitzunehmen. Da die Kinder dort kaum Spielsachen haben, ist die Mitnahme von Spielzeug eine schöne Geste.

Tonosí

Von Chitré nach Tonosí führt eine schöne und gut ausgebaute Straße **über Macaracas durch das Canajagua-Bergland,** das entlang der Strecke kaum höher als 500 m ansteigt. Alternativ kann man **über Las Tablas an der Küste** entlangfahren, auch hier geht es im letzten Drittel durch die Berge. Beide Routen sind ruhig, bieten eine tolle Fernsicht auf den Pazifik und am Ende einen imposanten Blick in das zum Meer hin geöffnete, saftig-grüne Tonosí-Becken, das den treffenden Beinamen *Esmeralda de Azuero*, „Smaragd von Azuero", trägt.

Tonosí umgibt ein Hauch von Wild-West-Romantik. Der abgelegene Ort galt lange Zeit als Zufluchtsstätte für die **Guapos,** die Gesetzlosen der Halbinsel. Junge und alte Männer, sogar ganze Familien, die ihre Konflikte auf gewalttätige Weise gelöst hatten, flüchteten über das Bergland nach Tonosí, wo sie vor strafrechtlicher Verfolgung sicher waren.

Besucher verirren sich nur selten nach Tonosí, wo aus den Kneipen die von Versen abgewechselte **Saloma** zu hören ist. Angeblich ist dieser typische Ruf während der Feldarbeit entstanden, um den monotonen Alltag zu unterbrechen und die Einsamkeit zu bekämpfen. Die Funktion des auffallenden Falsetttons ist vergleichbar mit dem Jodeln, das einst der Kommunikation zwischen Hirten und Landarbeitern diente.

Die **Musik** spielt aber nicht nur im Alltagsleben eine Rolle, sie führte auch zum **Ortsnamen.** Nach einer **Legende** baute sich ein Bewohner eine *mejorana* (panamaische Gitarre). Bei der Einweihung des Instruments aber wurde sein erstes Lied mit viel Gelächter und Hohn bedacht: *ese tono no* („dieses Lied nicht") hieß es. Während der Schnaps reichlich floss, wurden immer wieder neue Lieder angestimmt – und alle als fad, traurig oder falsch gesungen beurteilt. Die laute und amüsante Stimmung zog immer mehr neugierige Leute an, aber auch Musiker mit mehr Talent und Gefühl. Im Verlauf des feucht-fröhlichen Abends, der bereits zu einem kleinen Musikerwettberwerb geworden war, stieg das Stimmungsbarometer, bis alle wie aus einer Kehle in ein Lied einfielen: *ese tono sí* – „ja, dieses Lied". Noch lange nach diesem Abend redeten die Bewohner über dieses Zusammentreffen, wobei *tono sí* zu einem geflügelten Ausdruck wurde und letztendlich den alten Namen des Ortes, Madres Vieja, ersetzte.

Der Panamahut

Anfang des 20. Jahrhunderts machte auf dem nordamerikanischen Kontinent ein leichter, handgeflochtener Strohhut große Furore, der als „Panamahut" bezeichnet wurde. Dass dieser **breitrandige Männerhut,** der unter anderem den Kopf des legendären Gangsterbosses *Al Capone* zierte, eigentlich aus Ecuador stammte und mit den Goldsuchern Mitte des 19. Jahrhunderts über Panama-Stadt in die USA kam, spielte keine große Rolle. Auf die Frage hin, woher der schicke Strohhut stamme, wurde schlicht „aus Panama" geantwortet.

Der richtige Panamahut *(sombrero montuno)* ist, wie die ecuadorianische Kopfbedeckung, das **Symbol der Campesinos** und wird vielerorts im *Interior* getragen, vor allem in den Provinzen der Zentralen Pazifikküste und der Halbinsel Azuero. In diesen Regionen verlässt kein Mann ohne seinen „geliebten" Hut das Haus, ganz nach dem Motto: „Ein Mann ohne Hut ist eben nur ein halber Kerl."

Der Panamahut ist nicht nur ein Symbol der Männlichkeit und zugleich ein **praktischer** Sonnenschutz, sondern auch ein typisches **Merk-**

056pa hz

mal für die Region. Der weiße Hut, der *sombrero blanquito* (auch *sombrero ocueño),* hat seine Wurzeln im Distrikt Ocú auf der Halbinsel Azuero, taucht aber auch in der Provinz Veraguas auf. Der *sombrero pintao* hat in seiner weißen oder beigen Grundfarbe unterschiedliche schwarze Muster und gehört zu den Traditionen der Provinzen Coclé, Los Santos und Herrera. Nicht nur an der Hutfarbe erkennt man die regionale Zugehörigkeit. In der Provinz Coclé wird zum Beispiel der Hut ohne auffallendes Merkmal getragen, während er in der Provinz Veraguas und im Distrikt Ocú mit einem bunten Band und/oder einer Schnur mit Quaste verschönert wird. In den Provinzen Los Santos und Herrera tragen die Männer ihren Hut bevorzugt mit der breiten Krempe an der Stirnseite nach oben gebogen.

Zur **Herstellung** des Panamahutes werden die Schößlinge der Panama-Palmfarne benutzt. Diese dünnen Fäden werden nach mehreren Wasserbädern, die das Material biegsam machen, getrocknet und mit großer Fingerfertigkeit zu einem Flechtwerk verarbeitet. Diese uralte Tradition lässt sich bis zu den präkolumbischen Kulturen des südamerikanischen Kontinents zurückverfolgen, womit nicht nur die Spur des unechten Panamahutes, sondern auch die des echten nach Ecuador führt.

[<] Symbol der Männlichkeit und praktischer Sonnenschutz – der Panamahut

Kulturhistorische Sehenswürdigkeiten sind in Tonosí nicht zu finden, obwohl die Region bekannt ist wegen der **präkolumbischen Kulturen,** die unter anderem bemerkenswerte Tonvasen hinterließen. In der Archäologie wird, nach dem einzigartigen Stil, der in dieser Region vorgefundenen Keramikgegenstände, sogar von einem Tonosí-Stil gesprochen. Die Funde sind heute in den Museen von Chitré und Panama-Stadt ausgestellt.

Praktische Hinweise

- Tonosí ist mit dem **Bus** ab Chitré und Las Tablas erreichbar. Retour fahren die Busse täglich zwischen 6 und 11 Uhr alle 30–40 Minuten, danach um 12, 14.30, 16 und 19 Uhr; die Busse fahren nicht über Pedasí.
- **Hotel Mi Valle,** im Ortszentrum, Tel. 995-8089 und 6063-1521, hotelmivalle@gmail.com. Einfache Herberge mit klimatisierten Zimmern, freundlich.
- **Hospedaje Irtha,** Tel. 995-8316. Zweckmäßige Zimmer mit Bad (nur Kaltwasser) und AC ab 20 $.
- **Sonstiges:** Neben dem *Hospedaje Irtha* findet sich das kleine, einfache und freundliche **Restaurante Donde Morena.** Zudem gibt es eine kleine *Panadería* (Bäckerei), das Grillrestaurant **Parrillada Las Vegas** (an der Straße zum Flughafen, der nur für Privatflüge genutzt wird), kleine Geschäfte mit den notwendigsten Lebensmitteln, Apotheke, Polizei, *Banco Nacional de Panamá* und Post.

Umgebung von Tonosí

La Angostura

Ca. 20 km nordwestlich von Tonosí nahe dem Ort **Altos de Güera** hat der Río Güera die Felsen zu bizarren Formationen ausgeschliffen. Im panamaischen Sommer (europäischer Winter) locken die **natürlichen Wasserbecken,** bekannt als La Angostura, zu einem erfrischenden Bad. Während der Regenzeit wird das Wasser allerdings sehr trüb. Die Gegend um Altos de Güera ist auch bekannt wegen der Möglichkeit zur **Vogel beobachtung.** Güera ist ab Tonosí am besten mit dem Taxi (ca. 6 $ pro Fahrt) erreichbar.

Playa Bucaró

Bucaró ist der erste Strand, den man erreicht, wenn man von Tonosí **südlich in Richtung Cambutal** – ans Ende der Welt – weiterfährt. Er liegt in der Mündung des Río Tonosí, ebenso wie der kleine, typische Fischerort gleichen Namens. Von hier starten Ausflüge zur Isla Cañas und Stand-up-Paddle-Touren in die Mangrovenwälder, obwohl man nur an den Rand des Naturschutzgebietes gelangt. Unabhängig davon sind es sehr empfehlenswerte Touren.

■ Den Reisenden erwarten zwei kleine **Fischrestaurants** und das freundliche, schon etwas betagte **Hostal Casa de Pesca,** das 120 m vom Strand entfernt liegt (Tel. 838-5732). Es hat auf drei Ebenen große Zimmer mit Balkon und Hängematten mit Meerblick, einen Pool und ein Restaurant. Es werden Fischertouren angeboten.

Playa Guaníco Abajo

Kurz nach Bucaró kommt man in den Ort Guaníco Abajo, zu dem ein langer, dunkler Sandstrand mit wenig Schatten gehört: Der Playa Guaníco Abajo liegt 10 km südöstlich des Dorfes. Die Wellen bieten einen hervorragenden Break, sodass der Strand besonders bei Surfern beliebt geworden ist. Eine weitere große Attraktion sind die zahlreichen **Schildkröten,** die hier geboren wurden und regelmäßig zur Eiablage wiederkehren. Wenn die Leder-, Oliv- und Atlantik-Bastardschildkröten zwischen Mai und November in Massen über den Strand herfallen, wird das im Volksmund „La Llegada" (Die Ankunft) genannt. Das Restaurant und das Hotel am breiten Strand kümmern sich um den Schutz der Eier vor Dieben und bemühen sich um öffentliche Unterstützung, um das Überleben der Spezies zu garantieren.

In dem kleinen **Open-Air-Restaurant** werden gute und preiswerte Fischgerichte zubereitet. Der freundliche Besitzer *Roberto* plant in naher Zukunft den Bau von Cabañas. Einfache sanitäre Einrichtungen sind vorhanden. Vom Strand kann man über einen Hügel in Richtung Westen zum schönen **Playa La Minera** wandern oder sich mit einem Boot hinbringen lassen. Zu weiteren Stränden in der Nähe führt der Weg vorbei an steilen Klippen, wo es interessante Höhlen und kleine Wasserfälle zu entdecken gibt.

Praktische Hinweise

■ Playa Guaníco Abajo ist mit dem **Bus** 3x täglich ab Chitré über Tonosí erreichbar. Ab Tonosí fahren Kleinbusse ohne festen Fahrplan etwa stündlich.

Unser Tipp: **Surfcamp Guaníco,** Tel. 6677-2899, www.surfcampguanico.com, direkt am Strand, man geht von *Robertos* Restaurant links den Strand knapp 200 m hinunter. Das tolle Camp wird von *Nico* aus der Schweiz geführt und verfügt über 8 Zimmer, die je nach Ausstattung (privates Bad, Klimaanlage, Terrasse, Blickrichtung) 40–75 $ kosten, im Dorm mit 6 Betten bezahlt man 16 $ p.P., Frühstück extra.

Sehr gute Verpflegung, es werden täglich zwei bis drei Hauptmahlzeiten für 10–12 $ angeboten, auch vegetarische Optionen, oft bekommt man selbst gefangenen Fisch serviert. Günstige Tourangebote, Kajaks, Surf-, Body- und Stand-up-Paddle-Boards, Beach-Volleyball, idealer Ort für Surfer. Schöne Dekoration: Thema ist das Meer!

- **El Ranchito,** Tel. 6945-3263, www.panamasurfcamp.com, am Ortseingang am Supermarkt *Guanico* rechts, 11 km vor dem Strand, etwas versteckt. Von *Jiani* und *Lorenzo* geführtes Surfcamp mit 4 einfachen, aber sehr privaten Zimmern, eines mit eigenem Bad. Viel Grün, viel Platz, auch Campingmöglichkeit, Küche, Tourangebote.

Playa Cambutal

Cambutal ist ein **langer, schwarzer Sandstrand** und gilt als guter Ort zum Baden. In den letzten Jahren sind hier schöne Hotels, Yoga-Retreats und Restaurants entstanden.

Praktische Hinweise

- Cambutal ist mit dem **Bus** 3x täglich ab Chitré über Tonosí erreichbar. Von Tonosí fahren Kleinbusse ohne festen Fahrplan etwa stündlich.
- **Hotel Playa Cambutal,** Tel. 832-0948, www.hotelplayacambutal.net. Boutique-Hotel in Top-Strandlage, 10 großzügige, klimatisierte Zimmer, jeweils mit Terrasse, die direkten Meerblick bietet. Pool, Restaurant mit amerikanisch-panamaischer Speisekarte, kostenlose Bodyboards, Kajaks und Fahrräder. DZ 150 $ inkl. Frühstück.

Unser Tipp: **Boom-Shiva,** www.hotelbscambutal.com, nettes italienisches Restaurant direkt am Strand. Hier wird sehr leckere Mozzarella produziert, zudem gibt es Meeresfrüchte. Auch 3 schöne, klimatisierte Holz-Cabinas mit Balkon und Meerblick ab 160 $ stehen zur Verfügung, inkl. Frühstück auf der eigenen Terrasse. Keine Kreditkarten.

- **Sansara Surf & Yoga Resort,** www.sansararesort.com. Traumhaft schöne Anlage mit viel Holz und üppiger Vegetation. 9 luxuriöse Bungalows ab 260 $. Kanadische Besitzer, tolle Aussicht.

8 km nach Cambutal ist dann wirklich Schluss: Die Straße endet am **Playa Piedra Careta,** ganz nahe an der **Reserva Forestal La Tronosa** (ca. 22.000 ha) und dem **Parque Nacional Cerro Hoya** (ca. 32.000 ha). Beide Naturschutzgebiete umfassen die letzten Urwälder auf der Halbinsel, Touren dorthin werden von den Hotels in Cambutal angeboten. Im Verlauf der Straße findet man schöne Buchten und Strände, die vor allem bei Surfern bekannt und beliebt sind.

Provinz Veraguas | 192
Geschichte | 192
Parque Nacional Isla de Colba | 203
Santiago | 194
Provinz Chiriquí | 204
Bambito | 231
Boquete | 216
Burica-Halbinsel | 237
Cerro Punta | 232
David | 209
David – Costa Rica | 236
Geschichte | 206
Parque International La Amistad | 234
Parque Nacional Volcán Barú | 227
Santiago – David | 206
Volcán | 229
Provinz Bocas del Toro | 238
Almirante | 241
Ausflug nach Costa Rica | 261
Chiriquí – Bocas del Toro | 240
Geschichte | 240
Isla Bastimentos | 256
Isla Caranero | 254
Isla Colón | 243
Isla San Cristóbal | 259
Isla Solarte | 255

726pa hz

6 Der Westen

Der Westen Panamas ist voller Kontraste: kühle Bergwelt und tropische Inseln, beschaulich und

swingend, für einen Aktivurlaub und zur Erholung. Den Westen darf man einfach nicht verpassen.

< Karibische Architektur auf der Insel Bocas

PROVINZ VERAGUAS

Die jahrhundertalte Tradition der **Agrarwirtschaft** hat der Landschaft Veraguas' unverkennbar ihren Stempel aufgedrückt. Ackerland, saftige Wiesen oder saisonbedingt trockenes Grasland und vereinzelt Baumoasen prägen das Landschaftsbild abseits der Carretera Interamericana, die sich als Dauer-Baustelle einen Namen gemacht hat. Zwischen den Orten **Las Palmas** und **Soná** ist noch ein Rest der einst weit verbreiteten **Feuchtsavanne** sichtbar, eine schöne Landschaft aus Grasfluren, die von Waldarealen aus immergrünen und laubabwerfenden Bäumen entlang der Wasserläufe abgewechselt wird. **Üppiger tropischer Bergwald** ist größtenteils in der Serranía del Tabasará, dem Ostflügel der Cordillera Central, in der Umgebung des Dorfes Santa Fé erhalten geblieben.

NICHT VERPASSEN!

- **San Francisco, Kirche:** eines der schönsten religiösen Bauwerke in Panama | 199
- **Playa Santa Catalina,** das Surferparadies Panamas | 200

Diese Tipps sind gelb hinterlegt.

Geschichte

In der Geschichte spielte das Gebiet der heutigen Provinz Veraguas keine bedeutende Rolle, mit der Ausnahme, dass *Kolumbus* an der Karibikküste vor Anker ging. Auf seiner vierten und letzten Reise (1502–1504) gründete der Entdecker mit seiner Mannschaft eine kleine Siedlung an einer Flussmündung. Sie war als Stützpunkt für die von starken Regengüssen und Stürmen erschwerten Erkundungsfahrten entlang der zentralamerikanischen Küste gedacht. Bei der Verpflegung seiner Mannschaft war Kolumbus auf die Gastfreundlichkeit der indianischen Bevölkerung angewiesen, aber auch bei der Suche nach dem begehrten Gold. Tatsächlich befanden sich im unwirtlichen Hinterland mit seinen grüngefärbten Flüssen *(verde aguas)* einige Goldadern, die man erst in den späten Kolonialjahren effizient ausschöpfte. *Kolumbus* konnte aus dem **Goldvorkommen** keinen Profit schlagen, denn nach einer großen Auseinandersetzung mit den *Indígenas* musste er Hals über Kopf aus der Siedlung flüchten. Geblieben ist nur der Name *Verde Aguas*, der im Verlauf der Geschichte allmählich zum heutigen Provinznamen Veraguas geführt hat.

Provinz Veraguas
0 20 km
©Reise Know-How 2017
PanamaF28
KARIBISCHES MEER
Golfo de los Mosquitos
PROVINZ COLÓN
Anschlusskarte Seite 128
Anschlusskarte Seite 204
Anschlusskarte Seite 156
Cerro Peña Blanca 905 m
Parque Nacional Santa Fé
CORDILLERA CENTRAL
COMARCA NGOBE-BUGLÉ
Cerro Negro 1518 m
Cerro Gatú 1964 m
Serrania del Tabasará
Cerro Flonera 1450 m
PROVINZ COCLÉ
Santa Fé
Cerro Banco 1628 m
Reserva Forestal La Yeguada
Laguna de La Yeguada
Yeguada
Chichica
Viguí
Río San Antonio
San Juan de Dios
Cañazas
PROVINZ VERAGUAS
Río San Juan
Calobre
David
PROVINZ CHIRIQUÍ
El Prado
San Bartolo
Río San Pedro
San Francisco
Panama-Stadt,
Penonomé
Tolé
San Martín de Porres
El Rincón
Boró
La Mesa
La Peña
Divisa
Santiago
Isla La Porcada
Río Tabasará
Las Palmas
Rodeo Viejo
Los Algarrobos
Quebrada de Piedras
Puerto Vidal
Soná
Atalaya
Chitré
Zapotillo
El María
El Marañon
La Colorade
Llano Grande
Cerro Calidonia 582 m
Cerro La Vigía 343 m
Puerto Mutis
Ocú
Los Llanos
Menchaca
Ponuga
Cerro Filo de La Cordillera 703 m
Río Cete
Capilla Guarumal
Humedales del Golfo de Montijo
PROVINZ HERRERA
Corotú
Corocita
Hacha
Cerro Común 662 m
El Común
Isla Leones
Golfo de Montijo
Chepo
Reserva Forestal El Montuoso
Santa Catalina
Hicaco
Llano
Mariato
Cerro Cacarñado 997 m
Isla Coibita
Colonial Penal (alte Strafanstalt)
Parque Nacional Isla de Coiba
Playa Lagartero
Playa Santa Catalina
Playa La Reina
Isla Gobernadora
PROVINZ VERAGUAS
Cerro Güera 1068 m
PROVINZ LOS SANTOS
Cerro San Juan 406 m
Isla Cébaco
Playa Morillo
Parque Nacional Cerro Hoya
Isla Jicarón
PAZIFISCHER OZEAN
Flores Nuevo
23
30
1
33
28
5
50
203
202
200
197
201
199
174
173
194
20
147
164

Santiago

Etwa 25 km hinter Divisa heißt ein großes Schild die Reisenden in Santiago, der Provinzhauptstadt Veraguas', willkommen. Das Zentrum Santiagos liegt südlich der Carretera Interamericana, die beidseitig von einigen Hotels, Restaurants und Tankstellen gesäumt wird. Viele Reisende sehen in Santiago nicht mehr als eine Raststätte auf der Fahrt in die Provinz Chiriquí oder einen guten Ausgangspunkt für die Besichtigung der Umgebung. Im Zentrum befinden sich eine **Einkaufsstraße,** die Avenida Central, und ein **Markt,** auf dem die Stadtbewohner und die regionale Bevölkerung günstige Kleidung und frische Nahrungsmittel kaufen können.

Der **Hauptplatz,** die Plaza Central, wird traditionsgemäß von einer katholischen Kirche, der **Catédral de Santiago,** dominiert. Ihre weiße Doppelturmfassade ist dekoriert mit Voluten und repräsentiert den schlichten panamaischen Barock. Der Kircheninnenraum wurde durch eine Renovierung an den Zeitgeschmack angepasst. Sehenswerte Aspekte sind während dieser Arbeiten verloren gegangen. An der Nordseite der Plaza befindet sich das kleine **Museo Regional de Veraguas,** das sich unter anderem der Entstehung von Santiago widmet.

Praktische Hinweise

An- und Weiterreise

- Santiago ist mit dem **Bus** ab Panama-Stadt, Penonomé, Chitré und David erreichbar. Der **Bus-**

0
200 m
©Reise Know-How 2017
PanamaF28
San Francisco,
Santa Fé
Übernachtung
3 Iguana Inn
4 Hotel Hacienda
7 Hotel Gran David
9 Hotel Galeria
11 Hotel Piramidal
13 Hotel Myconos
14 Hotel Plaza Gran David
Calle 10
Zentraler Busbahnhof
Carretera Interamericana
Bus nach San José (Costa Rica)
12 (800 m),
13 (1 km),
14 (1,2 km),
Flughafen (1,3 km),
Playa La Reina,
Nationalpark Yeguada,
Atalaya Penonomé,
Calobre,
Panama-Stadt
Avenida Central
Calle 10
Calle 9
Calle 8
Feuerwehr
Essen und Trinken
4 Restaurant Hacienda
5 Restaurant McPato
6 Restaurant Los Tucanes/Panadería
7 Restaurant Gran David
8 McDonald's
9 Restaurant Galeria
10 Kentucky Fried Chicken
13 Restaurant Myconos
14 Restaurant Plaza Gran David
Einkaufen/Sonstiges
1 Apotheke
2 Panadería
11 Centro Piramidal
12 Santiago Mall

bahnhof liegt an der Calle 33 ca. 500 m südlich von der Carretera Interamericana. Von dort fahren Busse täglich nach:

- **Chitré** zwischen 6.30 und 18.30 Uhr jede halbe Stunde.
- **Santa Fé** zwischen 6.30 und 18.20 Uhr alle 45 Minuten.
- **San Francisco** zwischen 7 und 18 Uhr stündlich.
- **Penonomé** zwischen 7 und 18 Uhr alle 30 Min.
- **Atalaya** zwischen 6 und 18 Uhr alle 20 Min.
- **Llano Mariato** 3x täglich, ohne feste Abfahrtszeiten.
- **Panama-Stadt** zwischen 6.30 und 21.30 Uhr alle 60 Min. Die Busgesellschaft *Expresso Veraguense* hat an der Vorderseite des Terminalgebäudes ein Ticketbüro mit einem Vorverkauf für die Fahrt nach Panama-Stadt.
- **Sona** (Playa Santa Catalina) zwischen 6 und 18 Uhr alle 20 Min.
- Die **Haltestelle für die Busse nach David** befindet sich im hinteren Teil des Terminals. Ab dort bestehen täglich Verbindungen zwischen 9 und 24 zu jeder vollen Stunde. An der Haltestelle gibt es ein **Ticketbüro** mit Vorverkauf (täglich 8.30–12.30 und 14.30–17 Uhr).
- Die internationalen Busse von Panama-Stadt nach **San José (Costa Rica)** halten in Santiago nahe dem Hotel *Piramidal* an; wenn Platz ist, kann zugestiegen werden. Für die zwei Nachtbusse von Ticabus benötigt man unbedingt eine Reservierung, die man im Hotel vornehmen kann. Die Busse zur Grenze halten auch am Hotel *Piramidal* an; hier kann man ohne Reservierung zusteigen.

Übernachten

13 **Hotel Myconos,** an der Panamericana, noch vor Santiago, gegenüber vom Flughafen, Tel. 933-2000, www.mykonospanama.com. 92 komfortable und gut ausgestattete Zimmer in verschiedenen Größen ab 106 $. Gutes Restaurant und Bar, Spa.

7 **Hotel Gran David,** Carretera Interamericana, Tel. 998-4510. 65 Zimmer, DZ mit AC ab 105 $. Zimmer mit Bad, TV und WC. Restaurant, Pool, alles gepflegt.

11 **Hotel Piramidal,** zentral an der Carretera Interamericana gelegen, Tel. 998-3123, 60 Zimmer, EZ/ DZ 45 $. Zimmer mit Bad, WC, TV und AC. Cafeteria (24 Std.). Nicht sehr gepflegt.

9 **Hotel Galeria,** Carretera Interamericana, Tel. 958-7950, www.hotelgaleriapanama.com. Gutes Hotel mit Pool und Poolbar. Klimatisierte Standardzimmer mit AC und Kabel-TV ab 55 $. Gutes Restaurant im Haus.

4 Stimmungsvoller ist das **Hotel Hacienda** an der Carretera Interamericana, Tel. 958-8580, www.hotel-lahacienda.com. Großes, luxuriöses Hotel mit Casino und großem Pool mit angrenzendem Wasserpark. Bar und Restaurant. Am Wochenende oft ausgebucht. EZ/DZ ab 95 $. Den schön angelegten Wasserpark **Parque acuático Italia Guadalupe** darf jedermann für 10 $ betreten (nur am Wochenende 10–17 Uhr).

14 **Hotel Plaza Gran David,** Tel. 998-3433. Zimmer mit Bad und AC, DZ ab 45 $. Restaurant und Swimmingpool vorhanden.

Unser Tipp: **3** **Iguana Inn,** in La Peña 10 km in Richtung David, Tel. 933-6096 und 6856-6374, www.iguana-inn.com. Bed & Breakfast unter deutscher Leitung mit nur einem Zimmer mit Bad und Klimaanlage für bis zu 4 Personen, ab 65 $.

Essen und Trinken

- Die meisten Restaurants fungieren als **Raststätten** und liegen an der Carretera Interamericana. Die Busse halten beim *Centro Piramidal* wegen seines preisgünstigen **SB-Restaurants.** Geschäftsleute und Reisende, die mit dem Auto unterwegs sind, bevorzugen die Restaurants in den **Hotels.** Entlang der Hauptstraße findet man Filialen bekannter internationaler **Fast-Food-Ketten.**

Adressen A–Z

1 Apotheke: an der Plaza Central.
12 Einkaufen: 2016 wurde in Santiago an der Panamericana ein neues Einkaufszentrum, die **Santiago Mall,** eröffnet, in der man Restaurants, Banken, Supermärkte und Geschäfte findet – ein guter Platz, wenn man noch etwas besorgen muss.
■ Geld/ATM: *Banco Nacional de Panamá*, Carretera Interamericana, geöffnet Mo bis Fr 8–15 Uhr, Sa 9–12 Uhr.
■ Post und Telefon: Das Postamt und das Büro von *Cable & Wireless* sind in der Calle 8 im Gebäude neben der Schule untergebracht und Mo bis Fr von 7 bis 18 Uhr, am Sa bis 17 Uhr geöffnet.

Umgebung von Santiago

Atalaya

Der Ort Atalaya liegt 6 km südöstlich von Santiago. Er hat sich zu einer **beliebten Wohngegend** entwickelt. Elegante Bungalows und Häuser mit gepflegten Vorgärten sprechen für sich.

Die ruhige Atmosphäre des Ortes wird zweimal pro Jahr durch eine Invasion von **Pilgern** unterbrochen. Die erste „Belagerung" erfolgt zwischen dem Sankt-Michaels-Tag (29. September) und dem **Erntedankfest** am darauffolgenden Sonntag, wenn die Menschen die **Wallfahrtskirche Basilica Menor de San Miguel Arcángel** bevölkern, um mit Gebeten und Gaben für die abgelaufene Ernte zu danken und für die kommende Ernte um reichen Ertrag zu bitten. Der Festtag des Erzengels Michael stellt traditionell das Ernteende dar, ein wichtiger Moment im Leben der regionalen Bauerngemeinschaften.

Der zweite Pilgeransturm findet am **Fastensonntag** statt, an dem die **größte Prozession des Landes** zu Ehren des *Jesús de Nazareno* abgehalten wird. Die Statue wird in der einschiffigen Basilika aufbewahrt, deren schlichte Fassade einen großen Kontrast zum farbvollen Innenraum bildet. Den Blickfang im Inneren bilden die bunten, fast naiv gemalten Deckenfresken, die das Leben Jesu zeigen, ebenso die Glasmalereien der Fenster. In den Ölgemälden an den Mauern ist der Kreuzweg dargestellt. Der geschmückte Hauptaltar und die beiden Nebenaltäre sind aus Marmor, einem in Panama sehr selten verwendeten Material – ein unübersehbarer Hinweis auf die große Bedeutung der kleinen Basilika.

■ Zwischen Atalaya und Santiago besteht von 6 bis 18 Uhr ein **Buspendelverkehr** im Abstand von etwa 15 Minuten.

Playa La Reina

50 km südlich von Atalaya erstreckt sich an der Westküste der Halbinsel Azuero **einer der wenigen Badestrände** der an zwei Weltmeere grenzenden Provinz Veraguas: die Playa La Reina.

Die Playa La Reina liegt etwa 4 km westlich der Ortschaft **Llano Mariato.** Ihr Name, „Die Königin", ist wohl etwas zu groß geraten für diesen ca. 1 Kilometer langen, teils aus Kieselsteinen, teils aus dunklem Sand bestehenden Strand. Vielleicht bezieht sich der Name ja nicht auf den Strand, sondern auf die Brandung, die begeisterte Wellenreiter in ihren Bann zieht. La Reina gilt als **eine der besten Surfstellen** des Landes, die Ausrüstung muss mitgebracht werden.

Praktische Hinweise

- Die **Anreise zum Strand** mit öffentlichen Verkehrsmitteln gestaltet sich schwierig. Nur dreimal pro Tag fährt ein Kleinbus von Santiago nach Llano Mariato. Für einen geringen Aufpreis bringt Sie der Busfahrer bis an den Strand.
- Circa 8 km südlich von Llano Mariato und etwa eine Autostunde von Santiago entfernt liegt das **Hotel Heliconia Bed & Breakfast,** Tel. 6676-0220, www.hotelheliconiapanama.com. Neben Zimmern und Mahlzeiten werden auch Touren angeboten, z.B. in den Nationalpark Isla Coiba.

San Francisco

Auf der Fahrt von Santiago in Richtung Norden ist der kleine Ort San Francisco de la Montaña (20 km) der erste lohnenswerte Stopp. Das Dorf besitzt eine **kleine Kirche,** die mit Sicherheit zu den schönsten religiösen Bauwerken des Landes zählt. Das Juwel aus der Kolonialzeit wurde von Franziskanermönchen gegründet und liebevoll und sachkundig renoviert. Das äußere Erscheinungsbild beeindruckt durch seine Schlichtheit, ein deutliches Stilmerkmal der Bauten des Bettelordens. Das dekorative Element beschränkt sich auf das turmartige Arkadenportal. Ausschlaggebend für die architektonische Bedeutung der Kirche ist ihr harmonisch gestalteter Innenraum im Barock-Stil, wo die bunten, prunkvollen Skulpturen und Altäre von feinster, sehr detaillierter Holzschnitzarbeit imponieren. Sie wurden geschaffen, um die Predigt der Missionare zu unterstützen. So sind am Hauptaltar, der aus 180 verschiedenen Holzteilen zusammengesetzt ist, mehrere Bibelgeschichten auf fantasievolle Weise dargestellt. Die Dramatik des Barocks und des Rokokos schienen hervorragend geeignet, um der indianischen Bevölkerung die katholische Glaubensbotschaft zu vermitteln. In den Kunstwerken findet man neben den religiösen Motiven des Katholizismus auch Tiermotive, tropische Früchte, die Sonne und den Mond sowie würdevolle *Indígenas*, beispielsweise in der Stützfigur der Kanzel.

☒ Schnitzerei in der Kirche von San Francisco

Praktische Hinweise

- Die Kirche ist täglich außer montags zu **besichtigen,** wobei um die Mittagszeit die Pforten geschlossen bleiben.
- Wer mit dem **Bus** anreist, sollte am besten am Ortsbeginn an der Straßengabelung (weißes Kreuz) aussteigen, an der es links nach Santa Fé sowie rechts zur Kirche (ca. 10 Minuten zu Fuß) geht. San Francisco ist von Santiago aus mit dem Bus mehrmals täglich erreichbar. Der Bus fährt zwischen 7 und 18 Uhr etwa einmal in der Stunde.

11 km östlich von San Francisco wird auf der Straße nach Calobre (25 km) der **Quebrada Bejucal** überquert. Unterhalb der Betonbrücke stürzt der Fluss über einen **Wasserfall** in ein natürliches Becken hinab, das zu einem erfrischenden Bad einlädt. Ein deutlich sichtbarer, ausgetretener Pfad führt hinunter zu dem Wasserbecken. Vom Wasserfall führt die Asphaltstraße durch den Ort **Calobre** zur **Laguna de La Yeguada,** einem schönen Stausee, der zur Stromerzeugung genutzt wird.

Um den See, der auf 1300 m Höhe liegt, breitet sich der **Nationalpark Yeguada** aus, den man auf Wanderwegen gut erkunden kann (9–16 Uhr, Eintritt

5 $ inkl. Campingerlaubnis). An der Lagune gibt es schöne Plätze, an denen man campen kann. Im **Ort Yeguada** kann man einkaufen.

Santa Fé

Nach San Francisco schlängelt sich die gemächlich ansteigende Straße zu dem etwa 30 km Luftlinie (fast 2 Stunden auf der Straße) entfernt liegenden **Bergdorf** Santa Fé. Je näher der Ort und die Kontinentale Wasserscheide (zwischen 1200 und 1500 m) rücken, desto üppiger wird die Vegetation.

Santa Fé liegt auf einem kleinen Plateau im Schatten der Wasserscheide und verdankt seine Existenz den **Goldadern** in dieser Region, von denen *Kolumbus* in seinen Dokumenten bereits vielversprechend berichtete: *„In zwei Tagen habe ich hier mehr Gold gesehen als in Spanien in vier Jahren"*, womit das Schicksal der Region besiegelt war. Als Mitte des 16. Jahrhunderts die Spanier nach einigen Expeditionen am Río Concepcíon Gold fanden, entwickelte sich am Ufer des Flusses ein aus Bretterbuden bestehendes Goldgräbernest, das den Namen Santa Fé erhielt.

Zu Beginn des 19. Jahrhunderts wurde die damals noch an der Karibikküste liegende Siedlung vom Moskito-Volk, das damals fast die gesamte Karibikküste Zentralamerikas beherrschte, angegriffen und in Schutt und Asche gelegt. An der Pazifikseite der Serranía del Tabasará wurde Santa Fé später wieder zum Leben erweckt, doch das Goldfieber hatte sich schon lange verabschiedet.

Geblieben ist eine kleine Agrargemeinde und ein netter Ort, der langsam von Naturliebhabern, als **Ausgangspunkt für Touren** durch die fast unberührte Flora und Fauna der höherliegenden Regionen der Serranía del Tabasará, entdeckt wird.

Praktische Hinweise

- Santa Fé ist mit dem **Bus** ab Santiago erreichbar. Der Bus fährt zwischen 6 und 18 Uhr etwa alle 45 Minuten. Einige hundert Meter hinter der Bushaltestelle befindet sich der *Cecy*, ein **Tante-Emma-Laden** und **Restaurant,** in dem Grundnahrungsmittel und Gerichte aus Reis, Bohnen und Fleisch angeboten werden.
- **Hotel Santa Fé,** Tel. 954-0941, www.hotelsantafepanama.com, am Ortsanfang. Restaurant und 20 kleine Zimmer (EZ 22 $, DZ 28 $, MBZ 10 $ pro Person), die alle mit Bad, WC und Ventilator oder AC ausgestattet sind.
- **Hostal La Ohia,** Tel. 954-0903, www.panamamountainhouse.com. Ab 11 $ p.P. im Mehrbettzimmer, 33 $ für EZ/DZ. Terrasse, Garten und Besitzer, die viel von der Gegend wissen.
- **Café Mountain Inn,** Tel. 6988-0921, www.coffeemountaininn.com. Sehr angenehmes Hotel mit tollem Garten. Ab 70 $ inkl. Frühstück. Private Touren mit Anschluss an die Kakaogemeinschaft der Region.
- **Einkaufen:** Im Ort gibt es einige kleine *Supermercados* und *Tiendas* mit dem Notwendigsten.
- **Aktivitäten:** In Puerto Lara besteht die Möglichkeit, mit Einheimischen Bootsfahrten zu unternehmen (2 Stunden kosten etwa 25 $).

Playa Santa Catalina

Noch vor wenigen Jahren war die Playa Santa Catalina nur wenigen Reisenden bekannt, mittlerweile hat sich der Strand allerdings zu einem bekannten **Surferparadies** entwickelt. Viele Bewohner der ca. 400 Seelen zählenden, wenig entwickelten Ortschaft profitieren direkt oder indirekt von den Besuchern. Es gibt viele kleine Hotels und Privatpersonen, die günstige Zimmer vermieten, kleine Restaurants und Sodas. Souvenirläden, Mini-Märkte und Surfshops runden die Infrastruktur ab. Die nächste Bank und der nächste Geldautomat befinden sich in **Soná,** es gibt keine Autovermietung, und die Strom- und Internetversorgung sind nicht zuverlässig; man sollte in jedem Fall eine Taschenlampe dabeihaben. Santa Catalina, 2010 Austragungsort der Surf-WM, ist auch ein guter **Ausgangspunkt für Boots- und Tauchtouren** in den Nationalpark Isla de Coiba.

■ Weitere **Infos** zu Santa Catalina und der Insel findet man unter www.visitsantacatalina.com.

■ Santa Catalina ist mit dem **Bus** ab Soná 6x täglich erreichbar, die Fahrt dauert ca. 90 Min. Abfahrt um 5.30, 8.40, 11.20, 13.40, 14.40 und 16.30 Uhr, sonntags nicht so oft. Zurück um 6.15, 7, 8, 10.45, 13.15 und 15.30 Uhr; auch hier sonntags weniger Verbindungen. Nach Soná gibt es regelmäßige Busverbindungen ab Santiago und Panama-Stadt.

■ **Bootsausflüge und Schnorchel-Touren** in den Nationalpark Isla de Coiba werden von den Unterkünften und den Touragenturen entlang der Hauptstraße angeboten. Tauchsport-Fans finden alles in der **PADI-Tauchschule Scuba Coiba** am Ende der Hauptstraße; es wird auch Deutsch gesprochen (mehr Infos unter www.scubacoiba.com).

■ **Surfshop Surf & Shake,** an der Straße zum Strand, noch im Ort. Neben Surfbrettern und Zubehör gibt es Souvenirs, Sonnenschutz, Strandbekleidung und leckere Fruchtshakes. Surfkurse. Die deutsche Besitzerin *Elli* steht bei Fragen zu Santa Catalina und Umgebung mit Rat und Tat zur Seite (9–18 Uhr, außerhalb der Saison eher unregelmäßig).

Übernachten, Essen und Trinken (im Ort)

■ **Cabinas Sol y Mar,** am Ortseingang, Tel. 6920-2631, www.solymarpanama.com. Nette Häuschen mit Kühlschrank, TV, AC und Terrasse für 2 bis 4 Personen. Ab 80 $ inkl. Frühstück und Steuern. Pool, Restaurant und Tourangebote.

⌄ Playa Santa Catalina

pa2017-006 va

■ **Cabinas Rolo,** Tel. 6494-3916 und 6598-9926, www.rolocabins.net. Treffpunkt der Surferszene. Im Schlafsaal ab 12 $ p.P., in den Cabinas ab 60 $ pro DZ, teilweise mit Meerblick, alles in unmittelbarer Nähe zu den besten Surfspots.

■ **Coibahouse,** Tel. 6962-6388, www.coibahouse.com, im Ort in bester Lage direkt am Strand. 3 sehr schön eingerichtete Zimmer mit Klimaanlage teilen sich ein Bad, sehr freundlich, toller Blick. Ab 55 $.

■ **La Buena Vida,** kurz vor dem Ort auf der linken Seite gegenüber der Schule, Tel. 6572-0664, www.labuenavidahotel.com. Kleine, frei stehende, klimatisierte Häuser, Massagen, Yoga-Studio, Restaurant für gesundes Frühstück und Mittagessen, sehr empfehlenswert. Ab 55 $.

■ **La Vieja Panadería,** an der Hauptstraße. Tagsüber eine kleine Bäckerei mit Frühstückskarte, abends Pizzeria. Freundlich und empfehlenswert.

Übernachten, Essen und Trinken (außerhalb des Ortes in Richtung Süden und Strand)

■ **Casa Maya,** erste Straße in Richtung Playa El Estero, Tel. 6604-3910, www.santacatalinacasamaya.com. 2 einfache Ferienhäuser und ein Apartment, klimatisiert mit Küche, italienische Leitung.

■ **Jammin Hostel & Pizzeria,** erste Straße Richtung Meer, 3 Minuten zu Fuß zum Point Break, Tel. 6006-0241, www.jammincatalina.com. Dorms mit 3 Betten ab 12 $ p.P., Privatzimmer mit Bad ab 30 $, Minimum 2 Nächte. Freundlich, viele Infos. Sehr gute Pizzeria, in der hauchdünne Pizza serviert wird.

■ **Rancho Estero,** an der Straße zum Playa Estero, Tel. 6415-6595, www.ranchoestero.com. 4 frei stehende, palmblattgedeckte Bambushütten in einem großen Garten mit vielen Hängematten und zwei neuen Holz-Bungalows, sehr einfach und schlicht, mit Küche. Surfboardverleih und Surfunterricht, Verleih von Stand-up-Paddle-Boards, geleitet von *Elli* und *Zigor*, man spricht Deutsch. Ab 40 $ mit Gemeinschaftsbad, ab 70 $ mit eigenem Bad.

■ **Cabañas Time Out,** Tel. 6617-1692, www.cabanastimeout.com, erste Straße in Richtung Meer. Die 8 klimatisierten Zimmer mit Küche bieten alle einen direkten Blick aufs Meer. Schöner Pool. Ab 120 $ inkl. Frühstück.

■ **Hotel Santa Catalina,** Tel. 6571-4387, www.hotelsantacatalinapanama.com, zweite Straße in Richtung Meer. Wunderschönes Hotel im klassischen Kolonialstil, direkt am Meer gelegen, schöne klimatisierte Zimmer in drei Kategorien mit Hängematte vor der Tür. DZ ab 80 $, Frühstück extra.

■ **Hotel Mama Ines,** Surf Point, Tel. 6912-4919, www.santacatalinasurfpoint.com, am Ende der Straße zum Strand auf der rechten Seite. Kleine Holzbungalows und Zimmer im Hauptgebäude mit einfachen klimatisierten Zimmern. DZ ab 55 $ inkl. Frühstück. Gutes Restaurant.

■ **Chanos Point,** erste Straße Richtung Meer, gegenüber vom Jammin Hostel, Tel. 6736-1652. Leckereien aus dem Meer werden hier frisch zubereitet. Von außen sieht das Restaurant sehr schlicht aus, es gibt keine Speisekarte, einfach nur gut, aber nicht billig. Nur am Abend.

■ **On the Reef Hotel,** dritte Straße in Richtung Küste, Tel. 6491-7057, www.onthereefpanama.com. Direkt am Meer mit toller Aussicht, 3 klimatisierte Suiten, große Terrasse, es steht eine Küche zur Verfügung, strenge Hausregeln. Ab 135 $.

■ **Restaurante Mama Ines,** am Strand, große Speisekarte mit abwechslungsreichem Angebot: Fisch, Hühnchen, Hamburger und Tacos.

Playa Lagartero

Etwa 10 Minuten mit dem Auto von Santa Catalina entfernt befindet sich der 6 km lange Playa Lagartero, der als echter Tipp für **Kitesurfer** gilt. Er ist auch ein idealer Badestrand für **Kinder,** da es kaum Strömungen und nur wenige Wellen gibt. Bei Ebbe zieht sich das Meer weit zurück und hinterlässt einen breiten Wattenstrand voll von Leben, ideal zum Sammeln von Muscheln, für Reittouren und ausgedehnte Strandspaziergänge.

■ **Hotel Hibiscus Garden,** direkt am Playa Lagartero auf einem 2 Hektar großen Gartengrundstück, Tel. 6615-6097, www.hibiscusgarden.com. 8 Zimmer für 15–30 $ p.P., Camping 7,50 $ p.P. Shuttleservice nach Santa Catalina für 6,50 $ hin und zurück. Restaurant, Gemeinschaftsküche, Tourangebote. Freundlich, deutschsprachig.

Parque Nacional Isla de Coiba

Wenige Kilometer vor der Pazifikküste Veraguas', zwischen dem Golfo de Montijo und dem Golfo de Chiriquí, schimmert die Isla de Coiba, die 2005 von der UNESCO zum Welterbe erklärt wurde. Sie ist mit einer Oberfläche von 493 km² die **größte Insel Panamas,** sogar eine der größten im zentralamerikanischen Pazifikraum und ragt als Spitze eines riesigen Unterwassergebirges über die Pazifikwellen.

Coiba war bereits lange Zeit vor der Entdeckung der Neuen Welt von einer bis heute noch kaum erforschten Kultur besiedelt. Jüngste **archäologische Funde** untermauern diese Existenz einer **präkolumbischen Kultur,** die sich bis etwa 500 v. Chr. zurückverfolgen lässt. Im Verlauf der Geschichte sind die ursprünglichen Bewohner von der Insel verschwunden. Außer den archäologischen Funden ist von ihnen nur der Inselname Coiba geblieben, was „Land jenseits" bedeutet.

Dank des Desinteresses der Spanier an der Kolonisierung der Insel ist die Robinson-Crusoe-Idylle bis heute erhalten geblieben. Eine **einzigartige Tier- und Pflanzenwelt** konnte sich ungestört entfalten, sowohl oberhalb des Meeresspiegels als auch darunter. Der Arakanga *(ara macao),* einer der farbenprächtigsten Papageien, der auf dem Festland nur noch spärlich zu beobachten ist, lebt auf der hügeligen Insel in großer Zahl. Er ist aber nur eine der 130 Vogelarten, die hier beheimatet sind, wovon 20 Arten ausschließlich auf Coiba registriert wurden. Die feinen Sandstrände der Insel bilden die Brutplätze bedrohter Meeresschildkröten, dienen aber gelegentlich auch kurzzeitig als Anlandestelle für „landhungrige" Kreuzfahrtpassagiere.

Seit 1991 ist die Isla de Coiba mit den umliegenden Inselchen als **Nationalpark** ausgewiesen. Fast 80 % der Fläche besteht aus Wasser, in dem sich eine sehr reizvolle Flora und Fauna verbirgt. Begegnungen mit bunten Tropenfischen, mit Haien und Mantas sind bei Tauchgängen keine Seltenheit. Aber auch ohne Taucherbrille ist hier viel Interessantes zu beobachten, wie etwa die unterschiedlichen **Wale,** die vor allem in den Monaten Juni, Juli und August an der Insel vorbeiziehen.

Seit die berühmt-berüchtigte Strafanstalt an der Ostküste der Insel geschlossen wurde, kommt der Tourismus allmählich in Gang, aber noch ist die Isla de Coiba ein wirkliches Paradies für Taucher und Naturliebhaber.

Vom *Heliconia B & B* nahe Llano Mariato und an der Playa Santa Catalina werden **Tauch- und Ökotouren** in den Nationalpark Isla Coiba angeboten. Geschlafen wird in den einfachen Mehrbettzimmern des dortigen wissenschaftlichen *ANAM*-Zentrums.

PROVINZ CHIRIQUÍ

Der aus der Sprache der Guaymi stammende Name der südwestlichsten Provinz des Landes trifft den Charakter der Provinz gut: „chiriquífi", das **„Tal des Mondes"**, ein Gebiet im Bann des magischen Himmelskörpers, der als uraltes Symbol für Leben und Verderben sowie für Regen und

Fruchtbarkeit steht. Die **regenreichen Hochlagen** der Serranía de Talamanca, des Westflügels der Zentralkordillere und das frühlingshafte Bergklima eignen sich für den Anbau von Kaffee, Zitrusfrüchten, Erdbeeren und Kartoffeln, während in der Schwüle der Küstenebene die Rinderzucht und der Anbau von Bananen und Zuckerrohr zu den wichtigsten Wirtschaftsfaktoren zählen. Chiriquís Landschaft ist ein **bunt gefleckter Teppich** aus Kulturland, Feucht- und Nebelwäldern, grünen Berghängen, zerklüfteten Tälern und Flüssen mit Stromschnellen und Wasserfällen. Nördlich von David in der Nähe von Boquete erhebt sich der erloschene **Vulkan Barú,** der mit 3475 m der höchste Berg des Landes ist.

NICHT VERPASSEN!

- **Playa Las Lajas:** Traumstrand an der Pazifikküste | 207
- **Kaffeetouren:** bei Boquete bieten Kaffeeproduzenten Touren zu Plantagen mit Fabrikbesuch an | 227
- **Parque Internacional La Amistad:** einer der landschaftlichen Höhepunkte des Landes | 234

Diese Tipps sind gelb hinterlegt.

Geschichte

Die ersten **spanischen Kolonisten** lebten auf kleinen Haciendas und trieben über einen Mauleselweg Handel mit Costa Rica und den weiter nordwestlich liegenden Ländern Zentralamerikas. Das Band mit Panama-Stadt war über Jahrhunderte wegen der Entfernung schwach. Kaum beachtet von der Verwaltung in der Hauptstadt, gingen (und gehen) die Chiricanos ihren eigenen Weg, ein Grund, weshalb sie in Panama als „eigensinnig" angesehen werden.

Die ersten Orte in Chiriquí entstanden nur langsam. Es fehlten die spanischen Truppen und das Geld für den Bau von Befestigungsanlagen zum Schutz vor den **Angriffen der indianischen Völker,** die sich unter der Führung ihrer Kaziken, wie etwa *Dorega* und *Buguba*, in die Berge zurückgezogen hatten.

Erst mit dem großen **Kolonisationsprozess im 19. Jahrhundert** kam es zu einem Zustrom von neuen Siedlern und zur Entstehung von Dörfern. Viele dieser Kolonisten kamen aus allen Teilen der Welt, lebten bereits lange in der Hauptstadt und kehrten nun der Stadt den Rücken, um im äußersten Südwesten des Landes ihr Glück zu suchen. Im Zuge der Kolonisierungswelle wurde der einst kaum beachtete Winkel Mitte des 19. Jahrhunderts von der Provinz Veraguas abgekoppelt und zu einer selbstständigen Provinz erhoben.

Mit Beginn des 20. Jahrhunderts kam die amerikanische Bananengesellschaft **United Fruit Company** nach Chiriquí, die den sogenannten **Coto-Streit** mit Costa Rica entfachte. Die Basis des Konflikts war der Grenzverlauf, doch in Wirklichkeit handelte es sich um einen Konkurrenzkampf zwischen der *United Fruit Company* und der *American Banana Company*. Der Konflikt wurde 1914 beigelegt: Panama erhielt einen Teil der Coto-Region am Pazifik, Costa Rica das Tal des Río Sixaola an der Karibikseite.

Die **indianischen Völker** sind im Lauf der Geschichte völlig verschwunden. Nur die Guaymí (auch *Ngwobe)* haben überlebt, wurden und werden aber mit dem Landhunger der Großgrundbesitzer immer weiter in die Berge und an den Rand der Gesellschaft gedrängt – ein schwarzer Fleck auf der weißen Weste der stolzen Chiricanos.

Zwischen Santiago und David

Mit dem Beginn der Provinz Chiriquí ändert sich langsam das Landschaftsbild: Riesige Farne und von Schlingpflanzen überwucherte Bäume säumen beidseitig die Carretera Interamericana und verhindern einen Blick auf die immer höher werdende Zentralkordillere. Hin und wieder verkaufen an kleinen **Straßenständen** die Guaymí-Frauen ihre traditionellen Halsketten *(chachiras)* und ihre typischen Kleider mit bunten, geometrischen Mustern. Anders als manche panamaische Trachten sind diese Kleider keine Staubfänger, die nur zu speziellen

Anlässen hervorgeholt werden, sondern bilden einen festen Bestandteil des Alltags. Die weitgeschnittenen, liebevoll verarbeiteten Modelle aus Baumwolle wurden von vielen nichtindianischen Frauen als bequeme und luftige Hauskleider entdeckt.

Nach Tolé öffnet sich die **Llanura Chiricana,** die von zahlreichen Flüssen durchzogen und von Kultursavanne, blattwechselnden und immergrünen Wäldern geprägt wird. Der erste Ort in der Küstenebene, zugleich aber auch die erste Siedlung in der Geschichte von Chiriquí ist **Remedios.** Es liegt einige Kilometer südlich der Carretera Interamericana und wurde 1589 als Nuestra Señora de los Remedios gegründet. In historischen Dokumenten wird die Siedlung als *„ein armseliges, aus 14 Hütten bestehendes Dorf"* bezeichnet, heute hat der Ort etwa 1000 Einwohner.

Die **Carretera Interamericana,** die mit Abstand wichtigste Verbindungsstraße von Ost nach West, soll bzw. sollte durchgehend vierspurig ausgebaut werden. 2014 begannen die Bauarbeiten, und zwar an der gesamten Straße über eine Länge von 190 km zur gleichen Zeit. Hunderte Baumaschinen, Kräne, Lastwagen, Arbeiter und Ingenieure bevölkerten die Strecke rund um die Uhr, alles wurde aufgerissen, doch fertiggestellt wurden nur kleine Teilabschnitte. Mittlerweile sind die Bauarbeiten so gut wie eingestellt, die ganze Carretera gleicht eher einem Hindernis-Parcour als einer Autobahn. Dadurch ist auch die Versorgung mit Benzin auf der Strecke zwischen Santiago und David schwierig: Man sollte also vorher volltanken und genügend Zeit für den Streckenabschnitt einplanen.

Las Lajas

Etwa 70 km vor David liegen der Ort und Strand Las Lajas an der Pazifikküste. Es ist beinahe unglaublich, dass dieser **traumhafte Strand** mit seinem dunklen, feinen Sand an Wochentagen völlig menschenleer ist und nur am Wochenende frequentiert wird. Aber auch dann verhindert seine Ausdehnung ein Sonnenbaden Schulter an Schulter. Die einzigen Lebewesen, mit denen man diesen 22 Kilometer langen, während der Ebbe bis zu 30 m breiten Strand unter der Woche teilt, sind unzählige Einsiedlerkrebse und hungrige Wasservögel. Als Schattenspender dienen Indische Mandelbäume mit ihren typischen etagenförmig angeordneten Zweigen, Strandwinden mit rosafarbenen Blüten, fürstlich anmutende Kokospalmen und Palmblattdächer, die für 5 $ pro Tag vermietet werden. Für die Zufahrt zum Strand wird am Wochenende 1 $ kassiert.

Der **Ort** bietet verschiedene Hotels und eine Infrastruktur, die mit Restaurants, Supermärkten, Eisdiele etc. völlig ausreichend ist. Mehrere Herbergen organisieren Touren und Aktivitäten, die Las Lajas weit über einen reinen Badeurlaub hinaus interessant machen.

Las Lajas ist für seinen bunten und wilden **Karneval** bekannt. Zwei konkurrierende Karnevals-Königinnen werden gewählt und gefeiert. Der Trubel geht bis in die frühen Morgenstunden. Wer rauschende Feste weniger mag, sollte diese Tage meiden, wer gerne feiert, ist herzlich willkommen und wird es genießen.

Für **Taucher** ist die Gegend auch bestens geeignet. Nahe der Küste ist die Sicht eher begrenzt, Touren werden gerne zu den Inseln Coiba, Silva de Afuera und Secas angeboten, auch verbunden mit Schnorcheln. An der Küste östlich von Las Lajas, über Tolé erreichbar, befindet sich der kleine Ort **Quebrada de Piedras,** in dem das Tauchzentrum *Coiba Dream Divers* zu finden ist (Tel. 6848-9062, www.coibadreamdivers.com, täglich 8–18 Uhr).

Praktische Hinweise

An- und Weiterreise

■ Ab David fährt ein **Bus** 4x täglich direkt nach Las Lajas. Die Abzweigung „San Félix" ist mit dem Bus nach Tolé, Santiago oder Panama ständig erreichbar. An der Abzweigung in San Félix warten Taxifahrer, um die mit dem Bus Angekommenen in den Ort Las Lajas (3 km) oder direkt an den Strand (12 km) zu bringen (Ort ca. 3 $, Strand ca. 10 $, es fahren auch Kleinbusse auf der Route). Nach David zurück können Busse an der Kreuzung angehalten werden, die etwa alle 10 Minuten vorbeikommen. Wer nach Panama-Stadt fahren möchte, kann in San Félix (El Cruce) in einem der zwei Busbüros ein Ticket in die Hauptstadt kaufen. Empfohlen sei die Buslinie *Panachief.*

Übernachten, Essen und Trinken im Ort (8–10 km zum Strand)

■ **Paradise Inn,** Tel. 727-0653 oder 6720-0008, www.paradiseinn.de. Einfache Bungalows mit Bad, WC, AC und Kühlschrank. Ab 50 $.

Unser Tipp: **Finca Buena Vista,** Tel. 6814-8691, www.finca-buenavista-laslajas.com. Am Rande des Ortes mit wunderschönem Bergblick, 3,5 km südlich der Panamericana, 100 m nach Osten, ausgeschildert. Angenehme und sehr gepflegte Anlage mit Pool und tropischem Garten, freundliche deutsche Eigentümer. DZ 70 $ inkl. Frühstück, vielfältige Touren, Massage- und Wellness-Angebote.

■ **La Pepita de Marañon,** Tel. 6225-2027, www.lapepitapanama.com, an der Straße zum Playa Las Lajas, 2 km südlich der Panamericana. Kleines, sehr freundliches B & B von *Erika* und *Fabio* mit zwei Zimmern, eines davon spektakulär aus Flaschen und Natursteinen gebaut. Zimmer ab 35 $, günstiger Transfer zum Strand.

■ **Naturalmente Bungalows,** Tel. 6211-1787 und 727-0656, www.naturalmentepanama.com, an der Straße nach Playa Las Lajas, 1,8 km südlich der Panamericana. 3 schöne, palmbedeckte Holzbungalows und ein Zimmer mit Gemeinschaftsbad, sehr sauber, das freundliche schweizer- italienische Betreiberpaar lässt keinen Wunsch offen. Bungalow 65 $, Zimmer 23 $, inkl. Frühstück.

■ **Casa Berlin,** an der Straße nach Playa Las Lajas, 3,9 km südlich der Panamericana, Tel. 727-0990 und 6453-9663. Einfache Zimmer ab 30 $ inkl. gutem Frühstück. Nett und freundlich.

■ **Chiricream Heladería,** an der Straße zur Playa Las Lajas, 3,6 km südlich der Panamericana. Hervorragende italienische Eisdiele mit tropischen Geschmacksrichtungen, freundlich und günstig, täglich 14–21 Uhr.

Unser Tipp: **Pizzeria Naturalmente,** Tel. 727-0038, neben der Eisdiele Chiricream. Sehr gute italienische Pizza zu vertretbaren Preisen, wird oft empfohlen.

■ **Restaurant El Ajito,** Tel. 6318-1453, www.elajito.com, unweit der Finca Buena Vista. Internationale Küche zu vernünftigen Preisen.

Übernachten, Essen und Trinken am Strand

■ **Las Lajas Beach Resort,** direkt am Strand, 300 m westlich der Kreuzung, Tel. 6790-1972, www.laslajasbeachresort.com. 12 große klimatisierte Zimmer mit Meerblick ab 115 $ und 2 Suiten. Spektakuläres Rasengrundstück mit viel Schatten, Hängematten und Grillplatz. Pool, Bar, mäßig gutes Restaurant.

■ **Casa Laguna,** ca. 1 km östlich der Kreuzung, etwas vom Strand entfernt, gegenüber der Lagune, Tel. 6896-0882, www.casalagunapanama.com. 4 Zimmer ab 65 $ inkl. gutem Frühstück. Pool. Ruhig, freundlich, italienische Besitzer.

■ **Sunset Beach,** direkt am Strand, das dritte Haus ab der Kreuzung. Leckere Sandwiches, Hamburger, Snacks und Cocktails, das US-amerikanisch-italienische Paar bietet auch die Möglichkeit zum Campen.

■ **Journey L&C,** kurz vor dem Strand, Tel. 6238-1395, www.journeyatlaslajasbeach.com. 4 klimatisierte Zimmer in verschiedenen Größen, von den freundlichen *Lee* und *Carmen* geführt.

■ **Estrella del Pacífico,** direkt am Strand, 100 m westlich der Kreuzung. Rustikale Fonda. Patacónes, gebratener Fisch, Ceviche, eiskaltes Bier. Schnell, günstig und freundlich.

Ca. 40 km vor David zweigt eine Straße nach **Horconcitos** und **Boca Chica,** dem Hafen von Horconcitos, ab (13 km, Taxi 15 $). Von dort kann man sich mit einem Boot zur **Isla Boca Brava** übersetzen lassen (2 $ p.P., 5 Min.). Die Insel liegt am Rande des **Parque Nacional Marítimo Golfo de Chiriquí,** einem sehr fisch- und korallenreichen Schnorchel- und Tauchrevier.

■ Auf der Insel befindet sich das **Hotel Cala Mia,** Tel. 6617-5352, mit Restaurant und 11 Cabañas ab 220 $. Mehr Informationen zum Hotel unter www.boutiquehotelcalamia.com.

■ Günstigere Zimmer bietet das **Hotel Boca Brava,** Tel. 851-0017, www.hotelbocabrava.com. DZ mit Bad und Ventilator 50 $, Deluxe-DZ mit Bad, AC, TV und Terrasse 72 $. Im Mehrbettzimmer 10 $, in der Hängematte 8 $. Mit Restaurant.

David

Zunächst ein Wort zur **Aussprache des Ortsnamens:** David wird weder auf die englische Weise, noch auf die deutsche Art ausgesprochen, sondern die Betonung liegt auf dem i.

David ist die **Hauptstadt der Provinz Chiriquí** und die zweitgrößte Stadt des Landes. Mit ca. 145.000 Einwohnern liegt die Stadt aber weit hinter der Millionenmetropole Panama-Stadt. Für den Westen des Landes ist David das **regionale Zentrum** mit vielen Arbeitsplätzen, Schulen, Geschäften und einer guten Gesundheitsversorgung. Für Reisende ist David ein wichtiger Umsteigeort auf dem Weg von oder nach Boquete, Bocas del Toro, Panama-Stadt oder Costa Rica.

David ist weitläufig angelegt, sehr unübersichtlich und ziemlich heiß. Historische Gebäude sind eher selten, genauso fehlt es an spannender moderner Architektur. Das **Stadtzentrum** hat eher provinziellen Charakter, die Versorgungsmöglichkeiten sind beschränkt. Für einen Einkauf sind die modernen Einkaufszentren Plaza El Terronal und Chiriquí Mall, beide an der Carretera Interamericana, die richtige Wahl.

Geschichte

Davids Geschichte lässt sich anhand von zeitgenössischen Dokumenten **bis in das Jahr 1602 zurückverfolgen,** doch die kleine Bauerngemeinde war so unbedeutend, dass man sie erst im 18. Jahrhundert auf der Landkarte als *pueblo* (Dorf) erwähnte. Das damals knapp

David

0 — 300 m

Übernachtung
- 5 Bambú Hostel
- 8 Hotel Madrid
- 9 Hotel Alcalá
- 10 Hotel Ciudad de David
- 12 Gran Hotel Nacional
- 13 Hotel Castilla
- 14 Hotel Puerta Del Sol
- 15 Hotel Occidental
- 16 Hostal Chambres de Villa

Essen und Trinken
- 3 Terra Ristorante Italiano
- 7 El Fogón
- 10 Rest./Bar Ciudad de David
- 12 Restaurants im Gran Hotel Nacional
- 13 Restaurant Castilla
- 14 Restaurant Puerta Del Sol

Einkaufen, Sonstiges
- 1 Chiriquí Mall (Kino…)
- 4 Einkaufszentrum Plaza El Terronal
- 6 Apotheke (24 Std.)
- 11 Cable & Wireless
- 12 Kino
- 17 Budget
- 18 Budget, Thrifty, Alamo, Hertz

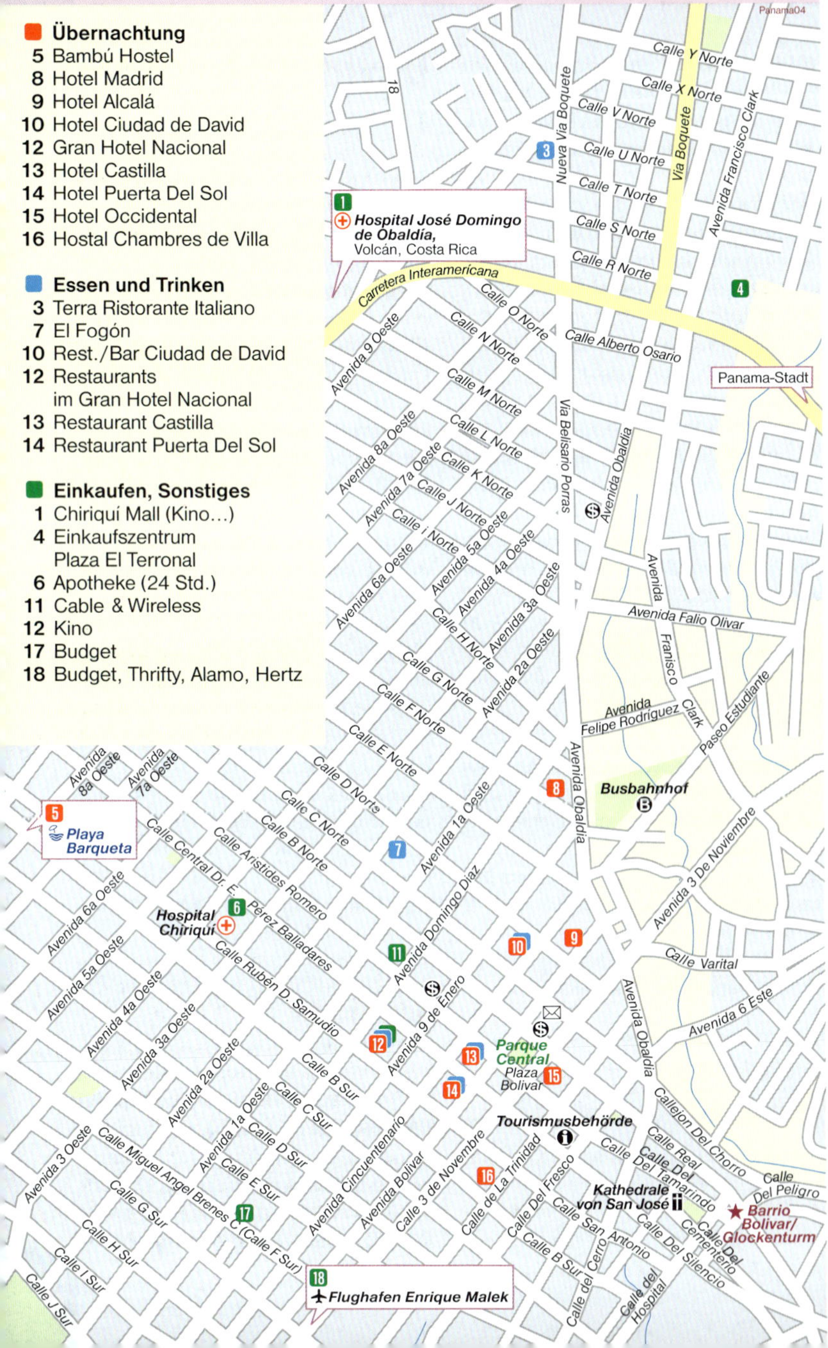

1000 Einwohner zählende **Dorf** lag an der **Handelsroute** zwischen Panama-Stadt und San José (Costa Rica), weshalb die Mauleselkarawanen auf ihrem oftmals beschwerlichen Weg im Pueblo gern eine Rast einlegten.

Der **Aufschwung** des Ortes begann, als die spanische Krone den Transit auf der Landenge um die **Mitte des 18. Jahrhunderts** einstellte, womit der Landweg als Handelsroute immer mehr an Bedeutung gewann.

Die Einwohner des nahe gelegenen Verwaltungsstädtchens Alanje witterten ihre wirtschaftliche Chance und zogen massenweise in das Dorf, das rasch die Ausmaße einer kleinen Stadt annahm und den Namen San José de David erhielt. *José de Obaldía,* einer der wohlhabendsten Bürger von David, ergriff im 19. Jahrhundert eine Initiative, die im Jahr 1849 zur eigenständigen Provinz Chiriquí führte, mit David als **Provinzhauptstadt.** Zur Würdigung von *Obaldía* wurde sein ehemaliges Wohnhaus in ein Museum umgewandelt, das jährlich am 28. und 29. September im Mittelpunkt des Festival del Tambor Chiricano steht, einem beeindruckenden Musikspektakel, das von Trommelklängen beherrscht wird.

Barrio Bolívar

In der Avenida 8 ist dem Namensgeber des Viertels, dem lateinamerikanischen Helden **Simón Bolívar,** ein **Denkmal** gewidmet. Der Barrio Bolívar zählte einst zu den Glanzlichtern von David. Pläne, um das Flair des Viertels wieder aufzupolieren, sind bereits in Arbeit. Bis es wieder im neuen Glanz erstrahlt, bleibt lediglich der wehrhafte, koloniale Kampanile beachtenswert. Dieser **frei stehende Glockenturm** ist in Lateinamerika eine Rarität. Seine Bauweise stammt ursprünglich aus Italien, wo der Turm von Pisa wohl das bekannteste Beispiel bildet, allerdings kann Davids Kampanile keineswegs mit diesem Bauwerk konkurrieren.

Praktische Hinweise

An- und Weiterreise

Bus

Der **zentrale Busbahnhof** von David befindet sich am Paseo Estudiante im Barrio El Estudiante. Tel. 775-2923. Busse fahren nach:

- **Panama-Stadt** zwischen 6 und 13 Uhr stündlich, von 14.15 bis 20.30 Uhr alle 90 Minuten. Der Bus kostet 15 $ p.P. und hält an allen Orten auf dem Weg. Um 22, 23, 24 und 3 Uhr fährt ein Expressbus mit nur einem Stopp in Santiago (9 $) direkt nach Panama-Stadt (18 $).
- **Paso Canoas** (Grenze zu Costa Rica) zwischen 5 und 21 Uhr, etwa alle 10 Minuten.
- **Caldera** (heiße Quellen) 4x zwischen 10.30 und 17.30 Uhr.
- **Boquete** zwischen 6.30 und 19.30 Uhr jede halbe Stunde.
- **Almirante** und **Changuinola** (Boote nach Bocas del Toro) zwischen 7 und 18 Uhr mehrmals am Tag.
- **Las Lajas** um 11.45, 12.45, 16.20 und 19 Uhr.
- **Tolé** zwischen 5 und 18 Uhr jede halbe Stunde.
- **Volcán** und **Cerro Punta** zwischen 6 und 18 Uhr alle 30 Minuten.
- Nach **San José/Costa Rica** fährt ein Bus der Gesellschaft Tracopa täglich um 8 Uhr (9 $, 8 Std.). Die Haltestelle und das Ticketbüro, Tel. 775-0585, befinden sich im zentralen Busbahnhof. Tickets gibt es im

Vorverkauf. Eine Reservierung ist ratsam, siehe unter www.tracopacr.com. Ab San José bestehen täglich Verbindungen nach Nicaragua, Honduras, Guatemala und El Salvador.

Flugzeug

- Der **Flughafen Enrique Malek** (DAV) liegt ca. 4 km südwestlich des Zentrums. Er ist mit dem Bus nach Pedregal (25 ct.) oder mit dem Taxi für ca. 8 $ erreichbar.
- Es fliegen **Copa Airlines** (Star-Alliance-Mitglied) und **Air Panama** auf der Route David – Panama-Stadt, Air Panama nach Albrook, Copa Airlines zum internationalen Flughafen von Tocumen. Der Flug kostet pro Strecke ca. 90 $.
- Die **Tickets** besorgt man am Schalter am Flughafen oder online unter www.copaair.com bzw. www.airpanama.com.

Übernachten

8 **Hotel Madrid,** Calle F Norte/Av. Central und Obaldía, Tel. 775-2051, ideal gelegen zum Busterminal. 29 klimatisierte Zimmer, DZ ab 48 $ mit gutem Frühstück, Restaurant, freundlich.

13 **Hotel Castilla,** Calle A Norte/Parque Central, Tel. 774-5236, www.hotelcastilladavid.com. 68 Zimmer ab 52 $, mit Bad, WC und AC. Restaurant und Bar. Ordentliches Stadthotel.

Unser Tipp: **16** **Hostal Chambres de Villa,** Tel. 775-7428, Av. 5a Este, zentral gelegen gegenüber der *Universidad Latina*. Sehr freundliche Herberge, 3 nett dekorierte klimatisierte Zimmer, große, offene Gemeinschaftsküche. Schöner Garten mit Pool. Sehr persönlich von *Luis* geführt. DZ ab 36 $.

15 **Hotel Occidental,** Plaza Central, Tel. 775-4068 und 730-5450. 64 Zimmer mit Bad und AC. DZ ab 45 $. Restaurant. Eines der ältesten Hotels vor Ort.

14 **Hotel Puerta del Sol,** Calle Central/Av. Bolívar, Tel. 774-8422, www.hotelpuertadelsol.com.pa. Mittelklassehotel. 86 Standardzimmer mit AC und TV ab 50 $. Restaurant.

9 **Hotel Alcalá,** Av. Bolívar, Tel. 774-9018, www.hotelalcalapanama.com. 54 Zimmer mit Bad, AC und TV. DZ ab 45 $ ohne Frühstück. Restaurant.

5 **Bambú Hostel,** Calle Virgencita, San Mateo, relativ weit vom Zentrum, Tel. 730-2961, www.bambuhostel.com. Mehrbettzimmer ab 11 $ p.P., privater Raum mit Bad 35 $, mit Gemeinschaftsbad für 30 $, inkl. Kaffee und Früchte am Morgen. Garten und kleiner Pool. Beliebt.

12 **Gran Hotel Nacional,** Calle Central/Av. 1 Este, Tel. 775-2222, www.hotelnacionalpanama.com. Beliebtes Mittelklassehotel mit 117 Zimmern mit AC und Kabel-TV. EZ/DZ ab 105 $ (Promotion-Preis), inkl. Frühstück. Swimmingpool, diverse Restaurants, Bars, Kino und Casino, Tourdesk.

Unser Tipp: **10** **Hotel Ciudad de David,** Calle D Norte, Av. 2a Este, Tel. 774-3333, www.hotelciudaddedavid.com. Modernes Hotel mit gutem Restaurant, Bar, Swimmingpool im 3. Stock, Fitnessraum, Sauna und Parkplatz. Gepflegte Zimmer mit Bad, WC, AC und TV. DZ ab 99 $ inkl. Frühstücksbüfett.

Essen und Trinken

12 Empfehlenswert ist das preiswerte Mittagsbüfett im **Gran Hotel Nacional** (Mo bis Sa 12 $ p.P., So 14 $). Zwei Restaurants im selben Hotel sind ebenfalls zu empfehlen: die Pizzeria (täglich 11–23 Uhr) und das Grillrestaurant Barbacoa mit Live-Musik (außer So), das nur abends ab 17 Uhr öffnet.

10 Das Restaurant und die Bar im **Hotel Ciudad de David** gelten wegen der ausgefallenen Speisekarte mit internationalen Leckereien und dem guten Service als beliebte Treffpunkte im Ort. Nettes Ambiente.

> Eine willkommene Erfrischung

073pa hz

3 **Terra Ristorante Italiano,** nördlich des Zentrums, Vía a Boquete, Calle U Norte, Tel. 788-8081. Schönes Restaurant mit großer Terrasse, gute Pizza & Pasta, große Portionen, guter Service.

7 **El Fogón,** Av. 2a Oeste. Gute, günstige Hausmannskost, mexikanisch, spanisch, international. Klimatisierter Innenraum und nette Terrasse.

■ Gut sind auch die Restaurants im 14 **Hotel Puerta del Sol** und im 13 **Hotel Castilla.**

Adressen A–Z

6 **Apotheke:** Die Apotheke im Krankenhaus ist sehr gut ausgestattet und 24 Stunden am Tag geöffnet. Im Zentrum findet man jede Menge weitere Apotheken.

■ **Autovermietung:** 17 18 **Budget,** in der Calle F Sur, Edificio Recasa, Tel. 775-5597, und am Flughafen, Tel. 721-0845; 18 **Thrifty,** am Flughafen, Tel. 721-2477; 18 **Alamo,** am Flughafen, Tel. 721-0101; 18 **Hertz,** im Zentrum, Tel. 321-8311, und am Flughafen, Tel. 721-3345.

■ **Einkaufen** kann man am besten in den **Einkaufszentren** 1 **Chiriquí Mall** und 4 **Plaza El Terronal,** beide an der Carretera Interamericana außerhalb des Zentrums gelegen.

■ **Geld/ATM:** Es gibt viele Geldautomaten in der gesamten Stadt. Bei der BAC funktionieren in der Regel alle Karten, auch Bankkarten. Zentral gelegen ist die Zweigstelle in der Calle Aristides einen Block nördlich vom *Gran Hotel Nacional.*

■ **Kino:** *Multicine* im *Gran Hotel Nacional* und in der *Chiriquí Mall.*

■ **Krankenhaus:** Das gut ausgestattete *Hospital José Domingo de Obaldía* befindet sich an der Carretera Interamericana Richtung Paso Canoas. Das *Hospital Chiriquí* liegt in der Stadtmitte in der Calle Central mit Av. 3a Oeste.

■ **Parken:** In der Innenstadt besteht zwischen 8 und 17 Uhr Parkscheinpflicht (es gibt strenge Kontrollen!). Parkscheine erhält man am Automaten.

■ **Post:** Calle C Norte/Av. 3 de Noviembre und Bolívar, Mo bis Fr 7–18 Uhr, Sa bis 17 Uhr.

■ **Telefonieren:** *Cable & Wireless,* Av. Central und im Einkaufszentrum Plaza El Terronal.

Umgebung von David

Playa La Barqueta

Etwa 30 Autominuten südlich von David liegt dieser kilometerlange feine Sandstrand, der nur gegen Bezahlung von **5 $** benutzt werden darf. Besucher sollten vorsichtig sein, denn die Wellen sind hoch und die Strömung gefährlich.

■ Playa La Barqueta ist mit dem **Bus** nicht erreichbar. Unterkunft im **Las Olas Beach Resort,** Tel. 772-3000, www.lasolasresort.com. 48 komfortable, große Zimmer mit AC, Kabel-TV und Terrasse mit Blick aufs Meer, ab 75 $. Tourangebote, Swimmingpool, Restaurants, Bars und Wellnessbereich. Leider ist die Anlage etwas vernachlässigt.

Rumfabrik Carta Vieja

Ca. 25 km südwestlich von David liegt, versteckt hinter Zuckerrohrfeldern, die Brennerei Carta Vieja, die bereits **seit 1914** die Nation täglich mit weißem und dunklem Rum versorgt. Als Basis des tropischen Elixiers dient die **Melasse,** ein Zuckerrohr-Sirup. Der Rum wird durch Destillation aus der vorgegorenen Melasse gewonnen und später in Eichenfässern gelagert, wodurch er sein besonderes Aroma erhält. In der Fabrik werden pro Minute zwischen 40 und 60 Flaschen Rum halbautomatisch abgefüllt, versiegelt und für den Transport verpackt.

Der **dunkle Rum** schmeckt milder und aromatischer als die **weiße Sorte.** Die ist aber wesentlich billiger und wird mehr für tropische Cocktails verwendet. Am besten lässt sich die dunkle Sorte pur oder *on the rocks* genießen, allerdings sollte der Alkoholgehalt nicht unterschätzt werden.

Das **Zuckerrohr** stammt übrigens ursprünglich aus Asien. *Marco Polo* berichtete bereits vom Anbau dieser Pflanze in China. Nach seiner Verbreitung über den arabischen Raum kam das Zuckerrohr auf die Iberische Halbinsel, womit der Weg nach Mittel- und Südamerika nur noch eine logische Folge war.

Das „Patent" zur Rumherstellung gebührt ursprünglich den karibischen Inseln, wo am Anfang des 17. Jh. zum ersten Mal über dieses Nebenprodukt der Zuckerherstellung berichtet wurde.

■ Die **Rumfabrik,** Tel. 772-7073 und 772-7083, www.roncartavieja.com, liegt nahe der Straße, die Alanje mit der Carretera Interamericana verbindet. Die Firma hat angekündigt, ab August 2017 regelmäßige Führungen zu veranstalten (Infos dazu auf der Website).

■ Die **Anreise mit dem Bus** gestaltet sich etwas umständlich: Ab David mit jedem Bus, der über die Carretera Interamericana nach Westen fährt (z.B. nach Concepción oder Paso Canoas), am ausgeschilderten Abzweig aussteigen und mit sehr unregelmäßig fahrenden Kleinbussen oder Taxis in Richtung Alanje fahren. Nach 3,5 km zeigt ein großes Fass die Einfahrt zur Fabrik (1 km ab der Straße) an.

Balneario Majagua und Balneario La Cascada

Ab der Carretera Interamericana in David sind es nur 4 km nach Norden bis zum **Balneario Majagua,** einem natürlichen **Schwimmplatz** im gleichnamigen Fluss, der mit seinem kleinen Wasserfall Gelegenheit für ein erfrischendes Bad bietet. Am Flussufer befinden sich kleine **Picknickplätze, ein Restaurant** und eine einfache Umkleidekabine. Während Sie an Wochentagen das kleine Freizeitparadies fast für sich alleine haben, müssen Sie das „Reich" am Wochenende mit vielen Badelustigen teilen, die den Picknickplatz in einen Rummelplatz verwandeln. Der Badeplatz ist ab David mit dem Bus nach Boquete leicht erreichbar und liegt an der rechten Straßenseite in Fahrtrichtung Boquete.

Etwa 6 km nördlich des Balneario Majagua, an der gleichen Straße, befinden sich im Río David ebenfalls ein Badeplatz und ein Wasserfall, der einfachheitshalber **La Cascada** genannt wird. Zum Baden ist das Becken des Wasserfalls weniger geeignet. La Cascada ist ab David ebenfalls mit dem Bus nach Boquete erreichbar.

Caldera

Auf halber Strecke zwischen David und Boquete zweigt nach rechts eine Straße ab, die 12 km weiter in Caldera endet. Kurz vor dem Ort wird auf einer Eisenbrücke der Río Caldera überquert, der eine tiefe, wunderschöne Schlucht im Felsen ausgeschwemmt hat. Der Grund, Caldera zu besuchen, sind seine heilkräftigen **Thermalquellen** *(aguas termales)*. Den verschlafenen Ort als Kurort zu bezeichnen wäre aber übertrieben.

Die Thermalquellen liegen nahe dem Río Chiriquí auf einer Finca, wo ein Wellness-Hotel geplant ist. Ein Besuch der Quellen unterliegt zurzeit noch keinen besonderen Auflagen.

Praktische Hinweise

- Die **Route zu den Quellen** ist ausgeschildert. In Boquete werden **Halbtagesausflüge** zu den Quellen in Calderas angeboten. Ein Bad im warmen Wasser der 1 bis 1,5 m großen Naturbecken ist sehr wohltuend. Handtuch nicht vergessen! Eintritt 4 $.
- Caldera ist ab David mit dem **Bus** achtmal täglich erreichbar. Nach einem kurzen Aufenthalt fährt der Bus wieder zurück.
- **Unterkünfte** gibt es in Caldera nicht. Sollten Sie den Retourbus versäumen, müssen Sie im ungünstigsten Fall die 12 km zur Straße, die von David nach Boquete führt, zurücklaufen. Dort an der Straße können Busse nach David bis 18.30 Uhr, nach Boquete bis 20 Uhr jede halbe Stunde angehalten werden. Am Sonntag kommt der letzte Bus gegen 14 Uhr vorbei!

Boquete

Die Asphaltstraße von David zum 35 km entfernten Bergdorf Boquete auf 1000 m Höhe steigt fast unmerklich und ohne eine einzige Kehre an. Der Bau einer Serpentinenstraße war hier wegen der langgezogenen, sehr flach abfallenden Kordillerenhänge nicht notwendig. Die Straße verläuft fast kerzengerade nach Boquete, und noch ehe die frische Bergluft in den Bus dringen kann, wird der Blick vom Tal des Río Caldera gefangen, in dem die rotfarbenen Hausdächer Boquetes einen Kontrast zu den immergrünen, nebelumhüllten Bergen bilden.

Boquete ist in zwei Ortsteile gegliedert, **Bajo Boquete** und **Alto Boquete,** wobei zuerst das „hohe" Boquete erreicht wird, das „tiefe" liegt im Tal dahinter. Aus touristischer Sicht ist Bajo Boquete, das im Alltag schlicht als Boquete bezeichnet wird, interessanter. Hier sind auch die meisten Hotels und Restaurants zu finden.

Der Ort wurde 1911 von **Einwanderern,** unter anderem aus Nordamerika, Deutschland, dem Balkan, Schweden und Spanien, gegründet, die von der Fruchtbarkeit und dem frühlingshaften Klima der Region angezogen wurden.

Kaffee, Zitrusfrüchte, Gemüse und viele Zierpflanzen, wie etwa die Orchideen, von denen etwa 200 verschiedene Arten in der Bergregion gedeihen, sind heute unlösbar mit Boquetes Erfolgsgeschichte verbunden und brachten der Gegend den Ruf als *Tierra de las Flores y del Café* ein – das **Land der Blumen und des Kaffees.**

Boquete hat sich in den letzten Jahren zu einem der beliebtesten Reiseziele des Landes entwickelt. Das Klima ist sehr angenehm, eher frühlingshaft als tropisch, und die Berglandschaft rundum lädt zu Trekkingtouren und Wanderungen auf dem **Sendero Los Quetzales** (siehe „Umgebung von Boquete") ebenso ein, wie zum Mountainbiking oder zum Besuch einer Kaffeeplantage.

Blick auf Boquete

148pa hz

Praktische Hinweise

An- und Weiterreise

Boquete ist ab David mit dem **Bus** mehrmals täglich erreichbar. Die Busse nach **David** fahren zwischen 6 und 21 Uhr jede halbe Stunde und können entlang der Av. Central (auch Av. Los Fundadores) angehalten werden. Zwischen Boquete und den **umliegenden Siedlungen** verkehren Kleinbusse mit der Aufschrift „Zona Urbana".

Übernachten

Alle genannten Hotels verfügen über Warmwasser, was in dieser Höhe und bei diesem Klima nicht zu verachten ist.

Alto Boquete

29 **Hostel Spanish by the River,** gehört zur Sprachschule *Spanish by Locations* (s.u.), vermietet wird aber auch an „Nicht-Schüler". Kleine Herberge mit privaten oder geteilten Zimmern (max. 2 Betten), teils mit Privatbad. Küchenbenutzung, Taxiservice, Touren, sehr freundlich. Bett ab 12 $, Privatzimmer mit Bad 30 $, inkl. Kaffee und Tee.

Unser Tipp: 31 **Cabañas Villa San Miguel,** Tel. 6742-4698, zentral an der Hauptstraße, villasanmiguel@gmail.com. Komplett eingerichtete große Bungalows mit Küche ab 85 $ für 2 Personen, 25 $ pro zusätzlicher Person. Begrüßung durch den sehr freundlichen *José*. Ideal für Familien, sauber.

30 **Cabañas Momentum,** Tel. 720-4385. Großzügige Bungalows ab 90 $ in einem riesigen Garten, Pool, eigene Wanderwege.

Bajo Boquete

22 **Pensión Marilos,** Tel. 720-1380. Preiswertes Haus mit 6 einfachen und sauberen Zimmern mit Bad/WC. DZ ab 20 $, mit Privatbad 30 $, große Küche zur Mitbenutzung, gut.

Boquete

Übernachtung
- 1 La Casa de Abuela
- 2 Panamonte Inn & Spa
- 10 Hostal Nomba
- 12 Cabañas Isla Verde
- 13 Hostal Refugio del Río
- 16 Hostal Mamallena
- 18 Hostal Sueños del Rio
- 19 Hotel El Oasis
- 21 Downtown Hotel Suites
- 22 Pensión Marilos
- 24 Hostal Topas
- 26 Hostal Gaía
- 28 Hospedaje Valle Primavera
- 29 Hostel Spanish by the River
- 30 Cabañas Momentum
- 31 Cabañas Villa San Miguel

Essen und Trinken
- 3 The Rock
- 5 Zanzibar
- 6 Retro Gusto Bar
- 7 Restaurant El Sabrosón
- 11 Restaurante Colibrí
- 15 Restaurant Lourdes
- 18 Café Duran
- 19 Restaurant El Oasis
- 20 Las Orquídeas
- 23 Café Punto de Encuentro
- 25 Sugar & Spice
- 27 La Casona
- 32 Pastelería Alemana

Einkaufen/Sonstiges
- 8 Farmacia Any
- 9 Boquete Tree Trek
- 14 Chiriquí River Rafting, Habla Ya (Sprachschule)
- 16 Hello Travel Panama (Reiseagentur im Hostel)
- 17 Supermarkt Romero
- 29 Sprachschule Spanish at Locations

0
200 m
©Reise Know-How 2017
PanamaF32
Los Naranjos,
Bajo Monos,
Sendero Los Quetzales
Av. A Oeste
Av. 11 de Abril
Av. Central (Av. Los Fundadores)
Av. Centenario
Av. Buenos Aires
Calle Central
Av. B Oeste
Calle
1a Sur
Parque
de las Madres,
Alter Eisenbahn-
waggon
Av. A Este
Av. B Este
Messegelände
Markt
Palacio Municipal
Calle 3a Sur
Parque
Central
Centro de Salud
Schule
Calle 4a Sur
Feuerwehr
Poliklinik
Rotes Kreuz
Polizei
Calle 4a Sur
Calle 5a Sur
BAJO BOQUETE
Av. Belisario Porras
Río Caldera
Av. A Este
Av. Centenario
Av. Central (Av. Los Fundadores)
Av. A Oeste
ALTO
BOQUETE
David

28 Hospedaje Valle Primavera, Tel. 720-2881 und 6674-5761, www.valleprimavera.com. Nette Zimmer mit Bad, TV und kleiner Terrasse, Apartments mit kleiner Küche, in ruhiger, grüner Lage. EZ/DZ ab 43 $.

16 Hostal Mamallena, Tel. 720-1260, www.mamallenaboquete.com, zentrale Lage. Typisches Hostel in traditionellem Holzhaus, TV-Lounge, Garten und Gemeinschaftsküche. Ab 12 $ p.P. im Mehrbettzimmer bis zu 38 $ pro DZ mit Bad, jeweils inkl. Frühstück. Viele Touren über die Agentur im Haus.

Unser Tipp: **24 Hostal Topas,** Av. Belisario Porras, Tel. 720-1005. Nette deutschsprachige Unterkunft von *Alex* und *Maria,* 7 Zimmer mit Pool und schönem Garten, mit Campingplatz (10 $ pro Zelt). Ab 42 $ die Nacht im Privatzimmer mit Bad, das leckere Frühstück kostet 6 $. Viele Tipps für Unternehmungen im Umland.

10 Hostal Nomba, Tel. 720-2864, www.nombapanama.com. Einfaches Backpacker-Hostel mit unterschiedlichen Zimmern. 11 $ p.P. im Mehrbettzimmer mit 10 Betten, 80 $ kostet das Familienzimmer mit Bad (max. 5 Pers.), DZ mit Gemeinschaftsbad 44 $. Touren und Fahrradvermietung.

Unser Tipp: **13 Hostal Refugio del Río,** Tel. 720-2088, www.refugiodelrio.com. Modern und komfortabel eingerichtetes Hostal in schöner Lage am Fluss mit mehreren Terrassen zum Entspannen. Mehrbettzimmer 14 $ p.P., DZ mit Bad 36–45 $.

26 Hostal Gaía, Tel. 720-1952, www.hostalgaia.com. Sauberes kleines Hostel mit Gemeinschaftsküche und TV-Lounge. 4 Mehrbettzimmer, 11 $ p.P., DZ mit Bad 33 $.

19 Hotel El Oasis, Av. Buenos Aires, Tel. 720-1586, www.oasisboquete.com. Mittelklassehotel mit 11 Zimmern und 6 Suiten, schön am Fluss gelegen und nicht weit entfernt vom Zentrum. Mit Restaurant. DZ ab 99 $, Luxussuiten ab 165 $.

18 Hostal Sueños del Río, Av. B Este, Tel. 720-2122, www.boquetesuenosdelrio.com. Beliebtes Hostel im Zentrum am Fluss. DZ mit Bad ab 65 $.

1 La Casa de Abuela, Tel. 730-9484, am Ortsausgang in Richtung Norden, www.lacasadeabuela.com. Gepflegtes kleines Mittelklassehotel mit modern ausgestatteten Zimmern und Cafeteria. EZ/DZ ab 88 $ inkl. Frühstück.

21 Downtown Hotel Suites, Av. A Este, ein Block südlich der Polizeiwache, Tel. 730-9302, www.downtownsuitesboquete.com. Kleines Hotel in ruhiger, aber dennoch zentraler Lage mit schönen, modernen Suites ab 90 $.

12 Cabañas Isla Verde, Tel. 720-2533 und 6724-3714, www.islaverdepanama.com. Modern gestaltete Bungalows mit Kochnische für max. 6 Personen. Ruhige Lage, schöner Garten und Freiluftbar, Spa und Touren. Ab 121 $ für 2 Personen. Eine Reservierung ist ratsam.

2 Panamonte Inn & Spa, Av. 11 de Abril, nördlich vom Zentrum, Tel. 720-1324, www.panamonte.com. Hotel im Landhausstil mit klassisch eingerichteten Zimmern. Restaurant und Wellnessbereich. EZ/DZ ab 270 $.

Außerhalb von Boquete (Karte S. 224)

In der herrlichen Berglandschaft rund um Boquete, inmitten der Kaffeeplantagen, liegen verschiedene schöne Unterkünfte, die fast alle nur mit Auto, Taxi oder zu Fuß erreichbar sind.

Unser Tipp: **5 Bambuda Castle and Hostel,** nördlich von Boquete in El Santuario, 5 Min. mit dem Taxi (3 $), 45 Min. zu Fuß, Tel. 6873-8386, www.bambuda.net/boquete. Brandneu! Hier hat man die einmalige Gelegenheit, in einem echten Schloss zu übernachten. Es bietet einen spektakulären 360-Grad-Ausblick auf den Vulkan Barú und eine Kaffeeplantage. Großer beheizter Pool mit nett dekorierter Bar, gutes Restaurant mit gesunden und vegetarischen Optionen. 4 Privatzimmer mit Bad für 55–109 $ und 3 Schlafsäle mit 8 bis 10 Betten für 16 $ p.P. Direkt vor dem Hostel starten zahlreiche Rad- und Wanderwege, Fahrräder und Skooter stehen zum Vermieten bereit. Großes Tourprogramm. Partnerhotel der Bambuda Lodge in Bocas del Toro.

8 Boquete Tree Trek Mountain Resort, Tel. 720-1635, www.boquetetreetrek.com. 10 schöne

Zimmer und 4 Bungalows in toller Höhenlage, Restaurant und viele Tourangebote. DZ 88 $.

3 **Mañana Madera Coffee Estate & Guest Suites,** Tel. 6423-2930, www.mananamadera.com. Entspannen auf einer Kaffeeplantage in modernen und luxuriösen Suiten. Eine Oase.

9 **Lacha Country Inn,** 7. Av. Oeste, an der Straße nach Volcancito, Tel. 730-8329, www.lachahotel.com. Nettes Bed & Breakfast mit 8 komfortablen Zimmern.

6 **Boquete Garden Inn,** Tel. 720-2376, www.boquetegardeninn.com, Palo Alto, 3 Minuten nördlich vom Zentrum inmitten eines liebevoll angelegten, bunten Gartens, ideal zum Beobachten von Vögeln und zum Entspannen. Zimmer mit Vollpension ab 145 $.

1 **Finca Lérida,** Bajo Monos, Tel. 720-1111, www.fincalerida.com. 22 Suiten und Zimmer in einer schön gelegenen Ecolodge. DZ ab 270 $.

Essen und Trinken

3 **The Rock,** Calle 11 de Abril, Straße in Richtung Palo Alto, Tel. 720-2516, www.therockboquete.com. Gehobene Küche, leckere Vorspeisen, Gourmetrestaurant mit relativ großen Portionen und fairen Preisen. Geöffnet 12–21.30 Uhr, in der Nebensaison Di geschlossen.

Unser Tipp: 11 **Restaurante Colibrí,** Calle 2 Sur, Tel. 6379-1300, www.restaurantecolibri.com. Von *Daniele* und *Carolina* geführt, abwechslungsreiches Menü, eine gelungene Kombination aus typischen lokalen und italienischen Rezepten mit frischen Zutaten. Guter Service, nicht überteuert. Mo Ruhetags, Di bis Fr 15–21 Uhr, Sa, So 13–21 Uhr.

6 **Retro Gusto Bar,** an der Hauptstraße, Tel. 720-2933, www.ilretrogusto.com. Italienische Spezialitäten, gute Pizza, viele vegetarische Optionen, mit vielen, frischen Zutaten aus der Umgebung.

27 **Restaurant La Casona,** preiswerte mexikanische Gerichte.

15 **Restaurant Lourdes,** sehr einfaches Lokal mit wenig Atmosphäre, aber preiswerter panamaischer Küche. Vergleichbar das 7 **Restaurant El Sabrosón** weiter nördlich.

20 **Las Orquídeas,** nettes Lokal mit preiswerter panamaischer Küche.

25 **Sugar & Spice,** US-amerikanische Bäckerei mit Brot, Muffins und Brownies, auch Sandwiches und Salate. Gut.

5 **Zanzibar,** gut besuchte Kneipe, Do, Fr und Sa wird zu internationaler Musik getanzt, an manchen Abenden gibt es auch Live-Musik.

23 **Café Punto de Encuentro,** gute Adresse zum Frühstücken. Abends geschlossen.

18 **Café Duran,** mit Straßenterrasse und netter Atmosphäre. Bietet lokale Gerichte, aber ebenso Hamburger und Frühstück an.

32 **Pastelería Alemana,** in Alto Boquete an der Hauptstraße, nahe Calle 12. Ein wenig Heimat in der Fremde, leckerer Kuchen, gute Erbeertörtchen, aber leider nicht viel Ambiente.

Adressen A–Z

- **Apotheke:** Medikamente gibt es in der 8 **Farmacia Any** einige Schritte nördlich des Zentrums, ansonsten wendet man sich an das **Rote Kreuz** *(Cruz Roja)* bei der **Feuerwehr.**
- **Einkaufen:** Lebensmittel gibt es u.a. im 17 **Supermarkt Romero** nahe der Plaza Central. Hier bekommt man auch täglich frisches Brot.
- **Geld/ATM:** *Banco Nacional de Panamá,* Av. Los Fundadores, Bajo Boquete, Mo bis Fr 8–15 Uhr, Sa 9–12 Uhr. Einen weiteren ATM findet man bei der *Global Bank* nebenan.
- Informationen für Freiwillige, die sich an einem **Sozialprojekt** beteiligen möchten, gibt es unter www.hablayapanama.com/volunteer.
- **Sprachschulen:** 29 **Spanish at Locations,** Plaza San Francisco, Richtung Palmira, nach 180 m links, Alto Boquete, Tel. 720-3456, www.spanishatlocations.com; 14 **Habla Ya,** Tel. 720-1294, direkt

Bis der Kaffee in Ihre Tasse kommt

Rund 190 Liter Kaffee fließen pro Kopf und Jahr durch die deutschen Kehlen. Mit dieser Zahl übertrifft das schwarze Genussmittel sogar den Pro-Kopf-Verbrauch des populären Gerstensaftes. Um die ständig wachsende Nachfrage der Kaffeegenießer abzudecken, werden von den bekannten Kaffeemultis alljährlich Millionen von grünen Kaffeebohnen importiert, geröstet und mit großem Gewinn an die Endverbraucher weitergegeben. Die meisten **Importbohnen** zählen zur Sorte *Coffee arábica,* die vorwiegend in den Berglandplantagen Lateinamerikas gedeiht und weisen eine hohe Qualität auf, denn schließlich ist das „Beste gerade gut genug", wie so mancher Werbespot verkündet.

076pa hz

Um eine gute Qualität zu erreichen, muss die **Ernte** mit der Hand erfolgen. Für diese Methode, die auch in Panama üblich ist, benötigt der Plantagenbesitzer ein großes Heer an **billigen Arbeitskräften,** das in Boquete größtenteils von den Guaymí gebildet wird. Sie leben mit der ganzen Familie während der Erntesaison von September bis April auf den Plantagen um Boquete. Für die kostenlose Unterbringung sorgt der Plantagenbesitzer, doch mehr als ein Zimmer pro Familie mit gemeinsamer Waschmöglichkeit und Toilette wird nicht bereitgestellt.

Der **Arbeitstag der Pflücker** hat keine geregelten Zeiten. Er beginnt im Morgengrauen und endet beim Einbruch der Dunkelheit. Von Montag bis Freitag zupfen sie mit großer Fingerfertigkeit die reifen, dunkelroten Kirschen vom Strauch und werfen sie in einen Korb, der um den Bauch gebunden ist. Blätter und Zweige der Kaffeesträucher zerkratzen dabei die Arme und Hände der Pflücker, die sich scheinbar daran gewöhnt haben. Ein Pflücker schafft 10–12 Körbe pro Tag, die später in Säcke abgefüllt werden.

Jeden Samstag steht in den Kaffeefabriken Boquetes der „Zahltag" auf dem Programm und jeder Samstag verläuft nach dem gleichen Schema: Stundenlang stehen die Pflücker vor einer aus viereckigen Behältern *(lata)* bestehenden „Messstation", um ihre Säcke zu entleeren. Zur Vereinfachung des Ablaufes hat jeder Pflücker vor dem Erntebeginn eine Nummer erhalten, unter der die abgelieferte Menge „pro *lata*", von einem „Buchhalter", notiert und später ausgezahlt wird. Ein gefüllter Sack bringt dem Pflücker zwischen 9 und 12 $ – das Resultat eines 10-stündigen Arbeitstages.

Von der „Messstation" wandern die Kaffeekirschen in ein Wasserbecken, wo sie automatisch von der roten Schale befreit werden. Anschließend werden die geschälten Kirschen 24 Stunden im Wasser eingeweicht, damit sich das farblose, klebrige Fruchtfleisch vom Bohnenkern löst. Im Wasserbad werden die Bohnen bereits nach ihrer Qualität sortiert. Die besten sind gleichzeitig auch die schwersten und sinken zu Boden. Ein weiteres Qualitätsmerkmal bildet die Farbe der Bohnen. Während die graugrünen Bohnen ausschließlich für den Export bestimmt sind, gelangen die grünbraunen auf den nationalen Markt. Die minderwertigen braunen Bohnen werden schließlich unter den Arbeitern der Plantagen verscherbelt.

Nach der Aussortierung werden die Bohnen ca. 4 Stunden lang bei 60–70 °C in einer Trommel gedreht, damit sich später ihre Hornschale und die Silberhaut leichter entfernen lassen. Letztendlich werden die Bohnen nach Größe und Form automatisch sortiert und in Säcke für den Export abgefüllt. Erst in den Konsumländern findet die Röstung statt, wodurch sich das „unwiderstehliche" Aroma entwickeln kann, das sich später in Ihrer Tasse „voll entfalten" wird.

< Kaffee-Ernte

an der Hauptstraße im Ort, einen Block vom Parque Central, Los Establos Plaza 20–26, www.hablaya-panama.com, empfehlenswert.

- **Post:** im Palacio Municipal, geöffnet Mo bis Fr 8–17 Uhr, Sa 9–12 Uhr.
- **Touristeninformation:** in den Sprachschulen und im Hostel *Mamallena* bei *Hello Travel Panama.*

Umgebung von Boquete

Verschiedene Veranstalter bieten Touren in die reizvolle Berglandschaft rund um Boquete an. Auf dem Programm stehen unter anderem einfache **Wanderungen** mit/ohne Vogelbeobachtungen, **Mountainbiking, Rafting,** Touren durch die großen **Kaffeeplantagen** inklusive einer Kaffeeverkostung, **Trekkingtouren** zum Gipfel des Vulkans Barú, die populäre und anstrengende Trekkingtour auf dem Sendero Los Quetzales und eine abenteuerliche **Canopy-Tour** durch die Baumkronen des Nebelwaldes.

Bajo Monos

Eine schöne, kaum ansteigende Route führt entlang des Oberlaufs des Río Caldera durch die Schlucht Bajo Monos, die **Schlucht der Affen.** In früheren Jahren tummelten sich hier am Flussufer große Gruppen von Kapuzineräffchen auf der Suche nach Nahrung. Mit der Umgestaltung größerer Landschaftsteile in Nutzfläche wurden die Baumbewohner immer weiter in den unberührten Nebelwald der Cordillera zurückgedrängt. Die Insekten, die bunten Schmetterlinge und die Vögel haben sich davon weniger stören lassen und sind noch immer unterwegs anzutreffen.

Boquete, Umgebung

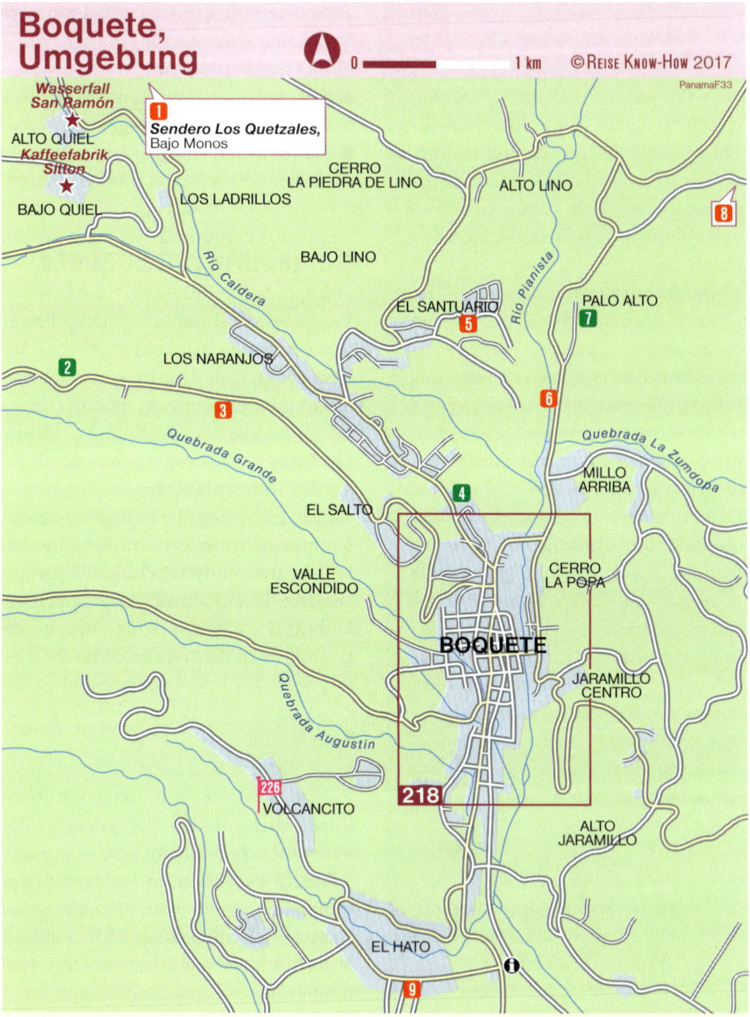

Übernachtung	6 Boquete Garden Inn	**Kaffeetouren**
1 Finca Lérida	8 Boquete Tree Trek Mountain Resort	2 Finca Dos Jefes
3 Mañana Madera Coffee Estate & Guest Suites	9 Lacha Country Inn	4 Café Ruíz
5 Bambuda Castle and Hostel		7 Café Kotowa

Auf eine besondere Attraktion treffen Sie am Beginn der Route: auf die *ladrillos*. Diese bemerkenswerten **Gesteinsformationen** werden von der Bevölkerung schlicht als „Ziegelsteine“ bezeichnet, da sie die erstarrten Basaltsäulen als Wand- und Fassadenplatten für ihre Häuser verwenden. Heute sind sie ein Ziel für Klettertouren. Eine weitere Sehenswürdigkeit in Bajo Monos ist der kleine **Wasserfall San Ramón.**

Am Ende der Bajo-Monos-Schlucht verläuft die Grenze des Nationalparks Barú. Der üppige Wald des Parks an den steilen Hängen bildet die optimalen Lebensbedingungen für den stark bedrohten **Quetzal** (Familie der Trogone), der zu den faszinierendsten und schönsten Vögeln der Welt zählt. Diese Attribute verdankt die Gattung vor allem dem grün-roten Männchen mit seinen langen Schwanz- und buschigen Kopffedern. Der in Zentralamerika sagenumwobene Quetzal ist am besten frühmorgens und während seiner Nestsaison zwischen Februar und Mai zu beobachten.

Bajo und Alto Quiel

Der fruchtbare Boden um Boquete bringt Kohl, Kartoffeln, Orangen und Broccoli, aber vor allem Kaffeebohnen hervor, eine gute Gelegenheit, um einen Blick in die **Kaffeeplantagen und -fabriken** zu werfen. Nach Los Naranjos windet sich die Straße hinauf nach Bajo Quiel, wo sich die international renommierte Kaffeefabrik *Sitton* befindet. In Begleitung eines Arbeiters kann ein Blick hinter die Kulissen der Kaffeeherstellung geworfen werden (siehe Exkurs). Von einem kleinen Aussichtspunkt nahe der Fabrik können Sie den Blick über Los Naranjos und Bajo Lindo schweifen lassen.

Die Straße verläuft ab der Kaffeefabrik nach Alto Quiel weniger kurvenreich. An der rechten Seite breitet sich zunächst eine der vielen Kaffeeplantagen der Firma *Sitton* aus. Je näher man Alto Quiel kommt, desto atemberaubender werden die **Panoramablicke,** wie der auf die umstehenden, knapp 2000 m hohen Berge und ihre mit Nebelwald drapierten Hänge; fast schon spektakulär ist aber der Blick in die tiefe Bajo-Monos-Schlucht mit dem Río Caldera, die sich an der rechten Straßenseite öffnet.

Sendero Los Quetzales

Eine der beliebtesten Wanderrouten ist der Sendero Los Quetzales (**Quetzal Trail)** im Nationalpark Vulkan Barú nahe Boquete. Der Weg verläuft durch dichten, unberührten Nebelwald mit besonderer Vogelwelt. Es besteht auch die Möglichkeit, die Wanderung in **Cerro Punta** (s. dort) bei der Parkwächterstation El Respingo zu beginnen. Von dort aus verläuft der Weg bergab, ist also einfacher zu bewandern. Die Gehzeit ab der Station beträgt etwa 6 Stunden. In umgekehrter Richtung, ab Boquete, beginnt die Wanderung bei der Parkwächterstation Alto Chiquero und führt nun, der Logik folgend, ständig bergauf. Von Station zu Station muss bei dieser kräftezehrenden Route mit 7 bis 8 Stunden gerechnet werden.

Beide Stationen liegen einige Kilometer außerhalb der Ortschaften. Die Anreise mit öffentlichen Verkehrsmitteln ist oft umständlich und zeitraubend. Eine Alternative dazu ist eine **organisierte**

193pa hz

Tagestour ab Boquete, inklusive Transport und Führer. Es werden auch Zweitagestouren angeboten: hin- und zurück ab Boquete mit Übernachtung im Zelt.

Wer keine Lust hat, den gesamten Weg zu gehen, kann auf halber Strecke beim Aussichtspunkt **Mirador La Roca** (Abzweigung) umkehren. Aber auch die Gegend um die Station Alto Chiquero ist bereits wunderschön und eignet sich hervorragend zur Vogelbeobachtung. Alto Chiquero erreichen Sie ab Boquete über Bajo Monos (Bushaltestelle) und dann ca. 3 km weiter zu Fuß auf der Asphaltstraße entlang der Wasserpipeline. Gebühr für den Nationalpark: 5 $, Tagestour ab Boquete ca. 50 $ p.P.

Nach Volcancito

Empfehlenswert ist die kurze **Wanderung von Boquete nach Volcancito.** Die leicht ansteigende Route führt teils durch Pinienwald und bietet viele schöne Aussichten auf Boquete und das Tal.

Am Beginn des Sendero Los Quetzales in Boquete

Kaffeetouren

Die Umgebung von Boquete wird von **Kaffeeplantagen** geprägt. Einige Kaffeeproduzenten bieten die Möglichkeit, bei einer **organisierten Tour** einen Blick in den Plantagen- und Fabrikalltag zu werfen. Folgende Plantagen haben Touren im Angebot (siehe Plan S. 224):

7 **Café Kotowa:** Die mit Begeisterung geführte Tour (Mo bis Sa 14 Uhr) in englischer Sprache dauert ca. 2 Stunden, führt durch Panamas älteste Kaffeeplantage und kostet 35 $ p.P., inkl. Kaffeeverkostung und Transport ab/bis zum Hotel. Eine Reservierung ist notwendig unter Tel. 720-3852 oder www.coffeeadventures.net.

4 **Café Ruiz:** Angeboten werden geführte englischsprachige Touren von Mo bis Fr für 15 und (wenn man alleine ist) 20 $ p.P. (90 Min.), eine kurze Schnuppertour (45 Min.) kann man für 9 $ buchen. Die Anfahrt muss man selber organisieren. Reservieren kann man direkt in der Fabrik oder unter Tel. 730-9575; www.caferuiz-boquete.com.

UNSER TIPP: 2 Eine empfehlenswerte und sehr interessante Kaffeetour bietet **Richard Lipner** auf der **Finca Dos Jefes** an, vom Besitzer persönlich auf Englisch geführt. Die Finca liegt ca. 10 Minuten außerhalb von Boquete auf dem Weg zum Vulkan Barú. Die Erlöse werden zu großen Teilen Hilfsprogrammen für bedürftige Kinder der indianischen Landbevölkerung zugeführt. Die Tour kostet 30 $ p.P., Kinder bis 11 Jahre nehmen umsonst teil. Die Abholung von fast allen Hotels der Umgebung ist im Preis enthalten. Weitere Infos findet man unter www.boquetecoffeetour.com.

Auch über folgende **Veranstalter** in Boquete können (nicht nur) die Kaffeetouren gebucht werden (Plan S. 218):

9 **Boquete Tree Trek,** Av. Central, Tel. 720-1635, www.boquetetreetrek.com. Neben den Canopy-Touren wird auch Trekking, u.a. auf dem Quetzal Trail, angeboten.

14 **Chiriquí River Rafting,** Tel. 720-1505, www.panama-rafting.com, ist der Raftingspezialist in Panama. Professionell und vertrauenswürdig. Auch Meereskajaking im Pazifik im Angebot.

14 Die **Sprachschule Habla Ya** bietet neben Unterricht auch gute und bezahlbare Touren an (siehe unter www.hablayapanama.com).

Parque Nacional Volcán Barú

Weiße Rauchwolken, grollender Donner, glühende Lava und eine perfekte Kegelform – das sind Fantasien, die aber nicht dem tatsächlichen Bild des **Vulkans Barú** entsprechen. Seine Aktivitäten liegen in der Vergangenheit, angeblich war sein letzter Ausbruch im 6. Jahrhundert. Auf die Besucher hat der erloschene Vulkan nichts von seiner magischen Anziehungskraft verloren.

Der 3475 m hohe Vulkan, höchster Berg des Landes, kann über eine breite, teils steil **ansteigende Straße** bestiegen werden. Sie führt ab dem Parkeingang auf 1800 m auf den ersten 200 Höhenmetern durch Agrarland, danach durch dichten Nebelwald, der sich wie ein breites Band zwischen 2000 und 3000 m um den Vulkan wickelt. Die letzten Höhenmeter, der Krater und die Gegend um den Kraterrand sind nahezu vegetationslos und mit dunkler Vulkanasche überzogen, die besonders rutschig und gefährlich ist.

Zum Gipfel gibt es eine **zweite Aufstiegsmöglichkeit,** die aber nur mit einem Bergführer möglich ist. Für diese

Alternativroute, die wesentlich schöner ist als die Straßenroute, benötigt man zwischen 8 und 10 Stunden. Führer können über die Hotels und die Tourveranstalter organisiert werden.

Am **Gipfel** des Vulkans breitet sich ein „Antennenwald" aus, der dieser Mondlandschaft keinen besonderen Reiz verleiht. Der Höhepunkt der Besteigung ist zwar der Gipfel, von dem man auf beide Weltmeere blicken kann, doch der Weg durch den faszinierenden Nebelwald hat auch seine ganz eigenen Reize.

Eine Fläche von etwa 14.300 Hektar rings um den Vulkan ist seit 1976 als **Nationalpark** ausgewiesen, womit der Barú als ältestes Naturschutzgebiet Panamas gilt. Großflächige Teile des Parks sind allerdings noch in den Händen von Bauern. Die finanziellen Mittel fehlen, um die Landwirte zu entschädigen oder ihnen Alternativen zu bieten.

Ein „heißes" Thema ist die **illegale Jagd** im Park. Das Areal ist zu groß und die Zahl der Parkaufseher zu gering, um dieses gravierende Problem unter Kontrolle zu bringen. Mit Informationskampagnen und Aufklärungsprojekten erreicht man mehr oder weniger nur die Bewohner von Bajo Boquete. An den Kleinbauern, die in abgelegenen Winkeln am Parkrand leben und sich ab und zu mit einem kleinen Fleischvorrat aus dem Park eindecken, gehen diese Kampagnen vorbei.

Die illegale Jagd hat unter anderem dazu beigetragen, dass der Mittelamerikanische Tapir nur noch selten im Parkgebiet gesichtet wird. Das gilt auch für die Raubkatzen des Nationalparks Barú: **Puma, Ozelot** und **Wiesel** sind nur noch sehr seltene Gäste, ebenso wie der **Geoffroy-Klammeraffe.** Dieser Baumakrobat ist in Panama übrigens nur im Westen, in der Cordillera de Talamanca, beheimatet.

Zu den zahlreicheren Bewohnern des Parks gehören unter anderem **Agutis, Hirsche, Eichhörnchen** und viele Arten bunter **Schmetterlinge,** wie etwa der Monarchfalter und die großen, blauschimmernden Morphofalter.

Am stärksten vertreten sind die **Vögel,** weshalb Barú und die Gegend um Boquete zu den besten Vogelbeobachtungsgebieten des Landes zählen. Unzählige Kolibris in brillanten Farbschattierungen „surren" durch den Park und die Hämmerlinge machen mit ihren „kreeek"-Rufen auf sich aufmerksam.

Praktische Hinweise

- **Entfernungen:** Boquete (1000 m) – Abzweigung Parkeingang ca. 7,5 km (asphaltiert); Abzweigung Parkeingang – Parkwächterhütte (Eingang) ca. 1 km (sehr steil); Parkwächterhütte (1800 m) – Vulkanspitze (3475 m) ca. 13 km (kräfteraubend!).
- **Unterkunfts-** oder **Verpflegungsmöglichkeiten** sind unterwegs nicht vorhanden. Am Gipfel kann nicht übernachtet werden, weshalb der Auf- und Abstieg so geplant werden sollte, dass er an einem Tag bewältigt werden kann. Die ersten 7,5 km können und sollten wegen der Zeitersparnis mit einem Taxi (ca. 10 $) zurückgelegt werden.
- Am Parkeingang werden Besucher von den **Parkaufsehern** registriert, wer allerdings frühmorgens losgeht, wird sie kaum antreffen. **Öffnungszeiten** flexibel, Eintritt 5 $, Tel. 775-2055 und 774-6671.

☐ Vegetation in der Cordillera de Talamanca

■ Die Straße zum Vulkangipfel wird zwei- bis dreimal pro Woche von den Wartungsgruppen der Elektrizitäts- und der Telefongesellschaft benutzt, die mit Jeeps oder Pick-ups zu den Sendemasten fahren. Über **Mitfahrmöglichkeiten** zum Gipfel fragen Sie am besten in Boquete nach oder Sie buchen eine Tour, für 125 $ bis zu völlig überteuerten 200 $ p.P. angeboten wird.

■ Achtung! Überschätzen Sie Ihre **Kondition** nicht, denn mit zunehmender Höhe nimmt die Sättigung des Blutes mit Sauerstoff ab. Der Körper versucht, dies durch beschleunigtes Atmen auszugleichen, wobei die Atemluft zusätzlich erwärmt und befeuchtet wird, was zum Verlust von Körperflüssigkeit führt. Nehmen Sie deshalb genug Flüssigkeit mit. Die sogenannte **Höhenkrankheit** entsteht durch Probleme bei der Anpassung an den Sauerstoffmangel und äußert sich durch Kopfschmerz, Müdigkeit, Übelkeit oder Atemnot. Sollten solche Probleme auftreten, hilft nur der sofortige Abstieg.

Volcán

Von David über Concepción, einem Agrarstädtchen ohne nennenswerte Höhepunkte, geht es wieder in die Bergwelt der Cordillera de Talamanca. Die Straße verläuft ab Concepción in Richtung Norden, durch ein teilweise **waldreiches Gebiet** mit Haciendas, bis sie sich langsam nach oben windet durch die faszinierende Szenerie aus üppiger Vegetation, die nicht selten von dichtem Nebel umhüllt ist. Im Gegensatz zur Straße von David nach Boquete ist diese Strecke wesentlich kurvenreicher und steiler. Der Bus von David nach Volcán benötigt für die 57 km lange Strecke immerhin gute 1½ Stunden.

pa2017-007 va

Etwa auf halber Strecke zwischen Concepción und Volcán liegt das **Restaurant Mirador,** dessen Name „Aussichtspunkt" bereits auf die hervorragende Lage hinweist. Von der Terrasse des Restaurants lassen sich zwei kontrastreiche Gesichter des Landes in vollen Zügen genießen: im Norden die imposante Bergregion mit Höhen zwischen 2000 und 3000 m, im Süden die Chiricana-Tiefebene, die sich entlang des Pazifiks entfaltet.

Volcáns offizieller Ortsname, **El Hato del Volcán,** spiegelt die Entstehungsgeschichte des Ortes, der als großer Weideplatz *(hato)* auf einem 1200 m hohen Plateau an der Westflanke des Vulkans Barú entstand, wider. Die grasenden Rinderherden haben den ursprünglichen Wald immer mehr zurückgedrängt, sodass sich größere Waldgebiete nur noch westlich von Volcán befinden.

Der **Ort** setzt sich aus dem ursprünglichen Ortsteil und der jüngeren Siedlung Nueva California zusammen. Sie bilden insgesamt einen langgezogenen Ort, der sich auf beiden Seiten der Durchfahrtsstraße über eine Länge von ca. 4 km erstreckt.

Volcán und seine Umgebung sind beliebte **Wochenendziele,** was sich unter anderem an der großen Zahl der Übernachtungsmöglichkeiten ablesen lässt. Eine Vielzahl der Wochenendtouristen kommen wegen des erfrischenden Bergklimas, andere wiederum wegen des Vogelreichtums in die Gegend.

Erholungssuchende und Naturliebhaber zieht es an die kühlen **Seen** *(lagunitas),* die sich ca. 3 km westlich der Ortschaft Volcán nahe einer kleinen Landepiste *(Pista de Volcán)* befinden.

Zwischen den zahlreichen Ameisen- und Töpfervögeln mit ihrem überwiegend braunen Federkleid fallen die bunteren Tyrannen und die in großer Zahl vorhandenen **Wasservögel** am häufigsten auf.

Volcáns wenig abwechslungsreiches Alltagsleben spielt sich fast ausschließlich entlang der Durchfahrtsstraße, der **Calle Central,** ab. Sie teilt sich im Zentrum an der unübersehbaren Polizeistation und führt nach rechts über Bambito nach Cerro Punta. Geradeaus führt die Straße in das Grenzdorf Río Sereno (ca. 30 km entfernt), wo für Touristen **keine (!) Möglichkeit zum Grenzübertritt nach Costa Rica** besteht.

Praktische Hinweise

An- und Weiterreise

- Volcán ist ab David und Concepción mit dem **Bus** Richtung Cerro Punta erreichbar, retour fahren die Busse zwischen 6.30 und 18 Uhr etwa jede halbe Stunde. Der Bus kann angehalten werden.

Übernachten, Essen und Trinken

Die Unterkünfte und Restaurants sind **über den ganzen Ort verstreut,** weshalb die Distanz zwischen der Unterkunft und der Straßengabelung (Zentrum) angegeben wird. Entlang der Durchfahrtsstraße weisen Schilder den Weg zur Unterkunft. Empfehlenswert sind:

- **Hostal Victoria Volcán,** im Ort, Calle 4a Norte, zwischen Calle 5a und Calle 6a Oeste, Tel. 771-5678. Freundliche, recht zentral gelegene Posada, saubere Zimmer mit Kühlschrank, Gemeinschaftsküche, schöner Garten, viele Informationen über die Umgebung, empfehlenswert. DZ ab 40 $.

■ **Volcán Lodge,** Tel. 771-4709, www.volcanlodge.webs.com. Angenehmes Bed & Breakfast in einem traditionellen Holzhaus am Ortseingang. Vom großen Balkon des Hotels aus hat man einen herrlichen Blick auf die umliegende Berglandschaft mit dem Vulkan Barú. DZ mit Bad und WC 65 $ inkl. Frühstück. Gutes Restaurant dabei, täglich 11–20 Uhr.

■ **Hotel Dos Ríos,** 2,7 km, Tel. 771-4271, www.hdosrios.com. DZ ab 85 $. Nett eingerichtete Zimmer mit Bad und WC. Rustikales Hotel in ruhiger Umgebung, mit Restaurant und Bar.

■ **Restaurante Burricos,** 1,2 km, noch im Ort, Tel. 771-4325. Mexikanische und lateinamerikanische Spezialitäten, guter Service.

■ **Café Volcán,** am Ortseingang nahe der Volcán Lodge, Tel. 6637-4503. Kaffee, Torten und komplette, frische Hauptgerichte, sehr gut, mittlere Preisklasse.

■ Die meisten Touristen besuchen die Restaurants in den Hotels. Die lokale Bevölkerung bevorzugt dagegen u.a. das preiswerte panamaische **Restaurant Lorena.** Empfehlenswert ist auch das angenehme griechische **Restaurant Akropolis.**

Weitere Informationen

■ Nahe der Straßengabelung im Ort befinden sich **alle wichtigen Einrichtungen:** die Polizei, schräg gegenüber die *Banco Nacional de Panamá* (Mo bis Fr 8–15 Uhr, Sa 9–12 Uhr), Supermärkte, zwei Tankstellen, die Apotheke und die Kirche.

Bambito

Nur 6 km karge Landschaft trennen Volcán vom üppigen Bergwald um den **winzigen Ort** Bambito, der an beiden Seiten der Straße am Nordende des Hochplateaus liegt. Die Straße hinter den wenigen Häusern führt entlang eines tosenden Flusses, der eine **schmale Schlucht** mit steilen Felshängen geschaffen hat. Beidseitig der Straße breitet sich dunkelgrüner Pflanzenwuchs in allen Sorten und Größen aus. Daher ist es nicht verwunderlich, dass auf diesem wunderschönen Flecken einige Wochenendbungalows und eine stilvoll in die Landschaft eingebettete Nobelherberge stehen.

Praktische Hinweise

■ Bambito ist mit jedem **Bus** erreichbar, der nach Cerro Punta fährt.

■ Ein schönes Wochenende versprechen sich v.a. wohlhabende Panamaer aus der Hauptstadt vom **Hotel Bambito** (Tel. 771-4265, www.hotelbambito.com, 47 Zimmer/Suiten ab 120 $) und dem **Casa Grande Bambito** (Tel. 771-5126, -5127, www.casagrandebambito.com, 38 Suiten ab 130 $).

■ Einige hundert Meter nach dem Hotel *Bambito Resort,* in Richtung Cerro Punta, liegen die **Cabañas Kucikas,** Tel. 771-4245, www.kucikas.com. Die 18 verschieden großen Häuschen sind alle mit Bad, WC und Küche ausgestattet, kosten ab 100 $ pro Haus für 2–10 Personen und sind am Wochenende häufig ausgebucht.

■ Etwa 3,5 km nach dem Hotel *Bambito Resort,* in Nueva Suiza, befindet sich das **Cielito Sur,** Tel. 771-2038, www.cielitosur.com. Das Bed & Breakfast bietet saubere Zimmer mit Bad (Warmwasser) und Heizung ab 116 $ an, inkl. Frühstück.

Cerro Punta

Kurz nachdem die Straße das Waldgebiet um Bambito verlassen hat, öffnet sich ein ehemaliger Kraterkessel mit stark abfallenden Hängen, an denen die Bauern terrassenförmige Äcker angelegt haben – entstanden ist so eine Landschaft, die auf den ersten Blick aussieht, als hätten die Götter den Kraterkessel mit einem großen Flickenteppich drapiert. Der ertragreiche Boden dieser Gegend bringt Gemüse, Früchte, Kartoffeln, Zwiebeln und Blumen hervor, die ihren Weg bis nach Panama-Stadt finden.

Die Region genießt nicht nur wegen ihrer **Fruchtbarkeit** einen guten Ruf, sondern auch bei der Zucht von Vollblutpferden. Die Gewinner der nationalen Pferderennen stammen fast alle aus diesem schönen Winkel des Landes.

Der ausgedehnte Ort Cerro Punta ist das Zentrum dieser **Agrarregion.** Sein Name wurde vom gleichnamigen Berg (2372 m), der sich nördlich des Dorfes erhebt, übernommen. Cerro Punta liegt auf 2000 m Höhe, gilt damit als die am höchsten gelegene Siedlung in Panama und ist klimatisch betrachtet in „ewigen" Frühling gehüllt. Die in Panama ansonsten unbekannte Jahreszeit bedeutet, dass sich Nebel und Regen öfter blicken lassen als die Sonne und die kühlen Temperaturen von durchschnittlich 10 bis 15 Grad auch tagsüber ständig einen Pullover erfordern.

Fährt man von Cerro Punta in Richtung Barrio Guadalupe die erste Straße rechts, gelangt man zum **Orchideengarten Finca Dracula** (ausgeschildert), Tel. 771-2070, www.fincadracula.com. Gezeigt wird eine spektakuläre Sammlung von seltenen Orchideen auf 2000 m Höhe. Eine geführte Tour dauert ca. 45 Minuten und ist sehr interessant (Eintritt 10 $, Kinder bis 6 Jahre frei).

077pa hz

[>] Blick auf Cerro Punta und den Vulkan Barú

Praktische Hinweise

- In Cerro Punta enden die **Busverbindungen ab David,** zurück fahren die Busse täglich zwischen 6 und 18 Uhr etwa alle 30 Minuten. Die Fahrzeit in die Provinzhauptstadt beträgt etwa 2 Stunden.
- **Los Quetzales Lodge & Spa,** Tel. 771-2291, www.losquetzales.com, in der Nähe der Wanderroute Los Quetzales nach Boquete. DZ ab 95 $ inkl. Frühstück, im Mehrbettzimmer 18 $ p.P., Camping für 15 $ das Zelt. Es werden auch Touren angeboten.
- **Las Orquídeas Bed & Breakfast,** Tel. 771-2687, www.lasorquideaspanama.com, rechts bei der kleinen Brücke. DZ ab 88 $ inkl. Frühstück. Chinesisches Restaurant anbei.
- Die notwendigsten **Lebensmittel** finden sich im *Centro Comercial Saul* und im *Supermercado Romero,* beide an der Hauptstraße.

Sendero Los Quetzales

Den Sendero Los Quetzales beginnen die meisten Wanderer bei **Boquete** (siehe dort). Wer auf eigene Faust die Route laufen möchte: Ab Cerro Punta fährt

man bis zur Ortschaft Guadalupe bis kurz vor das Hotel *Los Quetzales,* wo sich eine Tafel mit nicht sonderlich guten Informationen über die Wanderstrecke befindet, was allerdings kein Problem ist. Der Weg ist ab hier bestens ausgeschildert und unter dem Namen Sendero Los Quetzales bekannt. Sagt man dem Busfahrer Bescheid, lässt er einen bei der Informationstafel raus.

Immer der **Ausschilderung** folgend, erreicht man nach ca. 1½ bis 2 Stunden die Passhöhe, wo man dem Schotterweg weiter hoch folgt, bis die Rangerstation El Respingo in Sicht kommt, die nächste Anlaufstelle auf der Strecke. Bei der Rangerstation kann man sich ins Besucherbuch eintragen und muss den Eintritt von 10 $ bezahlen. Bis hierher kann man eventuell auch mit einem **Allrad-Taxi** fahren, was ab Cerro Punta zwar etwas über 20 $ kostet, aber sehr viel Zeit erspart.

Ab der Rangerstation geht es meistens bergab, der Weg ist gut unterhalten und die Ausschilderung ist sehr gut, weshalb ein Führer nicht unbedingt notwendig ist. Nach 4–5 Stunden trifft man auf die Rangerstation von Boquete und später auf die Wasserpipeline. Ab hier sind es noch 30–40 Minuten auf der Asphaltstraße zur Bushaltestelle oder weitere 1½ bis 2 Stunden bis Boquete zu Fuß.

Praktische Hinweise

- **Geführte Wanderungen** werden in Boquete ab 60 $ p.P. angeboten, inkl. Transport und Verpflegung. Gutes Schuhwerk ist ein Muss, ebenso Regenschutz, Mückenmittel, genügend Trinkwasser und Proviant.

Achtung: Die Route wird nicht ständig benutzt, sicher nicht in der Nebensaison. Der Pfad kann also teilweise durch Vegetation überwuchert sein, was die Orientierung für Ortsunkundige erheblich erschwert. Wer auf eigene Faust den Sendero erkunden möchte, hat dann wenig Zeit für die Natur und muss sich eher auf den Routenverlauf konzentrieren. Sie sollten in jedem Fall nicht allein gehen, so früh wie möglich starten und sich vorab in Boquete über der Begehbarheit der Route gründlich informieren. **Und nicht vergessen:** an- und abmelden bei den Rangerstationen – sonst wird womöglich noch eine Suchaktion gestartet.

Parque Internacional La Amistad

Im äußersten Westen der **Cordillera de Talamanca** liegt der „Internationale Park Die Freundschaft", **einer der landschaftlichen Höhepunkte des Landes,** einfachheitshalber PILA genannt. Seine unberührte Natur und sein internationaler Charakter machen den Park zu einem der bedeutendsten Biosphären-Reservate in Zentralamerika. Das gesamte Naturschutzgebiet umfasst knapp 400.000 Hektar und breitet sich sowohl auf panamaischem wie auch auf costaricanischem Territorium aus. Etwas mehr als die Hälfte dieses guten Beispiels **grenzüberschreitender Naturschutzpolitik** erstreckt sich über die panamaischen Provinzen Chiriquí und Bocas del Toro. Die schroffen Kämme und zerklüfteten Täler des Parks ab ca. 1000 m Höhe sind mit einer dicken Decke aus Nebel-

und Bergwald überzogen, die an der Karibikseite unterhalb dieser Grenze in tropischen Regenwald übergeht.

Die Pflanzenschichten steigen von leuchtendgrünen Farnen und Moosteppichen stufenweise empor zu den Baumkronen der bis zu 50 m hohen Urwaldriesen. Flechten und Moose schaukeln im Wind an den Zweigen, die bereits mit Bromelien und anderen Epiphyten überladen sind. Der Mensch ist in dieser märchenhaft erscheinenden Dämmerwelt lediglich ein Eindringling, der von den Waldbewohnern mit neugierigen Augen und stets aus sicherer Entfernung beobachtet wird, vor allem von den neugierigen Affen und den unzähligen Vögeln. Tiefer im Wald finden Raubkatzen wie Puma und Ozelot noch **große, unberührte Areale** vor, die sie für die Jagd und die Fortpflanzung unbedingt benötigen – eine einzigartige Welt, die für die Tiere immer noch ein „Garten Eden“ ist.

Praktische Hinweise

- Der bekannteste **Zugang zum Park** ist über den **Eingang Las Nubes.** Von der Station Las Nubes führt ein Wanderweg zu einem 45 m hohen Wasserfall (ca. 4 km retour); ein zweiter ist als Rundweg ausgeschildert (ca. 2 km); ein dritter Weg führt zu einem Aussichtspunkt (ca. 3 km retour).
- Für **Tagesgäste** hat der Park täglich von 8.30 bis 16 Uhr geöffnet, Eintritt 3 $, Parkgebühr fürs Auto 1 $. **Informationen** erhält man im Büro des Nationalparks in David unter Tel. 775-3163.
- Eine **Anreisemöglichkeit** besteht über Cerro Punta. Gegenüber der Kirche, etwa 300 m vom Hotel *Cerro Punta* entfernt, zweigt die Straße zur ca. 5 km entfernt liegenden Siedlung **Las Nubes** („Die

074pa hz

Wolken") ab, wo die Asphaltstraße an einer Brücke endet. Von hier sind es bis zum Parkeingang ca. 2 km über eine holprige Schotter- und Lehmpiste, quer durch das Bauerndörfchen Las Nubes. Man kann sich an der breiteren Straße und an den bewachsenen Berghängen orientieren, die in greifbare Nähe kommen werden, je weiter man sich dem Eingang nähert. Das Rauschen des kleinen Bergflusses, der über große Felsen hinunterstürzt und tosend zu Tal fließt, klingt wie eine Ouvertüre auf die Naturschönheiten des Parks.

- Zwischen Cerro Punta und Las Nubes existiert keine **Busverbindung.** An der Straßenabzweigung in Cerro Punta warten **Taxifahrer,** die Sie für ca. 7 $ nach Las Nubes bringen können.

Unser Tipp: **Mount Totumas Cloud Forest Eco Lodge & Cabins,** Tel. 6963-5069, www.mounttotumas.com. Eine weitere Möglichkeit, um in den Nationalpark zu gelangen, ist ein Aufenthalt in der Mount Totumas Lodge in Los Pozos 9,5 km nördlich von Silla Pando. Wer über ein gutes Allradfahrzeug verfügt, kann auf eigene Faust anreisen, ansonsten muss man sich in Volcán, Boquete oder David abholen lassen. In Volcán kann das Auto sicher abgestellt werden. Die wirklich tolle Lodge ist ein idealer Ausgangspunkt, um den Nationalpark und die Umgebung auf vielen ausgeschilderten Wegen und Pfaden zu erkunden. Die Lodge bietet Unterkunft ab 74 $ im einfachen Zimmer mit geteiltem Bad bis knapp 200 $ für die Suite.

Von David nach Costa Rica

53 km trennen David vom **Grenzübergang Paso Canoas,** der übrigens sowohl in Panama als auch in Costa Rica Paso Canoas heißt. Auf halber Strecke, bei San Isidro, passiert man **Concepción.** Zwischen Concepción und Paso Canoas steht ein **Kontrollposten,** an dem die Polizei jedes Fahrzeug kontrolliert (Reisepass griffbereit halten!).

Paso Canoas ist ein typischer bzw. sind zwei typische Grenzorte: hektisch, laut, heiß, charmant und schlicht. Alle Geschäfte auf der Grenzlinie sind günstige Einkaufsgelegenheiten sowohl für Panamaer als auch für Costa Ricaner und haben Ein- und Ausgänge in beiden Ländern.

Praktische Hinweise

- Der **Grenzposten** auf der panamaischen Seite ist von 7 bis 23 Uhr geöffnet, in Costa Rica wegen der Zeitverschiebung von 6 bis 22 Uhr. Paso Canoas ist ab David einfach mit dem Bus von 5 bis 20 Uhr alle 10 Minuten erreichbar.
- **Mietwagen** dürfen die Grenze nicht passieren! Wer einen Wagen für Costa Rica mieten möchte, kann das direkt an der Grenze bei *Solid Car Rental* tun: Reservierungen unter Tel. 2775-3333, www.solidcarrental.com.
- **Busse nach San José** (Fahrtzeit 6 Std.) werden von der Firma *Tracopa* (www.tracopacr.com) angeboten. Das unscheinbare Büro befindet sich direkt links neben der *Banco de Costa Rica;* Abfahrt 8x täglich zwischen 4 und 16.30 Uhr, ca. 14 $.
- Wer im Zentraltal von Costa Rica verweilen will, dem sei die schöne und recht günstige **Posada Nena** in Santa Ana empfohlen (Infos unter www.posadanena.com).

Abstecher auf die Halbinsel Burica

Unweit des Grenzübergangs nach Costa Rica zweigt nach links eine **Straße** ab, die 36 km weiter in Puerto Armuelles endet. Sie zunächst entlang der **Grenze,** die von einem ca. 5 m breiten Grünstreifen ohne Zäune gebildet wird. Kurz vor der Ortschaft Progreso werden an einem Polizeiposten alle Fahrzeuge sowie deren Insassen kontrolliert.

Puerto Armuelles liegt auf der Halbinsel Burica, die etwa zu gleichen Teilen zum Staatsgebiet von Costa Rica und Panama gehört.

Zwischen Paso Canoas und La Esperanza wird das Landschaftsbild vorwiegend von **Weideland, Tabak-, Kokos- und Ölpalmenplantagen** geprägt, während das Bild im Süden von **Bananenplantagen** bestimmt wird. Die gelben Früchte haben den Hauptanteil an Buricas Wirtschaft. Die gesamte Infrastruktur auf der Halbinsel ist für die Bananenproduktion ausgelegt.

Asphaltierte Straßen sind nicht vorhanden, mit Ausnahme jener, die Paso Canoas mit Puerto Armuelles verbindet. Für den Bananentransport sind Straßen auch nicht unbedingt notwendig. Die Bananenstauden werden über Förderbänder aus den Plantagen gebracht und gleich auf den **„Bananen-Zug“** verladen, der sie nach Puerto Armuelles bringt, von dessen Hafen aus sie dann in alle Welt verschifft werden.

Puerto Armuelles

Das touristisch wenig interessante, aber für die Wirtschaft unentbehrliche Hafenstädtchen dient nicht nur als **Umschlagplatz für die Bananen,** sondern ist auch ein wichtiger **Rohölhafen für die USA.** Die Nordamerikaner erbauten von Puerto Armuelles nach Chiriquí Grande an der Karibikküste eine Ölpipeline. Sie ist ein wichtiges Bindeglied für den Transport des Rohöls aus Alaska an die Ostküste der USA. Die USA ersparen sich mit der panamaischen Rohrleitung nicht nur Zeit und Geld, sondern sie umgehen auch den risikoreichen Transport des Öls mit Lkws quer über den nordamerikanischen Kontinent.

Puerto Armuelles ist ein kontrastreiches Städtchen mit vielen armen Bezirken und alten verfallenen Holzhäusern. Diese **typisch amerikanischen Plantagenhäuser** aus den 1920er Jahren standen damals dem Verwaltungspersonal der Bananenplantagen zur Verfügung. Heute dienen die halbverfallenen Häuser als Wohnungen für die sozial Schwächsten von Puerto Armuelles, die als Arbeiter auf den Plantagen hart ihren Lebensunterhalt verdienen.

Praktische Hinweise

- Puerto Armuelles ist ab David über Paso Canoas erreichbar, zurück fahren die **Busse** zwischen 6 und 19 Uhr alle 15–20 Minuten. Die Busse halten direkt links vor dem Grenzübergang.
- Die meisten **Bars, Kneipen, Restaurants** und **Billighotels** befinden sich am Paseo.

Provinz Bocas del Toro

0 10 km

PROVINZ BOCAS DEL TORO

Im Nordwesten von Panama erstreckt sich entlang der Karibikküste die Provinz Bocas del Toro, die aus einer schmalen Küstenebene, steilen, grün bewachsenen Berghängen und 259 Inseln gebildet wird, die zum Teil im **Nationalpark Isla Bastimentos** geschützt sind. 59 der Inseln sind bewohnt, andere sind teilweise nur kleine Sandinseln mit Mangroven und zwei Palmen. Auf der **Isla Colón** befindet sich die Provinzhauptstadt, die wie die Provinz Bocas del Toro heißt.

Die Provinz ist ein „vergessener Winkel des Landes", wie die Bocatoreños ihre Heimat charakterisieren, und das „Land der Chiquita-Bananen", das um Changuinola und Almirante bis vor wenigen Jahren noch fest in der Hand der United Fruit Company lag.

Geschichte

Die **Bevölkerung** von Bocas del Toro besteht vorwiegend aus *Afro-antillianos,* Guaymí, Bokota und Terriben. Während der spanischen Kolonialjahre hatte diese Region kaum Bedeutung, das dünn besiedelte Gebiet diente den Indianern als Zufluchtsort und englischen Piraten als Freihafen. Um 1820 tauchten hier die ersten **Siedler** auf, die schottischer und englischer Abstammung waren und mit ihren Sklaven und Gütern vorher auf der kolumbianischen Insel San Andrés gelebt hatten. Zu Anfang des 20. Jahrhunderts kamen die **nordamerikanischen Bananenzüchter** hinzu, die für die Plantagenarbeit auf den Karibikinseln, vorwiegend auf Jamaika, um Arbeiter warben. Die amerikanischen und englischen Einflüsse sind heute noch in der Architektur zu sehen, vor allem aber erklären sie die Zweisprachigkeit der lokalen Bevölkerung.

NICHT VERPASSEN!

- **Bocas del Toro:** Städtchen mit lässigem Karibikflair und alter amerikanischer Südstaaten-Architektur | 243
- **Parque Nacional Marino Isla Bastimentos:** mit dem Schnorchel die Cayos Zapatillo erkunden | 251
- **Isla San Cristóbal:** Ruhe und Natur in der Dolphin Bay | 259

Diese Tipps sind gelb hinterlegt.

Über den **Ursprung des Provinznamens** gibt es zwei Versionen: In der ersten und aller Wahrscheinlichkeit nach auch der richtigen Version stammt der Name vom Kaziken *Boka Toro,* der die *Indígenas* dieser Region Anfang des 17. Jahrhunderts führte. Der zweiten Version nach ist *Kolumbus* der Urheber: Auf seiner Fahrt durch die Buchten sichtete er eine Fels-formation an der Küste, die einem liegenden Stier ähnelte, dazu die hohen, sich am Felsen brechenden Wellen. Die Vorstellung eines schnaubenden Stieres war geboren – *la boca del toro,* „das Maul des Stieres".

Von Chiriquí nach Bocas del Toro

Die einzige Straße, die in die Provinz Bocas del Toro führt, zweigt von der Carretera Interamericana ca. 15 km östlich von David ab. Sie verläuft über die Zentralkordillere nach Chiriquí Grande (ca. 100 km) und dann an der Küste entlang über Almirante nach Changuinola.

Hinter der Ortschaft Gualaca kommen die schroffen Gebirgskämme immer näher. Vom natürlichen Pflanzenkleid ist weit und breit sehr wenig übriggeblieben. Schwere Regenfälle und starke Winde haben in dieser fast baumlosen Gegend freien Zugang zum fruchtbaren Boden. Die **Erosionsprobleme** kommen hier sehr viel deutlicher als anders wo in Panama zum Vorschein.

Die Befürchtung, dass der Landhunger die Vegetation auch an der Karibikseite zerstört und dadurch der künstliche

Fortuna-See nicht mehr seine Funktion als Wasserspeicher und für die Elektrizitätserzeugung erfüllen kann, hat schließlich zur Schaffung des 15.000 Hektar großen **Waldschutzgebietes Fortuna** geführt. Direkt von der Straße aus lassen sich übrigens kurze Wanderungen durch diese Schutzgebiete machen.

Bis der Wald in greifbare Nähe rückt, quält sich der Bus bergauf über eine Serpentinenstraße, die Ruta 10, zur kontinentalen Wasserscheide auf ca. 1100 m Höhe, wo der **üppige Bergwald** einen starken Kontrast zu den gerodeten Hängen an der Pazifikseite bildet.

Man erreicht den kleinen Ort **El Hornito,** der schon Teil des Naturschutzgebietes Fortuna ist. Hier befindet sich das sehr geschmackvoll eingerichtete **Refugio Brisa del Diablo,** Tel. 6852-3600 und 6597-0296 (unbedingt reservieren!). Die nur zwei Zimmer umfassende Posada von *Olga* und *Stefane* aus Montreal ist ein Kleinod: stilvoll eingerichtet mit vielen einfallsreichen Details, toller Garten und fantastischer Blick auf den Pazifik und den Vulkan Barú – hier fühlt man sich sofort wohl. Zimmer für 110 und 130 $ inkl. Gourmetfrühstück, mehrgängiges Abendessen auf Vorbestellung.

Nach der Wasserscheide schlängelt sich die Straße talwärts über den Staudamm Fortuna durch eine **reizvolle Landschaft,** vorbei an rauschenden Wasserfällen, an Bächen und Flüssen. Ab und zu fällt der Blick auf einige Wanderer, die mit ihren Ferngläsern die Bäume nach Vögeln absuchen, denn die gefiederten Freunde sind hier mit vielen Arten vertreten. Die Piste, die für den Unterhalt der Kraftwerkszentrale Fortuna und der Erdölpipeline Puerto Armuelles – Chiriquí Grande angelegt wurde und parallel zur Straße verläuft, ermöglicht kleine Wanderungen in dieser vogelreichen Gegend.

Die Straße führt durch das **Gebiet der Ngäbe,** die hier in kleinen Dörfern oder auch in Straßennähe wohnen. Interessant ist das Programm von **Ganas** (Grupo Artesanal Ngäbe Agro Sostenible) am km 61, einer Gruppe aus der Siedlung **Valle Abajo** rund um die Familie von *Andrés Martínez,* die sich auf nachhaltigen Tourismus in der Umgebung spezialisiert hat und bei denen jeder Cent in der Gemeinde bleibt (Tel. 6689-4548). Angeboten werden authentisches Kunsthandwerk und sehr günstige Touren auf drei Wanderwegen durch die Comarca.

Die Ortschaft, an der man die Küste und die Laguna de Chiriquí erreicht, heißt **Chiriquí Grande.** Der Grund für die Existenz dieses Ortes ist das Erdöl, das durch die riesige **Pipeline** von Puerto Armuelles hierher gepumpt und in Tanks bis zum Weitertransport in die USA gelagert wird. 7 km vor dem Ort biegt die Straße in Richtung Westen nach Bocas del Toro ab.

Almirante

Auf den letzten Kilometern der Fahrt nach Almirante dominiert eine Küstenlandschaft aus steilen, saftig grünen Berghängen, mit Mangroven bewachsenen Küstenabschnitten, vorgelagerten Inseln und der ruhigen **Bahía de Almirante,** „Bucht des Admirals". *Kolumbus* und seine Mannschaft waren, wie eine alte Aufzeichnung berichtet, die ersten Europäer, die diese Bucht jemals sahen:

„Der Admiral segelte in Richtung Osten, wo es eine Meeresbucht von sechs Seemeilen Länge (ca. 11 km) und von mehr als drei Seemeilen Breite gab. Sie besaß viele Inseln und Inselchen und drei oder vier Öffnungen, die es den Schiffen ermöglichten, hineinzutreten und ruhig weiterzusegeln. Zwischen diesen Inselchen fuhren die Schiffe wie auf einer Straße und die Segel und Seile berührten die Zweige der Bäume …“ Die Inseln, die Bucht und die Kleinstadt Almirante halten mit ihrem Namen den Besuch des Entdeckers der Neuen Welt ständig wach.

Almirante ist ein **Hafenstädtchen** auf dem Festland, das mit seinen einfachen, verschiedenfarbigen Häusern auf den ersten Blick einen malerischen Eindruck macht. Die Hafenstadt ist dennoch ein relativ chaotischer Ort mit nur wenig Charme, der zudem in eine erdrückende Schwüle gehüllt ist. Güterzüge, zum Bersten mit Bananen beladen, pendeln zwischen den Plantagen und dem Hafen, von wo aus die gelben Früchte ihre Reise zu den nordamerikanischen und europäischen Märkten antreten. Den Touristen steht die teilweise englischsprachige Bevölkerung freundlich und hilfsbereit gegenüber.

Praktische Hinweise

An- und Weiterreise

- Die **Busse von/nach David** kommen von oder fahren weiter nach **Changuinola** und halten bei der Bushaltestelle an der Durchfahrtsstraße an, etwa 1,5 km von der Bootsanlegestelle entfernt. Busse und Kleinbusse pendeln zwischen Sonnenauf- und Sonnenuntergang etwa alle 30 Minuten. Ein Taxi zur Bootsanlegestelle kostet ca. 2 $. Im Ort gibt es einen kleinen Busterminal, von dem nur die Busse nach Changuinola und in die umliegenden Dörfer wie Ojo de Agua und Río Uyama abfahren.

Wassertaxi und Fähre

- Der Anlegesteg der **Wassertaxis** liegt an einem Kanal 5 Gehminuten westlich des Zentrums. Ab hier gibt es jede halbe Stunde Verbindungen mit drei verschiedenen Unternehmen **nach Bocas del Toro** (ca. 30 Minuten, 6 $). Wer mit dem Auto anreist, findet gegen Bezahlung einen bewachten Parkplatz in der Nähe der Anlegestelle (3 $ beim *Estacionamiento Leiza,* Tel. 6533-7684, bis 5 $ bei den anderen).
- Der Anlegesteg der **Autofähre** liegt ca. 10 Gehminuten südöstlich des Zentrums im großen Hafen. Ab hier gibt es täglich außer montags um 7 und 12 Uhr eine Verbindung mit zwei Fähren, der „Baltija“ und der „Palanga“, **nach Bocas del Toro** (25 $ pro Auto, 1 Stunde), retour um 10 und 15 Uhr; sonntags nur um 7 Uhr hin und um 15 Uhr zurück. Mehr Infos unter Tel. 391-0350 und www.ferrybocas.com.

Adressen A–Z

- **Geld/ATM:** *Banco Nacional de Panamá* im Zentrum, Av. Olmedo Solé, Mo bis Fr 8–15 Uhr, Sa 9–12 Uhr.
- Wer in Almirante übernachten will oder muss, der kann im **Hotel 888** im Ortszentrum nachfragen: DZ 25 $, kein Frühstück, Tel. 758-3628.
- Die Ngäbe-Gemeinde in Río Oeste Arriba nur wenige Kilometer westlich von Almirante bietet eine interessante **Kakaotour** an, die eine Urwaldwanderung zu einem schönen Wasserfall einschließt. Die Tour „Oreba Chocolate“ ist sehr authentisch und wird von der Gemeinde in Eigenregie organisiert. Mehr Informationen findet man auf ihrer Website unter www.orebachocolatetour.com oder per Tel. 6649-1457 mit *Salamón,* der ein wenig Englisch spricht.

■ Direkt am Anlegesteg der Fähre befindet sich das sehr typische **Restaurant Yatch Club:** Frühstück, Mittag- und Abendessen mit leicht chinesischem Einschlag. Täglich, günstig, sehr populär und auch beliebt zum Trinken.

Isla Colón

Die ruhige Bahía de Almirante wird im Nordwesten von der etwa 15 km langen Isla Colón gegen die kräftigen Wellen des Atlantiks geschützt. Auf dem Südzipfel der Insel liegt die **Provinzhauptstadt Bocas del Toro.** Vielleicht ist „Hauptstadt" eine etwas üppige Bezeichnung für den Ort, der von einem lässigen Karibikflair geprägt wird.

Ein lockeres Englisch mit einem für die Karibik charakteristischen Akzent klingt durch die ruhigen Straßen. **„Nur keine Hektik"** scheint hier die Devise der freundlichen Bevölkerung zu sein, und nur allzu gerne lassen sich die Touristen von diesem *easy way of life* anstecken. Die drückende Schwüle lässt eben keine schnellen Bewegungen zu und verführt öfters zum Nichtstun.

Holzbauten mit Veranden und Balkonen säumen noch immer viele Straßen und repräsentieren die alte Architektur der Südstaaten der USA. Man kann sich gut vorstellen, wie hier die Ranghöchsten der *United Fruit Company* jahrzehntelang die Kolonialherren gespielt haben, mit einem angenehmen, elitären Leben.

Mit dem Abzug der Nordamerikaner sind die Häuser an die einheimische Bevölkerung übertragen worden, die teilweise keine Mittel hatten, den Ort im Originalzustand zu erhalten. Naturkatastrophen wie der Wirbelsturm im Jahr 1962 oder das Erdbeben von 1991 haben den **Verfall** beschleunigt.

Mittlerweile sind aber viele panamaische, europäische und amerikanische Bürger dem karibischen Flair der Insel erlegen, haben alte Häuser gekauft, **renoviert** oder durch modernere ersetzt und sich mit Hotels, Lodges, Posadas, Touragenturen, Bars und Restaurants eine Existenz unter der Sonne aufgebaut.

Praktische Hinweise

An- und Weiterreise

■ **Wassertaxis nach Almirante** (drei Anbieter) verkehren zwischen 6 und 18 Uhr halbstündlich für 4–6 $ p.P.

■ Einige Schritte südlich des Gran Hotels Bahía befindet sich der Anlegesteg der **Autofähre,** die von Di bis Sa 2x und am So 1x nach Almirante fährt.

■ Die einfache **Landepiste** und das Flughafengebäude liegen wenige Minuten vom Zentrum entfernt. **Air Panama,** Tel. 2222-0433, fliegt 2x täglich nach Panama-Stadt und San José/Costa Rica. Flugtickets sind im Flughafengebäude erhältlich oder im Internet unter www.airpanama.com. Nach San José fliegt auch die costaricanische Fluglinie **Nature Air** mit neuen Cessna 208 Caravans. Ein absolut lohnender Flug! Aktuelle Informationen über die Fluglinie und deren Ziele findet man unter www.natureair.com. Im Flughafengebäude sind eine Autovermietung und ein Minimarkt zu finden. Ein Taxi in den Ort kostet etwa 0,60 $, als Tourist zahlt man aber gern einmal 1 $.

■ **Taxis** warten an den Bootsanlegestellen, am Flughafen und in der Hauptstraße des Ortes.

■ Der einzige regionale **Bus** pendelt mehrmals täglich zwischen dem Hauptort Bocas del Toro und der Boca del Drago.

Bocas del Toro

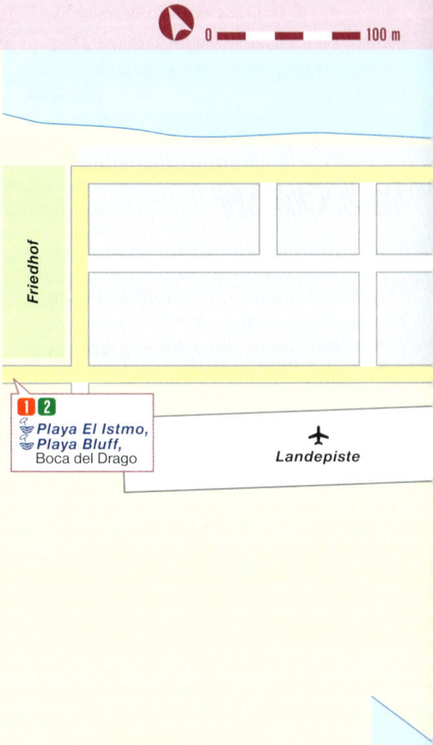

Übernachtung
1 Hostal Camping la Y Griega
3 Nic's Place
4 Hotel Casa Blanca
5 Hotel Cocomo on the Sea
7 Lula's Bed and Breakfast
8 Hotel Vista Mar
9 Posada Los Delfínes
10 Casa Max
11 Hotel Las Brisas
12 Hotel Swan's Cay
17 Bocas Paradise Hotel
19 Hostel Heike
21 Hotel del Parque
23 Hotelito del Mar
24 Hotel Bocas Town
25 Hotel Tropical Suites
26 Hostal Hansi
27 Hotel Hipocampo
28 Hotel Bocas del Toro
29 Hotel El Limbo on the Sea
35 Hotel Olas
36 Spanish at Location
39 Hostal Casa Verde
42 Gran Hotel Bahia
46 Hotel Palma Royale

Einkaufen/Sonstiges
2 Smithsonian Tropical Research Institute
18 Escuela del Mar (Surfschule)
30 Under See (Touragentur)
33 Super Centro Cristina
34 Fahrradverleih Panther Bike Rent
36 Sprachschule Spanish by the Sea
37 Bocas Dive Center
41 Super Gourmet
43 Red Frog Express (Boot)
45 Monkey Rent a Bike
48 Farmacía Rosa Blanca

Essen und Trinken
13 Panadería Alemana
14 OM Café
15 Cine Café
16 Barco Hundido
22 Café del Mar
30 Restaurante El Pirata
31 Bocas Bambú Beach, Indi Lounge
32 Restaurante Chitré
38 El Ultimo Refugio
40 Bocart
44 Restaurant The Reef
47 La Italiana Pizza-Bar

Nachtleben
47 La Iguana & Surf Bar

©Reise Know-How 2017
PanamaF35
KARIBISCHES MEER
Av. H
Av. G
Av. F
Av. E
Av. Central
Av. D
Av. C
Av. B
Av. A
Calle 1
Calle 2
Calle 3
Calle 4
Calle 5
Calle 6
Kinder-spielplatz
Feuerwehr
Methodistenkirche
Katholische Kirche
Fußballfeld
Palacio Municipal
Flughafen-gebäude
Parque Simón Bolívar
Wassertaxi
Ask Bocas del Toro
Stromversorgung
Fähre nach Almirante
1 3 4 5 7 8 9 10 11 12 13 14 15 16 17 18 19 21 22 23 24 25 26 27 28 29 30 31 32 33 34 35 36 37 38 39 40 41 42 43 44 45 46 47 48

152pa hz

Übernachten

Am Wasser

24 **Hotel Bocas Town,** Tel. 757-7381 und 6742-3937, www.hotelbocastown.com. 3-stöckiges Holzhotel direkt neben der Polizeiwache, 18 einfache, schön dekorierte Zimmer mit Klimaanlage. DZ 66–98 $ inkl. Frühstück. Erwähnenswert ist die Sonnenterrasse auf einem Holzdock mit integriertem Meerwasserpool sowie Bar und Restaurant.

39 **Hostal Casa Verde,** Tel. 6633-8050. Backpacker-Hostel in einem kleinen, grünen traditionellen Holzhaus mit Terrasse am Meer. Mehrbettzimmer 14 $ p.P., im DZ 35 $. Restaurant, Bar, hilfsbereit.

35 **Hotel Olas,** Tel. 757-9930, www.hotelolas.com, die sechste Straße an der Westseite des Ortes. Kleine zweckmäßige Zimmer mit AC und TV, EZ/DZ ab 60 $. Gemeinsame Terrasse und Schwimmmöglichkeit.

11 **Hotel Las Brisas,** Tel. 757-9549, www.brisasbocas.com. Speziell für Surfer und andere Wassersportler gedacht. 24 saubere Zimmer mit viel Holz eingerichtet, AC, TV. Ab 15 $ p.P.

8 **Hotel Vista Mar,** Tel. 757-9198, www.hotelvistamar.net. Mittelklassehotel mit Restaurant, Bar und 14 gepflegten Zimmern, einige mit kleinem Balkon. DZ ab 75 $ inkl. Frühstück.

17 **Bocas Paradise Hotel,** Calle 1, neben dem Taxi 25, Tel. 757-9546, www.bocasparadisehotel.com. Mittelklassehotel direkt am Wasser mit lebhaftem Restaurant und Bar. 23 klimatisierte Zimmer, DZ ab 66 $, mit Meerblick 127 $, inkl. Frühstücksbüfett.

5 **Hotel Cocomo on the Sea,** Tel. 757-9259, www.cocomoonthesea.com. Schönes älteres Hotel mit 4 zweckmäßigen Zimmern ab 93 $ für 2 Personen, inkl. Frühstück und Kajaks.

Bananenverkauf in Bocas del Toro

Die Schildkröte und der Leguan

Dieses **uralte Märchen der Indígenas** der Provinz Bocas del Toro erzählt die Geschichte, wie die Schildkröte eigentlich zu ihrem Panzermuster kam. Und wie so viele Märchen beginnt auch dieses mit: Es war einmal …

… ein Leguan, der eine Schildkröte zu einer **Wette** überredete, um zu sehen, wer von beiden der Mutigste sei. Um das herauszufinden, mussten beide von einem Baum in einen mit Steinen gefüllten Fluss springen. Der Leguan war als erster an der Reihe, er atmete tief ein, hielt die Luft an, sprang in das Wasser und kletterte mit einem Grinsen im Gesicht an der anderen Flussseite wieder an Land. Dank seines schlanken, gelenkigen Körpers hatte er den Sprung unverletzt überstanden.

Jetzt war die Schildkröte an der Reihe. Verängstigt, die Augen geschlossen, sprang sie in das tosende Wasser des Flusses. Dabei schlug sie an einen Felsen und ihr Panzer zerbrach in viele Stücke. Ein Fisch und eine Languste, die die Wettkämpfer beobachtet hatten, eilten der Schildkröte zu Hilfe. Die Languste schenkte der verzweifelten Schildkröte ein Stück ihres Fühlers als Draht, vom Fisch bekam sie eine Gräte als Nadel, damit sie ihren Panzer nähen konnte. Als die Schildkröte mit dem Flicken ihres Panzers fertig war und das Muster ansah, sagte sie mit Tränen in den Augen: „Wenn mich der Leguan so sieht, wird er mich sicher auslachen und verspotten. Ich bleibe von nun an für immer im Wasser …"

28 Hotel Bocas del Toro, Tel. 757-9018 und 757-9771, www.hotelbocasdeltoro.com. Boutique-Hotel mit 11 großen Zimmern, gut besuchtem Restaurant, lebhafter Bar und kleiner Terrasse mit Strandliegen. EZ/DZ ab 144 $ inkl. Frühstück.

29 Hotel El Limbo on the Sea, Tel. 757-9062 und 757-9227, www.ellimbo.com. Mittelklassehotel in bester Lage, 15 schlichte klimatisierte Zimmer von 82–145 $ (mit Blick aufs Meer) inkl. Frühstück. Restaurant, Bar und Terrasse über dem Meer, mit Strandliegen.

25 Hotel Tropical Suites, Tel. 757-9880, www.bocastropical.com. Schönes Mittelklassehotel in Weiß mit 17 großen klimatisierten Suiten: 97 $ mit Blick zum Dorf, 130 $ mit Blick aufs Meer, Frühstück außer Haus extra. Gute Lage, empfehlenswert.

Im Ort

Im Zentrum von Bocas del Toro kann es abends wegen der Musik aus den Bars laut werden.

Unser Tipp: 23 Hotelito del Mar, Calle Primera/Calle 2a, in der zweiten Reihe zum Meer, Tel. 757-9861, www.hotelitodelmar.com. 7 helle, sehr gepflegte, moderne Zimmer mit AC, 72–104 $. Freundlich und professionell, netter US-amerikanischer Besitzer, lokale Geschäftsleitung.

19 Hostel Heike, Tel. 757-9708, www.hostelheike.com. Beliebtes Hostel in zentraler Lage mit einfachen Zimmern und schöner Terrasse mit Hängematten. 12 $ p.P. mit Ventilator, 2 $ extra mit AC, auch kleine Privatzimmer ab 28 $, jeweils inkl. Frühstück. Gemeinschaftsbad.

3 Nic's Place, gegenüber vom Fußballfeld, nahe am Flughafen, Tel. 757-9538. Freundlich, 16 Zimmer mit Klimaanlage, ab 55 $, Frühstück extra.

26 Hostal Hansi, www.hostalhansi.bocas.com, kein Telefon. Traditionelles Haus mit 15 ordentlichen Zimmern und Gemeinschaftsküche. Fast alle Zimmer haben Bad. EZ ab 14 $, mit Bad für 16,50 $, DZ ab 28 $, ohne Frühstück. In der Hochsaison gehen die Preise leicht nach oben. Keine Reservierung möglich.

10 Casa Max, Tel. 757-9120, www.hotelcasamax.com. 20 helle Zimmer mit Ventilator auf zwei Ebenen, die im 1. Stock haben einen Balkon. Kleiner Garten. EZ 50 $, DZ 66 $, im Dorm 16 $ p.P. Restaurant und Tauchschule im Haus.

27 Hotel Hipocampo, Tel. 757-9472, Holzhaus mit 9 zweckmäßigen Zimmern, alle mit AC und TV. EZ 25 $, DZ 40 $.

9 Posada Los Delfines, Av. G mit Calle 5, Tel. 757-9963, www.posadalosdelfines.net. Große klimatisierte Zimmer oberhalb einer Pizzeria, ab 60 $ mit sehr einfachem Frühstück.

4 Hotel Casa Blanca, Tel. 757-9738, www.casablancabocas.com. Gepflegtes kleines Guesthouse, nette Zimmer mit AC und TV ab 50 $.

21 Hotel del Parque, Tel. 757-9008. Nettes Haus mit kleinen, warmen Zimmern im Erdgeschoss und größeren, luftigeren Zimmern im 1. Stock. Gemeinschaftsbalkon. EZ/DZ ab 55 $.

7 Lula's Bed and Breakfast, Tel. 757-9057, www.lulabb.com. 8 rustikale, etwas altmodische Zimmer, gemeinsame Mini-Küche, schöner Aufenthaltsraum mit vielen Büchern, sehr sauber. DZ 77 $ inkl. sehr gutem Frühstück, keine Kreditkarten.

46 Hotel Palma Royale, Tel. 757-9979, www.palmaroyale.com, am Südende der Hauptstraße, in der zweiten Reihe zum Meer. Moderne Zimmer ab 100 $, Suiten mit Balkon, tollem Bambusboden und vielen Details ab 190 $, jeweils inkl. Frühstück. Gutes Restaurant.

42 Gran Hotel Bahía, Tel. 757-9626, www.ghbahía.com, Calle 3 mit Av. A. Eines der ältesten Hotels auf der Insel, aber doch (oder gerade deswegen) noch immer recht stimmungsvoll. 18 angenehme Zimmer mit AC, großer Gemeinschaftsbalkon. DZ ab 77 $ inkl. Frühstück. Gute Wahl.

12 Hotel Swan's Cay, Tel. 757-9090, www.swanscayhotel.com, an der Hauptstraße gegenüber der Kirche. Älteres Mittelklassehotel mit 49 klassisch eingerichteten Zimmern. Restaurant, Swimmingpool. EZ/DZ ab 70 $.

Unser Tipp: 36 Spanish at Location, Calle 4, etwa 100 m nordwestlich der Fähranlegestelle, www.

spanishatlocations.com, Tel. 757-9518. Das kleine Hostal mit 7 Zimmern ist sauber und günstig: 12 $ für ein Bett, 20 $ für ein EZ und 30 $ für ein Zimmer mit Bad. Küche, Hängematten, viele Informationen. Vermittelt werden auch Gastfamilien (22 $ mit Frühstück und Abendessen)!

1 **Hostal Camping la Y Griega,** außerhalb vom Ort an der Y-Gabelung *(y griega)* der Straße nach Playa Bluff bzw. Boca del Drago, ganz in der Nähe zur Playa Tortuga, Tel. 6921-2125, www.hostalcampinglaygriega.com. Sehr schöner Campingplatz kombiniert mit einem einfachen Hostal, 2 DZ mit Gemeinschaftsbad, ein Dorm mit 6 Betten, 10 Zelte zum Vermieten und Stellplätze. DZ 24 $, 10 $ im Dorm, 7,50 $ im Zelt. Ein Fahrrad zum Einkaufen im Dorf wird zur Verfügung gestellt. Hängematten, Gemeinschaftsküche, Bar. Ein Taxi von Bocas del Toro kostet 1 $ p.P.

Essen und Trinken

Die meisten Hotels am Wasser haben ein kleines Restaurant und/oder eine Bar direkt am Meer, oft mit Happy Hour am Nachmittag. Es gibt auch eine Vielzahl an Restaurants und nette Bars im Ort.

Unser Tipp: 22 **Café del Mar,** gegenüber vom Hotel Bocas Town. Abwechslungsreiches Frühstück und leckere Sandwiches, sehr gesund, empfohlen sei der Thunfisch. Viele Früchte und große Auswahl an frisch gepressten Fruchtsäften. Sehr freundlich. Unter der Woche nur 8–16 Uhr, am Wochenende bis 22 Uhr, mittlere Preisklasse.

Unser Tipp: 40 **Bocart,** in der Nähe des Fähranlegers beim *Super Gourmet.* Kunst und leckeres Essen fusionieren hier in einem offenen Restaurant. Mediterrane und asiatische Kombinationen, auch Sushi, sehr empfehlenswert. Täglich ab 17 Uhr.

14 **OM Café,** das Lokal am Meer sorgt für Abwechslung: indische Curry-Gerichte in asiatischer Atmosphäre. 15–22 Uhr.

30 **Restaurante El Pirata,** am Meer, typisches Essen, Fisch und Meeresfrüchte, Pizza und Pasta. Von 11 bis 16 Uhr Mittagstisch für 5 $, große Portionen, geöffnet von 6 bis 22 Uhr durchgehend.

32 **Restaurante Chitré,** an der Hauptstraße zwischen Av. C und D. Typisches Essen aus Bocas del Toro, extrem niedrige Preise, auch günstig zum Frühstücken. Sehr typisch und auch bei den Bocañeros sehr beliebt.

44 **Restaurant The Reef,** älteres Restaurant mit einfacher Terrasse am Wasser und panamaischer Standardküche.

38 **El Ultimo Refugio,** einfaches, nettes Lokal am Wasser mit exzellenten Leckereien aus dem Meer. Gut für einen Mojito oder sonstigen Cocktail, Live-Musik, empfehlenswert.

47 **La Italiana Pizza-Bar,** am Ortsende 200 m vor dem Fähranleger. Gute Holzofenpizza, Pasta und frische Cocktails in ungezwungener Atmosphäre, im hinteren Bereich befindet sich die 47 **Diskothek La Iguana & Surf Bar,** die außer Mi und Sa um 22 Uhr öffnet.

13 **Panadería Alemana,** Calle 2a, 100 m nördlich vom Plaza Bolívar. Kleines Ladenlokal mit drei Tischen. Leckere Sandwiches, evtl. lange Wartezeiten, 7–20 Uhr.

31 **Bocas Bambú Beach,** im Zentrum gegenüber vom *El Pirata.* Recht neue Zelt-Open-Air-Bar mit karibischem Restaurant. Pizza, Meeresfrüchte, gute Atmosphäre, Live-Musik und Shows. Täglich 17.30–23 Uhr. Direkt gegenüber haben die gleichen italienisch-argentinischen Besitzer die **Indi Lounge** eröffnet. Geboten wird ein Mix aus guter indonesischer und europäischer Küche. Täglich ab 17 Uhr.

15 **Cine Café,** Calle 2, schräg gegenüber vom Parque Simón Bolívar, Tel. 6549-4158. Snacks, Kaffee, Spiele, Bücher und eine große Auswahl an Videos, ideal für Familien. Täglich 15–23 Uhr.

16 **Barco Hundido,** eine der beliebtesten Bars in Bocas, bis spät in die Nacht geöffnet. Ungezwungene Atmosphäre, am Wasser gelegen. Günstiges und schnelles Essen und die preiswerten Drinks garantieren die große Popularität. Keine Kreditkarten.

20pa hz

Feste

■ Mitte September findet jedes Jahr die **Feria del Mar** statt, eine kirmesähnliche Veranstaltung mit viel Musik, Tanz, Essen und Trinken, die meist bis in die frühen Morgenstunden andauert. Festplatz ist der Playa El Istmito, der am Ortsausgang in Richtung Norden beginnt. Während der Festtage zahlt man 1,50 $ Eintritt zum Strand. Nach vier Tagen ist das Spektakel wieder vorbei.

■ Am 16. November wird die **Gründung der Provinz Bocas del Toro** gefeiert, am 23. November **El Día de Bastimentos** auf der Isla Bastimentos.

Aktivitäten

UNSER TIPP: 18 **Surf-Unterricht** kann man gut in der **Escuela del Mar** nehmen. Sie befindet sich gegenüber der Polizeiwache, Tel. 6785-7984. Gute Lehrer, ein 3-Stunden-Kurs kostet 45 $ inkl. Ausrüstung, ein 3-Tage-Paket 110 $. Außerdem Verleih von Boards, Kajaks und Schnorchelausrüstung.

■ **Fahrräder** kann man bei verschiedenen Anbietern im Ort mieten, z.B. bei 34 **Panther Bike Rent** täglich von 8.30 bis 18 Uhr, Tel. 6488-1048, einen Block vom Restaurant *El Pirata* nach Westen in der Calle 4, oder bei 45 **Monkey Rent a Bike** neben dem Restaurant *The Reef.*

Tauchen und Schnorcheln

Mit dem Marinenationalpark Bastimentos vor der Haustür sind Tauch- und Schnorchelausflüge eine Selbstverständlichkeit geworden. Zu den lohnenswerten **Tauchstellen** gehören The Garden, Cristobal Light (Wrack), Hospital Point und Coral Cays, wo man u.a. Ammenhaie, Seepferdchen, Papageien- und Engelfische, Muränen, Krabben, Garnelen, Meeresschildkröten, Schwämme, Hirn- und Geweihkorallen zu sehen bekommt.

37 Eine professionell arbeitende und gut ausgestattete PADI-Tauchschule, die Tauchkurse, diverse Bootstauchgänge und Schnorchelausflüge anbietet, ist **Bocas Dive Center,** Tel. 757-9737, www.bocasdivecenter.com, Calle 4 mit Av. Sur.

Bootsausflüge

Im Zentrum des Ortes werden von diversen Büros und Organisationen Bootstouren zu den vorgelagerten Inseln und Stränden für 15 bis 20 $ p.P. angeboten, inkl. Schnorchelausrüstung. Zudem gibt es Ausflüge zum Fischen, Touren mit Katamaran und die Möglichkeit, Kajaks zu mieten. Als eines der schönsten Ziele gelten die **Inseln Cayo Zapatilla 1 und Cayo Zapatilla 2,** die sich gute 3 Seemeilen östlich der Insel Bastimentos befinden und Teil des Nationalparks sind. Kristallklares Wasser, weiße Sandstrände, fantastische Korallenbänke direkt vor den Inseln und eine tierreiche Vegetation machen die zwei Inseln sehr interessant. Auf Zapatilla 2 gibt es schön angelegte Wanderwege, die durch abwechslungsreiche Natur führen. Ein Weg ist der 1,8 km lange **Sendero Las Brómelias,** der durchs Inselinnere und an zwei Stellen ans Meer führt.

Da die Inseln im Nationalpark liegen, sind **10 $ Eintritt** zu zahlen, dafür gibt es einfache sanitäre Einrichtungen und die Möglichkeit, sein Zelt (für weitere 10 $ p.P.) aufzustellen. **Infos** dazu bei der Nationalparksbehörde unter Tel. 758-6822.

30 Empfehlenswert sind die Touren von **Under Sea,** das Büro ist in der Ortsmitte beim *Restaurante El Pirata* zu finden, Tel. 6668-5856, www.underseapanama.com. Sie sind zwar etwas teurer als die der Konkurrenz, bieten dafür aber ruhigere, unbekannte Spots an und außerdem Deepboard-Schnorcheln. Dabei wird man von einem Boot durchs Meer gezo-

☒ Schnorchelvergnügen bei Bocas del Toro

gen, was sich anfühlt, als fliege man durchs Wasser. Tour zum Cayo Zapatilla mit Schnorcheln und Deepboard sowie Mittagessen für 45 $, nur Deepboard oder Schnorcheln 15 $, ab 4 Personen. In Zusammenarbeit mit *Boca Transfer* werden halbprivate Transporte nach Costa Rica (Karibikküste und San José für 27–37 $ p.P.), Boquete (37 $ p.P.) und Panama-Stadt (40 $ p.P.) angeboten.

■ Auf eigene Faust kann man sich zur kleinen **Isla Caranero** (ca. 5 Min.) übersetzen lassen, wo man zu Fuß viel erkunden kann (s.u.).

■ Eine schöne, lohnenswerte Tour führt in das seit 1993 unter Naturschutz stehende und von der *Association of Friends and Neighbors of the Coast and Nature* (AAMVECONA) betreute **Feuchtgebiet Humedales San Pock,** nördlich von Changuinola gelegen, wo man mit viel Glück sogar Seekühe beobachten kann.

■ Das **Monkey Island Refuge** liegt weit weg am Cayo Tigre auf der Isla Popa und ist eine Auffang- und Forschungsstation für bedrohte Affen (kein Telefon, keine Website). Wer die Station bzw. Insel besuchen möchte, sollte 20 $ Eintritt als Spende zahlen und sich mit einem der folgenden Kapitäne in Verbindung setzen, um den Transfer zu klären: *Capitán Paco,* Tel. 6796-1018, *Capitán Reinaldo,* Tel. 6650-9740, *Capitán Gustavo,* Tel. 6809-6370.

Rad- und Wandertouren

■ Die Isla Colón bzw. ihr Wegenetz eignet sich gut für Rad- oder Wandertouren auf eigene Faust in Richtung **Playa Bluff** und zur **Boca del Drago** (siehe unter „Strände"). Fahrräder werden von einigen Unterkünften und Geschäften im Zentrum von Bocas del Toro zum Mieten angeboten.

■ **La Gruta,** „die Höhle", liegt auf dem Weg zur Boca del Drago. Nach etwa 6,5 km ab dem Ortsausgang von Bocas gelangt man in die kleine Gemeinde Colonia Santeña. Von hier führt nach rechts ein Fußweg zu der kleinen Höhle, die von Hunderten von Fledermäusen bewohnt wird. Den Eingang erkennt man an einer kleinen Kapelle. Es ist ratsam, eine Taschenlampe mitzubringen, dann kann man die Höhle in relativ kurzer Zeit komplett durchqueren. Eintritt 2 $ p.P.

Adressen A–Z

■ **Apotheke:** An der Hauptstraße in Bocas del Toro gibt es diverse Apotheken mit den notwendigsten Medikamenten, z.B. die 48 *Farmacia Rosa Blanca.*

■ **Einkaufen:** Im Ort gibt es mehrere kleine **Supermärkte,** darunter in der Ortsmitte das chinesische 33 **Super Centro Cristina** und in der Nähe der Fähre den 41 **Super Gourmet** mit einem internationalen, auch koscheren Angebot und einigen Spezialitäten, Café und leckeren Sandwiches (Mo bis Sa 9–19 Uhr).

■ **Geld/ATM:** *Banco Nacional de Panamá,* geöffnet Mo bis Fr 8–15 Uhr und Sa 9–12 Uhr. Einziger Geldautomat im Ort.

■ **Informationen:** Im Internet findet man unter **www.alautentico.com/de/bocas** wertvolle und aktuelle Informationen über spezielle Ziele und Touren für Individualisten, unter **www.bocasdeltoro.com** ist eine Link-Sammlung von Hotels, Restaurants und Aktivitäten gelistet.

■ **Post:** im *Palacio Municipal,* geöffnet Mo bis Sa 8.30–17 Uhr.

2 **Smithsonian Tropical Research Institute,** Tel. 212-8574, www.stri.si.edu. In dieser Station des berühmten amerikanischen Smithsonian Institute sind internationale Forscher damit beschäftigt, natürliche Phänomene über und unter Wasser zu erforschen, insbesondere das Leben der Korallen und Wasserschildkröten. Auch die Auswirkungen von Umweltbelastung und Fischerei werden analysiert. Besuche nur Do und Fr 15–17 Uhr.

■ **Sprachschule:** Als gute Sprachschule gilt *Spanish at Locations,* in diesem Fall heißt sie 36 **Spanish by the Sea** und befindet sich einen Block westlich des Fähranlegers in der Calle 4. Das Konzept der Schule ist sehr interessant, da vier Filialen in zwei Ländern unterhalten werden und sich gegenseitig ergänzen. So kann man z.B. die erste Woche in Panama-Stadt absolvieren, dann eine Woche in Boquete, dann in Bocas del Toro und auf Wunsch abschließend in Costa Rica im schönen Turrialba. Tel. 757-9518, www.spanishatlocations.com.

■ **Touristeninformation:** *Infocenter Ask Bocas del Toro,* an der Hauptstraße gegenüber dem *Restaurante Citré,* Tel. 760-0255. Viele Informationen, Shuttlebus-Service, Hotels, Bootstouren. Freundlicher Service zwischen 8 und 21 Uhr.

■ **Wäscherei:** Die meisten Hotels bieten einen Wäscheservice an.

Strände

Die Isla Colón bietet einige vorgelagerte Korallenriffe, die perfekt zum Schnorcheln geeignet sind, sowie kleine Buchten mit Sandstränden.

Ein sehr beliebtes Ziel ist die im Nordwesten der Insel gelegene **Boca del Drago,** die „Drachenbucht", mit einem langen, teilweise mit Palmen bestandenen Strand, der gut zum Baden, Sonnen und Schnorcheln geeignet ist. Für Essen und Trinken gibt es ein kleines Restaurant. Die Boca del Drago kann man als lohnenswerten Tagesauflug einstufen, die auch bei fast allen Tagestouren, die man in Bocas buchen kann, mit auf dem Programm steht. Ein Bus pendelt zwischen Bocas del Toro und Boca del Drago; die Landschaft zu beiden Seiten der Strecke verschönert die 40-minütige Fahrt. Genaue Abfahrtszeiten erfahren Sie in den Hotels oder an der Haltestelle am Parque Simón Bolívar.

Etwas südlich von Boca del Drago erstreckt sich der **Playa Estrellas,** ein Strand, der über und über mit Seesternen bevölkert ist. Auch im kristallklaren Wasser schwimmen sie und sind mit einer einfachen Taucherbrille ganz aus der Nähe zu betrachten. Bitte nicht aus dem Wasser nehmen!

Die **Playa El Istmito** liegt zwar Bocas am nächsten, doch stören Sandfliegen oft das Strandvergnügen. Fürs leibliche Wohl sorgt dort das *Restaurante Guari Guari* mit guten Fischgerichten karibischer Art.

An der recht wilden Ostküste der Isla Colón gibt es zwei schöne Sandstrände. Aus Bocas kommend erreicht man nach 5 km zunächst den **Playa Paki,** dann, knapp 3 km weiter, folgt der ewig lange Sandstrand **Playa Bluff,** der eine starke

pa2017-008 va

⟩ Stand-Up-Paddling bei Bocas del Toro

Brandung aufweist und damit ein beliebtes Ziel für Surfer ist. Der Strand ist in der Regel zum Baden zu wild, von Juli bis Oktober ist es ruhiger. Vorsicht mit den Strömungen! Playa Bluff ist auch bekannt wegen der Meeresschildkröten, die hier jährlich zur Eiablage kommen.

Um an die Strände zu gelangen, gibt es mehrere Möglichkeiten. Ein **Taxi** ab Bocas del Toro braucht gut 20 Minuten über die schlechte Straße bis Playa Bluff und kostet 15 $. Am Parque Simón Bolívar im Zentrum von Bocas fahren **Shuttle-Busse** ab, die etwa 3,50 $ p.P. kosten (unregelmäßig, etwa stündlich). Mit dem **Fahrrad** ist man eine knappe Stunde unterwegs, **zu Fuß** ist es eine schweißtreibende Wanderung, die 3–4 Stunden dauert.

Übernachten, Essen und Trinken

UNSER TIPP: **Guari Guari,** Playa El Istmito, eines der besseren Restaurants der Insel, klein, fein, ruhig, mit empfehlenswertem 5-Gänge-Menü, internationale Küche, sehr gutes Preis-Leistungsverhältnis, deutschsprachig.

- **Cabañas Turísticas Estefany,** Boca del Drago, Tel. 695-64525, www.cabanasturisticasestefany.com, 300 m südlich der Boca del Drago direkt am Meer. Kleine, sehr einfache Holzhütten, teilweise mit eigenem Bad, ab 33 $, Bett im Schlafsaal mit 5 Betten für 11 $ p.P.
- **Playa Bluff Lodge,** Playa Bluff, Tel. 6800-2542, www.playablufflodge.com. Direkt am relativ wilden Strand gelegene Lodge mit 9 Zimmern, Pool und Restaurant (8–21 Uhr). DZ ab 88 $.
- **Tesoro Escondido,** Playa Bluff, Tel. 6711-9594, www.tesoroescondido.info. 3-stöckiges Haus mit blauem Dach kurz vor Playa Bluff. Französisch geführte Posada mit einer Suite, 4 Zimmern und gutem Restaurant. DZ ab 64 $.
- **Paki Point,** Playa Bluff, Restaurant und Bar direkt am Meer, interessante Speisekarte, viele Details, Surfboard-Verleih, Yoga Center. Täglich 11–18.30 Uhr.

Isla Caranero

Gegenüber von Bocas del Toro liegt die kleine Insel Caranero, eine ruhige Alternative zum lebhaften Bocas. Die Isla Caranero ist in erster Linie ein **Platz zum Erholen,** mit einer faszinierenden Unterwasserwelt und tollen Korallenbänken. Wem die Ruhe zu viel wird, der kann in weniger als 5 Minuten für 1 $ mit dem Boot nach Bocas übersetzen. Es gibt keine Straßen, nur ein kleiner Fußweg, der nah am Strand entlangführt. Im Inselinneren leben die Ngäbe in recht wilder Unordnung, am Strand sind Hotels, Posadas und einige Restaurants zu finden. Alles ist klein und übersichtlich.

Übernachten, Essen und Trinken

- **Hostal Gran Kahuna,** Tel. 757-9551, www.grankahunabocas.com. Herberge direkt am Palmenstrand, ab 13 $ p.P.
- **Aqua Lounge,** kein Telefon, www.bocasaqualounge.info. Sehr einfaches Hostel, dafür jede Menge Partystimmung. Am Wasser gelegen, mit günstiger Bar, Restaurant und vielen Aktivitäten. 12 Zimmer: ab 11 $ ohne Klimaanlage, 15 $ mit, jeweils p.P., Privatzimmer 32 $, inkl. Frühstück.
- **Faro del Colibri,** Tel. 6791-0840, 757-7315, www.farodelcolibri.com. Die 6 attraktiven kleinen Bungalows plus Leuchtturm direkt auf dem Wasser (mit Privatterrasse) begeistern viele Touristen. Ab 95 $ mit Frühstück. Italienische Besitzer.

■ **Hotel Tierra Verde,** Tel. 757-9903, www.hoteltierraverde.com. Schönes Holzhaus in einem Palmenhain mit 7 klimatisierten Zimmern ab 72 $ und einem Familien-DZ für 165 $, jeweils inkl. Frühstück. Betreiber ist der freundliche *Iwan*. Beliebt bei Surfern.

■ **Casa Acuario,** Tel. 757-9563, www.casaacuario.com. Auffallendes Holzhaus über dem Wasser an der Südspitze der Insel. Große, einfache klimatisierte Zimmer ab 96 $, Frühstück extra.

■ 100 m östlich der *Aqua Lounge* befindet sich das **Leaf Eaters,** ein freundliches vegetarisches Restaurant mit Café. Di bis Sa 11–18 Uhr.

■ **Bibi's on the Beach,** Tel. 757-9137, vom Hotel *Tierra Verde* 250 m dem Fußweg in Richtung Nordosten am Meer entlang folgen, dann erreicht man das auf dem Wasser gebaute Restaurant. Ein Taxi von Bocas kostet 2 $ p.P. Frühstück, Mittag- und Abendessen, tägl. außer Di 8–21 Uhr. Sehr stimmungsvoll, tolle Aussicht, leckere Cocktails, super Essen, romantisch und gemütlich, kein Geheimtipp mehr, aber trotzdem unbedingt ausprobieren!

Isla Solarte

Die Isla Solarte liegt nicht einmal 2 km bzw. 7 Minuten im Taxiboot südöstlich von Bocas und der Isla Colón in Richtung zum Nationalpark Isla Bastimentos und ist zum größten Teil von **Gruppen von Ngäbe** bewohnt, die ein reichhaltiges Angebot an Kunsthandwerk herstellen. Im Jahr 1900 hatte die *United Fruit Company* an der Nordspitze der Insel eine Krankenstation gegründet, in der meist Opfer von Tropenkrankheiten wie Malaria und Gelbfieber behandelt wurden. Der Name **Hospital Point** ist geblieben, steht aber für eines der besten Schnorchel- und Tauchziele der Inselgruppe. Hier finden sich intakte Korallenbänke und viele bunte tropische Fische in kristallklarem Wasser. Hospital Point ist auch Ziel vieler Tagestouren, die in Bocas del Toro starten.

Übernachten, Essen und Trinken

Unser Tipp: **Bambuda Lodge & Hostel,** Tel. 6962-4644, www.bambuda.net. Schöne, ökologisch ausgerichtete Urwald-Unterkunft, direkt am Meer mit tollem Blick, großem Pool und 50-m-Wasserrutsche bis ins Meer. Wanderwege durch den privaten Primärregenwald (6 ha) und Möglichkeit, in einer knappen Stunde auf einem markierten Weg bis Hospital Point zu wandern. Direkt vor der Lodge befindet sich ein tolles Korallenriff. 16 Zimmer für je 2 Personen ab 49 $ (geteiltes Bad), ab 69 $ mit Privatbad plus 2 große Schlafsäle für jeweils 11 Personen (16 $ p.P.). Sehr gutes Restaurant mit vegetarischen Optionen, Tischtennis, Kajaks, Kanus, Stand-up-Paddle-Boards für 4 $ pro Stunde, Schnorchelausrüstung, Tourangebote. Kinder erst ab 16 Jahren. Sehr empfehlenswert!

■ **Garden of Eden,** Tel. 6967-0187, www.gardenofedenbocas.com. An der nordöstlichen Seite der Insel mit Blick auf Bastimentos befindet sich diese feine Lodge: 2 Cabinas und 2 Suiten ab 152 $ inkl. Frühstück und Kajakbenutzung. Sehr ruhig.

■ **The Blue Coconut Restaurant,** Tel. 6762-2058, an der Westseite der Insel mit Blick auf die Isla Colón. Das schwimmende Restaurant ist auf Wasser gebaut, die Lage ist spektakulär, das kristallklare Wasser lädt zum Schnorcheln ein. Ein Platz, um den Tag zu verbringen, eine Kleinigkeit zu essen und leckere Cocktails zu probieren. Dabei kann man Seesterne, Seegurken und unzählige farbige Fische vom Steg aus beobachten. Täglich 12–18 Uhr.

Isla Bastimentos

Auf der etwa 1600 Einwohner zählenden Insel geht alles noch seinen **relaxten karibischen Gang,** existiert noch der Tante-Emma-Laden anstelle des Supermarktes und die Dorfkantine statt der Sportbar. Autos, Mopeds und Straßen sind im heißen, staubigen Dorf Bastimentos (meistens nur **„Old Bank"** genannt) unbekannt. Die Hauptstraße bildet ein betonierter Pfad, der an der Anlegestelle beginnt und beim Friedhof endet. Eine der bekanntesten Hauptattraktion des Archipels ist der wunderschöne **Red Frog Beach,** der seinen Namen den roten Pfeilgiftfröschen verdankt, die hin und wieder noch am Strand zu beobachten sind. Der herrliche Sandstrand liegt auf der Nordseite der Insel, noch außerhalb des Nationalparks, und ist für 10 $ p.P. mit dem Boot schnell zu erreichen. Viele Besucher kommen als Tagestouristen zum Red Frog Beach. Entlang des Strandes und im tropischen Wald sind auch einige Unterkünfte und Restaurants zu finden, die immer mehr begeisterte Touristen für längere Zeit anziehen.

Östlich des Red Frog Beach liegt der **Turtle Beach,** westlich der **Playa Wizard,** der vom Dorf in etwa 45 Minuten zu Fuß erreicht ist. Der zum Teil mit Kies und Stufen befestigte Weg dorthin beginnt bei einer Abzweigung von der Dorfstraße neben dem *Hostal Bastimentos* und führt auf einen Hügelrücken, wo man in einer Kakaofarm Getränke und selbst hergestellte Kosmetika und Repellents (Anti-Mückenmittel) erhält. Ab der Farm ist der Weg zum Strand nicht markiert. Gehen Sie diesen Wanderweg am besten mit einem örtlichen Guide und achten Sie darauf, dass Sie noch bei Tageslicht wieder zurückgehen. Der Strand ist traumhaft schön zum Baden und Schnorcheln, ihm vorgelagert sind tolle Korallenriffe. An beiden Stränden ist mit starken **Unterströmungen** zu rechnen, und die Wellen können manchmal sehr hoch sein.

Im Inselinneren liegt die „Fledermaushöhle", die **Cueva de Murciélagos,** die auf drei Niveaus außergewöhnliche Erlebnisse garantiert. Stufe 3 ist allerdings eher für professionelle Besucher geeignet. In der Höhle wurden schon sieben verschiedene Spezies dieser für das Ökosystem so wichtigen Säugetiere entdeckt.

Praktische Hinweise

An- und Weiterreise

■ **Von den Bootsanlegestellen in Bocas del Toro** kann man sich für ein paar Dollar auf die Isla Bastimentos übersetzen lassen. Dabei sollten Sie angeben, ob Sie zum Dorf oder zum Red Frog Beach möchten. Der Strand liegt nämlich weiter weg, und die Fahrt dorthin kostet deshalb etwas mehr.

43 (Plan S. 244) Der **„Red Frog Express",** der neben dem Fährterminal in Bocas ablegt, bietet mehrmals täglich eine Überfahrt zum Red Frog Beach an.

› Red Frog Beach

151pa hz

Übernachten

In Old Bank

■ **Bubbas House,** direkt am Meer, Tel. 6403-9447, www.bubbas.house. Sehr freundlich und hilfsbereit, Dorms mit 4 oder 6 Betten ab 15 $ p.P., DZ mit Bad 45 $. Nettes Restaurant.

■ **Hotel Caribbean View,** Tel. 757-9442, www.hotelcaribbeanview.bocas.com. Auffallendes, schönes Holzhaus auf dem Wasser mit Restaurant/Bar. 11 rustikal eingerichtete Zimmer mit Privatbad und Klimaanlage, teilweise mit Balkon, ab 52 $. Kostenlose Kajaknutzung.

■ **Hostal Bastimentos,** Tel. 6795-8093, www.hostalbastimentos.com. Familiengeführtes Hostal im Ort, 100 m von Bubbas House, 20 Zimmer in ganz verschiedenen Ausführungen, Dorms ab 10 $ p.P., Zimmer mit eigenem Bad 25 $, Zimmer mit Klimaanlage und Balkon 60 $.

■ **Carmen's Place,** Tel. 6808-1858, www.sportfishingadventurebocasdeltoro.com, auf der Südseite der Bucht von Old Bank. Ganz neue Posada von *Carmen* und *Marcel* aus Holland, direkt am Meer gelegen, ökologisch orientiert, alles mit Solarstrom. 4 kleine Holzzimmer mit kleiner Terrasse, 65 $ mit Frühstück, auf Wunsch im Zimmer serviert. Gemeinschaftsraum. *Marcel* ist begeisterter Fischer und startet Touren. Zum Abendessen kann man auf Wunsch frischen Fisch genießen.

UNSER TIPP: **Eclypse de Mar Acqua Lodge,** Tel. 6611-4581, www.eclypsedemar.com, auf der Südseite der Bucht von Old Bank, betrieben von *Malena Treusan* aus Argentinien. Öko-Boutique-Hotel, auf dem Meer gebaut, mit 4 Standard-Bungalows für 250 $ die Nacht, 3 Honeymoon-Suiten für knapp 330 $ und 2 Zimmern im Hauptgebäude für 120 $, immer inkl. Frühstück. Eine fantastische Idee sind die in das türkisfarbene Wasser gehenden Fenster in den Bungalows, durch die man das maritime Leben beobachten kann. Von den privaten Terrassen der Bungalows kann man direkt schnorcheln und mit dem Kajak losfahren (ohne Zusatzkosten). Zum Hotel gehört ein 3 ha großes Naturreservat, das man in aller Ruhe erkunden oder sich von dem sehr naturkundigen Gärtner zeigen lassen kann. Gutes Restaurant, auch für Nicht-Gäste mit Voranmeldung.

■ Schöne **Ferienhäuser** in der Bucht von Old Bank kann man bei *Dayana* and *Malena* zu anständigen Preisen anmieten, Tel. 6969-2874, https://checkinbocas.com/basti-ecohouses.

Am Red Frog Beach

■ **Palmar Tent Lodge,** Tel. 838-8552, www.palmartentlodge.com. Schlafen in einem komplett eingerichteten Zelt mit Gemeinschaftsbädern, direkt am Strand, viele Tourangebote, Yoga. Ab 55 $ pro Zelt, bei eintägigem Aufenthalt kommt noch eine Reinigungsgebühr dazu, 15 $ p.P. im Zelt-Dorm. Ein besonderes Erlebnis.

An der Westküste

■ **La Loma Jungle Lodge & Chocolate Farm,** Bahía Honda, Tel. 6619-5364, www.thejunglelodge.com, betrieben von *Margaret* und *Henry*. Die 4 Zimmer vermitteln ein authentisches Urwalderlebnis auf höchstem Niveau, angeboten wird auch eine sehr interessante Kakaotour. Ab 100 $ p.P. und Nacht im DZ mit Vollpension und Anfahrt. Mindestens 2 Tage Aufenthalt.

Aktivitäten

UNSER TIPP: **Bastimentos Alive Tours,** geführt von *Tom*, Tel. 6514-7961, www.bastimentosalive.com. Info- und Tourcenter hinter dem *Hostal Bastimentos*, spannende, privat geführte Hiking-Touren über die Insel, ab 35 $, sehr persönlich, empfehlenswert.

■ **Organic Farm & Chocolate Tour,** in Old Bank, vom Park 15 Min. den Berg hoch, nur Mo, Mi und Fr um 10.30 Uhr oder auf Vorbestellung unter Tel. 6607-8962. Interessante Tour zum organischen Kakaoanbau, 20 $ p.P.

Isla San Cristóbal

Auf der 37 km^2 großen Insel in der Bahía de Almirante scheint die Zeit stehen geblieben zu sein. Sie liegt südlich der Isla Colón und ist mit dem Boot in etwa 30 Minuten zu erreichen. In der insularen Siedlung San Cristóbal wohnen Angehörige vom **Stamm der Guaymí,** die sich auch als **Ngäbe** bezeichnen und von Landwirtschaft und mittlerweile auch etwas vom Tourismus leben.

An der Südspitze der Insel liegen geschützte Lagunen, darunter die **Dolphin Bay:** Hier findet man Ruhe an versteckten Plätzen, und wie der Name schon vermuten lässt, hat man gute Möglichkeiten, Delfinen beim Spiel zusehen zu können. Ein Boot von Bocas del Toro zur Südspitze der Insel kostet 30–40 $ pro Strecke, die Hotels haben oft etwas günstigere Preise.

Auf der Insel gibt es einen Anbieter für authentische **Reittouren.** Die Buchung kann über die beide nachfolgend genannten Lodges stattfinden.

Parque Nacional Marino Isla Bastimentos

Wunderschöne Korallenriffe, feinsandige Strände, Lagunen, Mangroven- und Feuchtwälder bestimmen das Bild des ca. 15.000 Hektar großen Nationalparks Isla Bastimentos, von *Kolumbus* wegen des großen Tierbestandes so getauft („Proviant-Insel"). Weniger als ein Drittel des Nationalparks entfällt auf die Isla Bastimentos, der größere Teil gehört der **Unterwasserwelt** und den kleinen, **verstreut liegenden Koralleninseln und Sandbänken** *(cayos)*. Sie bilden geschützte Lagunen und breiten sich alle vor der Südwestküste der Isla Bastimentos aus, nur **Cayo Zapatilla** liegt etwas abseits. Aller Wahrscheinlichkeit nach sind diese Inseln ein Restmassiv des submarinen Riffgürtels, der fast die gesamte Bahía de Almirante und die Laguna de Chiriquí im Norden begrenzt und gleichzeitig gegen die Wellen des Atlantiks schützt.

Der Nationalpark wurde 1988 als gemeinsames Projekt von INRENARE, wie die Nationalschutzbehörde einst hieß, und ANCON geschaffen. Gründe dafür waren die **Brutplätze der Meeres- und Lederschildkröten** am Playa Larga auf der Isla Bastimentos und die Flora und Fauna des maritimen Bereichs, über die bis heute nur wenig bekannt ist. Fest steht, dass das marine Gebiet zu den besten Tauch- und Schnorchelrevieren entlang der karibischen Küste Zentralamerikas zählt.

Die jüngsten Forschungen über die Tierwelt oberhalb des Wasserspiegels haben das Interesse an dem Gebiet ansteigen ließen. Die Inselwelt beherbergt Insekten, Kriechtiere und Lurche, die wegen ihrer Einzigartigkeit zu einem Vergleich mit den Galápagos-Inseln anregten. Was natürlich übertrieben ist, aber dazu geführt hat, dass Mitglieder von ANCON und INRENARE Ecuadors weltberühmte Inselgruppe und den bekannten Marinenationalpark in Belize besucht haben, um Informationen über Naturschutz zu sammeln, der mit Tourismus verbunden werden kann.

Banane ist nicht gleich Banane

Dafür sorgt nicht nur die Qualität, sondern auch die Bezeichnungen *Dollar-Banane, EU-Banane* und *AKP-Banane.* Mit **AKP-Banane** bezeichnet man jene gelben Früchte, die aus den Entwicklungsländern des afrikanischen und pazifischen Raumes stammen, während die **EU-Banane** von den kleinen Plantagen auf den Kanarischen Inseln und den ehemaligen englischen und französischen Karibikkolonien kommen.

Die **Dollar-Banane** ist die eigentliche *Chiquita,* das Produkt der nordamerikanischen Multis *United Brand, Del Monte* und *Standarfruit (Dole-Banane).* Seit dem Beginn der Bananenindustrie in den ersten Jahren des 20. Jahrhunderts beherrschen sie den Markt.

Die **Massenproduktion** in Lateinamerikas sogenannten „Bananenrepubliken", wie Guatemala, Honduras, Costa Rica und Ecuador, geht auf Kosten der Menschen und wirkt sich auf die Preise aus.

Die unehrliche Konkurrenz zwischen den amerikanischen Multis und den kleinen Züchtern auf den Kanarischen und Karibischen Inseln entfachte 1993 einen Streit zwischen den Befürwortern der EU-Banane und jenen der Dollar-Banane. Plötzlich wurde voller Empörung über die Produktionspraktiken der US-Multis gesprochen, zugunsten der EU-Banane, die in viel kleineren Plantagen unter besseren Arbeitsbedingungen produziert wird. Nach wochenlangen Gesprächen und Streitigkeiten einigten sich die EU-Politiker auf eine Einfuhrbeschränkung der Dollar-Banane in die EU-Staaten.

Geändert hat das nichts an der Arbeit auf den Plantagen in Lateinamerika. Im Gegenteil: Sicher wird man Hintertüren in der Regelung finden und als Verlierer bleiben Pflücker, Giftsprüher, Verpacker und Verlader zurück. Man braucht kein Wirtschaftsstudium zu absolvieren, um daraus die Konsequenzen abzuleiten: Weniger Einkommen für die Bananenriesen bedeutet eine Einschränkung der Produktionskosten, wodurch sich die Arbeitsumstände in Panama, aber auch in anderen lateinamerikanischen Ländern sicher nicht verbessern werden. Und fast die gesamte Bevölkerung von Bocas del Toro lebt von der gelben Frucht bzw. ist von ihr abhängig.

Ein **Besuch auf einer Bananenfinca** in der Nähe von Changuinola ist nicht unbedingt erfreulich: Die Arbeiter laufen mit rostigen Pumpen auf dem Rücken durch die Plantage und besprühen die Stauden mit Pestiziden und chemischen Düngemitteln. Das führt zu Hauterkrankungen, zur Unfruchtbarkeit und häufig sogar zur Erblindung der Arbeiter. Andere Arbeiter schleppen die bis zu 50 kg schweren Bananentrauben auf den Schultern zu einem seilbahnähnlichen Förderband, das von Schleppern mit um ihre Körper gewundenen Seilen gezogen wird, um so bis zu 20 Bananentrauben in nur einem Arbeitsgang an den Rand der Plantage zu befördern.

Alles soll natürlich rasch gehen, denn schließlich bezahlen die Multis pro Stückzahl, allerdings einen unter jeder Kritik liegenden Preis. Das gilt auch für die Arbeiter und Arbeiterinnen in der Verpackungsfabrik. Sie zerschneiden die Bananentrauben in „handliche" Formate, tauchen sie in ein Bad aus Wasser und Chemikalien für die Konservierung und verpacken sie in Kartons für den Transport.

Die *Chiquitas* kommen noch unreif und grün auf die Bananendampfer und werden nach Europa verschifft, wo sich die Kunden nun ihren Kopf zerbrechen, welche Banane sie letztendlich kaufen sollen: die AKP-, die EU- oder doch die Dollar-Banane? Denn schließlich ist Banane nicht gleich Banane.

Übernachten, Essen und Trinken

Es gibt einige spannende Unterkunftsmöglichkeiten auf der Isla Cristóbal, natürlich und einsam gelegen, mit indianischen Nachbarn und von wilder Natur umgeben.

Unser Tipp: Coco Vivo, Tel. 6725-7405, www.coco-vivo.com. *Carmen* und *Lazare* bieten an der Südspitze der Insel, mit Blick auf das Festland, ein verstecktes Kleinod mit nur 5 Bungalows in verschiedenen Bauweisen: ein Baumhaus, ein auf dem Korallenriff schwimmendes Zimmer, teilweise nur mit Moskitonetzen als Wand, etc. 115–140 $ in der Hochsaison, inkl. Kajak, Schnorchelausrüstung und einer kleinen Dschungeltour, zusätzliche, sehr spannende Touren werden vor Ort angeboten. Das Korallenriff direkt vor der Tür lädt zu eindrucksvollen Unterwassererlebnissen ein. Alles ist extrem ökologisch ausgerichtet mit Bio-Toiletten, gefertigt aus einheimischen Materialien, und mit exklusiver Solarstrom-Nutzung auf 22 ha Primärregenwald.

■ **Dolphin Bay Cabañas,** Tel. 6549-6405, www.dolphinbaycabanas.com, von *Jelle.* 3 einfache Bungalows mit Bad für 65 $ die Nacht und ein Holzhaus auf einem traumhaften Strandgrundstück, Frühstück extra. Solarstrom, Touren, Kajaks, zudem gibt es ein kleines Segelboot für 20 $ am Tag zu mieten.

Ausflug nach Costa Rica

Das **Festland** ist im Gegensatz zu den vorgelagerten Inseln weniger interessant und steht ganz im Zeichen der Chiquita-Banane.

Changuinola

Hinter dem exotisch klingenden Namen versteckt sich ein **Handelsstädtchen,** das mit der **Bananenindustrie** zum Einkaufszentrum für die regionalen Bewohner beidseits der internationalen Grenze gewachsen ist. Der Busbahnhof und der Markt für Gemüse und Obst sowie zahlreiche Geschäfte für Kleidung dominieren das lebhafte Zentrum Changuinolas.

Im Vergleich zu Almirante ist Changuinola für Touristen, die sich auf dem Weg nach bzw. von Costa Rica befinden, eine bessere Option für einen Stopp. Wenn es aber nicht unbedingt notwendig ist, sollte man nach Costa Rica, Bocas del Toro, David oder Panama-Stadt weiterreisen.

Praktische Hinweise

■ Vom Busbahnhof im Zentrum von Changuinola fahren **Busse** nach Guabito zwischen 7 und 18 Uhr alle 20 Minuten und nach Almirante und David zwischen 8 und 17 Uhr mehrmals täglich.

■ Brauchbare klimatisierte Zimmer findet man im **Hotel Semiramis,** Tel. 758-6006, Calle 17 de Abril, DZ 33 $. Frühstücken muss man in der Bäckerei nebenan. Privater Parkplatz.

153pa hz

■ Im Hotel befindet sich das gute **Restaurant Princesa Marina,** das täglich von 11 bis 23 Uhr geöffnet und auf Meeresfrüchte spezialisiert ist. Große Portionen.

■ Preiswerte Tagesmenüs bieten viele Lokale im Zentrum, z.B. das **Restaurant Paladar,** in dem es auch Pizza gibt.

■ **Geld/ATM:** *Banco Nacional de Panamá,* im Zentrum, Mo bis Fr 8–15.30 Uhr, Bankautomat von *Caja de Ahorros.*

■ **Supermercado La Huaca,** Supermarkt neben der *Banco Nacional de Panamá.*

Guabito

Die kleinen **Grenzorte Guabito (Panama) und Sixaola (Costa Rica)** sind durch den Río Sixaola getrennt und mit einer abenteuerlichen Eisenbahnbrücke für Fußgänger sowie einer Bailey-Brücke für alle anderen verbunden. Reisende müssen die Brücke zu Fuß überqueren und die Grenzformalitäten am Anfang in Panama bzw. am Ende der Brücke in Costa Rica durchlaufen.

Praktische Hinweise

■ **Weiterreise nach Costa Rica:** Wer von Bocas del Toro nach Costa Rica reisen möchte, sollte für die Anreise bis zur Grenze mit etwa 2 Stunden rechnen, plus Wartezeiten und Grenzformalitäten. Wichtig ist, nachweisen zu können, dass man wieder aus Costa Rica ausreist, also ein Weiterreiseticket oder das Rückreiseticket vorlegen kann. Im Zeitalter der elektronischen Tickets ist es daher sinnvoll, diese auch ausgedruckt zu haben. Die Grenze öffnet erst um 8 Uhr am Morgen und schließt abends um 19 Uhr panamaischer Zeit. Erfahrungsgemäß ist es am Nachmittag zwischen 15 und 16.30 Uhr am ruhigsten.

■ **Direktbusse** ab der Grenze **nach San José** fahren 4x täglich (*Mepe,* www.mepecr.com), und zwar um 6, 8, 10 und 15 Uhr – Costa-Rica-Zeit! Man beachte die Zeitverschiebung (Costa Rica minus 1 Std. gegenüber Panama) und überprüfe die Abfahrtszeiten rechtzeitig.

■ **Busse** ab der Grenze **nach Bri Bri, Puerto Viejo de Talamanca, Cahuita und Puerto Limón** starten bis etwa 17.30 Uhr, als Reiseziele sind Puerto Viejo und Cahuita interessant.

Unser Tipp: Im Zentraltal von Costa Rica sei als Ziel **Santa Ana** empfohlen und dort als Unterkunft die **Posada Nena** (www.posadanena.com): außerhalb der Hauptstadt im Grünen gelegen, sehr freundlich, viele Informationen, nah zum Flughafen und interessanten Zielen in Costa Rica.

■ **Wer aus Costa Rica nach Panama einreist,** muss folgendes beachten: Noch in Costa Rica ist eine kleine Ausreisesteuer von 5 $ zu bezahlen, das macht man in einem Büro ca. 150 m vor der Brücke an der Hauptstraße auf der rechten Seite. Wer mit dem eigenen Auto einreist, muss hier eine Versicherung für 25 $ abschließen. Man benötigt Kopien aller Papiere, diese kann man im selben Büro machen, wo man die Steuern bezahlt. In Panama zahlt man als Fußgänger 4 $ p.P., wer mit dem Auto einreist, zahlt 10 $ zzgl. 1 $, um das Auto gegen Insekten auszuräuchern.

■ Mehrere Firmen bieten **Shuttle-Busse** ab Bocas del Toro bis Costa Rica und umgekehrt an. Dabei wird man von Hotel zu Hotel gebracht (in Costa Rica in Puerto Viejo oder Cahuita). Siehe z.B. www.caribeshuttle.com. Tarife: Boquete 30 $, Antón 37 $, Santiago 32 $, Panama-Stadt 40 $, San Blas 200 $; in Costa Rica: San José 37 $, Cahuita 34 $, Puerto Viejo 27 $, Sixaola (Grenze) 17 $.

◁ Arbeitsalltag in Changuinola

Comarca de San Blas | 266
Naturschutzgebiet Nusagandí | 276
San-Blas-Inseln | 267
Provinz Darién | 278
El Real | 285
Geschichte | 278
Panama-Stadt – Yaviza | 281
Parque Nacional Darién | 287
Pazifikküste | 290
Vorbereitung | 280
Yaviza | 283

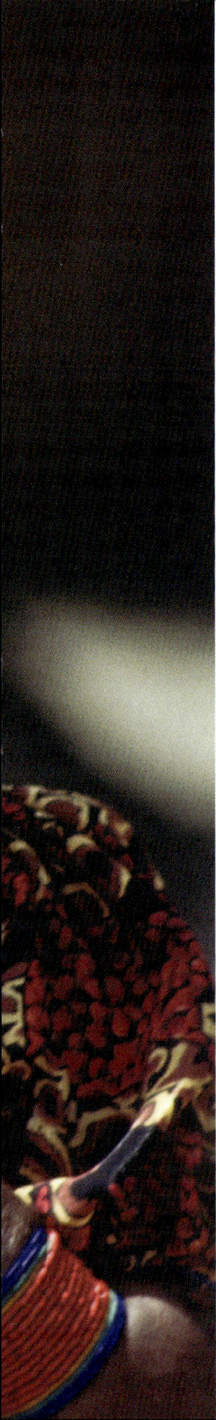

7 Der Osten

So weit entfernt, aber doch so schön: die Islas San Blas und die unberührte Natur des Dariéns.

Ein Besuch bei den Kuna-Indianern lohnt sich allemal.

< Kuna mit Panflöte

Comarca de San Blas

COMARCA DE SAN BLAS

Immer mehr Touristen besuchen die San-Blas-Region, um diese **eigenständige Welt** zu bewundern. Jahrhundertelang waren die **Kuna** durch die Serranía de San Blas und die Serranía del Darién vom Rest des Landes abgeschnitten, wodurch sie ihre Kultur weitgehend beibehalten konnten. Auch heute noch ist die Comarca eine autonome Region und komplett unabhängig von Panama.

San-Blas-Inseln

Zu den **farbenprächtigsten und schönsten Regionen des Landes** zählt zweifelsohne die Comarca de San Blas, zu deren gesamten Territorium ein recht schmaler Kontinentalstreifen entlang der nordöstlichen Karibikküste sowie zahlreiche, teils winzige, dem Festland vorgelagerte Inseln gehören. Es ist eine zauberhafte Welt, die aus den mit urwüchsiger Vegetation überzogenen Berghängen der **Serranía de San Blas** und einer Kette von **365 Inseln** und Inselchen besteht. Diese paradiesischen Inseln bilden die Heimat der **Kuna** (auch *Tule* genannt). Sie sind eine der wenigen ursprünglichen Kulturen des amerikanischen Kontinents, die von der kolonialen Epoche und ihren Folgen kaum berührt wurden.

Geschichte

Während der **kolonialen Epoche** versuchten die Spanier wiederholt die Kuna in die Knie zu zwingen, da diese den wichtigen Küstenbereich zwischen Cartagena (Kolumbien) und Portobelo kontrollierten und dabei die Piraten unterstützten. Mitte des 18. Jahrhunderts gaben die Spanier ihren Kampf endgültig auf und schlossen mit den Kuna ein Abkommen: Die Kuna mussten ab sofort keine Angriffe mehr fürchten und die Spanier hatten einen Handelspartner gewonnen, womit gleichzeitig die Unterstützung für die Piraten wegfiel.

Nach der Eröffnung des Panamakanals 1914 versuchte die Landesregierung jahrelang, mit einer neuen Siedlungspolitik die Kuna nach „spanischer" Art zu unterwerfen. Das Resultat war schließlich ein **Kuna-Aufstand** im Jahre 1925, der als **Revolucíon de Tule** in die panamaische Geschichte eingegangen ist. Die Kuna gingen nach einem kurzen, heftigen Kampf als Sieger hervor und riefen eine selbstständige Republik aus. Im Jahr 1930 wurde letztendlich ein Kompromiss geschlossen: Die panamaische Regierung garantierte die **Souveränität der Kuna** in ihrem als *Kuna Yala* bezeichneten Territorium, allerdings unter dem Dach der panamaischen Republik. Heute zeigt die Landesregierung das semiautonome Gebiet der Kuna gerne als Paradebeispiel vor, um den Unterschied zwischen der Lage der Kuna und der schlechten Situation der eingeborenen Völker in anderen lateinamerikanischen Ländern zu unterstreichen. Der große Kaziken-Rat der Kuna musste und muss allerdings die panamaische Regierung wiederholt an die Souveränität der Kuna und an die Verantwortlichkeit des Staates erinnern.

NICHT VERPASSEN!

Naturschutzgebiet Nusagandí: das Naturschutzgebiet verfügt über fantastische Wanderwege, auf denen man einen guten Einblick in die vielfältige Natur des Feuchtwaldes erhält | 276

Dieser Tipp ist gelb hinterlegt.

Die Kuna heute

Die Kuna kennen die moderne Welt auf der anderen Seite der Serranía de San Blas, denn **viele Männer arbeiten in Panama-Stadt,** wo ihre Kochkünste gerühmt werden. Das Kuna-Volk zeigt aber wenig Bedarf am Lebensstil des 20. Jahrhunderts. Auf den Inseln der Kuna läuft das Leben seit jeher im selben Rhythmus ab. Am Morgen fahren die Kuna mit ihren Einbaumbooten zum Fischen oder auf das Festland, um Süßwasser zu holen und dort ihre Felder zu bestellen.

> In einem Dorf auf einer der San-Blas-Inseln

Schätzungsweise 50 San-Blas-Inseln und wenige Siedlungen auf dem panamaischen Festland sowie in Kolumbien sind bebaut mit den **kleinen traditionellen Häusern** aus Bambus, Schilf und Palmblättern. Jede Insel bietet Unterkunft für Hunderte von Menschen.

Die Gemeinschaft wird vom **Kaziken** und vom **Dorfrat** angeführt, die gemeinsam über den traditionellen Lebensstil nach alten, ungeschriebenen Gesetzen wachen. Eine dieser **Vorschriften** beschäftigt sich mit straffällig gewordenen Personen; sie werden in der Regel auf einsame Inseln verbannt, wo sie allein leben und sich von Kokosnüssen und Fischen ernähren müssen, bis die Strafe abgesessen ist. Eine andere Regel gilt dem Aussehen der Frau. Ihre auffallende Tracht besteht aus einem bunten Wickelrock, einer Bluse, die von der charakteristischen *mola* (siehe Exkurs „La mola") geschmückt wird und farbenprächtigen Perlenschnüren, mit denen die Fuß- und Handgelenke umwickelt sind. Gelegentlich verdeckt ein gelb-rotes Batiktuch den einheitlichen Kurzhaarschnitt, der für die verheirateten Frauen vorgeschrieben ist.

Die außergewöhnliche Farbintensität der Tracht ist eine Augenweide auch für Außenstehende und macht die Kuna-Frauen zu einem beliebten **Fotomotiv.** Als auf den Inseln bekannt wurde, dass man in Panama-Stadt Ansichtskarten mit Abbildungen von Kuna-Frauen für 25 Cents pro Stück verkauft, entschlossen sich die Kuna dazu, für jedes Foto, das auf den Inseln gemacht wurde, die gleiche Summe zu verlangen. Mit der steigenden Inflation liegt der „Fototarif" gegenwärtig bei 1 US-Dollar.

122pa hz

Die Frauen konzentrieren sich neben ihrer Hausarbeit auf den **Verkauf der mola,** die sich zu einem begehrten Souvenir entwickelt hat. Das Geschäft mit den Touristen, aber auch mit Großhändlern aus den USA floriert bestens und trägt wesentlich zu der Existenzgrundlage der Kuna bei – eine gute Ergänzung zu ihrem traditionellen Handel mit Kokosnüssen.

Eine der 365 Inseln im Archipel San Blas

Der **Tourismus auf den Inseln** wird zum Schutz der Kuna-Kultur in bewusste Bahnen gelenkt. Touristen sind nur auf bestimmten Inseln willkommen und wer individuell eine Insel besuchen möchte, der benötigt eine Erlaubnis des jeweiligen Dorfrates oder des Kaziken.

1999 haben die Kuna ein **Tourismus-Statut** mit 52 Regeln herausgebracht, welches eine Überfremdung ihrer Heimat verhindern soll. In den Jahren davor mussten sie immer wieder beobachten, wie spärlich bekleidete Touristen mit Video- und Fotokameras respektlos durch die Dörfer zogen oder nackt im Meer badeten. Das Statut wurde Reiseveranstal-

085pa hz

tern und diplomatischen Vertretungen vor Ort übergeben. Wer nun als Tourist eine dieser Regeln nicht beachtet, wird schonungslos von der Insel verwiesen.

Zudem sind große Hotelanlagen in der Comarca de San Blas unerwünscht und können dank des semiautonomen Status verhindert werden. Die touristischen Unterkünfte sind in das Ortsbild integriert und werden von den Kuna selbst betrieben, denn Geschäfte in der Tourismusbranche werden schon immer mit und nicht über die Kuna gemacht. Besucher sind auf den Inseln willkommen, allerdings nur, wenn sie Rücksicht nehmen auf Land und Leute.

Praktische Hinweise

An- und Weiterreise

Mit dem Flugzeug

- **Von Panama-Stadt/Albrook** gehen unregelmäßige (Charter-)Flüge zu verschiedenen Inseln von San Blas. Einen regelmäßigen Flugverkehr gibt es jedoch nicht, da dieser auch sehr von der Nachfrage und dem Wetter abhängt. In der Regel erfolgt die Anreise nach San Blas auf dem Landweg.

Auf dem Landweg

In Panama-Stadt starten ab der Plaza 5 de Mayo (Privat-)**Taxis nach Cartí Sugdop, Nigga Cantule und Barsukum** auf dem Festland (ca. 3 Std.), von wo man mit dem Boot auf die vorgelagerten Inseln übersetzen kann. Welchen Hafen man nutzen muss, hängt davon ab, zu welcher Insel man möchte. Bei individuellen Reservierungen muss man daher unbedingt den Namen des Hafens erfragen. Empfehlenswerte Adressen für die Transfers oder Organisation einer Tour sind:

- **LAM Adventure,** betrieben von *Jami* und *Alex,* Tel. 6676-6384, www.lamadventures507.com, täglich Transport nach San Blas, Tages- und Mehrtagestouren.
- **Cartí Homestay, Germain Peréz,** Tel. 6734-3454, www.daytourskunayala.yolasite.com, Touren und Transfers zur Isla Cartí.

Allgemeines und Anreise

- Die San-Blas-Inseln unterscheiden sich kaum voneinander, nur die Insel **El Porvenir** ist wegen der **Kreuzfahrtschiffe,** die hier hin und wieder anlegen, und der Segeljachten vor der Küste etwas lebhafter.
- Jeder Besucher, egal auf welchem Weg er kommt, wie lange er bleibt und wo er absteigt, wird **registriert** und muss eine **Touristensteuer** zah-

La Mola – von der Körperbemalung zum Kunsthandwerk

Die Kuna-Frauen sind weit über die Landesgrenzen hinaus wegen der farbenprächtigen, einzigartigen *molas* bekannt, die die Vorder- und Rückseite ihrer Blusen zieren.

Für die **Herstellung** einer *mola* wird eine Technik angewandt, die als umgekehrte Applikation bezeichnet wird. Die Muster werden dabei mit Scheren aus zwei oder mehreren übereinanderliegenden, miteinander kontrastierenden Stoffschichten ausgeschnitten und anschließend gesäumt. Durch dieses Herstellungsverfahren hebt sich das leuchtende Muster von der meistens roten oder schwarzen Oberschicht ab. Auf den ersten Blick erscheint manche *mola* als buntes Linienspiel, in dem sich die Motive erst bei genauer Betrachtung erkennen lassen. Vögel, Schildkröten, Leguane, Fische, Affen oder Blumen bilden die häufigsten Vorlagen, aber auch Themen aus dem Alltagsleben und geometrische Figuren werden für die Muster ver-

084pa hz

wendet. Die tierartigen und geometrischen Motive sind Symbole einer magischen Welt, die auch in Kuna-Liedern und -Erzählungen weiterlebt. Für die Herstellung einer *mola* benötigt die Kuna-Frau bis zu 70 Stunden, die sich über mehrere Wochen verteilen.

Die *mola* entwickelte sich **von der Körperbemalung,** die bei den Chocó heute noch gang und gäbe ist, **über die Textilbemalung,** die mit den Kontakten zu den Europäern im 18. Jahrhundert entstanden ist, **bis hin zu den geschnittenen und genähten Textilbildern,** die vor etwa 150 Jahren zum erstenmal auf den Blusen der Kuna auftauchten. Die Themen sind lange Zeit gleich geblieben und werden auch heute noch verwendet. In den letzten Jahrzehnten ist allerdings mit dem anwachsenden Interesse an der *mola* als Kunsthandwerk oder als T-Shirt- und Taschenverzierung eine Kommerzialisierung eingetreten. Viele Motive werden nach dem Geschmack der Touristen ausgewählt, die mit Vorliebe nach den grellfarbenen *molas* mit einem Papagei, einem Tukan, einer Tropenblume oder mit einem „Gruß aus Panama" greifen.

Die schönsten *molas* sind allerdings jene **aus zweiter Hand.** Sie zeigen wohl am besten die Kreativität der Künstlerinnen und spiegeln gleichzeitig die Kuna-Traditionen. Unter vielen von ihnen kann man bei sorgfältiger Auswahl durchaus echte Kunstwerke mit bleibendem Wert finden.

len, die zwischen 4 und 6 $ variiert. Dazu kommen noch 2 $ Steuern am Hafen. Bei Reisearrangements und organisierten Touren ist die Steuer in der Regel im Preis enthalten.

- Wer **individuell anreist,** kann bereits im Boot nach **Zimmern** fragen bzw. wird ohnehin darauf angesprochen. Im Zimmerpreis (ab 55 $ p.P., inkl. Vollpension) sind der Transfer vom/zum Hafen und häufig auch Ausflüge zu anderen Inseln enthalten. Dafür erhält man ein einfaches Zimmer (mit Gemeinschaftsbad/-WC) im inseltypischen Baustil, schnellen Kontakt zu den Kunas und einen guten Einblick in das Leben der jeweiligen Gastfamilie.
- Wer es etwas bequemer haben möchte, der sollte sich an einen **Reiseveranstalter** oder direkt an die nachfolgenden Unterkünfte wenden, die zwischen 55 und 200 $ p.P. kosten.
- In jedem Fall sind **Getränke** wie Cola oder Bier in den **Unterkünften** erhältlich, im Preis sind sie jedoch nicht enthalten und kosten 3–4 $. Zudem können wir nur empfehlen, eine **Schnorchelausrüstung** mitzunehmen.
- Jeder **Reiseveranstalter** in Panama-Stadt führt eine andere Insel in seinem Programm. Der Preis liegt bei 200–400 $ p.P.; dafür erhält man eine Übernachtung, die Transfers und Vollpension – alkoholische Getränke müssen extra bezahlt werden. Ein Verlängerungstag kostet 130–250 $ p.P.

Übernachten

Fast keine Unterkunft in San Blas bietet Bungalows oder Zimmer mit Bad an. Falls doch, wird es im Text extra erwähnt.

- **Isla El Porvenir** (Flughafeninsel): **Hotel El Porvenir,** Tel. 6718-2826, www.hotelporvenir.com. Freundlich, aber doch sehr in die Tage gekommen, Zimmer z.T. mit eigenem Bad.
- **Isla Wichubualá: Hotel Anai,** Tel. 239-3025; **Hotel Kuna Niskua,** Tel. 227-5308; **Hotel Kikirdup,** Tel. 6676-5583, Zimmer mit Bad.
- **Isla Ukuptupu: Cabañas Ukuptupu,** Tel. 6058-5034.
- **Isla Narasgandup Bipi: Cabañas Narasgandup,** Tel. 6686-7437 oder 6086-7716, www.sanblaskunayala.com.
- **Isla Achuerdub** (Hook Island): **Cabañas Anzuelo,** Tel. 673-3454 oder 6517-9850, www.anzuelocabins. yolasite.com.
- **Isla Wailidup: Cabañas Wailidup,** Tel. 6143-0112 und 6715-2335, www.wailiduplodge.com. Eine der wenigen Lodges, die Hütten mit eigenem Bad anbieten. Restaurant, Transfers, Touren.
- **Sapibenega/Playón Chico** (Flughafen): **The Kuna Lodge,** Tel. 215-1406.
- **Isla Achutupo: Akwadup Lodge,** Tel. 832-5144 und 6126-0737, www.sanblaslodge.com.
- **Isla Yandup: Yandup Island Logde,** Tel. 203-7762, www.yandupisland.com.
- **Isla Nalu Nega: Cabañas San Blas,** Tel. 6552-5757, www.hotelsanblaspanama.webs.com. Großes Hotel mit 30 Zimmern.
- **Isla Kuanidup: Cabañas Kuanidup,** Tel. 6635-6737 oder 6656-4673, www.kuanidup.8k.com.

Weitere Informationen

- **Geldwechsel** ist vor Ort nur beschränkt möglich. Nehmen Sie daher Bargeld mit, am besten kleine Dollarnoten.
- **Telefon:** Es gibt keine öffentlichen Fernsprecher, aber das Mobilnetz ist gut, und jeder Kuna hat ein Handy, das er gegen Gebühr und nur für Gespräche innerhalb von Panama auch verleiht.

⊡ Traditioneller Reigentanz der Kuna

083pa hz

- Von den Inseln werden **Bootsfahrten zum Festland** (Tierbeobachtung) und zu **anderen Inseln** angeboten, aber nur in Begleitung eines lokalen Bewohners.
- Auch wenn Sie für jedes **Foto** ein paar Dollar bezahlen, heißt das noch lange nicht, dass Sie auch wahllos fotografieren dürfen.
- **Schwimmen:** Ist wegen seichten Wassers nur teilweise möglich. Nacktbaden kann zur **Verweisung von der Insel** führen.

Naturschutzgebiet Nusagandí

An den zur Karibikseite geneigten Hängen der Serranía de San Blas haben die Kuna das ca. 70.000 Hektar große Naturschutzgebiet Nusagandí geschaffen, um die vorrückende Zivilisation bzw. die **landhungrigen Bauern zu stoppen.** Seit den frühen 1980er Jahren roden die *campesinos* an der Pazifikseite bis an die „grüne" Grenze des Naturschutzgebietes, die entlang der Kontinentalen Wasserscheide verläuft und gleichzeitig auch die Grenze der Comarca de San Blas bildet. Ein ausgedehnter, fast baumloser Grasteppich überzieht die zur Pazifikseite gewandten Hänge und Täler, während sich an der Karibikseite unberührter Primärwald ausbreitet. Eine Zerstörung der Landschaft auf dieser Seite würde eine **Existenzbedrohung für die Kuna** darstellen, denn der Wald liefert ihnen alles, was sie zum Leben benötigen.

Mit der Gründung der Umweltorganisation *Programa de Ecología y Manejo de Áreas Silvestre de Kuna Yala* (PEMASKY) haben die Kuna ein **Projekt zur Erhaltung der urwüchsigen Gebiete** in der Comarca de San Blas gestartet. Die Initiative wurde von Umweltorganisationen aus den USA unterstützt, und langsam bekommt das Kuna-Projekt auch durch die wachsende Tendenz zum Ökotourismus Rückenwind.

Auf einer Höhe von gut 350 m wurde inmitten des Naturschutzgebietes eine **Lodge** samt Verwaltungsbüro errichtet. Von dort aus führen insgesamt **acht Wanderwege** durch Nusagandí, auf denen man einen guten Einblick in die vielfältige Natur des Feuchtwaldes erhält. Die freundlichen Parkaufseher führen die Besucher zu Wasserfällen, Aussichtspunkten und Flüssen und weisen unterwegs auf die vielen versteckten Tiere hin, die das ungeschulte Auge übersehen würde. Sie kennen fast von jedem Baum, Strauch und jeder Blume den Namen und die Nutzbarkeit. Auf dem sogenannten „Pfad der Heilpflanzen" werden die heilkräftigen Pflanzen der Kuna vorgestellt und erläutert. In Nusagandí lassen sich außerdem sehr gut exotische Vögel und Affen beobachten. Unüberhörbar ist der schwarze **Mantelbrüllaffe,** der am frühen Morgen, wenn sich der Dunstschleier noch über Nusagandí ausbreitet, mit seinem lautstarken Gebrüll die Touristen aus dem Schlaf reißt.

⊠ Blick über Nusagandí

Praktische Hinweise

- **Eintritt:** 20 $ p.P.
- Die einfache **Lodge** verfügt über 20 Betten (35 $ p.P. und Tag), eine sanitäre Anlage und eine große Terrasse mit einem Ausblick auf das Kronendach des Waldes. Etwa 200 m östlich der Lodge wurden ein überdachter Essplatz und eine kleine Küche mit Kühlschrank erbaut, welche die Gäste benutzen können. **Lebensmittel** müssen selbst mitgebracht werden, gesammeltes Regenwasser ist zum Kochen vorhanden. Mit **Wasser** sollten Sie aber sparsam umgehen, vor allem in der Trockenzeit.
- Außerdem **sollten mitgebracht werden:** ein Schlafsack und/oder Bettlaken und Kopfkissen, Taschenlampe, Regenschutz, trockene Kleidung zum Wechseln (auch Schuhe) und haltbare Nahrungsmittel wie Reis oder Bohnen für die Parkaufseher, die Sie darüber hinaus auch zum Mitessen einladen sollten.
- Nusagandí liegt beidseitig der einzigen **Straße,** die nach Cartí in die Comarca de San Blas führt. Sie zweigt von der *Carretera Interamericana* nahe der Siedlung El Llano ab. Eine **Busverbindung** nach Nusagandí gibt es nicht. Obwohl ständig Ausbesserungsarbeiten an der Straße durchgeführt werden, ist ein **Jeep** mit hohem Radstand erforderlich. Bei starken Regenfällen verwandelt sich die Straße in eine tiefe Lehmpiste.
- Für die individuelle Anreise sei eine **Bettreservierung** empfohlen bei: AEK-PEMASKY *(Asociación de Empleados Kuna/Programa de Ecología y Manejo de Áreas Silvestres de Kuna Yala),* Calle 37/Av. Perú, Edificio Manuel Enrique, 2. Stock, oficina 210, Tel. 225-7603, Panama-Stadt.

pa2017-009 va

PROVINZ DARIÉN

Aus der Vogelperspektive zeigt sich die Provinz Darién als ein unendliches, dampfendes **Pflanzenmeer,** das von vielen breiten Flüssen durchzogen und das an den Randzonen vom Vormarsch der Kulturlandschaft bedrängt wird. Diese „grüne" Hölle, die *Vasco Núñez Balboa* und seine Männer bei der Durchquerung der Landenge im Jahre 1513 an den Rand der Verzweiflung brachte, hat sich kaum verändert und hat noch immer die gleiche Wirkung auf moderne „Entdeckungsreisende". Das gesamte Pflanzenmeer aus tropischem Regenwald ist als **Nationalpark Darién** geschützt und bildet für die legendäre „Traumstraße" Panamericana, die von Alaska bis nach Feuerland führt, eine natürliche Barriere – eine Hürde, die man nur über Flüsse und schmale Urwaldpfade bewältigen kann. Unter den härtesten Travellern gilt die als **Darién-Trek** berühmte Expedition von Panama nach Kolumbien als eine Monstertour – schwer, aber unvergesslich.

Geschichte

Während der kolonialen Epoche spielte die Darién-Region nur eine nebensächliche Rolle, da für die **Spanier** einzig und allein die Goldvorkommen interessant erschienen. Die ständigen Auseinandersetzungen mit den Piraten und den Ureinwohnern veranlasste die Spanier im Jahre 1789 zum Rückzug aus dem Gebiet. Die kleinen Befestigungsanlagen und kolonialen Siedlungen wurden nahezu leer hinterlassen.

NICHT VERPASSEN!

Parque Nacional Darién: er gilt als das faszinierendste und umfangreichste Naturschutzgebiet Panamas und ist das größte zusammenhängende Regenwaldgebiet in Zentralamerika | 287

Dieser Tipp ist gelb hinterlegt.

Provinz Darién
0 20 km
© Reise Know-How 2017
PanamaF37
KARIBISCHES MEER
PAZIFISCHER OZEAN
KOLUMBIEN
COMARCA KUNA DE MADUGANDÍ
281 Lago Bayano, 20 Panama-Stadt
PROVINZ PANAMÁ
COMARCA KUNA DE WARGANDÍ
COMARCA DE SAN BLAS (GUNA YALA)
PROVINZ DARÍEN
Anschlusskarte Seite 266
Cerro Grande 800 m
Nurrá
Mansucum
Navagandí
Isla Ucuptuma
Isla Suletupo
Torti
Cañazas
Agua Fría
Mortí
Cerro Sasardí 644 m
Puerto Escocés
Carreto
Serranía del Darién
Los Monos
Santa Fé
Puerto Lara
Cerro Pachito Parado 591 m
Corredo
Río Chucunaque
Carretera Interamericana
COMARCA EMBERA-WOUNAAN
Armila
La Miel
Sapzurro
Cerro Gandi 1160 m
Golfo de Urabá
Capitan
Unión Chocó
Alcides Fernández
Cerro Armila 1421 m
San Jeronimo
Meteti
Gonzalo Vásquez
La Palma
Puerto Quimba
Reserva Forestal Chepigana
Reserva Forestal Canglón
Golfo de San Miguel
Serranía de Tacarcuna
Río Chico
Cerro Tanela 1415 m
Serranía de Bagre
Río Mogué
Yaviza
Pinogana
Cerro Tacarcuna 1875 m
El Real
Río Tuira
Yape
Garachiné
Sambú
Corredor Biológico Serranía de Bagre
Station Rancho Frío
Boca de Cupe
Río Tuira
Pucuro
Río Pucuro
Serranía del Sapo
Cerro Pirre 1200 m
Darién Gap
Paya
Turbo
Playa Muerto
Boca de Sábalo
Station Cruce de Mono
Station de Balsas
Río Balsas
Serranía de Pirre
Palo de Las Letras
Parque Nacional Los Katios
Parque Nacional Darién
Cristales
Travesía
Cerro Setetute 1220 m
Bijao
Cacarica
Manené
Bahía Piña
Serranía de Jungurudó
Jaqué
Cerro Cocaina 1052 m
1
283
285
287
290

Vorbereitung

Der individuelle Besuch der Provinz Darién verlangt eine gute Vorbereitung. Restaurants, Lebensmittelläden und Bäckereien vor Ort sind sehr dünn gesät, weshalb man bereits in Panama-Stadt ausreichend **Verpflegung** kaufen sollte, vor allem für die Tour in den Nationalpark Darién.

Warnung

Der seit Jahren anhaltende Krieg im Westen Kolumbiens reicht mittlerweile tief in die panamaische Darién-Region hinein. Immer noch wird von den diplomatischen Vertretungen dringend **abgeraten, über Land von Panama nach Kolumbien einzureisen (Darién-Trek).** Wer trotzdem die Tour wagt, sollte sich darüber im klaren sein, dass er ein gesetzloses Kriegsgebiet betritt und auch als Tourist nicht verschont wird. Dies hat sich schon mehrmals bestätigt. Es wurden bereits zwei deutsche und zwei österreichische Touristen entführt und zwei davon ermordet. Weder die panamaischen noch die kolumbianischen Behörden sehen sich derzeit in der Lage, die Sicherheit der regionalen Bevölkerung zu garantieren, ganz zu schweigen von der Sicherheit der Touristen.

Auskünfte über die aktuelle Situation im Grenzgebiet erteilen die Botschaften in Bogotá und in Panama-Stadt sowie die Auswärtigen Ämter.

Der **Besuch des Nationalparks Darién** und eine Trekkingtour darin gelten dagegen als relativ sicher. Doch auch hier sollte man sich vorher über die aktuelle Sicherheitslage erkundigen!

7

Das **Lebensmittelangebot vor Ort** ist beschränkt, oft gibt es nur Konserven (Bohnen, Thunfisch und Sardinen), Bier, Wasser, süße Limonaden und H-Milch. Lebensmittel sind erheblich teurer als in Panama-Stadt, frisches Obst und Gemüse kaum erhältlich. Der Fisch und die Meeresfrüchte, die aus dem Golf von San Miguel stammen, gehören zu den bekanntesten Delikatessen in ganz Panama. Wegen Problemen bei der Kühlung sollte man beim Verzehr aber immer vorsichtig sein.

Das **Wasser** aus der Leitung schmeckt abgestanden und ist als bedenklich einzustufen. Es sollte abgekocht (mindestens 10 Min.) oder mit Micropur-Tabletten oder mit einer Filterpumpe gereinigt werden. Zur Geschmacksverbesserung kann man Zitronensaft hinzufügen.

Wer die Gegend nicht auf eigene Faust erkunden und lieber eine individuell planbare **Tour** machen möchte, kann sich mit folgenden **Anbietern** in Verbindung setzen:

- **www.alautentico.com** (deutsch)
- **www.lamadventures507.com** (englisch)
- **www.ecotourdarien.com** (englisch)

Von Panama-Stadt nach Yaviza

Ca. 280 asphaltierte Kilometer trennen Panama-Stadt von Yaviza, wofür der Bus 6 bis 7 Stunden benötigt. Die letzten 120 km vor Yaviza ist die Straße extrem schlecht und mit Schlaglöchern übersät, sodass der Bus sehr langsam fährt und man als Selbstfahrer hier mindestens einen guten Allradwagen benötigt – und selbst dieser wird auf der Strecke arg in Anspruch genommen.

Nur sehr **dünn besiedelte Gebiete** berühren in dieser Region die Carretera Interamericana, und ab und zu trifft man auf eine Siedlung von Kleinbauern, die man wegen ihrer typischen Panamahüte eindeutig als „neue" Kolonisten von der zentralen Pazifikküste einstufen kann. Cañitas und Tortí sind solche neuen Siedlungen, in denen Rast gemacht wird, wobei einfache Restaurants, kleine Läden sowie eine Tankstelle die Buspassagiere und den Bus versorgen.

Der ständige **Hunger nach urwüchsigem Land** ist eine der größten Bedrohungen für die Natur der Provinzen Panamá und Darién und hat bereits Meter für Meter des Vegetationskleides dahingerafft. Dort, wo neue Wege angelegt werden, erscheinen schon nach kurzer Zeit die Siedler auf der Suche nach Weideflächen für ihre Rinderherden.

Lago Bayano

Anfang der 1970er Jahre wurde von der staatlichen Elektrizitätsgesellschaft IHRE der Río Chepo zur **Stromerzeugung** aufgestaut und dadurch eine große Fläche des umliegenden waldreichen Gebietes geflutet. Ein Großteil der regionalen Bewohner, vorwiegend Emberá, wurden zwangsläufig umgesiedelt, unter anderem in den Nationalpark Chagres. IHRE schützt heute die Restbestände des Waldes, der sich auf den Inseln und um den See ausbreitet.

Der Name **Bayano** führt weit zurück in die Geschichte, in eine Zeit, als entflohene Sklaven *(cimarrones)* in dieser Region eine kleine Siedlung errichteten, die mit dem umliegenden Wald eine natürliche Festung hatte. Einer der legendären Anführer der Entflohenen hieß *Bayano,* der gemäß den afrikanischen Sozialstrukturen und Traditionen als König anerkannt war und über ca. 1200 *cimarrones* regierte. In der zweiten Hälfte des 16. Jahrhunderts war *Bayano* ein gefürchteter Rebell, der mit seinem Volk gezielte Überfälle auf die Plantagen und die Handelskarawanen der Spanier durchführte. Er versetzte sie in Angst und Schrecken, bis *Bayano* sich den Spaniern freiwillig stellte, im Tausch gegen die Freiheit von zahlreichen wieder gefangenen *cimarrones.* Nach seiner Auslieferung wurde *Bayano* nach Spanien überführt, wo seine Spur für immer verschwand.

Außer dem Namen erinnert heute nichts mehr an den damaligen Rebellen. Die *cayucos* (Einbaumboote), die am Ufer des Sees liegen, gehören den *Indígenas,* deren Siedlungen an den Ufern im dichten Grün verborgen sind. Die Besucher, die sich hierher verirren, zeigen ein spezielles Interesse an der **Vogelwelt** der Bayano-Region, denn das Gebiet gilt als biologische Grenze zwischen Süd- und Zentralamerika. Südamerikanische Vo-

086pa hz

gelarten, wie beispielsweise der Rotrücken-Sensenschnabel, ein quicklebendiger Baumsteiger mit einem auffallend gebogenen Schnabel oder der Elstertyrann mit seinem schwarz-weißen Federnkleid, sind bekannte Arten vom Südkontinent, die bis hierher vorgedrungen sind.

Praktische Hinweise

■ Für einen Besuch am Lago Bayano empfiehlt sich ein Aufenthalt im Ort **Margarita de Chepo** (mit dem Bus einfach zu erreichen; ein Taxi ist von Panama-Stadt 1 Std. unterwegs, vom internationalen Flughafen nur 30 Min.). Dort befindet sich das sehr angenehme **Hotel Hija del Conde** direkt an der Panamericana, Tel. 296-7576, www.hotelhijadelconde.com. Es ist ein echtes Landhotel mit einem künstlich angelegten See, einem Pool für Kinder und Erwachsene, Pferden (die auch für Touren zur Verfügung stehen) und Touren zum Lago Bayano, der eine knappe halbe Stunde entfernt liegt. Kurz: Urlaub auf dem Bauernhof á la Panama. Große Zimmer ab 50 $, Verpflegung extra.

■ Viel weiter östlich, 125 km nach Panama-Stadt, 25 km vor der Grenze nach Darién und 75 km vor Meteti, liegt das sehr empfehlenswerte **Hotel Avicar** direkt an der Panamericana. 10 einfache, aber gemütliche Zimmer gruppieren sich um zwei Pools in einem schönen Garten – viel Grün, man befindet sich inmitten der Natur. DZ 44 $, Frühstück extra. Das Hotelrestaurant bietet typische Gerichte aus der Region an und ist täglich von 6 bis 21 Uhr geöffnet. Tel. 6746-0051, www.hotelavicar.com.

Biertransport im Dschungel Dariéns

Metetí

Nahe der unscheinbaren Siedlung Agua Fría beginnt die Provinz Darién. Vom tropischen Regenwald ist hier wenig zu sehen, dagegen viel kultivierte Landschaft beidseits der Straße. Der Ort Metetí, in dem ca. 8000 Menschen ihr Zuhause haben, besteht aus **verstreut liegenden Wohnhäusern,** einigen Restaurants und Pensionen und einem Werkzeug- und Lebensmittelladen.

In Metetí besteht die Möglichkeit, nach **Puerto Quimba** zu fahren und von dort mit dem im Stundentakt verkehrenden Boot (ca. 3 $ p.P.) nach **La Palma** weiterzureisen.

Bei **Puerto Lara** 30 km westlich von Metetí befindet sich die **Comunidad Wounaan Laurel,** ein Dorf des Stammes der Wounaan, das nur mit dem Boot oder im Rahmen einer Tour zu erreichen ist. Das Dorf hat sich auf den Besuch von Gästen spezialisiert, ist dabei aber autonom geblieben und akzeptiert nur Gruppen bis maximal 12 Personen, die dann auch im Ort nächtigen dürfen. Touren kann man bei den Spezialisten von *Ecotour Darién* buchen, Tel. 6736-1607 und 6510-6838, www.ecotourdarien.com (es werden auch Touren nach La Palma und in den Golf von San Miguel organisiert).

Yaviza

Die letzten 50 km der Carretera Interamericana führen entlang einiger winziger Siedlungen, in denen sich das Rad der Zeit nur mühsam dreht. Nach einer gut 2 Stunden langen Fahrt erreicht man den Anlegesteg von Yaviza, wo Amerikas „Traumstraße" endet. Die Ortsbewohner betrachten neugierig die Passagiere, die steif aus dem Bus klettern. Ständig hängt eine **tropische Feuchtigkeit** über Yaviza, einem kleinen, wenig attraktiven Ort. Er kann in der Trockenzeit ein Ausgangspunkt für eine Tour in den Nationalpark Darién und für den Darién-Trek nach Kolumbien sein. Der bessere Ausgangspunkt ist aber El Real.

Die **Ortsgeschichte** geht bis in die Mitte des 17. Jahrhunderts zurück. Zu dieser Zeit gründeten die Spanier an der Krümmung des Río Chucunaque ein Fort unter dem Namen San Jeronimo de Yaviza, das zum Schutz der Goldminen im Hinterland gedacht war. Von diesem Fort sind heute nur noch spärliche Trümmer am Flussufer sichtbar.

Die Nachkommen der Sklaven, die damals in den Goldminen als Arbeitskräfte eingesetzt wurden, bilden heute die Mehrheit der **Dorfgesellschaft.** Mit dem Anbau von *platanos* (Mehlbananen) und Bohnen können sie sich gerade über Wasser halten. Die Natur bietet zusätzlich Fisch, Fleisch und Holz, das für den Bau ihrer Häuser und des wichtigsten Transportmittels der Region, den *cayuco* genannten Kanus, verwendet wird.

Praktische Hinweise

An- und Weiterreise

- Die **Busse nach Panama-Stadt** fahren vom Anlegesteg meist zwischen 6 und 8 Uhr ab; da ist aber kein Verlass drauf, da die Busse häufig mit viel Verspätung ankommen. Wer mit dem Bus reisen möchte, muss sich auf wenig Platz und viel Lärm einstellen.

Vom Anlegesteg fahren **Boote nach El Real** (ca. 45 Minuten), eine regelmäßige Verbindung gibt es aber nicht. Wenn ein Bus aus Panama-Stadt am späten Nachmittag in Yaviza eintrifft, fahren fast immer Boote für die regionale Bevölkerung nach El Real (5 $ p.P.). Ansonsten muss man mit den Bootsfahrern über den Preis verhandeln. Richtlinie: 50 $ pro Boot und Strecke (ungeachtet der Anzahl der Passagiere).

Übernachten, Essen und Trinken

4 **El Hotel de la Maestra Leticia** – „das Hotel der Lehrerin *Leticia*" – an der Hauptstraße hat keinen Namen, man frage einfach nach der freundlichen *Leticia*. Die schlichte Unterkunft ist günstig, sauber und klimatisiert.

- Lokale Gerichte gibt es in den kleinen **Restaurants** des Ortes, die Auswahl ist bescheiden.

Weitere Informationen

- **Einkaufen:** In den Läden des Ortes gibt es eine beschränkte Auswahl. Brot bekommt man in der **6** **Panadería** (Bäckerei) gegenüber der Kirche.
- **Geldwechsel** ist nicht möglich, weshalb man ausreichend kleine Dollarnoten mitbringen sollte.
- **Telefonieren** kann man mobil, es funktionieren fast alle Anbieter.

1 Das **ANAM-Nationalparkbüro** ist v.a. mit Aufforstungs- und Informationsprojekten beschäftigt. Gute Informationen über den Nationalpark Darién erhalten Sie auch im Büro in El Real.

El Real

El Real ist ein **vom feucht-heißen Klima eingeschnürter Ort** mit wenigen, teils betonierten Gassen, die von blühenden Sträuchern, Mangobäumen und Kokospalmen sowie von einfachen Holzhäusern gesäumt werden. Seine knapp 1200 Einwohner setzen sich vorwiegend aus *Afro-coloniales* und *Chocó* zusammen. El Real war im 17. und 18. Jahrhundert ein kleines Verwaltungszentrum, doch irirgendwelche sehenswerte Spuren aus der kolonialen Geschichte sind längst verschwunden.

Der Besucher wird sich schnell an den einfachen, stresslosen **Alltagsrhythmus** anpassen. Bei einem Drink in den beiden Bars oder auf den Stiegen des kleinen Geschäftes *CoMi-Pettunga* und am Nachmittag beim täglichen Basketballspiel kommt man mit der freundlichen Bevölkerung leicht in Kontakt. Am Wochenende steigt die Stimmung, und aus den beiden Bars dröhnt Reggae- und Salsamusik, bis die tägliche Stromabschaltung gegen 2 Uhr nachts dem Treiben ein Ende setzt. Dann stören nur noch bellende Hunde die Stille der Nacht.

Praktische Hinweise

An- und Weiterreise

Mit dem Boot

- **Nach Yaviza:** regelmäßige Verbindungen für 6 $ p.P., mit Anschluss an den Bus nach Panama-Stadt. Ein komplettes Boot kann man für ca. 100 $ mieten (hin und zurück).
- **Nach Boca de Cupe** (Richtung **Kolumbien)** gibt es nach Bedarf Verbindungen für ca. 20 $ p.P., ansonsten muss für die Reise nach Kolumbien mit den Bootsführern verhandelt werden. Preisrichtlinie: ca. 100 $ pro Boot, plus Benzinkosten für Hin- und Rückfahrt. Beachten Sie bitte die Warnung am Beginn dieses Kapitels!
- **Nach La Palma** gibt es eine regelmäßige Verbindung (relativ oft) vom Hafen Puerto Quimba. Die Fahrt dauert etwa 4 Stunden und kostet 10 $ p.P. und Strecke.

Zu Fuß

- Östlich der Schule führt ein breiter **Weg** parallel zur Elektrizitätsleitung **nach Pinogana,** einem Dorf am Río Tuira ohne Übernachtungsmöglichkeit. Für die Strecke benötigt man ca. 1½ Stunden. Für

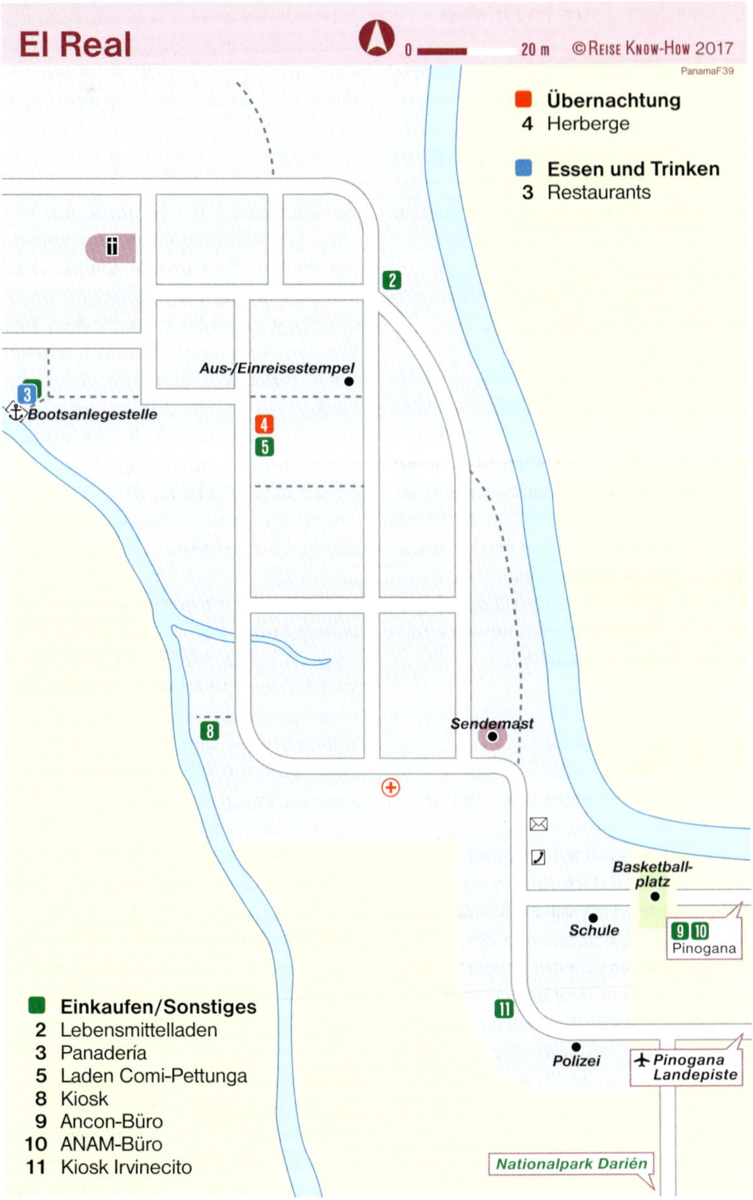
El Real
0
20 m
© Reise Know-How 2017
PanamaF39
Übernachtung
4 Herberge
Essen und Trinken
3 Restaurants
Aus-/Einreisestempel
Bootsanlegestelle
Sendemast
Basketball-platz
Schule
Pinogana
Polizei
Pinogana Landepiste
Nationalpark Darién
Einkaufen/Sonstiges
2 Lebensmittelladen
3 Panadería
5 Laden Comi-Pettunga
8 Kiosk
9 Ancon-Büro
10 ANAM-Büro
11 Kiosk Irvinecito

1 $ werden Sie in Pinogana mit einem *cayuco* an das andere Ufer übergesetzt. Ab dort sind es weitere 1½ Stunden **nach Yaviza** entlang einem deutlich sichtbaren, angenehmen Weg durch Sekundärwald.

■ Die Strecke nach Pinogana kann auch als **Ausflug** empfohlen werden. Entlang des Weges lassen sich die Panama-Perückenäffchen und die lebhaften Montezuma-Krähenstirnvögel *(oropèndola de montezuma)* blicken. Diese schwarzgefiederten Vögel aus der Familie der Stärlinge sind an ihrem auffallenden Ruf erkennbar und am besten bei ihren hängenden Glockennestern zu beobachten.

Übernachten, Essen und Trinken

4 In El Real gibt es eine **familiäre Herberge** mit einfach ausgestatteten Zimmern mit Ventilator und gemeinsamem Balkon.

■ *Comida típica* gibt es in kleinen **Restaurants** nahe der Bootsanlegestelle.

2 Konservendosen, H-Milch und sonstige Lebensmittel des täglichen Bedarfs werden im kleinen **Laden** östlich der Kirche verkauft.

Weitere Informationen

■ **Geldwechsel** oder Abheben an einem Geldautomaten ist nicht möglich, weshalb man genügend Bargeld (kleine Dollarnoten) mitnehmen sollte.

■ Ein öffentlicher **Münzapparat** (nur für Inlandsgespräche) befindet sich nahe der Post. **Briefe** sollten Sie lieber in der Großstadt einstecken.

10 **Informationen über den Nationalpark Darién** gibt es bei *ANAM* an der Straße nach Pinogana. Im *ANAM*-Büro bekommt man auch einen Führer für den Besuch des Parks zugewiesen.

Parque Nacional Darién

Der touristische Höhepunkt des Ostens ist zweifelsohne der Nationalpark Darién, der sich entlang der panamaisch-kolumbianischen Grenze von Küste zu Küste erstreckt. Sein **tropischer Berg- und Regenwald** gilt – samt vielem, was in und unter dem Kronendach läuft, fliegt, kriecht, wächst und blüht – als das faszinierendste und umfangreichste Naturschutzgebiet Panamas und als das größte zusammenhängende Regenwaldgebiet in Zentralamerika. Genügend Gründe für die UNESCO, das 580.000 Hektar große Naturschutzgebiet 1981 zum *World Heritage Site* (Welterbe) und zwei Jahre später zum Biosphären-Reservat zu erklären.

Das überwältigende Pflanzenmeer Dariéns birgt eine **ungeahnte biologische Vielfalt.** Allein schon in der Region um den 1200 m hohen Cerro Pirre wurden rund 450 Vogelarten registriert. Seltene Gattungen, wie etwa der Panama-Jaguar, der Ozelot, der Mittelamerikanische Tapir und die Harpyie, die außer im Darién nur noch im Amazonas-Gebiet anzutreffen ist, lassen das Herz des Naturliebhabers höher schlagen. Häufig kann man natürlich die weniger seltenen Arten beobachten, wie etwa Agutis, Mantelbrüllaffen, Panama-Perückenäffchen, bunte Schmetterlinge, Blattschneider-Ameisen und grell leuchtende Baumsteigerfrösche. Ihre Farbe warnt die gefräßigen Waldbewohner vor dem tödlichen Gift, das sich in ihren Hautdrüsen bildet. Die Chocó benutzen dieses wirksame Gift traditionell für die Jagd. Sie kennen den Park wie ihre Westentasche, mit allen Tieren und Pflanzen, die für den Menschen gefährlich oder nützlich sind. Sie sind deshalb als Parkaufseher eingesetzt und führen die Touristen sicher auf schmalen Pfaden durch den Wald.

Die **Beziehungen zwischen den verschiedenen Lebensformen** im Darién-Regenwald sind komplex und unlöslich miteinander verflochten und durch den Bedarf an Wasser und Sonnenlicht bestimmt.

Ein gutes Beispiel dafür ist die **Bromelie.** Sie lebt als „Untermieter" auf dem Ast eines Urwaldriesen, fängt mit ihrer Blattrosette das vom Baumwipfel tropfende Wasser auf und bildet damit ein Mikrobiotop, in dem unter anderem Frösche und Insekten leben. Oder auch die Pflanzen, die ziehend, kletternd oder würgend versuchen, nach oben zu gelangen und dabei den benutzten Baum allmählich in die Knie zwingen, wonach nicht nur sie selber, sondern auch unzählige andere Pflanzen, die jahrelang am Boden auf ihre Chance gewartet haben, rasch und kerzengerade nach oben zum lebenswichtigen Licht schießen. Auf die umgefallenen Urwaldriesen stürzen sich schließlich die Mikroorganismen, die im ständigen Kampf um Nährstoffe für den Boden nur noch wenig abfallen lassen. Kein Wunder also, dass die Wurzeln der Bäume nicht sehr tief in dem nährstoffarmen Erdreich stecken und sich häufig als riesige Stützen

198pa hz

Übersichtskarte S. 279

oberhalb des Bodens etabliert haben – eine einzigartige Welt, in der es viel zu entdecken, zu beobachten und zu genießen gibt.

089pa hz

Praktische Hinweise

- Die **beste Zeit für einen Parkbesuch** liegt in der Trockenperiode, etwa zwischen Januar und März. In den restlichen Monaten ist der Boden tiefmorastig und die Mücken sind eine noch größere Plage als in der Trockenzeit.
- Für den Besuch benötigen Sie eine **Genehmigung** des *ANAM*-Büros in Yaviza oder El Real (5 $). Da man für die Genehmigung eine Einzahlung bei der Bank tätigen muss, ist das nicht ganz einfach, denn es gibt keine Bank. Daher ist es sinnvoll, sich evtl. schon vorher eine Genehmigung zu besorgen; *Ecotour Darién* z.B. ist dabei behilflich: Santa Fé, Tel. 6736-1607, 6510-6838, www.ecotourdarien.com.
- In El Real kann für 25 $ pro Tag ein **Pferd** als Gepäck- und Proviantträger angemietet werden.
- Bitte den **Müll** wieder mitnehmen!

Die Stationen im Park

- Die **Station Rancho Frío** (auch **Station Cerro Pirre)** liegt 3–4 Gehstunden von El Real entfernt am Fuß des Cerro Pirre. In der Regenzeit kann der Fußmarsch durch eine Bootsfahrt auf dem Río Pirre auf etwa 1 Stunde verkürzt werden.
- Die **Station Cruce de Mono** liegt am Osthang des Cerro Pirre nahe Boca de Cupe, das mit dem Boot über den Río Tuira ab El Real (ca. 2–3 Stunden; 60 $ pro Boot) oder in einem ca. 6-stündigen Fußmarsch über Pinogana erreichbar ist. Ab Boca de Cupe sind es weitere 5–6 Gehstunden zur Station entlang des Río Cupe. Cruce de Mono liegt abgelegen und eignet sich gut zur Beobachtung von exotischen Vierbeinern.
- Die Station Rancho Frío verfügt über einige extrem einfache **Schlafplätze** (10 $ p.P. und Tag), eine **Kochmöglichkeit, Trinkwasser,** eine Toilette und eine **Waschmöglichkeit** am Fluss.
- Von den Stationen aus können **Touren durch den Regenwald** unternommen werden: von Kurztouren zu Wasserfällen in der näheren Umgebung bis hin zur Besteigung des Cerro Pirre, die 10–12 Stunden pro Strecke in Anspruch nimmt. Am Gipfel des Cerro Pirre gibt es lediglich eine Notunterkunft.
- Die **Station de Balsas** liegt am gleichnamigen Río unweit von Boca de Sábalo und ist mit dem Boot ab El Real direkt erreichbar. Die Station wurde in erster Linie zur Eindämmung der illegalen Jagd und der Rodung und für Aufklärungs- und Aufforstungsprojekte errichtet.

Wasserfall im Darién

Station Rancho Frío

Pazifikküste

La Palma

La Palma, die **Hauptstadt der Provinz Darién,** liegt am Mündungsufer des Río Tuira. Der kleine Ort mit knapp 2000 Einwohnern besitzt das gleiche träge Flair wie El Real oder Yaviza. Während der kolonialen Epoche hatte La Palma den Ruf eines Piratennestes, das vor allem Unterschlupf für englische Seeräuber bot.

Unweit von La Palma öffnet sich der **Golfo de San Miguel,** jene Bucht, an der *Vasco Núñez Balboa* seine Entdeckungstour von der Atlantik- zur Pazifikküste, quer durch den Darién-Regenwald, glorreich beendete. *Balboa* und seine Männer waren auf der Suche nach Gold, Edelsteinen und Ruhm für sich selbst und ihr Vaterland. Ihre Raubzüge führten landeinwärts über den Río Tuira oder entlang der Pazifikküste, wo es unter anderem Perlen in den umliegenden Gewässern des heutigen Archipielago de las Perlas zu erbeuten gab.

La Palma bildete bis vor einigen Jahren das **„Tor" zum Darién.** Mit der guten Landverbindung nach El Real bzw. Yaviza hat sich diese Situation geändert, obwohl in der Regensaison noch immer ein verrosteter Frachtkahn zwischen Panama-Stadt und La Palma verkehrt. Durch die enorme Distanz zwischen La Palma und dem Nationalpark Darién ist der Ort aus touristischer Sicht weniger interessant.

Praktische Hinweise

- Die An- bzw. Rückreise kann nur mit Boot erfolgen. Für die ca. 6-stündige **Bootsfahrt** von El Real werden ca. 100 $ pro Boot verlangt. Ab Puerto Quimba (aus Metetí mit Sammeltaxi zu erreichen) fahren öffentliche Boote bis El Real.
- Unterkunft bietet das **Hotel Tuira** (25 $ pro Zimmer), **Essen** gibt es in einfachen Restaurants nahe dem Hafen, am Wochenende herrscht viel Trubel in den Bars und auf der Straße, die Nachtruhe setzt erst spät ein.

Jaqué

Ca. 50 km von der kolumbianischen Grenze entfernt liegt der kleine **Fischerort** Jaqué, der von den Ausläufern der Serranía de Jungurudó eingeschlossen ist. Nahebei, an der Bahía de Piña, befindet sich das **Luxusresort Tropical Star Lodge** (www.tropicstar.com), in dem Hochseefischen angeboten wird. Ab und zu geht ein **Kreuzfahrtschiff** in der Bucht vor Anker, damit die Passagiere einen Tagesausflug zum nahe gelegenen semiautonomen Gebiet der Emberá unternehmen, die *Indígenas* bestaunen und deren Kunsthandwerk kaufen können. Eine erschreckende Invasion fotografierender Touristen, ohne Rücksicht auf Land und Leute.

Praktische Hinweise

- Jaqué ist mit dem **Flugzeug** ab **Panama-Stadt** mehrmals wöchentlich erreichbar. **Unterkunftsmöglichkeiten** gibt es im *Resort* zum Wochentarif.

› Menschenleerer Strand an der Pazifikküste

099pa hz

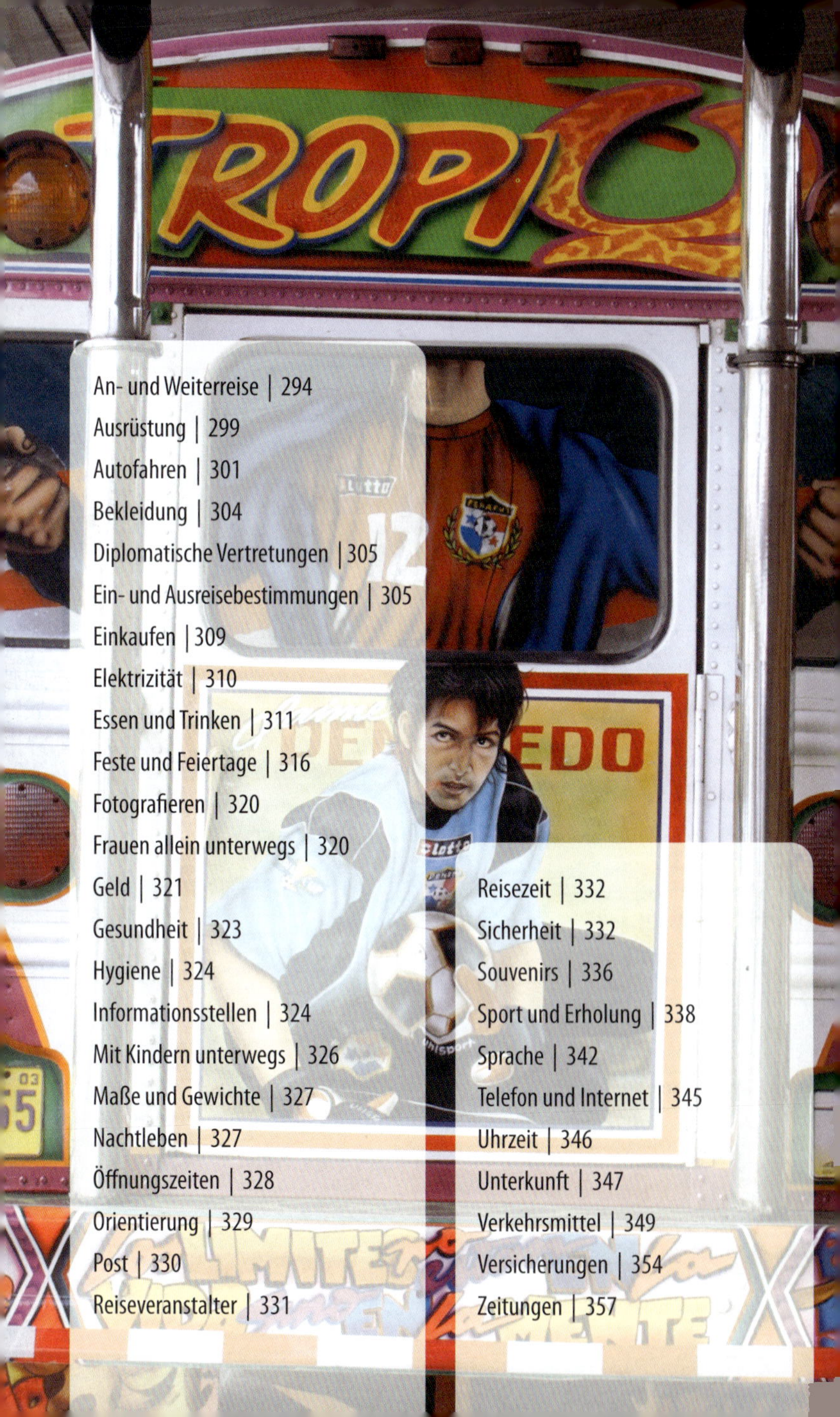

An- und Weiterreise | 294
Ausrüstung | 299
Autofahren | 301
Bekleidung | 304
Diplomatische Vertretungen | 305
Ein- und Ausreisebestimmungen | 305
Einkaufen | 309
Elektrizität | 310
Essen und Trinken | 311
Feste und Feiertage | 316
Fotografieren | 320
Frauen allein unterwegs | 320
Geld | 321
Gesundheit | 323
Hygiene | 324
Informationsstellen | 324
Mit Kindern unterwegs | 326
Maße und Gewichte | 327
Nachtleben | 327
Öffnungszeiten | 328
Orientierung | 329
Post | 330
Reiseveranstalter | 331
Reisezeit | 332
Sicherheit | 332
Souvenirs | 336
Sport und Erholung | 338
Sprache | 342
Telefon und Internet | 345
Uhrzeit | 346
Unterkunft | 347
Verkehrsmittel | 349
Versicherungen | 354
Zeitungen | 357

702pa hz

8 Praktische Reisetipps A–Z

Von A wie Anreise bis V wie Verkehrsmittel:
Hier finden Sie nützliche Reiseinformationen und Reisetipps in alphabetischer Reihenfolge.

< Bunt ist Trumpf – am Busbahnhof von Panama-Stadt

An- und Weiterreise

Auf dem Luftweg

In Panama gibt es mehrere internationale Flughäfen, doch bei der Anreise aus Europa wird immer der internationale Flughafen bei **Panama-Stadt** angeflogen (**Aeropuerto Internacional de Tocumen,** PTY). Die Stadt Tocumen, 22 km nordöstlich der Hauptstadt gelegen, ist mit ca. 100.000 Einwohnern zwar die drittgrößte Stadt des Landes, aber im Prinzip eine reine Pendlerstadt und über eine Autobahn mit Panama-Stadt verbunden.

Zwei weitere Flughäfen im Hauptstadtgebiet sind der internationale Flughafen Marcos A. Gelabert bei Albrook (PAC) und der Aeropuerto Internacional Panamá Pacífico (BLB), der sich auf der früheren Howard Air Force Base westlich des Kanals befindet, die im Jahre 1999 geschlossen wurde.

In **David** ist der internationale Flughafen Enrique Malek (DAV) angesiedelt und in **Bocas del Toro** der Aeropuerto Internacional de Bocas del Toro Isla Colón (BOC).

Diese vier kleineren Flughäfen bieten aber nur Verbindungen auf dem amerikanischen Kontinent an, sind also bei Reisen in Nachbarländer oder z.B. nach Südamerika sehr interessant, da es auch hier mittlerweile Billigfluglinien gibt.

Der internationale Flughafen bei Tocumen hat sich in den letzten Jahren zu einem **Drehkreuz für internationale Verbindungen** gemausert; u.a. benutzt ihn die *Lufthansa,* um mit ihrem Star-Alliance-Partner *Copa* Verbindungen auf den ganzen Kontinent anzubieten. Unter anderem werden Belize, Bogotá, Caracas, San Salvador, Guatemala-Stadt, Tegucigalpa, Managua, Mexico City, Cancún, Baranquilla, Cali, Cartagena, La Paz, Lima, Medellín, Quito, Santiago de Chile und Buenos Aires angeflogen.

Aus Europa gibt es viele **Direktverbindungen:** *Lufthansa* fliegt 5x die Woche, *Condor* 3x die Woche von Frankfurt bzw. München, *Air France* 5x die Woche ab Paris, *KLM* 3x von Amsterdam. Es gibt auch Verbindungen mit *Turkish Airlines* über Istanbul, mit *Avianca* über Spanien und Bogotá und natürlich jede Menge Flüge über die **USA.** Dabei gilt zu bedenken, dass man dort wegen der Einreisekontrollen (auch wenn es sich nur um einen Transit handelt) ziemlich zeitaufwendige und nervenaufreibende Aufenthalte hat und außerdem eine gültige ESTA-Bescheinigung benötigt. Da sich die Flugpreise nicht sonderlich unterscheiden, ist die Anreise über die USA eigentlich nur dann eine Option, wenn man dort z.B. einen Stopover anstrebt.

Man kann von Deutschland, Österreich und der Schweiz auch zunächst nach San José in **Costa Rica** fliegen. Von dort gibt es mehrmals täglich Flüge nach Panama-Stadt und dann auch nach David und Bocas del Toro. Oder man fährt mit dem Bus weiter. Diese Kombination lohnt in erster Linie, wenn man beide Länder bereisen möchte. Viele wertvolle Informationen dazu findet man unter www.costa-rica-reise.com.

Der Direktflug von Frankfurt nach Panama-Stadt dauert ca. 12 Stunden.

Mini-„Flug-Know-how"

Check-in

Nicht vergessen: Ohne **gültigen Reisepass** kommt man nicht an Bord. Auch Kinder, die mitreisen, brauchen ein eigenes Reisedokument.

Bei den meisten internationalen Flügen muss man 2 bis 3 Stunden vor Abflug am Schalter der Fluggesellschaft **eingecheckt** haben. Je nach Fluggesellschaft kann man das in der Regel ab 23 Stunden vor dem Flug vorab zu Hause im Internet erledigen und muss am Flughafen nur noch die ausgedruckte Boardkarte mit Barcode nach unten auf den Scanner legen und sein Gepäck am entsprechenden Schalter abgeben. Reist man nur mit Handgepäck, kann man je nach Fluggesellschaft nach einer kurzen Prüfung gleich durch die Schranke in den Boardingraum.

Das Gepäck

In der **Economy Class** darf man pro Person in der Regel ein Handgepäckstück bis zu 7 kg in die Kabine mitnehmen (nicht größer als 55 x 40 x 20 cm) und bei Bedarf zusätzlich ein Gepäckstück bis zu 23 kg einchecken. In der **Business Class** sind es pro Person meist zwei Handgepäckstücke (insgesamt nicht mehr als 12 kg) und ein Gepäckstück bis zu 30 kg zum Einchecken. Man sollte sich beim Kauf des Tickets über die Bestimmungen der Fluggesellschaft informieren.

Beim Packen des **Handgepäcks** sollte man darauf achten, dass Getränke oder vergleichbare Substanzen (Gel, Parfüm, Shampoo, Creme, Zahnpasta, Suppe, Käse, Lotion, Rasierschaum, Aerosole etc.) nur in geringen Mengen bis zu jeweils 100 ml mit ins Flugzeug genommen werden dürfen. Diese Substanzen muss man separat in einem durchsichtigen Plastikbeutel (z.B. Gefrierbeutel) transportieren, den man beim Durchleuchten in eine der bereitstehenden Schalen auf das Fließband legen sollte. Auch das Notebook oder Smartphone muss in eine solche Schale gelegt werden. Hat man einen Gürtel mit einer Schnalle aus Metall, empfiehlt es sich, diesen auszuziehen und ebenfalls in die Schale zu legen, da sonst in der Regel der Metalldetektor anschlägt und man vom Flughafenpersonal abgetastet werden muss.

Aus Sicherheitsgründen dürfen Nagelfeilen sowie Messer und Scheren aller Art, also auch Taschenmesser, nicht im Handgepäck untergebracht werden. Diese Gegenstände sollte man unbedingt daheim lassen oder im aufzugebenden Gepäck verstauen, sonst werden sie bei der Sicherheitskontrolle einfach weggeworfen. Darüber hinaus gilt, dass leicht entzündliche Gase in Sprühdosen (Schuhspray, Campinggas, Feuerzeugfüllung), Benzinfeuerzeuge, Feuerwerkskörper etc. nicht im Koffer oder Handgepäck transportiert werden dürfen.

Vom **Verschließen des Gepäcks** mittels eines Vorhängeschlosses wird abgeraten, da das Gepäck vom Flughafenpersonal bei Auffälligkeiten beim Durchleuchten durchsucht werden können muss.

Flugpreise und Tipps

Je nach Fluggesellschaft, Jahreszeit und Aufenthaltsdauer in Panama kostet ein Flug von Deutschland, Österreich und der Schweiz nach Panama-Stadt und zurück **zwischen 550 und 1000 €** (inkl. aller Steuern, Gebühren und Entgelte). Die Termine für den Tarifwechsel sind festgelegt; **Hauptsaison** in Panama ist während der Osterferien, der Sommerferien und der Weihnachtsferien. Preiswertere Flüge sind mit **Jugend- und Studententickets** (je nach Airline alle jungen Leute bis 29 Jahre und Studenten bis 34 Jahre) möglich.

Kinder unter zwei Jahren fliegen ohne Sitzplatzanspruch für 10 % des Erwachsenenpreises, ansonsten werden für ältere Kinder die regulären Preise je nach Airline um 25–50 % ermäßigt. Ab dem 12. Lebensjahr gilt der Erwachsenentarif oder ein besonderer Jugendtarif (s.o.).

In Deutschland gibt es **ab Frankfurt** die häufigsten Verbindungen nach Panama-Stadt. Flüge von und nach anderen deutschen Flughäfen sind manchmal ein wenig teurer. Da kann es sich für Deutsche lohnen, mit einem **Rail-and-Fly-Ticket** per Bahn nach Frankfurt zu reisen (entweder bereits im Flugpreis enthalten oder 30–60 € extra). Man kann je nach Fluglinie auch einen preiswerten **Zubringerflug** der gleichen Airline von einem kleineren Flughafen in Deutschland buchen. Außerdem gibt es **Fly-&-Drive-Angebote,** wobei eine Fahrt vom und zum Flughafen mit einem Mietwagen im Ticketpreis enthalten ist.

Buchung

Heute werden Flüge gern online gebucht, aber welche Plattform ist zu empfehlen? Bequemer ist die Buchung im

Jet Lag – Probleme mit der Zeitverschiebung

Ärzte definieren Jet Lag als „die Summe sämtlicher subjektiver Befindlichkeitsstörungen, die durch Zeitverschiebung eintreten", stellen aber auch fest, dass es keine Krankheit ist.

Die **Umstellung der inneren Uhr** dauert einige Tage, und es ist ganz normal, wenn man nach einem langen Flug nicht oder nur schlecht schlafen kann. Die Anpassung der inneren Uhr an die Ortszeit verläuft mit einer Geschwindigkeit von ein bis drei Stunden pro Tag.

Bei der Beachtung einiger **Regeln** treten die Symptome weniger stark auf:

- So früh wie möglich an die Zeit im Zielland anpassen. Die Schlafzeiten in den ersten drei Nächten nach der Zeitumstellung auf etwa 8 Stunden beschränken. Sonst besteht die Gefahr, dass man nach einem „erholsamen" Schlaf von vielleicht 10 oder 12 Stunden in der nächsten Nacht partout nicht einschlafen kann.
- Nach der Zeitumstellung in der ersten Woche tagsüber nicht schlafen und möglichst viel im Freien aufhalten, denn Sonnenlicht erleichtert das Wachbleiben und die Zeit-Kompensation.
- Im Flugzeug am besten gar keinen Alkohol trinken, statt dessen Fruchtsäfte oder Wasser. Schlaf- und Aufputschmittel meiden.
- Oftmals kommt die Verdauung nach einer großen Zeitverschiebung nicht so recht in Gang. Wer im Flugzeug vegetarisches Essen bestellt und im Zielland ballaststoffreiche Kost zu sich nimmt, tut sich da erheblich leichter.

Reisebüro auf alle Fälle. Für die Tickets der Linienfluggesellschaften kann man bei folgendem zuverlässigen Reisebüro oft günstigere Preise als bei vielen anderen finden:

■ **Jet-Travel,** In der Flent 7, 53773 Hennef, Tel. 02242-868606, www.jet-travel.de. Buchungsanfragen oder Online-Buchungen auf der Website unter der Auswahl „Flüge".

Auf dem Landweg

Für den Grenzübertritt auf dem Landweg benötigt man außer einer Ein- bzw. Ausreisekarte, die bei der Busgesellschaft oder am Grenzkontrollposten erhältlich ist, auch ein **Weiterreiseticket.** Es genügt ein Busticket, das allerdings bei Nichtbenutzung vom Busunternehmen nicht zurückerstattet wird. Meist reicht schon die Vorlage eines Flugtickets ab San José.

Von/nach Costa Rica

Die Grenze zwischen beiden Ländern lässt sich an zwei Stellen überqueren. Der eine **Grenzübergang, Paso Canao,** liegt direkt an der Carretera Interamericana. Der Kontrollposten ist täglich von 8 Uhr (in Costa Rica von 9 Uhr) bis Mitternacht geöffnet. Die Busfahrten zwischen Panama und Costa Rica sind auf diese Zeiten abgestimmt.

Der andere, viel ruhigere Grenzübergang liegt an der karibischen Küste bei den kleinen Grenzorten **Guabito** (Panama) und **Sixaola** (Costa Rica). (Infos zur Ausreise siehe auch: „Der Westen", „Provinz Bocas del Toro", „Nach Costa Rica").

Den costa-ricanischen Ausreisestempel gibt es kurz vor der Brücke über den Río Sixaola. Bei der Einreise nach Panama findet auf panamaischer Seite kurz nach der Brücke die Passkontrolle statt (17–8 Uhr geschlossen). Oft werden das Weiterreiseticket und die Bonität geprüft. Derzeit werden mindestens 400 US-Dollar pro Person gefordert, die in bar vorgelegt werden können oder mit einem Kreditrahmennachweis für die Kreditkarte belegt werden müssen. Das wird natürlich nicht immer überprüft, aber man sollte darauf vorbereitet sein und lieber evtl. einen Tag vorher noch einen Kontoauszug ausdrucken. Nach der Kontrolle warten beidseitig des Dammes Kleinbusse und Taxis, um Touristen zu den **Wassertaxis** nach Bocas del Toro zu bringen.

Nach Kolumbien oder in die Nachbarländer

Der einfachste Weg von Panama nach Kolumbien oder in ein anderes südamerikanisches Land ist der Luftweg, u.a. mit *Avianca, SAM* oder *COPA.*

Nach Cartagena in **Kolumbien** gibt es unregelmäßige **Bootsverbindungen,** die für Touristen organisiert werden, meist in Segelbooten oder Katamaranen, mit mehrtägigem Aufenthalt auf den panamaischen San-Blas-Inseln. Mehr Informationen bietet der kolumbianische Anbieter *Blue Sailing,* Tel. 0057-310-704-0425, www.bluesailing.net. Auf der Website findet man einen Kalender, auf dem die freien Plätze zu sehen sind. Man sollte vorab ein paar Erkundigungen über das Boot einholen, mit dem die Überfahrt stattfinden soll.

Internationale Busverbindungen

Ab Panama-Stadt, Changuinola und David (siehe dort) bestehen Busverbindungen in die **costa-ricanische** Hauptstadt **San José,** sowie nach **Nicaragua, El Salvador, Honduras** und **Guatemala** (mit Umsteigen in San José). Genaue Informationen finden Sie unter Panama-Stadt, Changuinola und David.

Auf dem Seeweg

Auf dem Seeweg nach Panama? Das ist zwar möglich, jedoch kostet diese spezielle Anreise für echte Schiffsliebhaber viel Zeit und Geld. Die Reedereien *Hamburg-Süd* und die *Frachtschiff-Touristik Kapitän Zylmann GmbH* beispielsweise bieten **Rundreisen** auf einem Frachtschiff in komfortablen Passagierskabinen an, inklusive der Durchquerung des Panamakanals. Mehr Infos dazu finden Sie unter: www.hamburgsued-frachtschiff reisen.de und www.zylmann.de.

Eine preisgünstigere Variante könnte eine **Kreuzfahrt** ab Miami oder Los Angeles inklusive der Durchquerung des Kanals sein. Auch darüber findet man viele Informationen im Internet, unter anderem bei www.derkreuzfahrer.de.

Wer Auto, Wohnmobil oder Motorrad nach/von Panama verschiffen möchte, was eine ziemlich kostspielige Angelegenheit ist, wendet sich am besten an einen Spediteur.

◁ Wegrestaurant auf der Strecke Panama – Costa Rica

Ausrüstung

Für die Panamareise ist eine spezielle Ausrüstung nicht erforderlich, egal ob Sie mit dem Mietwagen, mit öffentlichen Verkehrsmitteln oder zu Fuß unterwegs sind. Auf Grund der Reiseart und des Zielgebietes sollten Sie jedoch Folgendes berücksichtigen: Beschränkt sich die Reise überwiegend auf **Panama-Stadt** (als Ausgangspunkt) und auf Tagesausflüge in die nähere Umgebung, wie etwa zum Panamakanal, zur Isla Taboga oder zum Naturschutzgebiet Isla Barro Colorado, reichen ein stabiler, stoßfester Koffer und ein Tagesrucksack völlig aus.

Für eine Tour mit **öffentlichen Verkehrsmitteln** kreuz und quer durch das Land hat sich eine strapazierfähige Reisetasche mit breitem Riemen oder ein Rucksack als praktisch erwiesen.

Sind **Trekkingtouren** geplant, so ist ein Rucksack mit gutem Tragesystem unerlässlich. Zum Verschließen der Reisetasche oder des Rucksackes kann ein kleines Vorhängeschloss dienen.

Das **Gepäck** landet manchmal noch auf dem Gepäckträger auf dem Dach des Busses. Es wird dabei immer mit einer Plane abgedeckt, trotzdem kann ein wasserdichter Überzug vor Nässe und Verschmutzung einen zusätzlichen Schutz bieten. Bei **Bootsfahrten,** vor allem in den Provinzen Bocas del Toro und Darién und der Comarca de San Blas, sollte ein solcher Überzug nicht fehlen.

Checkliste Ausrüstung

Die folgende Checkliste soll als Orientierungs- bzw. Entscheidungshilfe dienen. Außerdem ersparen mitgebrachte Dinge die zeitraubende Suche vor Ort.

- **Schlafsack:** Aus hygienischen Gründen kann ein leichter Schlafsack und/oder ein Laken gute Dienste leisten. Die **Isoliermatte** kann zu Hause bleiben, wenn nicht im Zelt oder im Freien übernachtet wird. Für eine Übernachtung unter den Sternen ist eine **Hängematte** geeignet (die in Panama wesentlich günstiger zu erwerben ist als in der Heimat).
- **Moskitonetz:** Unbedingt anzuraten für die Provinzen Bocas del Toro, Darién und Colón sowie für die Comarca de San Blas, vor allem aber bei Dschungeltouren. Etwas zum Befestigen nicht vergessen!
- **Regenschutz:** Ein Regenschirm oder eine Regenjacke (evtl. ein Regenponcho, der auch den Rucksack schützt) sollte ständig dabeisein.
- **Sonnenschutz:** Sonnenbrille, Kopfbedeckung, Sonnencreme (zu Beginn mit hohem Lichtschutzfaktor) und Lippenschutz.
- **Insektenschutz:** Wegen der möglichen Anwesenheit blutrünstiger Moskitos ist ein Repellent für ganz Panama unerlässlich.
- **Reiseapotheke**
- **Fernglas:** Empfehlenswert zur Beobachtung der Tierwelt (vor allem der Vögel).
- **Landkarten:** Topografische Karten sind in Panama-Stadt im *Instituto Nacional Geográfico Tommy Guardia* erhältlich. Die Karten stammen größtenteils aus den 1960er Jahren, werden aber langsam überarbeitet.
- **Kleidung und Schuhe:** s.u. „Bekleidung".
- **Badeanzug/Badehose/Bikini:** „Oben ohne" und FKK ist unüblich. Außerdem sollten die Badesachen sogar eine „entsprechende" Größe aufweisen.
- **Hand-/Badetücher:** In fast allen Unterkünften werden Hand- und Badetücher zur Verfügung gestellt.
- **Hygieneartikel:** Dusch-/Badeschuhe (sollten auch zum Baden im Meer geeignet sein), Seife, Shampoo, Kamm oder Haarbürste, Zahnbürste und -pasta, Rasierklingen und -schaum, Papiertaschentücher, Hautcreme, Nagelschere, und Tampons (alles auch vor Ort erhältlich).
- **Dokumente und Geld:** Bargeld (möglichst ein komfortables Kontingent an kleinen US-Dollarnoten), Kreditkarten, Impfausweis, Reisepass, Personalausweis (bei Verlust des Reisepasses hilfreich), nationaler Führerschein, Blutgruppenausweis, Flugtickets, sonstige Reiseunterlagen wie etwa Hotel- oder Mietwagen-Voucher, Reiseversicherung (Notfallausweis) sowie Kopien sämtlicher Dokumente und Unterlagen.
- **Praktische Kleinigkeiten:** Bauch- und/oder Beingurt, wasserdichtes Etui für Dokumente und Geld, Vorhängeschloss (zur Sicherung des Rucksackes), Klebeband (zum Flicken von Löchern im Moskitonetz), Trinkflasche, Wasserdesinfektionsmittel, Schreibwerkzeug, Wörterbuch oder Sprachführer, Reiselektüre, Ersatzbrille bzw. -kontaktlinsen, Taschenmesser, Taschenlampe und Kerzen (bei Stromausfall), Nähzeug, Radio (Weltempfänger) und Reisestecker-Set. Utensilien zum Waschen sind nicht vonnöten. Jede **Wäscherei** verkauft für wenig Geld Waschpulver und verfügt über einen Trockner.

Autofahren

Straßen- und Verkehrssituation

Panama hat für lateinamerikanische Verhältnisse ein gutes Straßennetz, jedoch erschweren die geografischen Bedingungen die Erschließung des gesamten Landes. Die Haupt- sowie die meisten Nebenstraßen haben eine Asphalt- oder eine Betondecke. **Probleme** gibt es an der gesamten karibischen Küste und im Osten des Landes. In diesen Regionen sind nur vereinzelt Straßen vorhanden, und die sind zum Teil nicht asphaltiert und mit Rissen und Schlaglöchern übersät. An der Verbesserung des Straßennetzes wird gearbeitet, was allerdings noch einige Zeit in Anspruch nehmen wird. Genaue Informationen über den Straßenzustand erhalten Sie bei den jeweiligen Ortsbeschreibungen.

Die **Hauptverkehrsachsen** des Landes sind die **Carretera Interamericana,** die auch als *Panamericana* bezeichnet wird (Paso Canoas – Panama-Stadt – Chepo – Yaviza), die **Carretera Transístmica** (Panama-Stadt – Colón), die **Carretera Nacional No. 2** auf der Halbinsel Azuero (Divisa – Chitré – Pedasí) und die Carretera von David über Chiriqui Grande und Almirante nach Changuinola.

Die Tatsache, dass die Interamericana und die Transístmica die einzigen Straßenverbindungen zwischen der Hauptstadt und den anderen Landesteilen sind, führt auf diesen Straßen zu einer starken Verkehrsbelastung, vor allem durch die Lastkraftwagen. Hinzu kommt noch, dass die Panamaer kaum einen Schritt ohne ihr geliebtes Vehikel machen, was vor allem an Wochenenden und Feiertagen regelmäßige Staus zur Folge hat.

In der Hauptstadt sieht die Verkehrssituation außer am Sonntagvormittag ziemlich schlecht aus: Täglich zwischen 8 und 10 und 16 und 18 Uhr kommt es zum **Verkehrschaos.** Zwar bemühen sich Polizisten mit Handzeichen und mit Trillerpfeifen, etwas Ordnung ins Chaos zu bringen, doch allem Anschein nach vergeblich. Oft kommt der Verkehrsfluss für Minuten völlig zum Erliegen, wobei das nachfolgende Hupkonzert auch nicht viel ändern kann.

Wenn Sie beabsichtigen, ein Auto zu mieten, werden Sie als ausländischer Autofahrer einige Zeit benötigen, um sich an den **Fahrstil** der Panamaer zu gewöhnen. Im Allgemeinen wird kein allzu aggressiver Fahrstil bevorzugt. Die Busfahrer in Panama-Stadt sind dabei die Ausnahme. Ihnen gegenüber sollte immer Vorsicht angebracht sein, da sie sich von der Haltestelle ohne Rücksicht in den Fließverkehr wieder einordnen.

Touristen gegenüber sind Verkehrspolizisten eher verständnisvoll. Bei einer kleinen Verkehrsübertretung drücken sie hin und wieder sogar ein Auge zu, trotzdem sollte man sich natürlich an alle Regeln zu halten.

Verkehrsregeln und -schilder

In Panama besteht Rechtsverkehr, und die Verkehrsregeln sind an das internationale System angepasst. Zu beachten ist unbedingt die **Gurtpflicht,** das Verbot, defekte Fahrzeuge mit einem Abschleppseil zu bewegen, es muss eine **Abschleppstange** sein, und die Einhaltung der **Höchstgeschwindigkeit** *(velocidad máxima)* von 100 km/h auf der Autobahn, 80 km/h auf der Landstraße und 40 km/h im Ortsgebiet. Die Geschwindigkeitsbegrenzung wird in Stundenkilometer (Kph) angegeben.

Die meisten **Verkehrsschilder** (gelber Untergrund mit schwarzer Aufschrift) sind auch ohne Spanischkenntnisse deutlich erkennbar. Damit es trotzdem zu keinen Missverständnissen im „Schilderwald" Panamas kommt, haben wir die wichtigsten Verkehrstafeln übersetzt (siehe Kasten „Kleine Vokabelliste rund ums Auto").

Parken

Vielerorts, vor allem in und um die Einkaufszentren der Städte, bestehen **Kurzparkzonen.** Sie sind durch Bodenmarkierungen nicht erkennbar, sondern nur durch die beim Parkplatz aufgestellten Automaten. Achten Sie darauf, dass der Automat auch funktioniert. Für etwa 12 ct. können Sie ca. 15 Minuten parken.

Öffentliche Parkhäuser oder **bewachte Parkplätze** sind kaum vorhanden, doch haben viele Hotels Garagen oder bewachte Parkflächen. In den Seitenstraßen der Großstädte gibt es tagsüber Autowächter, für diesen Service wird in der Regel mindestens 0,50 $ verlangt.

[>] Bestens befahrbar: die Carretera Interamericana

Kleine Vokabelliste rund ums Auto

alto	Stop
altura (anchura) máxima	maximale Höhe (Breite)
caseta de peaje	Mautstelle
ceda el paso	Vorrang geben
cruze de ganado	Viehwechsel
curva peligrosa	gefährliche Kurve
despacio	langsam fahren
desvío	Umleitung
flujo rapido (lento)	Fahrstreifen für schnellere (langsamere) Fahrzeuge
no adelantar	Überholverbot
no estacionar	Parken verboten
lento niños	Achtung Kinder!
peatónes	Fußgänger!
salida (entrada) de camiónes	Lkw-Ausfahrt bzw. Einfahrt
un solo carril	nur einspurig befahrbar
una vía	Einbahnstraße

Führerschein und Geldbuße

Zum Lenken eines Fahrzeuges benötigen Sie Ihren nationalen Führerschein und Reisepass. Bei einer Geldstrafe wegen einer Verkehrsübertretung kann Ihr Führerschein vom Polizisten vorläufig einbehalten werden; das ist aber eher ein Druckmittel, um auf eine schnelle Einigung zu drängen.

Benzin

Das **Tankstellennetz** in Panama ist durchgehend **gut** und flächendeckend. Im Reiseteil wird speziell auf Tankstellen bzw. auf die letzte Tankmöglichkeit hingewiesen.

Der **Treibstoff** *(gasolina)* wird als Super- *(super)* und Normalbenzin *(regular, máxima)* sowie Diesel *(diesel)* pro Liter verkauft, manchmal finden sich noch Preisangaben in Gallonen (3,78 Liter). Zudem gibt es Sorten besserer Qualität, die *premium* oder *óptima* heißen.

Verhalten bei Pannen und Unfällen

Die meisten Fahrzeuglenker führen **kein Warndreieck** mit sich. Im Pannenfall ersetzen es oft Äste, Zweige, alte Ölkanister und dergleichen. Während der Dunkelheit ist diese Form der Absicherung sehr gefährlich. Im Notfall kann auch eine Taschenlampe als Absicherung dienen.

131pa hz

Nach jedem **Unfall** (auch wenn er noch so klein ist!) sollte sofort der Autovermieter verständigt werden, der bei einem größeren Schaden die nötigen Schritte einleiten wird, wie etwa die Verständigung eines Abschleppdienstes oder die Beschaffung eines Ersatzautos. Bei einem Unfall mit Blechschaden muss laut Mietvertrag die Polizei verständigt werden, damit es im Nachhinein kein „böses Erwachen" gibt, wenn um die Schuldfrage und Schadenssumme gestritten wird. Im Falle eines Unfalles mit Personenschaden sind dem Gesetz nach alle Beteiligten verpflichtet, die Polizei zu verständigen. In diesem Fall sollten Sie in Ihrem Interesse versuchen, sofort mit der Botschaft oder dem Konsulat Kontakt aufzunehmen.

004pa hz

Bekleidung

Das äußere Erscheinungsbild gilt in Panama als persönliche Visitenkarte, und ohne Ausnahme wird auf ein **gepflegtes Aussehen** großen Wert gelegt. Ob lange Hose, Rock, Kleid, Bermudahose, Hemd oder T-Shirt spielt dabei keine Rolle. Der sogenannte „Tramper-Look" – Shorts, Mini-Röcke (die mehr zeigen als verhüllen) oder sogar zerrissene Kleidung – sind im Alltag nicht gerne gesehen und bei einem Behördenbesuch absolut tabu.

Im Allgemeinen hat sich legere, **strapazierfähige Kleidung** aus Baumwolle oder Leinen am besten bewährt, um dem ständig feucht-heißen Klima zu trotzen. Nehmen Sie daher möglichst leichte, lockere Kleidung aus Naturfasern mit, lange und kurze Hosen, kurzärmelige T-Shirts oder Polo-Shirts sowie einen warmen Pullover und/oder eine Jacke für höher liegende Regionen, wie Boquete, Cerro Punta oder El Valle.

Für **Trekkingtouren** in Dschungel- und Mangrovengebieten empfiehlt sich zum Schutz gegen die blutrünstigen Moskitos körperbedeckende, atmungsaktive Kleidung. Als Schuhwerk geeignet sind wasserabweisende Wanderschuhe und/oder leicht trocknende Sandalen (für eine Flussdurchquerung). Für den Stadtaufenthalt sollten Sommerschuhe mitgenommen werden. Turnschuhe aller bekannten Marken gibt es in der Hauptstadt zu äußerst günstigen Preisen.

Der „Kennzeichenbaum" – ein Wunder der Natur

Diplomatische Vertretungen

Im deutschsprachigen Raum

- **Deutschland:** Botschaft von Panama, Wichmannstraße 6, 10787 **Berlin,** Tel. 030-22605811, www.botschaft-panama.de.
- **Österreich:** Botschaft von Panama, Goldschmiedgasse 10/403, 1010 **Wien,** Tel. 01-5872 347, mail@empanvienna.co.at.
- **Schweiz:** Generalkonsulat von Panama, Löwenstrasse 40, 8001 **Zürich,** Tel. 044-2251488, info@panaconsulate.ch.

In Panama-Stadt

- **Deutsche Botschaft** *(Embajada de Alemania),* Calle 53 Este, Urbanización Marbella, Edificio World Trade Center, Piso 20 (ganz oben), Tel. 263-7733 oder in dringenden Notfällen 6517-3200, www.panama.diplo.de.
- **Österreichisches Honorarkonsulat** *(Consulado Honorariode Austria),* Calle Sevilla, Casa F 7b, Villa de las Fuentes 1, Tel. 260-4525, 215-3719, 215-3363, austriacon@cableonda.net.
- **Generalkonsulat Schweiz** *(Consulado general de Suiza),* Edificio Casa Blanca, Planta baja, Bella Vista, Calle 44 y Avenida Justo Arosemena, Tel. 395-9922, panama@honrep.ch.

Da sich die **Einreisebedingungen** kurzfristig ändern können, raten wir, sich kurz vor Abreise beim Auswärtigen Amt (www.auswaertiges-amt.de bzw. www.bmeia.gv.at oder www.eda.admin.ch) oder der jeweiligen Botschaft darüber zu informieren!

Ein- und Ausreisebestimmungen

Einreise

Für die Einreise nach Panama benötigen Staatsangehörige aus einem EU-Land und der Schweiz einen **gültigen Reisepass,** der ab der Einreise mindestens noch 6 Monate gültig ist. Dies gilt auch für Kinder, die aus Deutschland einreisen, bzw. dort ausreisen, es reicht nicht mehr aus, dass sie im Reisepass ihrer Eltern eingetragen sind. Die Aufenthaltsdauer ist auf maximal 180 Tage begrenzt und kann vor Ort bei Bedarf verlängert werden. Der Nachweis eines **Rück- bzw. Weiterreisetickets** sowie ausreichender **Geldmittel** für die Dauer des Aufenthaltes wird offiziell verlangt.

Einreisekarte

Im Transportmittel oder direkt an der Grenze erhalten Sie kostenlos eine Einreisekarte **(Tarjeta de Embarque).** Sie ist in spanischer und englischer Sprache abgefasst und sollte in einer dieser Sprachen und in Blockbuchstaben ausgefüllt werden (als Hilfestellung siehe Kasten auf der nächsten Seite).

Devisen und Zoll

Touristen dürfen zollfrei einführen:

- In- und ausländische **Devisen** in Form von Bargeld, die für den Aufenthalt benötigt werden.

- **Geschenke** bis zu einem Gesamtwert von 100 $.
- Gegenstände, die für den **persönlichen Bedarf** während der Reise bestimmt sind, wie Gepäck, Kleidung, Sportausrüstung, Toilettenartikel, Schuhe und Ähnliches.
- 2 Liter alkoholische Getränke sowie 500 Zigaretten oder 500 g Tabak.
- Für die **Mitnahme eines Tieres** wird ein tierärztliches Zeugnis benötigt, das von einer diplomatischen Vertretung Panamas beglaubigt wurde und

Vokabelliste

Rund ums Thema Einreise

sexo	Geschlecht
nombre completo	vollständiger Name
apellidos	Familiennamen
nombres	Vornamen
país de nacimiento	Geburtsland
edad	Alter
nacionalidad	Nationalität
ocupación	derzeit ausgeübter Beruf
domicilio permanente	permanenter Wohnsitz
Ciudad	Stadt
estado	Bundesland
país	Land
dirección postal	Hauptanschrift
pasaporte no.	Reisepassnummer
lugar de expedición	Ausstellungsort des Reisepasses
motivo de viaje	Grund der Reise
recreo	Vergnügen bzw. Tourist
negocio	Geschäftsreise
convención	Konferenz
otros	andere Gründe mit Angabe
tiempo de estadia en Panamá	Aufenthaltsdauer in Tagen *(dias)*
puerto de embarque	Einreiseort
domicilio en Panamá	Adresse in Panama (Hoteladresse in Panama-Stadt reicht)

Rund ums Thema Ausreise

pais y ciudad de destino	Ausreiseland und -stadt
tiempo de estadia en	Aufenthaltsdauer
este lugar	nur für Panamaer
compañia	Name der Transportgesellschaft
vuelo no.	Flugnummer
paz y salvo no.	Nummer der Ausreisegenehmigung (nur wer Aufenthalt verlängert hat)

eine Genehmigung vom *Ministerio de Agricultura, Comercio y Industrias, Departemento de Sanidad Animal.* Für Hunde und Katzen wird auch ein internationales Tollwutimpfzeugnis verlangt, aus dem hervorgeht, dass die letzte Impfung mindestens 30 Tage und höchstens 16 Monate zurückliegt. Nach der Ankunft in Panama kommt das Haustier für 40 Tage in Quarantäne. Die Kosten werden vom Besitzer getragen (ca. 4 $ pro Tag). Weitere Infos dazu unter www.botschaft-panama.de/haeufige-fragen.

- **Einfuhrverbot** besteht für Waffen, Munition, Vögel, Frischfleisch, tierische Erzeugnisse, frische Blumen, Früchte und Lebensmittel. Fertiggerichte, wie etwa abgepackte Trekkingnahrung, sind davon nicht betroffen.

Aufenthaltsverlängerung

Die Aufenthaltsverlängerung **(Prorroga de Turista)** obliegt der *Dirección Nacional de Migración,* einer Abteilung des *Ministerio de Gobierno y Justicia,* www.migracion.gob.pa.

Um vor Ort den Aufenthalt verlängern zu können, benötigen Sie neben einer Portion Geduld und mindestens zwei Urlaubstagen folgendes: zwei Passfotos jüngeren Datums, eine Kopie des Reisepasses (Daten der Person und des Reisepasses sowie Einreisestempel), eine Kopie des Ausreisetickets, Nachweis von mind. 500 $ an Reisemitteln, 2 $ für die Administration, 10 $ für die panamaische Legitimation, ein Antragsformular *(solicitud de prorroga de turista),* erhältlich am Schalter der Einreisebehörde, und einen Brief in Spanisch. Der Brief muss an den *Director de Migración* gerichtet sein mit dem Betreff: „solicitado prorroga". Außerdem muss er die persönlichen Daten, Reisepassnummer, Nationalität und den Verlängerungsgrund enthalten.

Mit den Unterlagen gehen Sie zur **Einreisebehörde,** wo Sie nach dem Haupteingang rechts im kleinen Schalterraum einen Einlaufstempel auf das Antragsformular erhalten. Danach beginnt im Hauptschalterraum (hinter dem Haupteingang links, am Ende des Ganges) der bürokratische Weg mit der Durchsicht der Unterlagen, Registrierung der Person, Entnahme eines Fingerabdrucks und der Bezahlung der Verwaltungsgebühr. Für diesen Ablauf benötigen Sie im günstigen Fall etwa drei Stunden. Am nächsten Tag wird im „staatlichen" Fotostudio (trotz der beiden abgegebenen Passfotos) ein Foto gemacht, das dann Ihre Identifikationskarte (mit Aufenthaltsdauer) zieren wird.

Wer die **Bürokratie umgehen** will, reist für drei Tage nach Costa Rica aus. Bei erneuter Einreise erhalten Sie die Erlaubnis für weitere 180 Tage Aufenthalt.

Ausreise

Wer nicht vor Ort den Aufenthalt verlängert hat, benötigt für die Ausreise lediglich eine **Ausreisekarte (Tarjeta de Desembarque),** die beim Transportunternehmen oder an der Grenzkontrolle erhältlich ist. In den meisten Fällen wird Ihnen eine Ein-/Ausreisekarte ausgehändigt, wobei der untere Teil für die Ausreise bestimmt ist. Zur Erleichterung beim Ausfüllen der Ausreisekarte folgt die Übersetzung:

Ausreisegenehmigung

Die Ausreisegenehmigung **(Paz y Salvo),** die nur benötigt wird, wenn Sie den

Aufenthalt verlängert haben, erhalten Sie im *Ministerio de Hacienda y Tesoro* (siehe „Panama-Stadt", „Adressen A–Z"). Sie sollte maximal sieben, mindestens aber zwei Tage vor der Ausreise beantragt werden. Als Tourist müssen Sie nur den Punkt 2 des Formulars ausfüllen. Damit gehen Sie zum für Touristen vorgesehenen Schalter (hinter dem Haupteingang links). Nach Erledigung der Verwaltungsangelegenheiten erhalten Sie an der Kasse gegen eine geringe Gebühr das Ausreiseformular (blaues DIN A5-Blatt). Damit gehen Sie zur *Dirección Nacional de Migración,* wo Sie einen Ausreisestempel erhalten und im Register ausgetragen werden. Dabei wird die Legitimationskarte einbehalten. Das Ausreiseformular bleibt in Ihrem Besitz und muss bei der Ausreise dem Grenzbeamten vorgelegt werden.

Rückeinreise nach Europa

Bei der Wiedereinreise in die EU und die Schweiz gelten verschiedene Freigrenzen, Verbote und Beschränkungen.

- Die wichtigsten **Freigrenzen** für die Einreise im Flug- und Seeverkehr sind: 200 St. Zigaretten oder 100 St. Zigarillos oder 50 St. Zigarren oder 250 g Rauchtabak (ab 17 Jahren); 1 Liter Spirituosen über 22 Vol.-% (ab 17 Jahren), 4 Liter nicht schäumende Weine, 16 Liter Bier und andere Waren zur persönlichen Verwendung oder als Geschenk im Wert von 430 Euro p.P. bzw. bei Reisenden bis 15 Jahre 175 Euro. Für Einreise in die Schweiz 300 SFr p.P.
- Bei Überschreitungen dieser Mengen- und Wertgrenzen müssen die Waren angemeldet und versteuert werden. Hierbei fallen **Abgaben** von 15 % bzw. 17,5 % des Kaufpreises (bis 700 Euro Warenwert) an. Bei Kaufpreisen über 700 Euro liegen die Abgaben zwischen 19 % und 35 %. Hohe Abgaben bei Zigaretten und Spirituosen!
- **Verbotene Waffen** sind u.a. Springmesser, Butterflymesser, Faustmesser, Schlagringe, Wurfsterne, Stockdegen, Stahlruten, ausländische Elektroschocker und Reizstoffsprays.
- Als **artengeschützte Produkte** gelten z.B. Korallen (auch am Strand gefundene), diverse Schnecken- und Muschelarten, Schlangen- und Krokodilleder, Elfenbein, Schildkrötenteile, Whisky mit eingelegter Kobra, verschiedene Tierfelle, Kakteen, Orchideen und bestimmte Kaviarsorten.
- Bei **Arzneimitteln** ist die Menge eines üblichen Drei-Monatseigenbedarfs erlaubt. Anabolika sind in jedem Fall verboten.
- **Markengefälschte Produkte** aller Art sind für den eigenen Gebrauch und als Geschenk in geringer Stückzahl erlaubt.
- Für **Drogen** gilt: Auch Kleinmengen sowie Hanfsamen, Kokatee und -blätter sind verboten, ggf. auch im Ausland gekaufte starke Schmerz- und Beruhigungsmittel.
- **Feuerwerkskörper** sind einfuhrverboten.
- Für **Fleisch, Wurst, Käse, Milchprodukte und Eier** aus Nicht-EU/EFTA-Ländern gilt ein generelles Einfuhrverbot.
- **Pflanzensanitäre Vorschriften:** Pflanzen mit Wurzeln oder Erde ohne Pflanzengesundheitszeugnis aus nicht-europäischen Ländern sind einfuhrverboten (nur aus Mittelmeeranrainerstaaten frei). Auch für bestimmte frische Früchte in größeren Mengen gelten Verbote.
- Für die Mitnahme von **Haustieren** gelten besondere Veterinärvorschriften.
- **Barmittel** über 10.000 Euro (bzw. Schweiz: 10.000 SFr) sind dem Zoll bei Aus- und Einreise schriftlich anzumelden.
- Für selbst aufgegebene **Postsendungen** gelten gesonderte Regelungen und eine Freigrenze von 45 Euro Warenwert. **Internetbestellungen** und Sendungen von Firmen über 22 Euro Warenwert sind abgabenpflichtig.

- Die Zollbestimmungen und die Steuersätze für die **Schweiz und Österreich** können von den oben genannten etwas abweichen.

Nähere Informationen

- **Deutschland:** www.zoll.de
- **Österreich:** www.bmf.gv.at
- **Schweiz:** www.ezv.admin.ch

Einkaufen

Der Panamakanal macht das Land – genauer: Panama-Stadt und die Freihandelszone der Hafenstadt Colón – zum **Einkaufsparadies.** Das Straßenbild in diesen Städten erweckt den Eindruck, als sei der Tag einzig und allein dem Einkaufsbummel vorbehalten. Gefragt sind dabei vorwiegend billige Kleidungsstücke, Sportschuhe und elektronische Geräte. Dementsprechend groß ist auch die Palette des Angebots, das von der Billigware bis hin zum Luxusartikel reicht. Die große Auswahl bietet hohe Qualität zu sehr günstigen Preisen, was auch die Bürger der Nachbarstaaten Costa Rica und Kolumbien anlockt.

Vor den Geschäften stehen Verkäufer und versuchen mit stimmgewaltigem Einsatz die Waren unter die Leute zu bringen.

Wie fast überall sonst auf der Welt fehlen in den Schaukästen der exklusiven Geschäfte die Preisschilder, die anderswo immer vorzufinden sind. Grundsätzlich aber wird über den **Preis** nicht gehandelt, es sei denn, Sie kaufen mehrere Souvenirs in einem Geschäft, auf kleineren Märkten, in der Freihandelszone von Colón in größeren Mengen oder auch Foto- oder Elektrogeräte. Es lohnt deshalb durchaus, sich in verschiedenen Geschäften „gut" nach dem Preis zu erkundigen.

Im Angebot der großen **Supermärkte** ist beinahe alles zu finden, was das Herz begehrt (und der Magen verträgt): venezolanischer Rum, spanischer Sherry, japanischer Thunfisch in Dosen, Schweizer Schokolade, Käse „Made in Holland". Aber nicht nur das Angebot hält einen Vergleich mit dem in Europa stand: Beim Einkaufen lässt sich rasch feststellen, dass die Preise für Lebensmittel sich nur gering von den unseren unterscheiden. Die Öffnungszeiten sind großzügig, oft bis spät in die Nacht oder sogar rund um die Uhr. Taschen müssen aus Angst vor Ladendiebstählen in Supermärkten und in größeren Kaufhäusern am Eingang abgegeben werden.

Günstige und frische Produkte finden Sie auf zentralen **Märkten** oder an **Straßenständen,** wo Kleinbauern aus der Umgebung täglich ihre Ware anbieten. Für exotische Früchte wie Papayas, Mangos oder Ananas, aber auch für Gemüse und Kräuter sind Sie hier an der richtigen Adresse. In das bunte Marktleben mischt sich auch die indianische Bevölkerung, die Kunsthandwerk zum Kauf anbietet (siehe „Souvenirs" und „Menschen und Kultur", „Kunsthandwerk").

Während Sie bei der **Bezahlung** in großen Kaufhäusern, Supermärkten, Bekleidungs- und Schmuckgeschäften häufig die Auswahl haben zwischen der Kreditkarte oder Bargeld, wird auf den Märkten und in kleinen Geschäften nur gegen bare Münze, sprich *dólares,* verkauft. Achtung! 50er- und 100er-Dollarnoten werden nahezu in jedem Geschäft aus Furcht vor Falschgeld abgewiesen.

Elektrizität

Die **Netzspannung** beträgt landesweit 110 Volt Wechselstrom (60 Hertz), weshalb Sie einen Spannungswandler (falls das Gerät nicht umschaltbar ist) und zur Benutzung der Flachsteckdosen bzw. -stecker einen Adapter benötigen.

Das *Instituto de Recursos Hidráulicos y Electrificación (IRHE)* hat mittlerweile im ganzen Land ein gut funktionierendes Stromnetz aufgebaut. Als Quellen für die Stromgewinnung dienen ausschließlich Wasserkraftwerke. Zu **Stromsperren** kommt es von Fall zu Fall in der Provinz Bocas del Toro und in Darién zwischen zwei und sechs Uhr früh.

Essen und Trinken

Die panamaische Gastronomie lässt sich als Mischung aus unterschiedlichen Speisen umschreiben, deren Wurzeln in indianischen, spanischen, italienischen, karibischen und chinesischen Rezepten zu finden sind. Im Alltag heißt das **comida típica,** eine deftige Kost, in der so ziemlich alles steckt, was der Mensch zum Leben braucht.

703pa hz

Frühstück

Die Magennerven werden am Morgen zum ersten Mal strapaziert: Als Frühstück **(desayuno)** bevorzugt man *hígado* (gebackene Leber mit angebratenen Zwiebeln), *bistec* (Rindfleisch), *salchichas* (Würstchen in einer Tomaten-Zwiebel-Sauce) oder *huevos* (Eier). Als Beilage gibt es *patacónes* (frittierte und gesalzene Scheiben unreifer Mehlbananen), *yuca* (frittierte Kassave-Stücke) oder *tortillas.*

Tortillas, die typisch zentralamerikanischen Maismehlfladen, sind durch den Erfolg der mexikanischen Küche in Europa schon lange keine Unbekannten mehr. Panama, auf der Schwelle zwischen Süd- und Zentralamerika, hat seine eigene Variante entwickelt: Die panamaische *tortilla* ist eine kleine, etwa 1 cm dicke Scheibe, geschmacklich aber unverkennbar aus Maismehl hergestellt. Eine verwandte Art sind die knusprigen *carimañolas:* fingerlange Röllchen, die aus pürierter Kassave und Hackfleisch bestehen.

< Markt in Bocas del Toro

Wer den Tag allerdings leichter beginnen möchte, sollte **empanadas** (mit Käse oder Fleisch gefüllte Maismehltaschen) oder **hojaldres** (frittierte Frühstücksbrötchen aus Weizenmehl ohne Füllung) vorziehen. Die *hojaldres* werden, ganz nach Wunsch, mit sehr jungem, weißem panamaischen Käse serviert oder mit gelben Importkäsescheiben überbacken.

Mittagessen

Zur Mittagszeit wird sich „richtig" der Magen vollgeschlagen: Fleisch, Geflügel, Fisch oder Meeresfrüchte bilden traditionell die Hauptbestandteile des Mittagessens **(almuerzo),** das die wichtigste Mahlzeit im Tagesablauf der Panamaer ist. Die Gerichte werden begleitet von *arroz* (Reis), *pure de papas* (Kartoffelpürée), *macarrón* (Spaghetti) und der bekanntesten Beilage Lateinamerikas, den *frijoles* (Bohnen). Für zusätzliche Kohlenhydrate sorgen süße *maduros* oder *tajadas* (gebackene Streifen reifer Kochbananen).

Zubereitungsarten

Die **Variation der Gerichte** liegt in der Zubereitung: *à la criolla* (in einer Tomaten-Zwiebel-Sauce), *à la plancha* (gegrillt), *apanado* (paniert), *frito* (frittiert) oder *guisado* (gedünstet). Salz, Pfeffer und frischer Koriander bilden die Grundpfeiler, um den Geschmack zu verfeinern. LiebhaberInnen des scharfen Essens finden auf jedem Tisch eine Flasche *salsa picante*, die man vorsichtshalber testen sollte, bevor man sie über das Essen gibt.

Man merkt auch den **Einfluss des „American Way of Life"**, der in der panamaischen Gastronomie seine Spuren hinterlassen hat: Hamburger *(hamburguesa),* Hot Dogs *(perro caliente)* und Sandwiches für jeden Geschmack sind nicht zu übersehen, in jedem Einkaufszentrum findet sich eine *Feria de Comida,* eine Ansammlung nationaler und internationaler Fast-Food-Ketten.

704pa hz

Spezialitäten

In einem Land, dessen Name sich mit „Fisch im Überfluss“ übersetzen lässt, ist es nicht verwunderlich, dass **Fisch und Meeresfrüchte** ganz oben auf der Menükarte stehen. Große Popularität genießt der **Ceviche,** ein Cocktail aus rohem Meerrabe, mariniert in Limettensaft, frischem Chillipfeffer und Zwiebeln. Sehr lecker sind auch *corvina al ajillo* (gebackener Meerrabe mit Knoblauch) oder *pargo frito* (frittierte Sackbrasse). Im ländlichen Gebiet kann zu günstigen Preisen eine frische Languste *(langosta)* verzehrt werden. Das zartrosa Fleisch

Restaurant in Boquete

wird in der Regel von der Schale befreit, bevor es serviert wird. Eine Spezialität auf der Península de Azuero sind die *longorones* (Bohrmuscheln), die meistens gekocht auf den Tisch gelangen. Mit einer Delikatesse kann auch die Provinz Bocas del Toro aufwarten: dem *fufú*, einer in Kokosmilch gekochten und geschmackvoll zubereiteten Fischart.

Aber es gibt auch **andere Spezialitäten,** die nicht aus Fisch oder Meeresfrüchten bestehen, wie zum Beispiel das Gericht *Ropa Vieja* („Alte Kleidung"), das aus zerkleinertem Rindfleisch, gemischt mit Zwiebeln, Knoblauch, Tomaten und grünem Pfeffer, besteht. Eine weitere Köstlichkeit ist das *tamal,* ein fantasievolles Gericht aus püriertem, gut gewürztem Mais, vermischt mit Oliven, Rosinen und Hühnerfleisch, das in ein Bananenblatt gewickelt serviert wird. Schmackhaft ist auch die *pastel de yuca,* die in Aussehen und Geschmack der italienischen Lasagne sehr ähnlich ist. *Almojábano* heißen fingerdicke gekochte Maismehlkringel, die preiswert sind und satt machen.

Das **Nationalgericht** par excellence ist **Sancocho de Gallina,** eine Hühnerfleischsuppe mit Gemüse, Knollen und frischem Koriander. Das Huhn *(pollo)* trifft man übrigens in vielen Varianten an, unter anderem als beliebtes Gericht *arroz con pollo* (gebackener Reis, gemischt mit Hühnerfleisch und Gemüse).

Als Einstieg in die panamaische Küche können die *picados* empfohlen werden. Diese variationsreichen **Appetithäppchen** werden oft in Kneipen und Bars als Begleitung zu den Getränken angeboten, vergleichbar mit den *tapas* in Spanien.

Restaurants

Da eine sogenannte Betriebskantine in den großen Firmen kaum existiert, nutzt man zum Mittagessen das reichhaltige Angebot der **Selbstbedienungsrestaurants,** wo für 4–5 $ verschiedene Gerichte in Büfettform angeboten werden. Für die Touristen bringt dies den Vorteil, dass bei der Auswahl von unbekannten Gerichten die Augen und die Nase entscheiden können. In den Restaurants der kleinen Orte beschränkt sich die Auswahl auf das sogenannte **comida criolla,** das aus dem lateinamerikanischen Standardtrio Reis, Bohnen und Fleisch oder Fisch zusammengestellt wird.

Die Bezeichnung „Restaurant" steht in abgelegenen Gebieten mehr oder weniger für einige Tische und Stühle in einem Privathaus, wo *la mamá* selbst den Kochlöffel schwingt. Auch die populären **Essensstände** *(fuente de soda),* die an den Landstraßen und bei Festveranstaltungen anzutreffen sind, werden meist von Frauen geführt.

Als Alternative zu Restaurants mit lokaler Küche finden Sie in Städten immer wieder **chinesische** und **italienische Lokale.** Über das größte Angebot an **internationaler Küche** verfügt natürlich Panama-Stadt, wo die gesamte Welt der Gastronomie zu finden ist. Das Angebot reicht vom argentinischen Steak über japanisches Sushi bis hin zum Schweizer

› Pause am Fruchtsaftstand

Käsefondue. Und natürlich auch das geschmacklose Essen der renommierten Fast-Food-Ketten.

In den letzten Jahren ist auch Panama immer mehr zur Nichtraucherzone geworden. Das merkt man nicht zuletzt in Restaurants, in denen grundsätzlich **Rauchverbot** herrscht.

Getränke

In Panama ist es üblich, ein Glas **Wasser (agua)** zum Essen zu servieren. Dabei handelt es sich in der Regel um normales, mit Chlor aufbereitetes Leitungswasser, das man, außer in abgelegenen Gebieten, trinken kann.

Wer mehr Wert auf Geschmack legt, sollte zu den erfrischenden Fruchtsäften greifen. Die mit Wasser oder Milch zubereiteten **Säfte (chicha)** gibt es in jeder Geschmacksrichtung, z.B. *tamarindo* (Tamarinde), *guanábana* (Ochsenherzapfel) oder *naranjillo* (Baumtomate). Sie sind hervorragende Durstlöscher, aber bei vielen Touristen bisher eher unbekannt. Dagegen brauchen die *chichas* aus *mango, papaya* oder *piña* (Ananas) wohl keine nähere Erklärung. Fremdartig in der Runde der Durstlöscher ist die populäre *chicha arroz con piña,* ein süßes, milchähnliches Getränk aus Reis, Ananas, Zimt und Kornsaft *(cebada).*

Bier (cerveza) fehlt auch in Panama nicht. Das Sortiment weist neben den nationalen Biersorten *Atlas, Balboa, Soberana* und *Panamá* auch Marken wie *Budweiser, Corona* und das unter Lizenz gebraute *Löwenbräu* auf, das „Lowenbrau" ausgesprochen wird.

Praktische Reisetipps A–Z

199pa hz

Bei Festen oder Gesellschaftsessen kommt manchmal auch eine Flasche **Wein (vino)** auf den Tisch. Wein ist in Panama nicht billig, da der Rebensaft nicht im Land selbst produziert wird. Die Regale sind aber voll mit Weinen aus der ganzen Welt.

Um eine richtige panamaische Feier zu komplettieren, darf auf keinen Fall der lokal hergestellte **Rum** *(ron)* und *seco* (eine Art Wodka) fehlen – na dann, *Salud!*

Die schönsten Feste mit wechselndem Datum

- **Februar/März – Karneval;** sehr spektakulär ist der Karneval in Las Tablas und Penonomé sowie in Panama-Stadt.
- **März** – *Festival del Bunde y el Bullarengue* (traditionelle Nationaltänze) in La Palma.
- **Juli** – *Festival de la Pollera* (Fest der Nationaltracht mit der Wahl der schönsten Tracht) in Las Tablas.
- **August** – *Festival Anual de Los Congos,* Begegnung der verschiedenen Congo-Gruppen in der Provinz Colón.
- **August** – *Festival de la Cuadrilla* (afro-antillianisches Fest) auf den Inseln der Provinz Bocas del Toro.
- **Ende November** – *Festival del Tambor Chiricano* (folkoristisches Fest) in David.

Feste und Feiertage

Zwischen Anfang November und Ostern befindet sich ein Großteil der Bevölkerung in Feststimmung. Die Wochen während dieser Zeit werden von **nationalen und regionalen Feiertagen** und von **religiösen Festen** *(fiestas patronales)* beherrscht. Das hat aber auch unangenehme Begleiterscheinungen: Während dieser Monate gerät der Arbeitsalltag aus den Fugen, kaum etwas lässt sich schnell organisieren, niemand ist erreichbar und viele nehmen es mit der Arbeitsmoral am „Tag danach" nicht so genau oder sind durch das (be-)rauschende Fest sowieso nicht ansprechbar.

Unter dem Motto *viva* – was an sich bereits mehr Dynamik in sich birgt als nur „es lebe hoch" – wird mit Herz, Seele und natürlich mit viel Alkohol gefeiert. Die Hauptattraktion ist zweifelsohne der Karneval, wobei die schönsten und „heißesten" Paraden in Las Tablas, Penonomé und Portobelo stattfinden.

[>] Typische Straßenparade

G07pa hz

Fest- und Feiertagskalender

Dieser Fest- und Feiertagskalender gibt einen Überblick über die **schönsten und wichtigsten Feste** im Land. Halten Sie aber unterwegs die Augen offen, da am Straßenrand auf lokale Veranstaltungen hingewiesen wird.

- **1. Januar** – *Año Nuevo* (Neujahr), landesweit. Sehr populär ist das am Silvestertag gegen Mitternacht stattfindende, karnevalsähnliche Fest in Las Tablas.
- **6. Januar** – *Día de Reyes* (Tag der Heiligen Drei Könige), landesweit mit Prozessionen und folkloristischen Festen. Interessant sind die Veranstaltungen in Chiriquí und auf der Halbinsel Azuero, vor allem in Macaracas.
- **11. Februar** – *Fiestas de la Virgen de Lourdes* (Fest der Jungfrau von Lourdes), in den Provinzen Coclé und Los Santos.
- **21. Februar** – *Aniversario de la Revolución Tule* (Jahrestag der Tule-Revolution), nur auf den San-Blas-Inseln.
- **19. März** – *Fiestas Patronales de San José,* in den Provinzen Los Santos, Herrera, Veraguas und Coclé sowie in David.
- **1. Mai** – *Día del Trabajo* (Tag der Arbeit), landesweit.
- **3. Mai** – *Día de La Cruz* (Tag des Kreuzes), Wallfahrten in den Provinzen Coclé, Veraguas, Los Santos und Herrera.
- **5. Mai** – *Conmemoración del Polvorín,* landesweite Fackelumzüge der Feuerwehren.
- **16. Juli** – *Fiestas Patronales de la Virgen del Carmen* (Schutzpatronin der Fischer), Isla Taboga, Isla Grande und in der Provinz Bocas del Toro.
- **20. Juli** – *Fiestas Patronales de Santa Librada,* nur in Las Tablas.
- **24. September** – *Fiestas de la Virgen de Las Mercedes,* Beginn des populären *Festival Nacional de La Mejorana* in Guararé.
- **5. Oktober** – *Llegada de Cristóbal Colón* (Ankunft von *Kolumbus*), nur in Bocas del Toro.
- **12. Oktober** – *Descubrimiento de América* (Feier zur Entdeckung Amerikas), vorwiegend an der Karibikküste.
- **21. Oktober** – *Festividad del Milagroso Cristo Negro* (Fest des wundertätigen Cristo Negro), nur in Portobelo.
- **1. November** – *Fundación de La Villa de Los Santos,* Feier zur Stadtgründung von Los Santos.
- **3. November** – *Separación de Columbia* (Trennung von Kolumbien), landesweit.
- **4. November** – *Día de la Bandera* (Tag der Nationalfahne), landesweit mit Paraden, vor allem durch Schulklassen.
- **5. November** – *Grito de Independencia* (Unabhängigkeit von Kolumbien), landesweit.
- **10. November** – Erster Ausruf der Unabhängigkeit von Spanien, landesweit.
- **16. November** – *Fundacion de la Provincia Bocas del Toro,* Provinz Bocas del Toro.
- **23. November** – *Día de Bastimentos,* Isla Bastimentos, Bocas del Toro.
- **27. November** – *Festividad de la Medalla Milagrosa,* in der Provinz Veraguas.
- **27./28. November** – *Desfile de Antorchas,* Fackelumzüge zu Ehren der Feuerwehrgründung in Panama-Stadt.
- **28. November** – *Independencia de España* (Unabhängigkeit von Spanien), vorwiegend in der Provinz Panamá und in Boquete.
- **4. Dezember** – *Fiestas Patronales de Santa Bárbara,* in Las Minas und Los Santos.
- **8. Dezember** – *Día de La Madre* (Muttertag), landesweit.
- **24./25. Dezember** – *Noche Buena* (Heiliger Abend) und *Navidad* (Weihnachten), landesweit.
- **31. Dezember** – *Víspera de Año Nuevo* (Silvester), landesweit.

Der Feiertag beginnt meistens am **Vormittag** mit patriotischen Reden prominenter Politiker und Bürger sowie dem Hissen der Fahne, während die Nationalhymne abgespielt wird. Nach dem formellen Akt kommt allmählich Stimmung auf: Die ersten Schulkapellen (eine Vielzahl wartet nervös in den Seitengassen) marschieren durch die sauber gefegten, von Menschenmassen flankierten Straßen und zeigen dem Publikum ihr ganzes Können in Sachen Musik. Für die Mädchen und Jungen ist die Parade ein aufregender Augenblick, auf den sie ein ganzes Jahr warten und wofür sie natürlich fleißig üben mussten. Und weder die brütende Hitze, noch ein plötzlich auftretender Regenschauer bringt den temperamentvollen Auftritt ins Wanken. Zwischen den Kapellen marschieren reihenweise in nationale oder regionale Trachten gekleidete Mädchen, die sich mit eleganten, schwungvollen Bewegungen in Szene setzen, damit man sie in voller Pracht bewundern kann. „Sehen und gesehen werden", darum dreht sich alles am Vormittag – nicht nur für die in der Parade Mitmarschierenden, sondern auch für die Zuschauer am Straßenrand, die der Hitze mit Sonnenschirmen und Getränken aus der Kühlbox trotzen.

Während der **Mittagszeit** steht neben einem Essen der Verwandtenbesuch auf dem Programm, natürlich in schönster Kleidung. Doch die Straßen werden dadurch nicht leergefegt. Spontan tauchen Musikanten mit Trommeln, Geigen und Akkordeons auf, die mit ihren Rhythmen und Melodien viele zum Tanzen und Singen bewegen. Am späten Nachmittag folgt vielerorts ein Intermezzo in Form eines Rodeos, eines Wettkampfes mit dem Lasso, eines erbarmungslosen Hahnenkampfes oder einer panamaischen Variante des Stierkampfes: kein für das Tier tödlicher Kampf, wie es in Spanien üblich ist, sondern ein „Spiel mit dem Stier", wie es die lokale Bevölkerung bezeichnet. Das „Spiel" dauert in der Regel nicht lange; bereits nach wenigen Minuten verliert der ermüdete Stier das Interesse am flatternden Tuch und räumt unversehrt die Arena für den nächsten „Gegner".

Nach Einbruch der Dunkelheit sind die Paraden, Stierkämpfe oder Rodeos bereits vergessen und jetzt wird richtig gefeiert mit allem, was dazugehört. Die Feier findet meistens in einem dafür bestimmten *jardín de cerveza* (auch für Frauen zugänglich) statt, mit *cantadores und cantadoras* (folkloristische Sänger und Sängerinnen), Tanzmusik und selbstverständlich Essen und Trinken. Und unter dem Motto „Je später der Abend, desto schöner die Gäste", kommt dann auch der Moment für die festlich gekleideten *señoritas.* Sie sind immer mit älterer weiblicher Begleitung (als Aufpasserin) unterwegs, denn schließlich könnte der „richtige" Mann gefunden werden – ein Heiratsmarkt à la Panama.

Ebenfalls mit einer Tanzveranstaltung enden die zu Ehren der lokalen Schutzpatrone abgehaltenen **fiestas populares,** die mit farbenfrohen Prozessionen begonnen wurden.

Einen besonderen Stellenwert unter den Veranstaltungen genießen die zahlreichen **ferias,** die eine Mischung aus Jahrmarkt und Landwirtschaftsmesse im kleinen Rahmen sind. Die *ferias* werden regelmäßig veranstaltet, sind allerdings für die Touristen nur vereinzelt interessant, wie beispielsweise die Kaffee- und Orchideen-Messe in Boquete.

Fotografieren

An dieser Stelle werden keine technischen Tipps gegeben, sondern **Hinweise zum „richtigen" Verhalten** beim Fotografieren.

Während einer **Veranstaltung** – mit Ausnahme von Szenen, die das Leben der Indígenas betreffen – gibt es beim Fotografieren in der Regel keine Probleme. Auch was **Kinder** betrifft, werden sie keine Schwierigkeiten zu erwarten haben: Sie laufen häufig selbst vor die Kamera, um stolz zu posieren. Vorsichtiger dagegen sollte man beim Fotografieren von Alltagsszenen sein, vor allem wenn Menschen direkt betroffen sind. Ein gutes Teleobjektiv gewährt zwar die entsprechende Distanz, doch sollte man immer um **Erlaubnis** fragen. Ein Satz in der Landessprache, ein freundlicher Blick und eine entsprechende Geste können Wunder wirken und sogar der Auftakt einer kleinen Begegnung sein, an der man viel mehr Freude hat als an einem anonymen, „gestohlenen" Bild. Möchte jemand nicht fotografiert werden, ist das unbedingt zu respektieren, nicht zuletzt, um sich selber Ärger zu ersparen. Die Bitte um Erlaubnis ist besonders wichtig bei der indianischen Bevölkerung Panamas, z.B. muss auf den San-Blas-Inseln vor dem Fotografieren von Menschen unbedingt um Erlaubnis gefragt und pro Foto 1 $ bezahlt werden.

In allen **Museen** des Landes besteht ein generelles **Fotoverbot.** Damit möchte das Kulturministerium verhindern, dass die wenigen historischen Gegenstände (die meisten wurden von den Amerikanern ohne Genehmigung in die Museen der USA gebracht) in einem anderen Land kopiert und dort ausgestellt werden. Die Genehmigung zum Fotografieren erteilt das Kulturministerium, wobei strenge Auflagen erteilt werden, unter anderem, dass die Fotos bzw. der Film vor der Abreise dem Ministerium vorgelegt werden müssen. Eine finanzielle Anerkennung wird zudem erwartet.

Frauen allein unterwegs

Zur Beruhigung aller Frauen, die Panama bereisen möchten: **Status und Ansehen** der Frau sind im Allgemeinen ganz ähnlich wie in Mitteleuropa, in den Städten natürlich viel mehr als auf dem Land. Nicht nur in Panama bleiben die Aufgaben in der Familie klassisch verteilt: Hausarbeit ist Sache der Frau, ebenso noch weitgehend die Erziehung. Und leider sind es die Mütter, die ihre Söhne zu Machos erziehen.

Im öffentlichen Raum sind die **Höflichkeit und Hilfsbereitschaft** der Menschen bemerkenswert. Schnell und unkompliziert wird geholfen, sei es beim Gepäck, beim Aussteigen aus dem Bus, wenn Fragen auftauchen oder Hilfe benötigt wird.

Frau sollte grundsätzlich für klare Verhältnisse sorgen und von Anfang an **Grenzen setzen.** Das beginnt schon mit der Kleidung, die nicht aufreizend sein sollte – was reisepraktisch ja auch gar keinen Sinn macht –, und mit einer gewissen Wachsamkeit für unüberschaubare Situationen und einer Achtsamkeit, was die eigene Gestik und Mimik betrifft. Avancen von Männern ist mit höflicher, aber deutlicher Ablehnung zu begegnen; ein Flirt ist kontraproduktiv, wenn ein näherer Kontakt nicht erwünscht ist!

Höflichkeit ist in Panama sehr wichtig, es ist in den allermeisten Fällen unangebracht, laut und unfreundlich aufzutreten. Klare Worte und eine selbstbewusste Körpersprache sind der richtige Weg.

Panamaische Männer haben oft die **Vorstellung, Frauen aus Europa seien grundsätzlich reich** und schon dadurch interessant. Bestandteil der lateinamerikanischen Machokultur ist es zudem, das schnelle sexuelle Abenteuer zu suchen. Freundschaftliche Verhältnisse zwischen Männern und Frauen gibt es in Mittelamerika kaum.

Falls Sie unerwartet und grundlos von einem Fremden auf der Straße **angesprochen werden,** hilft es, den Aufdringling mit einem „Nos conocemos?" („Kennen wir uns?") oder mit einem „No hablo español") („Ich spreche kein Spanisch") abzuschütteln.

Unbedingt beachten sollten Sie, dass für Frauen der Besuch in einer *cantina* (auch *bodega*) und eines *jardín de cerveza* als absolutes Tabu gilt – diese **anrüchigen Kneipen** sind ausschließlich der Männerwelt vorbehalten! Frauen, die diese Lokale betreten, werden schnell als Prostituierte eingestuft.

Wer diese wenigen Hinweise berücksichtigt, kann als allein reisende Frau einen stressfreien und erlebnisreichen Urlaub in Panama genießen.

Geld

Währung

Im täglichen Zahlungsverkehr dreht sich alles um den **US-Dollar ($),** der seit 1904 als gesetzlich anerkanntes Zahlungsmittel gilt und die „panamaische Währung" schlechthin ist. Aus Nationalstolz werden die Geldbeträge jedoch immer in der offiziellen Landeswährung angegeben, dem **Balboa** (1 B/. = 100 *centésimos*). Er spielt aber nur eine Nebenrolle, da es Banknoten nur in US-Dollar *(dólares)* gibt.

Als **Münzen** *(monedas)* sind panamaische *centésimos* (ct.) und amerikanische *cents* (ct.) in folgender Größe im Umlauf: 1 B, ½ B, ¼ B sowie 10, 5 und 1 ct. Amerikanische Münzen haben volle Gültigkeit.

Der Balboa ist dem US-Dollar im Verhältnis 1:1 angeglichen und **voll konvertierbar.**

Bargeld und Kreditkarten

Die Mitnahme von **Euros** ist nicht ratsam, da diese ungünstig eingetauscht werden müssen. Stattdessen empfiehlt sich ein gewisser Betrag in **US-Dollar,** zusammengesetzt aus 1-, 5- und 10-Dollarnoten. Große Noten wie die 50er- und 100er-Scheine sollte man immer ablehnen, da viele Geschäfte, Restaurants oder Kaufhäuser in Panama die Annahme dieser Banknoten verweigern.

Es empfiehlt sich die **Kombination** mehrerer Zahlungsmittel, also Debitkarte, Bargeld und Kreditkarte.

Nahezu alle großen Geschäfte, Supermärkte, Hotels, Restaurants und Tankstellen akzeptieren **Kreditkarten** von *American Express, VISA* und *MasterCard.* Bargeld erhalten Sie unter Eingabe des PIN-Codes in den Filialen der *Banco Nacional de Panamá* (BNP), der *Banco de America Central* (BAC, alle Karten, auch Debitkarten), von *Banistmo* und an **Geldautomaten** (ATM = *Automatic Teller Machine*), die in den meisten Städten und Orten vorhanden sind, mittlerweile auch in Einkaufszentren und den immer häufiger werdenden Mini-Märkten. Bargeld mit der **Debitkarte** gibt es, wenn das Logo von *Maestro* und/oder *Cirrus* vorhanden ist. Maestro-Karten werden immer häufiger von Kreditinstituten für bestimmte Länder gesperrt. Man sollte sich rechtzeitig erkundigen und die Karte für den Zeitraum der Reise freischalten lassen. Eine Kreditkarte ist für Fernreisen unverzichtbar geworden.

Ob und wie hoch **Kosten für die Barabhebung** anfallen, ist abhängig von der Bank, die die Karte ausstellt, und von der Bank, bei der die Abhebung erfolgt. Man sollte sich daher vor der Reise bei seiner Hausbank informieren, mit welcher Bank sie vor Ort zusammenarbeitet und auch bei www.geld-abheben-im-ausland.de die Konditionen für die Kreditkarten vergleichen, mit denen man im Ausland gebührenfrei Bargeld abheben kann. Achtung: Hat man bei Barabhebungen am Geldautomat die Wahl, sollte man den Betrag immer in der Landeswährung vom Konto abbuchen lassen und nicht in Euro. Bei einer Abbuchung in Euro wird die *Dynamic Currency Conversion* zugrunde gelegt, die erhebliche Kosten verursachen kann, bei Abbuchung in der Landeswährung gilt hingegen der offizielle Devisenkurs der eigenen Bank, was am sichersten ist.

Grundsätzlich vorteilhafter als eine Barabhebung ist das **bargeldlose Zahlen** im Geschäft mit der Kreditkarte.

Bei **Verlust oder Diebstahl** der Kredit-/Debitkarte sollte man diese umgehend sperren lassen. Tipp: Die Notrufnummer mit IBAN bzw. Kreditkartennummer im Mobiltelefon speichern.

- **Deutscher Sperr-Notruf** für alle Debit- und Kreditkarten, Tel. 0049-116116, aus dem Ausland Tel. 0049-30-40504050. Sperr-Notruf bietet auch eine kostenlose SperrApp für iOS und Android an.
- **Österreichischer Sperr-Notruf** für Bankomat-Karten, Tel. 0043-1-2048800.
- **Schweizerischer Kartensperrservice** des TCS *(Touring Club Schweiz)*, Tel. 0041-844-888111.
- Ansonsten gelten für **österreichische und schweizerische Kreditkarten** (MasterCard, VISA, American Express, Diners Club), dass man sich vor der Reise die Rufnummer der kartenausstellenden Bank notiert haben sollte.

Wechselkurse (April 2017)

- 1 US-$/Balboa = 0,94 €
- 1 € = 1,06 US-$/Balboa
- 1 US-$ = 1,01 SFr
- 1 SFr = 0,99 US-$

Geld wechseln und überweisen

Wechselstuben sind ausschließlich in Panama-Stadt vorhanden. Euro eintauschen ist problematisch, am besten lassen Sie die heimische Währung zu Hause.

Eine Adresse für **schnelle Geldüberweisungen** ist **Western Union,** Zweigstellen gibt es vor allem in Panama-Stadt (siehe Telefonbuch oder unter www.westernunion.com). Der Betrag wird immer in US-Dollar ausgezahlt. Egal ob 1000 oder 5000 Dollar, eine solche Bargeldauszahlung in Panama kostet 24,90 € Gebühr, wenn man das Geld per Sofort-Überweisung von seinem deutschen Konto anweisen lässt. Solche Überweisungen kann man per App von *Western Union* erledigen, über Online-Banking von seiner eigenen Bank oder durch eine dritte Person von Deutschland aus.

Reisekosten in Panama

Unterkunft	
DZ (sehr einfaches Hotel):	
im Schlafsaal	10–15 $
im DZ	30–40 $
DZ (mittlere Klasse)	50–90 $
DZ (Luxusklasse)	ab 100 $
Essen	
SB-Restaurant	ab 3 $
Gehobenes Restaurant	ab 15 $
Bier (0,25 l)	2 $
Kaffee	0,75 $
Fruchtsaft	ab 1 $
Erfrischungsgetränke	ab 1 $
Bus	
Stadtbus	0,25 $
Metro (Panama-Stadt)	0,35 $
Intercity-Bus	zwischen 3 und 15 $
Taxi	
Kurzstrecke in der Stadt	1,50–2 $
(größere Entfernungen nach Vereinbarung)	
Flugticket (Inland einfach)	40–80 $
Boottickets	4–5 $

Reisekosten

Im Verhältnis zu anderen zentralamerikanischen Ländern liegt Panama bei den Reisekosten im Spitzenfeld, was aber nicht heißen soll, dass eine Reise durch das Land für europäische Touristen unerschwinglich wäre. Wie immer sind es die individuellen Ansprüche, die den Umfang der Urlaubskasse bestimmen. Bewegen sie sich im normalen Rahmen, kann von einem **Tagessatz von 40 bis 45 $ pro Person** ausgegangen werden.

Gesundheit

Aktuelle Informationen zum Thema Gesundheit (Vorsorge, Impfungen etc.) sind im Anhang in den **„Reise-Gesundheitsinformationen"** zu finden.

Jede Reise in ein tropisches Land – und dazu gehört nun einmal auch Panama – birgt immer ein gewisses **Gesundheitsrisiko.** Aber nur keine Angst! Panama hat im Vergleich zu anderen Tropenländern kein überhöhtes Risiko und durch eine umfassende Beratung in den Impf- und Tropeninstituten oder bei Ärzten mit Spezialsprechstunde Reisemedizin (mindestens sechs Wochen vor der Abreise), durch vorbeugende Impfungen und durch richtiges Verhalten vor Ort kann das Risiko einer Erkrankung stark reduziert werden. Wird Ihre Urlaubsfreude durch eine **leichte Erkrankung** getrübt, finden Sie größtenteils mit den Medikamenten der Apotheken *(farmacia)* vor Ort Hilfe. Wenn es sich um eine **schwerwiegende Erkrankung** handelt, sollten Sie ein Privatkrankenhaus (siehe „Panama-Stadt“ und „David“) konsultieren, das zwar nicht billig ist, aber eine gute medizinische Betreuung gewährleisten. Versuchen Sie in jedem Fall die **Botschaft** zu kontaktieren, sie verfügt häufig über Vertragsärzte; das Botschaftspersonal kann darüber hinaus auch hilfreich dolmetschen.

Hygiene

Panama hat im Allgemeinen einen niedrigeren Lebensstandard als die Länder Zentraleuropas. Das bedeutet, dass Sie andere hygienische Bedingungen vorfinden werden als zu Hause. Hinzu kommt, dass die Hotels, Restaurants etc. in ländlichen Regionen kaum auf internationalen Tourismus eingestellt sind. Das zeigt sich besonders deutlich im **sanitären Bereich.** Die Badezimmer und Toiletten entsprechen in vielen Fällen keinesfalls dem von Mitteleuropa gewohnten hygienischen Standard. **Öffentliche Toiletten** sind kaum vorhanden.

Leitungswasser, das beispielsweise in Restaurants regelmäßig vor dem Essen serviert wird, sollte man vor allem in abgelegenen Gebieten vorsichtshalber meiden. Zwar wird das **Wasser** oft in einer einfachen Anlage gesäubert und chloriert, absolute Sauberkeit ist aber nicht garantiert.

Das Wasser in Glasbehältern, die oft in öffentlichen Ämtern und Restaurants stehen, ist bedenkenlos trinkbar, ebenso abgekochtes Wasser aus dem Supermarkt und natürlich alle abgekochten Getränke wie Kaffee oder Tee.

Für Trekking-Touren kann man auch spezielle Wasserfilter oder Entkeimungstabletten mitnehmen.

Informationsstellen

In Europa

- **Panamaisches Institut für Tourismus (ATP),** Joachim Karnatz Allee 45, 10557 Berlin, Tel. 030-22605822, ipat@gmx.de.
- **Informationsstelle Lateinamerika,** Heerstraße 205, 53111 Bonn, Tel. 0228-658613, www.ila-bonn.de.
- **Lateinamerikanische Institute in Österreich:** Schlickgasse 1, 1090 Wien, Tel. 01-3107465, www.lai.at; Rittergasse 2/P, 8010 Graz, Tel. 0316-322517, www.lai-graz.at; Karfreitstraße 6/1, 9020 Klagenfurt, Tel. 0463-54989, www.lai-kaernten.at.

☐ Just arrived – auf dem Weg zur Infostelle

i
INFORMACIÓN TURÍSTICA
INSTITUTO PANAMEÑO DE TURISMO

In Panama-Stadt

- **Autoridad de Turismo (ATP),** Av. Balboa y Aquilino de La Guardia, Edificio BICSA Financial Center, 29. Stock, Tel. 526-7000, www.atp.gob.pa, geöffnet Mo bis Fr 8–16 Uhr.
- **Autoridad de Turismo (ATP),** internationaler Flughafen von Panama-Stadt, Tel. 238-3686, geöffnet täglich 8–20 Uhr.
- **Deutsch-Panamaische Industrie- und Handelskammer,** Area Bancaria, Edificio Magna Corp., 4. Stock, Oficina 411, Tel. 269-9358, www.panama.ahk.de.
- **Smithsonian Tropical Research Institute (STRI),** Av. Roosevelt No. 401, Tupper Edificio, Tel. 212-8000 (Biologisches Forschungsinstitut).
- **Asociación Nacional para la Conservación de la Naturaleza (ANCON),** Cerro Ancón, Calle Amelia Denis de Icazá, Edificio 153, Quarry Heights, Tel. 314-0050/-0051 oder 314-0060/-0062, www.ancon.org (Naturschutzorganisation).
- **Autoridad Nacional del Ambiente (ANAM),** Sede Principal, Edificio 804, Albrook, Postadresse: Apdo. C Zona 0543 Balbá, Ancón, Ciudad de Panamá; www.anam.gob.pa (Staatliche Naturschutzbehörde Panamas).

Internet

Im Internet ist vieles zu finden über Reisen in oder nach Panama. Wir nennen hier die interessantesten Websites oder *páginas web* wie man in Panama sagt:

- **www.visitpanama.com**
  Attraktive Seiten der Tourismusbehörde mit allgemeinen Informationen in Englisch.
- **www.alautentico.com/de/panamareise**
  Sehr informative Seite über Reisen nach Panama, tolle Bilder und Videos, viele aktuelle Reisetipps und -informationen. Deutsch.
- **www.panamainfo.com**
  Touren und Pakete, Restaurants. Etwas veraltet, teilweise auf Englisch.
- **www.bocas.com**
  Viele Hintergrundinformationen über die Inselwelt von Bocas del Toro. Englisch.
- **www.pancanal.com**
  Infos zum Panama-Kanal und seinem Ausbau, Videos & Fotos.
- **www.airpanama.com**
  Aktuelle Inlandsflugpläne.
- **www.copaair.com**
  Aktuelle internationale Flugverbindungen.
- **www.panamarailroad.org**
  Infos zu Panamas Eisenbahn.
- **www.scubaspots.com**
  Liste von Tauchschulen weltweit, auch in Panama.

Mit Kindern unterwegs

„Oh, wie schön ist Panama", heißt das bekannte Kinderbuch des berühmten Autors *Janosch*, das die Begegnung mit fremden Menschen und Dingen unterwegs thematisiert. Panama bietet sich natürlich auch für Familienreisen an. Der **Panamakanal** wird technisch interessierte Jugendliche begeistern. In **Panama-Stadt** sind viele Museen auf Familien eingestellt, Sonderausstellungen werden geboten, Familientarife sind die Regel. Im Kapitel zur Hauptstadt sind Museen und Sehenswürdigkeiten beschrieben, die für junge Leute besonders geeignet sind, z.B. Bio-Museum, Mi Pueblito, Museo del Canal und Museo de Ciencias Naturales.

Die meisten Angebote für **Sport und Freizeit in der Natur** sind für Familien hervorragend geeignet, z.B. die Unterwasserwelt in San Blas und auf der Isla Colón, die langen Sandstrände an den Küsten und die vielseitigen Wassersportmöglichkeiten. Hinweise dazu in den Ortskapiteln.

Maße und Gewichte

In Panama finden neben dem **metrischen System** auch englisch-amerikanische Maß- und Gewichtseinheiten Verwendung. Benzin wird aber mittlerweile in Litern ausgeschenkt, Entfernungs- und Geschwindigkeitsangaben erfolgen grundsätzlich in Kilometern.

Wird die **Temperatur** in Fahrenheit angegeben, dient eine Formel zur Umrechnung in Celsius: Von der Fahrenheit-Zahl 32 abziehen und das Ergebnis durch 1,8 teilen.

Umrechnungstabelle

1 *pulgada* (Zoll)	2,54 cm
1 *pie* (Fuß)	30,48 cm
1 *yarda* (Yard)	91,44 cm
1 *milla* (Meile)	1,609 km
1 *onza* (Unze)	28,34 g
1 *libra* (Pfund)	453,59 g
1 *galón* (Gallone)	3,785 l
1 *onelada larga (long ton)*	1016,074 kg

Nachtleben

Die Möglichkeiten, wie und wo Sie den Abend verbringen können, werden in der jeweiligen Ortsbeschreibung im Reiseteil genauer erwähnt. Generell kann man sagen, dass das Nachtleben in Panama **weder überraschend noch besonders vielfältig** ist; Ausnahme ist die lebhafte Metropole Panama-Stadt. Im Landesinneren spielt sich das Nachtleben in den *cantinas* und *jardínes de cerveza* ab. In kleinen Ortschaften findet man von allen Seiten einsehbare Freiluftkneipen, in denen an bestimmten Fest- und Feiertagen, gelegentlich auch am Wochenende, ausgelassen gefeiert wird. Dann treten lokale Musiker auf, die mit Salsa- und Merengue-Liedern für gute Stimmung sorgen und die Anwesenden zum Tanzen anregen. Ansonsten steht das Landleben eher unter dem Motto „Mit den Hühnern schlafen gehen und mit ihnen aufstehen".

Das Unterhaltungsangebot in **Panama-Stadt** ist im Vergleich zum Landesinneren weitaus größer, doch Kneipen, Straßencafés, Diskotheken, Konzertsäle und Theaterbühnen liegen oft weit verstreut, es gibt kein Zentrum des Nachtlebens. Beim Besuch einer Disco wird auf gute Kleidung Wert gelegt: Turnschuhe und kurze Hosen sind unerwünscht. Gleiches gilt für Konzert- und Theaterbesuche. Für den Besuch einer Disco muss in der Regel mit einem Eintrittsgeld von mehreren Dollar pro Person gerechnet werden; Frauen haben häufig freien Eintritt.

Der größte Anteil im Unterhaltungssektor von Panama-Stadt kann den **Ki-**

nos zugeschrieben werden. Sie zeigen die neuesten Filme aus Hollywood, teils im amerikanischen Original mit spanischen Untertiteln. Gut und abwechslungsreich ist das Kino in der *Universidad de Panamá*, das neben Dokumentarfilmen gelegentlich auch sehr kritische Filme zu vielen panamaischen Alltagsthemen zeigt. Im Anschluss an die Filmvorführung wird des Öfteren über den Filminhalt diskutiert. Die Teilnahme setzt sehr gute Spanischkenntnisse voraus, eignet sich aber hervorragend, um Kontakte zu knüpfen.

Öffnungszeiten

In Panama gibt es **kein Ladenschlussgesetz:** Geschäfte, Restaurants und sogar die **Banken** ändern ihre Öffnungszeiten ständig. Grundsätzlich gelten für Geldhäuser im Landesinneren folgende Zeiten: Mo bis Fr 8–15 Uhr, Sa 9–12 Uhr. In den Einkaufszentren haben die Banken oft bis in die Nacht geöffnet.

Museen sind häufig montags kürzer geöffnet oder bleiben ganz geschlossen. **Supermärkte** und Einkaufszentren stehen grundsätzlich sieben Tage die Woche zur Verfügung, oft bis in die späten Abendstunden.

- **Banken:** Mo bis Fr 8–15 Uhr, Sa 9–12 Uhr.
- **Behörden:** Mo bis Fr 9–15 Uhr, ohne Mittagspause.
- **Geschäfte:** Mo bis Fr 9–19 Uhr, am Sa nur bis 18 Uhr, Supermärkte und Einkaufszentren auch So.
- **Museen:** Di bis So 10–17 Uhr, Mo kürzere Öffnungszeiten oder geschlossen.
- **Postämter:** Mo bis Fr 9–17 Uhr, teilweise auch Sa geöffnet.

116pa hz

Orientierung

Panamas Orte sind in den meisten Fällen nach spanischem Vorbild angelegt, mit einem **rechtwinkligen, schachbrettartigen Straßensystem,** in dessen Mitte sich ein zentraler Platz (*Parque* oder *Plaza Central*) befindet. Die **Straßen** werden mit *Vía, Avenida* oder *Calle* bezeichnet und sind mit einer Nummer versehen. Zusätzlich findet man die Bezeichnung *Norte* (Norden), *Sur* (Süden), *Este* (Osten) und *Oeste* (Westen), die die Lage der Straße, von der *Plaza Central* aus gesehen, anzeigt. In Großstädten werden die Straßen häufig auch noch mit einem

Namen versehen (z.B. Avenida 4 Sur Nicanor de Obarrio), fest verankert sind die zusätzlichen Namen jedoch nicht.

In der Regel findet man sich im Straßensystem schnell zurecht, das gilt auch für Touristen, die zum ersten Mal panamaischen Boden betreten. Um die Orientierung, aber auch die Suche nach einer Adresse zu erleichtern, befinden sich in diesem Buch viele detaillierte Stadt- und Umgebungspläne.

Adressen

Die schwer nachzuvollziehende Vergabe von **Hausnummern,** vor allem **in Panama-Stadt,** macht die Suche nach einer Adresse gewöhnungsbedürftig. Da vielerorts das Nummernschild fehlt, ist man oft sogar auf die Hilfe eines Taxifahrers angewiesen. Bei der Angabe einer Adresse in Panama-Stadt wird deshalb weitgehend auf die Hausnummer verzichtet. Von den Bewohnern und Firmen werden generell der Straßen- und Gebäudename sowie der Name des Stadtteils zur Orientierung angegeben (z.B. Avenida 3 Simón Bolívar, Edificio Universal, Bella Vista). Die Bezeichnung ist auf den ersten Blick zwar eindeutig, doch die Suche nach der Adresse ist in Anbetracht der oft kilometerlangen Straßen ein langwieriges Unternehmen. Außerdem erhält man auf Visitenkarten bzw. findet man im Telefonbuch oft nur die Postfachadresse, wodurch ein Anruf unbedingt erforderlich ist. In kleinen Orten genügen bei der Adresse der vollständige Name und die Ortschaft.

Wegen der unzulänglichen Adressenangabe vor Ort haben wir in diesem Reiseführer die wichtigen Institutionen im Stadtplan eingezeichnet und/oder die Adresse so aufgebaut, dass Sie keine Schwierigkeiten bei der Suche haben werden. Die Angabe Avenida 1/Calle 3 und 4 bedeutet, dass sich die gesuchte Institution an der Avenida 1 zwischen den Straßen 3 und 4 befindet; Avenida 1/ Calle 3 bedeutet, dass die gesuchte Institution an der Straßenecke liegt (s.a. **Verzeichnis der Abkürzungen** am Anfang des Buches).

Post

Die panamaische Post **COTEL (Correos y Telégrafos)** arbeitet im Vergleich zu anderen lateinamerikanischen Ländern eher schnell, aber nicht immer zuverlässig. Sehr wichtige Dokumente sollte man deshalb sicherheitshalber in die Hände eines Kurierdienstes legen (siehe weiter unten).

Briefe und Postkarten benötigen auf dem Luftweg *(correo aéreo)* nach Europa 7 bis 10 Tage. Dazu muss die Sendung allerdings in einer größeren Stadt abgegeben werden. In abgelegenen Gebieten wird die Post oft nur einmal pro Woche abgeholt, was die **Postlaufzeit** um weitere 10 bis 14 Tage verlängern kann.

Da kaum **Briefkästen** vorhanden sind, gibt man die Sendung direkt im Postamt *(estafeta)* ab, das durch ein gelb-blaues Schild mit der schwarzen Aufschrift *correos y telégrafos* erkennbar ist.

Briefmarken *(estampillas)* erhalten Sie nur im Postamt. Ein 100-g-Brief nach Europa kostet auf dem Luftweg 0,70 $, eine Postkarte 0,40 $.

Für **Schnellsendungen** (bis maximal 20 kg) arbeitet die panamaische Post mit dem bekannten EMS-System *(Express Mail Service)*. Dadurch kann die Postlaufzeit nach Europa bis auf vier Tage verkürzt werden. Ein 500-g-Brief kostet in diesem Fall stolze 25 $.

Kurierdienste wie z.B. *DHL, World Courier, United Parcel Service* oder *Correo Box* (gehört zu COTEL) sind viel schneller und zuverlässiger als die Post – und viel, viel teurer: Ein auf diesem Weg nach Europa gesendetes Paket bzw. Brief kostet zwischen 26 und 48 $.

Für weniger wichtige **Pakete** sollte man aus Kostengründen den Luft- oder Seeweg bevorzugen. Ein Paket kostet per Luftfracht ca. 10 $/kg und benötigt nach Europa gleichlang wie der Brief. Auf dem Schiffsweg braucht die Sendung vier bis fünf Wochen, sie kostet dafür aber nur 5 $ pro Kilogramm.

Postlagernde Briefe schicken Ihre Familienangehörigen, Freunde oder Bekannten am besten an ein Hauptpostamt der Hauptstadt (siehe „Panama-Stadt", „Adressen A–Z"). Die Anschrift sollte den vollständigen Namen des Empfängers (keine Abkürzung!), den Vermerk *posta restamo* (postlagernd), das Hauptpostamt mit der Zone *(entrega general, zona …)*, Ciudad de Panamá (für die Hauptstadt) und República de Panamá aufweisen. Fehlt bei der Adresse die Zone, wird der Brief an das zentrale Hauptpostamt weitergeleitet. Auf keinen Fall aber sollte der Absender fehlen, damit die Post den Brief bei Nichtabholung (Aufbewahrungsfrist etwa sechs Wochen) wieder zurücksenden kann. Postlagernde Briefe können am Schalter *listo de correos* abgeholt werden, jedoch nur unter Vorlage des Reisepasses.

Reiseveranstalter

Das Geschäft mit organisierten Touren befindet sich derzeit in den Händen von wenigen Veranstaltern. Die größten und renommiertesten Anbieter, die Touren kreuz und quer durch Panama organisieren, sind mit ihren **Büros in Panama-Stadt** vertreten. Die folgende Auflistung nennt diese Anbieter, sagt aber nichts über Qualität und Service des einzelnen Veranstalters aus.

- **Alautentico Panama,** deutschsprachiger Veranstalter für Individualreisen, Transfers, Hotels und Touren, ganz persönliche Reiseberatung, auch in Kombination mit Kolumbien, Costa Rica oder Nicaragua. www.alautentico.com
- **Ancón Expeditions of Panama,** Kanaltouren, Panama City, Nationalparks in der Nähe der Hauptstadt. www.anconexpeditions.com
- **Cultour Panama,** lokaler deutschsprachiger Reiseveranstalter, spezialisiert auf nachhaltige Touren und Wanderungen in Panama (Camino Real, Nationalparks), Rundreisen, Ausflüge ab Panama-Stadt und Colón. www.cultour.info
- **Margo Tours,** Panama-Stadt und -kanal, Kreuzfahrten, San Blas, Reisepakete für Panama und Flugtickets. www.margotours.com
- **Extreme Panama Tours,** High-Level-Pakete in kleinen Gruppen, Hotels und B&Bs. www.extreme-panama.com
- **Gray Line,** Transfers, Reisepakete, Hotels. Incoming-Agentur. www.grayline-panama.com
- **Gamboa Tours,** Spezialist für Ausflüge rund um und durch den Panamakanal. www.gamboatours.com
- **LAM Adventures 507,** Panama-Stadt, Kanal, Touren nach Darién, Walbeobachtung. www.lam-adventures507.com

Reisezeit

Trockenzeit

Wer die Reise nach wettergünstigen Bedingungen plant und/oder dem europäischen Winter entfliehen möchte, ist **zwischen Anfang Dezember und Ende März** in Panama am besten aufgehoben. Während dieser Monate herrscht die sogenannte Trockenzeit (**verano** = Sommer) vor und die Reise wird sich angenehmer und flexibler gestalten lassen als in den restlichen Monaten des Jahres. Plötzlich auftretende Regengüsse *(aguazeros)* sind aber auch während der Trockenzeit keine Seltenheit. Die geringsten Regentage verzeichnen die ersten Wochen des Jahres. Im Januar zeigt der Himmel sich von seiner schönsten Seite, doch schafft die Sonne eine oft unerträgliche Hitze. Davon sind vorwiegend die tiefliegenden Gebiete betroffen, während man in den Bergen von Chiriquí das ganze Jahr hindurch frühlingshaftes Wetter vorfindet.

Bei der Reiseplanung sollte man neben dem Wetter aber auch die zahlreichen Feste beachten (siehe „Fest- und Feiertagskalender"), wovon die meisten in der Trockenperiode stattfinden.

Regenzeit

In den restlichen Monaten des Jahres, der sogenannten Regenzeit (**invierno** = Winter), gestaltet sich eine Reise kreuz und quer durch Panama etwas schwieriger, da Boots- oder Busverbindungen wegen Schlechtwetter ausfallen können bzw. die Regenfälle einige Straßen unpassierbar machen. Trotzdem heißt Regenzeit nicht, dass es ununterbrochen schüttet; in der Regel fällt am späten Nachmittag für ein bis zwei Stunden Niederschlag. Laut Statistik werden ca. zwei Drittel der Kalendertage als Regentage eingestuft, an denen die Regenfälle oft am späten Nachmittag losbrechen und bis zum Einbruch der Dunkelheit anhalten. Während dies im September und Oktober am häufigsten passiert, regnet es von November bis April meistens nur nachts. Von Mai bis August muss man tagsüber mit zwei Regenschauern rechnen. Viele Panamaer empfinden jedoch die oft nur kurz anhaltenden Regengüsse als eine erfrischende Abwechslung in der tropischen Hitze.

Sicherheit

Während der Noriega-Diktatur, aber besonders während der Zeit nach der US-Invasion im Jahr 1989 hatte Panama unter den zentralamerikanischen Ländern den schlechtesten Ruf in puncto Sicherheit. Das betraf in erster Linie Panama-Stadt und Colón. Das **Landesinnere** war davon kaum betroffen. Daran hat sich bis heute nichts geändert: Dort sind keine besonderen Vorsichtsmaßnahmen zu beachten (siehe aber Warnhinweis auf S. 15). Wie überall auf der Welt kann es zu Diebstählen kommen, von Überfällen wird aber nur sehr selten berichtet, schon gar nicht auf Touristen.

Im **Brennpunkt der Kriminalität** stehen nach wie vor **Panama-Stadt** und **Colón,** wo mittlerweile eine sogenannte

Touristenpolizei geschaffen und speziell zum Schutz von touristischen Einrichtungen aller Art abgestellt wurde. Dadurch konnte die Sicherheit für die Besucher erheblich verbessert werden. Sicher kann die Kriminalität nicht vom Tisch gewischt werden, doch sollte sie nicht dazu führen, Panama als Reiseziel deswegen den Rücken zu kehren. Mit den nötigen Vorsichtsmaßnahmen (siehe „Notfall-Tipps“) kann das Risiko eines Diebstahls oder Überfalls verringert werden, ganz kann es aber nirgends ausgeschlossen werden.

Aktuelle Reisehinweise, auch zur allgemeinen Sicherheitslage, erteilen:

- **Deutschland:** www.auswaertiges-amt.de, Tel. 030-18172000 (auch App „Sicher Reisen“ für iOS und Android).
- **Österreich:** www.bmeia.gv.at, für generelle Anfragen Tel. 01-901153775, für dringende Fälle Tel. 01-901154411 (auch „Auslandsservice-App“ für iOS, Android und BlackBerry).
- **Schweiz:** www.eda.admin.ch, Tel. 0800-247365 oder 0584653333 (auch „itinerisApp“ für iOS und Android).

Diebstahl und Überfall

Wenn Sie das Opfer eines **Diebstahls** geworden sind, sollten Sie Ruhe bewahren, das Geschehene kann sowieso nicht mehr rückgängig gemacht werden. Nachdem Sie eine komplette Liste mit den gestohlenen Sachen angelegt haben, wenden Sie sich an die nächste Polizeidienststelle. Vergessen Sie die Anzeigenbestätigung nicht, wenn möglich in mehrfacher Ausfertigung! Sie wird bei der Neuausstellung der Reisedokumente von der Botschaft, der Fluggesellschaft etc. und beim Schadensersatz von der Versicherung zu Hause verlangt.

Während der Diebstahl niemals eine direkte Bedrohung für die Betroffenen darstellen wird, ist bei einem **Überfall** die direkte Gefahr hautnah zu spüren. Denken Sie deshalb daran, dass Kriminelle, die mit Überfällen ihren Unterhalt finanzieren, nicht lange herumfackeln und von der Waffe Gebrauch machen könnten. Lassen Sie die Vernunft siegen und spielen Sie nicht den Helden. Nehmen Sie den Überfall stillschweigend hin, ansonsten riskieren sie am Ende noch ihr Leben – womöglich für eine „Handvoll“ Dollars.

Drogen und Prostitution

Die mächtigen Kokainkartelle, die ihren Sitz in Panamas östlichem Nachbarland Kolumbien haben, benutzen neben anderen lateinamerikanischen Ländern auch Panama als **Transitland** für den weltweiten Drogenhandel. Die kaum kontrollierbaren Küsten- und Dschungelgebiete und der weltumspannende Schiffsverkehr durch den Panamakanal bieten dafür ideale Bedingungen.

Durch den ständigen Transit bleiben auch Drogen im Land „hängen“, die über Kleindealer im **Straßenverkauf** an die Endverbraucher gelangen. Vor allem in den sozial schwächeren Schichten Panamas ist der Gebrauch von Drogen aller Art angestiegen.

Ebenfalls einen deutlichen Anstieg verzeichnet man bei der **Prostitution,** die einerseits zur Beschaffung von Geld für den Drogenkonsum dient, andererseits aber durch die Schifffahrt seit eh und je in Panama vorhanden ist. Zentren der Prostitution sind die Hafenstädte, in erster Linie Colón und Panama-Stadt, wo die Dunkelziffer der Prostituierten jede Vorstellungskraft übertrifft.

Notfall-Tipps

Vorbeugemaßnahmen

- Grundsätzlich ratsam ist es, eine **Auslands-Reise-Krankenversicherung** (siehe „Versicherungen") abzuschließen. Bei erhöhtem Sicherheitsbedarf kann auch eine Reise-Notfall-Versicherung bzw. ein Schutzbrief nützlich sein.
- Ein **Impfpass** und evtl. ein **Gesundheitspass** mit Blutgruppe, Allergien, benötigten Medikamenten u.Ä. sollte mit auf die Reise genommen werden.
- Bei der Hausbank sollte man sich über die **Korrespondenzbank im Reiseland** und Möglichkeiten der **Geldüber weisung** informieren, außerdem sollte man sich über Notfallhilfen und Sperrmodalitäten des **Kreditkarteninstituts** kundig machen (siehe Kapitel „Geld").
- Für Postempfang und Kontoverfügung sollten bei der Post bzw. Bank an vertrauenswürdige Personen **Vollmachten** ausgestellt werden.
- **Zu Hause** ist zu klären, wer im Notfall telefonisch erreichbar ist. Dort sollten die eigene Bankverbindung und die Versicherungsadressen hinterlassen werden.
- Vor der Reise sollte man alle wichtigen **Reisedokumente** wie Pass, Flugticket, Kredit-/Debitkarten einscannen und gut zugänglich online speichern; es ist sinnvoll, auch Mitreisenden bzw. Verwandten den Zugang zu ermöglichen. Auch Kopien sollte man dabeihaben und stets getrennt von den Originalen aufbewahren. Ein kleiner Bargeldbetrag sollte immer getrennt von der Reisekasse aufbewahrt werden. Die Dokumente sollten am Körper (Brustbeutel, Geldkatze u.Ä.) aufbewahrt oder im Hotelsafe hinterlegt werden.
- Wertvoller **Schmuck** sollte am besten zu Hause bleiben.
- Holen Sie nur **kleine Geldbeträge** von der Bank und/oder bezahlen Sie soweit als möglich mit der Kreditkarte, dadurch führen Sie nie größere Bargeldbeträge mit sich. Wenn doch, dann an verschiedenen Stellen verwahren.
- An den **Strand** sollte nur das Allernötigste mitgenommen werden.
- Bei auffälliger Trageweise der **Foto- bzw. Videoausrüstung** wird den Dieben am deutlichsten Ihr „Reichtum" gezeigt. Die Ausrüstung sollte deshalb so unauffällig wie möglich transportiert und immer im Blick behalten werden. Außerdem so tragen, dass das Handgepäck nicht leicht entrissen werden kann. Ein guter **Gepäckverschluss** verhindert beispielsweise den raschen Zugriff eines Taschendiebes.
- Stellen Sie das **Mietfahrzeug** immer auf einem bewachten Parkplatz ab.
- Beachten Sie die **Hinweise der lokalen Bevölkerung** bzgl. der Meidung von Straßen, Gebieten, Bezirken etc. (und die im Reiseführer erwähnten Hinweise, vor allem bei Panama-Stadt und Colón).
- Sinnvoll ist es, sich einen persönlichen **Notfall-Pass** zu erstellen und ihn wasserdicht und sicher am Körper aufzubewahren. Eingetragen werden sollten: eigene persönliche Daten, die eigene Adresse und die von einer Kontaktperson zu Hause inkl. Telefon, die eigene Bankverbindung, Notruf-Telefonnummern der Kranken- und/oder Reise-Notfall-

Versicherung bzw. der Schutzbrieforganisation, Adresse und Telefonnummer der deutschen Vertretung im Reiseland (siehe „Diplomatische Vertretungen“), Nummern des Passes, des Flugtickets, der Kreditkarten usw.

Im Krankheitsfall

- Im Krankheitsfall muss man die **Kosten** für eine Behandlung zunächst selber tragen, am besten per Kreditkarte. Um diese von der Reisekrankenversicherung rückerstattet zu bekommen, muss man sich vom Arzt eine **ausführliche Bescheinigung** über Diagnose und Behandlungsmaßnahmen ausstellen lassen, inkl. verordneter Medikamente, sowie eine **Quittung** über die bezahlte Behandlung. Auch von Apotheken sollte man sich Quittungen ausstellen lassen.
- Bei **schweren Fällen** sollte außer dem Notfallservice der Versicherung auch die Botschaft bzw. das Konsulat informiert werden.

Verlust von Dokumenten/Geld

- Von der **Polizei** sollte ein ausführliches Protokoll ausgestellt werden.
- Den betroffenen Stellen sollte der **Verlust zügig gemeldet** werden, möglichst zusammen mit Nummern bzw. Kopien der verlorenenen Dokumente (Pass: Botschaft bzw. Konsulat, Tickets: Fluggesellschaft; Kreditkarten: Bank).
- Botschaften bzw. Konsulate stellen bei Passverlust einen **Ersatzpass** aus, nachdem die Identität geklärt ist. Beste Voraussetzung dafür ist eine Fotokopie des Originals. Sonst wird beim Einwohnermeldeamt der Heimatstadt angefragt, was natürlich Zeit kostet.

Beschaffung von Geld

- **Blitzüberweisung** von der **Hausbank.** Dazu sollte man schon vor der Reise die jeweiligen Bedingungen, insbesondere die Korrespondenzbank im Reiseland, klären.
- **Blitzüberweisung** durch **Verwandte.** Spezialisiert auf schnellste Verbindungen ist *Western Union.*
- Vertreter des **Kreditkarteninstituts** zahlen nach Klärung der Identität ein Notfallgeld. Eine rasche Ausstellung einer Ersatzkarte ist die Regel.
- **Reise-Notfall-Versicherungen** zahlen in der Regel je nach Vertragsklauseln bis zu 1500 € Notfalldarlehen, direkt über Vertreter im Reiseland, falls vorhanden.
- Die **Botschaften bzw. Konsulate** leihen nur in absoluten Ausnahmefällen Geld; zumeist wird Hilfe nur in Form von Rückflugticket gewährt. Allerdings kann in Notfällen eine Information an Verwandte zu Hause erfolgen, die das benötigte Geld auf ein Konto des Auswärtigen Amtes einzahlen müssen.

Souvenirs

Die künstlerischen Ausdrucksformen der ursprünglichen Bevölkerung Panamas haben neben ihrer religiösen oder alltäglichen Funktion (siehe auch Kapitel „Menschen und Kultur", „Kunsthandwerk") mit dem Tourismus auch einen kommerziellen Stellenwert bekommen.

Mola

Die *mola* ist dabei das beste Beispiel. Dieses farbenprächtige **Textilkunstwerk** der Kuna-Frauen, das normalerweise ihre Blusen ziert, ist ein beliebtes Souvenir und Sammelobjekt. Das einzigartige, zu Beginn vielleicht etwas naiv erscheinende „Textilgemälde", fasziniert bei näherer Betrachtung durch versteckte Motive, Farbenspiel, Anwendung und Technik,

nicht zuletzt aber auch durch die Individualität und Kreativität, die im Muster zum Ausdruck kommt. Der beste Ort, um *molas* zu kaufen, ist bei den Kunas selbst, entweder auf den San-Blas-Inseln oder an einem Straßenstand in der Hauptstadt, wie etwa in Panamá Viejo. Einer der am besten auf *molas* spezialisierten Souvenirläden befindet sich in Panama-Stadt beim Hotel *El Panamá* (siehe Kapitel „Panama-Stadt", „Einkaufen", „Souvenirs").

Auf dem Markt in Panama-Stadt

705pa hz

Cháchira

Eine andere landestypische Handarbeit ist die *cháchira*, eine breite **Halskette,** die zur Guaymí-Tradition gehört. Sie besteht aus vielen kleinen Kunststoffperlen, die ein farbenprächtiges Muster bilden.

Cháchara

Von den Guaymí stammt auch die *cháchara,* eine kleine **Umhängetasche** in natürlichen Farben. Die Grundtechnik der *cháchara* beruht auf Knüpfarbeit. Das künstlerische Handwerk wird vorwiegend in der Provinz Chiriquí an der Carretera Interamericana nahe dem Ort Tolé zum Kauf angeboten.

Holzskulpturen

Schwieriger erhältlich, aber sicher eine Suche wert, sind die **Tagua-Figuren** aus der Elfenbeinnuss (Kern der Steinpalme) und die Skulpturen aus dem dunkelroten Hartholz der Cocobolo (Wollbaumsorte). Diese Arbeiten sind die stolzen Produkte der Chocó-Indígenas aus der Darién-Provinz. Edel und beeindruckend wirken die Tier- und anthropomorphen Gestalten, einige dieser Kunstgegenstände erreichen sogar Museumsqualität. Die schönsten Exemplare erhalten Sie in den Dörfern im Darién oder auf dem Markt bei Panamá Viejo.

Keramik

Keramikarbeiten, die oft mit präkolumbischen Symbolen dekoriert sind, gehören zur Spezialität der Bevölkerung der **Península de Azuero.** Im Ort La Arena, 3 km vor Chitré gelegen, preisen die Geschäfte entlang der Hauptstraße vor allem Vasen, Schalen, Kaffee- und Teetassen an. In der Keramikwerkstatt Chitrés kann man sich Keramikstücke nach seinen Wünschen anfertigen lassen.

Steinschnitzereien

Aus präkolumbischer Zeit datiert die Steinschnitzerei, für die **Speckstein** (Steatit) verwendet wird. Leider werden neben den traditionellen Gegenständen zunehmend kitschige Produkte für die Touristen angefertigt.

Panamahut

Aus der Reihe der praktischen Mitbringsel ist der typische Panamahut (siehe auch Kap. „Halbinsel Azuero“) zu erwähnen, der seine Funktion als optimaler Sonnenschutz bereits während der Reise unter Beweis stellen wird. Der markante Strohhut mit seinem Muster gehört zum kolonialen Erbe und ist auf der Península de Azuero, in Penonomé und in Panama-Stadt erhältlich.

Hängematte

Die in ganz Lateinamerika beliebte Hängematte **(hamaca)** fehlt auch in Panama nicht. Die meisten Exemplare tragen jedoch den Vermerk *Made in Columbia.* Ihr Körper wird sich an dieser Tatsache aber weniger stören, wenn er entspannt auf der Hängematte zwischen zwei Palmen schaukelt.

Weitere Souvenirs

Generell betrachtet, besteht für jeden Geschmack und Geldbeutel eine große Auswahl an landestypischen Mitbringseln: Von teuren Replikaten präkolumbischer **Goldschmuckstücke,** die in den Juwelierläden der Hauptstadt zu bewundern sind, über traditionelle **Trachten** und geflochtene **Korbwaren** bis hin zu farbenprächtigen **Teufelsmasken** aus Pappmaché. Und viele **CDs und DVDs** mit *música latina* oder *folclórica.*

Egal welches Souvenir mit nach Hause gebracht wird, zu den schönsten Erinnerungen zählen zweifelsohne die Reiseerlebnisse, die von Ansichtskarten, Fotos oder einem Bildband nachhaltig bekräftigt werden.

Sport und Erholung

Wandern und Trekking

Eine Wanderung durch den faszinierenden Tropenwald, der „grünen“ Welt aus unbekannten Pflanzen und Geräuschen, zählt sicher zu den schönsten Reiseerlebnissen. Mit einem Waldspaziergang wie zu Hause ist eine solche Wanderung aber keineswegs vergleichbar.

Die Unterschiede beschränken sich nicht nur auf Flora und Fauna, sondern liegen auch in der **Anreise.** Sie ist in vielen Fällen eine mühsame und abenteuerliche Angelegenheit und generell erreicht man die Naturschutzgebiete erst nach einem Fußmarsch, im günstigen Fall nach einer Jeep- oder Bootsfahrt.

Nur sehr selten geht es danach über ausgeschilderte Wanderwege weiter. Durch die abgelegenen Gebiete führen oft nur **schmale Pfade,** die von der lokalen Bevölkerung als „Straßen" zur nächsten Siedlung, zu ihren Anbau- und Jagdgebieten oder von den Parkaufsehern für einen Kontrollgang benutzt werden. Die Zugänglichkeit der Gebiete für die Wanderer wird durch diesen lokalen Verkehr stark bestimmt, denn nimmt die Benutzung der Pfade ab, wird der Weg in kurzer Zeit von der Natur zurückerobert.

Ohne ortskundige **Führer** wird das Gebiet für die Besucher dann zu einem Labyrinth. Welche Touren individuell gemacht werden können und für welche Touren ein Führer ratsam ist, finden Sie im Reiseteil bei der Beschreibung des jeweiligen Naturschutzgebietes.

Mehrtägige Trekkingtouren lassen sich kaum individuell durchführen. Für solche Touren ist eine gründliche Vorbereitung unbedingt notwendig. Die gesamte Verpflegung muss dabei mitgetragen werden, ein Zelt oder besser eine Hängematte, ein Moskitonetz, eine Regenplane als „Dach", eine umfassende Reiseapotheke, Insektenschutz, wasserfest verpackte Kleidung und Schuhe zum Wechseln dürfen nicht fehlen. Das Wichtigste dabei, gute topografische Karten, existieren zwar, sie sind aber leider veraltet. Für die Orientierung, aber auch für den Kontakt zur lokalen, meist indianischen Bevölkerung, den man benötigt, um im Dorf zu übernachten, ein Boot zu organisieren oder um eine Trinkwasserstelle zu finden, sind Sie deswegen auf orts- und sachkundige Führer angewiesen. In Panama treffen regelmäßig moderne „Entdeckungsreisende" ein, um auf eigene Faust auf die Suche nach dem Abenteuer zu gehen. Sie unterschätzen häufig die praktischen Probleme und die Gesetze des Regenwaldes. Diese leichtsinnigen Unternehmen, vor allem im Darién-Dschungel, haben bereits dramatische Folgen gehabt.

Reiseveranstalter vor Ort und in Europa, die organisierte Trekkingtouren anbieten, finden Sie unter „Reiseveranstalter", zusätzliche Informationen bei den Ortsbeschreibungen.

Schnorcheln und Tauchen

Wer einmal einen Blick unter die Wasseroberfläche eines tropischen Sees oder Meeres geworfen hat, der ist von der Schönheit und der Vielfältigkeit des Neptun-Reiches verzaubert. **Tauchkurse** mit international anerkanntem Zertifikat (PADI) werden unter anderem in Bocas del Toro und an der Pazifikküste im Golfo de Chiriquí angeboten. Ein Tauchkurs kostet ab 200 $, eine Tauchtour mit Bootsfahrt, Ausrüstung und zwei Tauchgängen kostet ca. 60 $. Die Ausrüstung für Schnorchler kann bei einer Bootsfahrt meist kostenlos benutzt werden.

Ausführliche **Informationen** erhält man unter anderem bei:

- **Bocas Dive Center,** Bocas del Toro, Tel. 757-9737, www.bocasdivecenter.com.

- **Coral Dreams,** Isla Contadora, www.coral-dreams.com.
- **La Buga Panama,** Bocas del Toro, www.labugapanama.com.
- **Scuba Coiba,** Santa Catalina, Veraguas, Tel. 263-4366, www.scubacoiba.com.
- **Scuba Panamá,** Panama-Stadt, Tel. 261-3841, www.scubapanama.com.

Canopy

Canopy gehört eher den Freizeitvergnügen als den Sportarten an. Man gleitet dabei an einem Seil **von Baumwipfel zu Baumwipfel** und kann so das Kronendach des Tropenwaldes aus einer anderen Perspektive betrachten. Canopy-Touren werden in der Umgebung von Panama-Stadt, in El Valle und Boquete angeboten (siehe dort).

Rafting

Die Sportarten auf den Wellen des Meeres oder in den Stromschnellen der Flüsse stecken in Panama noch in der Entwicklung. Einen ersten Schritt in Richtung Professionalität machte Rafting, die spektakuläre, nicht ganz ungefährliche Schlauchbootfahrt auf einem tosenden Fluss. Rafting wird von verschiedenen Veranstaltern auf den **Flüssen Chagres** nahe Panama-Stadt **und Chiriquí** in Boquete durchgeführt (siehe dort).

Surfen

Surfen ist bei der jüngeren Generation beliebt. Die Brandungswellen an beiden Küsten Panamas sind laut Kennern hervorragend. Als absolute Spitzenklasse gilt die Brandung an den **Stränden Venao und Guaníco Abajo** im Süden der Halbinsel Azuero sowie die am **Playa Santa Catalina** in der Provinz Veraguas (siehe dort).

Hochseefischen

In den Werbeprospekten des panamaischen Touristenamtes werden oft farbenfrohe Seiten dem **in Nordamerika populären** Hochseefischen gewidmet: „Starke" Männer, die mit straff gespannter Angelrute gegen einen Marlin ankämpfen und später stolz neben dem Fang für ein Foto posieren. Ein Tag auf hoher See, alles inklusive, kostet stolze 400 $. Mehr Informationen gibt es unter www.coibadventure.com.

Golf und Tennis

Die beiden Sportarten mit dem kleinen Ball können nur in Privatclubs, den sogenannten **Country Clubs** oder **Clubs Campestres,** und in einigen großen **Hotels** ausgeübt werden. Die meisten Golf- und Tennisplätze befinden sich in der Nähe des Panamakanals. Weitere Infos gibt es unter www.golfinpanama.com.

[<] Unterwegs in der Boca del Dragón auf der Isla Colón

Sprache

Auf Grund der kolonialen Vergangenheit lässt sich die **offizielle Landessprache** nicht schwer erraten: **Spanisch.** Doch wie beispielsweise im deutschsprachigen Raum die Bayern sich in der Aussprache, Wortwahl und Betonung von den Berlinern, die Österreicher von den Schweizern unterscheiden, sind auch im riesigen Lateinamerika gravierende sprachliche Unterschiede zu beobachten. Überall dort, wo die Kolonisatoren ihre Sprache, das *Castellano,* hinterlassen haben, wurde es von den *Indígenas,* Weißen, afrikanischen Sklaven und deren Nachkommen abgeändert, „verfeinert" und zu einem **landestypischen Dialekt** gemacht. Die panamaische Variante fällt durch schnelles Sprechen auf. Dabei bleiben häufig Buchstaben sprichwörtlich „im Hals stecken", was zu Beginn für das Ohr eines Fremden etwas gewöhnungsbedürftig sein wird.

Bocas del Toro – nach dem Unterricht in der Sprachschule ab zum Schnorcheln

707pa hz

Die Panamaer passen ihr Tempo aber gerne an, wenn sie merken, dass Sie einige Brocken Spanisch im Gepäck mitgebracht haben. Allein die Tatsache, dass Sie versuchen, in der Landessprache zu kommunizieren, bringt Ihnen viel Achtung ein, denn schließlich kommen immer wieder Touristen, die davon ausgehen, dass die Panamaer Englisch sprechen bzw. sich bemühen müssen, diese Sprache zu verstehen. Das ist aber ein großer Irrtum: Erstens sind sie schließlich Besucher und zweitens „läuft“ ohne Spanisch überhaupt nichts in Panama.

Eine Ausnahme, bedingt durch die jahrzehntelange Anwesenheit der Amerikaner, bildet die Hauptstadt, wo Besucher sich teilweise auch mit **Englisch** zurechtfinden können. An der Karibikküste, ausgenommen der Comarca de San Blas, wird neben dem Spanisch ebenfalls Englisch gesprochen oder – wie im ganzen Land anzutreffen – ein Mix aus beiden Sprachen, das **„Spanglish“.**

An der Karibikküste haben sich zu Beginn des 20. Jahrhunderts Arbeiter aus dem karibischen Raum niedergelassen, deren Nachkommen zweisprachig aufgewachsen sind. Das an der Karibikküste gesprochene Englisch unterscheidet sich von der Standardsprache der Briten allerdings erheblich. Es überwiegt ein melodiöser Dialekt, dessen Wurzeln im **Pidgin-Englisch** der karibischen Inseln verankert sind. Der Wortschwall, der auf Sie niederbricht, lässt sich schwer entwirren. Bei der Kommunikation mit einem Touristen wird aber rasch auf ein deutlicheres Englisch oder, wenn Sie es wünschen, auf die offizielle Landessprache gewechselt.

Generell möchten wir darauf hinweisen, dass **Spanischkenntnisse** eine wichtige Bereicherung sind, um Panama zu bereisen und um seine Bevölkerung besser kennenzulernen.

Reisende, die kein oder nur wenig Spanisch beherrschen, können in den **Sprachschulen** vor Ort Spanischkurse belegen. Folgende Schulen bieten Kurse auf verschieden hohen Niveaus an:

- **Language & International Relations Institute (ILERI),** Altos de Betania 20H, Panama-Stadt, Tel. 392-4086, www.ileripanamaspanishschool.com.
- **Spanish at Locations** unterhält drei Sprachschulen im Land: in Panama-Stadt im Hostel *La Posada 1914,* Bella Vista, Tel. 398-7606; *Spanish by the Sea* in Bocas del Toro, Isla Colón, hinter dem Hotel

Bahía, Tel. 757-9518; *Spanish by the River* in Boquete, Alto Boquete, Plaza San Francisco, Tel. 720-3456. Zwei weitere Sprachschulen gibt es in Costa Rica, eine in Puerto Viejo an der Karibik, die andere in Turrialba. Bei *Spanish at Locations* kann man einen mehrwöchigen Sprachkurs belegen und dann z.B. jeweils eine Woche an den fünf genannten Orten in den zwei Ländern verbringen. Die Kurse bauen aufeinander auf, bei Bedarf gibt es einfache Unterkünfte, viel Freizeitprogramm wird geboten. Infos unter www.spanishatlocations.com.

- **Habla Ya Language Center,** drei Schulen in Panama: Panama-Stadt, El Carmen, Tel. 394-8326; Boquete, Tel. 720-1294; Bocas del Toro, Isla Colón, Tel. 757-7352; www.hablayapanama.com.

Wer nur wenig Zeit zur Verfügung hat, um die Sprache zu lernen, dem empfehlen wir, den Sprachführer **„Spanisch für Panama – Wort für Wort“** aus der Kauderwelsch-Reihe des Reise Know-How Verlags einzupacken. Das Büchlein enthält eine vereinfachte Grundgrammatik sowie einen Grundwortschatz und verschiedene Redewendungen, die auf die Bedürfnisse des Reisenden unterwegs abgestimmt sind. Für die richtige Aussprache ist der AusspracheTrainer auf Audio-CD erhältlich. Die **Sprachhilfe** im Anhang dieses Buches baut auf dem Kauderwelsch-Führer auf.

Typisch panamaische Ausdrücke

aracha	Kakerlake, Küchenschabe
biruli	eine Schilfart, die für Handarbeiten benützt wird
bonchao	von engl. *bunch* (Menge)
botla	von engl. *bottle* (Flasche)
buco	von franz. *beaucoup* (viel)
buenas!	Kurzform für Guten Morgen/ Mittag/Abend/Tag
caimanear	betrügen oder erpressen
carro	von engl. *car* (Auto)
cayuco	schmales Einbaumkanu oder -boot
chácara	kleine Tasche aus Pflanzenfasern
chanche	Teil eines Lotterieloses
chanchero	Losverkäufer
chingongo	Kaugummi
chitra	Sandflohart
guachimán	von engl. *watchman* (Bewacher)
guacharaca	Musikinstrumente aus (Flaschenkürbis)
marketa	von engl. *market* (Markt)
mi amor	geläufige, Anrede; wörtlich: „mein Schätzchen“ oder „meine Geliebte“
mejorana	lautenähnliches Saiteninstrument
montuno	nationale Männertracht
nursa	von engl. *nurse* (Krankenschwester)
paco	Polizist
panela	als Süßigkeit verkaufter Klumpen aus unraffiniertem Rohrzucker
paquetazo	Wahlbetrug
picaflor	„Don Juan“ der Männerwelt
plata	Geld (wörtlich: Silber)
pollera	nationale Frauentracht
quincha	Mauer aus Schilf und Lehm
ringuiar	von engl. *ring* (läuten, klingeln)
saloma	auffallender Falsett-Ton
tuna	karnevalsähnliche Straßenparade

Amerikanismen sind allesamt jüngeren Datums und haben sich vorwiegend im technischen Bereich sowie im Internet durchgesetzt, z.B. *clotch* (von *clutch* = Kupplung) oder *suische* (von *switch* = Schalter). Grundsätzlich fließen immer mehr englische Wörter ins Spanische ein, ein Phänomen, das man auch im deutschsprachigen Raum kennt.

Viele Wörter, die man tagtäglich in Panama auf der Straße hört, sollte man übrigens nicht unbedingt als salonfähig betrachten. Eine allzu **saloppe Ausdrucksweise** wird auch in Panama nicht in jedem Gesellschaftskreis geschätzt.

Telefon und Internet

Panama verfügt über ein ausgezeichnetes **Telefon- und Kommunikationsnetz,** das durch das britische Unternehmen **Cable & Wireless (C&W)** ständig erweitert und verbessert wird.

Telefonnummern

Ortsvorwahlen – wie in europäischen Breiten üblich – sind nicht vorhanden. Die Telefonnummer setzt sich aus sieben bzw. acht Ziffern zusammen, wobei die ersten drei Zahlen auf den Ort hinweisen (z.B.: Las Tablas 974, Chitré 996 oder Penonomé 997).

Alle Teilnehmernummern sind derzeit in einem einzigen **Telefonbuch** *(guía telefónica)* aufgelistet.

Mobiltelefon/Handy

Um in Panama mit dem eigenen Handy telefonieren zu können, kauft man sich einfach eine SIM-Karte eines beliebigen Anbieters – und los geht's. Das funktioniert allerdings nur, wenn das Mobiltelefon SIM-lock-frei, also keine Sperrung anderer Provider vorhanden ist. Wer in der Karibik unterwegs ist, dem sei das Netz von **Mobil+** empfohlen, von dem es heißt, es sei dort das beste. Den Internetzugang muss man zusätzlich freischalten, es gibt Datenpakete, die man für ein paar Balboa erwerben kann.

Am günstigsten kommuniziert man, wenn man sich auf SMS beschränkt (der Empfang ist meist kostenfrei), über eine kostenlose WLAN-Verbindung E-Mails schreibt, Skype bzw. Facetime zum Telefonieren nutzt oder auch WhatsApp und andere kostenlose Nachrichten-Apps zur Kommunikation bevorzugt.

Internationale Vorwahlen

- **Deutschland:** 0049
- **Österreich:** 0043
- **Schweiz:** 0041
- **Panama:** 00507

Wichtige Telefonnummern in Panama

- **Polizei:** 104
- **Feuerwehr:** 103
- **Nationale Vermittlung:** 101
- **Internationale Vermittlung:** 106
- **Auskunft:** 880

Münzfernsprecher

Ja, es gibt sie noch, und sie finden sich in den Städten an großen Plätzen und Straßen, in den C&W-Büros und im Postamt. Doch da die meisten Menschen diesen Service nicht mehr nutzen, sind die Geräte **häufig defekt** und werden nicht mehr repariert bzw. ersetzt. Zum Telefonieren benötigen Sie Münzen im Wert von 5, 10 oder 25 ct. Die Gesprächskosten liegen je nach Distanz zwischen 10 und 60 ct. pro Minute.

Auch **Gespräche nach Europa** und natürlich in den Rest der Welt können ohne Probleme und durchaus preiswert aus öffentlichen Münzfernsprechern geführt werden. Dazu benötigen Sie eine **Telefonkarte (tarjeta),** die im Wert von 5, 10 und 20 $ unter anderem an Kiosken, in den Büros von Cable &Wireless und in Postämtern erhältlich ist. Eine 10-$-Karte reicht für ein Gespräch von mehreren Minuten nach Europa. Achten Sie beim Kauf unbedingt darauf, dass sich die Telefonwertkarte noch in der Originalverpackung befindet, vor allem wenn Ihnen die Karte von einem Straßenhändler angeboten wird.

012pa hz

Internet

Internetzugang gibt es in allen größeren Städten und touristischen Orten des Landes, vor allem in Panama-Stadt, David und Bocas del Toro. Fast alle Hotels und Restaurants in Panama stellen ihren Kunden kostenlose **Internet- bzw. WLAN-Hotspots** zur Verfügung, nur in den ganz teuren Hotels wird dieser Service extra berechnet. In sehr abgelegenen Gegenden ist der Service häufig sehr langsam und unzuverlässig.

Uhrzeit

Panama liegt in der Zone der *Eastern Standard Time* des Weltzeitsystems. Der Unterschied zur Mitteleuropäischen Zeit (MEZ) beträgt **minus 6 Stunden,** während der europäischen Sommerzeit minus 7 Stunden. Gegenüber Kolumbien gibt es keine Zeitdifferenz, gegenüber Costa Rica plus eine Stunde.

Öffentliches Telefon an einem Busbahnhof

Unterkunft

Preise

„Der Schlaf ist doch die köstlichste Erfindung“, behauptete einst *Heinrich Heine*, vorausgesetzt, man findet einen angenehmen Platz dazu. Und daran kann es in Panama an einigen Orten scheitern. So lässt sich beispielsweise zwischen der Zimmerqualität und dem Preis oft kein logischer Zusammenhang konstatieren. Ein anderes Phänomen taucht in den **Strandhotels** entlang der Zentralen Pazifikküste auf: Dort sind die Hotels fast ausschließlich auf Wochenendtouristen angewiesen, mit Ausnahme der Ferienzeit. Gäste, die an Wochentagen ein Zimmer mieten, erhalten oft bis zu 50 % Ermäßigung, so bieten es jedenfalls die Hotelmanager an. Aus der Sicht des Kunden entspricht der um 50 % ermäßigte Tarif der tatsächlichen Zimmerqualität. Das bedeutet aber im Umkehrschluss, dass an den Wochenenden das Zimmer zu stark überhöhtem Preis angeboten wird.

Diese panamaischen Besonderheiten treffen auf die mehr als 250 Hotels in **Panama-Stadt** nicht zu. In der Hauptstadt stimmt generell das Preis-Leistungs-Verhältnis. Die Hotels arbeiten mit festen Zimmerpreisen. Über einen Preisnachlass kann bei einem Aufenthalt von ab einer Woche verhandelt werden. Bei Online-Reservierung gibt es bei manchen Hotels automatisch einen Preisnachlass.

Die **Bezahlung** des Zimmers erfolgt im Voraus; die gängigen Kreditkarten werden meist akzeptiert. Zum Zimmerpreis kommen oft noch 10 % Steuer hinzu. Die in diesem Reiseführer erwähnten Zimmerpreise (EZ = Einzelzimmer, DZ = Doppelzimmer, DBZ = Dreibettzimmer) werden inklusive dieser Steuer angegeben.

Kategorien

Die Unterkünfte in Panama werden **entsprechend ihrer Ausstattung** als *pensión* (auch *hospedaje* oder *residencial*), *cabaña, apartamiento* oder als *hotel* bezeichnet.

Pensión

Die **billigsten Zimmer** findet man in einer *pensión,* wo der Zimmerpreis je nach Ortslage **zwischen 20 und 25 $** pro Nacht variiert. Ob man dafür auch eine ruhige Nacht erwarten kann, bleibt dahingestellt: Der Begriff *pensión* steht im ganzen Land als Synonym für das **Stundenhotel** und die *pensión* wird in dieser Eigenschaft auch verwendet.

Das Preis-Leistungsverhältnis in einer *pensión* ist ebenfalls kein Thema, denn mehr als ein Kreuzschmerzen verursachendes Bett, eine nicht unbedingt hygienische (Gemeinschafts-)Dusche und ein Dach über dem Kopf darf man nicht erwarten.

Residencial

In eine ausstattungsmäßig bessere Kategorie kann die *residencial* eingeordnet werden. Die Zimmer verfügen neben einer einfachen Ausstattung in der Regel immer über Dusche und Fernseher, werden aber in einigen Orten ebenfalls stundenweise vermietet. Die *residencial* ist mit Preisen **zwischen 25 und 40 $** eine gute Option für Touristen.

Cabaña

Eine typisch lateinamerikanische Unterkunft, die *cabaña,* kann man meistens in Strandnähe antreffen. Unter dem Begriff *cabaña* versteht man ein freistehendes Häuschen mit sauberer Ausstattung und mehreren Betten. Die *cabaña* ist vor allem für den Familienurlaub ausgerichtet. Die Preise liegen **um 50 $** und werden immer pro *cabaña* gerechnet, meist ungeachtet dessen, wie viele Personen darin übernachten werden.

Apartamiento

Auf *apartamientos* (auch *aparthotels*), die über eine komplett ausgestattete Küche, ein oder zwei Schlafzimmer und eine Ess- und Sitzgelegenheit verfügen, trifft man nur in Panama-Stadt. Angesichts der Hotelpreise in der Stadt, der täglich anfallenden Kosten für Essen, Trinken etc. lohnt sich die Miete eines Apartments (**ab 70 $** pro Tag inklusive Nebenkosten) für Touristen eher nicht.

Hotel

Der größte Anteil bei den Unterkünften haben Hotels, die in jeder Preislage und Ausstattungskategorie anzutreffen sind. Für ein Hotelzimmer sollte man im Durchschnitt **ab 60 $** pro Zimmer rechnen, ungeachtet ob Einzel- oder Doppel-

benutzung. Dafür kann man mit einem Privatbadezimmer, einer Klimatisierung und/oder einem Ventilator und natürlich mit einem obligatorischen Fernsehapparat rechnen, denn auf die täglichen Seifenopern möchten die Panameños und Panameñas nicht verzichten.

Hostel und Camping

Das **Hostel,** eine Art Jugendherberge mit Mehrbettzimmer (*Dormitory,* oft abgekürzt als „Dorm"), ist in Panama auf dem Vormarsch; in den letzten Jahren

137pa hz

entstanden in vielen Orten solche Unterkünfte. Die Preise pro Person und Nacht beginnen bei 10 $.

Campingplätze sind selten zu finden. Manchmal gibt es Wildcampingplätze, die auf kein Verbot der Behörde stoßen, doch mit sanitären Anlagen dürfen Sie dort nicht rechnen. Einige Hostels und auch Hotels bieten Stellplätze für Autos oder auch Camping an; das ist im Buch an Ort und Stelle erwähnt.

Erholung pur in der Hängematte

Verkehrsmittel

Bus

Aufbau des Busnetzes

In Panama wurde ein gut funktionierendes Bussystem aufgebaut, in das beinahe jeder noch so kleine Ort eingebunden ist, mit verkehrstechnisch bedingter Ausnahme der Orte in der Comarca de San Blas und Darién (nur mit Boot oder Charterflugzeug zu erreichen).

Alle wichtigen Überlandfahrten beginnen bzw. enden im zentralen Verkehrsknotenpunkt **Panama-Stadt.**

Von hier aus erreicht man mehrmals täglich die **wichtigen Busknotenpunkte** wie etwa Penonomé, Santiago und David entlang der Carretera Interamericana, Chitré, Los Santos und Las Tablas auf der Halbinsel Azuero sowie Colón und Almirante an der Karibikküste. Während nach David, Colón und Almirante nur große Überlandbusse mit ca. 50 Sitzplätzen eingesetzt werden, verkehren zu den übrigen Knotenpunkten moderne Kleinbusse mit maximal 24 Sitzen.

Von den Knotenpunkten aus bedienen Kleinbusse für maximal acht Personen die abseits gelegenen **Dörfer,** aber auch die verstreut liegenden Farmen *(hatos).* Das letzte Glied im System bilden *Pick-*

708pa hz

ups, zum Bus umgebaute Lastkraftwagen, die auf schwer befahrbaren, nicht asphaltierten Straßen zum Einsatz kommen, wodurch die Panamaer auch die kleinsten Siedlungen erreichen können.

Mit dem Bus unterwegs in Panama

Ausstattung der Busse

Viele Busunternehmen werden privat geführt. Die **Kleinbusse** sind komfortabel und modern, jedoch oft ohne Klimaanlage (was man nicht unbedingt negativ bewerten muss, bedenkt man, wie kalt die AC oft eingestellt ist).

Bei den großen **Überlandbussen** handelt es sich oft um die alten amerikanischen „Silberpfeile" (Greyhound-Busse), die etwas unbequemer sind, dafür aber über eine Klimaanlage verfügen. Bei Fahrten im klimatisierten Bus sollte ein Pullover immer griffbereit sein.

Sitzplätze

Um einen Sitzplatz müssen Sie nicht bangen, da die Unternehmen wegen einer gesetzlichen Bestimmung keine Stehplätze verkaufen dürfen. Wegen der strengen Polizeikontrollen wird das Gesetz befolgt. Ausnahmen bilden die Stadtbusse von Panama-Stadt, bei denen die Polizei wegen des großen Andrangs ein Auge zudrückt. Durch die Bestimmung kommt es zu keinen überfüllten Bussen (eine Seltenheit in Lateinamerika), allerdings hält ein Bus unterwegs nur an, wenn ein Sitzplatz frei ist. Sie sollten deshalb immer am Busbahnhof in den Bus einsteigen.

Fahrpreise und Fahrpläne

Bei den **Fahrpreisen** handelt es sich um feste Preise, die je nach Distanz variieren. So kostet zum Beispiel ein Ticket von Panama-Stadt nach Colón 3 $, nach David 13 $ und nach Almirante 22 $.

Touristen werden beim Fahrpreis nicht übers Ohr gehauen. In Kleinbussen wird immer beim Aussteigen bezahlt.

Tickets im **Vorverkauf** gibt es nicht selten nur für Überlandbusse. Wegen der hohen **Abfahrtsfrequenzen** müssen Sie bei den anderen Bussen jedoch nicht um einen Platz bangen. Sie sollten aber ca. 30 Minuten vor der Abfahrt am Busbahnhof sein, um einen guten Sitzplatz zu bekommen. Klappt es nicht, warten Sie höchstens 30 bis 45 Minuten bis zur Abfahrt des nächsten Busses. **Fahrpläne** sind auf großen Busbahnhöfen vorhanden. Die Abfahrtszeiten werden auf einer schwarzen Tafel mit Kreide notiert oder am Ticketschalter ausgehängt.

Vorsicht! Auf den **Busbahnhöfen** geht es recht chaotisch zu, darum achten Sie stets auf Ihr Gepäck und vor allem auf Taschendiebe.

Entfernungen auf dem Landweg ab Panama-Stadt

Boquete	480 km
Capira	55 km
Cerro Punta	513 km
Chepo	58 km
Chitré	252 km
Colón	80 km
David	440 km
Divisa	215 km
El Valle	126 km
La Chorrera	30 km
Las Tablas	282 km
Paso Canoas	494 km
Pedasí	324 km
Penonomé	151 km
Portobelo	105 km
Puerto Armuelles	530 km
San Carlos	90 km
Santiago	250 km
Soná	296 km
Volcán	497 km
Yaviza	280 km

Fähre und Boot

Um das Verkehrsnetz fast lückenlos zu ergänzen, sind Fähren **(ferry)** und Boote **(lancha)** unentbehrlich. Regelmäßige Bootsverbindungen bestehen **täglich** zwischen Panama-Stadt und Isla Taboga und zwischen Changuinola, Almirante und Bocas del Toro. Zudem gibt es **wöchentliche** Fährverbindungen zwischen Panama-Stadt und La Palma, El Porvenir und Puerto Obaldía sowie zwischen Almirante und Bocas del Toro.

Wie bei den Bustickets gibt es auch bei den Fähr- und Bootstickets **Festpreise.** So kostet beispielsweise die Fahrt von Bocas del Toro nach Changuinola 5 $, nach Almirante 3 $ pro Person, von Panama-Stadt zur Isla Taboga 5 $. Bei Bootsfahrten im **Darién** sind die Preise variabel – man muss um den Preis feilschen. Als Einzelreisender hat man dabei die schlechtesten Karten, da zum Preis manchmal noch die Treibstoffkosten hinzugerechnet werden.

Flugzeug

Es gibt einige **nationale Flugverbindungen,** interessant für Touristen sind vor allem die Strecken nach Bocas del Toro und David. Die **Preise** für ein einfaches Ticket variieren zwischen 40 und 80 $,

Retourtickets kosten das Doppelte. Die nationale Fluglinie ist **Air Panamá** (www.airpanama.com). Die Flugzeuge sind teils sehr klein und oft nur einmotorig. Die Flüge können ein spektakuläres Erlebnis sein, vor allem durch Wolken oder bei Schlechtwetter.

Mietauto

Die meisten großen **Autovermieter (Alquiler de Automóviles)** haben ihre Büros in Panama-Stadt und in David am nationalen sowie internationalen Flughafen. Die Preise der Verleihfirmen variieren stark. Am preisgünstigsten buchen Sie einen Mietauto über das Internet. Auf jeden Fall lohnt es sich, um die Preise zu handeln, vor allem wenn Sie das Auto länger mieten werden. Für einen normalen Pkw müssen Sie mit ca. 40 $ pro Tag und mit 250 $ pro Woche, für einen Jeep mit etwa 90 $ pro Tag und 500 $ pro Woche rechnen. Im Preis sind die Versicherung und eine unbeschränkte Kilometerzahl enthalten.

Taxi

Auf die Benutzung des Taxis kann man weitgehend verzichten, abgesehen von **Panama-Stadt,** wo man bei der Suche nach einer Adresse oft auf einen Taxifahrer angewiesen ist, und von **Colón,** wo die Benutzung des Taxis aus Sicherheitsgründen empfehlenswert ist.

Die **übrigen aus touristischer Sicht interessanten Orte** sind nicht allzu groß. Die Hotels, Sehenswürdigkeiten, Busbahnhöfe etc. liegen in den meisten Fällen in unmittelbarer Nähe des Zentrums und lassen sich zu Fuß leicht erreichen.

Taxifahrer sind gesetzlich verpflichtet, die Preisliste sichtbar im Auto anzubringen, was trotzdem eher die Ausnahme ist als die Regel. Als Richtlinie für eine Taxifahrt in der Hauptstadt kann man von 3–6 $ ausgehen. Das entspricht der Fahrt vom Stadtteil Bella Vista zum zentralen Busbahnhof bei Albrook. Da die Taxifahrer bei Touristen versuchen werden, den Fahrpreis höher zu veranschlagen, sollte man sich vor dem Einsteigen immer nach dem Preis bzw. der Preisliste erkundigen.

Taxistandplätze befinden sich oft vor großen Hotels, ansonsten können sie über die Hotelrezeption oder direkt bei den Taxizentralen bestellt werden (siehe „Panama-Stadt", „Adressen A–Z").

Taxis können auch von mehreren Personen mit unterschiedlichen Fahrzielen geteilt werden, falls die Ziele an der Strecke liegen. Das geschieht vor allem am internationalen Flughafen. Während die Fahrt pro Taxi vom Flughafen in die Innenstadt ca. 30 $ kostet, wird bei einem **Sammeltaxi** 10 $ pro Person berechnet. Die Taxis fahren los, wenn sie ausgelastet sind.

Neben den normalen Taxis gibt es auch sogenannte **Touristentaxis,** die im Gegensatz zu den normalen Taxis äußerlich nicht erkennbar sind. Die Fahrer, die häufig auch die Besitzer des Fahrzeugs sind, halten speziell in Hotels nach Kunden Ausschau. Touristentaxis können stundenweise oder für Ausflüge gemietet werden, etwa zu den Miraflores-Schleusen des Panamakanals, was ca. 40 $ kostet (inkl. einer Wartezeit von ca. 1 Std.).

Trampen

Mit dieser Art des Reisens werden Sie in Panama kein Glück haben: Das Trampen ist hier **unbekannt,** beinahe jeder Panameño besitzt ein Fahrzeug, und die niedrigen Preise für öffentliche Verkehrsmittel bzw. das gut ausgebaute Verkehrsnetz geben kaum Anlass zum Trampen.

Zug

Eisenbahnfans werden in Panama enttäuscht werden. Das ca. 355 Schienenkilometer umfassende Eisenbahnnetz hat für den Personenverkehr sehr wenig Bedeutung, lediglich die Verbindung **von Panama-Stadt nach Colón** spielt eine Rolle. Die Fahrt, z.T. entlang des Panama-Kanals, dauert etwa 1 Std. und kostet 25 $ für die einfache Fahrt. Derzeit wird täglich eine Fahrt pro Richtung angeboten. Auf www.panamarailroad.org finden sich mehr Informationen zu Panamas Eisenbahn und ihrer Geschichte.

Versicherungen

Egal welche Versicherungen man abschließt, für alle sollte man die **Notfallnummern notieren** und mit der Policenummer gut aufheben! Bei Eintreten eines Notfalles sollte die Versicherungsgesellschaft sofort verständigt werden! Dies gilt auch bei einem Schadensfall im Urlaub, der durch die reguläre Haftpflicht- sowie Unfallversicherung daheim abgedeckt wird, wenn man den Schaden direkt vom Urlaubsort meldet.

Der **Abschluss einer Jahresversicherung** ist in der Regel kostengünstiger als mehrere Einzelversicherungen für jede Reise. Günstiger ist auch die Versicherung als Familie statt als Einzelpersonen; hier sollte man nur die Definition von „Familie" genau prüfen.

Grundsätzlich gilt überdies, dass **Versicherungspakete oft teuer** sind und Versicherungen enthalten, die man nie benötigt. Man sollte aber in jedem Fall existenzielle Risiken absichern, und dazu gehört an erster Stelle die Auslandskrankenversicherung.

Auslandskrankenversicherung

Die Kosten für eine ärztliche Behandlung in Nicaragua werden von den gesetzlichen Krankenversicherungen in Deutschland und Österreich nicht übernommen, daher ist der Abschluss einer privaten Auslandskrankenversicherung **unverzichtbar.** Schweizer sollten bei ihrer Krankenversicherung nachfragen, ob

723pa hz

die vollständige Auslandsdeckung auch für Nicaragua gilt.

Man sollte eine private Auslandskrankenversicherung abschließen, die folgende **Leistungen** enthält: Vergütung der Arzt-, Zahnarzt- und Krankenhauskosten ohne Summenbeschränkung; Deckung bei Krankheit und Unfall; Vergütung von Krankentransporten, Rettungungskosten und Krankenrücktransport ohne Einschränkungen; Abdeckung der gesamten Aufenthaltsdauer mit automatischer Verlängerung über die festgelegte Zeit hinaus, wenn die Rückreise nicht möglich ist (durch Krankheit oder Unfall); eventuell auch Abdeckung der Reise- und Unterkunftskosten von Familienangehörigen, wenn diese zur Betreuung anreisen.

Jahresverträge bieten sich insbesondere an, wenn man häufig spontan ins Ausland fährt. Hier sollte man jedoch darauf achten, dass der Versicherungsschutz meist nur für eine bestimmte Anzahl von Tagen pro Reise gilt.

Zur **Erstattung der Kosten** benötigt man ausführliche Quittungen (mit Datum, Namen, Bericht über Art und Umfang der Behandlung, Kosten der Behandlung und Medikamente).

Andere Versicherungen

Ob es sich lohnt, eine Reiserücktritts-, Reiseabbruch-, Reisegepäck-, Reisehaftpflicht- oder Reiseunfallversicherung abzuschließen, ist **individuell abzuklären.** Gerade diese Versicherungen enthalten viele Ausschlussklauseln, sodass sie nicht immer Sinn machen.

Die **Reiserücktrittsversicherung** ist nur sinnvoll bei teuren Reisen und für den Fall, dass man vor der Abreise einen schweren Unfall hat, erkrankt oder schwanger wird, gekündigt wird oder nach Arbeitslosigkeit einen neuen Arbeitsplatz bekommt, die Wohnung abgebrannt ist u.Ä. Nicht gelten hingegen: Krieg, Unruhen, Streik, etc.

Die **Reisegepäckversicherung** lohnt sich selten, da z.B. bei Flugreisen verlorenes Gepäck oft nur nach Kilopreis und auch sonst nur der Zeitwert nach Vorlage der Rechnung ersetzt wird. Wurde eine Wertsache nicht im Safe aufbewahrt, gibt es bei Diebstahl auch keinen Ersatz. Kameraausrüstung und Laptop dürfen beim Flug nicht als Gepäck aufgegeben worden sein. Gepäck im unbeaufsichtigt

abgestellten Fahrzeug ist ebenfalls nicht versichert. Die Liste ist endlos. Überdies deckt häufig die Hausratsversicherung Einbruch, Raub und Beschädigung von Eigentum auch im Ausland. Für den Fall, dass etwas passiert ist, muss der Versicherung als Schadensnachweis ein Polizeiprotokoll vorgelegt werden.

098pa hz

Eine **Privathaftpflichtversicherung** hat man in der Regel schon. Hat man eine **Unfallversicherung,** sollte man prüfen, ob diese im Falle plötzlicher Arbeitsunfähigkeit aufgrund eines Unfalls im Urlaub zahlt.

Durch manche **Kreditkarten** oder die Mitgliedschaft in einem **Automobilclub** ist man für bestimmte Fälle schon versichert. Die Versicherung über die Kreditkarte gilt jedoch meist nur für den Karteninhaber.

Zeitungen

Informationen über lokale und internationale Zeitungen und Zeitschriften finden Sie im Kapitel „Staat und Gesellschaft“ unter „Massenmedien“.

☐ Ein typischer panamaischer Bilderbuchstrand

Fauna | 377
Flora | 371
Geografie | 360
Klima | 370
Landschaften Panamas | 360
Natur- und Umweltschutz | 387

709pa hz

9 Land und Natur

Als geografisches Bindeglied zwischen Nord- und Südamerika profitiert Panama in vieler Hinsicht von beiden Kontinenten.

◁ In der Umgebung von Boquete

Geografie

Lage, Größe und Grenzen

Panama bildet den südöstlichsten Zipfel der **zentralamerikanischen Landbrücke,** die auf panamaischem Territorium mit 51 km die schmalste Stelle Zentralamerikas zwischen dem Karibischen Meer und dem Pazifischen Ozean aufweist. Panamas **geografische Lage** im Gradnetz der Erde wird durch den 77. und 83. Grad westlicher Länge und den 7. und 9. Grad nördlicher Breite definiert.

Das Staatsgebiet Panamas hat die Form eines langezogenen, horizontal liegenden S. Mit einer **Gesamtfläche** von 77.082 km^2, einschließlich der ehemaligen Kanalzone, ist Panama um ca. 10 % größer als der Freistaat Bayern. Stellt man einen Vergleich zu den anderen zentralamerikanischen Ländern an, liegt Panama im Mittelfeld, noch vor Costa Rica (51.100 km^2), Belize (22.965 km^2) und El Salvador (21.041 km^2). Zum Staatsgebiet gehört auch ein über 300.000 km^2 großer maritimer Bereich, in dem rund 1000 kleine und größtenteils unbewohnte **Inseln** liegen.

Panamas natürliche **Grenzen** bilden im Norden das Karibische Meer und im Süden der Pazifische Ozean. Im Osten grenzt es an Kolumbien, im Westen an Costa Rica.

Landschaften Panamas

Rund 70 % der panamaischen Oberflächenstruktur werden von Tiefebenen, Becken und Hügelländern mit Höhen bis zu 700 m dominiert. Die verbleibenden 30 % werden von Mittel- und Hochgebirgen beherrscht. Diese grobe Betrachtung der Oberfläche ermöglicht eine Gliederung des Landes in folgende **acht Großlandschaften:**

- die **Landenge Zentralpanamas**
- die **Zentralkordillere**
- die **Nördliche Tiefebene**
- die **Südliche Tiefebene** mit den **Halbinseln Burica** und **Soná**
- die **Halbinsel Azuero**
- der **Nordöstliche Gebirgsbogen**
- der **Südöstliche Gebirgsbogen**
- das **Bayano**- und das **Chucunaque-Becken.**

Landenge Zentralpanamas

Keine andere Landschaft in Panama wurde so stark vom Menschen beeinflusst wie der Istmo Central de Panamá. Mit dem Bau des **Panamakanals** gab der Mensch der Landenge teilweise eine neue Oberflächengestalt. So wurde beispielsweise der parallel zur Pazifikküste verlaufende, knapp 200 m hohe Culebra-Rücken nahe dem Ort Gamboa im wahrsten Sinn des Wortes „durchschnitten“. Um die Kanalschifffahrt aber erst zu ermöglichen, wurde mithilfe des Río Chagres jene Einsenkung geflutet, die heute größtenteils den Verlauf des Kanals bestimmt. Dabei wurden große Flächen des Hügellandes beiderseits der Einsenkung überschwemmt, wodurch der ca. 424 km^2 große **Gatún-See** entstand, der größte See Panamas. Die ehemaligen Erhebungen des Hügellandes ragen heute als **Inseln** aus dem Wasser des Sees. Trotz der ökologischen Katastrophe, wie die Flutung von vielen Wissenschaftlern schlicht bezeichnet wurde, sind Teile des Isthmus in ihrer natürlichen Vielfalt erhalten geblieben. Diese Gebiete werden heute in Form von Nationalparks geschützt, als Ausgleich zum menschlichen Eingriff in die Natur.

Östlich des Kanals

Der Isthmus erstreckt sich von den Ausläufern der Zentralkordillere im Westen bis hin zu den Ausläufern des Nordöstlichen Gebirgsbogens im Osten und von der Karibikküste im Norden bis an die Pazifikküste im Süden. Östlich des Kanals breitet sich ein ca. 20 bis 25 km breites, vorwiegend mit tropischem, immergrünem Regenwald bedecktes **Hügelland** aus. Dort befinden sich die Nationalparks Soberanía und Camino de Cruzes und der im Zuge des Kanalbaus aufgestaute Lago de Alajuela (auch Madden-See genannt), der die Wasserversorgung für den Kanal, vor allem während der Trockenzeit, gewährleistet.

Im Norden begrenzt das Hügelland die **Colón-Tiefebene;** ein Küstenstreifen, in dem, mit der über 100.000 Einwohner zählenden Stadt Colón, das größte Ballungszentrum an der Karibikküste entstanden ist, das als das am zweitdichtesten besiedelte Gebiet Panamas gilt. Im Süden schiebt sich zwischen das Hügelland und die Pazifikküste eine **Tiefebene,** die als Llanura de Panamá, weiter östlich als Llanura de Pacora bezeichnet wird. Während die Tiefebene um Pacora überwiegend als Agrarland genutzt wird, breitet sich parallel zur Küste auf der Llanura de Panamá das Häusermeer von Panama-

Panamas Geografie in Daten

- **Gesamtfläche:** 77.082 km^2
- **Nord-Süd-Ausdehnung:**
  minimal 51 km, maximal 178 km
- **Ost-West-Ausdehnung:** 770 km
- **Ebenen, Becken und Hügelländer:** 70 %
- **Gebirge:** 30 %
- **Landesgrenzen**
  mit Kolumbien: 263 km
  mit Costa Rica: 278 km
- **Küstenlänge**
  Karibikküste: 1287 km
  Pazifikküste: 1700 km
- **Flüsse**
  Río Chucunaque: 231 km
  Río Turia: 230 km
  Río Balsas: 152 km
- **Inseln**
  Isla de Coiba: 493 km^2
  Isla del Rey: 234 km^2
  Isla Cébaco: 80 km^2
- **Berge**
  Vulkan Barú: 3475 m
  Cerro Fábrega: 3335 m
  Cerro Itamut: 3279 m
- **Seen**
  Lago Gatún: 424 km^2
  Lago Bayano: 186 km^2
  Lago Alajuela (Madden-See): 57 km^2

Landschaften

1 Laguna de Chiriquí
2 Llanura de Panamá
3 Llanura de Pacora
4 Istmo Central de Panamá
5 Colón-Tiefebene
6 Valle de Tonosí
7 Bahía Chame
8 Isla Cébaco
9 Isla Jicarón
10 Cerro Fábrega 3335 m
11 Cerro Itamut 3279 m
12 Cerro Echandi 3162 m
13 Vulkan Barú 3475 m
14 Cerro Gaital 1173 m
15 Cerro Tanela 1415 m
16 Cerro Tacarcuna 1875 m
17 Cerro Pirre 1200 m
18 Cerro Piña 1581 m
19 Cerro Pachito Parado 591 m
20 Cerro Hoya 1559 m
21 Cerro Canajagua 830 m
22 Cerro Santiago 2121 m
23 Cerro Flonera 1450 m
24 Cerro Cartí 748 m
25 Cerro Grande 800 m
26 Cerro Filo de La Cordillera 703 m
27 Cerro Alto de Las Huacas 515 m

Stadt aus. Diese Tiefebene erreicht mit den Vorstädten San Miguelito und Tocumen eine Ost-West-Ausdehnung von ca. 30 km. Knapp die Hälfte der Gesamtbevölkerung Panamas lebt in dieser Region.

Westlich des Kanals

Westlich des Kanals liegt ein 30 bis 35 km breiter Streifen, dessen Nordhälfte von einem mit tropischem Regenwald bedeckten **Küstenstreifen** und dem Gatún-See geprägt wird. Der küstennahe Primärwald wurde – wie so vieles in der ehemaligen Kanalzone – von den Amerikanern zu militärischen Zwecken genützt. Seit der Übergabe des Panamakanals an Panama sind diese Militärbasen verschwunden. Die pazifiknahe Hälfte des Streifens prägen der **Culebra-Rücken** und die sich südlich anschließende, fruchtbare **Chorrera-Tiefebene,** die allerdings nahe der Küste allmählich der Siedlungspolitik geopfert wird.

Zentralkordillere

Von der costaricanischen Grenze im Westen bis zum Isthmus Zentralpanamas im Osten erstreckt sich über eine Länge von ca. 300 km die Cordillera Central, die zusammen mit dem Nordöstlichen Gebirgsbogen die **Kontinentale Wasserscheide** zwischen dem Atlantik und Pazifik bildet.

Westteil

Die höchsten Erhebungen der Zentralkordillere liegen im zerklüfteten Westteil, der **Serranía de Talamanca,** die dort durch steile Hangneigungen über Terrassen zu den Küsten hin abfällt. In dieser unwegsamen und unbesiedelten Bergregion an der Grenze zu Costa Rica erheben sich die Berge Fábrega (3335 m), Itamut (3279 m) und Echandi (3162 m), die in ihrer Höhe nur vom weiter östlich liegenden Vulkan Barú (3475 m) überragt werden. In der Umgebung des seit Langem erloschenen Vulkans liegen fruchtbare und klimatisch gemäßigte Täler und Hochebenen, die bereits vor unserer Zeitrechnung besiedelt waren, nicht zuletzt wegen ihrer Fruchtbarkeit, die heute speziell den Anbau von Zitrusfrüchten und Kaffee begünstigt. Der Kaffee aus dieser Region findet übrigens als Exportgut auch den Weg nach Europa, jedoch unter dem Namen internationaler Multi-Konzerne.

Ostteil

Je weiter die Cordillera Central nach Osten ragt, desto mehr verliert sie an Höhe. Im östlichen Teil, der **Serranía de Tabasará,** ragen die Gipfel nur noch selten über 1500 m hinaus und nördlich der Stadt Penonomé fallen die Gipfel sogar unter 1000 m ab. Die letzte markante Erhebung im Ostteil, der Cerro Gaital (1173 m), scheint ein letztes Aufbäumen

Provinzen und indigene Gebiete

Provinzen:	Hauptstadt:
Bocas del Toro	Bocas Town
Colón	Colón
Chiriquí	David
Panamá	Panamá City
Darién	La Palma
Herrera	Chitré
Los Santos	Las Tablas
Veraguas	Santiago de Veraguas
Coclé	Penonomé

indigene Gebiete:	Hauptort:
Guna Yala	El Porvenir
Ngöbe-Buglé	Buabidi (Llano Tugrí)
Emberá-Wounaan	Unión Chocó
Kuna de Madugandí	Akua Yala
Kuna de Wargandí	Nurrá

der Zentralkordillere zu sein, bevor sie allmählich vom Isthmus von Panama verdrängt wird. Von touristischer Bedeutung in dieser Region ist der Nationalpark Altos de Campana nahe Capira und der am Fuße des Cerro Gaital liegende Ort El Valle. Seine klimatisch günstige Lage und waldreiche Umgebung machen das ruhige Dorf am Kraterboden eines erloschenen Vulkans zum beliebten Ausflugsziel.

Vegetation

Die Vegetationsdecke der Zentralkordillere weist wie keine andere Landschaft Panamas **extreme Kontraste** auf: Während die breiten, flach abfallenden Hänge an der Nordseite größtenteils noch mit tropischem Regenwald und entsprechend der Höhe mit Berg- oder Nebelwald bedeckt sind, die in den großen Nationalparks El Copé und La Amistad geschützt sind, zeigen die Hänge an der Südseite schonungslos die Folgen einer konsequenten Rodung auf: zusammenhängende Waldflächen sind nicht mehr vorhanden, lediglich vereinzelte Bauminseln unterbrechen die von Menschenhand geschaffene Savannenlandschaft. Die ursprünglichen Waldbestände wichen neuem Weideland oder neuen Anbaugebieten. Der Kahlschlag wird deutlich sichtbar auf der Fahrt nach bzw. von Chiriquí Grande, das in der Nördlichen Tiefebene liegt. Dabei wird kurz nach dem Stausee Fortuna die kontinentale

Wasserscheide überquert, die wie eine Grenze zwischen dem gerodeten Gebiet und der unberührten Region erscheint.

Nördliche Tiefebene

Jener Küstenstreifen, der sich zwischen die Nordhänge der Zentralkordillere und das Karibische Meer schiebt, bezeichnet man als **Llanura del Norte,** eine Tiefebene, die sich vom Zentralisthmus bis zur Grenze mit Costa Rica erstreckt.

Westlicher Teil

Der westliche Teil der Tiefebene um die Ballungszentren Changuinola und Almirante liegt eindeutig in den Händen des US-amerikanischen Bananen-Multis *United Fruit.* Riesengroße **Bananenplantagen** haben die ursprüngliche Vegetation bis an die Hänge der Zentralkordillere zurückgedrängt und nur die küstennahen Gebiete blieben davon weitgehend verschont. Dort wird die wirtschaftliche Nutzung von kaum durchdringbaren **Mangrovenwäldern** verhindert.

Archipel von Bocas del Toro

Mit Mangroven sind die vielen, teils dünn besiedelten **Inseln** des Archipiélago de Bocas del Toro überzogen, die sich unmittelbar vor der Küste ausbreiten. Im

Gegensatz zum weniger attraktiven Festland gelten die Riffe und Inseln des Archipels, welche mit dem marinen Nationalpark Isla Bastimentos ihre Krönung erhielten, als Paradies für Taucher und Vogelliebhaber.

Östlicher Teil

Östlich der Península de Valiente, wo mit zunehmendem Verlauf die Küstenlinie im Vergleich zum Westteil schwächer gebuchtet ist, liegt eine **schwer zugängliche Region,** die wegen der fehlenden Infrastruktur von der Zivilisation weitgehend noch unbeeinflusst geblieben ist. In dieser größtenteils mit tropischem Regenwald bedeckten Landschaft am **Golfo de los Mosquitos** leben an den vielen mit Mangroven überwucherten Flussmündungen kleine indianische Gemeinschaften, die der Natur ein Stück Land mühsam abgerungen haben, um dort ihre Pfahlbauten zu errichten und die wichtigsten Nahrungsmittel anzupflanzen.

Südliche Tiefebene

Die Llanura del Sur, wie das Gebiet zwischen der Zentralkordillere und dem Pazifik sowie dem Zentralen Isthmus und Costa Rica genannt wird, gliedert sich in zwei große Ebenen: Die Llanura Central um San Carlos und Penonomé im Osten und die Llanura Chiricana um David im Westen. Die beiden Ebenen sind zwar räumlich durch das Bergland der Halbinsel Soná voneinander getrennt, bilden aber gemeinsam die **landwirtschaftlich bedeutendste Region** von Panama.

Llanura Central

Die Llanura Central, die sich von der Bahía de Chame bis zum Golfo de Montijo ausdehnt, weist größtenteils **Savannencharakter** auf. Dabei handelt es sich aber nicht um eine natürliche Graslandschaft, sondern um eine vom Menschen geschaffene landwirtschaftliche Nutzfläche. In weiten Teilen der Ebene steht im Vordergrund der Agrarwirtschaft Viehzucht und Milchproduktion sowie der Anbau von Zuckerrohr (in der Gegend um die Stadt Aguadulce). Aber ganz ohne touristische Reize ist diese Region nicht: Die schwach gebuchtete Küste zwischen der Punta Chame und der Playa Farallón bietet herrliche, oft kilometerlange Sandstrände, an denen man ungestört die Sonne genießen kann.

015pa hz

Llanura Chiricana

Savannencharakter weist auch die flächenmäßig weitaus kleinere Llanura Chiricana auf, die sich zwischen der Serranía de Talamanca und dem Pazifik sowie zwischen den Halbinseln Burica und Soná ausbreitet. Die auf den Weideflächen grasenden **Rinderherden** enden größtenteils als Schlachtvieh, weshalb dieser Winkel des Landes auch das Etikett „Fleischkammer" Panamas trägt. Wegen der intensiven landwirtschaftlichen Nutzung der Ebene musste auch in dieser Region die ursprüngliche Vegetation weichen. Lediglich an der stark gebuchteten Küste trifft man noch auf die ursprüngliche Vegetation: ein scheinbar undurchdringliches Dickicht aus Mangrovenwäldern.

Halbinseln Burica und Soná

Im Westen reicht die Chiricana-Tiefebene bis zur **Halbinsel Burica,** die zur Hälfte zum Staatsgebiet Costa Ricas gehört. Die leicht hügelige Halbinsel ist mit Bananenplantagen überzogen und für Touristen deshalb weniger interessant.

Im Osten stößt die Chiricana-Tiefebene an das grasüberzogene Bergland der **Halbinsel Soná,** die auch als Península de Las Palmas bezeichnet wird. Sie ragt zwischen dem Golfo de Montijo und dem Golfo de Chiriquí kaum weiter als 35 km in den Pazifischen Ozean hinein. Ihr Bergland, dessen Gipfel nicht über

Stumme Zeugen vulkanischer Tätigkeit im Hinterland von Penanomé

800 m reichen, zählt übrigens zu einer Gebirgskette, die parallel zur Cordillera Central verläuft, jedoch größtenteils unter dem Meeresspiegel des Pazifiks verborgen liegt. Auch die gebirgigen **Inseln im Golfo de Chiriquí** und Golfo de Montijo gehören dieser Kette an, wie beispielsweise die Islas Contreras, Jicarón und Cébaco sowie die unter Naturschutz stehende Isla de Coiba.

Halbinsel Azuero

Das S-förmige Staatsgebiet wird durch die Península de Azuero etwas aus der Bahn geworfen. Sie unterbricht deutlich den Küstenverlauf zwischen der Bahía de Parita und dem Golfo de Montijo, wo sie, leicht nach Südosten gewendet, bis ca. 100 km in den Pazifischen Ozean hineinragt. Die fruchtbare Ebene im **nordöstlichen Teil** der Halbinsel, die vegetationsmäßig der Llanura Central angehört, wird von ausgedehnten Zuckerrohrplantagen dominiert. In dieser für Touristen weniger reizvollen Landschaft gibt es allerdings an der Küste in der mit Mangroven überwucherten Bahía de Parita interessante Naturgebiete: den Nationalpark Sarigua und die Wildtierreservate Ciénega del Mangle und Isla Peñón de la Honda.

Im **Südwesten** der Halbinsel wird die Landschaft dominiert vom Azuero-Bergland und vom Canajagua-Massiv, die – wie das Bergland von Soná – zu der unter dem pazifischen Meeresspiegel liegenden Gebirgskette zählen. An den überwiegend baumlosen, grasbewachsenen Hängen grasen Rinderherden, gelegentlich auch Schafe. Die Waldreservate Montuoso und La Tronosa sowie der Nationalpark Cerro Hoya sind die letzten zusammenhängenden Waldgebiete auf der Península de Azuero.

Nordöstlicher Gebirgsbogen

Entlang der Karibikküste vom Zentralen Isthmus bis hin zur kolumbianischen Grenze erstreckt sich der **Arco Oriental del Norte**. Dieser Gebirgsbogen ist die Fortsetzung der Zentralkordillere und bildet mit ihr die Kontinentale Wasserscheide, doch reichen seine Gipfel kaum über 100 m. Er setzt sich zusammen aus der Sierra Llorona de Portobelo, dem Nudo (Gebirgsknoten) del Mamoní und der Serranía de San Blas im Westen sowie der Serranía del Darién und der Serranía de Tacaruna im Osten. Hier wird mit dem Cerro Tanela (1415 m) und der höchsten Erhebung, dem Cerro Tacarcuna (1875 m), die 1000-m-Grenze überschritten.

Die **Vegetationsdecke** des Gebirgsbogens weist ein ähnliches Bild auf wie die der Cordillera Central: Während die bis knapp an die Küste reichenden, steil abfallenden Nordhänge völlig mit Primärwald bedeckt sind, werden die flacher geneigten Südhänge durch den großen Landhunger der Bauern allmählich kahlgeschlagen. Im reichbewaldeten äußersten Westen des Gebirgsbogens liegen die Nationalparks Chagres und Portobelo, nördlich des Bayano-Sees in der Serranía de San Blas das reizvolle Privatreservat Nusagandí.

Der Landstrich zwischen der Kontinentalen Wasserscheide und der Karibikküste sowie die davor gelagerten In-

014pa hz

seln gehören zum semiautonomen Gebiet des **Kuna-Volkes,** das auf den Inseln wohnt, während der schmale Küstenstreifen als Agrarfläche benutzt wird.

Südöstlicher Gebirgsbogen

Der **Arco Oriental del Sur** weist im Vergleich zum nördlich liegenden Gebirgszug kein zusammenhängendes Gefüge auf. Der westliche Teil, die **Serranía de Majé,** ist deutlich durch die tief in das Land einschneidende Mündung des Río Turia vom Ostteil getrennt, der aus den Serranías del Sapo, de Jungurudó und de Pirre gebildet wird. Zum unzusammenhängenden Gebirgsbogen zählt auch noch der **Archipiélago de las Perlas,** eine Inselgruppe im Golfo de Panamá, der mit der populären Isla Contadora über ein Bade- und Tauchparadies *par excellence* verfügt.

Feuchtsavanne

Darién-Dschungel

Von touristischem Großkaliber und das Paradies in Panama schlechthin ist der Darién-Dschungel, der sich entlang der Grenze zu Kolumbien ausbreitet. Das **größte zusammenhängende Regenwaldgebiet Zentralamerikas** reicht von Küste bis zu Küste und bedeckt dabei die Hänge der Serranías del Darién, de Tacaruna, del Sapo sowie de Pirre. Inmitten dieser nur mit dem Boot oder zu Fuß erreichbaren Dschungelregion wohnen indianische Stämme noch heute in authentischer Lebensweise und Umgebung.

Von Panama-Stadt führt eine nicht asphaltierte Straße an den Rand des Darién-Dschungels, die in Yaviza endet. An ihrer Verbesserung wird gearbeitet, was ein Fortschritt für diese eher vernachlässigte Region ist. Die Straße zieht aber auch ein unkontrollierbares Aufrücken der Zivilisation mit sich und könnte in Zukunft eine Bedrohung für die Natur und die dort lebenden Menschen darstellen.

Bayano- und Chucunaque-Becken

Zwischen den beiden Gebirgsbögen im Osten liegen diese beiden, teilweise noch mit Primärwald bedeckten Beckenlandschaften, die gemeinsam vom Ort Chepo bis an die Grenze mit Kolumbien reichen. Dieser Teil Panamas weist wegen der fehlenden Infrastruktur noch relativ wenig Kulturland auf, doch ein Vormarsch der Bauern ist bereits sichtbar.

Bayano-Becken

In der östlichen Hälfte breitet sich das wesentlich kleinere Cuenca del Bayano aus. Es erhielt seinen Namen vom Río Bayano, der das Becken vom Nordosten nach Südwesten durchfließt und in die Bahía de Panama mündet. Nahe dem Ort Cañita wurde der Fluss zum zweitgrößten See Panamas, dem Lago Bayano, aufgestaut, der sowohl zur Stromerzeugung als auch als Wasserreservoir dient.

Chucunaque-Becken

Wie das Bayano-Becken erhielt auch das in der westlichen Hälfte liegende Cuenca del Chucunaque seinen Namen durch den Fluss, der es durchfließt. Der **Río Chucunaque,** der im Nordwesten der Serranía del Darién entspringt, ist mit 231 km der längste Fluss Panamas. Er entwässert mit seinen zahlreichen Nebenflüssen das gesamte westliche Gebiet und mündet bei El Real in den Río Turia, der in den weit in das Land reichenden Golf de San Miguel mündet.

Klima

Panama liegt, sowohl geografisch als auch klimatisch gesehen, vollständig in den Tropen. Das bedeutet, dass **feuchtheißes Klima** überwiegt, welches den menschlichen Organismus stark belastet, noch dazu, wenn man aus dem kalten, europäischen Winter kommt. Im Unterschied zum Klima in unseren Breiten zeichnet sich das tropische Klima durch zwei wesentliche Merkmale aus: das Fehlen thermischer Jahreszeiten und geringere Schwankungen im Temperaturverlauf eines Jahres als zwischen Tag und Nacht.

Die **Jahresdurchschnittstemperatur** liegt in der warmen Zone Panamas (*tierra caliente,* bis 700 m) zwischen 25 und 27 Grad, in der gemäßigten Zone (*tierra templada,* von 800 bis 1800 m) zwischen 16 und 22 Grad, in der kalten Zone (*tierra fría,* von 1800 bis 3000 m) bei 15 Grad und darunter sowie in der eisigen Zone (*tierra helada,* ab 3000 m) bei 10 Grad und darunter.

Wegen des Fehlens von thermischen Jahreszeiten spricht man in Panama von einer Trocken- (*verano* = Sommer) und einer Regenzeit (*invierno* = Winter).

Die **Trockenzeit** dauert meist von Mitte Dezember bis Mitte April und verzeichnet dabei ca. 60 % Sonnentage mit rund 9 Stunden Sonne pro Tag.

Die restlichen Monate werden stark von der **Regenzeit** geprägt, was allerdings nicht heißen soll, dass die Sonne sich während dieser Zeit im „Urlaub" befindet. Die höchsten **Niederschlagsmengen** werden vor allem im Oktober und im November gemessen. Ausschlag-

Land und Natur

gebend für die Regenfälle sind u.a. die Zentralkordillere und der Nordöstliche Gebirgsbogen, welche die Kontinentale Wasserscheide bilden und das Land in eine immerfeuchte Karibikseite und eine wechselfeuchte Pazifikseite teilen.

Die geringsten Niederschlagsmengen verzeichnet man an der Ostküste der Halbinsel Azuero und östlich der Halbinsel an der Zentralen Pazifikküste bis einschließlich der Hauptstadt mit 1300 bis 1500 mm pro Jahr.

Die höchsten Mengen werden am Westflügel der Cordillera Central (3500–4500 mm) und an der Karibikküste (3500–5000 mm) gemessen, wo-bei dort die Spitzenwerte in kleinen Gebieten zwischen 6000 und 7000 mm pro Jahr liegen. Die **durchschnittliche Luftfeuchtigkeit** im Jahr beträgt ca. 88 %.

Klimazonen

- **Heißes, sehr feuchtes Klima:** Im westlichen Teil der Karibikküste und im Umland von Portobelo.
- **Heißes, feuchtes Klima:** Auf der Halbinsel Burica, im westlichen und östlichen Teil der Chiricana-Tiefebene, auf der Halbinsel Soná, an der Südwestküste der Halbinsel Azuero, im östlichen Teil der Karibikküste, in der Landenge von Zentralpanama (außer der Hauptstadt) und den Beckenlandschaften von Darién.
- **Heißes, trockenes Klima:** In Panama-Stadt, im Umland von David, an der Nordostseite der Halbinsel Azuero und in den Ebenen um die Städte San Carlos und Santiago.
- **Gemäßigtes, trockenes Klima:** An den niedrigliegenden Südhängen der Cordillera Central.
- **Gemäßigtes, sehr feuchtes Klima:** Im Westflügel der Cordillera Central um Boquete, in der Gipfelregion der Serranía de San Blas, der Serranía de Tacarcuna, der Serranía del Sapo und der Serranía de Pirre.

Flora

Im tropischen Klima Panamas blühen und gedeihen alle jene Pflanzen, die wir in Europa nur aus den Tropenhäusern der Botanischen Gärten oder aus Schaufenstern der Pflanzenläden kennen. In ihrem natürlichen Umfeld wachsen die Pflanzen darüber hinaus noch üppiger, größer, leuchtender und faszinierender.

Von tropisch immergrünen Wäldern, die sich wie ein Teppich über die Nordhänge der Zentralkordillere und den Osten des Landes ausbreiten, bis hin zur Vegetation der *Sabanas* (Savannen) an der Pazifikküste entfaltet sich ein **unübersehbarer Artenreichtum an Pflanzen**: Mehr als 1000 Orchideenarten, etwa 150 Bromeliensorten, über 100 Farngattungen und eine Vielzahl an Philodendron-, Heliconien- und Lilienarten wurden bis jetzt von den Forschern gefunden und registriert, ganz zu schweigen vom breiten Spektrum der über und über mit Blättern, Pilzen oder Farnen behangenen, riesenhaft erscheinenden Bäume. Über 300 Baumarten sind im kleinen Panama heimisch und stehen den im Vergleich bescheidenen 50 Baumsorten im großflächigen Mitteleuropa gegenüber.

Die beeindruckenden Zahlen der Pflanzenarten vermitteln aber nur einen

9

Vegetationszonen

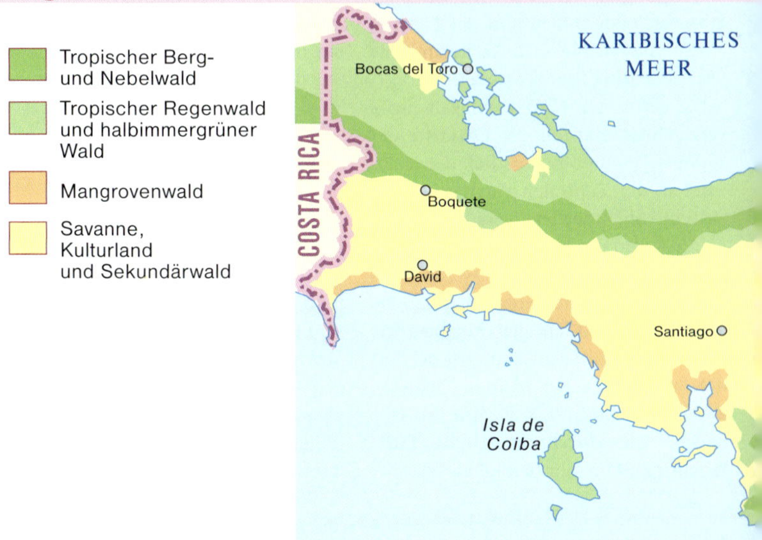

kleinen Einblick in die panamaische Pflanzenwelt, denn immer wieder werden neue Arten gefunden und zahlreiche Pflanzenarten warten noch auf auf ihre „Entdeckung“ durch die Wissenschaft.

Tropischer Regenwald

Das Vegetationskleid wird grob betrachtet durch zwei Faktoren bestimmt: die Niederschlagsmenge und die Höhenstufe. Da die Atlantikseite und der Osten des Landes die größten Niederschlagsmengen verzeichnen, gedeiht in diesen Gebieten natürlicherweise der tropische Regenwald – eine Vegetationsform, die besonders die europäischen Besucher faszinieren wird, denn die „grüne Hölle“ scheint in den westlichen Industrieländern zum Synonym für Abenteuer und Entdeckung geworden zu sein. Doch das Bild einer immergrünen undurchdringlichen Pflanzenwelt betrifft Panama nur teilweise.

Die üppige Vegetation gedeiht hauptsächlich im **Kronendach** des Regenwaldes, wo die Sonnenstrahlen ihre Existenz sichern. Gleichzeitig entziehen die Baumwipfel dem Unterwuchs sehr viel Licht, aber auch den nötigen Niederschlag. Unter den natürlichen Sonnen- und Regenschirmen, in einer vielgeschichteten, bis zu 60 Meter hohen dämmerigen Welt, wird ein ständiger Kampf ums Überleben geführt: Kletternd, wür-

gend, schlingend oder windend arbeiten sich junge Pflanzen ihren Weg nach oben zum Sonnenschein – oft auf Kosten der festverankerten Pflanzen. Während die Lianen und Baumarten wie die Würgerfeige zu destruktiven Methoden greifen, versuchen andere Pflanzen, wie die Epiphyten, ihre Existenz auf rücksichtsvollere Weise zu sichern: Als „Untermieter" quartieren sie sich auf anderen Pflanzen ein, ohne dabei ihren Wirt zu schädigen. Die Baumstämme, Äste und Zweige werden von der Natur fantasievoll dekoriert, u.a. von farbenprächtigen Orchideen, gekräuselten Farnen, hängenden Flechten oder Moosdecken.

Die Vegetation am morastigen **Boden des Regenwaldes** ist durch die geringe Licht- und Wassermenge auf Sparbetrieb eingestellt. Dort unten, in drückender Schwüle und unter diffusem Licht, warten manche winzigen Sträucher oder Stängelchen oft jahrelang auf ihre Chance, um nach oben zu gelangen. Wenn die Zeit gekommen ist, schießen sie unglaublich rasch und kerzengerade empor, um einen besseren Platz in der helleren Schicht des Regenwaldes einzunehmen.

Der immergrüne tropische Regenwald konnte in Panama in nur mit mangelhafter Infrastruktur ausgestatteten Gebieten überleben. Das Eintauchen in den faszinierenden und einzigartigen Tropenwald gestaltet sich deswegen schwierig, ist aber nicht unmöglich.

Berg- und Nebelwald

Ab der 700-m-Grenze geht der immergrüne Regenwald bzw. vielerorts das die ursprüngliche Vegetation verdrängende Agrarland in den tropischen Berg- und Nebelwald über. Von Ferne bereits vermittelt die waldbedeckte Gebirgslandschaft ein märchenhaftes Bild, in dem weiße Wolkenmassen sich mit der saftiggrünen Vegetation vermischen. Durch die konstante Luftfeuchtigkeit weist der Berg- und Nebelwald einen ähnlichen Charakter auf wie der tropische Wald in den tiefliegenden Zonen. Die auffälligsten Unterschiede im Blickfeld des Wanderers sind der üppige Unterwuchs und die unglaubliche Menge an Epiphyten. Gattungen wie etwa die Bromelien (Ananasgewächse) mit ihren markanten Blattrosetten scheinen sich in der permanenten Feuchtigkeit sehr wohl zu fühlen. Die Bergregion um El Valle und um die Nationalparks Altos de Campana, Vulkan Barú und La Amistad sowie das privatgeführte Schutzgebiet Nusagandí bieten Möglichkeiten im Überfluss, um diese prächtige Welt selbst in Augenschein zu nehmen.

Die Gegend um El Valle und den Vulkan Barú gilt übrigens als Fundgrube für tropische **Orchideen.** Aus der Reihe der Orchideen, der Königin unter den blühenden Pflanzen, stammt auch die **Nationalblume Panamas:** *la flor del Espíritu Santo* („Die Blume des Heiligen Geistes"). In wissenschaftlichen Kreisen wird sie als *Peristeria elata* bezeichnet. Mit ihren fleischigen und schneeweißen Blütenblättern sowie der in der Mitte befindlichen pantoffelförmigen, weißen Lippe, umrahmt von rotvioletten Punkten, macht diese Orchidee ihrem Namen alle Ehre. Die Nationalblume ist nur im September blühend anzutreffen. Sie stellt als Bodengewächs der wechselfeuchten Zone einen Gegensatz zu den Epiphyten dar, die in ständig nassen Regionen auf den Bäumen gedeihen.

Savanne

Die panamaische Sabana täuscht durch ihren Namen: Es besteht hier nicht die ursprüngliche Graslandvegetation, die uns aus Naturdokumentationen vertraut ist, sondern eine vom Menschen geschaffene **Kulturlandschaft.** Der seit Jahrhunderten voranschreitende Rodungs- und Überweidungsprozess hat enorme Teile der ursprünglichen Pflanzendecke an der Pazifikseite verdrängt. Die zwischen den Agrarflächen übriggebliebenen bzw. neugepflanzten Laub abwerfenden und immergrünen Bäume sowie mannshohe Gräser und saisonal blühende Sträucher formen grüne Inseln in einer sonst von Kühen und Zuckerrohr beherrschten Landschaft. Die Bäume, die in dieser artenarmen Landschaft überlebt haben, verdanken ihre Existenz entweder ihrer Funktion als Schattenspender für Mensch und Tier, wie etwa der *corotu,* dessen Laubkrone sich nur wenige Meter über dem Boden ausbreitet oder dem Glauben der lokalen Bevölkerung, die einige Baumriesen als Häuser der Götter respektieren.

Wald in der Nähe von Boquete

Aufforstungen

Verschiedene Organisationen versuchen mittlerweile durch Neupflanzungen die Rodungsschäden im bescheidenen Umfang zu reparieren. Ein bemerkenswertes Phänomen tritt bei diesen Aufforstungsprojekten an die Oberfläche: Die lokale Bevölkerung und die verantwortlichen Institutionen ziehen landesuntypische Nadelbäume aus Nordamerika den heimischen Arten vor. Als Argument wird u.a. angegeben, dass Nadelbäume schneller wachsen und dekorativer seien. Dieses panamaische Aufforstungsprogramm hat sich bis heute nur auf kleinen Arealen in der Provinz Chiriquí und auf der Halbinsel Azuero durchgesetzt.

710pa hz

Mangrovenwälder

Im Tidenbereich der gesamten Küsten des Landes spielen diese Probleme keine Rolle. Dort sind die Lebensbedingungen für die Pflanzen derart rau, dass nur die Mangrove in dieser unwirtlichen Umwelt gedeihen kann. Die unverwüstliche Tropenpflanze hat sich hervorragend an die Bodenverhältnisse adaptiert.

Während des Hochwassers vermittelt der Mangrovenwald den Eindruck eines überfluteten Waldes, der im Salzwasser allmählich absterben müsste. Doch der Schein trügt: Die Tidenpflanze ist äußerst robust und scheidet überschüssiges Salz mit speziellen „Salzdrüsen“ aus. Die gute Anpassung lässt sich am deutlichsten während der Ebbe erkennen: Dann zeigen die Pflanzen ihr beeindruckendes

712pa hz

und undurchdringliches Flechtwerk von Stelzwurzeln, die im Schlickboden fest verankert sind, sowie von Atemwurzeln, die wie Spargel aus der salzigen Masse hervortreten – allerdings schmeckt Spargel eindeutig besser.

Fauna

Säugetiere

Für Tierliebhaber eröffnet sich in Panama ein kleines Paradies, in dem sowohl Arten aus Südamerika wie auch aus Zentralamerika vorkommen. Die meisten der ca. 225 Säugetierarten leben sehr zurückgezogen in der immergrünen Vegetation der Naturschutzgebiete, die selten von Menschen betreten wird. Durch die gute Anpassung an die Umgebung und die Scheu gegenüber den Menschen bleiben sie den Augen ungeübter Beobachter oft verborgen.

Affen

Eine Ausnahme bilden dabei die Affen *(monos)*, die in Panama bzw. in ganz Lateinamerika zu den Neuwelt- oder Breitnasenaffen gezählt werden. Die perfekten Akrobaten kommen oft aus dem dichten Blätterwerk neugierig hervor, um die „Eindringlinge" aus sicherer Entfernung zu beobachten. Dabei versuchen das ca. 20 cm große **Panama-Perückenäffchen** *(mono tití, yerré* oder *mono araña)*, der bewegliche **Geoffroy-Klammeraffe** *(mono colorado)* und das tagaktive **Totenkopfäffchen** *(mono ardilla)*, ihre Neugierde durch einen guten Aussichtspunkt in den Ästen zu befriedigen, was wiederum eine Beobachtung durch die Touristen ermöglicht. Kaum zu sehen, dafür aber zu hören, ist der **graubraune Nachtaffe** *(mono nocturno* oder *jajuná)*, der meistens während einer Vollmondnacht mit seinem Ruf Weibchen lockt und der stimmgewaltige **Mantelbrüllaffe** *(mono negro* oder *mono alluador)*, der mit seinem über einige Kilometer hörbaren Gebrüll die morgendliche Geräuschkulisse des Regenwaldes übertönt – und so manchen ahnungslosen Touristen aus dem Schlaf reißt.

Raubkatzen

Während die Affen den Menschen weniger zu fürchten haben – er zählt ja selbst zur Ordnung der Primaten – sieht es bei den Raubkatzen schon bedenklicher aus. Die schlimmste Bedrohung ist in erster Linie der Fellhandel. Obwohl weltweit sehr engagiert gegen den Handel gekämpft wird, besteht nach wie vor eine große Nachfrage nach Fellen, die so manche Katzenart an den Rand der Ausrottung gebracht hat. So ist es nicht verwunderlich, dass die Beobachtung einer freilebenden Raubkatze heutzutage zum reinen Glücksfall wird. Zu den in Panama lebenden und am stärksten bedrohten Kleinkatzen-Arten zählen unter anderem die **Wieselkatze** *(tigrillo congo)*, die **Langschwanzkatze** *(tigrillo* oder *maragay)* und der **Ozelot** *(manigordo)*, der wegen seines ocker- bis orangegel-

Am Rande des Regenwaldes

ben, schwarz gepunkteten Fells zum begehrtesten „Objekt“ der Pelzindustrie wurde. Der Ozelot ist übrigens die meistgejagte Kleinkatze auf dem gesamten amerikanischen Kontinent. Ein ähnliches Schicksal erleidet auch der zu den Großkatzen zählende **Panama-Jaguar** *(tigre)*, der nur noch selten die Regenwälder im Osten des Landes durchstreift und der **Puma** *(león americano)*.

Kleinere Raubtiere

Neben den graziös anmutenden Raubkatzen gibt es kleine, gefräßige Räuber, die auf der Suche nach Nahrung oft schwere Schäden in kultiviertem Gebiet verursachen. Sie entwickeln sich langsam zur Plage und wurden (und werden noch immer) schonungslos gejagt und dabei immer weiter in die geschützten Gebiete zurückgedrängt. Zu den Plagegeistern gehören der **Mittelamerikanische Fischotter** *(cutarra)* und der **Südamerikanische Fischotter** *(nutria* oder *gato de agua)*, die das Problem für die Zuchtfischerei schlechthin sind, sowie die gefräßige **Tayra** *(gato negro)*, die in Größe und Gestalt dem Marder ähnlich ist. Auf ihrer Suche nach Nahrung, zu der unter anderem auch Früchte gehören, dringt sie tief in die Bananenplantagen ein und verursacht dabei große Schäden. Ebenso eine Plage für den Menschen ist der zur Kleinbären-Familie zählende **Nordamerikanische Waschbär** und der **Krabbenwaschbär** *(gato manglatero)*, die als Plünderer durch das Land ziehen. Auf der ständigen Suche nach Nahrung machen sie auch vor Hühnereiern und Abfällen nicht halt.

Nasenbären

Eine besondere Gattung aus der Kleinbärenfamilie ist der **Südamerikanische Nasenbär** *(gato solo)*, dessen leicht nach oben gebogene, rüsselähnliche Schnauze ein typisches Merkmal ist. Sein Lebensraum reicht von der Tiefebene über trockene Gebirgswälder bis hin zu Grassteppen. In erster Linie ernährt sich der Nasenbär von Insekten und Obst, gelegentlich auch von Fröschen, Eidechsen, Mäusen und jungen Schildkröten.

Ameisenbären

Weniger abwechslungsreich ist dagegen der Speiseplan des Ameisenbärs, der sich – wie der Name schon andeutet – vorwiegend von Ameisen und Termiten ernährt. Von der Familie der Ameisenbären gibt es weltweit insgesamt nur vier Arten, die alle in Panama heimisch sind, so der **Große Ameisenbär** *(oso caballo)*, der **Zwergameisenbär** (*tapacara* oder *gato balsa*) der **Nördliche Tamandua** und der **Südliche Tamandua** *(oso hormiguero)*. Das typische Merkmal für diese Tiere ist ihre röhrenförmige Schnauze und die lange Zunge, die mit klebrigem Speichel bedeckt wird, um das Fangen von Ameisen und Termiten zu erleichtern.

Gürteltiere

Eine tödliche Gefahr für die Ameisen und Termiten bilden auch das nachtaktive **Nacktschwanz-Gürteltier** *(armadillo rabo puerco)*, das **Siebenbinden-** und das **Neunbinden-Gürteltier** *(armadillo)*. Sie verfügen wie die Ameisenbären über eine klebrige, allerdings breitere Zunge, mit der Ameisenhügel und Termitenbauten regelrecht geplündert und oftmals bis zu 40.000 Ameisen pro Mahlzeit vertilgt werden.

Durch die große Anpassungsfähigkeit des Gürteltieres an seine Umwelt wird die Population in den tropischen Wäldern Panamas auf über 50 Tiere pro Quadratkilometer geschätzt. Die Chance ist deshalb sehr hoch, dem exotischen Tier in freier Wildbahn zu begegnen.

Faultiere

Eine große Population wurde in Panama auch beim sprichwörtlich für seine Langsamkeit berühmten Faultier *(mono perezoso)* festgestellt. Neben den Feuchtwäldern im Darién und jenen entlang der Karibikküste gilt vor allem das Naturmonument Isla Barro Colorado als Heimat für das **Zweifingerfaultier** *(Unau)*, das **Hoffmann-Zweifingerfaultier** und das **Dreifingerfaultier** *(Aï)*. Faultiere leben ausschließlich auf Bäumen, wo sie in ihrer typischen Haltung – mit dem Rücken nach unten hängend – die meiste Zeit verbringen. Als Nahrung werden Blätter, Blüten und Früchte bevorzugt, aber alles in greifbarer Nähe, damit für die Nahrungssuche keine unnötige Energie verschwendet wird.

Hirscharten und Nagetiere

Große Populationen wie bei den Gürtel- oder Faultieren können primär nur bei solchen Arten entstehen, die nicht in panamaischen Kochtöpfen landen. Die Jagd nach dem begehrten Fleisch ist in verschiedenen Landesteilen noch immer der Fall, weshalb vor allem bei Nagetieren und Hirscharten, wie etwa **Großmazama** *(venado corzo)*, **Graumazama** *(venado corzo-chocolate)* oder **Weißwedelhirsch** *(venado cola blanco)*, bereits drastische Rückgänge verzeichnet werden. Vor allem in der Provinz Darién wird die abwechslungsarme Speisekarte mit vielen Nagetieren ergänzt, wie etwa dem zu den Nabelschweinen zählenden **Weißbartpekari** *(puerco de monte)*, auch als Bisamschwein bezeichnet, dem **Halsbandpekari** *(saíno)* und dem **Wasserschwein** *(capibara)*, das mit einer Länge von bis zu einem Meter und einem Gewicht von bis zu 50 Kilogramm das weltweit größte Nagetier ist und deshalb eine besonders „reiche" Beute darstellt. Ebenfalls auf der Menükarte steht der nachtaktive **Goldhase** *(conejo pintado)*, dessen zartes Fleisch besonders begehrt ist. Er zählt zur Familie der Agutis *(ñeque)*, war einst im ganzen Land verbreitet und lebt heute nur noch in wenigen bewaldeten, flussnahen Gebieten. Ein ähnliches Schicksal wie die Nagetiere erleidet auch der in tropischen Bergwäldern beheimatete **Mittelamerikanische Tapir** *(macho de monte)*, der wegen seines schmackhaften Fleisches, vor allem aber wegen seiner Haut, die sich zu hochwertigem Leder verarbeiten lässt, bereits aus kommerziellen Gründen gejagt wird, was ihn schließlich auf die Liste der bedrohten Arten brachte.

Beuteltiere

Zu den ständigen Bewohnern des Landes gehört auch die tagaktive **Wollbeutelratte** *(zorra roja)* und das weniger menschenscheue **Nordopossum** *(zorra)*, das seine Jungen mit Vorliebe auf dem Rücken transportiert. Dabei wird der Schwanz auf den Rücken gebogen und dient so den Jungtieren als „Haltestange".

Insekten und andere Wirbellose

Während einer Wanderung durch ein Naturschutzgebiet sollte man nicht nur den optisch großen Tieren seine Aufmerksamkeit schenken. Auch die Insekten und wirbellosen Tiere haben Beachtung verdient, denn schließlich sind sie am artenreichsten vertreten, u.a. mit **Bienen, Wespen, Heuschrecken, Grillen, Käfern, Spinnen** und mit den **Libellen,** die in Panama den lustigen Namen *caballitos del diabolo* („Teufelspferdchen") erhalten haben. Besonders farbenprächtig sind die **Schmetterlinge,** von denen es rund 1500 Arten gibt. Die schillerndsten Erscheinungen sind die blauschillernden Morpho-Falter *(azul real)*, von denen einige Arten eine Flügelspannweite von bis zu 15 cm erreichen – ein herrlicher Kontrast zum dichten Grün des Regenwaldes.

Amphibien

Bei einem Blick auf den Boden des Regenwaldes eröffnet sich eine faszinierende Welt, deren Bewohner oft nur wenige Zentimeter groß sind, wie etwa die **Kröten** *(sapos)* und **Frösche** *(ranas)*, die mit vielen Arten aus der Familie der Südfrösche, Laubfrösche, Glasfrösche und Engmaulfrösche vertreten sind. Einige Arten heben sich hervor, teils durch ihre Färbung, wie etwa der goldfarbene, mit schwarzen Punkten übersäte Stummelfußfrosch *rana dorada* (lateinisch *Atelopus zeteki)*, teils durch ihre überdimensionale Größe gegenüber ihren

711pa hz

Grille

Artgenossen, wie etwa die **Aga-Kröte,** die mit einer Größe von bis zu 23 cm kaum zu übersehen ist.

Baumsteigerfrösche

Eine besondere Erwähnung verdienen die Baumsteigerfrösche, die sehr giftige biologische Substanzen in ihren Hautdrüsen erzeugen. Durch ihre grell leuchtenden Hautfarben (hellrot, rosa, blau, grün, gold und violett, oft mit dunklen Zeichnungen) werden ihre Fressfeinde, aber auch der Mensch vor ihrer Giftigkeit gewarnt. Neben dem **Zwerg-Panamabaumsteiger** ist auch der **Zweifarb-Blattsteigerfrosch** heimisch, der über das wirksamste aller Gifte verfügt: Bereits 0,00001 g seines Hautdrüsensekrets reichen aus, um eine erwachsene Person ins Jenseits zu befördern. Das wirksame Gift wird von einzelnen Indianerstämmen als Pfeilgift für die Jagd verwendet.

Ein „Spezialist" auf dem Gebiet der Froschjagd ist die auf der Isla Barra Colorado heimische **Fransenlippen-Fledermaus.** Bei Untersuchungen wurde festgestellt, dass diese Fledermaus *(murcielago)* fähig ist, die Lockrufe der Frösche zu unterscheiden und dadurch giftige Arten meiden kann.

Reptilien

Nicht minder gefährlich als die Baumsteigerfrösche sind die Schlangen, wobei der Biss nicht immer tödlich verlaufen muss. Schlangen sind in der Regel scheue Tiere, die beim Anblick eines Menschen rasch im Unterholz verschwinden. Bei einer Wanderung im Regenwald sollten Sie trotzdem ab und zu nach unten blicken und nicht bedenkenlos Ihren Fuß vor den anderen setzen, da unter anderem die giftige **Schweinsnasen-Lanzenotter** *(nariz de puerco)*, die **Mittelamerikanische Lanzenotter** *(terciopelo)* und die sehr giftige **Echte Korallenschlange** *(coral venenosa)* Ihre Wege kreuzen können. Keine Giftzähne besitzen die **Falsche Korallenschlange** *(falsa coral)* und die Königsschlange *(boa)*, die allgemein unter dem Namen **Boa Constrictor** besser bekannt ist.

Auch viele Reptilien sind so gefährdet, dass sie teilweise streng geschützt werden. Dazu gehört auch der zu den Alligatoren zählende **Kaiman** *(babilla)* und der **Grüne Leguan** *(iguana verde)*, dessen Aussehen an eine Miniaturausgabe eines Sauriers erinnert. Der Grüne Leguan zählte jahrelang im Land bzw. in ganz Zentralamerika wegen seines weißen, zarten Fleisches zu den besonderen „Leckerbissen". Trotz der ehemals großen Population des Leguans erreichte er durch die Jagd rasch die Schwelle der Ausrottung. Seine durch Menschenhand verursachte Vernichtung konnte allerdings durch die deutsche Forscherin *Dagmar Werner* in Panama einigermaßen gestoppt werden. Ihr gelang es, den Grünen Leguan in Gefangenschaft zu züchten, womit ein entscheidender Schritt gegen das Aussterben dieser Tierart getan wurde.

018pa hz

Zur speziellen „Delikatesse“ zählen auch die Eier der **Bastardschildkröte** *(tortuga mulato)* und der **Echten Karettschildkröte** *(tortuga carey)*, die jährlich zwischen August und November Tausende Eier in die Sandstrände der Pazifikküste ablegen. Als besonderer Brutplatz gilt der Südstrand der Isla Cañas, wo die Eier vor dem kommerziell bedingten Zugriff des Menschen durch besondere Bestimmungen entsprechend geschützt werden. Am Strand der Isla Cañas bzw. an den Stränden entlang der Pazifikküste trifft man auch auf die **Unechte Karettschildkröte** *(tortuga cahuama)*, die **Suppenschildkröte** *(tortuga verde* oder *tortuga blanca)* und die **Lederschildkröte** *(tortuga canal)*, die mit einer Länge von bis zu 185 cm und einem Gewicht von bis zu 700 kg die größte auf der Welt lebende Schildkröte ist. Die erwähnten Schildkröten-Arten leben vorwiegend in warmen Meeren und treten in Panama nur periodisch auf, wogegen einige Arten aus der großen Familie der Landschildkröten *(tortuga terrestre)* permanent im Land heimisch sind.

Kaiman

Fische

So unterschiedlich die Fauna sich an Land präsentiert, so variationsreich ist sie auch unter Wasser. In den **Flüssen und Seen** Panamas wurden mehr als 200 Arten gezählt, die aber größtenteils den Augen verborgen bleiben – falls der Fisch nicht gedünstet, gebacken oder gegrillt auf Ihrem Teller landen wird, wie etwa die bekannte Regenbogenforelle *(trucha)*. Besser, aber nicht ohne technische Hilfsmittel zu beobachten ist die Fauna im **Meer,** die über eine große Artenvielfalt verfügt. Auch bei uns verbreitete Arten wie Herings-, Lachs- oder Karpfenfische stehen mit ihrem Aussehen allerdings im Schatten der exotischen, teils prächtig gefärbten Fische, die in allen Formen vorkommen – mal kugelrund, mal gertenschlank. Die weitgehend intakten Korallenriffe der beiden Meere bieten ideale Lebensbedingungen für die exotischen Fische und natürlich auch die besten Voraussetzungen für die Taucher, die Fische hautnah zu erleben.

Vögel

Unter Vogelkennern und -liebhabern gilt Panama als besonders lohnenswertes Ziel: Gegenwärtig sind ca. 900 heimische Vogelarten und rund 130 Zugvogelarten bekannt, die in bestimmten Gebieten hervorragend zu beobachten sind.

Papageien

Aus Panamas Artenvielfalt exotischer Vögel zählen die Papageien *(guacamaya)* wahrscheinlich zu der weltweit bekanntesten Gattung. Wegen ihrer Popularität als Käfig- oder Ziervogel sowohl in Europa als auch in den Herkunftsländern entstand ein großer illegaler Handel, der dazu geführt hat, dass viele Papageien-Arten bereits als bedroht oder stark gefährdet eingestuft werden. Auch die Papageien in Panama blieben von den illegalen Geschäften nicht verschont, weshalb sie in freier Wildbahn eher selten zu sehen sind.

Papageien gehören zur großen Ordnung der *Psittaciformes*. Sie haben in der Regel ein prächtig gefärbtes Federkleid, wobei in vielen Fällen eine Grünfärbung überwiegt. Zu den farbenprächtigsten, in Panama heimischen Arten gehört unter anderem der **Hellrote Ara** oder **Arakanga** *(guacamaya bandera)* und der **Grünflügelara** *(guacamaya roja)*, die beide ein regenbogenfarbenes Federkleid haben. Weniger bunt, aber nicht minder schön ist der rot-grüne **Rotbugara** *(guacamaya guaquito)*, der grünblaue **Bechsteinara** *(guacamaya verde)*, der gelb-blaue **Gelbbrustara** oder **Ararauna** *(guacamaya azul)* und die grüne **Gelbscheitelamazone** *(loro moña amarilla)*, die eine auffallende Gelbfärbung des Kopfes hat.

Tukane

Die Tukanfamilie *(tucánes)* ist mit 6 Arten in Panama vertreten. Am häufigsten kann der **Fischertukan** beobachtet werden, der mit einer Länge zwischen 46 und 56 cm zur größten Art neben dem Riesentukan zählt. Im vorwiegend dunklen Federkleid des Fischertukan ist die orange oder gelb gefärbte Brust sowie die türkisblaue Stelle rings um das Auge besonders auffällig. Charakteristisch für ihn ist zudem der grüne, leicht nach unten gebogene Schnabel, dessen Spitze rot oder rotbräunlich gefärbt ist. Ein dem Fischertukan ähnlich gefärbtes Federkleid besitzt der selten vorkommende **Swainsontukan.** Er ist im Vergleich zu seinem Verwandten etwas kleiner und an seinem braun-gelben Schnabel leicht erkennbar. Ebenfalls zu den seltenen Arten zählt der **Halsbandarassari** (dunkles Federkleid, helle Brust mit schwarzem Querstreifen), der **Feuerschnabelarassari** (dunkle Federn, orangegelbe Brust mit rotem Querstreifen, rötlichbraun-schwarzer Schnabel) und der **Gelbohrarassari** (dunkelgrünes Federkleid, schwarz-gelber Schnabel, gelber Fleck hinter dem Auge).

Ordnung Trogons

Aus der Ordnung Trogons wurden in Panama 11 Arten gezählt, u.a. der **Goldkopftrogon,** der **Schwarzschwanztrogon** und der **Sperberschwanztrogon.**

Der Trogon ist ein mittelgroßer, scheuer Feuchtwaldbewohner mit einer Durchschnittsgröße von etwa 25 cm, einem leicht nach unten gebogenen Schnabel und einem breiten, horizontal abgeschnittenen Schwanz. Bei der Farbenpracht des Gefieders wird in meist das Weibchen vom Männchen übertroffen, dessen Federn eine bunte Farbmischung aus grün, braun, orange, gelb, rosa oder rot aufweisen.

Eine besondere Schönheit aus der Ordnung Trogons ist der grün-rot gefärbte männliche **Quetzal** (lat. *Pharomachrus mocino*), der wegen seiner bis zu einem Meter langen Schwanzfedern

(Körperlänge bis zu 38 cm) in der Vergangenheit erbarmungslos gejagt und dadurch stark dezimiert wurde, vor allem von der ursprünglichen Bevölkerung, die seine Schwanzfedern gerne als Kopfschmuck verwendete.

Der heute stark bedrohte Quetzal kann nur in abgelegenen Nebelwäldern überleben, wo er ungestört ist. Dort nistet er vorwiegend in Baumhöhlen. Doch durch die fortschreitende Waldrodung wird sein Lebensraum systematisch eingeengt und seine Population zunehmend geringer. Der Quetzal wurde in Panama ausschließlich in der westlichen Bergregion um Boquete und Cerro Punta bis in eine Höhe von etwa 2500 m beobachtet.

Kolibris

Von Meereshöhe bis in eine Höhe, wo noch nektarproduzierende Pflanzen wachsen, leben die kleinsten Vögel der Welt: die Kolibris, bei denen der dünne, leicht gebogene Schnabel, das metallisch glänzende Gefieder und der insektenähnliche Schwirrflug die charakteristischen Merkmale sind. In Panama wurden von den weltweit 335 bekannten Kolibriarten gegenwärtig 55 verschiedene gezählt, die in allen Regionen des Landes beheimatet sind.

Sperlingsvögel

Auf der Landenge am stärksten vertreten sind die Sperlingsvögel, was in keiner Weise als Überraschung gilt, denn sie bilden die artenreichste und größte Vogelgruppe der sogenannten „Neuen Welt". Dazu zählen unter anderem auch die in unseren Breiten bekannten **Finken, Meisen, Schwalben** und **Drosseln.** Sie stehen allerdings oft mit ihrer Farbenpracht im Schatten ihrer exotischen Verwandten, wie der gelb-, braun- und/oder grün gefiederten **Tyrannen,** die eine eigene große Familie innerhalb der Ordnung Sperlingsvögel bilden, oder der bunten und kontrastreichen **Tangaren, Schmuck-** und **Schnurvögel.** Zu den Sperlingsvögeln zählen auch die **Stärlinge,** die gern in Lichtungen, am Waldrand, in weniger baumreichen Niederungen sowie in Plantagen leben. Ihr schwarzes oder braunes Federkleid wird mit gelben, roten oder orangefarbenen Punkten oder Flecken verschönert.

Stärlinge sind in Panama mit einer besonderen Art vertreten: die **Stirnvögel,** die vor Ort als *oropendulas* bezeichnet werden. Neben dem bis zu 48 cm großen, braunen **Krähenstirnvogel** (lateinisch *Psarocolius decumanus melanterus),* der nur in Panama und Nordkolumbien vorkommt, fällt vor allem der kleinere **Montezumastirnvogel** *(ordopendula montezuma)* und der **Rotkopfstirnvogel** auf: durch ihre an Zweigen hängenden, langen Beutelnester, aber vor allem durch ihren besonderen Ruf, der sich anhört, als treffe ein Tropfen auf die Wasseroberfläche.

Wasservögel

Bei einem Blick auf die Wasservögel, im Speziellen auf die Ordnung der Ruderfüßer, heben sich besonders der **Braune Pelikan, Tölpel, Kormoran, Schlangenhalsvogel** und der **Fregattvogel** hervor, die in großen Kolonien auf den menschenleeren Inseln und Inselchen Panamas leben, während an den Binnenlandseen Stelzvögel wie der **Reiher, Ibis, Storch** oder der **Löffler** beheimatet sind.

Hühnervögel

Aus der artenreichen Ordnung der Hühnervögel sollte der bis zu einem Meter große **Tuberkelhokko** *(pavón* oder *pava rubia)* nicht unerwähnt bleiben, der vorwiegend in feuchten bis wechselfeuchten Hochwäldern lebt. Zu den auffälligsten Merkmalen in seinem schwarzen Gefieder zählt die gelbe Zeichnung am Schnabelansatz, worauf eine ebenfalls gelbgefärbte kleine Hornkugel sitzt und seine gekrausten Kopffedern, die er vor allem während der Balz als „Verschönerung" aufrichtet.

Greifvögel

Die letzte erwähnenswerte Ordnung in der panamaischen Vogelwelt sind die Greifvögel, von denen einige häufig, andere wiederum kaum zu sehen sind, wie z.B. der weißköpfige **Fischbussard,** der **Prachtadler,** dessen aufgestellte Kopffedern auffällig sind, oder der zu den Falken zählende **Schopfkarakara,** der eine dunkle „Kappe" zum restlichen, hellgefärbten Kopf trägt. Am häufigsten trifft man unterwegs auf den bis zu 40 cm großen **Gelbkopfkarakara** und den fast doppelt so großen **Truthahngeier,** der zu den Neuweltgeiern zählt und als Aasfresser und Restevertilger die „Gesundheitspolizei" der Tierwelt verkörpert.

Aus der Greifvogelwelt Panamas ist letztendlich die zu den Bussardartigen zählende eindrucksvolle **Harpyie** (latei-

019pa hz

nisch *H. harpyia)* besonders hervorzuheben. Sie gehört mit einer Körpergröße zwischen 90 und 110 cm und ihren mächtigen Krallen zu den kräftigsten Raubvögeln der Welt. Zu ihren Beutetieren zählen unter anderem Affen, Faultiere und sogar ausgewachsene Stachelschweine. Die Harpyie kann heute ausschließlich im Darién-Regenwald, dort aber nur noch selten beobachtet werden. Durch die großflächige Abholzung des Regenwaldes in allen zentralamerikanischen Ländern wurden ihre Bestände drastisch dezimiert, weshalb sie auf der langen Liste der stark bedrohten Tiere einen vorderen Platz einnimmt. Im Botanischen Garten *Summit* werden Zuchtversuche unternommen, die bis heute erfolglos blieben.

Der Greifvogel erhielt übrigens seinen Namen von einem Fabelwesen der griechischen Mythologie, in den mit Harpyien ursprünglich Sturmdämonen, später hässliche Riesenvögel mit Frauenköpfen bezeichnet wurden.

Natur- und Umweltschutz

Die Natur- und Umweltschutzpolitik der panamaischen Regierung ist bei Weitem noch nicht so fortgeschritten, wie es auf den ersten Blick erscheint. Auch die bisher geschaffenen Naturschutzgebiete können darüber nicht hinwegtäuschen. Die staatliche Institution **ANAM** *(Autoridad Nacional del Ambiente)* und die privat geführten Vereine **ANCON** *(Asociación Nacional para la Conservación de la Naturaleza), Grupo Azuero Natural Ecológico* (in Guararé) und **PA.NA.MA.** *(Fundación de Parques Nacionales y Medio Ambiente)* sind zwar ständig bemüht, die Natur- und Umweltschutzentwicklung voranzubringen, doch entscheidende Schritte werden von vielen Faktoren gehemmt.

Problem Brandrodung

Eines der größten Probleme bildet dabei die Agrarwirtschaft, die traditionell auf der Brandrodung basiert.

Bei dieser uralten und in den Tropen weit verbreiteten Methode wird zunächst das Land mit der Machete (Buschmesser) von Sträuchern, später mit der Axt von Bäumen gesäubert. Die geschlagenen Bäume und Sträucher werden in der Trockensaison vollständig verbrannt, wobei auch ein beträchtlicher Teil der fruchtbaren Oberfläche vernichtet wird. Nach etwa zwei Jahren ist der dann durch diese Methode entstandene Ackerboden bereits ausgemergelt. Der Bauer wird daher gezwungen, neues Land zu suchen, womit die ganze Prozedur von vorne beginnt. Wegen der kurzfristigen Nutzbarkeit des Agrarbodens entstand logischerweise ein enormer Landhunger bei den panamaischen Bauern, der die allmähliche **Entwaldung** großer Landstriche nach sich zog. In Panama besteht außerdem das ungeschriebene Gesetz, dass jene Person auf das Land Besitzansprüche stellen kann,

☐ Truthahngeier

die es der Natur abgerungen hat und so sind mittlerweile große Agrarflächen, vor allem in der Provinz Chiriquí und auf der Halbinsel Azuero, im Besitz von nur wenigen Bauern.

Probleme für den Umweltschutz

Die unübersehbare Entwaldung und die ständig wachsende Erosion haben bereits enorme Ausmaße angenommen. Den Kleinbauern kann dabei kein Vorwurf gemacht werden, denn schließlich kämpfen sie um ihre Existenz. Vielmehr ist es die **Aufgabe der Regierung,** zukunftsorientiert zu denken und Alternativen für die regionale Bevölkerung anzubieten, aber auch umweltschützende Maßnahmen zu treffen und diese mit der nötigen Kraft durchzusetzen. Pläne sind dazu vorhanden, doch zwischen dem Beamtenleben in der modernen Hauptstadt und dem praktischen Alltag des Interior klafft noch immer eine zu große Lücke, um einen entscheidenden Durchbruch zu erreichen. Die sachkundige Aufklärung der Bevölkerung, die Begleitung von Aufforstungsprojekten sowie die Stimulierung für eine andere Urbarmachung und Nutzung der Fläche bleiben oft im bürokratischen Apparat hängen. Es sind momentan die privatgeführten Vereine und ausländische Institutionen wie die Deutsche Gesellschaft für technische Zusammenarbeit (GTZ),

die mit Kontakt zur ländlichen Bevölkerung kleine Erfolge verbuchen können.

Große Probleme der Natur- und Umweltschutzpolitik sind der Geldmangel, die richtige Verteilung des verfügbaren Budgets und die Organisation, wie etwa bei der **Müllbeseitigung,** die in ärmeren Gebieten des Interior und den Elendsvierteln von Panama-Stadt, im Besonderen aber in der Umgebung von Colón nicht oder nur schlecht funktioniert. Und wo die staatliche Organisation weitgehend fehlt, greift die unaufgeklärte Bevölkerung zur Selbsthilfe und kippt den Müll in die Natur – vom Plastiksäckchen bis hin zum Autoreifen.

Am stärksten wirken sich Geldmangel und die falsche Budgetverteilung im Bereich der **Naturschutzgebiete** aus. Für die Einhaltung der gesetzlichen Bestimmungen wird deutlich mehr Wachpersonal für geschützte Gebiete und eine bessere Ausrüstung benötigt, als derzeit zur Verfügung stehen. Durch diesen Mangel können die oft unsichtbaren Grenzen der Naturschutzgebiete nur beschränkt gegen die landhungrigen Bauern geschützt oder der illegalen Jagd im Schutzgebiet ein Riegel vorgeschoben werden. Zudem arbeiten die oft fach- und ortskundigen Parkwächter unter schlechten Bedingungen und gegen geringe Entlohnung. Diese Tatsachen führen vielerorts zu Resignation und Frustration der Parkaufseher. Mit einem neuen Verteilerschlüssel für das verfügbare Budget zu Gunsten der Parkaufsicht, anstatt das Geld in den Rachen der großen und oft unnötigen Administration des Umweltministeriums zu schütten, könnte der Natur sicher bedeutend mehr geholfen werden. Doch bis heute wurde daran nichts geändert, was sicher am wenig motivierten Beamtenapparat, vor allem aber an der Unfähigkeit und der Kurzsichtigkeit vieler verantwortlicher Personen liegt.

Ökotourismus

Eine entscheidende Wende in vielen Bereichen bringt vielleicht der sogenannte **Ecoturismo** (Ökotourismus), der von Costa Rica nach Panama hinübergeweht ist. Panamaische Delegationen sind wegen dieses Tourismustrends bereits nach Belize, Costa Rica und auf die Galapagos-Inseln gereist, wo sie über praktischen und theoretischen Naturschutz mit allen positiven und negativen Folgen beraten wurden. Da vor allem das klassi-

017pa hz

sche Ökotourismusland Costa Rica in Nordamerika und Europa einen unvorhersehbaren Touristenboom ausgelöst hat und dadurch wiederum vor neue Probleme beim Naturschutz gestellt wurde, versucht Panama aus den positiven und negativen Erfahrungen seines Nachbarn zu lernen. Und mit konsequentem Ökotourismus, der die Natur mehr schützt als ausnützt, wird in Panama ein Weg eingeschlagen, der hoffentlich auch das gesteckte Ziel erreicht.

Naturschutzgebiete

Ca. 29 % des Staatsterritoriums stehen unter Naturschutz, das entspricht einer Fläche von rund 22.354 km². Ca. 17,7 % der Staatsfläche bestehen aus Nationalparks, etwa 0,8 % bilden Wildtierreservate, Naturmonumente und Erholungsgebiete und rund 10,5 % verteilen sich auf unterschiedlich genutzte Waldreservate, die aber für die Öffentlichkeit im Allgemeinen unzugänglich bleiben.

Von den rund 45 Naturschutzgebieten sind zwei Drittel für touristische Zwecke gedacht, doch einige Gebiete stehen am Beginn der touristischen Entwicklung. Generell fehlen Öffnungszeiten, Eintrittspreise, Parkwächter und markierte Wanderwege. Laut Auskunft der Angestellten im ANAM-Hauptbüro soll sich dies mit dem Ökotourismus aber in naher Zukunft ändern. Für den **Besuch eines Naturschutzgebietes** benötigt man generell eine Genehmigung, die auch für mehrere Gebiete und Personen ausgestellt wird. Die Ausstellung der Genehmigung erfolgt nur im ANAM-Hauptbüro in Paraíso und dauert in der Regel drei bis vier Tage. Weitere Informationen erhalten Sie unter den jeweiligen Naturschutzgebieten bei den Ortsbeschreibungen im Reiseteil.

Kategorien der Naturschutzgebiete

- **Parque Nacional (P.N.):** Der Begriff „Nationalpark“ unterliegt verschiedenen strengen Kriterien. Generell muss das zum Nationalpark erklärte Gebiet eine Fläche von mindestens 1000 ha aufweisen und über ein intaktes Ökosystem verfügen, das vom Menschen in keiner Weise bzw. nur in geringer Weise berührt wurde oder über ein herausragendes Merkmal der Region (wie etwa Gesteinsformationen) oder über ein Merkmal von nationalem oder internationalem Interesse verfügen. Der Nationalpark soll neben seiner Schutzfunktion auch schulischen und wissenschaftlichen Zwecken, zur Erholung und in gewissem Maß auch dem Tourismus dienen.

■ **Refugio de Vida Silvestre (R.V.S.):** Das sogenannte „Wildtierreservat" soll – wie der Name schon verrät – in erster Linie den Fortbestand bedrohter Tiere sichern und ihren natürlichen Lebensraum schützen, sowohl der dort ständig beheimateten Spezies oder Gemeinschaften wie auch jener, die sich hier nur kurzfristig aufhalten, wie zum Beispiel die Zugvögel. Bis heute wurden in Panama 10 Wildtierreservate kreiert, vor allem zum Schutz der Wasservögel.

■ **Monumento Natural (M.N.):** Das Naturmonument ist in seinem Charakter ein bedeutungsvolles und wissenschaftlich interessantes Naturgebiet. Im Augenblick werden nur die natürlichen Badestellen Los Pozos de Calobre und die Isla Barra Colorado als Naturmonument bezeichnet, die vollständig der Leitung des amerikanischen *Smithonian Tropical Research Institute* unterliegt.

■ **Area Nacional de Recreo (A.N.R.):** Der Begriff „Erholungsgebiet" bedarf wohl keiner genauen Erklärung. In Panama wurden die momentan vorhandenen Gebiete (Parque Metropolitano, Area Recreativa Lago Gatún und Parque Municipal y Jardín Botánico Summit) immer in der Nähe von Ballungszentren (in diesem Fall in der Nähe von Panama-Stadt und von Colón) errichtet, um der Bevölkerung eine Möglichkeit zur Erholung in nächster Nähe zu schaffen.

■ **Reserva Forestal (R.F.):** Für dieses Gebiet mit seiner Funktion als Waldreserve gelten zwei Maßstäbe; einerseits wird es angemessen genutzt, andererseits wird bei der Entwicklung des Waldes und der Aufforstung geholfen.

■ **Bosque Protector (B.P.):** Der „Schutzwald" soll die Ausdehnung der Kulturfläche verhindern, weshalb bei diesem Gebiet auch bereits gerodete Flächen miteinbezogen wurden, auf denen Wiederaufforstung (allerdings sehr langsam) betrieben wird. Zudem fungiert das Gebiet als Unterrichtsprojekt, vor allem im richtigen Umgang mit natürlichem Lebensraum.

■ **Reserva Hidrológica:** Diese Gebiete dienen ausschließlich dem Zweck der Wasserspeicherung, weshalb sie sich rund um Stauseen befinden.

◁ Rinderherden verdrängen immer mehr die ursprüngliche Flora und Fauna des Landes

In den Nationalparks

■ Die **Öffnungszeiten** der Nationalparks variieren zwar, sie liegen aber generell zwischen 8 und 17 Uhr.

■ Der **Eintritt** in einen Nationalpark kostet 5–10 $ pro Person. Dieser Betrag wird direkt am Eingang des Nationalparks von den dortigen ANAM-Rangern einkassiert.

■ **Aktuelle Informationen** erhalten Sie bei der Naturschutzbehörde ANAM (Adresse siehe Panama-Stadt) oder auf deren Internetseite www.anam.gob.pa oder auf der Seite der Nationalparks: www.miambiente.gob.pa/index.php/parques-nacionales-sinap.

Geschichte | 394
Massenmedien | 437
Staat und Politik | 433
Tourismus | 442
Wirtschaft | 438

716pa hz

10 Staat und Gesellschaft

Indianer, Spanier, Piraten, Franzosen und Nordamerikaner: Viele haben ihren Stempel auf Panamas spannende Geschichte gedrückt.

< In Boquete

Geschichte

Frühgeschichtliche Spuren

Bereits lange vor der Ankunft der Spanier haben die ursprünglichen Bewohner Lateinamerikas die geografischen Vorteile Panamas erkannt und sie für kulturelle und kommerzielle Beziehungen zwischen den verschiedenen Völkern Zentral- und Südamerikas benutzt.

Der **Tauschhandel** erstreckte sich damals vom heutigen Mexiko über Panama bis nach Peru, was mit dem Fund eines panamaischen Goldobjektes in einem Maya-Tempel in Chichén Itzá auf der mexikanischen Halbinsel Yucatán bewiesen ist.

Die Übereinstimmungen zwischen den archäologischen Funden von Monagrillo auf der panamaischen Halbinsel Azuero und den Keramikgegenständen der sehr alten Valdivia-Kultur an der ecuadorianischen Küste belegen die Kontakte nach Südamerika, die außerdem auch mit auffallenden Parallelen gegenüber dem präkolumbischen Goldschmuck aus Panama, Kolumbien und Peru untermauert werden können.

Außer diesen Hinweisen auf die Existenz eines weitreichenden Tauschhandels ist über die Menschen und ihre Lebensgewohnheiten auf panamaischem Territorium vor der Ankunft der Spanier sehr wenig bekannt, aber auch noch wenig erforscht. Viele Zeugnisse aus der Vergangenheit liegen noch in der panamaischen Erde verborgen.

Paläoindianische Periode (bis 8000 v. Chr.)

Mithilfe der bis heute in Panama gefundenen Gegenstände, die sich in Art und Alter unterscheiden, konnte ein kleiner Zipfel des Zeitschleiers gelüftet werden. Die älteste nachzuweisende Kultur Panamas, die **Cultura de Macapale** (auch **Cultura Madden,** benannt nach Ausgrabungen im Jahr 1959 nahe dem Madden-See am Ufer des Río Chagres), datiert aus der Zeit um das Jahr 9000 v. Chr. Sie fällt in die paläoindianische Periode (vom Auftreten der ersten Menschen bis etwa 8000 v. Chr.), in der nomadische Jägervölker auf dem amerikanischen Kontinent leben.

Die vom nordamerikanischen Archäologen *Dam Sanders* am Ufer des Río Chagres gefundenen Steinwerkzeuge mit scharfen Kanten aus kristallinem Quarz belegen die Existenz von **Jägervölkern** in Zentralpanama. Bei diesen Funden wurden verblüffende Ähnlichkeiten mit den Steinwerkzeugen der wahrscheinlich ältesten Kultur Nordamerikas, der Großwildjäger-Kultur, festgestellt. Dadurch und durch die ebenfalls in Panama zum Vorschein gebrachten, riesigen Mammutknochen und -zähne wird die allgemein akzeptierte Theorie bestätigt, nach der die ursprüngliche Bevölkerung Amerikas über eine inzwischen versunkene Landbrücke im nördlichen Teil des Pazifiks (Beringmeer) auf der Jagd nach potenzieller Beute von Asien nach Alaska kam, immer weiter nach Süden wanderte und nach und nach den amerikanischen Kontinent und somit auch Panama besiedelte.

Spuren von nomadischen Jägervölkern wurden auch in anderen Teilen

Panamas Staatssymbole

Panamas Unabhängigkeit ging so rasch über die Bühne, dass erst kurz vor der offiziellen Ausrufung der Souveränität am 3. November 1903 das Fehlen der Staatssymbole registriert wurde. In den letzten Tagen und Stunden arbeitete man ohne Unterbrechung, um zunächst das wichtigste Symbol, die Fahne, bei der Ausrufung präsentieren zu können. Zur Erinnerung an diesen feierlichen Moment wird seit 1955 jährlich am 1. November der **Dia de la Bandera** (Tag der Fahne) abgehalten.

Die **Nationalfahne** *(bandera nacional)* wird aus vier gleich großen Rechtecken gebildet. In der oberen Fahnenhälfte befindet sich rechts ein rotes Rechteck, Sinnbild für die konservativen Kräfte des Landes, links ein weißes Rechteck mit einem blauen Stern in der Mitte, der die Reinheit und die Rechtschaffenheit symbolisiert. In der unteren Hälfte zeigt die Komposition an der linken Seite ein blaues Rechteck, Sinnbild für die liberalen Kräfte des Landes, an der rechten Seite ein weißes Rechteck mit einem roten Stern in der Mitte, der die Autorität und das Gesetz darstellt.

Der Entwurf eines **Nationalwappens** *(escudo nacional)* zählte zu den ersten Aufträgen der jungen panamaischen Regierung, wobei die Wahl auf eine Kreation von *Nicanor Villalaz* fiel. Nach Modifikationen durch seinen Bruder *Sebastián* erhielt es 1904 seine definitive Gestalt.

Das Wappenschild zeigt in der Mitte ein breites, horizontal liegendes Band, worauf die Landenge (Symbol des panamaischen Territoriums), das Wasser (Sinnbild der beiden Weltmeere) und der strahlendblaue Himmel mit dem untergehenden Mond und der aufgehenden Sonne (Symbol der Unabhängigkeit) abgebildet sind. Unterhalb des Bandes liegt ein Füllhorn (Zeichen des Reichtums) im blauen Wappenfeld und ein goldenes Rad mit Flügel (Zeichen des Fortschritts) im weißen Feld. Der obere Schildteil besteht aus einem weißen Feld mit gekreuzten Waffen (Sinnbild des Streites und dessen Ende) und einem roten Feld mit gekreuzten Werkzeugen (Symbol der Arbeit). Hinter dem Wappenschild, das von Nationalfahnen flankiert wird, tritt nach oben hin der Adler als Repräsentant der Souveränität hervor. Mit seinem Schnabel hält er eine weiße Schleife fest, auf der die Worte *Pro Mundi Beneficio* (Für eine humanitäre Welt) geschrieben sind. Oberhalb des Adlers prangen, bogenförmig angeordnet, neun goldene Sterne, welche die heutigen Provinzen des Landes darstellen.

Die **Nationalhymne** *(himno nacional)* entstand drei Jahre nach der Ausrufung der Unabhängigkeit. Die Musik entstammt einem 1897 von *Santos Jorge* komponiertem Schullied, dessen ursprünglicher Wortlaut durch einen passenderen Text des panamaischen Dichters *Jerónimo Ossa* ersetzt wurde.

Um die Auflistung der Nationalsymbole zu vervollständigen, dürfen die **Nationalblume,** die schneeweiße Orchidee *Flor del Espíritu Santo,* und der **Nationalvogel,** der seltene Raubvogel Harpyie, nicht fehlen.

Panamas gefunden, unter anderem in einer Höhle auf der Halbinsel Azuero. Bei den Spuren deutet alles darauf hin, dass die Höhle den Großwildjägern als Aufenthaltsraum diente – eine Art prähistorische Herberge.

Mesoindianische Periode (8000–2000 v. Chr.)

In der an die paläoindianische Periode anschließenden mesoindianischen Zeit (etwa 8000 bis 2000 v. Chr.) verliert die Großwildjagd immer mehr an Bedeutung gegenüber dem Fischfang und der Sammelwirtschaft, womit die Jägernomaden die ersten **Ansätze zur Sesshaftigkeit** zeigen.

Typische **Spuren** aus diesem Zeitraum sind die aus organischem Material, wie etwa Tierknochen und Muschelschalen, hergestellten Waffen und Werkzeuge. Ein besonderes Zeugnis der mesoindianischen Periode sind die *concheros* (Muschelhaufen), die als natürliche Müllhaufen hinterlassen wurden und unter anderem im Nationalpark Sarigua auf der Halbinsel Azuero bis heute erhalten geblieben sind.

Die ältesten in Panama gefundenen typischen Spuren aus der mesoindianischen Periode datieren aus der Zeit um 5000 v. Chr. Sie wurden am Cerro Mangote in der Provinz Coclé entdeckt, wobei auch die erste Grabstätte zum Vorschein kam.

Während diese Funde von Wissenschaftlern leicht zu interpretieren waren, blieben die unter anderem in der Gegend um El Valle und in den Bergen Chiriquís entdeckten **Petroglyphen** (Steininschriften) bis heute rätselhaft.

Präklassische Periode (2000 v. Chr. bis 500 n. Chr.) und neoindianische (klassische) Periode (500–1500 n. Chr.)

Der Zeitraum zwischen ca. 2000 v. Chr. bis etwa 500 n. Chr. wird als präklassische Periode bezeichnet. Es handelt sich hier um eine **Übergangsphase** von der mesoindianischen zur neoindianischen Zeit, auch als klassische Periode bezeichnet, die ca. 500 n. Chr. beginnt und mit der Siedlungspolitik der Spanier am Beginn des 16. Jahrhunderts endet. Obwohl das erste Jahrtausend dieser Phase

021pa hz

allgemein als Präkeramikum bezeichnet wird, findet man bei Ausgrabungen nahe Monagrillo auf der Halbinsel Azuero bereits einfache Gebrauchsgegenstände aus Ton, die um 2100 v. Chr. angefertigt wurden und welche damit zu den ältesten Keramikarbeiten dieses Kontinents zählen.

Wichtige Aufschlüsse über diese Zeit kamen von den **Grabstätten,** die vielerorts freigelegt wurden. Man unterscheidet zwischen primärer und sekundärer Bestattungsmethode. Die sekundäre Art, bei welcher der Leichnam getrocknet, danach in Tücher gewickelt und in einer Urne beigesetzt wurde, steht auf einer niedrigeren Stufe als die primäre Bestattungsmethode, die auch als *guaco* (Grabbeigabe, aus der Quechua-Sprache) bezeichnet wird. Bei der primären Art wurde der Körper in gebückter oder ausgestreckter Haltung und – regionalbedingt – in Rücken-, Bauch- oder Seitenlage bestattet. Rund um den Toten legte man verschiedene Alltagsgegenstände und Opfergaben. Von den Wissenschaftlern werden die Grabbeigaben als Glau-

Rätselhaft: Petroglyphen

benshinweis auf ein Leben nach dem Tod gewertet. Hierzu passt auch die Mitbestattung der Frau und/oder der Sklaven eines hochrangigen Mannes. Aus der Haltung der gefundenen Skelette lässt sich schließen, dass die „Mitreisenden" oft lebend begraben wurden. Den sozialen Status und das Ansehen des Toten kann man neben den Mitbestatteten, auch an der Qualität und Quantität der Grabbeigaben ablesen.

Eine andere Kategorie aufschlussreicher Funde aus der neoindianischen Periode bilden die 1949 im Valle del Cerro Punta in der Bergregion Chiriquís entdeckten *monolitos* (Monolithen): die fast körpergroßen, einzigartigen **Statuen** wurden aus einem einzigen Felsbrocken angefertigt. Die detaillierte und lebendige Formgebung der Kultfiguren deutet bereits auf eine hohe Kulturstufe hin, die nach dem Fundort des Zeremonialzentrums dieser Zivilsation als Cultura de Barriles bezeichnet wird. Durch einen Ausbruch des Vulkans Barú um 600 n. Chr. wird das Tal bei Cerro Punta unter einem dicken Lavateppich begraben, der die Barriles-Kultur zum Aussterben bringt.

Eine monumentale **Kultanlage** jüngeren Datums, einer der bedeutendsten Funde in Panama, wurde in den 1930er Jahren durch eine Gruppe von Wissenschaftlern unter der Leitung des bekannten nordamerikanischen Archäologen *Samuel Lothrop* auf dem Privatgebiet der wohlhabenden Familie *Conte* in der Provinz Coclé freigelegt: Über hundert kunstvoll dekorierte Keramikgegenstände, feinster Schmuck aus Gold und organischem Material sowie stilisierte Steinfiguren kamen dabei zum Vorschein. Sie bilden das imponierende Erbe einer Zivilisation, die nach dem Fundort als Sitio Conte benannt wird. Viele dieser Kostbarkeiten wurden durch die Archäologen in verschiedene **Museen der USA** gebracht, wie etwa in das Museum of the American Indian in New York. Im Falle Sitio Contes besonders traurig, da diese Kultur als Repräsentant für jene Kulturstufe gilt, die während der Ankunft der Spanier in Panama bestand. Zur Aufklärung und zum Bewusstsein der eigenen Identität, wären die Reichtümer in Panama besser aufgehoben.

Trotz der meist illegal ausgeführten Kulturgüter ist in den **Museen** del Penonomé und Reina Torres de Araúz in Panama-Stadt sowie im Parque Archeológico El Caño eine kleine, aber ehrwürdige Kollektion zu bewundern. El Caño hat übrigens als einzige Ruinenstätte Panamas einen besonderen Stellenwert im Land, trotz ihrer weniger spekatulären Ausstattung im Vergleich zu anderen meso- und südamerikanischen Zeremonienzentren. Vielleicht auch deswegen, weil die kreisförmig aufgestellten Basaltsäulen die Vergangenheit besser dokumentieren können, als die leblosen Gegenstände in den Museumsvitrinen – oder sind es die alten Geister, die über dem Zeremonienplatz schweben?

Kulturgebiete

Obwohl das kulturelle Erbe Panamas eine bestimmte Schlussfolgerung über die Aktivitäten frühgeschichtlicher Kulturen zulässt, kann damit die Frage, welche Völker nun auf der Landbrücke zwischen Nord- und Südamerika lebten, bis heute nicht eindeutig geklärt werden. Nach den Fundorten, den schriftlichen

Berichten der Spanier und den heute von indianischen Stämmen besiedelten Gebieten lassen sich drei große Kulturgebiete nachweisen: Die heutigen Provinzen Chiriquí und Bocas del Toro im Westen, die Zentralprovinz sowie die Provinz Darién und die Comarca de San Blas im Osten des Landes. Es bleibt aber weitgehend die Frage offen, ob die heute auf panamaischem Territorium lebenden *Indígenas* die Nachkommen der frühgeschichtlichen Völker Panamas sind oder ob sie durch Immigration die Landenge erreicht haben. Für die letzte Theorie sprechen die ethnischen Gemeinsamkeiten der panamaischen Ureinwohner mit südamerikanischen Völkern, aber auch die Flüchtlingsströme und die Zwangsumsiedlung während der kolonialen Epoche. Der genaue Nachweis der Wurzeln der panamaischen Bevölkerung bleibt nach wie vor sehr lückenhaft.

Historischer Wendepunkt

„1501, **Rodrigo Galván de Bastidas** entdeckt Panamá", dröhnt es wie ein einziger Schrei aus den Kehlen der Schulkinder auf die Frage des Lehrers hin, wann die Periode von „El Panamá Hispano" denn begonnen habe. Der Tatsache, dass der aus Sevilla stammende Kaufmann *Bastidas,* der *Kolumbus* auf seiner zweiten Fahrt begleitet, einige Tauschgeschäfte im Norden Südamerikas tätigt und dann entlang der Nordost-Küste Panamas bis zu den San-Blas-Inseln segelt, ist dieses Ereignis nicht gewidmet.

Cristóbal Colón, die spanische Bezeichnung für **Christoph Kolumbus,** ist nach *Bastidas* der zweite Name in der chronologischen Reihe von Fakten und Zahlen über die Entdeckung Panamas. Der weltweit als Entdecker der „Neuen Welt" gefeierte *Kolumbus* hat zwar nicht als erster Mensch die Landenge ins Visier genommen, doch wird ihm die Ehre zugeschrieben, im Jahre 1503 die erste **europäische Siedlung** auf dem Festland gegründet zu haben: Santa María de Belén an der Karibikküste Panamas.

Kolumbus tritt seine vierte und letzte Reise über den westlichen Seeweg nach „Asien" im Mai 1502 an, auf der Suche nach einer Meeresdurchfahrt, die laut *Paolo Toscanellis* (falsch berechneter) Weltkarte von 1474 weiter südlich von „Indien" nahe des „Indonesischen Archipels" liegen musste. Er segelt mit seiner Flotte entlang der von ihm während seiner ersten Reisen entdeckten *Insulis Indie* (womit die heutigen Großen Antillen gemeint sind) an die Ostküste „Asiens". In Wirklichkeit geht die Flotte an der Nordküste des heutigen Honduras vor Anker. Bei diesem kurzen Aufenthalt erfährt er von der Existenz eines sagenhaften Goldlandes im Süden des Kontinents (womit das Inka-Reich in Peru gemeint ist).

Kolumbus, der noch stets davon überzeugt ist, Asien entdeckt zu haben und sich dabei auf die Berichte *Marco Polos* aus dem 13. Jahrhundert und die Weltkarte *Toscanellis* stützt, setzt die Suche nach der Meeresdurchfahrt fort. Die Flotte segelt vorerst entlang der honduranischen Küste in Richtung Osten, später in Richtung Süden nach Costa Rica und Panama. Trotz hartnäckiger Suche kann *Kolumbus* die Meeresdurchfahrt nicht entdecken. Wenn er schon nicht mit konkreten Beweisen über die Durchfahrt nach Spanien zurückkehren wird, dann kann er dem spanischen Königspaar mindestens Informationen über ein **sagenhaftes Goldland** geben. *Kolumbus* ist durch den stets beibehaltenen Südkurs im Glauben, sich nahe des Goldlandes zu befinden, weshalb die Flotte an der Karibikküste Panamas vor Anker geht.

Da er einen Ausgangspunkt für geplante Expeditionen in das Goldland benötigt, gründet er nahe dem heutigen Puerto Obaldía die **Siedlung Santa María de Belén.** Doch die Gründung steht unter keinem guten Stern: Die ständigen Angriffe der einheimischen Stämme, die nach wenigen Monaten vom schlechten Benehmen der europäischen Eindringlinge genug hatten, die großen Moskitoscharen, das feucht-heiße Klima, die dichte Tropenvegetation, das ungastliche Bergland und die mangelhafte Ernährung lassen die Moral der Mannschaft rasch sinken.

Die ungünstigen Lebensbedingungen zwingen *Kolumbus* und seine Mannschaft, am 16. April 1503 unverrichteter Dinge nach Spanien zurückzukehren. Damit endet zwar die Rolle des großen Entdeckers in Panama, das sagenhafte Goldland lockt aber immer wieder Abenteurer auf die Landenge.

Vasco Núñez de Balboa

Acht Jahre nachdem Kolumbus und seine Mannschaft Panama verlassen hatten, betritt der Abenteurer *Vasco Núñez de Balboa* die Landenge. Sein Lebenslauf weist aber keine großen Taten auf, mit Ausnahme der Entdeckung des Pazifiks.

Balboa wird vermutlich um 1474/75 in einem kleinen Ort mit dem Namen Jerez de los Caballeros in der spanischen Hochebene, der Estremadura, geboren. Mit etwa 25 Jahren entschließt er sich, die weite Welt zu sehen und heuert auf dem Schiff von *Rodrigo Galván de Bastidas* an. Nach wenigen ruhmreichen Taten und Jahren taucht *Balboa* **1510** in Colonia de San Sebastián am Golfo de Urabá auf, einer kleinen Siedlung, die im äußersten Westen der 1508 gegründeten Provinz Nueva Andalucia (im heutigem Grenzgebiet Panama-Kolumbien) liegt.

Kurze Zeit nach der Ankunft von *Balboa* zerstören einheimische Stämme San Sebastián. Auf Anraten *Balboas* errichtet man **1511** einen neuen Stützpunkt an der fruchtbaren und ausgedehnten Karibikküste Panamas auf dem Hoheitsgebiet der Provinz Castilla del Oro (Gold-Kastillien), das sich von Panama bis nach Honduras erstreckt. Man tauft die Siedlung auf den Namen **Santa María La Antigua del Darién,** nach der Schutzpatronin der spanischen Stadt Sevilla.

Etwa zur gleichen Zeit ist der vom spanischen *König Ferdinand* zum ersten Gouverneur von Castillo de Oro ernannte Kaufmann *Diego de Nicuesa* in diesem Gebiet unterwegs. Seine Reise steht aber unter keinem glücklichen Stern: Nach der Zerstörung der 1510 durch ihn gegründeten Siedlung Nombre de Dios kommt er mit nur 70 Mitgliedern der ursprünglich aus 700 Mann bestehenden Mannschaft in Santa María an. Als *de Nicuesa* offiziell Anspruch auf den Ort erhebt, vertreiben die Ansässigen ihn samt seiner Mannschaft.

Trotz des Sieges ist der aus etwa 300 Habenichtsen, Kaufmännern und Glücksrittern bestehende Haufen in Santa María alles andere als „ein Herz und eine Seele“. Um nicht an den Kontroversen innerhalb der eigenen Reihen zu scheitern, installieren sie eine **Bürgerversammlung,** wobei *Balboa* nach den damaligen Prinzipien die höchste Autorität erhält. Kurze Zeit später erkennt auch die spanische Krone *Balboas* Führungskraft an und er bekommt zusätzlich die Titel Captián und Administrador de La Antigua verliehen. Mit den neuen Funktionen erreicht *Balboa,* dass die Existenz der Bewohner von Santa María durch die Versorgung von Santo Domingo aus gesichert wird.

Nun wenden sich die Bewohner dem eigentlichen Grund der Ortsgründung zu: der **Suche nach Perlen, Gold und Edelsteinen.** In einem Brief von *Balboa* aus dem Jahr 1513, der an *König Ferdinand* gerichtet ist, entspricht das noch größtenteils unerforschte Hinterland eindeutig den Vorstellungen der Europäer: *„In dieser Provinz wurden viele reiche Minen entdeckt, Gold gibt es in großer Menge und man ist auf ca. 30 goldführende Flüsse gestoßen, die ihre Quelle in einem Gebirge haben, das etwa zwei leguas (ca. 11 km) vom Ort entfernt liegt“.* *Balboa* erhält für die geplanten Expeditionen durch den dichten Dschungel kräftige Unterstützung des Kaziken *Careta,* der sich zu einer Allianz mit den Kolonisten entschlossen hatte. Der Pakt wird mit der losen Verbindung zwischen *Balboa* und *Caretas* Tochter *Anayansi* besiegelt.

Vasco Núñez de Balboa

Entdeckung des Pazifik

Während einer der vielen Expeditionen, die wegen der Habgier der Kolonisten besser als Raubzüge zu umschreiben sind, durchquert *Balboa* mit seinen Männern das Gebiet des Kaziken *Comagre.* Von ihm erfahren sie, dass jenseits des Gebirges ein Königreich liegt, in dem es Gold in großem Überfluss gibt. Am **1. September 1513** bricht *Balboa* mit 200 Kolonisten auf, um die Land-

022pa hz

enge zu überqueren und das *Mar del Sur* (Südsee) zu finden. Unter ihnen befindet sich auch *Francisco Pizarro,* der später als Entdecker und brutaler Zerstörer des Inka-Reiches einen unrühmlichen Platz in der Geschichte einnimmt. *Careta* gibt *Balboa* zur Begleitung 800 Einheimische mit, ohne deren Überlebenserfahrung und Orientierung im grünen Labyrinth die Expedition für die Europäer bereits in den ersten Tagen gescheitert wäre. Aber auch mit der Erfahrung der Indígenas ist die Expedition auf dem sumpfigen Boden und durch den fast ständig dämmerigen Wald eine Tortur: Zahlreiche Kolonisten sterben an Fieber, Durchfall oder Erschöpfung.

pa2017-010 va

Nach mehr als drei anstrengenden Wochen lacht *Balboa* endlich das Glück: Er blickt zum ersten Mal auf eine einsame Bucht und das Mar del Sur, dessen Wellen allmählich im weit entfernten Horizont untertauchen. Am **29. September 1513,** am Sankt-Michaels-Tag, küsst *Balboa* den Sandstrand und nimmt im Namen des spanischen Königs *Ferdinand* den Pazifischen Ozean *(Gran Océano)* „in Besitz". Zu Ehren des Erzengels Michael benennt er die einsame Bucht Golfo de San Miguel.

Bei weiteren Erkundungen entlang der Küste entdeckt die Expedition eine Inselgruppe mit reichen Perlenvorkommen, die heute als Archipiélago de las Perlas auf den Karten vermerkt ist. Am **19. Januar 1514** kehrt *Balboa* schließlich mit einer stark dezimierten Mannschaft nach Santa María La Antigua zurück, um seine Entdeckung bis nach Europa triumphierend zu verkünden.

Die Spanier kommen

In Europa hegt man immer mehr Zweifel an der Vorstellung von *Kolumbus,* Asien entdeckt zu haben. Nicht zuletzt durch den Brief *Balboas* an *König Ferdinand* im Jahre 1513, worin er schreibt, dass es sich bei dem Land um eine „Tierra Incógnita", ein unbekanntes Gebiet

1519 von den Spaniern gegründet, ist Panama-Stadt heute eine moderne Metropole

handle, das neue Perspektiven biete. Die mittelalterliche Tradition der Kreuzzüge entflammt erneut, angetrieben von der **Gier,** die Beute so rasch wie möglich nach Europa zu bringen und damit gleichzeitig Gott und seiner Majestät zu dienen.

Pedrarias Dávilla

Während *Balboa* mit seinen Männern unter extremen Bedingungen die Landenge überquert, trifft man in Sevilla schon die Vorbereitungen für die **Eroberung und Kolonisation** des unbekannten Landes. Für die Provinz Castillo del Oro erhält diese Aufgaben der damals bereits 70-jährige Edelmann *Pedro Arias de Avilla,* besser bekannt als *Pedrarias Dávilla,* der sich seinen Ruhm im Kampf gegen die Mauren in Nordafrika und um die iberische Stadt Granada verdiente.

Am 30. Juni 1514 erreicht *Pedrarias* mit seiner imposanten, aus 22 Schiffen bestehenden Armada und einer ca. 2000 Mann starken Besatzung die Küste bei Santa María de La Antigua. Durch ihre Ankunft ändert sich die Situation im kleinen Ort schlagartig: Die langen Erfahrungen im Zusammenleben mit den Einheimischen und die locker gehandhabten demokratischen Strukturen von *Balboa* und seinen Männern müssen der Arroganz und der Macht der alten, traditionsverbundenen Garde weichen. *Pedrarias* hätte sich am liebsten sofort seines Rivalen entledigt, aber *Balboa* genießt in seiner Position den Schutz *König Ferdinands,* der ihn aus Anerkennung für die Entdeckung des Pazifiks zum Gouverneur der neuen Provinz Tierra Nueva del Mar del Sur ernennt.

Entmachtung Balboas

Während *Balboas* Auftreten gegenüber der einheimischen Bevölkerung noch in einigen Bereichen mit Takt verbunden ist, kennzeichnen sich die von *Pedrarias* angeordneten Expeditionen ins Landesinnere durch **brutale Gewalt und Raub.** *Balboas* Kontakte zu den Einheimischen sind durch das Auftreten *Pedrarias* und seiner Männer bereits schwer belastet. Durch eine Scheinehe mit *Pedrarias* in Europa lebender Tochter versucht *Balboa,* den Frieden einigermaßen aufrecht zu erhalten, doch vergeblich: Der Machtkampf zwischen *Pedrarias* und *Balboa* erreicht seinen Höhepunkt, als *König Ferdinand* stirbt und sein Enkel *Karl V.* den Thron besteigt. Der neue Herrscher beschließt, *Pedrarias* durch *Lope de Sosa* zu ersetzen. Aber noch ist der politische Kampf nicht gewonnen. *Pedrarias* ordnet die Inhaftierung *Balboas* an, unter dem Vorwand, dass dieser an einem Mordkomplott gegen den ersten Gouverneur *Diego de Nicuesa* beteiligt gewesen sei. Der Entdecker der Südsee wird zum Tode verurteilt und schließlich am 12. Januar 1519 enthauptet. *Lope de Sosa* kommt nie nach Santa María und *Pedrarias* wird 1525 im hohen Alter von 83 Jahren nach Nicaragua versetzt.

Eroberung Panamas

Rund 25 Jahre nach *Bastidas* Ankunft in Panama ist die Eroberung des Landes beinahe abgeschlossen. Ein großer Teil dieser Aufgabe geht auf das Konto von *Gaspar de Espinosa,* der die Zentrale Pazifikküste Panamas erobert, nicht ohne oft lang anhaltende **Gegenwehr** der indianischen Stämme. An die meisten Kaziken und ihre Stämme erinnern heute nur noch geografische Namen wie Chepo, Natá, Penonomé oder París. Eine Ausnahme bildet dabei der Kazike *Urracá,* der mit seinem Volk den europäischen Eindringlingen neun Jahre lang erbitterten Widerstand leistet. Von einer geschützten Lage in der Zentralkordillere aus bekämpfen sie erfolgreich die Konquistadoren mit einer Guerillataktik, die die Spanier zur Aufgabe veranlasst. Sie kehren wieder in ihr Gebiet an der Küste zurück und überlassen Urracá und seinem Volk die Bergregion. Dieser erfolgreiche Kampf gegen die Spanier während der Kolonialisierung ist für große Teile der Bevölkerung das Symbol für ihr Selbstbewusstsein und für ihre Unabhängigkeit.

Welch schiefliegende Weltanschauung in der damaligen Zeit auf der iberischen Halbinsel herrschte, wird sehr deutlich durch das von *Pedrarias* mitgebrachte **Requerimiento** (Mahnung) illustriert, ein in Latein verfasstes Dokument, worin nicht nur der katholische Glaube und der päpstliche Beschluss von 1494, der die Erde außerhalb Europas in einen portugiesischen und einen spanischen Teil gliedert, erwähnt wird, sondern auch die Aufforderung an die Indígenas, den katholischen Glauben anzunehmen und sich wie Untertanen des spanischen Königs zu benehmen – schließlich leben sie zu Unrecht auf „seinem“ Land. Dieses Dokument soll den neuen „Untertanen“ vor jedem Angriff der spanischen Soldaten von den Heerführern vorgelesen werden, damit sie sich freiwillig diesen Bestimmungen fügen können. Im Alltag sieht das so aus: Die Soldatenführer verzichten auf die leeren Phrasen, in der Überzeugung, dass das Recht sowieso auf der Seite der Kolonisten steht und beginnen sofort mit dem Angriff.

Die brutal geführten Kämpfe und die viel bessere Bewaffnung der spanischen Soldaten verringern nach Schätzungen des Anthropologen *Darcy Ribeiro* in den ersten Jahrzehnten der Kolonisation die ursprüngliche Bevölkerung Mittel- und Südamerikas um mehr als die Hälfte. Auch die von Europa eingeschleppten Infektionskrankheiten, gegen die die Indígenas keine Widerstandskraft haben, dezimieren die ursprüngliche Bevölkerung: Bei der Ankunft der Spanier lebten zwischen 250.000 und 500.000 Menschen in Panama, heute stellen die indianischen Stämme nur noch 88.000 der fast 4 Millionen Einwohner.

Aufteilung der Beute – Landverteilung und Sklaverei

Die Sklavenarbeit, egal ob in der Mine, auf dem Land, im Transport oder im Haushalt, ist ein unentbehrlicher Faktor im wirtschaftlichen, sozialen und politischen Bereich. Menschliche Arbeitskraft ist der wirkliche Reichtum der Neuen Welt. Als Selbstverständlichkeit importieren die Spanier das seit dem Mittelalter in Europa vorherrschende System der **Leibeigenschaft** in die Neue Welt.

Jede Person, die an der Eroberung teilnimmt bzw. in irgendeiner Form ihren Beitrag dazu leistet, wie etwa die Kaufmänner, die meistens die Expeditionen finanzieren, hat ein Recht auf ein Stück Land in der Kolonie und die dort lebenden Ureinwohner. Diese Form der Landverteilung heißt **encomienda,** wobei die

Position und das Ansehen der Person die Größe des Landes bestimmt.

Die Leibeigenen werden neben ihrer kostenlosen Arbeit auch zu Abgaben an den *encomendero* (Landbesitzer) verpflichtet. Im Gegenzug für das kostenlose Land und die Arbeiter verpflichtet sich der Landbesitzer samt seiner Gefolgschaft zum Militärdienst. In einigen Fällen wird der Einsatz mit der Erweiterung des Grundbesitzes samt dort lebenden Indígenas belohnt. Die *encomienda* bildet die **Basis für die heutigen Latifundien,** die Großgrundbesitze, und damit die Grundlage für eines der größten (sozioökonomischen) Probleme im gesamten lateinamerikanischen Raum. Wenn der militärische Einsatz des *encomenderos* nicht mit entsprechendem Land abzugelten ist, dann fungieren Sklaven als „Bezahlung". Es versteht sich von selbst, dass die *encomienda* für die Kolonisten den besten Weg zum Reichtum bedeutet.

Die einzige Verantwortlichkeit des *encomendero* gegenüber seinen Leibeigenen beschränkt sich auf die Sorge für ausreichende Ernährung und „gute" Erziehung im christlichen Glauben. Dass auf dem Weg zum Reichtum die Nützlichkeit über der Menschlichkeit steht, bedarf wohl keiner weiteren Erläuterung, schließlich kommen die Kolonisten mit dem Traum, sich rasch zu bereichern und als vermögende Personen wieder zurückzukehren.

Viele Kolonisten müssen allerdings feststellen, dass sich das „Goldparadies" als ein raues, mit unbekannten Krankheiten drohendes Land entpuppt, in dem ein Haus eine einfache, aus Lehm und Stroh bestehende Hütte ist, im besseren Fall eine Bretterbude mit Palmblattdach. Manche erreichen statt der triumphalen Rückkehr nur eine mit harter Arbeit mögliche, schlichte Existenz, die sich vom Leben auf der Iberischen Halbinsel nicht wesentlich unterscheidet. Man arbeitet als Bauer, Fischer, Kaufmann, Spediteur, Wirt oder Handwerker. Die Hoffnung auf ein besseres Leben erwacht von Neuem mit der Entdeckung von Peru. Viele Kolonisten kehren Panama den Rücken und machen sich auf den Weg in das neue gelobte Traumland.

Panama, das koloniale Transitzentrum

Suche nach einer Schiffsverbindung

Die Suche einer Westroute nach Asien verschwindet mit der Entdeckung des neuen Kontinents nicht ganz von der Bühne. Bevor *Pedrarias* 1525 nach Nicaragua versetzt wird, bekommt er von der spanischen Krone den Auftrag, eine Schiffsverbindung zwischen dem Atlantik und dem Pazifik zu suchen. 1519, kurz nach *Balboas* Hinrichtung, verlegt er den Stützpunkt von Santa María de La Antigua in die neue, an der Pazifikküste liegende Siedlung Nuestra Señora de la Asunción de Panamá. Aus dem damals noch unscheinbaren Ort, der an der Stelle einer Indianersiedlung errichtete wurde, entwickelt sich im Laufe der Geschichte die spätere Hauptstadt des Landes, Ciudad de Panamá (Panama-Stadt). Von der neuen Siedlung aus ordnet *Pedrarias* Expeditionen in alle Himmelsrichtungen an, um eine **Verbindung zwischen den Weltmeeren** zu finden. Da ein Erfolg sicher nicht in kurzer Zeit zu erwarten ist, entscheidet *Pedrarias*, das 1510 zerstörte Nombre de Dios neu aufzubauen.

Camino Real

Als das Vorhaben in die Tat umgesetzt ist, verbindet man Nombre de Dios an der Karibikküste mit der Siedlung Nuestra Señora de la Asunción de Panamá an der Pazifiküste mit einen **Landweg,** der den Namen *Camino Real* erhält – die königliche Straße. Eine große Bezeichnung für einen kraftraubenden Mauleselpfad, der durch dichte tropische Vegetation über die Serranía de San Blas führt und für den man einer viertägigen Qual ausgesetzt ist. Während der Regenzeit ist die Alternative zum Mauleselpfad, der *Camino de Cruces*. Er führt teils über Land, teils über den Río Chagres und ist heute größtenteils in den Panamakanal eingebunden.

Als 1525 eine Expedition von *Pedrarias* etwa auf der Höhe des heutigen El Salvador einem aus Mexico gestarteten Entdeckungszug von *Hernán Cortés* begegnet, ist der Traum einer interozeanischen Schiffsverbindung vorläufig beendet, doch Panamas Rolle als Transitzentrum wegen der kürzesten interozeanischen Landverbindung auf der zentralamerikanischen Landbrücke gesichert.

Umschlagplatz für die Schätze der „Neuen Welt"

Mit der „Entdeckung" und Plünderung Perus durch die Spanier wachsen Nombre de Dios und Nuestra Señora de la Asunción de Panamá rasch zu den bedeutungsvollsten Umschlagplätzen auf dem amerikanischen Festland an. Als die ersten spanischen Schiffe mit Getreide, Waffen, Möbel, Stoffen, Glas, Öl, Papier und anderen, in den Kolonien dringend benötigten Produkten beladen, Nombre de Dios erreichen, wartet bereits die reiche Beute der Raubzüge in Peru: Gold, Silber, Perlen, Gewürze, Mais, Tabak und Kakao. Zum Bersten gefüllt beladen, treten die Schiffe die Rückreise an.

Der Handel zwischen der iberischen Halbinsel und den Kolonien blüht. Ab Mitte des 16. Jahrhunderts sendet man jährlich zwei, später eine **Handelsflotte** nach Nombre de Dios, um die Schätze aus der „Neuen Welt" nach Spanien zu bringen. Im Vergleich mit heutigen Supertankern, die bis zu 800.000 BRT fassen, würden die damaligen Segelschiffe (100 bis 300 BRT) eher wie zu groß geratene Nussschalen wirken. Trotzdem muss es ein eindrucksvolles Schauspiel gewesen sein, als die durchschnittlich über 60 Schiffe umfassende Handelsflotte vor der Küste vor Anker ging.

Piraten

Der Erfolg der Spanier lässt rasch Neid bei den anderen Seefahrtsmächten aufkommen. Besonders England, aber auch Frankreich und Holland beteiligen sich daran, Spanien einen Teil der kostbaren Schätze abzujagen. Jedes Jahr werden immer mehr Galeonen (Vieldeck-Segelkriegsschiffe) eingesetzt, um die Sicherheit der aus Schonern und Karavellen (mehrmastige Segelschiffe) bestehenden Handelsflotte auf der Rückfahrt nach Sevilla zu gewährleisten. Nicht nur wegen

Spanisches Kolonialreich

1 El Paso
2 Mexiko-Stadt
3 Belize
4 Guatemala-Stadt
5 Panamá
6 Portobelo
7 Cartagena
8 Caracas
9 Quito
10 Guayaquil
11 Lima
12 La Paz
13 Santiago
14 Asunción
15 Buenos Aires
16 Havana
17 Santo Domingo
A Kuba
B Jamaika (brit.)
C Haiti (franz.)
D Puerto Rico
E Trinidad
F Aruba (niederl.)
G Curaçao (niederl.)
H Bonaire (niederl.)

der Piraten, sondern auch aufgrund von Stürmen erreichen viele Schiffe samt Besatzung ihren Heimathafen nie wieder.

Der Ruf von den bis an den Rand mit Gold und Edelsteinen gefüllten Lagerhallen in Nombre de Dios und Nuestra Señora de la Asunción de Panamá verbreitet sich rasch und ebenso, dass die kostbaren Schätze sehr schlecht bewacht über einen schmalen Pfad von der Pazifik- an die Karibikküste transportiert werden. 1572 überfällt der legendäre Pirat **Francis Drake** die mit peruanischem Silber bepackte Mauleselkarawane auf dem Camino Real. Am Neujahrstag 1596 taucht der englische Seeräuber erneut auf, diesmal plündert er die Lagerhallen in Nombre de Dios.

Durch die Überfälle wachgerüttelt, verlegt man aus strategischen Gründen den Hafen von Nombre de Dios nach Portobelo. Am 28. Januar 1671 erleben die Spanier den **größten Überfall** in ihrer Kolonialzeit: Der berüchtigte Seeräuber *Henry Morgan* überfällt Portobelo und zieht plündernd an die Pazifikküste, wo er die damals knapp 10.000 Einwohner zählende Stadt Panamá nahezu zerstört. Panama-Stadt wird später einige Kilometer westwärts erneut aufgebaut, dort wo heute das Häusermeer der Metropole sich ausbreitet. Einige Ruinen der alten Stadt (Panamá Viejo) sind als stumme Zeugen einer bewegten Vergangenheit erhalten geblieben.

Menschenhandel

Indianische Sklaven

Panama ist aber mehr als nur der größte Warenumschlagplatz des neuen Kontinents: Die schwindende Zahl an indianischen Sklaven in Panama, Peru und auf den Großen Antillen führt zu einem lebhaften Menschenhandel, der über die Landenge erfolgt. Als sogenannte „Menschendepots“ fungieren Städte in Kolumbien, Venezuela und speziell in Nicaragua, wo das lukrative Unternehmen zum wichtigsten Geschäft geworden ist.

023pa hz

Sir Francis Drake

Afrikanische Sklaven

Der große Einsatz des Missionars und früheren Anwalts *Bartolomé de Las Casas* führt zur Durchsetzung eines Verbots, die Ureinwohner zu versklaven. Aber es sind eher wirtschaftliche als moralische Motive, die zu diesem Verbot führen. *Las Casas* schlägt den Kolonisten vor, die indianischen Sklaven durch afrikanische zu ersetzen und sein Vorschlag kommt zu einer Zeit, als man die Nachfrage an Arbeitskräften immer schwieriger mit Indios abdecken kann. Anfangs kann der Handel mit afrikanischen Sklaven, seit dem 15. Jahrhundert eine begehrte Ware auf den internationalen Handelsmärkten, gegen die kostenlosen indianischen Sklaven nicht konkurrieren. Las Casas ist sich der Folgen seines Vorschlages völlig bewusst, denn mit dieser Idee sind die sozialen und kulturellen Strukturschäden für die ursprüngliche Bevölkerung nicht mehr zu beheben und für die afrikanischen Völker fängt das Drama erst an.

Bereits in den ersten Jahren der Eroberung genehmigt die spanische Krone großzügig die **Einfuhr von afrikanischen Sklaven** – für persönliche Dienstleistungen natürlich, wie es immer wieder interpretiert wird. Jene Sklaven, die man als *negros ladinos* bezeichnet, kommen von der iberischen Halbinsel, wo sie bereits „zivilisiert" wurden und mittlerweile auch etwas Spanisch sprechen.

Das erste Schiff mit afrikanischen Sklaven erreicht Panama bereits 1527, noch bevor der Vorschlag *Las Casas'* zur Sprache kommt. Der Handel, der die Unterschrift des Augsburger Handelsunternehmens der Welser trägt, ist aber nur als „kleiner Fisch" in dem später bestens florierenden Geschäft einzustufen, das die Holländer, Engländer und Franzosen dominieren. Spanien selbst ist wegen fehlender Kolonien in Afrika nicht als direkter Lieferant am Menschenhandel beteiligt, sondern be- tätigt sich nur als Zwischenhändler.

Die Wurzeln der heute in Panama lebenden schwarzen Bevölkerungsgruppe liegen in weit zerstreuten Gebieten wie etwa Senegal, Nigeria, Kongo, Angola, Moçambique oder Sudan.

Cimarrónes

In historischen Dokumenten finden sich immer wieder Hinweise darauf, beispielsweise durch die Namen von **rebellierenden Sklaven,** wie *Antón Congo* oder *Luis de Moçambique.* Vor allem *Luis de Moçambique* zählt zu den respektierten und furchterregendsten Anführern der entflohenen Sklaven. In den Tropenwäldern Panamas, die für die Sklaven eine natürliche Festung bilden, errichten die Entflohenen *(cimarrónes)* ihre eigenen Dörfer, die als *palenques* bezeichnet werden. Von ihnen aus starten die entflohenen Sklaven, häufig auch gemeinsam mit regionalen indianischen Stämmen, Überfälle auf Reisende, Handelskarawanen und auf Haciendas, um sich mit lebensnotwendigen Dingen und Waffen zu versorgen, aber auch, um versklavte Frauen zu befreien, damit ihr Fortbestehen gesichert ist. Vor allem die *cimarrónes Felipillo* und *Bayano* haben mit gut organisierten Überfällen und Attacken um die Mitte des 16. Jahrhunderts großen Erfolg, womit sie Angst und Schrecken unter der weißen Bevölkerung verbreiten. Die weiße Herrschaftsschicht wehrt sich mit drakonischen und barbarischen Strafen und versucht damit, die entflohenen, aber auch die arbeitenden Sklaven einzuschüchtern. Trotz der schrecklichen Foltermethoden lassen sich die Sklaven nicht in die Knie zwingen und immer wieder gelingt es Sklaven, sich der Knechtung bis zum offiziellen Ende der Sklaverei im Jahre 1851 zu entziehen.

Umfang des Sklavenhandels

Wie viele afrikanische Sklaven nach Panama gebracht wurden, lässt sich heute nicht mehr eindeutig nachweisen, denn einerseits wurden mehr als die Hälfte der in Nombre de Dios, Portobelo und Panamá (Panama-Stadt) angekommenen Sklaven sofort in andere Kolonien nach Südamerika gebracht. Andererseits wurden die Sklaven niemals registriert, da viele von ihnen wegen des spanischen Handelsmonopols durch illegalen Handel mit der holländischen und der englischen Konkurrenz nach Panama gekommen sind. Nach Schätzungen stehen zu Beginn des 17. Jahrhunderts ungefähr 14.000 Sklaven einer Minderheit von etwa 4400 Weißen gegenüber.

Im Verlauf der Geschichte bestimmen die aus den verschiedenen Rassen gewachsenen Gruppen von Mulatten, Mestizen und sonstigen *mezclas* (Mischungen) immer mehr das Bevölkerungsbild im Land.

Auf dem Weg in die Unabhängigkeit

Verfall der spanischen Kolonien

Das 17. und 18. Jahrhundert wird von **Rivalitäten zwischen den europäischen Großmächten** dominiert, worin die Überseegebiete wohl oder übel miteinbezogen sind. Der unaufhaltsame politische und ökonomische Niedergang sowie die bürokratische und zentralistisch orientierte Politik Spaniens führen zum Verfall der spanischen Kolonien.

Panamas Bevölkerung, vor allem aber die Kaufleute und Händler, sichern sich zunächst ihre Existenz mit gut florierenden, aber **illegalen Tauschgeschäften** mit den Holländern und Engländern, wobei die begehrten Kolonialwaren gegen Kleidung, Waffen oder Sklaven den Besitzer wechseln.

Ende des Transitverkehrs

Durch die Tauschgeschäfte ist zwar die **Rezession** einige Zeit abgewendet, doch aufgeschoben ist nicht aufgehoben: **Mitte des 18. Jahrhunderts** stürzt Panama in eine tiefe Wirtschaftskrise, die mit der Zerstörung Portobelos in einem der zahlreichen Kriege zwischen Spanien und England beginnt. Im Wiederaufbau der karibischen Hafenstadt sieht die spanische Krone nun keine Perspektive mehr, weshalb sie auch die jährlich stattfindenden Großmärkte einstellt.

Mit dieser Entscheidung, die faktisch einem **Handelsverbot** gleichkommt, setzt die spanische Krone einen vorläufigen Schlussstrich unter Panamas Position im Tranistverkehr. Von da an transportiert man die kostbaren Schätze aus Peru auf direktem Weg um das Kap Horn auf die Iberische Halbinsel. Das führt auch dazu, dass sich die anderen Seefahrermächte von Panama abwenden. Da die wirtschaftliche Zukunft Panamas dadurch sehr unsicher ist, setzt sich ein großer Teil der Handels- und Kaufmannsschicht in Richtung Peru in Bewegung. In Panama bleiben die Masse der armen Bevölkerung, die Großgrundbesitzer und die Beamten zurück, deren Zukunftsperspektiven eher düster aussehen.

Unzufriedenheit unter den Criollos

Die Landenge, die seit 1535 als Real Audiencia Panamá (königlicher Gerichtsbezirk mit judikativer, politischer und administrativer Verantwortlichkeit) dem Vizekönigreich Peru, ab **1718** dem Vizekönigreich Nueva Granada untergeordnet ist, wird von der spanischen Krone zur Commandancia General de Tierra Firma degradiert. Ein großer Name für die **Randprovinz,** die außer einigen militärischen Verfügungsrechten jetzt von der Verwaltung in Santa Fé de Bogotá total abhängig ist.

Die Unfähigkeit der Regierung in Bogotá, der Rezession in Panama entgegenzuwirken, schafft vor allem unter den im Land geborenen Weißen, den *criollos,* die Basis für das **Streben nach einem eigenen Kurs.** Die *criollos* sind in der Regel als Kaufleute, Händler und Großgrundbesitzer tätig, weshalb die mit dem Handelsverbot ausgelöste Rezession ihre Existenz am meisten gefährdet. Im Streben nach einem neuen Kurs bekommen die *criollos* wenig Unterstützung von den *peninsulares,* wie man die weiße Bevölkerungsgruppe bezeichnet, die sich ihrer Geburt in Spanien rühmt und in festen, gutbezahlten Beamtenpositionen sitzt.

Auch die Regierung in Bogotá und die spanische Krone haben kein offenes Ohr für das Bitten und Betteln der *criollos,* das Handelsverbot aufzuheben. Ihre Aufmerksamkeit richtet sich auf die fortschreitenden Revolutionen in anderen Teilen des Kontinents.

Unabhängigkeit von Spanien

Als Marschall *Murgeón* mit seinen Truppen im Oktober 1821 Panama verlässt, um die spanische Streitmacht im Vizekönigreich Peru zu verstärken, ergreifen die *criollos* ihre Chance. Am **10. November 1821** ertönt der erste Ruf nach Freiheit *(el grito)* in La Villa de Los Santos auf der Halbinsel Azuero. Ohne großen Widerstand und ohne Blutvergießen entfernen die *criollos* dort den Stadtrat aus seinem Amt. Die Nachricht über das Ereignis verbreitet sich wie ein Lauffeuer von Ort zu Ort und als die Meldung am 28. November Panama-Stadt erreicht, muss sich auch die dort etablierte Regierung dem neuen Geist fügen.

Doch der richtige Führer mit einer politischen Vision fehlt dem kleinen, dünnbesiedelten Land, dessen Bevölkerung zu Beginn des Jahres 1821 von der ersten nationalen Zeitung von den Ideen erfährt, die die anderen südamerikanischen Staaten bereits aus Europa übernommen haben: „Freiheit, Gleichheit und Brüderlichkeit".

Anschluss an die Großkolumbianische Republik

Die von kurzer Dauer geprägte panamaische Revolution basiert nicht wie in den meisten südamerikanischen Ländern auf dieser Parole, sondern sie strebt in erster Linie nach absoluter **Handelsfreiheit.** Das erklärt, warum Panama sich mit großen Handelspartnern zusammenschließt, was gleichzeitig auch einen Schutz gegen mögliche Angriffe von Spanien sichert. Aus historischer und wirtschaftlicher Perspektive liegt ein **Bündnis** mit dem alten Handelspartner Lima auf der Hand. Aber das Vizekönigreich Peru ist die letzte spanische Hochburg auf dem südamerikanischen Kontinent. Panama bleibt deshalb nur die Option, sich der Großkolumbianischen Republik anzuschließen, die sich aus Venezuela, Kolumbien und Ecuador (das alte Vizekönigreich Nueva Granada) zusammensetzt.

Unter der präsidialen Führung des mittlerweile zur starken Persönlichkeit in Südamerika herangewachsenen Venezolaners *Simón Bolívar*, in Lateinamerika auch bekannt als „El Libertador" (Der Befreier), tritt Panama in ein neues Zeitalter.

Unvollendete Revolutionen

Der Traum Simón Bolívars

Nachdem die Spanier beinahe zur Gänze vom amerikanischen Kontinent vertrieben worden sind, versucht *Simón Bolívar,* ein **lateinamerikanisches Staatenbündnis** nach dem Vorbild der USA zu realisieren. Für ihn scheint Panama die besten geografischen Voraussetzungen zu bieten, um einen Kongress über die Einheit und die gemeinsame Zukunft der ehemaligen spanischen Kolonien abzuhalten. *Bolívar* untermauert seine Wahl mit den (sinngemäß übersetzten) Worten: *„Wenn die Welt eine einzige Hauptstadt wählen müsste, dann wäre der Isthmus von Panama der beste Platz […] im Zentrum der Welt, wo eine Hand nach Asien, die andere nach Amerika und Europa reichen würde …".*

Der am **22. Juni 1826** in Panama-Stadt eröffnete **Congreso Bolivariano** steht aber von Beginn an unter keinem guten Vorzeichen. *Bolívars* Traum von den Vereinigten Staaten Lateinamerikas scheitert bereits mit der Absage von Chile, Brasilien, Bolivien, Argentinien, Uruguay und Paraguay. In den südlichen Ländern Südamerikas beginnen die ersten Grenzkonflikte zu entflammen, zudem legt man bereits die Basis für die späteren diktatorischen Traditionen fest.

Haltung der USA

Die USA verhält sich im Gegensatz zu den absagenden Ländern etwas **diplomatischer:** Sie entsendet zum Kongress zwar einen Delegierten, doch bereits sein verspätetes Eintreffen in Panama-Stadt signalisiert die Missachtung des geplanten Staatenbündnisses. Außerdem hat der US-Vertreter den anwesenden Delegierten und den europäischen Beobachtern eine deutliche Botschaft zu überbringen: „Amerika den Amerikanern", womit allerdings eher gemeint ist, „Amerika den Nordamerikanern". Das zeigt sich im 19. Jahrhundert am zunehmenden Expansionismus und im 20. Jahrhundert in Form der aggressiven Einmischungspolitik der USA in verschiedenen lateinamerikanischen Ländern, auch in Panama.

In erster Linie betrifft diese deutliche Aussage des damaligen US-Präsidenten *James Monroe* aus dem Jahr 1823, die auch als **Monroe-Doktrin** oder *Manifest Destiny* bezeichnet wird, die europäischen Großmächte, besonders die Kolonialmächte Spanien und Großbritannien, denen man damit unmissverständlich klarmacht, sich nicht in die Angelegenheiten der jungen Länder Süd- und Mittelamerikas einzumischen. Aus diesem Grundprinzip heraus entwickeln sich die USA allmählich zum mächtigen Polizeiorgan des Kontinents, dessen Einsatz nur von eigenen Belangen, ökonomischen Interessen und einem Gefühl der Überlegenheit bestimmt wird.

Fiasko für Bolívars Traum

Der Kongress war ein Fiasko für *Bolívars* Traum oder, wie er es selbst ausdrückte: *„Mir erscheint es, als hätte ich jahrelang Wasser ins Meer geschüttet …“*. Als Konsequenz aus seinen Misserfolgen zieht er sich völlig aus der Politik zurück. Die Beobachtung des endgültigen Zerfalls seines Traumes, die Großkolumbianische Republik (in Lateinamerika auch als „Schoßkind Bolívars“ bezeichnet), bleibt dem großen Freiheitskämpfer nicht erspart. *Bolívar*, der im Verlauf des Zusammenbruchs immer mehr verbittert, stirbt 1830 in Kolumbien. Erst nach seinem Tod wird er zum großen Mythos erhoben, der heute in einigen lateinamerikanischen Staaten allgegenwärtig ist, man denke nur an Venezuela.

Schwieriger gemeinsamer Weg mit Kolumbien

Kolumbien und Panama gehen nach dem Kongress einen gemeinsamen Weg als **República de Nueva Granada.** Doch mehr als ein Versuch, dadurch den Differenzen, die man in anderen Ländern antrifft, aus dem Weg zu gehen, scheint es nicht zu sein. Die historischen, traditionellen, geografischen und wirtschaftlichen Differenzen zwischen Panama und Kolumbien geben Anlass genug zu verschiedenen Krisen, sowohl innerhalb des flächenmäßig größeren Kolumbiens wie auch zwischen den beiden Ländern.

Diese Kontraste bilden den richtigen Nährboden für Panamas Liberalisten und Nationalisten, die gemeinsam nach **Autonomie** streben. Einen erfolgreichen Schritt in diese Richtung macht **1840** General *Tomás Herrera* (1804–1854), unter dessen Führung Panama sich von Kolumbien trennt.

Mitte des 19. Jahrhunderts erscheint mit *Justos Arosemena* (1817–1896) erstmals ein politisch ambitionierter Mann auf der panamaischen Bildfläche, der eine Änderung dieser Situation bringt. Durch seine Überredungskunst und nach langen diplomatischen Verhandlungen mit der Regierung in Kolumbien entwickelt sich Panama im Jahre 1855 zu einem **föderativen und autonomen, aber nicht unabhängigen Staat.** Die militärische Führung und die Kontrolle über den interozeanischen Transitverkehr bleiben nach wie vor in den Händen der Zentralregierung in Bogotá.

30 Jahre nach diesem gewaltigen Schritt Panamas in Richtung Unabhängigkeit ist vor allem der Misserfolg des Föderalismus in Kolumbien schuld daran, dass man Panama in den Streit zwischen den Konservativen und Liberalen miteinbezieht. Der Streit erreicht seinen Höhepunkt im sogenannten **1000-Tage-Krieg** (*Guerra de los Mil Días,* 1899–1902). Nach zahlreichen Kämpfen und hohen Verlusten auf beiden Seiten folgt am **21. November 1902** an Bord des vor Panama-Stadt vor Anker liegenden US-Kriegsschiffes Wisconsin die Besiegelung des Friedens, der als **La Paz de Wisconsin** in die Geschichtsbücher eingeht.

Nur ein Jahr später wird sich Panama definitiv von Kolumbien abspalten und am 3. November 1903 – 85 Jahre nach der Unabhängigkeit von Spanien – ist die **República de Panamá** eine vollendete Tatsache, wobei allerdings die USA tatkräftig mitgeholfen und dabei ihr „Netz“ über Panama ausgelegt hat.

Netz aus Machenschaften

Außenpolitik der USA

Die außenpolitischen Schritte der USA im 19. Jahrhundert orientieren sich an dem *Manifest Destiny,* der „offenkundigen Bestimmung“ (und ideologischen Rechtfertigung) der USA, lateinamerikanische Länder zu annektieren (wie im Fall Mexikos, das die Hälfte seines Territoriums 1848 an die USA verliert), ihre eigene Kultur in diesen Ländern zu verbreiten und für Wohlstand zu sorgen. Die **imperialistische Vorstellung,** in der die USA vom Nordpol bis zum Südpol reichen und dabei vom Atlantik und Pazifik begrenzt sein soll, trifft unter der US-Bevölkerung auf eindeutige Zustimmung. Und über Panama soll, aufgrund seiner geografisch günstigen Lage, das imperialistische Netz langsam ausgebreitet werden.

Bidlack-Mallarino-Treaty

Das Auslegen des Netzes beginnt **1846** mit dem Bidlack-Mallarino-Treaty, einem Vertrag, der vom US-Botschafter in Kolumbien *Benjamin Bidlack* und dem kolumbianischen Außenminister *Manuel Mallarino* ausgehandelt wird. Im Vertrag ist der **unbeschränkte Transitverkehr** am Isthmus von Panama für die USA und ihre Bürger, über jeden derzeit existierenden oder später konstruierten Weg, festgelegt. Im Gegenzug übernimmt die USA das Recht und die Pflicht, die Sicherheit des Transitverkehrs auf der Landenge zu gewährleisten, womit die USA zum ersten Mal die offizielle **Ermächtigung** erhält, in Panama **militärisch einzugreifen.**

Lukrative Geschäfte

Nach dem Abschluss des Vertrages entwickeln sich auf der Landenge lukrative Geschäfte. Als im sogenannten „Wilden Westen“ auch noch der Goldrausch ausbricht, beginnen die Geschäfte wie in der **Hochkonjunktur** der spanischen Zeiten zu laufen. Denn die Verbindung von der nordamerikanischen Westküste zur Ostküste dauert mit dem Planwagen bis zu einem halben Jahr, der Weg mit einer Postfähre der *Pacific Mail Steamship Company* von den USA nach Panama, über den Mauleselpfad und den Río Chagres (Camino de Cruces) an die Küste und mit einer Postfähre wieder in die USA, dagegen „nur“ zwei Monate.

Als man **1850** auch noch mit dem Großprojekt der ersten **interozeanischen Eisenbahnverbindung** auf der Landenge beginnt, schwebt die Bevölkerung in den Wolken; vor allem die Kaufmannselite, die nach der Fertigstellung der Eisenbahn eine enorme Steigerung des Transitverkehrs und ihrer Geschäfte erwartet. Der Bauauftrag geht an die *Panama Railroad Company,* eine rasch gegründete Tochterfirma der *Pacific Mail Steamship Company,* die einen großen Teil der Fährverbindungen USA – Panama – USA kontrolliert.

Billige Arbeitskräfte, die für den Eisenbahnbau unbedingt benötigt werden, kommen vor allem von den Karibikinseln Jamaica, Martinique, Guadeloupe und Barbados. Sie verrichten unter **erbärmlichen Bedingungen** die härteste Arbeit, inmitten des mit tödlichen Tropenkrankheiten verseuchten Regenwaldes. Bis zur Fertigstellung des letzten Streckenabschnitts im Jahre **1855** haben schätzungsweise mehr als 25.000 Menschen ihr Leben gelassen – und das für einen Schienenweg, der 14 Jahre später durch die Konkurrenz der transkontinentalen Eisenbahnverbindung in Nordamerika seine Bedeutung verliert.

Militärische Intervention der USA

Mit der Fertigstellung der Eisenbahn bleibt ein großes Heer an Arbeitslosen übrig, die in der Folgezeit einen Platz am Rande der Gesellschaft einnehmen. Ihre wachsende Unzufriedenheit äußert sich bereits ein Jahr nach der Inbetriebnahme der Eisenbahnstrecke durch **massive Unruhen,** bei denen mehrere US-Bürger ums Leben kommen. Als die Unruhestifter auch noch die Eisenbahnstrecke durch eine Besetzung lahmlegen, ist dies für die USA Grund, ihre militärische Stärke in Panama zu demonstrieren, was mit dem Bidlack-Mallarino-Vertrag von 1846 völlig legitim ist. Der kurze, aber durch kräftiges Säbelrasseln unterstützte Auftritt der US-Marine im Jahre **1856** ist nur der Beginn einer Reihe von militärischen Interventionen auf panamaischem Territorium, die noch folgen werden.

Französisches Kanalbauprojekt

Während die USA sich durch die Nachwehen des Bürgerkrieges im eigenen Land mehr um nationale Interessen kümmern muss, erscheint **1876** in Panama eine kleine französische Delegation unter der Führung des Ingenieurs *Ferdinand de Lesseps.* Sie sind auf der Suche nach einer geeigneten Stelle, um den alten Traum einer interozeanischen Wasserverbindung in die Tat umzusetzen. Nach gründlichen Untersuchungen wird durch die französische Kanalgesellschaft drei Jahre später das Startsignal zum Bau einer Wasserstraße gegeben (siehe Kapitel „Der Panamakanal“).

Unruhen und erneute Intervention

Die sozialen Missstände während des Projekts und der Sieg der Konservativen in Kolumbien sind die wesentlichen Faktoren, die im **März 1885** in Panama-Stadt zu Unruhen führen, an denen sich die liberale Elite aus Kolumbien gemeinsam mit den Arbeitern und Arbeitslosen beteiligt. General *Rafael Aizpuru* tritt dabei als „starker Mann“ hervor, der mit seinen Truppen die Stadt besetzt. Nach ihrer raschen Einnahme lässt sich der General zum Militär- und Regierungschef von Panama ausrufen. Währenddessen haben an der Karibikküste Panamas die kolumbianischen Liberalen unter der Führung von *Pedro Prestán* die Hafenstadt Colón besetzt, in der sich eine Plünderungs- und Zerstörungswelle unaufhaltsam durch die Stadt wälzt. Da die Unruhen immer größere Ausmaße annehmen, läuten in Nordamerika abermals die Alarmglocken. Die US-Marine erhält grünes Licht für eine rasche Intervention in Panama, um die „Interessen der USA zu wahren“. Innerhalb von zwei Wochen ist der Konflikt eingedämmt, die militärische Intervention erfolgreich abgeschlossen und Panama nun wieder recht sicher unter der kolumbianischen Führung.

Interesse der USA am Kanalbau

In den Folgejahren wächst aus **strategischen und ökonomischen Gründen** das Interesse der USA an der „eigenen“ interozeanischen Wasserverbindung in Zentralamerika. Zum Ärger der USA behindert aber Großbritannien mit seinem politischen Anspruch auf Nicaraguas Ostküste, die sogenannte Moskitoküste, die Option einer Verbindung über den Nicaragua-See und den Río San Juan, dem Grenzfluss zwischen Costa Rica und Nicaragua. Panama ist bereits an die Franzosen gebunden. *De Lesseps* hat allerdings mit großen finanziellen und technischen Problemen beim Kanalbau zu kämpfen.

Als **1898** der Kampf gegen die Natur definitiv aufgegeben und der Bau ohne weitere Zukunftspläne eingestellt wird, sehen die USA endlich eine Chance. Noch vor 1900 nimmt die US-Regierung mit der kolumbianischen Führung die ersten Verhandlungen über eine Kanalroute in Panama auf, die trotz zahlreicher Unterredungen zu keiner Lösung führen.

Im **Januar 1903** legt die US-Regierung ihr **letztes Angebot** auf den kolumbianischen Tisch: Ein Betrag von 10 Mio. US-Dollar ist sofort nach der Vertragsunterzeichnung fällig und 250.000 US-Dollar sind ab dem 9. Jahr nach der Fertigstellung des Kanals jährlich zu bezahlen, als eine entsprechende Ablöse für die notwendigen Baugründe und die autonomen Rechte darüber. Im Zuge der Verhandlungen hat aber ein Machtwechsel in Bogotá stattgefunden und die neue Regierung scheint einen Strich durch die amerikanische Rechnung zu machen.

Endgültige Trennung von Kolumbien

Während die Amerikaner ungeduldig auf die Reaktion der Kolumbianer warten, wenden sie sich zum ersten Mal direkt an Panama. Hinter verschlossenen Türen entwirft man das Konzept für eine endgültige Trennung Panamas von Kolumbien. Im Gegenzug erhalten die USA vom unabhängigen Panama **sämtliche Rechte für den Bau eines Kanals.** Unter dem Druck der mit der Einstellung des Kanalbaus ausgelösten Wirtschaftskrise und da auch Nicaragua ein Kandidat für die interozeanische Verbindung ist, bleibt Panama nichts anderes übrig als in das Konzept der USA einzuwilligen und sich dadurch freiwillig in eine Marionettenrolle zu begeben. Als die kolumbianische Regierung am **12. August 1903** das Angebot der USA ablehnt, ist der weitere Ablauf bereits festgelegt. In kürzester Zeit und unter den Augen der US-Militärs löst sich Panama von Kolumbien und erklärt am **3. November 1903** seine **Unabhängigkeit.** Der triumphale Ausruf des damaligen US-Präsidenten *Theodore „Teddy" Roosevelt* „I took the canal" hallt über den gesamten amerikanischen Kontinent.

Kanal-Vertrag

Bereits zwei Wochen später findet in Washington die Unterzeichnung des **Hay-Bunau-Varilla-Vertrages** statt, benannt nach dem US-Außenminister *John Hay* und dem Vertreter der französischen Kanalgesellschaft *Phillipe Bunau-Varilla.* Die Passagen in den Artikeln zwei und drei des Vertrages haben das größte politische Gewicht für Panamas Zukunft: *„Die Republik Panama gestattet den USA auf ewige Zeit die Benutzung, Eingemeindung und Kontrolle über eine je 5 Meilen (ca. 8 km) breite Landzone beidseitig des noch zu konstruierenden Kanals […] den Bau, Unterhalt, Betrieb und Schutz des Kanals. Die Republik Panama überträgt den USA alle Rechte, Befugnisse und Amtsgewalten innerhalb der im Artikel zwei erwähnten Landzone …".*

Als **Abgeltung** erhält Panama die im letzten Angebot an Kolumbien festgesetzten Beträge und die Kanalgesellschaft 40 Mio. US-Dollar für den Verkauf der Konzession. Kolumbien bekommt im Jahr 1925 letztendlich für die Anerkennung von Panamas Souveränität 25 Mio. US-Dollar. Die amerikanische „Dollar-Diplomatie" hat zum gewünschten Resultat geführt.

In festen Händen der USA

Nach der offiziellen Unabhängigkeit Panamas führt die USA die Regie auf der panamaischen Politbühne weiter. Die Zusammensetzung der ersten panamaischen Regierung erhält die volle Zustimmung der USA, denn das Gesicht der Regierung bestimmt größtenteils die **konservative Elite,** die in der Vorbereitungsphase zur Unabhängigkeit bereits ihre Loyalität gegenüber den USA gezeigt hat. Zum Beispiel ist *José Arango* der Anwalt und *Manuel Amador* der Betriebsarzt der *Panama Railroad Company.* Es ist nicht verwunderlich, dass diese privilegierte Minderheit widerstandslos akzeptiert, dass die USA über ihre Schultern hinweg mitregieren.

Durch das „Mitspracherecht" der USA, erhält die panamaische Verfassung einen Zusatzartikel, der es ermöglicht, dass das **US-Militär** in jedem Teil der jungen Republik sofort **intervenieren** kann, um die öffentliche Ruhe, Ordnung und Sicherheit wieder herzustellen. Ein Freibrief, den die USA in den folgenden Jahrzehnten regelmäßig ausnützen wird.

Als *Manuel Amador,* der erste Präsident Panamas, 1908 auf demokratischem Weg seinen Platz für den Nachfolger räumen muss, drückt die US-Regierung „ihren" Kandidaten, den konservativen *José de Obaldía,* nach oben. 1912, 1918 und in den frühen 1920er Jahren können die Liberalen zwar den populären *Belisario Porras* erfolgreich an die **politische Front** schieben, aber nicht ohne Konflikte und Kompromisse mit den USA, die deutlich auf der konservativen Seite stehen.

Für die Bevölkerung ist das politische Tauziehen eine leere Phrase. Neue politische Töne erklingen seit der Souveränität kaum noch, dazu kommt die große Weltwirtschaftskrise. 1925 und 1932 versucht die Bevölkerung, mithilfe von **Arbeiterstreiks und Aufständen** umfangreiche Sozialreformen zu erzwingen. Die panamaische Regierung unterstreicht ihre Unfähigkeit und Inkompetenz dadurch, dass sie das Problem durch die in der Kanalzone stationierten US-Soldaten „lösen" lässt. Immer wieder aufflammende Streiks und Unruhen reißen langsam das politische Ruder herum. Die panamaische Regierung, zum ersten Mal auf einem leicht gegen die USA gerichteten Kurs, setzt 1936 eine **Revision des Kanalvertrages** durch. Dabei erhöht sich die jährliche Pachtgebühr auf 430.000 US-Dollar und die USA verzichtet auf ihr Interventionsrecht außerhalb der Kanalzone. Die Hauptforderung, die Aufhebung des Sonderstatus der Kanalzone, lehnt die USA ab. Stattdessen erweitert sie während des Zweiten Weltkrieges ihre Ansprüche auf die Errichtung von militärischen Anlagen auf panamaischem Territorium, da der Krieg auch den Kanal bedrohen könnte.

Der weltweit beispiellose Sonderstatus der Kanalzone, die wie eine nordamerikanische Insel mit eigenen Gesetzen, Briefmarken, Steuersystemen etc. inmitten Panamas liegt, ist es vor allem, der eine neue Gruppe in der politischen Landschaft erscheinen lässt. Die Kanalzone ist ein Dorn im Auge der *Partido Panameñista Auténtico* (PPA), die unter der Führung von *Arnulfo Arias de la Madrid* steht. Unter seinem Slogan „Panama den Panameños", richtet sich die **nationalistische PPA** aber nicht nur gegen die ungeladenen Dauergäste, sondern auch gegen die schwarze und chinesische Bevölkerungsschicht.

Die Parole findet prompt Gehör bei der Restbevölkerung, und *Arias* gewinnt die Präsidentenwahl 1940. Das Präsidentenamt ist allerdings ein sehr unsicherer Posten, der bis zum Beginn der Diktatur 1968 von nicht weniger als 16 verschiedenen Politikern eingenommen wird, wobei der immer populärer werdende *Arnulfo Arias* das Amt auch von 1949 bis 1952 und vom 1. bis zum 11. Oktober 1968 besetzt.

Eine weitere Gruppe gewinnt immer mehr an politischer Bedeutung: die **Polizeieinheit.** Zu Beginn der 1950er Jahre kommt aus ihren Reihen Kolonel *José Remón* an die politische Front, der von 1952 bis 1955, mit einem kurzen Intermezzo, Präsident und Polizeichef in einer Person und damit der mächtigste Mann in Panama ist. *Remón* fügt, trotz einiger Proteste im Land und unter den Augen der USA, die Polizei und das Militär zur **Nationalgarde** *(Guardia Nacional)* zusammen. Damit schafft er ein politisches Werkzeug, das später vor allem von General *Omar Torrijos* und General *Manuel Antonio Noriega* missbraucht wird.

Zum x-tenmal kommt es zu Verhandlungen für einen neuen Kanalvertrag. Die überarbeitete Version im Jahre **1955,** der **Remón-Eisenhower-Vertrag,** enthält aber keine fundamentalen Änderungen. Die Erhöhung der jährlichen Pachtgebühr auf 2 Millionen Dollar ist lediglich Augenwischerei, weil sie in keinem realen Verhältnis zum Gewinn der *Panama Canal Company* steht.

Studentenunruhen

Unter dem Leitspruch „Schluss mit dem Sonderstatus – Souveränitätsbeginn Panamas in der Kanalzone!" beginnt während der Feier zur Unabhängigkeit im **November 1958** der politische Kochtopf überzulaufen. Mit Spruchbändern und Nationalfahnen ausgerüstet, marschieren die Studenten demonstrativ in Richtung Kanalzone, um Panamas Anspruch durch das Hissen der Nationalfahne zu unterstreichen. Die regelmäßig durchgeführten Demonstrationen, die 1959 durch viele Arbeiterstreiks kräftige Unterstützung erhalten, enden stets in gewalttätigen Konfrontationen, sowohl mit panamaischen Polizeieinheiten als auch mit den in der Zone stationierten US-Soldaten. Und jede Konfrontation fordert zahlreiche Verletzte, vor allem auf der Studentenseite.

Um die Stimmung einigermaßen einzudämmen, „genehmigt" die US-Regierung großzügig das Hissen der panamaischen Fahne an öffentlichen Gebäuden in der Kanalzone, als „Anerkennung der Souveränität Panamas in der Kanalzone". Doch viele US-Bürger ignorieren die neue Bestimmung. Die Provokationen erreichen am **7. Januar 1964** einen Höhepunkt, als in der Kanalzone nordamerikanische Studenten der Balboa-Universität ihren Schultag mit dem Hissen der amerikanischen Fahne beginnen, jedoch das panamaische Symbol unbeachtet liegen lassen. Als Antwort darauf protestieren die panamaischen Studenten lautstark in den Straßen von Panama-Stadt. Am Morgen des 9. Januar begeben sie sich in Richtung Balboa-Universität, um selbst für die Einhaltung der neuen Bestimmung zu sorgen – die panamische Nationalfahne, das Symbol für die Unabhängigkeit, soll neben den Stars and Stripes hochgezogen werden.

Was als harmlose Demonstration beginnt, endet in einem Alptraum für beide Seiten. Die Bevölkerung im ganzen Land erlebt live über das Fernsehen und Radio, wie US-Soldaten die Demonstration mit brutaler Gewalt niederschlagen.

Der jahrelang von der panamaischen Bevölkerung unterdrückte Ärger bricht durch und richtet sich gegen alle US-Symbole, die man in rasender Wut und unter großem Beifall zerstört. Das Ende des blutigen **„Fahnenstreits"** am 12. Januar 1964 hinterlässt eine erschreckende Bilanz: 22 Tote und über 100 Verletzte.

Panama versucht, sein Recht auf internationaler Ebene zu erhalten und legt den Streitfall der OAS (Organisation Amerikanischer Staaten) und dem Internationalen Gerichtshof vor. Beide Institutionen verurteilen einstimmig die von der USA eingesetzte Gewalt als unverhältnismäßig, doch Konsequenzen sind damit für die USA nicht verbunden. Die OAS bringt beide Länder wieder an den Verhandlungstisch und sucht die Lösung der Probleme in einem neuen Kanalvertrag. Zwischen 1964 und 1967 kommt es zum Entwurf des **Robles-Johnson-Vertrages,** benannt nach dem panamaischen Präsidenten *Marco Robles* und seinem nordamerikanischem Amtskollegen *Lyndon Johnson.*

Der von der panamaischen Bevölkerung größtenteils abgelehnte Vertrag ist das Hauptthema in der Wahlkampagne für die **Präsidentenwahl** im **Jahre 1968,** bei der vor allem *Arnulfo Arias* mit seinem Nationalismus geschickt die richtige Marschroute anzeigt und damit auf großen Zuspruch in der Bevölkerung stößt. Aber kaum hat er das Präsidentenamt am 1. Oktober 1968 unter großem Beifall der Bevölkerung übernommen, zeigt sich *Arias* dazu bereit, den vorliegenden Kanalvertrag ohne Revision zu unterschreiben. Das Volk fühlt sich von *Arias* schamlos hintergangen. Nach lautstarken Protesten gegen *Arias* und den daraus erwachsenden Unruhen, dringen die Führungsoffiziere der Nationalgarde immer weiter an die politische Front vor.

„Zärtliche Diktatur"

Der Putsch

Die Führungsoffiziere der Nationalgarde stürzen in einer Blitzaktion am 11. Oktober 1968, nur 10 Tage nach seinem Wahlsieg, den Präsidenten *Arnulfo Arias* – „Im Namen des Volkes". Sie installieren eine **provisorische Militärjunta,** die unter der Führung der beteiligten Putschisten *José María Pinilla* und *Bolívar Urrita* steht. Der Putsch wird als *Revolución Diferente* („Abweichende Revolution") etikettiert, später wird daraus die **Dictadura con cariño** – die „zärtliche Diktatur". Damit beginnt eine Periode, in der die Militärs langsam die exekutive, die legislative und die judikative Staatsgewalt auf sich konzentrieren und dadurch die Kontrolle über die Gesellschaft festigen. Um entsprechend ihrer Aussage „Im Namen des Volkes" zu handeln, errichten sie 1969 eine *Junta Civil* (Bürgerregierung), mit *Demetrio Basilio* „*Jimmy*" *Lakas* (1969–1978) als Präsidenten an der Spitze.

Omar Torrijos

Im ständigen **Macht- und Positionskampf innerhalb der Militärs** am Ende der 1960er, Anfang der 1970er Jahre, konsolidiert sich die Macht zunehmend auf eine Person: den charismatischen *Omar Torrijos*, dessen größter Traum ein sozialistisches, aber nicht marxistisches und von der USA unabhängiges Mittelamerika ist. Mithilfe des im Sog *Torrijos'* mitschwimmenden *Manuel Antonio Noriega* und loyaler Truppen der Nationalgarde gelingt es *Torrijos*, die Herrschaft zu übernehmen.

Um seine Macht zu untermauern, setzt er 1972 eine **neue Verfassung** in Kraft, die unter anderem die Nationalgarde auf den gleichen verfassungsrechtlichen Rang wie die drei anderen Staatsgewalten stellt, die ein zusätzliches Legislativorgan vorsieht und die *Torrijos* umfassende Machtbefugnisse verleiht. Mit dem neuen Grundgesetz kreiert *Torrijos* eine zu seinen Gunsten ausfallende Zwei-Drittel-Stimmenmehrheit in der zivil-militärischen Koalition. Zudem verbietet er das öffentliche Auftreten der oppositionellen Parteien und schränkt die Pressefreiheit ein.

Torrijos erweist sich aber im Verlauf seiner Diktatur als Mann mit zwei Gesichtern. Dabei überwiegt die sozialistische Seite, die mit **Reformen** im Bereich der Landwirtschaft, des Unterrichts, der Gesundheit und der Infrastruktur die Position der unteren und mittleren Bevölkerungsschicht enorm verbessert.

Die diktatorische Hälfte weist die typischen Schattenseiten lateinamerikanischer Machthaber auf: **Skrupellosigkeit, zunehmende Menschenrechtsverletzungen und Korruption.** Ein weiterer negativer Aspekt seiner Herrschaft ist der rasch anwachsende öffentliche Sektor. *Torrijos* vergrößert diesen Bereich nicht, um damit die Arbeit effizienter organisieren zu können, sondern vielmehr, um seinen Freunden und Verwandten einen Posten zu verschaffen. Das Pfründesystem hat in Panama bereits eine lange Tradition, denn mit jedem Machtwechsel schreibt man fleißig Namen auf die ohnehin lange Liste der staatlichen Gehaltsempfänger bzw. streicht welche von ihr.

Sowohl die Reformen, wie die umfangreichen Personalkosten belasten den Staatshaushalt schwer. Die Lösung des **wirtschaftlichen Problems** sieht *Torrijos* in ausländischen Firmen, die er vor allem mit Steuererleichterungen in das Land lockt. Binnen kurzer Zeit schießen in Panama-Stadt die Banken wie Pilze aus dem Boden und in Colón öffnet die Freihandelszone seine Pforten.

Auf **internationaler Ebene** präsentiert sich *Torrijos* ebenfalls in wechselhafter Gestalt: Er unterhält enge Beziehungen zu den Sandinisten in Nicaragua, zu *Fidel Castro* und zur Führungsspitze der damaligen DDR. Gleichzeitig bietet er dem *Schah von Persien* und seiner Gattin einen permanenten Wohnsitz in Panama an und verfügt über gute Kontakte nach Venezuela und in die USA.

Trotz seiner Wechselhaftigkeit beherrscht *Torrijos*' Außenpolitik ein Thema, das für seine Vorgänger zum Trauma wurde: der Panamakanal. Während seine Vorgänger aber meistens am Gängelband der US-Regierung hingen, erweist sich *Torrijos* als ein Gegner mit „Haaren auf den Zähnen“, wie es einige US-Politiker so nebenbei bemerken.

Moralischer Sieg über die USA

Im März 1973 tritt der Sicherheitsrat der Vereinten Nationen in Panama zusammen, wodurch die Studentenunruhen während der 60er Jahre ein Nachspiel erhalten. Die **USA** müssen anhören, wie eine Resolution vorgelegt wird, die sie **wegen Verletzung der Rechte Panamas verurteilt.** Nur durch die Benutzung des Vetorechts bewältigt die USA dieses politische Spiel. Nach der verlorenen Abstimmungsrunde verlassen die nordamerikanischen Abgeordneten demonstrativ den Saal. Der Sieg, wenn auch nur moralischer Natur, geht voll auf *Torrijos*' Konto.

Neuer Kanalvertrag

Ein Jahr nach der Versammlung nehmen die USA und Panama die Verhandlungen über einen neuen Kanalvertrag auf, die schließlich zum **Torrijos-Carter-Vertrag** führen. Mit der Unterzeichnung durch General *Omar Torrijos* und US-Präsident *Jimmy Carter* am 7. September 1977 in Washington beginnt ein neues Kapitel in der panamaischen Geschichte. Und David hat Goliath besiegt: Der Vertrag enthält unter anderem, dass der Sonderstatus der Kanalzone mit sofortiger Wirkung aufgehoben wird, die Kanalverwaltung bis zur offiziellen Übergabe des Kanals an Panama am 31. Dezember 1999 unter die Verantwortlichkeit beider Länder fällt und die Kanalzone und der Isthmus den Status der Neutralität erhalten. Ferner werden großzügige finanzielle Unterstützungen von Seiten der USA bis zur offiziellen Übergabe des Kanals vereinbart. Auf Grund des Vertrages wird im 21. Jahrhundert die Souveränität und Verwaltung des Kanals voll und ganz in den Händen von Panama liegen. Nur 18 % der ehemaligen Kanalzone bleiben auch nach der Jahrtausendwende weiterhin als Militärgebiet in den Händen der USA. Dieser kleine Minuspunkt im Vertrag kann die Freudentänze in Panama nicht aufhalten und verschafft *Omar Torrijos* starken Rückhalt in der Bevölkerung und eine Konsolidierung seiner Macht.

Demokratisierung

Mit der langsamen demokratischen Öffnung des Torrjios-Regimes kommt es 1978 zu einer **Verfassungsreform,** die aber keine grundlegenden Änderungen bringt. Ein Jahr später wird das **Parteienverbot aufgehoben.** Als „Vorsorge“ wurde von *Torrijos* bereits 1978 die *Partido Revolucionario Demócratico* (PRD) gegründet, die sich aus den regierenden Militärs zusammensetzt und dadurch die Zwei-Drittel-Mehrheit in der zivilmilitärischen Koalition hat. Da *Torrijos* überzeugt ist, mit der PRD auch ohne seine diktatorische Macht seine Stellung in der Politik halten zu können, kündigt er **freie Wahlen** an.

Doch er kommt nicht mehr in den Genuss eines eventuellen Wahlsieges: Am 31. Juli 1981 stirbt General *Omar Torrijos* bei einem **Flugzeugabsturz** in den Bergen nahe Coclésito. Kurz danach tauchen die ersten Sabotagegerüchte auf, doch handfeste Beweise dafür oder eventuelle Drahtzieher können nicht ausfindig gemacht werden. Sein Tod bleibt bis heute ein Rätsel, doch hinter vorgehaltener Hand wird gemunkelt, dass nur einer für diesen Anschlag in Frage kommen könne: der aufwärtsstrebende *Manuel Antonio Noriega.*

Panama unter Noriega

General Paredes

Nach *Torrijos* Tod entflammt ein **Machtkampf** unter den dienstältesten Offizieren der Nationalgarde, in den *Noriega* bereits kräftig involviert ist. Da noch einige Barrieren vor ihm liegen, wartet er geduldig auf seine Chance und baut im Hintergrund langsam die letzten Stufen für seinen Weg an die Spitze auf.

Noriega muss zunächst *General Paredes* das Schlachtfeld überlassen, der als Sieger aus dem Kampf hervorgeht und der neue Machthaber in Panama wird. Damit der von *Torrijos* eingeschlagene demokratische Weg für die Bevölkerung erkennbar bleibt, kommt es **1983** unter *Paredes* zu einer Verfassungsreform. Die in einem Referendum gebilligte **Änderung des Grundgesetzes** eliminiert die 1972 verankerte Machtkompetenz der Nationalgarde und das zusätzliche Legislativorgan und garantiert Panama eine parlamentarische Demokratie und der Bevölkerung wesentliche Grundrechte und verfassungsmäßige Freiheiten. Was auf den ersten Blick als entscheidender Schritt in Richtung Demokratie aussieht, erweist sich bei genauerer Betrachtung als reine Fassade. Die politische Vormachtstellung der Nationalgarde bleibt weiterhin unangetastet und die ständigen Manipulationen demokratischer Institutionen vom immer mächtiger werdenden *Noriega* lassen den Demokratisierungsprozess im Keim ersticken.

Als die Bevölkerung das fadenscheinige Spiel langsam durchschaut, verspricht General *Paredes* **freie Wahlen,** die von der zivil-militärischen Regierung für Mai 1984 festgesetzt werden. Auf „Anraten" *Noriegas* zieht sich *Paredes* nach dem Wahlversprechen sofort zurück, um sich offiziell „einer politischen Karriere zu widmen", womit *Noriega* auch die letzte Hürde zur Spitze beseitigt hat.

Noriega, der Mann im Hintergrund

Am **16. Dezember 1983,** der in Panama zum „Tag der Loyalität" ausgerufen wird, übernimmt General *Noriega* den **Oberbefehl der Nationalgarde,** die er mit diversen uniformierten Einheiten zur *Fuerzas de Defensas* zusammenlegt und im Verlauf seiner Herrschaft durch loyale Spezialtruppen ausbauen wird (siehe Kapitel „Staat und Politik", „Militär und Polizei"). Damit schafft er sich ein politisches Werkzeug, um seine Macht in Panama zu verankern. Die politische Bühne betritt er selbst nur selten. Er agiert weiterhin im Hintergrund, wo er das politische Ruder fest in seinen Händen hält.

Von seiner Machtübernahme bis zu seinem Sturz im Dezember 1989 sind alle **Präsidenten** von *Noriegas* Wohlwollen abhängig. Die sogenannten „Fingerpräsidenten" erscheinen ebenso rasch, wie sie wieder verschwinden: *Jorge Illueca* (1984), *Nicolás Ardito „Nicky" Barletta* (1984–1985), *Eric Aturo Delvalle* (1985–1988), *Manuel Solís Palma* (1988–1989) und *Francisco Rodríguez* (1989), der das letzte Staatsoberhaupt unter *Noriega* sein wird.

Der Narco-Diktator

Doch *Noriegas* Macht und die Loyalität seiner Männer kostet Geld, viel Geld, und er greift nach jeder Möglichkeit, um an „harte" Dollars zu kommen. Zu einer scheinbar unversiegbaren Geldquelle gehören die schmutzigen **Geschäfte mit Kolumbiens Drogenkartell,** was ihm einen in der Geschichte einmaligen Titel einbringt: Narco-Diktator. Nach und nach häufen sich die Anschuldigungen gegen ihn, beim weltweiten Drogenhandel seine Hände im Spiel zu haben, doch es fehlen bisher die handfesten Beweise.

Einen Einblick in die undurchsichtigen Geschäfte *Noriegas* möchte **Hugo Spadafora** bringen. Er gilt als unerschrockener **Noriega-Gegner,** lebt aber die meiste Zeit im Ausland, als Widerstandskämpfer an verschiedenen Fronten. Als *Spadafora* öffentlich erklärt, dass er nach Panama zurückkehren und Beweise gegen *Noriega* auf den Tisch legen wird, wartet man gespannt auf seine Enthüllungen, zu denen es aber nie kommen wird. Trotz guter Tarnung fällt *Spadafora* bei seiner Einreise von Costa Rica nach Panama der Nationalgarde in die Hände, die ihn unter einem Vorwand in Concepción nahe der costa-ricanischen Grenze sofort in Haft nimmt. Nach tagelangen Folterungen (wofür es Zeugen gibt!) findet man seinen enthaupteten Körper (der Kopf bleibt bis heute verschwunden) in einem US-Postsack auf

El Comandante Noriega

Im Juli 2010 hat ein Gericht in Paris den ehemaligen Machthaber Panamas, **Manuel Noriega,** im Alter von 76 Jahren wegen Geldwäsche zu sieben Jahren Haft verurteilt. Zuvor hatte er bereits 17 Jahre in Florida wegen Drogendelikten im Gefängnis gesessen. Nach einem „kurzen Aufenthalt" in Frankreich wird *Noriega* im Dezember 2011 an Panama ausgeliefert, wo er eine weitere Haftsrafe von 20 Jahren der Beteiligung an der Ermordung politischer Gegner verbüßen wird. Aufgrund seines hohen Alters wird er die Strafe aber in seiner Heimat als Hausarrest antreten können.

Manuel Antonio Noriega Moreno wird am 11. Februar 1934 im stark heruntergekommenen Stadtteil Santa Ana in Panama-Stadt als uneheliches Kind geboren. Da ihn sein Vater, ein Schürzenjäger und Alkoholiker, verleugnet, wächst „Tony", wie er während der Kindheit gerufen wird, bei seiner leiblichen Mutter auf, einer ehemaligen Hausangestellten der Familie Noriega. Tony verbringt seine Jugend in der Nähe seines Geburtsortes, einer anrüchigen Gegend um die Calle 13, die Sal si puedes („Verschwinde, solange Du kannst") genannt wird. Noriega leidet stark unter Akne, die sein Gesicht pockennarbig erscheinen lässt und derentwegen er am Höhepunkt seiner Macht von seinen Feinden den (heimlichen) Beinamen La Piña („Die Ananas") erhält. Als seine Mutter noch vor seinem ersten Schuljahr stirbt, kommt er als Pflegekind zu seiner Taufpatin, die sich in den Folgejahren liebevoll um kümmert.

Nach erfolgreichem Abschluss der Primär- und Sekundärschule erhält *Noriega* **1947** einen **Studienplatz am Instituto Nacional,** wo er im Verlauf seiner Schulzeit mit der politischen Studentenszene in Kontakt kommt. Dabei lernt er seinen älteren Halbbruder *Luis Carlos Noriega* kennen, von dessen Existenz er bis zu diesem Zeitpunkt nichts ahnte. *Luis Carlos,* der von der Familie *Noriega* wegen seiner homosexuellen Veranlagung verstoßen wurde, ist **politisch sehr aktiv** und lehrt seinen Halbbruder das ABC der Politik. *Tony Noriega* engagiert sich stark in der Szene, liest viele politische Bücher, unterstützt Demonstrationen, hält Reden, trifft einflussreiche Politiker und wird zweimal in den Nationalen Studentenkongress gewählt. Während der Zeit am Instituto Nacional ist *Noriega* antimilitärisch eingestellt und als Präsident *Remón* in den frühen 1950er Jahren die Polizei und das Militär zur *Guardia Nacional* (Nationalgarde) vereinigt, steht *Noriega* an vorderster Front, um lautstark gegen die Vereinigung zu protestieren.

Nach seinen politisch „lehrreichen" Jahren am Instituto Nacional und dem **erfolgreichen Abschluss 1953** möchte er Medizin studieren. Sein Ansuchen an der Universidad de Panamá wird aber abgelehnt, denn die beste Universität des Landes hat nur offene Türen für die Kinder der reichsten und mächtigsten Familien Panamas. Auch bei anderen Versuchen stößt *Noriega* immer wieder auf Barrieren, die ihm vor allem wegen seiner Herkunft aus der „armen" Schicht in den Weg gelegt werden.

Wegen dieser bitteren Erfahrungen wendet sich der einstige Antimilitarist immer mehr dem Militarismus zu. *Noriega* glaubt, mit der „entsprechenden" Uniform einen Ausgleich für seine Herkunft schaffen zu können. Mithilfe seines Halbbruders *Luis Carlos,* der inzwischen in Peru in der diplomatischen Vertretung von Panama arbeitet, wird *Tony* **1957 in einer Militärakademie in Peru** aufgenommen, wo er bereits in seinem ersten Ausbildungsjahr indirekten **Kontakt zum amerikanischen Geheimdienst CIA** *(Central Intelligence Agency)* bekommt. Die CIA soll in

Peru die zukünftigen Offiziere „im Auge" behalten, vor allem jene, die zur kommunistischen Szene neigen. Auf der Suche nach „geeigneten Mitarbeitern" fällt der junge Kadett *Manuel Antonio Noriega* postiv auf, doch eine Rekrutierung kommt für die CIA nicht in Frage. Durch seinen Halbbruder *Luis Carlos,* der Kontakte zur CIA hat, kommt die Verbindung zustande und ab diesem Zeitpunkt „horcht" *Noriega* seine Mitschüler aus und erhält dafür die ersten US-Dollars von der CIA.

Nach fünfjähriger Ausbildung wird *Noriega* als Leutnant ausgemustert. Er **kehrt 1962 nach Panama zurück,** doch zu dieser Zeit besteht kein Bedarf an Offizieren, weshalb er sich mit verschiedenen Jobs über Wasser hält. Durch Zufall lernt *Noriega* den späteren Diktator *Omar Torrijos* kennen, was ein entscheidender Wendepunkt in seinem Leben ist. *Torrijos*, der kurz davorsteht, als Garnisonskommandant die Nationalgarde in der Provinz Chiriquí zu übernehmen, findet an *Noriega* großes Gefallen. *Torrijos* holt ihn nach Chiriquí, wo *Noriega* **1963** als Leutnant die Polizei in David übernimmt und 1966 als Hauptmann die Garnison der **Nationalgarde** befehligt. Zu Beginn der 1970er Jahre hilft *Noriega* seinem Förderer *Torrijos* an die Macht zu kommen und erhält wegen seiner Loyalität den Major-Titel.

Mitte der 1960er Jahre hilft die CIA in Panama einen Geheimdienst aufzubauen, den G–2, der aus einer Gruppe Nationalgardisten besteht. *Torrijos* wählt für die **Top-Secret-Abteilung** *Noriega* aus, um die spärliche Sammlung von Informationen zu überwachen. **Mitte der 1970er** Jahre erhält *Noriega* den **Chefposten des Geheimdienstes.** Sein Amtskollege bei der CIA ist 1976 *George Bush*, der später den Befehl zur Invasion geben und damit *Noriega* stürzen wird.

Noriega fühlt sich in der neuen Rolle als Leiter des Geheimdienstes wohl. Niemand ist vor seiner Bespitzelung sicher, vor allem jene nicht, die ihm auf „dem Weg nach oben" eventuell Steine in den Weg werfen könnten. *Noriega* legt ein großes und penibel geführtes Archiv an und mithilfe der oft peinlichen Informationen werden seine Konkurrenten im Machtkampf gnadenlos erpresst und langsam auf das Abstellgleis geschoben. Auch über die USA sammelt er Top-Secret-Informationen, die bei Bekanntgabe für die US-Regierung sehr blamable Folgen haben könnten.

Im Verlauf seiner G–2-Tätigkeit **arbeitet** *Noriega* immer enger **mit der CIA zusammen,** die ihn in den USA und Panama gewissenhaft ausbildet, u.a. in psychologischer Kriegsführung. Die CIA, die in Panama über ein gutes Netz an Informanten, Zuträgern und zumeist als Diplomaten getarnten Agenten verfügt, ist von *Noriegas* Fähigkeiten begeistert, weshalb sie ihn als „Aktivposten" einstufen und großzügig bezahlen lässt. Ohne Wissen der CIA steht *Noriega* aber auch im Dienst von anderen Geheimdiensten, z.B. von Nicaragua, Kuba, Libyen und Israel – er dealt mit Informationen für alle Seiten.

Wegen seiner **Drogenkontakte nach Kolumbien** wird er auch für die US-Drogenbekämpfungsbehörde DEA interessant. Und mit ihnen spielt *Noriega* das gleiche Spiel wie mit der CIA. Ohne das Wissen der DEA sind die verhafteten Dealer meistens *Noriegas* größte Konkurrenten im Drogenhandel oder jene seiner Freunde des kolumbianischen Medellín-Kartells, dessen oberster Boss kein Geringerer ist als der im Dezember 1993 von der Polizei getötete *Pablo „Padre" Escobar.*

Mit den Drogengeschäften, wobei auch „Geldwäsche" in Panama betrieben wird, kommt *Noriega* zu **Reichtum,** den er dazu benutzt, immer mehr loyale Personen um sich zu scharen und seine Macht auszubauen.

Während der 1960er und 1970er Jahre manipuliert sich *Noriega* nach oben. Als *Torrijos* am 31. Juli 1981 unter mysteriösen Umständen bei einem Flugzeugabsturz stirbt, ist für *Noriega* endgültig der „Weg nach oben" frei.

costa-ricanischem Territorium. Trotz Zeugen bleibt der Mord bis heute unaufgeklärt. Und eine Verbindung zu *Noriega* ist ebenfalls nicht nachzuweisen, er hält sich zur Tatzeit (rein zufällig) in Paris auf.

Druck auf Noriega

Mit dem grauenhaften Mord an *Hugo Spadafora* zeigt das Noriega-Regime der panamaischen Bevölkerung erstmals sein wahres Gesicht. Als ihm Juni 1986 in Miami und Tampa die ersten **Beweise** gegen *Noriega* **wegen Drogenhandels** auftauchen und zudem ein Jahr später an die Öffentlichkeit durchsickert, dass *Noriega* aller Wahrscheinlichkeit nach **1984 die Wahl manipuliert** hat, beginnt sein Imperium langsam einzustürzen. Die US-Regierung, die über *Noriegas* „Fehltritte" der letzten Jahre wegen seiner verlässlichen Informationen für die CIA und DEA großzügig hinwegsah, distanziert sich von *Noriega.*

Auch der **innenpolitische Druck** auf *Noriega* wird immer größer. Die Bevölkerung organisiert ab 1987 regelmäßig Demonstrationen, die den Namen *Cruzadas Civilistas* (Bürgerkreuzzüge) erhalten. Sie eskalieren immer zu blutigen Konflikten zwischen den Demonstranten und noriegatreuen Soldaten.

Präsident *Eric Aturo Delvalle* versucht mit US-Unterstützung im Februar 1988, *Noriega* aus seinem Amt zu entfernen, doch die regimegetreue Mehrheitsfraktion des Parlaments lässt *Delvalle* ablösen und setzt an seine Stelle *Manuel Solís Palma. Delvalle* flüchtet in die USA, wo er sich bei der sonst nicht so zimperlich agierenden **US-Regierung** (wenn es um Panama geht) über die mangelhafte Hilfe beschwert. Die US-Regierung unter *Ronald Reagan* denkt nicht daran, beim Sturz mit dem Militär entscheidend mitzuwirken, denn im November 1988 stehen in den USA Präsidentenwahlen auf dem Kalender und weder Vizepräsident *George Bush*, der die Wahl 1988 gewinnen wird, noch der amtierende US-Präsident *Ronald Reagan* lassen sich auf die waghalsige Trittbrettfahrt ein.

Ein **Embargo gegen Panama** scheint der US-Regierung die einzige und zu diesem Zeitpunkt vernünftigste Lösung zu sein. Kurz nach dem Sturz *Delvalles* werden deshalb schwere Sanktionen verhängt, die Panama an den Rand des wirtschaftlichen und sozialen Abgrundes bringen und die für innenpolitische Unruhe sorgen. Der Druck auf den Diktator wächst zwar damit an, bringt ihn aber nicht zu Fall. *Noriega* versucht die innenpolitische Lage zu stabilisieren und wieder in den Griff zu bekommen, um damit die bevorstehenden Wahlen im Mai 1989, „nach seinem Geschmack" über die Bühne zu bringen. Die panamaische Bevölkerung ergreift bei den Wahlen die Chance, mit ihrer Stimmabgabe ihre Unzufriedenheit auszudrücken.

Wahlen von 1989

Das Parteienverbot der 1970er Jahre und der mühevolle Wiederaufbau während der 1980er Jahre haben keine wirkungsvollen Einzelparteien zum Vorschein gebracht. Zur Wahl im Mai 1989 treten deshalb nur zwei große **Parteienbündnisse** an: die regimetreue *Coalición de la Liberación Nacional* (COLINA) und die oppositionelle *Alianza Demócratica de Oposición Civilista* (ADOC).

Als **Kandidaten** für das Präsidentenamt stehen sich *Guillermo Endara Gallimany* von der ADOC und *Carlos Duque Caen* von der COLINA gegenüber. Doch beide Kandidaten bringen nicht die günstigsten Voraussetzungen mit: *Endara* gilt nur als Notlösung für die Kandidatur, da der ADOC-Top-Kandidat *Arnulfo Arias* wenige Monate vor der Wahl gestorben ist und *Duque Caen* ist seit langer Zeit ein guter „Geschäftsfreund" *Noriegas*.

Während der Stimmenauszählung zeichnet sich bereits ein **deutlicher Wahlsieg Endaras** ab. Als *Noriega* erkennt, dass sein Geschäftsfreund keine Chance hat, die Wahl auf legale Weise zu gewinnen, lässt er von seinen loyalen Männern kurzerhand die Wahl manipulieren. Nach „amtlichen" Ergebnissen steht plötzlich *Duque* als Sieger fest. Die oppositionelle ADOC wirft General *Noriega* und der von ihm gestützten Regierung eindeutigen **Wahlbetrug** vor und ruft die Bevölkerung zu spontanen Demonstrationen auf. *Endara* und seine beiden Kandidaten für die Vizepräsidentenämter ziehen mit einer Menschenmasse in Panama-Stadt durch die Avenida Central in Richtung von *Noriegas* Hauptquartier, um für die Anerkennung ihres Wahlsieges zu demonstrieren. Noch bevor der Demonstrationszug das Hauptquartier erreicht, kommt es vor der Santa-Ana-Kirche zur Eskalation zwischen den Demonstranten und *Noriegas* „dunklen Schatten", die brutal zuschlagen und dabei *Endara,* der wenige Tage später ins Exil fliehen wird, und seine Kandidaten verletzen.

Um weiteren Eskalationen vorzubeugen, verkündet der von der Regierung kontrollierte Wahlausschuss drei Tage später die **Annullierung der Wahl** mit der Begründung, dass Wahlurnen und -unterlagen verschwunden seien und dass internationale Wahlbeobachter, unter anderem die Ex-US-Präsidenten *Jimmy Carter* und *Gerald Ford,* die Auszählung der Stimmen wesentlich erschwert hätten. Neuwahlen lehnt die Regierung strikt ab. Als Kompromiss wird angeboten, die Amtszeit des scheidenden Präsidenten *Solís Palma* bis 1991 zu verlängern. Die Opposition bleibt jedoch in jeder Hinsicht hart, lehnt auch eine Übergangsjunta ab und besteht auf den Wahlsieg *Endaras.* Auch internationale Vermittlungsversuche fruchten nicht, wodurch sich die Lage zwischen den USA und *Noriega* gefährlich zuspitzt. Um die Situation einigermaßen zu beruhigen, lässt *Noriega* den „Wahlsieger" *Duque* abtreten und durch seinen Freund *Francisco Rodríguez* ersetzen, der am **1. Oktober 1989** das Präsidentenamt übernimmt.

Fehlgeschlagener Putsch

Einen Tag nach *Rodríguez'* Amtsantritt versucht Major *Moisés Giroldi Vega,* der eigentlich zu den loyalsten Männern *Noriegas* zählt, die Unruhen auszunützen und das politische Steuer durch einen Putsch herumzureißen. Er kann dabei auf die Militärhilfe der USA rechnen. In einer waghalsigen Aktion dringt *Giroldi* in das Hauptquartier *Noriegas* ein. Doch die lückenhafte Deckung der USA (vor allem bei der Flughafensperre) ermöglicht es den Noriega loyalen, in Chiriquí stationierten *Machos del Monte,* mit dem Flugzeug in Panama-Stadt zu landen und ihrem Kommandanten zu Hilfe zu eilen. Der Putsch scheitert im Ansatz und kostet Major *Giroldi* das Leben.

Die Konsequenz daraus ist ein völlig durchgedrehter *Noriega*, der sich mit seinen loyalen Truppen ab jetzt für „unverwundbar" hält. Kurz nach dem Putschversuch erklärt sich *Noriega* zum *Maximo Lider* Panamas – sein letzter politischer Schritt.

US-Invasion

US-Präsident *George Bush* und sein Krisenstab arbeiten bereits fieberhaft an einer Lösung, die letztendlich nur eine **militärische Intervention** in Panama vorsieht, obwohl die Konsequenz daraus der Verlust von US-Militärbasen in Europa oder Asien sein könnte. Trotz des negativen Beigeschmacks entschließt sich die Regierung zur Aktion. Damit diese auch gerechtfertigt und durch den Kanalvertrag abgedeckt ist, gibt man als Gründe an, dass *Noriega* ein unkontrollierbares Risiko für den Panamakanal sei und er jederzeit die Transitverbindung durch Sabotage unterbrechen könnte. Das würde aber heißen, dass die US-Soldaten nur den Kanal beschützen, jedoch *Noriega* nicht verhaften könnten. Die US-Regierung erwähnt deshalb im gleichen Atemzug die fertiggestellten Anklagen und **Haftbefehle** gegen *Noriega* **wegen Drogenhandels.** Das erklärt auch den Umstand, warum *Noriega* von DEA-Beamten und nicht von den US-Militärs verhaftet wird.

Unter dem Decknamen *Operation Just Cause* (siehe Exkurs) fallen die USA mit ca. 200 Hubschraubern, 110 Flugzeugen und etwa 25.000 Soldaten am **20. Dezember 1989** in Panama ein. Noch bevor die Aktion beginnt, wird *Endara* in eine US-Basis in Panama gebracht und dort als Präsident vereidigt. Mit seiner offiziellen Zustimmung zur Invasion hat die „Rechtfertigung" für ein militärisches Eingreifen ein weiteres Standbein erhalten.

Für internationale Beobachter der US-Außenpolitik bleibt trotz allem die Intervention nicht zweifelsfrei, vor allem wenn man ihr Fazit betrachtet: 23 US-Soldaten, 3 US-Zivilisten und ca. 7000 (laut offizieller Stelle in Panama) panamaische Soldaten und Zivilisten wurden getötet, 324 US-Soldaten und ca. 3000 panamaische Soldaten und Zivilisten wurden verwundet, etwa 25.000 Menschen wurden obdachlos. Der entstandene Sachschaden betrug ca. 1,5 Milliarden US-Dollar. Ein sehr hoher Preis für Panamas Freiheit, die das Etikett *Made in USA* trägt – wie so vieles in Panama der letzten Jahrzehnte, vor allem General *Noriega*.

Das Chaos danach

Mit der Verhaftung *Noriegas* im Januar 1990 ist zugleich ein Aufatmen in der panamaischen Bevölkerung spürbar. In vielen Landesteilen bricht eine Welle von **euphorischen Feiern** los. Doch gleichzeitig kommt für die Bevölkerung auch die ernüchternde Konfrontation mit der Realität: Die Gerechtigkeit *Made in USA* hat zwar gesiegt, aber *Noriegas* Diktatur, die nach der Invasion aufgehobenen US-Sanktionen von 1988/89 und die militärische Intervention haben in Panama eine **wirtschaftliche Katastrophe** und ein **politisches Chaos** hinterlassen.

Koalitionsregierung unter Endara

Als sich der Staub der Invasion einigermaßen gelegt hat, kommen die Wahlzettel vom Mai 1989 – oder was davon noch übrig ist – unter dem Patronat der USA zur Neuauswertung. Auf der Basis dieser Stimmenauszählung entsteht unter dem bereits vereidigten Präsidenten und Regierungschef *Guillermo Endara* eine Koalitionsregierung, in der das Oppositionsbündnis ADOC mit der stimmenstärksten Partei, der *Partido Demócrato Cristiano* (PDC), zwei Drittel der Parlamentssitze erhält. Die Restsitze entfallen auf die regimetreue Vereinigung COLINA, in der die von *Torrijos* gegründete *Partido Revolucionario Democratíco* (PRD) das Sagen hat.

Wirtschaftliche Krise

Einer der ersten Programmpunkte nach dem sofortigen Amtsantritt der neuen Regierung ist die **Bewältigung der hohen Auslandsverschuldung,** die die Regierung zu drastischen Sparmaßnahmen im Staatshaushalt zwingt. Da die vor der Invasion versprochene Finanzhilfe der USA bis zum März 1990 noch immer nicht erfolgt ist, tritt *Endara* im gleichen Monat in einen befristeten Hungerstreik (der wegen der Fettleibigkeit des Präsidenten unter der Bevölkerung Anlass zur Belustigung ist). Schließlich genehmigt die US-Regierung ein humanitäres Hilfsprogramm für Panama, an dem sich auch die Europäische Gemeinschaft und Japan beteiligen.

Erneute **Sparmaßnahmen,** Kündigungen im öffentlichen Sektor und großangelegte Streiks stürzen das Land allmählich in ein Chaos. Hinzu kommt noch, dass *Endara* und seine Leute wegen Drogengeldwäsche unter **Korruptionsverdacht** geraten. Bei dem Versuch der Regierung, *Noriegas* Geschäfte zu durchleuchten, hebt man das Bankgeheimnis in Panama auf. Doch die US-Drogenbekämpfungsbehörde DEA stellt fest, dass nach der Invasion die Drogengeldwäsche größere Dimensionen angenommen hat als zu *Noriegas* Zeiten.

Die kaum mehr kontrollierbare Kriminalität in den Großstädten stellt die Regierung vor zusätzliche Probleme. Auch die ehemaligen paramilitärischen Spezialeinheiten *Noriegas* terrorisieren die Einwohner der Hauptstadt mit einer Serie von Überfällen auf Banken, Luxusgeschäfte, gehobene Restaurants, Firmen und Privathäuser. Daraufhin löst man 1991 die von *Noriega* geschaffenen *Fuerzas de Defensa de Panamá* (FDP) auf und kreiert daraus die *Fuerza Pública* (FP), eine Polizeieinheit mit militärischen Sonderaufgaben. Als weitere Maßnahme gegen die Gewalt verspricht die Regierung jeder Person 150 US-Dollar pro abgegebener Waffe.

Die durch den langsamen Zerfall des ADOC-Bündnisses zersplitterte und durch erneuten Verdacht der Geldwäsche gegen *Endara* diskreditierte Regierung beharrt weiterhin auf ihrem Sparkurs, der das Wirtschaftswachstum **1992** um ca. 10 % ansteigen lässt und als Erfolg der Regierung zugeschrieben wird. Doch die vom Bauboom und von Umsatzrekorden in der Freihandelszone Colón ausgelöste **Konjunktur** hat ihren Grund darin, dass in beiden Branchen noch immer Drogengelder „gewaschen" werden, weshalb vom Wachstum nur eine kleine Gruppe profitiert.

Operation Just Cause

Panama-Stadt, Mittwoch, **20. Dezember 1989:** Der Tag ist erst wenige Minuten alt, als sich die ersten US-Soldaten mit Panzerfahrzeugen vom Norden her durch den Bezirk Ancón auf die Altstadt zubewegen. Ihr Ziel ist das Hauptquartier General *Noriegas*, die *Comandancia* an der Avenida A im ärmlichen Stadtteil El Chorrillo. Über der Stadt liegt in der nächtlichen Schwüle eine unheimliche, bedrohende Spannung, die sich auf die panamaischen Soldaten überträgt. Sie patroullieren nervös und schwerbewaffnet, rund um die Comandancia und bemerken nicht, wie die Amerikaner sich langsam der Avenida A nähern. Die seit fünfzehn Jahren größte Militäraktion der USA ist angelaufen – die Operation „Gerechte Sache".

Um 0.45 Uhr, 15 Minuten früher als geplant, kommt der Befehl zum **Angriff.** Die nächtliche Ruhe verwandelt sich in einen ohrenbetäubenden Sturm von Gewehrsalven, Explosionen und Leuchtraketen. Am künstlich erhellten Himmel tauchen die ersten Transportflugzeuge auf, die schwerbewaffnete US-Fallschirmspringer über dem gesamten Stadtgebiet absetzen. Gleichzeitig legen einige Kampfhubschrauber in kürzester Zeit die Comandancia in Schutt und Asche. Innerhalb von wenigen Minuten verwandelt sich El Chorrillo in ein Flammenmeer, das in den Holzbaracken einen guten Nährboden findet. Der Überraschungseffekt des explosiven Angriffes erstickt den Widerstand im Keim und einige panamaische Soldaten kapitulieren sofort. Nach ca. sechs Stunden Kampf sind die meisten panamaischen Soldaten zur Aufgabe bereit.

Obwohl hochtechnische Abhörgeräte und Waffen eingesetzt werden, gelingt es den US-Soldaten aber nicht, in der ersten Phase der Invasion das eigentliche Ziel – General *Noriega* – zu ergreifen. Er befindet sich zum Zeitpunkt des Angriffes auf die Comandancia in einem Versteck am Rande der Stadt. Gegen 3 Uhr meldet sich *Noriega* über einen versteckten Radiosender und will „bis zum Ende" kämpfen …

Am **Vormittag des 20. Dezember** liegen über der Stadt dicke Rauchwolken, in der die US-Hubschrauber ihre Beute suchen. Vom Angriff am schwersten getroffen sind El Chorrillo, San Miguelito und Panama Viejo. Zerbombte, teils noch brennende Häuser, dutzende Autowracks, massenweise Plünderer, die durch die Avenida Central ziehen, fast bis an den Rand der Unkenntlichkeit getarnte „Rambos" und US-Panzerfahrzeuge beherrschen das Straßenbild.

Die US-Soldaten haben mittlerweile systematisch die Stadt infiltriert. Sie suchen fieberhaft nach *Noriega*, der geschickt mit einem unauffälligen Auto in Bewegung bleibt und dabei ständig sein Versteck wechselt. Mit jeder Stunde, die er in Freiheit verbringt, vergrößert sich die Angst der US-Regierung, *Noriega* nie verhaften zu können. Hinzu kommt noch die beängstigende Spekulation eines Guerilla-Krieges, der die USA sicher länger als geplant in Panama binden würde – von einem Scheitern der Aktion gar nicht zu sprechen.

In den folgenden Tagen geht das „Katz-und-Maus-Spiel" in Panama weiter. Wegen der **erfolglosen Suche** greift die US-Regierung zu anderen Mitteln: Sie setzt eine Belohnung in Höhe von 1 Mio. US-Dollar aus für Informationen, die zur Verhaftung *Noriegas* führen. Innerhalb kürzester Zeit gehen zahlreiche Meldungen im Hauptquartier der Amerikaner ein, allerdings ist keine darunter, die zur Ergreifung *Noriegas* führt. Gleichzeitig versuchen die US-Militärs, die hohen panamaischen Offiziere zur Aufgabe zu überreden, was im Verlauf der nächsten Stunden auch gelingt.

Nahezu alle **Soldaten kapitulieren,** wodurch auch die Kaserne in Río Hato, die größte militärische Bastion in Panama, unter amerikanische Kontrolle fällt. Durch die Kapitulation verringert man für *Noriega* die Zufluchtsorte und vor allem die wichtige Unterstützung von seiten seiner loyalen Militärs. Der Kreis um *Noriega* wird drastisch kleiner, aber noch immer wissen die US-Soldaten nicht, wo er sich versteckt hält. Als man durch einen „heißen Tipp" endlich das leere Versteck bei einem seiner Geschäftsfreunde entdeckt, wird die Schlinge allmählich zugezogen.

Noriega erkennt den Ernst seiner Lage und flüchtet am **24. Dezember** in die **vatikanische Botschaft,** den einzigen Zufluchtsort, den die US-Strategen übersehen hatten. Als der päpstliche Nuntius offiziell verkündet, dass *Noriega* sich in der Botschaft aufhält, verbreitet sich die Meldung wie ein Lauffeuer durch die Stadt. Innerhalb kürzester Zeit wird die Umgebung der Botschaft von Soldaten hermetisch abgeriegelt, ein Betreten des exterritorialen Gebietes ist aber nicht möglich. Zwischen die Soldaten mischen sich immer wieder panamaische Demonstranten, die den Kopf des Diktators fordern. Der belagerungsähnliche Zustand zermürbt *Noriega*, der sich seiner aussichtslosen Lage immer deutlicher bewusst wird, langsam.

Nach mühevollen Verhandlungen, wobei der Nuntius als Vermittler tätig ist, stellt sich *Noriega* am **3. Januar 1990** gegen 21 Uhr den Beamten der DEA. Vor der vatikanischen Botschaft wartet bereits ein Hubschrauber, der den Diktator zur US-Basis Fort Clayton bringt. Am nächsten Tag wird er nach Miami geflogen **und wegen Drogenhandels unter Anklage gestellt.**

Über die US-Invasion wurde übrigens der Dokumentarfilm *The Panama Deception* gedreht, der 1992 als beste Dokumentation mit dem Oscar auszeichnet wurde.

Ernstzunehmende **Sozialreformen scheitern** nach wie vor an Geldmangel, was zu einem Anstieg der Arbeitslosigkeit auf über 30 % und zu Demonstrationen führt. Als kleinen Erfolg kann die Regierung die Bekämpfung der Kriminalität verbuchen, die man mit konsequenten Maßnahmen stark eindämmt.

Im **November 1992** wird eine **Verfassungsreform** von einer Zwei-Drittel-Mehrheit der Bevölkerung deutlich **abgelehnt.** Das „Nein" ist aber weniger als Überzeugung zu werten, sondern es entsteht vielmehr aus Protest gegen die Endara-Regierung. Die größten Gegner der Verfassungsreform kommen aus den Reihen der PRD, was auch verständlich ist, denn die Reform sah unter anderem die Abschaffung der im Polizeiapparat verankerten Streitkräfte vor.

Amnestiedebatte

Kaum ist der **Jahreswechsel 1992/93** vollzogen, bricht im Parlament ein hochexplosiver Streit aus: die Debatte um eine Amnestie für die rund 50 aus Zivilisten und Militärs bestehenden Noriega-Getreuen. Während *Noriega* im Juli 1992 in Florida bereits zu 40 Jahren Haft verurteilt wurde, sitzen seine Männer in Panama noch immer in Untersuchungshaft, größtenteils auf Grund von vage formulierten Anklageschriften, was übrigens von *Amnesty International* stark kritisiert wurde. Die PRD schlägt daher ein Gesetz vor, das die Einstellung der Verfahren und die Aussetzung möglicher Strafen gegen die Anhänger *Noriegas* vorsieht, wogegen die Bevölkerung heftig protestiert.

Fortsetzung des Regierungskurses

Die **prekäre Situation** der zersplitterten Regierung und die opportunistische Haltung *Endaras* erhalten zusätzliches Gewicht durch die Tatsache, dass in den ersten Regierungsjahren nicht weniger als fünf erfolglose Versuche innerhalb der Koalition stattfinden, *Endara* auf das Abstellgleis zu schieben. Trotz allen politischen Intrigen, wirtschaftlichen Krisen und chaotischen Zuständen im Land setzt die Endara-Regierung ihren drastischen Sparkurs bis zu den Wahlen im Mai 1994 weiter fort.

Erste freie Wahlen

Die Wählerstimmen in Panama hängen weniger von der demokratischen Ausrichtung einer Partei ab als vom wirtschaftlichen Erfolg, der sich erst am Ende einer Regierungsperiode zeigt. Und da *Endara* und seine zerbröckelte Koalitionsregierung während ihrer Periode keine großen wirtschaftlichen Erfolge verbuchen konnten, war ein Regierungswechsel bei den Wahlen 1994 bereits vorprogrammiert.

Unter den Augen von rund 2500 Wahlbeobachtern, darunter auch Ex-US-Präsident *Jimmy Carter*, finden am **8. Mai 1994** die ersten freien Wahlen in Panama seit rund 25 Jahren statt. Rund 1,5 Mio. Bürger sind zum Urnengang aufgerufen, und wie man später feststellt, geben 78 % der Wahlberechtigten ihre Stimme ab.

Sehr gute Siegeschancen werden dem ehemaligen Juristen und jetzigen Hollywoodschauspieler, Salsa-Sänger und Liedermacher *Rubén Blades* eingeräumt, der die autoritäre politische Kultur des Landes revolutionieren möchte. Mit seiner **basisdemokratisch orientierten Partei** *Papa Egoró* (Mutter Erde) will er für eine neue politische Stimmung im Land sorgen. *Blades* endet mit 17 % der Stimmen an dritter Stelle. Mit 29 % der Stimmen an die zweite Stelle kommt die Witwe *Arnulfo Arias', Mireya Moscoso,* die als Spitzenkandidatin der **Demokratischen Allianz** die Elite der Kaffeebarone und Viehzüchter vertritt.

Zum neuen Präsidenten und Regierungschef wird mit einem Drittel der Stimmen **Ernesto Pérez Balladares** gewählt. Er kommt aus dem Lager der PRD, jener Partei, die der politische Arm der herrschenden Militärs war. Die 1978 von *Torrijos* gegründete Partei hat nun abermals für fünf Jahre das Sagen im Land und kann sich vorwiegend auf die Beamten, Staatsangestellten und Arbeitslosen stützen.

Balladares, der wegen seiner körperlichen Konstitution auch als *El Toro* („Der Stier") bezeichnet wird, erklärt nach seinem Wahlsieg, dass er **nicht zum Militarismus zurückkehren** werde, in erster Linie wolle er mit dem Aufbau der Nation beginnen. Das bedeutet unter anderem die Schaffung neuer Arbeitsplätze, die Bekämpfung der Korruption und der Drogengeldwäsche, die Reformierung der paramilitärischen Einheiten innerhalb des Polizeiapparates und die Säuberung der wichtigsten Posten von den noch immer sehr zahlreich vorhandenen Regimetreuen.

Es gelingt *Balladares*, die Wirtschaft neu zu beleben und die Arbeitslosenrate, die Staatsverschuldung und die Inflation zu senken. Zudem konzentriert er sich auf die Verbesserung der Infrastruktur und die Übergabe des Kanals zur Jahrtausendwende. Die Rückgabe der Kanalrechte beinhaltet auch den Abzug der US-Truppen. Doch ohne Militär kann Panama den Kanal nicht ausreichend schützen. Beide Parteien einigen sich daher auf die Errichtung eines Antidrogenzentrums in der Kanalzone. Unter diesem Deckmantel bleibt ein Teil der US-Truppen in Panama stationiert.

Dass die Stationierung nicht überall auf fruchtbaren Boden fällt, war zu erwarten, doch mehr Staub wirbelt *Balladares*' Idee auf, die Verfassung zugunsten seiner zweiten Kandidatur bei den Wahlen im Mai 1999 zu ändern. Begründet wird der Vorschlag mit der positiven wirtschaftlichen Entwicklung. Doch letztendlich entscheidet immer noch das Volk, mit welchem Präsidenten es in das neue Jahrtausend gehen möchte: Im August 1997 stimmen zwei Drittel der Bevölkerung gegen eine Wiederkandidatur *Balladares*'. Ausschlaggebend für das deutliche „Nein" ist *Balladares*' Vergangenheit während der Noriega-Diktatur.

Kanalübergabe

Nach ihrem zweiten Anlauf gewinnt im Mai 1999 *Mireya Moscoso* die Präsidentenwahl. Eine ihrer ersten Amtshandlungen ist die offizielle Übernahme des Panamakanals am **14. Dezember 1999,** die im Beisein hoher in- und ausländischer Persönlichkeiten aus Politik und Wirtschaft erfolgt. Mit der Kanalübergabe endet die fast hundert Jahre dauernde Herrschaft der USA in diesem Teil Panamas, und für die panamaische Regierung beginnt das große Kopfzerbrechen, was mit den **ungenutzten Flächen** und leerstehenden Gebäuden, die die Amerikaner nach ihrem Abzug hinterlassen haben, passieren soll (mehr dazu siehe unter „Aktuelle Politik").

Von 2009 bis 2014 bekleidete *Ricardo Martinelli* sowohl das Amt des Präsidenten als auch das Amt des Regierungschefs, seit April 2014 ist **Juan Carlos Varela** von der *Partido Panameñista* Staatspräsident.

Staat und Politik

Staats- und Regierungsform

In der **Verfassung** *(Constitución)* **vom 20. Mai 1983** wird Panama als ein demokratischer, unitarischer, republikanischer und repräsentativer Staat definiert, dessen **offizieller Name República de Panamá** lautet.

Exekutive

Der Präsident ist **Staatsoberhaupt** und Regierungschef zugleich. An seiner Seite stehen zwei **Vizepräsidenten** und die **Minister,** die vom Präsidenten berufen und entlassen werden. Sie bilden zusammen die exekutive Staatsgewalt, den **Kabinettsrat** *(Consejo de Gabinete),* in dessen kollektiver Verantwortung die Ausrufung des Notstandes und das zeitlich beschränkte Außerkraftsetzen von Verfassungsrechten liegt.

Der **Präsident** wird direkt vom Volk (allgemeines Wahlrecht für alle Bürger ab 18 Jahren) für eine Amtszeit von fünf Jahren gewählt, wobei die einfache Mehrheit genügt, um das Präsidentenamt zu erreichen. Eine Wiederwahl ist frühestens nach zwei Wahlperioden möglich.

Legislative

Die gesetzgebende Gewalt übt laut Verfassung das **Einkammernparlament** *(Asamblea Legislativa)* aus. Dieses setzt sich derzeit aus 71 Abgeordneten *(Legisladores)* zusammen, die gleichzeitig mit dem Präsidenten auf Wahlkreisebene für fünf Jahre gewählt werden. Zu ihren Rechten und Pflichten gehören unter anderem die Ratifizierung oder Ablehnung internationaler Verträge und Vereinbarungen, die Billigung oder Veränderung des Staatshaushaltsplanes oder die Gewährung politischer Amnestien.

Judikative

Die judikative Gewalt obliegt dem aus neun Richtern bestehenden **Obersten Gerichtshof** *(Corte de Suprema de Justicia)*. Diese werden vom Präsidenten für zehn Jahre ernannt und müssen vom Parlament bestätigt werden. Im Zweijahresrhythmus werden je zwei Richter ausgetauscht, um die Zusammensetzung zu variieren. Der obersten Gerichtsbehörde folgen **drei Justizregionen** mit fünf Distriktsgerichten mit je zehn Richtern, die vom Obersten Gerichtshof bestimmt werden.

Verwaltungsmäßige Aufteilung

Verwaltungsmäßig gliedert sich Panama in neun **Provinzen** *(provincia)* mit je einer Provinzhauptstadt und – für Lateinamerika beispielhaft – fünf semiautonome **indigene Territorien** *(comarca)*: Comarca de San Blas (Guna Yala), Comarca Ngobe-Buglé, Comarca Emberá-Wounaan (Teil von Darién), Comarca Kuna de Madugandí und Comarca Kuna de Wargandí. An der Spitze der Provinz steht ein vom Präsidenten ernannter Gouverneur *(Gobernador)* als Leiter des Provinzialrates *(Consejo Provincial)*.

Die Provinzen sind in insgesamt 67 **Distrikte** *(districtos)* mit je einer Distrikthauptstadt *(cabecera)* gegliedert. Die Distriktregierung bezeichnet man als Munizipalrat *(Consejo Municipal)*, dessen Leiter als Bürgermeister *(Alcalde)*. Er wird direkt vom Volk für fünf Jahre gewählt.

An unterster Stelle der Verwaltung stehen 510 kleine **Verwaltungsgebiete** *(corregimientos)*, die die Mosaiksteine für die Distrikte sind.

Militär und Polizei

Marsch des Militärs in die Politik

Während in der ersten Hälfte des 20. Jahrhunderts die panamaischen Streitkräfte eine eher unbedeutende Rolle in der Politik des Landes spielten, erhielt das Militär ab 1950/51 eine politische Funktion, die in den 1970er Jahren von *Omar Torrijos* entscheidend ausgebaut und in den 1980er Jahren von *Manuel Antonio Noriega* zur Repression ausgenutzt wurde.

Der entscheidende Schritt zur **politischen Vormachtstellung** der *Guardia Nacional* wurde vom Diktator *Omar Torrijos* in den 1970er Jahren gemacht. Er vergrößerte die Nationalgarde auf 5000 Mann (im weiteren Verlauf seiner Herrschaft dann auf 10.000 Mann) und stellte sie 1972 in einer neuen Verfassung auf die gleiche Machtstufe mit den drei anderen Staatsgewalten. Unter *Torrijos* wurden zudem die Löhne der Soldaten verbessert, vor allem jene der ranghöchsten Offiziere, die jetzt nicht mehr der unteren Sozialschicht angehörten, sondern langsam eine Elite mit besonderen Privilegien darstellten.

Unter Noriega

1983 wurde die Nationalgarde unter den Befehl *Noriegas* gestellt, der in einer umfassenden **Reorganisation** die berühmt-berüchtigte *Fuerzas de Defensa de Panamá* (FDP) geschaffen hat. Er vergrößerte sie bis zur US-Invasion 1989 auf 16.000 Mann, wovon zwei Drittel von Soldaten gebildet wurden, den Rest stellten diverse uniformierte Einheiten.

Der schlechte Ruf der *Fuerzas de Defensa* wurde aber nicht auf die gesamte Einheit bezogen, sondern nur auf die von *Noriega* geschaffenen **Spezialtruppen.** Neben der stärksten Pro-Noriega-Streitmacht, dem *Batallón 2000* und der 5. Schützenkompanie, die von den loyalsten Noriega-Männern geführt wurden, waren es vor allem kleine Spezialtruppen, die durch Terroranschläge Angst unter der Bevölkerung verbreiteten, wie die UESAT, die aus vielen Kleingruppen bestand, von Israel ausgebildet und für „besondere" Aufgaben (ohne Spuren zu hinterlassen) herangezogen wurde.

Einen besonders schlechten Ruf hatte die 7. Schützenkompanie, die als *Machos del Monte* (Die Machos aus den Bergen) allgemein bekannt und für ihre **Brutalität** berüchtigt war. Sie wurden von Kuba im Dschungelkampf ausgebildet und waren *Noriega* gegenüber völlig loyal. An Brutalität wurden die *Machos* nur noch vom *Batallón de Dignidad* („Würde-Bataillon") übertroffen, dessen Männer auch als *Digbats* bekannt und gefürchtet waren. Diese irreguläre paramilitärische Truppe wurde 1988 von *Noriega* geschaffen und schlug im Mai 1989 bei der Demonstration für die Anerkennung des Wahlsieges wahllos und brutal auf die Demonstranten ein.

Zwischen der Machtübernahme von *Torrijos* und der US-Invasion nahmen in Panama die **Menschenrechtsverletzungen** historische Ausmaße an, blieben aber zahlenmäßig weit unter jenen aus anderen lateinamerikanischen Ländern.

Nach der Invasion

1991 wurden die *Fuerzas de Defensa de Panamá* (FDP) um 3000 Mann verringert, die höheren Offiziere entlassen oder inhaftiert und als Polizeieinheit *Fuerza Pública* (FP) mit beschränkten militärischen Aufgaben neu organisiert. Die Spezialtruppen *Noriegas* wurden völlig aufgelöst.

Schließlich unterzeichnete im Oktober 1994 die Regierung ein Gesetz, das der FP die militärischen Aufgaben völlig entzieht und sie in eine Polizei von Zivilisten umwandelte. Panama ist somit nach Costa Rica das zweite zentralamerikanische Land ohne Militär. Zwar gibt es innerhalb des neuen Polizeikorps noch immer einige „Herrscher in Uniform", doch Ausnahmen bestätigen bekanntlich die Regel. Im Großen und Ganzen werden Sie als Gast im Land kaum Probleme mit der Polizei haben, es sei denn, sie geben ihr dazu den nötigen Anlass.

Aktuelle Politik

Panamas Politik konzentriert sich auf die **Privatisierung** von Staatsbetrieben und die durch die Erweiterung des Panamakanals verbundene **Entwicklung der ehemaligen Kanalzone.** Denn die beidseitig des Kanals liegenden Gebiete waren nur dem Betrieb und der Sicherheit des Kanals gewidmet und wurden von den Amerikanern daher wirtschaftlich völlig vernachlässigt. Etwa 3200 Hektar Fläche liegen brach, und viele Gebäude stehen leer. Zu einem geringen Teil hat Panama die Gebäude bereits selbst genutzt: Das Fort Clayton wurde zur Stadt des Wissens umgebaut, ein großer Technologiepark, der in den nächsten Jahren zum führenden Wissenschafts- und Hightech-Zentrum der Region ausgebaut werden soll. Zudem möchte man rund um die Kanalschifffahrt zahlreiche Dienstleistungen anbieten, wie etwa die Reparatur, die Wartung und das Auftanken der Schiffe sowie die Versorgung der Besatzung während der stundenlangen Wartezeit bei der Kanaldurchquerung. Die übrigen Flächen und Gebäude sollen für die internationale Seefahrt und Industrie sowie den ausländischen Tourismus entwickelt werden, wofür man zahlungskräftige Investoren mit einem günstigen Steuerklima anlocken möchte. So entstanden auf dem ehemaligen Militärgelände bereits das Hotel *Sol Melía Panamá Canal,* das *Holiday Inn* sowie die *Causeway Amador* mit modernen Hotels, Restaurants, Bars, Shops und einem Kreuzfahrtterminal.

Der eingeschlagene Weg der Modernisierung des Landes wird vom heutigen Präsidenten *Juan Carlos Varela* fortgesetzt.

024pa hz

Emblem der Policia Nacional

Massenmedien

Fernsehen und Rundfunk

Fernsehen zählt zu einer der besonderen Leidenschaften in der panamaischen Gesellschaft. Das TV-Gerät wird frühmorgens eingeschaltet und läuft ohne Unterbrechung durch bis zum Sendeschluss in den späten Abendstunden. Den allergrößten Teil des Programmes beherrschen die Werbespots und die endlos erscheinenden Serien über Liebe, Hass und Intrigen.

Hauptsender

Nationale **Nachrichten** *(noticias)* gibt es jeweils zur Mittagszeit und zwischen 18 und 19.30 Uhr in den drei privat geführten Hauptsendern, *RPC Televisión* (Kanal 4), *Televisora Nacional, TVN* (Kanal 2) und *Telemetro* (Kanal 13). Die wichtigsten internationalen Nachrichten werden meistens im Telegrammstil innerhalb weniger Minuten gebracht. Dazwischen gibt es die bereits angesprochenen Fernsehserien *(novelas)* und die Werbespots, die sogar die Nachrichten unterbrechen. *RPC* und *TVN* beginnen bereits um 5 bzw. 6 Uhr mit einem sogenannten „Frühstücksfernsehen".

Weitere Sender

Über **Kabel** oder **Satellit** sind diverse andere Sender zu empfangen, die mehrheitlich in spanischer Sprache ausgesendet werden. Die meisten Hotels empfangen *CNN* und *BBC World,* manchmal sogar die *Deutsche Welle* (DW).

Radio

Da zwar nicht jeder panamaische Haushalt über einen Fernseher verfügt, aber ganz sicher im Besitz eines Radiogerätes ist, fällt den lokalen Radiosendern ein besonderer Stellenwert im Alltag zu. Ohne ihr weitverbreitetes Netz könnten kaum wichtige Informationen die abgelegensten Winkel des Landes erreichen. Die derzeit etwa **100 Radiosender** bringen mehrere Stunden täglich Politik- und Sportnachrichten, religiöses Allerlei, Unterhaltungs- und Schulsendungen oder geben Tipps über Feste und Feiertagsveranstaltungen in der Provinz.

Presse

Die Palette an **Tageszeitungen** ist recht breit und die Inhalte der Zeitungen sind sehr differenziert. Es ist nicht ungewöhnlich, dass viele Menschen sich aus mehreren „Blättern" pro Tag informieren.

Eine respektierte „Dame" im panamaischen Tageszeitungswald ist die seit 1853 bestehende *La Estrella de Panamá* (www.laestrella.com.pa). Sie bildet zusammen mit *La Prensa* (www.prensa.com, teilweise auch in Englisch) und *El Panamá América* (www.pa-digital.com.pa) die beste Informationsquelle für nationale Nachrichten aus allen Sparten.

Dieses Tageszeitungstrio versuchte auch während der Diktaturen, gegenüber den vorherrschenden Machthabern eine kritische Haltung vorzubringen, im Gegensatz zu den regierungstreuen Tageszeitungen *El Siglio* (www.elsiglio.com) und *La Crítica* (www.critica.com.pa). Beide Zeitungen kann man zur typischen Boulevard-Presse rechnen. Mit einer Tagesauflage von 30.000 Stück gehören sie wie das oben erwähnte Tageszeitungstrio zu den landesweit verbreiteten und meistgelesenen Tageszeitungen in Panama.

An **internationaler Presse** findet man kolumbianische und nordamerikanische Tageszeitungen, wie etwa *USA Today, International Herald Tribune* oder *Financial Times.* Die beste Wahl für internationale Nachrichten in englischer Sprache bieten die internationale Ausgabe von *The Miami Herald* sowie die Wochenmagazine *Newsweek* und *Times.*

Für **Touristen** gibt es *The Panama News* (www.thepanamanews.com) und *The Visitor – El Visitante* (www.thevisitorpanama.com), beide sind kostenlos erhältlich.

Verkaufsstellen

Die besten Verkaufsadressen internationaler Zeitschriften sind die Filialen der Warenhauskette *Gran-Morrison* und die Apothekenfilialen *Arrocha* in Panama-Stadt. Nationale und internationale Tageszeitungen sind im Straßenverkauf und im Minisupermarkt der Tankstellen erhältlich. Deutschsprachige Tages- oder Wochenzeitungen sind selten.

Wirtschaft

Panama nimmt in der langen Reihe der Entwicklungsländer sicher keinen der unteren Ränge ein, dafür ist das **Bruttoinlandsprodukt** (BIP) mit einem durchschnittlichen Jahreseinkommen von 55.590 $ pro Kopf (2016) zu hoch, ebenso die Wachstumsrate mit 5,6 %. Aber was sagen schon Durchschnittszahlen und nackte Fakten über die Situation der Bevölkerung aus. Tatsache ist, dass ein großer Teil der panamaischen Bevölkerung unterhalb der Armutsgrenze lebt, viele davon in den Slums von Panama-Stadt und Colón.

Agrarbereich

Die Interioraños, wie die Großstadtbewohner die **ländliche Bevölkerung** im Allgemeinen bezeichnen, haben noch den geringen Vorteil, dass sie sich als Kleinbauern mit dem Anbau von Nahrungsmitteln über Wasser halten können. Sie spielen jedoch mit ihren Produkten nur eine marginale Rolle auf dem inländischen Agrarmarkt, der von geringem Umfang ist, denn mittelständische Landwirtschaftsbetriebe sind dünn gesät und die großen Agrarbetriebe wenden sich primär dem Export zu.

Panamas **Hauptexportgüter** sind Bananen (27,8 %), Garnelen (13,7 %), Rohzucker (11 %) und Kaffee (5 %), die vorwiegend in den USA (47 %), der Europäischen Union (25 %) und in Lateinamerika (21 %) Absatz finden.

Immerhin kann Panama sich mit **Grundnahrungsmitteln** größtenteils selbst versorgen, obwohl in diesem Bereich eine rückläufige Tendenz bemerkbar ist, zugunsten der steigenden Importlebensmittel.

Obwohl ca. 25 % der arbeitenden Bevölkerung in der Agrarwirtschaft tätig sind, steuert dieser Sektor nur 7 % zum Bruttoinlandsprodukt bei. Die Ursache dafür liegt an den **Niedrigpreisen** der Agrarprodukte und dem außergewöhnlich großen Umfang des Dienstleistungssektors.

Dienstleistungsbereich

Weit über zwei Drittel der Erwerbstätigen haben ihren Arbeitsplatz im Dienstleistungsbereich, der, von der historischen Entwicklung der Landenge bedingt, einseitig auf die Gegend des Kanals ausgerichtet ist. Die größten Arbeitgeber im Dienstleistungsbereich sind der Staat selbst und die Kanalverwaltung.

Banken

An dritter Stelle kommen die internationalen Banken, die wegen der sehr liberalen Bankgesetze, wie etwa der fehlenden Kontrolle bei Transaktionen internationaler Geldinstitute oder dem verschärften Bankgeheimnis, in Panama-Stadt während der 1970er Jahre wie Pilze aus dem Boden geschossen sind. Etwa 125 ausländische Geldinstitute haben derzeit eine Filiale in der Landeshauptstadt, die damit zu den großen **internationalen Finanzzentren** zählt. Zudem wird durch die Verwendung des US-Dollars, der seit dem Kanalbau als offizielles Zahlungsmittel anerkannt wird, die Geldtransaktion noch attraktiver und das Inflationsrisiko niedriger. Negative Folgen des deregulierten Finanzmarktes wurden 2016 sichtbar, als durch die **„Panama Papers"** klar wurde, wie viel Geld, Finanztransaktionen und sonstige Geschäfte in finanzpolitischen Grauzonen oder ganz in der Illegalität ablaufen.

Panamakanal

Von den 79 %, die der Dienstleistungssektor zum Bruttoinlandsprodukt beiträgt, stammt der größte Teil aus dem Kanalbetrieb. Um den Anforderungen des modernen Schiffverkehrs gerecht zu werden, wurde der Panamakanal sowohl verbreitert als auch vertieft und neue, größere Schleusen angelegt. Laut Prognose der ACP *(Autoridad del Canal de Panamá)* sollen sich die **Profite** aus dem Kanalbetrieb dank der größeren Anzahl der Durchfahrten von 1 Milliarde auf bis zu 6 Milliarden US-Dollar pro Jahr erhöhen. Die Einnahmen stammen hauptsächlich aus den **Transitgebühren.**

Der Kanal hat, neben seiner Funktion als Drehscheibe für die Weltschifffahrt, auch wichtige Bedeutung für die staatliche **Freihandelszone in Colón.** Dort werden täglich große Warensendungen (hauptsächlich Endprodukte) aus dem europäischen, nordamerikanischen und vor allem aus dem asiatischen Raum angeliefert, umgepackt oder vorläufig zwischengelagert und in die Abnehmerländer weitertransportiert, wobei nur eine geringe Einkommensteuer anfällt und keinerlei Zollgebühren für die Importe und Reexporte zu bezahlen sind (mit Ausnahme beim Verkauf nach Panama). Darüber hinaus ist der Handel –

020pa hz

wie auch beim Bankgeschäft – noch weit attraktiver durch die Verwendung des US-Dollars. Durch das lukrative Geschäft wurde die Freihandelszone in Colón ein überdimensionales Warendepot mit Handelsagenturen von renommierten internationalen Firmen.

Billigflagge

Ein weiterer Wirtschaftszweig im freundlichen Steuerklima Panamas ist die sogenannte Billigflagge. Wer einen Blick auf die Liste der größten Handelsflotten der Welt wirft, wird das kleine Land in den oberen Rängen antreffen. Der Schein trügt aber, denn Panamas umfangreiche **Handelsflotte** existiert lediglich **auf dem Papier** und setzt sich mehr oder weniger aus internationalen Reedereien zusammen, die gegen eine geringe Registrationsgebühr das Recht erwerben, unter panamaischer Flagge zu fahren.

Das Angebot der Billigflaggenländer benutzen in der Regel nur zweifelhafte Reedereien, die es mit dem Unterhalt des Schiffes nicht ganz genau nehmen. Auf diese Weise umgeht das Unternehmen nämlich seine Steuer- und Soziallast und die strengen Schiffsinspektionen im eigenen Land. Mit dem Einsatz von unterqualifizierten Arbeitern und Kapitänen und mit der schlechten Wartung der Schiffe werden immer wieder höchst gefährliche Situationen auf den Weltmeeren heraufbeschworen, die katastrophale Folgen haben können.

⊲ Finanzmetropole Panama-Stadt

Exportdefizit

Panamas Wirtschaft ist traditionell gewachsen mit der Rolle der Landenge als Transitzentrum: vom Eselspfad zum Kanal und vom Kaufmann zum Bankier. Eine Rolle für die **Industrie** war darin nicht vorgesehen, dafür war auch der Binnenmarkt zu klein. Die Güter, die Panama damals benötigte, wurden einfach aus anderen spanischen Kolonien oder von der Iberischen Halbinsel geholt.

In manchen Aspekten hat sich die Lage auch heute nicht viel geändert: Der inländische Absatzmarkt ist durch die geringe Bevölkerungszahl und die relativ niedrigen Einkommen noch immer nicht interessant genug, um eine effiziente Industrie aufzubauen. Hinzu kommt, dass die internationale Konkurrenz es nicht leicht macht, einen Platz auf dem industriellen Weltmarkt zu ergattern. Also geht Panama den vertrauten Weg weiter und **importiert** unter anderem Getreide, Maschinen, Erdöl, chemische Produkte, Autos, Konserven und Toilettenartikel, vorwiegend von US-Unternehmen.

Seit Jahren aber übersteigen die Importausgaben die Exporteinnahmen, womit der **Staatshaushalt** schwer belastet ist. Pläne zur Verringerung der enormen Auslandsverschuldung mit Steuererhöhungen und Senkung der Staatsausgaben haben unangenehme Konsequenzen, wie beispielsweise sinkendes Lohn- und steigendes Preisniveau. Derzeit traut sich keine Regierung, derartig rigorose Maßnahmen durchzusetzen, aus Angst, sich dem Missmut der Bevölkerung auszusetzen und vielleicht wieder die Militärs zu unterstützen.

Tourismus

Der Tourismus in Panama **wächst seit Jahren beständig.** Die touristische Infrastruktur entwickelt sich vor allem sehr positiv in Panama-Stadt, Bocas del Toro, Boquete und in El Valle sowie an vielen Stränden der Pazifikküste. Dort trifft man mittlerweile neben Panameños auch vermehrt europäische und US-amerikanische Touristen an, ebenso Urlauber aus Israel und Kolumbien. Die kurze Flugzeit, die Preise und vor allem die einladenden Einwanderungsbedingungen für Pensionäre machen das Land immer mehr für Senioren aus den USA attraktiv. Im Unterschied zu anderen lateinamerikanischen Ländern steht die panamaische Bevölkerung den amerikanischen „Gringos" nicht generell negativ gegenüber. Trotz der jahrhundertelangen Einmischungspolitik hat das Land den USA vor allem in wirtschaftlicher Hinsicht einiges zu verdanken und dessen ist man sich auch bewusst. Die Beziehung zu den Touristen ist kaum von Feindseligkeit oder Arroganz geprägt, im Gegenteil: Die Tourismusbehörden begrüßen den (Senioren-)Tourismus und fördern den Bau von großen Ferienanlagen mit Wohnungen und Apartments entlang der Pazifikküste.

Die **einheimischen Touristen** beschränken sich mehr auf Tages- und Wochenendausflüge (meistens in ihre Wochenendhäuschen) an die Strände der Pazifikküste, der autofreien Isla Taboga und der kleinen Isla Grande oder in die Berge nach El Valle, Boquete oder Bambito, um der Hitze zu entfliehen. Ein Wochenendtrip mit dem Flugzeug zur

Endlich angekommen

Pazifikinsel Contadora oder nach Bocas del Toro bleibt der finanzkräftigen Bevölkerungsschicht vorbehalten. Die wunderschönen, ruhigen Naturschutzgebiete, von denen manche vor der Haustür von Panama-Stadt liegen, scheinen nur ausländische Forscher und Touristen anzuziehen, denn für die Bevölkerung ist es unbegreiflich, dass man die Freizeit in feucht-heißem Tropenwald mit lästigen Moskitos verbringen und daran auch noch Spaß haben kann.

Unter den Auslandszielen der panamaischen Bevölkerung steht Miami ganz hoch im Kurs. Die Destination par excellence für Menschen aus Lateinamerika zieht vorwiegend die finanzkräftige Schicht zum Einkaufsbummel an. Sehr

713pa hz

begehrt ist auch Costa Rica, das in den letzten Jahren zahlreiche Touristen mit seinen Naturschönheiten angelockt hat.

Mit Erstaunen wird der **Ökotourismus** im südlichen Nachbarstaat beobachtet, der alle in Zentralamerika bekannten Dimensionen gesprengt hat. Ein Stück des gleichen Kuchens möchte sich auch Panama abschneiden. Die lokale Naturschutzbehörde ANAM sucht nach einem System, um Panamas Naturgebiete für die Öffentlichkeit besser zu-

gänglich zu machen, gleichzeitig aber der Gefahr von Überbelastung durch Touristenmassen vorzubeugen.

Die Impulse für eine bessere **touristische Infrastruktur** gehen derzeit meist von privater Seite aus, zum Beispiel von

714pa hz

den lokalen Reisebürobesitzern, die als Pioniere Unterkünfte bauen und die mit Trekkingtouren, Bootsfahrten und/oder Pauschalarrangements auf die Wünsche ausländischer Touristen eingestellt sind.

Die panamaische Tourismusbehörde, die *Autoridad de Turismo de Panama* (ATP), sucht seit Jahren nach Möglichkeiten, um den internationalen Fremdenverkehr gezielt ins Land zu bringen. Große Pläne, Messestände an den internationalen Tourismusbörsen und farbenprächtige Broschüren sind zwar die ersten Ansätze, doch mehr als eine theoretische Entwicklung ist aus der bürokratischen Küche des Institutes nicht zum Vorschein gekommen. Trotzdem bleibt Panama **eines der reizvollsten Länder** Zentralamerikas. Störende Nebenwirkungen des Pauschaltourismus sind unbekannt, was sich in jeder Hinsicht positiv auf Ihren Aufenthalt in Panama auswirken wird.

☐ Auf Restaurantsuche

Architektur | 463
Bildungswesen | 478
Die Regenbogengesellschaft | 448
Die Frau in der Gesellschaft | 459
Gesundheitswesen | 480
Kunsthandwerk | 467
Literatur | 465
Malerei | 472
Musik und Tanz | 474
Religion | 460

715pa hz

11 Menschen und Kultur

Panameños sind freundlich und freuen sich über jeden Gast, der in ihr kleines Land kommt. Besucher erwartet eine Regenbogengesellschaft und eine erstaunliche kulturelle Vielfalt.

< Markt in David

Die Regenbogengesellschaft

Im Bevölkerungsbild Panamas spiegeln sich deutlich die **Geschichte und die geografischen Bedingungen** des Landes wider: Der Darién vermittelt einen anderen Eindruck als die San-Blas-Inseln, die Halbinsel Azuero, die Provinz Chiriquí oder die Karibikküste – und alle ethnischen Gruppierungen scheinen sich in Panama-Stadt wie die Farben des Regenbogens in einer bunten Komposition zu vereinigen. Die Bevölkerungsgruppen leben nicht immer ganz reibungslos miteinander, doch vor allem in der jüngsten Generation scheint das gegenseitige Verständnis zu wachsen.

Mischlinge

Die **Wurzeln** der Regenbogengesellschaft gehen bis in das 16. Jahrhundert zurück, in jene Tage, als die Spanier ihren Eroberungsfeldzug begannen. Da es im Anfangsstadium der Kolonisation an weißen Frauen mangelte, waren intime Kontakte zwischen den Europäern und

pa2017-011 cs

Ureinwohnerinnen vorprogrammiert. Diese häufig von seiten der Eroberer erzwungenen Beziehungen wurden aber keineswegs beendet, als im Verlauf der Kolonisation die ersten europäischen Frauen ihren Weg in die „Neue Welt" fanden. Die spanischen Männer wandten wegen der neuen Lebensumstände lediglich auf sich selbst die Prinzipien einer toleranten Ehe an. Männliche Eskapaden waren gang und gäbe und führten dazu, dass auch weiterhin **Mischlingskinder** (in Panama als *hispano-indígenas,* weniger als Mestizen bezeichnet), das Licht der Welt erblickten. Vor allem die *encomiendas,* jene Gebiete, die samt der dort lebenden Bevölkerung unter den Eroberern aufgeteilt wurden, waren die Heimat vieler *hispano-indígenas* und später, allerdings in geringerer Anzahl, die Heimat von **Mulatten** *(mulatos),* die die Nachkommen von Europäern und schwarzen Sklavinnen waren. Die beiden Rassenkombinationen bestimmen größtenteils das Gesicht der panamaischen Gesellschaft. In der Bevölkerungsstatistik wird der Anteil der Mischbevölkerung mit 67 % ausgewiesen. Die *hispano-indígenas* und *mulatos* leben meist in Panama-Stadt und entlang der Pazifikküste, einschließlich der Halbinsel Azuero – die Gebiete der frühen *encomiendas.*

Daten zur Bevölkerung

- **Bevölkerung 2015:** 3,93 Mio.
- **Bevölkerungswachstum:** ca. 1,4 % pro Jahr (2015)
- **Bevölkerungsdichte:** 47 pro km² (2015)
- **Ethnische Gruppen:** Mestizen und Mulatten 67 %, Schwarze 14 %, Weiße 12 %, Indianer 5 %, Asiaten 2 %
- **Durchschnittsalter:** 28 Jahre
- **Geburtenrate:** 19 pro 1000
- **Sterberate:** 5 pro 1000
- **Kindersterblichkeit:** 11 pro 1000
- **Arbeitslosenrate:** 4,5 % (2015)
- **Alphabetisierung:** 88 %
- **Lebenserwartung:** Frauen 80 Jahre, Männer 75 Jahre

Weiße Bevölkerung

Die Wurzeln der weißen Bevölkerungsschicht, die sich selbst als Elite bezeichnet, liegen ebenfalls in diesen Regionen. Mit Stolz erzählten bis vor wenigen Jahren die Großeltern ihren Enkelkindern über die Familiengeschichte, allerdings wurde dabei die düstere Seite der kolonialen Vergangenheit immer verdeckt. Man war stolz auf den Familiennamen, der die Zugehörigkeit zur obersten Klasse anzeigte. Obwohl die Zeiten sich verändert haben, gibt es noch immer alteingesessene Aristokratenfamilien, die großes politisches Prestige genießen und auf der langen Liste der panamaischen Ex-Minister, Ex-Regierungsmitglieder und Ex-Präsidenten tauchen immer wieder die gleichen Familiennamen auf.

Ab der Mitte des 19. Jahrhunderts erhielt die weiße Bevölkerungsschicht einen Zuwachs durch **Immigranten aus Europa,** die vorwiegend aus Frankreich, Griechenland, Italien, aber auch aus Schweden, Deutschland und der Schweiz nach Panama kamen, das in dieser Zeit mit der interozeanischen Eisenbahnverbindung sowie später mit dem Kanal einen wirtschaftlichen Aufschwung erlebte. Ihre Nachfahren tragen heute sicher den größten Teil zu den 12 % Weißen bei, die damit die drittgrößte Bevölkerungsgruppe Panamas bilden.

Schwarze Bevölkerung

Um 2 % größer als die weiße Bevölkerungsschicht ist Panamas schwarze Bevölkerungsgruppe, die sich in *Afro-coloniales* und *Afro-antillianos* differenziert. Die Gruppierung der **Afro-coloniales** stammt von **Sklaven** ab, die während der Kolonialzeit als unfreiwillige Immigranten von der Westküste Afrikas auf die Landenge verschleppt wurden. In ihrem kulturellen Erbe treten die afrikanischen Wurzeln teilweise noch deutlich an die Oberfläche, zum Beispiel in der Musik und in den Tänzen. Die *Afro-coloniales* leben verstreut über das ganze Land mit Kerngebieten in der Provinz Colón und im Darién, wo die Sklaven während der Kolonialzeit vermehrt eingesetzt wurden, um in den Minen zu arbeiten. Der Darién, die abgelegene, riesengroße Region im Osten des Landes, bot aber gleichzeitig den entflohenen Sklaven einen sicheren Platz zum Überleben.

Die Herkunft der **Afro-antillianos** liegt – wie der Name bereits andeutet – auf den Antillen, jener karibischen Inselwelt, die sich im weiten Bogen von Kuba über Puerto Rico bis nach Trinidad erstreckt. Die Mitte des 19. Jahrhunderts von einer Wirtschaftskrise geschüttelten **Karibikinseln** fungierten als „Großmarkt“, auf dem man tüchtige und **billige Arbeitskräfte** für die geplanten Projekte in Panama leicht gewinnen konnte. Sie wurden größtenteils als sogenannte Vertragsarbeiter beim Eisenbahnbau, später dann beim Kanalbau eingesetzt oder für Arbeiten auf den unter nordamerikanischer Leitung stehenden Bananenplantagen im äußersten Westen der panamaischen Karibikküste angeworben.

Tausende Menschen verließen ihre karibische Heimatinsel in der Hoffnung, dass sie nach der Fertigstellung des Projekts mit viel Geld nach Hause zurückkehren würden. Auf Grund ihres zeitlich begrenzten Aufenthaltes in Panama neigten sie zunächst nicht dazu, sich in die bestehende Gesellschaft einzufügen oder sich ihr anzupassen. Hinzu kamen noch große kulturelle, soziale und sprachliche **Barrieren,** denn die meisten Arbeitskräfte stammten von den französisch geprägten Inseln Martinique und Guadeloupe und aus den englischen Kolonien Barbados, Jamaika und Trinidad, wo die Anglikanische Kirche und britische Sitten dem Alltagsleben ihren Stempel aufgedrückt hatten.

In den Folgejahren, als der Traum vom finanziellen Erfolg und von der Rückkehr bereits ausgeträumt war, verlief die gesellschaftliche Integration der karibischen Arbeiter mühsam und holprig. Ein großes Hindernis dabei bildeten lange Zeit die guten **Arbeitsplätze** in der Panamakanalzone. Von den US-Amerikanern wurden die *Afro-antillianos* wegen ihrer englischen Sprache den spanischsprachigen Panamaern vorgezogen, was ein Dorn im Auge der panamaischen Gesellschaft war.

Die Beziehung zwischen den Panamaern und den *Afro-antillianos* erreichte zu Beginn der 40er Jahre des 20. Jahrhunderts einen Tiefpunkt, als mit der **nationalistisch orientierten Politik** des Präsidenten *Arnulfo Arias* den *Afro-antillianos* die panamaische Staatsbürgerschaft entzogen wurde. Erst mit der Verankerung der Staatsbürgerschaft im Grundgesetz im Jahr 1946 wurden sie vollständig rehabilitiert. Doch die Frustration und Bitterkeit unter der in Panama geborenen Generation der englischsprachigen schwarzen Bevölkerungsgruppe war groß. Sie fühlten sich heimatlos, die Bindung ihrer Eltern an die karibischen Inseln war ihnen fremd, und gleichzeitig wurden sie weder von der panamaischen Gesellschaft noch von der weißen Gemeinschaft in der Kanalzone als gleichwertig akzeptiert.

Im Alltag der Kanalzone äußerte sich die offenkundige **Diskriminierung** in den Farben Gold und Silber: Die mit einem goldfarbenen Etikett versehenen Arbeitsstellen, Kirchen, Schulen und sogar Toiletten waren nur den weißen Nordamerikanern vorbehalten. Alle minderwertigen Dinge wurden mit einem Silberstempel gekennzeichnet und blieben für die schwarzen Bewohner der Kanalzone „übrig".

Mit der Aufhebung des Sonderstatus der Kanalzone im Jahre 1979 verschwand der wirtschaftliche Konkurrenzkampf zwischen den Afro-antillianos und der panamaischen Bevölkerung und die öffentliche **Diskriminierung** durch die weißen Nordamerikaner wurde **aufgehoben.** Mit guter Ausbildung können heute zwar kulturelle Barrieren durchbrochen werden, doch wer die bedauernswerte Situation in der vorwiegend von *Afro-antillianos* bewohnten Hafenstadt Colón, in den Slums von Panama-Stadt oder in Bocas del Toro in Augenschein nimmt, wird feststellen, dass die Mehrheit der schwarzen Bevölkerungsgruppe in Panama noch weit davon entfernt ist, eine wirklich gute soziale Position zu erlangen.

Asiaten

Eine unauffällige Minorität von 2 % der panamaischen Regenbogengesellschaft bildet die asiatische Bevölkerungsgruppe, deren Herkunft sowohl auf eine direkte Immigrationswelle als auch auf eine Zuwanderung über die karibischen Inseln zurückzuführen ist. Nach der

Aufhebung der Sklaverei im karibischen Raum wurden auf dem asiatischen Kontinent, vor allem in Indien und China, **Vertragsarbeiter** angeworben, die die ehemaligen Sklaven ersetzen und ihre Arbeit in den Plantagen der Karibikinseln übernehmen sollten. Ähnlich wie die *Afro-antillianos* entflohen auch die asiatischen Arbeitskräfte den erbärmlichen Lebensumständen ihrer Heimat mit dem Traum, wohlhabend wieder zurückzukehren. Doch als billige Bauarbeiter beim interozeanischen Eisenbahn- und später beim Kanalprojekt konnten sie ihren Traum nicht verwirklichen.

Ihre Nachkommen sind heute über das ganze Land verstreut und leben fast ausschließlich vom Kleinhandel oder der Gastronomie. Die Beziehung zwischen der asiatischen Minorität und der Restbevölkerung ist schwierig. Ein **Integrationsprozess** wird einerseits wegen der traditionsgebundenen Haltung innerhalb der chinesischen, moslemischen und hindustanischen Kommunen behindert. Auf der anderen Seite steht die nationalistische Stimmung, die seit *Arnulfo Arias* noch immer latent in der panamaischen Gesellschaft vorhanden ist.

Indianische Bevölkerung

Panamas Besucher werden überrascht und zugleich verführt von der einzigartigen Kultur der Ureinwohner des Landes, wobei der Begriff „Kultur" häufig mit Folklore verwechselt wird, sowohl von internationalen Touristen wie auch von den meisten Panamaern. Dabei stehen hinter den faszinierenden Trachten, den liebevoll gefertigten Handarbeiten und den heiteren Tänzen der indianischen Ureinwohner komplexe Kulturstrukturen, die unter den schwierigsten Umständen bis heute standgehalten haben und von Generation zu Generation weitergegeben werden.

Die Nachkommen der Ureinwohner sind sicherlich nicht vollständig integriert in die panamaische Gesellschaft, was von vielen Stämmen aus unterschiedlichen Gründen auch abgelehnt wird. Doch mit dem wachsenden Bewusstsein ihrer Identität verdienen und beanspruchen sie Gleichwertigkeit und Respekt für ihre kulturellen Traditionen, die sie trotz jahrhundertelanger Hürden bis heute erhalten konnten. Der Erfolgsweg der Kuna, einem der drei größten indianischen Völkern des Landes, ist ein Lichtpunkt am Ende des dunklen Tun-

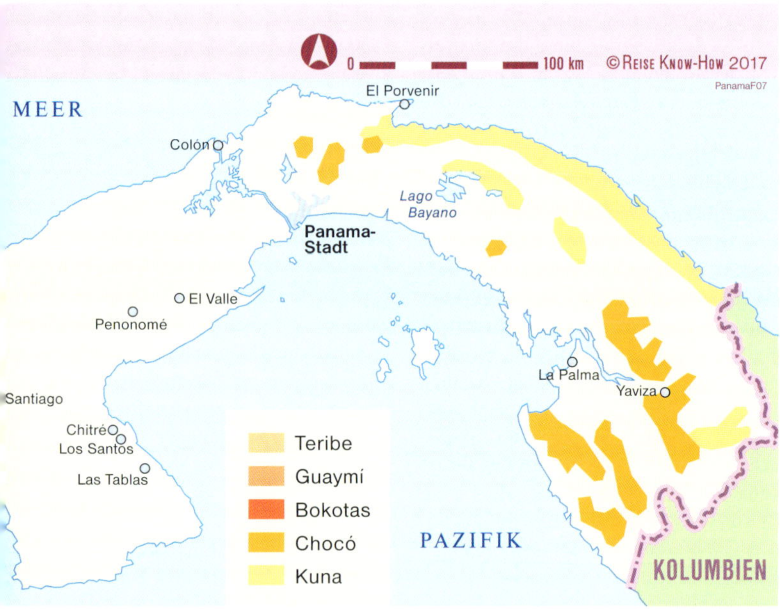

nels für die anderen Völker Panamas: die Guaymí, Chocó, Teribe und Bokota. Diese fünf, sich stark voneinander unterscheidenden Stämme, jeder mit seinen eigenständigen Traditionen und seiner Sprache, formen gemeinsam die ursprüngliche panamaische Bevölkerungsgruppe, die mit knapp 5 % in der Bevölkerungsstatistik ausgewiesen wird.

Herkunft der Ureinwohner

Die ursprüngliche Bevölkerung Panamas zählt zu den **Zirkum-Kariben;** ein wissenschaftlicher Sammelbegriff, der für die sehr unterschiedlichen indianischen Inselvölker des karibischen Raumes und die Völker der Anrainerstaaten verwendet wird. Die Zirkum-Kariben sind in mehrere Sprachfamilien unterteilt, die sich wiederum in unterschiedliche Stammesgruppen verzweigen. Die Stämme auf panamaischem Territorium werden der Kariben- und Chibcha-Sprachfamilie zugeordnet.

Noch bevor die Spanier ihren Fuß in die „Neue Welt“ setzten, galt das **Chibcha-Volk** als die mächtigste Hochkultur des kolumbianischen Andengebirges. Sie bildeten die kulturelle Brücke zwischen den weiter südlich lebenden Inkas und den Mayas und Azteken im nördlichen Zentralamerika. Wie alle hochentwickelten Kulturen des amerikanischen Kontinents wurden auch die Chibcha durch die Kolonisten ins Verderben gestoßen. Jene Stammesgruppen, die glücklicherweise überleben konnten, wurden aber in ihrer Entwicklung durch das Eingreifen der Kolonialmächte in die Gesellschafts- und Handelsstrukturen des Kontinents stark behindert. Wenn man die heutigen Kulturen mit denen der präkolumbischen Periode vergleicht, ist generell ein kultureller Rückgang sichtbar. Die panamaischen Stammesgruppen, die Ihnen unterwegs begegnen werden, sollten deswegen nicht als über Jahrhunderte unveränderte „primitive" Kulturen verstanden werden, sondern als dynamische und komplexe Gemeinschaften, die mühsam versuchen, einen Weg in der vorherrschenden Gesellschaft zu finden und dabei großen Belastungsproben ausgesetzt sind.

Kuna

Jene Gruppe, welche die Kunst des Manövrierens in der panamaischen Gesellschaft am besten beherrscht, ist die Kuna-Gemeinschaft (auch Tulé), die sowohl in Panama als auch in Kolumbien angesiedelt ist. Da die Kuna der Regierung in Panama nach zähen Verhandlungen und Auseinandersetzungen ein **semiautonomes Gebiet** abringen konnten, leben von der insgesamt rund 30.000 Seelen zählenden Kuna-Gemeinschaft nur 20 % auf kolumbianischem Territorium. Die Restbevölkerung lebt auf panamaischem Staatsgebiet in der Comarca de San Blas, die in ihrer Sprache als *Kuna Yala* bezeichnet wird; dieses Gebiet ist ein schmaler und langgezogener Küstenstreifen an der Karibikküste mit ca. 360 vorgelagerten Inseln und Inselchen.

Kuna Yala ist fast nur auf dem Luft- oder dem Seeweg erreichbar. Die geografischen Barrieren schränken den Kontakt mit der restlichen Bevölkerung des Landes ein. Die eigene Sprache, Lebensweise und die sozialen Strukturen konnten deswegen weitgehend geschützt werden. Dennoch haben die Kuna in verschiedenen Bereichen bewusst die Tür zur modernen, westlich orientierten panamaischen Gesellschaft geöffnet. Mithilfe der Regierung wurden auf einigen Inseln die medizinische Betreuung und die Stromversorgung sichergestellt und Primärschulen errichtet. Für komplexe medizinische Eingriffe und weiterführende Bildung sind die Kuna auf die

029pa hz

> Kuna-Frau

Einrichtungen in Panama-Stadt angewiesen.

Um die Kosten dafür tragen zu können und außerdem die Wünsche der Kuna-Familien, die vom Kugelschreiber bis hin zum Werkzeug reichen, erfüllen zu können, wurde neben ihrem traditionellen Tauschhandel mit Agrarprodukten der **modernen Marktwirtschaft** ein Platz in ihrer Gesellschaft eingeräumt. Die Kuna-Frauen tragen dabei die Hauptlast. Sie erzeugen die *mola* (siehe „Kunsthandwerk"), das wichtigste „Exportprodukt" der Inseln und sie bieten gleichzeitig die Ware in Panama-Stadt zum Kauf an. Die Kuna-Frauen, die an ihren farbenprächtigen Trachten erkennbar sind, obwohl die in der Hauptstadt lebende jüngere Generation sich mittlerweile dem westlichen Modetrend angepasst hat und entsprechend gekleidet ist, bilden im täglichen Straßenbild der Hauptstadt keine Ausnahme mehr; genauso wie die Kuna-Männer, die die Kochlöffel in vielen Restaurants der Hauptstadt oder auf internationalen Schiffen schwingen, womit sie als „Gastarbeiter" zwischen zwei Welten pendeln.

Dass die völlig fremdartigen Welten fundamental getrennt bleiben, dafür sorgen bewusst die Kaziken (Häuptlinge), auch *caciques* oder *sáhilas,* die Verwaltungsspitze der Inseln. Auch in puncto Tourismus wird streng getrennt: Touristen als Einnahmequelle sind zwar immer willkommen, doch nur auf den dafür bestimmten Inseln, denn wer hat schon ständig Lust auf neugierige und dazu noch ahnungslose Topfgucker. Der **selbstbewusste Weg,** der von den Kuna eingeschlagen wurde, ohne dabei ihre Traditionen aus dem Auge zu verlieren, gilt in Lateinamerika als hervorragendes und für andere indianische Gruppen als beneidenswertes Vorbild. Dabei sollte aber nicht unerwähnt bleiben, dass auch die panamaische Regierung ihren Beitrag dazu geleistet hat.

Guaymí

Die Situation und die Zukunft der Guaymí (auch Ngöbe oder Movere), die mit 52.000 Menschen mehr als die Hälfte der gesamten indianischen Bevölkerung des Landes darstellen, sieht im Vergleich mit den Kuna weniger rosig aus.

Die Erklärung dafür liegt größtenteils in der frühen Kolonialepoche. Auf der **Flucht vor dem spanischen Terror** haben sich verschiedene Kleinstämme der Pazifikküste im äußersten Westen des Landes über die heutige Grenze mit Costa Rica hinaus zwischen der Cordillera Central und der Karibikküste zurückgezogen. Im Schutz dieser schwer zugänglichen Region vereinigten sie sich vermutlich zu einer großen Gruppe, die von der Wissenschaft als Fundament der heutigen Guaymí-Kultur betrachtet wird und die sich aus kulturell verwandten, aber dennoch sehr unterschiedlichen Stämmen zusammengesetzt hat.

Während der kolonialen Periode war die Gruppierung eine sehr **lose Gesellschaftsform,** die wegen der Angriffe der Spanier und des Vorrückens der bekehrenden Missionare immer mobil bleiben musste. Soziale Strukturen mit einer politischen Dachorganisation konnten sich deshalb in ihrer notgedrungen halbnomadischen Existenz nie richtig herauskristallisieren. Die Guaymí hatten also nie genug Zeit und Ruhe eine stabile Einheit formen zu können.

30pa hz

Der kulturelle Faden wird hauptsächlich noch durch die Guaymí-Frauen gehalten, die oft an ihren langen, farbenprächtigen Kleidern mit geometrischen Mustern erkennbar sind. Aus ihren Reihen ist eine Initiative entstanden, nach Kuna-Vorbild ein semiautonomes Gebiet in der Zentralkordillere zu bewohnen. Im März 1997 erklärte die Regierung einen Küstenstreifen in den Provinzen Bocas del Toro und Coclé sowie einen Teil der Bergregion Chiriquís zur Comarca de Guaymí. Damit ist der erste große Schritt zur semiautonomen Selbstverwaltung getan. Ob es der zerbröckelten Guaymí-Gemeinschaft allerdings auch gelingen wird, eine ähnliche Organisation aufzubauen wie die Kunas, bleibt dahingestellt.

Guaymí-Junge

Bokota

Vom semiautonomen Gebiet der Guaymí könnte auch die kleine Gemeinschaft der Bokota (auch Buglé oder Buglere) profitieren. Diese nur noch knapp 1500 Personen zählende Bevölkerungsgruppe hat sich im jahrhundertelangen Existenzkampf von der Pazifikküste an einen bis heute kaum erschlossenen Landstreifen am Golfo de los Mosquitos **zurückgezogen.** Wie bereits andere Gruppen in der Vergangenheit es getan haben, scheinen auch sie wegen der engen Verbindung zu den Guaymí allmählich in deren Kultur integriert zu werden.

Teribe

Im westlichen Eck der Provinz Bocas del Toro nahe der Grenze mit Costa Rica leben die Teribe (auch Terraba, Tejibe, Kuekuexkue, Náso oder Norteños), ein Volk, das von einem aus dem Teribegeschlecht der Santana kommenden König noch heute zusammengehalten wird. Vom **stolzen Agrarvolk** mit über 10.000 Menschen, dem Kolumbus auf einer seiner Reisen entlang der westlichen Karibikküste Panamas einst begegnete, sind heute nur noch 2100 übrig geblieben. Sie nehmen eine marginale Position in der panamaischen Gesellschaft ein.

Die erschreckend geschrumpfte Bevölkerungszahl wird überwiegend der **Zwangsumsiedlung** durch die Franziskanermissionare zugeschrieben. Wegen des Glaubenseifers der Missionare wurde ein Großteil des Teribe-Volkes im 17. Jahrhundert in die Missionarssiedlung San Francisco de Terraba an die Pazifikküste Costa Ricas gebracht, wo die Teribe im Laufe der Geschichte langsam verschwanden. Seit den 80er Jahren des 20. Jahrhunderts scheinen sich nun moderne Missionare auf die Teribe zu stürzen: Einige 7-Tage-Adventisten fühlen sich dazu berufen, das alte Bauernvolk nach westlichen Normen zu formen.

Ein starker Gegenfaktor dazu ist nach wie vor der von ihnen anerkannte und respektierte König, auch wenn er – wie es die Teribe selbst formulieren – „ein König ohne Land ist". Die ersten Schritte auf dem Weg zu einem **semiautonomen Territorium** um den Río Teribe wurden bereits unternommen. Aber die Mühlen der Bürokratie in Panama-Stadt mahlen äußerst langsam. Hinzu kommt noch, dass zwischen der modernen Hauptstadt und dem sozialschwachen Bocas del Toro riesige Distanzen liegen, die das Vorhaben der Teribe sicher nicht begünstigen werden.

Chocó

Im Osten des Landes ergibt sich aus indianischer Sicht eine andere Situation. Im flächenmäßig ausgedehnten Regenwald des Dariéns leben ca. 2000 Kuna-Indianer außerhalb ihres semiautonomen Gebietes und rund 8000 Chocó. Obwohl man die Chocó als ein großes Volk betrachtet, müssen zwei Untergruppen unterschieden werden: die **Emberá** (auch Katio) und die **Wounaan** (auch Noanamá), die beide – wie übrigens auch andere autochthone Gruppen im Land – zur Kariben-Sprachfamilie zählen, jedoch jeweils eigenständige Sprachen haben.

Die Wurzeln der Emberá liegen, soweit sich Geschichte in Lateinamerika zurückverfolgen lässt, am Golfo de Urabá, an der Karibikküste des heutigen Kolumbiens. Die Wounaan entwickelten sich ebenfalls in Kolumbien, jedoch an der Pazifikküste nahe den Golfos de Cupica und de Tibugá, wo noch immer der größte Teil des insgesamt 55.000 Menschen zählenden Wounaan-Volkes in Großgemeinschaften angesiedelt ist. Die Chocó sind dagegen eher „Einzelgänger". Sie leben traditionell mit mehreren Familien in kleinen Dörfern ohne Verwaltungshierarchie zusammen. In der Isolation des Darién-Regenwaldes haben die Chocó lange Zeit relativ ungestört ihre selbstversorgende Agrarwirtschaft führen können.

Aber die fortschreitende Zivilisation und die Gegebenheiten der modernen Zeit verlangen auch von den Chocó eine **Anpassung** und ein Großteil des Chocó-Volkes verlagerte bereits seine Dörfer an den Rand des Regenwaldes, wo den Chocó von der Regierung medizinische Versorgung und Primärschulen für ihre Sprösslinge zur Verfügung gestellt wurden. Jener Bevölkerungsteil der Chocó, der noch im Einklang mit der Natur lebt, schrumpft allmählich auf wenige Kleingruppen zusammen.

Da der **drohende Kulturverlust** bereits erkannt wurde, haben die Chocó seit einigen Jahren ihre Sozialstrukturen geändert und, ähnlich wie die Kuna, die politische Verwaltung in die Hände der Kaziken gelegt, die die Interessen der Gemeinschaft nach außen hin vertreten. Einen großen Erfolg konnten sie vor Kurzem mit der Errichtung eines semiautonomen Gebietes nahe der Pazifikküste verbuchen. Gemeinsam mit den Vertretern der anderen indianischen Gruppen des Landes versuchen sie, bei der panamaischen Regierung auf ein offenes Ohr für die Rechte und Probleme der Indianer zu stoßen.

Politische Vertretung der Indianer

Für die Koordination der Anliegen der indianischen Bevölkerung wurde die *Coordinadora Nacional de los Pueblos Indígenas de Panamá* (kurz COONAPIP) ins Leben gerufen. Um der panamaischen Regierung Paroli bieten zu können und als sozial und politisch gleichgestellte Partner auf gemeinsamer Ebene mit der Landesregierung verhandeln zu können, wurde 1976 der *Congreso Nacional Indígena* gegründet. Nach einem langen, mühsamen Weg scheint dem einmal jährlich zusammentretenden Kongress im November 1993 endlich der Durchbruch gelungen zu sein. Erstmals wurden den *Indígenas* in Panama-Stadt Räumlichkeiten zur Verfügung gestellt, in denen ein dreitägiger Kongress abgehalten wurde. Vielleicht wurde damit der **Weg zur Anerkennung** der *Indígenas* eingeschlagen, auf dem endlich ihre sozialen, kulturellen, politischen und wirtschaftlichen Belange zur Geltung kommen werden. Die Zeichen stehen nicht schlecht: Panama möchte sein gutes Image bei der Indígena-Politik behalten und sich von anderen lateinamerikanischen Ländern unterscheiden, in denen die gegenwärtige Position der Indianer schlechter ist. Zu einer modernen Gesellschaft passt auch eine auf die Interessen der ursprünglichen Bevölkerung gerichtete Politik, davon sind immer mehr Panamaer überzeugt. Und sehr langsam dringt zu ihrem Bewusstsein durch, dass die Wurzeln der Regenbogengesellschaft größtenteils in der indianischen Bevölkerung verankert liegen.

Doch ihr Image in der Öffentlichkeit muss sich noch weiter wandeln, damit die Panamaer endlich stolz auf ihr indianisches Erbe und die überlebenden indianischen Völker sein können. Die bestens organisierten, traditionsbewussten und wirtschaftlich relativ erfolgreichen Kuna sind in dieser Hinsicht Panamas Aushängeschild, weshalb sie von der neuen Entwicklung am meisten profitieren. Aber erst, wenn in den Schulbüchern die Geschichte der *Indígenas* und die der Kolonisten ehrlich beschrieben wird, ist eine der größten Hürden auf dem Weg zur Emanzipation genommen.

Die Frau in der Gesellschaft

„Die Frau repariert, was der Mann ruiniert", lautet ein in Lateinamerika bekanntes Sprichwort. Damit wird der Finger auf eine gesellschaftliche Schwachstelle gelegt. Ein ansehnlicher Teil der panamaischen Frauen trägt notgedrungen alleine die ökonomische Verantwortung für sich und ihre Kinder. Sicher gibt es auch zahlreiche Familien, in denen die Eltern gemeinsam für den Unterhalt und die Kinder sorgen, aber sie bilden keinesfalls die Mehrheit in Panama.

Der frivole **Lebensstil der Männer** – und darum drehen sich größtenteils die Probleme – tritt in allen Schichten und Bevölkerungsgruppen hervor. Der panamaische Mann pflegt das Image des verführerischen Casanova voller Stolz in der Öffentlichkeit.

Ein Panameño ohne *querida* (Geliebte) ist wie ein Pfau ohne Federn – allerdings wird dieser Vergleich von der Männerseite gemacht. Für die Frau bedeutet die **Geliebte** an der Seite ihres Mannes kein „Schmuckstück", sondern einen Kampf auf Biegen und Brechen, dafür sprechen die hohen Scheidungsraten und inoffiziellen Trennungen. Nur eine kleine Gruppe von Frauen scheint von vornherein auf eine mühsame Beziehung zu verzichten, unter dem Motto: „Besser allein als an der Seite eines verantwortungslosen Herzenbrechers". In der Gesellschaft findet diese Haltung aber wenig Verständnis und das weitverbreitete Klischee „Unsere Männer sind nun eben richtige Männer" illustriert deutlich, wie die panamaische Frau sich der Lebensart ihres Mannes noch immer fügt.

Mit den amourösen Eskapaden der Männer wächst die Zahl der **außerehelichen Kinder** enorm an. Glücklicherweise gibt es keine Konsequenz für das soziale Ansehen der Kinder, da sie eben keine Ausnahme in der Gesellschaft bilden. Nur innerhalb der höchsten Kreise der Gesellschaft, wo die Familienfinanzen und der Schutz des Familiennamens eine wichtige Rolle spielen, sind außereheliche Kinder vom sozialen Standpunkt aus nicht anerkannt.

Die **Betreuung der Kinder** liegt immer in den Händen der Frau, egal, ob es in höheren Kreisen das Kindermädchen ist oder ob die Mutter, Großmutter oder sonstige weibliche Verwandte die Erziehung der Sprösslinge übernimmt. Durch den Zuwandererstrom vom Landesinneren nach Panama-Stadt wird gerade dort das traditionelle Auffangnetz der Familie gestört. Die Betreuungsprobleme werden in der Hauptstadt zwar durch Kindergärten verringert, doch sie können in der unteren, finanzschwachen Klasse das Problem nicht lösen, so dass viele Kinder zwischen zwei Stühle geraten. Die *Dirección Nacional del Niño y la Familia* versucht, die Stellung der Kinder zu verbessern, wobei die Eltern mit Informationskampagnen auf ihre Verantwortung angesprochen werden sollen – ein langer und mühevoller Prozess, der noch in den Anfängen steckt.

Der Blick in den **Arbeitsalltag** zeigt, dass die panamaische Frau darin eine aktive Rolle einnimmt und ihren „Mann" in jeder Situation steht: ob nun bei der Landarbeit, im administrativen Bereich, als Busfahrerin, Lehrerin, Kellnerin, Dienst- oder Zimmermädchen, aber auch als Ärztin, Anwältin, Börsenmaklerin oder Filialleiterin. Der Beitrag der Frau zur panamaischen Wirtschaft ist sehr hoch, obwohl diese Tatsache öffentlich nicht gerne zugegeben wird.

Panama erscheint den verschiedenen Frauenorganisationen als eine Männerhochburg, die sie jedoch aufzubrechen versuchen. Als Feminismus möchten die Panameñas ihr **Emanzipationsstreben** nicht bezeichnen, auf jeden Fall nicht im Sinne der westlichen Definition. Die sozialen und kulturellen Probleme der verschiedenen Frauen in Panama verlangen nach spezifischen Antworten und vor allem nach einer eigenständigen Richtung. Eine davon ist der *Feminismo Popular,* in dem das Streben nach Gleichheit und Entwicklung des Selbstbewusstseins Hand in Hand geht mit dem Streit um die Grundlagen der Lebensbedingungen. Dieser Alltagsfeminismus entwickelt sich vorwiegend in den Elendsvierteln und armen Regionen.

Die Vertreterinnen aus den unterschiedlichsten panamaischen **Frauenorganisationen** haben sich unter dem Dach des *Foro de Mujer y Desarollo* vereinigt. Dieses „Forum für die Frau und ihre Entwicklung" hat seine Zukunftspläne auf nationaler Ebene präsentiert, der zur Verbesserung der Position der Frau in verschiedenen Bereichen beitragen soll. Ein wichtiger Punkt darin sieht die Gründung eines Frauenministeriums vor, das hoffentlich nicht an den Mühlen der Bürokratie scheitern wird. Wie es die Vorsitzende des Forums passend formulierte: *„Wir möchten keinen Applaus oder Komplimente, sondern praktischen Erfolg sehen, dann erst wissen wir, dass wir definitiv den langen, mühsamen Weg zur Gleichberechtigung eingeschlagen haben".*

Religion

Vom historischen Blickwinkel aus betrachtet, ist es nicht verwunderlich, dass sich etwa 87 % der Panamaer zum **katholischen Glauben** bekennen. Er steht damit an erster Stelle vor dem **Protestantismus,** der ca. 7 % der Gesamtbevölkerung für sich gewinnen konnte und der von den englischsprachigen Eisenbahn- und Kanalarbeitern von den Karibikinseln nach Panama gebracht wurde.

Unter dieser offiziellen Decke verbergen sich jahrhundertalte Spuren von **Naturglauben,** die trotz erzwungener Anpassung an das Christentum erhalten geblieben sind. Sogar im offiziellen Glauben ist dafür ein bescheidener Platz eingeräumt. In Zeiten von Epidemien oder persönlichen Problemen wurde und wird auf jedes Mittel zurückgegriffen, um den Unfrieden der Götter und Geister zu besänftigen oder um böse Mächte und Kräfte – wie es die Katholische Kirche ausdrückt, den Teufel – zu vertreiben. Magie, Spiritismus und Schamanismus können dabei genauso behilflich sein, wie das katholische Gebet, denn was das eine nicht hat, kann durch das andere ergänzt werden. In der Öffent-

[>] Koloniales Gotteshaus in Panama-Stadt

031pa hz

lichkeit wird allerdings über den als *santería* bezeichneten Kult nicht gerne gesprochen.

Religiöse Anlässe werden landesweit mit folkloristischen Darstellungen kombiniert. Als Höhepunkt gilt dabei der Karneval. In bestimmten Regionen wird fast das ganze Jahr hindurch an der Karnevalsvorbereitung gearbeitet und es sind gerade die Musikkapellen, die farbenprächtigen Kostüme, die geschmückten Wagen (teilweise auch Boote), die tanzende Menschenmasse und die gute Stimmung, die den panamaischen Karneval zu einem der ausgelassensten Feste in Zentralamerika machen – aber ausgelassen wird in diesem kleinen Land fast alles gefeiert.

Blickfänge sind bei katholischen Feiern vielerorts die *diablicos* (maskierte Tänzer), die das „Gute" und „Böse" in ihren Tänzen verkörpern – ein deutliches Beispiel für den mit indianischen und afrikanischen Einflüssen gespickten Katholizismus. Diese sogenannte **Volksreligiosität** kommt auch in den katholischen Gotteshäusern vor, in denen manche Heiligenbilder und Schutzpatrone deutliche indianische oder afrikanische Kennzeichen tragen. Eine prominente Rolle in dieser Reihe „adaptierter" nationaler Schutzpatrone wird durch den *Cristo Negro* (die schwarze Christusfigur) de Portobelo eingenommen. Alljährlich am 21. Oktober machen sich Tausende auf den Weg nach Portobelo an die Karibikküste, um an den Cristo-Negro-Prozessionen teilzunehmen.

Im **Alltag** tritt die Religion nicht deutlich nach außen, denn Kirche und Politik sind in Panama strikt voneinander getrennt. Die in der Verfassung verankerte Religionsfreiheit ist für die Besucher am deutlichsten in Panama-Stadt sichtbar, wo neben katholischen und protestantischen Kirchen auch Hindu-Tempel, moslemische Moscheen und griechisch-orthodoxe Kirchen stehen. Im ländlichen Bereich ist die Kirchenanzahl überraschend niedrig. Dies liegt vor allem an der geringen Zahl der vorhandenen Priester, wobei allerdings der Klerus sich kaum aus Einheimischen zusammensetzt, was wiederum ein Hinweis auf die gegenwärtige Stellung der Kirche in der Gesellschaft ist. In abgelegenen Gebieten werden die „offenen" Stellen in den letzten Jahren verstärkt mit jungen, ambitionierten Missionaren aus den USA besetzt, wie etwa den Sieben-Tage-Adventisten.

Im Gegensatz zu den mittelalterlichen Predigten von Hölle und Verdammnis, mit denen die gläubige Bevölkerung eingeschüchtert wurde, kümmert sich die Katholische Kirche in Panama jetzt verstärkt um praktische, soziale und medizinische Hilfe für die Menschen.

> Traditionelle Bauweise

Architektur

Im Vergleich zur monumentalen Pracht und zum Prunk in anderen spanischen Ex-Kolonien stehen Panamas architektonische Denkmäler im Schatten. Seit den 70er Jahren des 20. Jahrhunderts wurden in Panama-Stadt zwar Anstrengungen unternommen, diese Situation zu ändern, doch das Bauwesen stand und steht noch immer im Zeichen des **Internationalen Stils.** Die durch kerzengerade Bank-, Apartment- und Bürogebäude geprägte Silhouette von Panama-Stadt vermittelt die Impression einer modernen Großstadt, wie sie so auch in Europa, Asien und Nordamerika anzutreffen ist.

Der Schutz gegen die Hitze und die Nässe in Kombination mit dem vor Ort vorhandenen Baumaterial sind die Faktoren, welche die **traditionellen Baustile** bestimmen. Mit Gras oder mit Palmblättern bedeckte Dächer erfüllen seit Menschengedenken ihren Zweck und finden noch heute Anwendung beim Bau von Häusern in der Comarca de San Blas und den Provinzen Darién und Bocas del Toro. Das gleiche gilt für die luftdurchlässigen Wände aus Ästen, Schilfrohr oder Mangrovenwurzeln. Eine einfache Lösung gegen das Bodenwasser bildet die Pfahlbaukonstruktion, die im Darién noch genauso verbreitet ist wie im Küstenstreifen der Provinz Bocas del Toro. Die vorwiegend in der Zentralregion und im Westen des Landes angesiedelten spanischen Kolonisten übernahmen die Bautraditionen der Ureinwohner. Die Bauform blieb gleich, nur der Name wurde in *rancho* (Hütte) geändert.

Aufwendiger und prestigeträchtiger sind die **Lehmbauten,** die in Panama als *casas de quinchas* bekannt sind und die

032pa hz

033pa hz

vor allem das architektonische Gesicht der Halbinsel Azuero prägen (siehe dort). Die Wände aus gestampftem Lehm erfüllen am besten die menschlichen Bedürfnisse im Tropenklima, die Hitze von den Innenräumen abzuhalten. Weitere charakteristische Merkmale des landestypischen Lehmhauses *(casa típica)* bilden die roten, moosüberwucherten Dachziegel und die überdachte Veranda, auf der man sich erholen, das Straßenleben beobachten und eventuell Besucher empfangen kann.

In feuchteren Gebieten des Landes erweist sich gegenüber dem Lehm das **Holz** als robusteres Konstruktionsmaterial. Das soziale Ansehen der Erbauer spiegelt sich dabei in den Verzierungen der Bauten. Die verwendeten Baustile wurden von architektonischen Tendenzen aus Spanien, Frankreich, der Karibik und den USA beeinflusst. Bei den Ortsbeschreibungen wird unter dem jeweiligen Ort genauer auf dieses Thema eingegangen.

Die bescheidene Anzahl von **Sakralbauten,** die im Auftrag der spanischen Glaubensverkünder in Panama entstanden ist, wurde im **Barockstil** entworfen – genauer gesagt wurde versucht, die Gebäude dem barocken Baustil in Europa anzugleichen. Bei einem Vergleich mit den imposanten europäischen Barockkirchen erscheint die Ausstattung der panamaischen Gotteshäuser allerdings sehr bescheiden. Das liegt daran, dass Beispiele in der Region fehlten, an denen die Architekten ihre Pläne entwickeln konnten, aber vor allem auch an der Tatsache, dass ausreichende Geldmittel, geeignetes Baumaterial und geschulte Künstler, die für eine prunkvolle Innenausstattung notwendig gewesen wären, nicht vorhanden waren. Die Bauherren mussten deshalb einen geeigneten Mittelweg finden, weshalb Barock- und Rokokostil in Panama ein eigenes Gesicht erhalten haben. Nach Gutdünken wurde die Grundkonzeption des spanischen Barocks, der die dekorativen Elemente betont, angewendet. Bei der äußeren Gestaltung von Kirchen kommt

„Kolonialstil"

das durch die Integration von Muschelschalen in der Einzel- oder Doppelturmfassade, wie z.B. an der Fassade der Kathedrale in Panama-Stadt (siehe „Casco Viejo“, „Plaza Independencia“), zum Vorschein. Besonders bei darauffallendem Sonnenlicht entfaltet ihr Perlmuttglanz seine Pracht. In der Kircheninnenausstattung blieben vom Wesenszug des Barock nur Schnitzereien, Vergoldung und bunte Farben übrig.

Ein sehr schönes Beispiel der lokalen **Holzschnitzkunst** befindet sich in der Provinz Veraguas, im kleinen Ort San Francisco, der nördlich von Santiago liegt. In der äußerlich schlicht wirkenden Dorfkirche wurde durch die Bemalung und Vergoldung der Schnitzereien, die von der Kanzel bis zum Altar alle Gegenstände in der Kirche zieren, ein schmuckvoller theatralischer Effekt unter Einbeziehung heimischer Traditionen geschaffen.

Das Dekorative ist auch ein Wesenszug des **Art déco,** jener Kunstrichtung, die im Europa der 20er Jahre des 20. Jahrhunderts dem Jugendstil folgte. Im Zuge des mit dem Panamakanal anwachsenden internationalen Handels taucht diese Strömung auch in der Architektur von Panama-Stadt auf. Wer bei einem Bummel durch die Fußgängerzone der Avenida Central nicht nur einen Blick auf die Schaufenster richtet, wird überrascht sein von einigen künstlerisch geschmückten Fassaden mit Ornamenten, geometrischen Linien und farbenprächtigen Fliesen. Womit wir auch sagen möchten, dass die Besucher mit einem Auge für das Detail oft an unerwarteten Plätzen in Panama der ästhetischen und kreativen Seite historischer und moderner Baukunst begegnen werden.

Literatur

Der Beginn der panamaischen Literatur

Panama ist kein Land mit großem literarischen Vorleben. Während der langen kolonialen Epoche kamen keine literarischen Werke zum Vorschein. In der Mitte des 19. Jahrhunderts änderte sich die Situation langsam, dank der kosmopolitischen Stimmung, die nach der Eröffnung der transkontinentalen Eisenbahn auf dem Isthmus entstand. In den Kulturspalten der panamaischen Zeitungen ist das literarische Echo der europäischen Bewegung der **Romantik** herauszuhören. Schriftsteller und Dichter der ersten Stunde sind *Gil Colunje, José María Alemán, Tomás Martín Feuillet* und *Amelia Denis de Icaza,* die einzige Frau in dieser Literaturszene. Ihre Werke weisen ein mit Naturliebe verbundenes Nationalbewusstsein auf, die Charakterzüge der Romantik. Dieses Bewusstsein ist eine Äußerung der Unzufriedenheit über die von Europa kopierten Strömungen, die unzureichend sind, wenn es darum geht, die lateinamerikanische Kultur zum Ausdruck zu bringen.

Modernismo

In den traditionellen lateinamerikanischen Kulturhochburgen Mexiko, Peru, Kuba und Argentinien entstanden die ersten Ansätze für eine **eigenständige lateinamerikanische Literatur.** Diese Literatur, die gegenwärtig mit Autoren wie *Isabel Allende, Pablo Neruda, Octavio Paz, Gabriel García Márquez, Jorge Luis Borges* oder *Eduardo Galleano* nahezu weltweit im Brennpunkt des Interesses steht, bekommt ein erstes Profil mit dem Modernismo. In dieser speziell lateinamerikanischen Strömung, die um 1900 aufblühte, wird nach mehr Freiheit, nach anderen Themen und vor allem nach anderen Ausdrucksformen gesucht: „Kunst der Künste wegen, nicht um ihren Inhalt". Der wohl wichtigste Vertreter dieser Strömung ist der Nicaraguaner *Rubén Darío* (1876–1916), ein guter Freund des panamaischen Maestro dieses Genres, *Darío Herrera* (1870–1941). Die treibende Kraft in Panama war **Guillermo Andreve** (1879–1940), der die Literaturzeitschrift *El Cosmos* gründete, später *El Heraldo del Istmo.* Die Zeitschriften waren für die panamaischen *modernistas* ein wichtiges Kommunikationsmittel mit ihren Geistesverwandten auf dem Kontinent. Das Streben der *modernistas* nach geschliffener Kunst ist in der panamaischen Literatur am besten repräsentiert durch die Poesie von *Ricardo Miró* (1883–1940). Mit seinen Büchern wie beispielsweise *El Preludios* (1908) und *Caminos silenciosos* (1929) aus dem Postmodernismo nimmt er einen vorderen Platz in der Riege hispano-amerikanischer Dichter ein. Im eigenen Land würdigt man *Miró* als „den Poeten von Panama".

Nativismo

Während der Modernismo-Periode wächst eine Generation heran, die ab den 1920er Jahren zum Nativismo tendiert. Eine kulturelle Bewegung auf dem amerikanischen Kontinent, die die **Kultur und die Probleme der eigenen Bevölkerung** in den Mittelpunkt stellt und die deswegen auch als *Indígenismo* bezeichnet wurde. In dieser Bewegung gibt es unterschiedliche Tendenzen, wie *Ruralismo, Regionalismo* und *Paisajismo.* Der wohl wichtigste Wesenszug des panamaischen Nativismo ist die Suche nach dem eigenen, panamaischen Lebensgefühl. Angesichts der nordamerikanischen Dominanz betrachtet man die Vertreter dieser Bewegung auch als literarische Gegner der Kanalzone. Gute Beispiele sind in den Werken von *Demetrio Korsi* (1899–1957) zu finden, welcher zu den bekanntesten Dichtern dieser Periode gehört.

Gegenwartsliteratur

Ein „heißes" Thema in der modernen Literatur ist die **Beziehung zwischen Panama und den USA.** Zu erwähnen wäre dabei die Trilogie aus der Feder *Candanedos: El Panteon de los Callejones, Goodbye USA* und *Los Luciérnagos de la Muerte,* das die US-Invasion im Jahre 1989 zum Inhalt hat. Das prekäre Thema der Invasion wird vor allem auch von der jüngsten Literaturgeneration behandelt, wie etwa im Buch *Cuando perecen a las ruinas* von *Rogelio Guerra Avila.*

Eine besondere Erwähnung verdient auch die Literatur der afro-panamaischen Autoren *Rafael Pernets* und *Girardo Maloney* sowie die Bücher des Kuna-Indígena *Raúl Leis,* in denen die **sozialen Missstände** der Minoritäten angeprangert werden. *Leis'* Buch, *Machí, un Cuna en la ciudad,* kann übrigens empfohlen werden.

In der panamaischen Literatur nimmt die **Poesie** eine herausragende Stellung ein. Viele Dichter Panamas beschäftigen sich mit dieser Literaturgattung. Dem Roman und der Novelle fehlt es an Tradition, weshalb beide sowohl qualitativ als auch quantitativ schlecht vertreten sind.

Mit den jährlichen **Literaturpreisen** für die verschiedenen Kategorien wird seit den 1950er Jahren mühsam versucht, der panamaischen Literatur neue Impulse zu geben. Autoren, die davon profitierten, waren beispielweise *Rogelio Sinán* (Pseudonym von *Bernardo Alba Dominguez), Cecar Candanedo* und auffallend viele Frauen, wie *Giovanna Benedetti, Beatriz Valdés, Bertalicia Peralta, Rosa María Britton* und *Moravia Ochoa.* Einige Werke von *Ochoa* und *Britton* haben durch Übersetzungen auch ihren Weg ins Ausland gefunden.

Bei einem Blick in die Regale der Buchhandlungen zeigt sich aber, dass die Literatur Panamas erst am Beginn eines langen Weges steht. Es fehlt an Verlagen, Lesern, Zuhörern und vor allem an Autoren, die sich vom Durchschnitt abheben – oder, wie es in der Literaturszene selbst formuliert wird: „*Die Literatur Panamas steckt in einer tiefen Krise …*"

Kunsthandwerk

Wer von lateinamerikanischen Kunsthandwerken (**artesanías**) spricht, meint in erster Linie die bunte guatemaltcki sche Kleidung, die pastellfarbenen ecuadorianischen Teppiche oder die schön verzierten Keramikgegenstände in alter Maya-Tradition. Panamas Erbe alter Kulturen ist da eher unbekanntes Terrain. Doch die farbenprächtige traditionelle Kleidung der Kuna-Frauen oder die Nationaltracht *pollera* gehören sicherlich zu den schönsten Trachten des Kontinents. Der südöstliche Zipfel der zentralamerikanischen Landbrücke überrascht mit einer Palette von unterschiedlichen *artesanías.*

Goldschmiedekunst

Ein Blick in den Sala del Oro des Museums Reina Torres de Araúz in Panama-Stadt bezeugt das Können der präkolumbischen Meister der Goldschmiedekunst. Das von den Eroberern so heiß begehrte Edelmetall hatte bei der Urbevölkerung des Kontinents lediglich einen rein **symbolischen Stellenwert.** Goldschmuck betonte damals die sozial-religiöse Position des Trägers. Ökonomischen Wert hatte das gelb glänzende, leicht bearbeitbare Metall kaum.

Frühe Techniken

Dank der Kontakte mit südamerikanischen Völkern wurde die Tradition der Goldschmiedekunst bereits im 3. Jahrhundert unserer Zeitrechnung in Panama gefestigt. In der Anfangsphase wurde das erhitzte Edelmetall zu dünnen **Folien** geschlagen, danach modelliert und mit Meißel oder Stichel dekoriert. Die solchermaßen entstandenen, einfachen Goldamulette waren aber noch weit entfernt vom komplexen Goldschmuck der späteren Perioden.

Bei den Meisterwerken der Folgezeit wurden auf einem flachgeschlagenen Untergrund verschiedene filigran geformte Gegenstände durch **Löten** angebracht, eine Methode, die als *soldadura* bezeichnet wird.

Ein anderes Herstellungsverfahren war das **Gießen des flüssigen Goldes** in eine Matrize. Bei dieser Technik bediente man sich eines einmal verwendbaren Wachsmodells, das über einem Tonkern gefertigt und anschließend noch einmal mit einem Tonmantel bedeckt wurde. Durch Erhitzen floss das Wachs aus den vorher angebrachten Kanälen ab, wodurch ein Hohlraum entstand, der damit für den Goldguss fertig war. In Lateinamerika hat diese Technik den Namen *cera perdida* erhalten: „verlorenes Wachs". In der Endphase des Herstellungsprozesses wurde der Tonmantel zerschlagen – sicher immer wieder ein spannender Moment. Zum Schluss wurde meistens noch durch eine kleine Öffnung der Tonkern der Goldfigur entfernt. Wegen der einmaligen Verwendung der Matrize konnten nie zwei präzise Ebenbilder geschaffen werden, was diese Kunstwerke heute noch kostbarer werden lässt.

> Keramikkunst nach alter Tradition

Goldschmiedekunst heute

Die Kuna-Frauen tragen noch heute Amulette in Form von handflächengroßen Ohrringen mit eingemeißelten Dekorationen und große Kolliers mit hauchdünnen, tierähnlichen Kettengliedern. Die Übereinstimmungen mit den schlichten präkolumbischen Goldkunstwerken, die heute in den Vitrinen der Museen glänzen, sind groß.

Direkt von einem Museumsstück abgeleitet ist die Abbildung eines Greifvogels, der heute als Erkennungssymbol des Fernsehsenders *Telemetro* vom Bildschirm flimmert. Für die präkolumbischen Völker galt vor allem der Adler als „Götterbote", der die Seelen der Toten in die Welt der Götter führte. In Panamas Mythologie wurde mit dieser Mission die **Harpyie** bedacht (siehe „Land und Natur", „Fauna"), die meistens in ihrer imponierenden Angriffshaltung dargestellt wird, mit weit ausgebreiteten Flügeln, gespreizten Krallen und mit ihren auffallenden „Federlocken" am Kopf.

In den Schaufenstern und Vitrinen der Juwelierläden sind das Harpyie-Motiv, aber auch andere präkolumbische Motive zwischen dem modern gestalteten Goldschmuck zu bewundern. Der letzte Schrei in Sachen Schmuck sind Ohrringe, Anhänger und Broschen in Orchideenform. Und die präkolumbische Matrizenmethode dient noch immer als Herstellungsvorbild – selbstverständlich mit moderner Technik, die die Massenwaren erschwinglich macht.

Keramik

Die in der Pazifikregion Panamas angesiedelte Töpferei kann auf eine lange Tradition zurückblicken. Sie basiert auf präkolumbischen Keramikstilen, die den Höhepunkt um das 7. Jh. erreichten.

Der Höhepunkt fällt in eine Zeit, die als **Klassische Periode** (etwa zwischen dem 3. und 12. Jh.) bezeichnet wird. Die Bandbreite reicht von einfachen Gebrauchsgegenständen über Schalen und Vasen, die mit religiösen Symbolen und geometrischen Motiven verziert sind, bis hin zu Gefäßen und Skulpturen von tier- oder menschenähnlicher Gestalt, die sogenannte zoomorphe oder antropomorphe Figurkeramik.

Es ist beinahe unglaublich, wie es den präkolumbischen Töpfermeistern gelungen ist, nur durch Modellieren mit der Hand und mit einfachem Werkzeug **einmalige Kreationen** mit einem Überfluss an Einzelheiten hervorzuzaubern. Die Töpfer müssen Künstler ohnegleichen gewesen sein, die ihre Umwelt auf faszinierende Weise darstellten, wie beispielsweise beim sogenannten Tonosí-Stil (benannt nach dem Ort im Süden der Halbinsel Azuero). Dabei wurden die verschiedenen Tonvasen mit je einem Band dekoriert, auf dem menschliche Gestalten eine Last gemeinsam auf ihren Schultern tragen. Ob es sich beim Motiv um einen Ritualtanz oder eine Gemeinschaftsarbeit handelt, ist nicht geklärt.

034pa hz

Die Dekorationen und Formen der Tongegenstände variieren zwar regional, aber einheitlich tauchen **Tiermotive** als mythologische Symbole auf. Auf Grund des in einigen Regionen gehäuften Auftretens bestimmter Tiermotive, vor allem von Schildkröten, Fröschen, Gürteltieren, Krokodilen, Schlangen, Affen und Vögeln, vermutet man, dass diesen Tieren eine wichtige Rolle in der Erlebnis- und Glaubenswelt der ursprünglichen Bevölkerung der Landenge zufiel.

Panamas präkolumbische Keramikarbeiten waren in der Zeit zwischen der Ankunft der Spanier und dem Bau des Panamakanals in Vergessenheit geraten. Dank der archäologischen Funde des 20. Jahrhunderts hat die Bevölkerung die **alte Handarbeit wieder entdeckt.** Mit modernen Hilfsmitteln werden alte Motive und Formen zu neuem Leben erweckt und nicht zufällig in den Regionen der präkolumbischen Hochkultur, der Provinz Coclé und auf der Halbinsel Azuero.

Textilien

Mola

Ein Unikum im Textilhandwerk des amerikanischen Kontinents ist die farbenprächtige *mola*, die ursprünglich nur die Bluse der Kuna-Frau schmückte, mittlerweile aber viele Anwendungsformen kennt. Die einmalige **Herstellungstechnik** der *mola* basiert auf sogenannten umgekehrten Applikationen. In mehreren kontrastreichen und überlagerten Baumwolltüchern werden mit Ausschneiden und Umsäumen schmale, dekorative Muster geschaffen. In diesem farbigen Linienspiel lassen sich am häufigsten Tiere aus der Umwelt der Kuna erkennen oder ein faszinierendes Labyrinth von geometrischen Mustern.

Trotz moderner Einflüsse, die sich mittlerweile in die Dekoration eingeschlichen haben, sind viele *molas* von **hohem künstlerischen Wert.** Die Anerkennung für dieses einmalige Kunsthandwerk drückt sich deutlich in der Zahl der *molas* aus, die ihren Weg in die Museen der USA gefunden haben oder die panamaischen Ämter und Häuser schmücken. Wie die *mola* entstanden ist und worauf Sie beim Kauf achten sollten, wird bei der Beschreibung der Comarca de San Blas erwähnt.

Klöppelspitzen

Ein anderes dekoratives, allerdings im Vergleich mit der *mola* sehr fein verarbeitetes Stück ist die Bordüre von handgearbeiteten Klöppelspitzen auf der *pollera*, der Nationaltracht der Frauen (siehe „Halbinsel Azuero"). Die eleganten, winzigen **Ranken- und Blumenmotive** entstehen durch rasches und geschicktes Kreuzen und Flechten von weißen und/oder bunten Fäden, die um Holzklöppel gewickelt sind. Immer weniger Frauen in Panama beherrschen diese Präzisionsarbeit. Fast ausschließlich auf der Halbinsel Azuero, der Wiege der spanisch-panamaischen Kultur, kann man eine ältere Generation finden, die die Fachkniffe noch bestens beherrscht. Diese Frauen zaubern die traditionellen Spitzen ohne Vorlage einfach aus dem Gedächtnis und mit schnellen Handbewegungen hervor und plaudern gemütlich nebenbei – das Erkennungszeichen für die Fachfrau.

Sonstige Kunsthandwerke

Die altamerikanische Steinbearbeitungskunst, die monumentale Monolithe (aus Stein gemeißelte Figuren) und dekorative Steintische *(metates)* hinterlassen hat, ist nahezu völlig verschwunden. Die heute praktizierte und von der Zentralpazifikküste stammende **Seifensteinschnitzerei** kann kaum als Spiegelung der präkolumbischen Bildhauerei bezeichnet werden. Sie übertrifft nur gelegentlich das Niveau des Souvenirkitsches.

Andere Werke dagegen haben künstlerischen Wert, sogar Museumsqualität, wie etwa die **Plastiken aus** dem roten **Holz** der *Cocobolo* (Wollbaumgewächs) und aus *tagua,* der Steinnuss der Elfenbeinpalme, die dem beigefarbenen Zahnbein des Elefanten ähnelt. Diese natürlichen Materialien sind in Panama nur im Regenwald des Darién zu finden. In der geräuscherfüllten Dämmerwelt finden die Künstler des Chocó-Volkes, das die ältesten Bewohner des Gebietes stellt, ihre Inspirationen. Wann immer die Chocó-Männer Lust und Zeit haben, wird das Holzstück oder die Steinnuss aus der Tasche geholt und liebevoll durch Meißeln und Polieren bearbeitet. Die traditionellen mythologischen Figuren verlieren dabei immer mehr an Boden gegenüber den Alltagsmotiven. Die zur Folklore des Chocó-Volkes gehörenden und als solches auch erkennbaren Darstellungen werden von vielen Souvenirjägern leider oft als „primitive" Plastiken eingestuft.

Nützliche Handwerksarbeiten tauchen im Westen des Landes auf, wo die Guaymí handgeknüpfte **Umhängetaschen** *(cácharas)* aus gefärbten Pflanzenfasern herstellen. Auf Grund ihrer Handlichkeit gut praktisch verwendbar werden die Taschen auch von den *campesinos* und neuerdings von Touristen benutzt.

Bei den folkloristischen Festen an der Pazifikküste tauchen gelegentlich **Gewänder aus Rindenbast** auf, auf denen farbige Muster durch einen Stempeldruck aufgebracht wurden. Die etwas steif wirkenden Trachten wurden auch von südamerikanischen Völkern bei ihren religiösen Riten verwendet. Feste Accessoires dieser Trachten sind die einfachen aus dem gleichen Material hergestellten **Tierkopfmasken.** Spektakulärer dagegen sind die aus Pappmaché hergestellten, furchterregenden **Teufelsmasken** und Tierköpfe, die bei den *Danzas de Diablicos,* den Teufelstänzen, getragen werden. Die Tänze werden bei katholischen Festen und Prozessionen auf der Halbinsel Azuero aufgeführt.

Zu den landestypischen Handarbeiten gehören ebenfalls der bunte **Glasperlenschmuck** mit auffallenden geometrischen Motiven, der von den Chocó-Indígenas im Alltag, von den Guaymí-Indígenas nur bei Zeremonien getragen wird und das **Flechtwerk** in der Provinz Darién, das für die Anfertigung von Alltagsutensilien verwendet wird.

Malerei

Roberto Lewis

Es dauerte sehr lange Zeit, bevor auf der Landenge eine eigenständige Bildende Kunst zur Entwicklung kam. Die erste Initiative dazu kam zu Beginn des 20. Jahrhunderts von *Roberto Lewis*. Seine Porträts, allegorischen Deckengemälde und Wandbilder, die unter anderem die Räume des Teatro Nacional und die des Präsidentenpalastes in Panama-Stadt schmücken, gelten als die ersten panamaischen Werke von großer künstlerischer Bedeutung. Im Stil von *Lewis* dominiert der europäische Trend des **Neubarocks,** den er während seiner Studienzeit an der *Académie Nacionale des Beaux Artes* und am *Collège La Salle* in Paris kennenlernte. Mit der Dynamik, Größe und Beweglichkeit des (Neu-)Barocks bringt er die vaterländische Geschichte und das soziale und kulturelle Bewusstsein seiner Zeit zum Ausdruck.

Zwischen 1920 und 1950

Nach den ersten zwei von *Lewis* geprägten Jahrzehnten des 20. Jahrhunderts scheint die panamaische Malerei wieder in einen Tiefschlaf zu versinken. Die wenigen Landschaftsbilder und Porträts, die in den Jahren zwischen 1920 und 1950 entstehen, bringen nur die **Nachahmung europäischer Stile.**

1950er Jahre

Die Absage an die traditionelle Landschafts- und Porträtkunst erfolgt in Panama in den 50er Jahren fast auf explosive Weise. Das Signal für diese künstlerische Revolution wird von *Alfredo Sinclair* gegeben. Er kehrt von seinen lehrreichen Jahren an der Argentinischen Schule in Buenos Aires mit dem Drang nach **Abstraktion und Expression** im Gepäck nach Panama zurück. Mithilfe einer Kunstausstellung in Panama-Stadt im Jahre 1950 präsentiert *Sinclair* diese Ausdrucksformen dem Publikum. Seine Ölkompositionen basieren auf besonderer Farbgebung und rufen in der Öffentlichkeit sowohl Erschütterung wie auch Faszination hervor.

Eine Reihe junger Künstler drängt sehnsüchtig auf Erneuerung der Formen auf dem von *Sinclair* gebahnten Weg, um ihr spezifisches Lebensgefühl und ihre Gedanken zum Ausdruck bringen zu können. Die Künstler werden später unter dem Namen **La Generación del '50** einen Platz in der panamaischen Kunstgeschichte erhalten, obwohl die meisten dieser Künstler erst in den Folgejahrzehnten ihren persönlichen und ausgereiften Stil finden werden. Aus der 50er Generation sind besonders hervorzuheben: *Olga Sánchez, Adriano Herrebarría, Beatriz Briceño, Carlos Arboleda,* der Realist *Alberto Dutary* und *Guillermo Trujillo,* der zweifelsfrei der *maestro* der gegenwärtigen Kunst in Panama ist. *Trujillo* kombiniert viele moderne Ausdrucksformen mit präkolumbischen Einflüssen – eine Kombination, mit der er seine Wiederbegegnung mit Hispano-Amerika dokumentiert – und schafft damit einen imponierenden, von Qualität und Mystik gekennzeichneten typischen Stil. In seinen früh entstandenen Gemälden und späteren Acrylwerken wird eine magische, dynamische Welt sichtbar, worin der Mensch und die Natur im Mittelpunkt stehen.

1960er Jahre

Seit den 1960er Jahren versucht das von einer engagierten Künstlergruppe 1962 gegründete *Instituto Panameño de Arte (PANARTE),* die panamaische Kunst weiterzuentwickeln und gleichzeitig beim Publikum mehr Begeisterung und Verständnis zu erwecken. Zu diesem Zweck publiziert das *Instituto PANARTE* eine unregelmäßig erscheinende Zeitschrift. Die Publikation wurde 1993 aus verschiedenen Gründen vorübergehend eingestellt. Außerdem organisiert es Kunstausstellungen, in denen sich neue Talente der Öffentlichkeit präsentieren können. *Coqui Calderón, Manuel Chong Neto* und *Julio Zachrisson* sind einige der talentierten Künstler und Künstlerinnen, die in diesem stimulierenden Klima gefördert werden und die mit ihren **figurativen und semi-figurativen Gemälden** in den Vordergrund treten.

Coqui Calderóns Stil entwickelte sich von der Pop-Art, die die Künstlerin während ihres Studiums in New York kennengelernt hatte, zur semi-figurativen Kunst, in der die sichtbare Realität neben der abstrakten Wirklichkeit wahrnehmbar ist. In ihren Öl- und Acrylfarbenwerken spielt sie mit Bewegungen und Formen, worin die Beobachter Landschaften und Menschen erkennen können.

Kompositionen von menschlichen und tierischen Gestalten in Ölfarbe bilden die Visitenkarten von *Manuel Chong Neto,* während *Julio Zachrisson* mit grafischen Techniken arbeitet, um seine von ironischen und fantasievollen Vorstellungen geprägte Welt zum Ausdruck zu bringen.

1970er und -80er Jahre

Anfang der 1970er Jahre entwickelt sich eine Reihe von Künstlern, die nach **neuen Stilen und Themen** suchen, teils in der figurativen Kunst, teils in der reinen Abstraktion, ganz im Stil des alten „Meisters" *Sinclair. Tabo Toral* ist einer dieser Künstler, der mit seiner von spannenden Linienspielen gekennzeichneten geometrischen Malerei der panamaischen Kunst eine neue Dimension verleiht. Aus dem Künstlerkreis der 1970er Jahre ist neben *Tabo Toral* auch *Isabel De Obaldía* zu erwähnen, die in den späten 1980er Jahren konkrete Materialien, wie beispielsweise Glas, in ihre Gemälde miteinbezieht.

Kunstförderung

Da von der panamaischen Regierung immer großes Desinteresse am Kunstbereich gezeigt wurde (und das wird sich auch mit der gegenwärtig bestehenden Regierung nicht ändern), macht sich um die gegenwärtige Förderung der panamaischen Künste nur das *Instituto PANARTE* verdient, das von Banken und von multinationalen Konzernen finanzielle Unterstützung erhält. Das Sponsorengeld wird hauptsächlich für **Kunstaus-**

stellungen verwendet, da sonst Bevölkerung oder Besucher mit Interesse für die moderne Kunst keine permanenten Ausstellungen in Panama finden werden. Für Kunstinteressierte gilt deshalb die Devise: „Augen und Ohren offenhalten“ für die Ankündigungen von wechselnden Ausstellungen nationaler und internationaler Künstler (vor allem aus Lateinamerika) im privat geführten *Museum de Arte Contempráneo* und in den Galerien von Panama-Stadt (siehe dort).

Musik und Tanz

Die temperamentvollen lateinamerikanischen Tanzrhythmen wie Salsa, Rumba, Mambo und Merengue dringen vielerorts in Panama von den Kneipen auf die Straße. Dabei kann man kaum die Einflüsse indianischer, afrikanischer und europäischer Kulturen erkennen, die über Jahrhunderte hinweg ihr Musikgut in den panamaischen Liedern und Tänzen hinterließen.

Eine Überraschung in der Volksmusik Panamas ist die von den **Kuna-Indígenas** verwendete **Panflöte** *(zampoña)*, die auf dem amerikanischen Kontinent eigentlich nur von den indianischen Kulturen der Andenländer, wie Peru, Ecuador oder Kolumbien, verwendet wird. Panflöten gibt es in verschiedenen Formen, Größen und Materialien. Die von den Kuna verwendete Art hat ein oder zwei Reihen zusammengebundener, unterschiedlich langer Einzelflöten aus Bambus. Sie wurde ursprünglich bei rituellen Festen benutzt, zusammen mit **Rasseln,** die auch als *maracas* bezeichnet werden (ausgehöhlte und mit Steinchen oder Samen gefüllte Kalebassen). Überraschend ist auch die Tatsache, dass die Panflöte nur von den Kuna-Frauen gespielt wird, was in der Musikwelt Lateinamerikas als Besonderheit gewertet wird. Die Kuna-Frauen begleiten ihre Darbietung meistens mit **Reigentänzen.** Besucher der San-Blas-Inseln, der Heimat der Kuna, werden die Gelegenheit erhalten, die Musik- und Tanzdarbietungen der Kuna hautnah miterleben zu können.

Während die Panflöte nur in der Comarca de San Blas Verwendung findet, tauchen landesweit Blasinstrumente auf, wie die aus Holz, Bambus oder Schilf hergestellte **Längs- und Querflöte** *(flautas* und *pitos)* oder das **Muschelhorn** *(fututo)*. Sie sind aus dem kulturellen Erbe der ursprünglichen Bevölkerung des Kontinents hervorgegangen.

Die dominierende Rolle in der Musikfolklore Panamas spielen zweifelsfrei die **Trommeln** *(tambores)*. Ihre Herkunft lässt sich nicht exakt bestimmen, da sowohl die frühen amerikanischen Kulturen als auch die afrikanischen und europäischen Völker das Instrument zu ihrem Kulturgut zählen. Die afrikanischen Trommeln, die von Hand- bis Körpergröße und von zylinder- bis kegelförmig reichen, sind übrigens die variationsreichsten auf der Welt. In Panama werden die afrikanischen Trommeln fast immer als kleines Orchester verwendet, während man die Trommeln europäischer und indianischer Herkunft nur einzeln verwendet und sie mit Rasseln oder Melodieinstrumenten begleitet.

Am deutlichsten treten die **afrikanischen Einflüsse an der zentralen Karibikküste** hervor, im landesweit bekannten Gebiet der Congos. Sie sind die Nachkommen afrikanischer Sklaven, deren musikalische und rituelle Darstellungen verblüffende Ähnlichkeiten mit den Traditionen anderer schwarzer Bevölkerungsgruppen in Lateinamerika zeigen. Im Alltagselend der Plantage haben sie sich an die Kulte und Religionen ihrer Vorfahren von der Westküste Afrikas geklammert. Die Trommeln mit ihren aufputschenden Rhythmen nehmen darin den wichtigsten Platz ein. Die Musik wird generell von einem wenig melodiösen Ruf- und Antwort-Gesang begleitet, wobei der Vorsänger eine oder mehrere Verszeilen singt und der Chor, die Musikanten und Tänzer mit der Wiederholung der Verse anworten.

Wo der Rhythmus so betont wird, dort muss selbstverständlich auch dem **Tanz** eine bedeutungsvolle Rolle zukommen. Wie in der Musik verweisen auch die Tänze der Afro-hispañoles in Panama auf ihre afrikanischen Wurzeln, aber der Einfluss der iberischen Halbinsel ist ebenfalls unübersehbar. Die neu entstandenen Tänze charakterisieren sich durch afrikanische Beweglichkeit und spanische Koketterie. Faszinierende Beispiele bieten nicht nur die **Congo-Tänze,** sondern auch der **Mai-Pole-Tanz** in Bocas del Toro und der **Bullarengue.** Er ist der regionale Tanz im Darién und wird mit akrobatischen, aber gleichzeitig auch sinnlichen Schritten getanzt.

Der iberische Einfluss in der Musik- und Tanzszene ist maßgebend für die heutige **Folklore an der Pazifikküste,** vor allem auf der Halbinsel Azuero. Die Gitarre – eigentlich muss von mehreren Arten gesprochen werden, da zur Zeit der Kolonisation die spanische Gitarre noch nicht vorhanden war – hat dort einen sicheren Platz bekommen, zusammen mit der Violine und dem Akkordeon. Der Vorläufer der spanischen **Gitarre** inspirierte zur Entstehung zahlreicher Variationen. In Panama entstanden die schlanke, fünfsaitige *mejorana,* die klei-

036pa hz

Selbst gemachte Panflöte, gespielt von einer Kuna-Frau

nere viersaitige *bocona* und die gedrungene, lautenähnliche *socavón* mit drei oder vier Saiten.

Diese Instrumente begleiten die populäre *décima,* einen zehnzeiligen Verstext, der von den **Volkssängern** *(cantador),* teilweise auch von Volkssängerinnen *(cantadora)* zu Gehör gebracht wird, entweder im Bekannten- und Freundeskreis oder öffentlich für ein größeres Publikum. Die Verse werden eher vorgetragen als gesungen. Charakteristisch sind dabei die auffallend hohen Töne und die lang gezogenen Silben, um einer Textpointe Nachdruck zu verleihen. Nach dem Text unterscheidet sich die *décima* in zwei Arten: Die *linial* (auch *linia*) basiert auf überlieferten Volksballaden, während die *libre* alle Freiheiten zur Improvisation bietet, am liebsten mit dem nötigen Spott, Humor und mit der nötigen Kritik, wodurch das Publikum die Möglichkeit erhält, mit dem Lied „mitzuleben".

Die Wiege der Volkssänger und -sängerinnen steht auf der Halbinsel Azuero, wo das koloniale Erbe am stärksten gehegt wird. Ein großer Teil der lokalen Bevölkerung lässt sich auf der Halbinsel die Möglichkeit nicht entgehen, einer *cantadera* – einem improvisierten **Wortduell zwischen zwei Volkssängern** – beizuwohnen, wann immer es einen Anlass dazu gibt. Mit den nötigen Scherzen werden abwechselnd Zehnzeiler über Alltagsthemen vorgetragen, mit denen

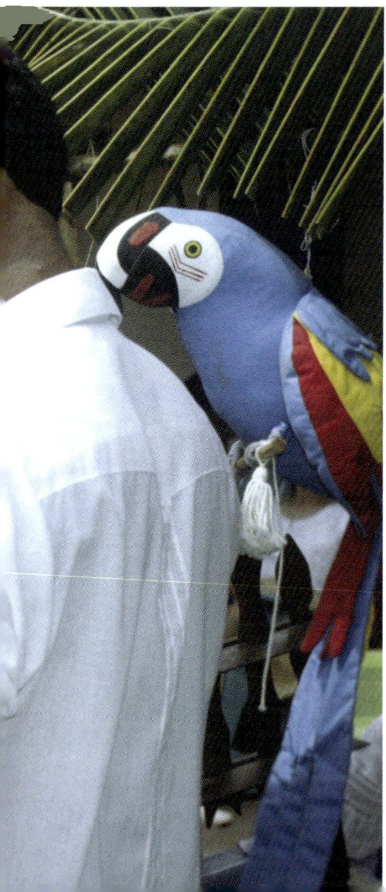

037pa hz

das Publikum sich identifizieren kann, denn dieses entscheidet durch seinen Beifall über Sieg oder Niederlage der Sänger.

Der iberische Einfluss zeigt sich ebenfalls unverkennbar in den **Paar- und Gruppentänzen entlang der Pazifikküste.** Der Akzent fällt dabei auf die schnellen, virtuosen Schritte *(zapateos)* und das Schwenken des typischen Panamahutes des Tänzers und das Schwingen der langen feinen Röcke durch seine Partnerin. Die Tanzbewegungen haben sehr starke Ähnlichkeit mit dem Fandango, einem dynamischen Volkstanz von der iberischen Halbinsel. Die mit dem Fandango verwandten Tänze werden in Panama mit den Namen **El Punto, Papelón, Paseo, La Curacha, Cumbia** und **Santeña** oder **Mejorana** bedacht. Die beliebten Tänze sind unlösbar mit den Volksliedern verbunden, die deshalb die gleichen Namen wie die dazugehörenden Tänze tragen.

Die **Begleitinstrumente** stammen aus der interkulturellen Spieldose. Neben den bereits erwähnten Saiteninstrumenten und dem Akkordeon sind aus der europäischen Instrumentenpalette gelegentlich die Triangel und verschiedene Kastagnettenarten vertreten. Der kräftige Rhythmus wird generell durch zwei kegelförmige, aller Wahrscheinlichkeit nach afrikanische Trommeln angegeben.

Tambores: „Antreiber“ oder „Dämpfer“?

Die beiden Rhythmustrommler werden als *el tambor pujador* (der „Antreiber") und als *el tambor replicador* (der „Dämpfer" oder „Widersprechende") bezeichnet. In diesen mit Trommeln ausgetragenen Streit mischen sich die markanten Töne der *churuca* (auch *gürio);* das ist ein Instrument mit indianischen Wurzeln, bei dem die Klänge durch Schrappen entlang der Einkerbungen der Kalebasse (Flaschenkürbis) hervorgezaubert werden.

Die erwähnten Musik- und Tanzformen illustrieren, dass die panamaische Musik und die Tänze nicht statisch, sondern immer in Bewegung sind, auf der Suche nach zeitgemäßer Ausdrucksweise. Zu dieser Reihe gehört die **populäre lateinamerikanische Musik,** die mit swingenden Hits auch in Europa bekannt wurde. *Gloria Estefan, Oscar De León* und *Juan Luis Guerra* sind keine Unbekannten in der Musikszene. Panama ist in dieser Szene mit dem prominenten Salsasänger (nebenbei auch Hollywoodschauspieler und 1994 Präsidentschaftskanditat) *Rubén Blades* vertreten.

In der modernen Hauptstadt fehlen auch die **klassische Musik** und der Tanz nicht. Panamas Sinfonieorchester und das Staatsballett geben regelmäßig im Teatro Nacional und im Atlapa-Zentrum Vorstellungen. Ein prominentes Gesicht in der Tanzszene ist die weltbekannte englische Ballerina *Lady Margot Fonteyn,* die durch ihre Ehe mit Ex-Präsident *Roberto Arias* mit Panama verbunden ist.

Wer die Musik- und Tanzfolklore hautnah miterleben möchte, sollte für die Reiseplanung den Fest- und Feiertagskalender (siehe Kapitel „Praktische Reisetipps A–Z") beachten.

Bildungswesen

Von April bis Dezember drückt die panamaische Jugend die Schulbank der Primär- oder zweistufigen Sekundärschule. Kinder vom 7. bis zum 12. Lebensjahr sind zum Besuch der Grundschule verpflichtet und bis zum 15. Lebensjahr muss die erste Stufe der Sekundärschule absolviert werden. Regional wird das Gesetz allerdings flexibler interpretiert, da die Landarbeit für die junge Generation mancherorts Priorität vor dem Schulbesuch genießt. Zudem kann wegen des deutlichen Mangels an Sekundärschulen im ländlichen Bereich, vor allem in den dünnbesiedelten Regionen, die **Schulpflicht** nur von 60 % der Jugendlichen erfüllt werden, während die Grundschulen mit fast 100 % ausgelastet sind. Gegenwärtig stehen 2600 Grundschulen nur 390 Sekundärschulen gegenüber.

> Panamaische Schülerinnen und Schüler

ESCUELA OFICIAL NOCTURNA LAS TABLAS
TRABAJO
ESFUERZO
SUPERACION
1979

Eine weitere Hürde sind die **Schulkosten.** Obwohl der Unterricht kostenlos erfolgt, müssen die Eltern die Schuluniformen und die Schulbücher ihrer Kinder in der Sekundärschule selbst finanzieren, was für sozial schwache Familien ein großes Problem darstellt. Viele Jugendliche müssen deshalb nach der Primärschule mit 12 Jahren die Ausbildung beenden und ihren Beitrag zum Familienunterhalt leisten, entweder mit Feldarbeit oder mit Tätigkeiten auf der Straße, weshalb junge Schuhputzer, Autowäscher oder Zeitungsverkäufer mittlerweile zum typischen Straßenbild von Panama-Stadt gehören.

Jene Kinder, die ihre Ausbildung nach der Grundschule fortsetzen können, erhalten in der ersten Stufe der **Sekundärschule** eine dreijährige allgemeine Ausbildung. Freiwillig kann anschließend die gleich lange zweite Stufe der Sekundärschule besucht werden, die die Schüler auf das Studium an einer Universität vorbereitet.

Etwa 7 % der Grundschulen und etwa 16 % der Sekundärschulen stehen unter **privater Leitung** und verfügen über eine bessere Lehrmittelausstattung, aber auch über ein größeres Ansehen in der panamaischen Gesellschaft. Das Prestige einer Schule, vor allem das einer Universität erleichtert in vielerlei Hinsicht die Karriere, was allerdings auch mit dem nötigen „Kleingeld" verbunden ist.

Panama verfügt über zwölf gute **Universitäten,** aber etwa die Hälfte der panamaischen Studenten absolviert ihr Studium an einer prestigereichen Universität im Ausland, mit Vorliebe in den USA oder in Mexiko, wobei die Studienrichtungen Medizin und Betriebswirtschaft am populärsten sind. Wer in Panama studiert, muss neben dem Prestigeverlust noch eine finanzielle Hürde nehmen: In Panama wird kein Stipendium vergeben, weshalb viele Studenten tagsüber arbeiten müssen, um abends ihrem Studium nachgehen zu können.

Für Erwachsene, die ihre Ausbildung erweitern oder Versäumtes nachholen möchten, gibt es verschiedene, meistens in Panama-Stadt etablierte **Abendschulen,** die allgemeine und berufsbildende Kurse anbieten, deren Besuch in der Regel aber vom Staat nicht bezahlt wird.

Mit dem immer kleiner werdenden Budget für das Bildungswesen wird sich die **Analphabetenrate** von derzeit 12 % auch in Zukunft nicht verringern lassen.

Gesundheitswesen

Die Anzeigen in den Zeitungen und die zahlreichen Schilder an den Hauswänden in Panama-Stadt, mit denen die Kliniken und Ärzte aller Fachrichtungen auf ihre Dienste aufmerksam machen, erwecken den Eindruck, als sei es um das Gesundheitswesen im Land bestens bestellt. Aber der Eindruck täuscht, denn außerhalb der Hauptstadt hat das Gesundheitswesen, vor allem im öffentlichen Bereich, keinen guten Ruf.

Während der Torrijos-Diktatur wurde zwar ein **Dezentralisierungsprozess des Gesundheitswesens** in Gang gesetzt, wodurch mittlerweile jede Provinzhauptstadt über ein medizinisches Zentrum, also ein regionales Krankenhaus, verfügt, doch die Qualität der Ausrüstung und der Versorgung lässt leider noch häufig zu wünschen übrig.

Die kleinen Provinzorte werden von diesen Zentren aus etwa ein- bis dreimal pro Woche von einem Allgemeinmediziner besucht. Wegen des Mangels oder des Fehlens medizinischer Ausrüstung in den Orten beschränkt sich die medizinische Hilfe oft nur auf die Verschreibung von Tabletten. In dünnbesiedelten Winkeln des Landes, wie beispielsweise in den Provinzen Bocas del Toro und Darién ist die **medizinische Versorgung als katastrophal einzustufen.** Gute Allgemeinmediziner oder fachgerecht ausgebildete Pflegekräfte, die freiwillig in der Einöde leben möchten, können in Panama an einer Hand abgezählt werden. Als Trostpflaster auf die regionalen Wunden machen viele Medizinstudenten ihr Praktikum im *Interior.*

Einziger Pluspunkt des Gesundheitswesens ist die **kostenlose** oder gegen einen symbolischen Betrag gewährte **Versorgung,** wodurch auch die Allerärmsten auf medizinische Hilfe nicht verzichten müssen. Selbstverständlich erfolgt diese Hilfe nur in **öffentlichen Krankenhäusern,** die aber vielerorts keinen vertrauenerweckenden Eindruck machen. Die regionalen Krankenhäuser werden von der Bevölkerung häufig auch als „Orte wo man hineingeht, aber nicht mehr herauskommt …" definiert.

Wer es sich leisten kann, legt sein Leiden, auch wenn es noch so klein ist, in die Hände eines **Privatkrankenhauses oder -arztes,** was auch Besuchern dringend zu empfehlen ist.

Vielleicht sind die jüngsten Krankenhäuser in David und in Panama-Stadt ein Wendepunkt in der Gesundheitsvorsorge. Der Bau dieser modernen, öffentlichen Spitäler geht aber nicht auf das Konto des Staates, sondern wurde mit großzügigen Spenden von wohlhabenden Panameños und Firmen sowie Geldern aus nationalen Lotterien finanziert.

Die Autoren | 516
Glossar | 486
Literaturtipps | 499
Register | 504
Reise-Gesundheits-informationen | 484
Sprachhilfe | 489

12 Anhang

721pa-hz

Schwätzchen an der Imbissbude

Reise-Gesundheitsinformationen

Stand: April 2017

Die nachstehenden Angaben dienen der Orientierung, was für eine Reise in das Land an Gesundheitsvorsorgemaßnahmen zu berücksichtigen ist. Die Informationen wurden uns freundlicherweise vom *Centrum für Reisemedizin* zur Verfügung gestellt. Auf **www.crm.de** werden diese Informationen stetig aktualisiert. Es lohnt sich also, dort noch einmal nachzuschauen.

Einreise-Impfvorschriften

- **Für die Einreise besteht zurzeit keine Impfpflicht.** Neben den in Deutschland empfohlenen Impfungen können für Ihre Reise jedoch weitere Impfungen sinnvoll sein.
- Gemäß den geänderten *International Health Regulations* der WHO (am 11. Juli 2016 in Kraft getreten) ist die **Gelbfieber-Impfbescheinigung** nach einmaliger Impfung lebenslang gültig. Es ist möglich, dass abweichend von der offiziellen Regelung bei Einreise ein Impfnachweis verlangt wird, der nicht älter als 10 Jahre ist.

Wichtiger Hinweis

Welche Impfungen letztendlich vorzunehmen sind, ist abhängig vom aktuellen Infektionsrisiko vor Ort, von der Art und Dauer der geplanten Reise, vom Gesundheitszustand sowie dem noch vorhandenen Impfschutz des Reisenden.

Da im Einzelfall unterschiedlichste Aspekte zu berücksichtigen sind, empfiehlt es sich immer, rechtzeitig (etwa 4 bis 6 Wochen) vor der Reise eine persönliche Reise-Gesundheits-Beratung bei einem reisemedizinisch erfahrenen Arzt oder Apotheker in Anspruch zu nehmen.

Malaria-Risiko (ganzjährig)

- **Mittleres Risiko** im ländlichen Tiefland im Osten des Landes (Provinzen San Blas und Darién), etwas höherer Anteil *Malaria tropica* vor allem im Grenzgebiet zu Kolumbien, z.T. chloroquinresistent;
- **sehr geringes oder kein Risiko** im Rest des Landes, v.a. Stadtgebiete und Kanalzone.

Vorbeugung: Ein konsequenter Mückenschutz in den Abend- und Nachtstunden verringert das Malariarisiko erheblich **(Expositionsprophylaxe).** Die wichtigsten Maßnahmen sind:

- In der Dämmerung und nachts Aufenthalt in mückengeschützten Räumen (Räume mit aircondition, Mücken fliegen nicht vom Warmen ins Kalte).
- Beim Aufenthalt im Freien in Malariagebieten abends und nachts weitgehend körperbedeckende Kleidung (lange Ärmel, lange Hosen).
- Anwendung von insektenabwehrenden Mitteln an unbedeckten Hautstellen (Wade, Handgelenke, Nacken). Wirkungsdauer 2–4 Std.
- Im Wohnbereich Anwendung von insektenabtötenden Mitteln in Form von Aerosolen, Verdampfern, Kerzen, Räucherspiralen.
- Schlafen unter dem Moskitonetz (vor allem in Hochrisikogebieten).

Ergänzend ist die Mitnahme von Anti-Malaria-Medikamenten **(Chemoprophylaxe)** zur notfallmäßigen Selbstbehandlung (Stand-by-Behandlung) zu empfehlen. Zu Art und Dauer der Chemoprophylaxe fragen Sie Ihren Arzt oder Apotheker bzw. informieren Sie sich in einer qualifizierten reisemedizinischen Beratungsstelle. Malariamittel sind verschreibungspflichtig.

Empfohlener Impfschutz

Allgemein zu empfehlender Impfschutz (siehe dazu unter www.crm.de) überprüfen, ggf. ergänzen bzw. auffrischen.

Je nach Reisestil und Aufenthaltsbedingungen im Lande sind außerdem zu erwägen:

Impfschutz	Reisebedingung 1	Reisebedingung 2	Reisebedingung 3
Hepatitis A	x	x	x
Gelbfieber (1)	x	x	x
Hepatitis B (2)	x	x	
Cholera (3)	x	x	
Tollwut (4)	x		
Typhus	x		
Meningokokken (5)	x		

(1) speziell für die Gebiete östlich der Kanalzone (Regionen Emberá and Kuna Yala, Provinz Darién, Teile der Provinz Colón und Osten der Provinz Panama); nicht für die Gebiete westlich der Kanalzone, die Stadt Panama, die Kanalzone selbst und die Balboa- und San-Blas-Inseln
(2) vor allem bei Langzeitaufenthalten und engerem Kontakt mit der einheimischen Bevölkerung
(3) Schutz gegen Reisediarrrhoe (ETEC)
(4) bei vorhersehbarem Umgang mit Tieren
(5) Serotypen A, C, W135, Y; bei engerem Kontakt mit der einheimischen Bevölkerung

Reisebedingung 1:

Reise durch das Landesinnere unter einfachen Bedingungen (Rucksack-/Trecking-/Individualreise) mit einfachen Quartieren/Hotels; Camping-Reisen, Langzeitaufenthalte, praktische Tätigkeit im Gesundheits- oder Sozialwesen, enger Kontakt zur einheimischen Bevölkerung wahrscheinlich.

Reisebedingung 2:

Aufenthalt in Städten oder touristischen Zentren mit (organisierten) Ausflügen ins Landesinnere (Pauschalreise, Unterkunft und Verpflegung in Hotels bzw. Restaurants mittleren bis gehobenen Standards).

Reisebedingung 3:

Aufenthalt ausschließlich in Großstädten oder Touristikzentren (Unterkunft und Verpflegung in Hotels bzw. Restaurants gehobenen bzw. europäischen Standards).

Glossar

A

abajo: unten
aeropuerto: Flughafen
alcalde: Bürgermeister
alto: Stop, Höhe (geografisch)
amigo: Freund, Bekannte(r)
ANAM: Autoridad Nacional del Ambiente
ANCON: Asociación Nacional para la Conservación de la Naturaleza, privater Naturschutzverein
apartado postal: Postfach
archipiélago: Archipel
arriba: oben
artesanía: Kunsthandwerk
avenida: breite Straße

B

bahía: Bucht
Balboa: offizielle Landeswährung, benannt nach Vasco Núñez Balboa
balneario: öffentlicher Naturschwimmplatz
baño: eigentlich Bad, häufig auch Toilette
barco: Schiff
barrio: Stadtviertel, Vorstadt
boca: Mund, Schnauze, Flussmündung
bocas: kleine Happen, die zu den Getränken serviert werden
bombera: Feuerwehr
buceo: Tauchsport
buque: Schiff

C

caballero: Herr, Reiter
cabecera: Distrikthauptstadt
cabo: Kap
cacique: siehe Kazike
calle: Straße
calzada: Wellenbrecher
camino: Weg
campesino: Kleinbauer
campo de aterrizaje: Landepiste ohne flugtechnische Einrichtung
Carretera Interamericana: wichtigste Straße in Panama, Teil der *Panamericana* (Alaska – Feuerland)
Carta Vieja: panamaischer weißer oder dunkler Rum
casa: Haus
casa de quincha: Kolonialhaus aus Lehm, Holz, Schilf und Stroh; besonders auf der Halbinsel Azuero
cascada: Wasserfall
caudillo: Staatsoberhaupt
cayuco: Einbaumkanu
centro comercial: Einkaufszentrum
centro de salud: Gesundheitszentrum, regional oft für Krankenhaus verwendet
cerro: Anhöhe, Bergspitze
cerveza: Bier
cervezería: Bierstube, Bierbrauerei
ceviche: roher Fisch, mariniert in Zitronensaft
chacara: Umhängetasche aus Pflanzenfasern
chachira: bunte Perlenkette der Guaymí
chicha: Getränk aus Früchten, Wasser oder Milch und Zucker
chitras: kleine blutsaugende Fliegen
CIA: *Central Intelligence Agency,* US-Geheimdienst
cine: Kino
colectivo: Sammeltaxi oder -bus
colina: Hügel bis maxial 600 m
Colón: spanisch für Kolumbus
Comarca: semiautonomes Gebiet der Indianer

comida típica: landestypisches Essen
communidad: Gemeinschaft
consejo: Verwaltungsrat
cordillera: Kordillere
corregimiento: Verwaltungsbezirk
cráte: Krater
criollos: panamaische Weiße
Cruz Roja: Rotes Kreuz
cuenca: Becken (geografisch)
cueva: Höhle

D

DEA: Drugs Enforcement Agency, US-Drogenbekämpfungsbehörde
DIA: Defense Intelligence Agency, US-Militärgeheimdienst
districto: Distrikt

E

encomienda: koloniales Landverteilungsystem, bei dem die auf dem Land lebenden Indianer als Leibeigene zugewiesen wurden
ensenada: Bucht, Flussmündung
esclusa: Kanalschleuse
estación ferrocarril: Eisenbahnstation
estampilla: Briefmarke

F

farmacía: Apotheke
faro: Leuchturm
finca: Grundstück, Bauernhof, in Panama mehr ein Teil einer großen (Bananen-)Plantage
frontera: Grenze

G

ganaderia: Rinderzucht
gobernador: Gouverneur

golfo: Golf (geografisch)
gringo: Fremder, speziell verwendet für Nordamerikaner
guineo: kleine Obstbanane

H

hacienda: Landgut, Farm
hamaca: Hängematte

I

iglesia: Kirche
indígenás: Eingeborene(r), Einheimische(r), spanische Bezeichnung für Indianer
interior: Binnenland, Landesinnere
isla: Insel
istmo: Isthmus, Landenge
-ita oder *-ito:* Verkleinerungsform

K

Kanalzone: Gebiet beidseitig des Kanals, das 1914–1979 unter US-Verwaltung stand
Kasematte: dick ummauerter, schusssicherer Raum in einer Befestigungsanlage
kazike (auch *Cacique):* Oberhaupt eines indianischen Volkes
Kuna Yala: semiautonomes Gebiet der Kuna-Indianer

L

lago: See
laguna: Lagune, wird auch für kleine Stauseen verwendet
lancha: Boot mit Außenmotor
latifundio: Großgrundbesitz
legislador: Abgeordneter
llanura: Tiefebene

M

mar: Meer
mercado: Markt
meseta: Hochplateau
mirador: Aussichtspunkt
mejorana: panamaische Gitarre
merengue: lateinamerikanischer Tanz
mola: Textilhandwerk der Kuna-Frauen
montaña: Berg
montuno: Nationaltracht der Männer
muelle: Pier

N

nudo: Gebirgsknoten
nuevo/nueva: neu

O, P

OAS: Organisation Lateinamerikanischer Staaten
país: Land
panadería: Bäckerei
panameña: Panamaerin
panameño: Panamaer
paseo: Promenade
parada: Bushaltestelle
parque: Park
península: Halbinsel
pensión: einfache Unterkunft, Stundenhotel
peone: Knecht
pesquera: Fischerei
Petroglyphen: Felszeichnungen
Pick Up: kleiner Lastkraftwagen, auf dessen Ladefläche Fahrgäste transportiert werden
piscina: öffentliches Schwimmbad
pista de aterrizaje: Landepiste mit kleiner flugtechnischer Einrichtung
playa: Strand
plaza: Platz
población: Population
pollera: Nationaltracht der Frauen
provincia: Provinz
puente: Brücke
puerto: Hafen
punta(o): Stelle

R

Ragga: musikalische Mischung aus Rap und Reggae
refresco: Erfrischungsgetränk
repelente: chemisches Insektenschutzmittel
represa: Staudamm
río: Fluss
ropa vieja: eigentlich „Alte Kleidung", in Panama ein scharf gewürztes Reis-Fleisch-Gericht

S

salchicha: Würstchen
salsa: Sauce
Salsa: lateinamerikanischer Tanz
salto: Wasserfall
sancocho: panamaische Nationalspeise (Hühnersuppe)
santería: religiöser Kult mit christlichen, indianischen und afrikanischen Einflüssen
Santa: Heilige
Santo: Heiliger
seco: panamaischer klarer Schnaps
Semana Santa: Osterwoche
sendero: Weg, Pfad
serranía: Bergland, Gebirge
sierra: Bergkette
sombrero montuno: Panamahut
STRI: Smithonian Tropical Research Institute, nordamerikanisches biologisches Forschungsinstitut
surcusal: Filiale

T

tamale: Gericht aus Mais, Fleisch und Gewürzen, in Bananenblatt gekocht
Transístmica: Straße zwischen Panama-Stadt und Colón
tuna: Straßenfest, -parade

U

UNESCO: United Nations Educational, Scientific and Cultural Organization; UNO-Sonderorganisation für Erziehung, Wissenschaft und Kultur

V, W

valle: Tal
vía: große Durchfahrtsstraße
villa: Dorf, Siedlung
virgen: Jungfrau (Maria)
WHO: Weltgesundheitsorganisation

Sprachhilfe

Im Gegensatz zu bekannten Urlaubszielen sind Touristen in Panama noch ein wenig „Exoten" und werden von den Einheimischen oft angesprochen. Jeder Besucher spürt sofort die freundliche **Neugier und Offenheit der Panamaer.** Wer etwas Spanisch spricht, wird noch schneller aufgenommen.

Die offizielle Sprache Panamas ist **Spanisch,** das allerdings wegen des Kanals, in dessen Gebiet einmal 30.000 US-Amerikaner lebten, zum **„Spanglish"** wurde. Gemeint sind aus dem Englischen übernommene Wörter mit spanischer Endung und Aussprache. Der tägliche Kontakt mit **Englisch** führt dazu, dass in der Hauptstadt viele Menschen Englisch sprechen, außerhalb von Panama-Stadt hört man es nur in touristischen Regionen wie Bocas del Toro und Boquete.

Der Umgang mit den Menschen wird natürlich einfacher, wenn Sie sich in Alltagssituationen als Tourist „wie ein Einheimischer" verständigen können. Dazu soll die Sprachhilfe unten beitragen.

¡Que lo pase bien en Panamá!

Panamaismen

Vieles wird in Panama anders bezeichnet als in Spanien. So heißt z.B. „Bus" im Spanischen *autobús,* im panamaischen Spanisch jedoch *camión.*

Deutsch – Panamaisch – Spanisch

Auto – carro – coche
blond, Blonder – fulo – rubio
Briefmarke – estampilla – sello
Brille – lentes – gafas
Computer – computadora – ordenador
Dusche – regadera – ducha
Eintrittskarte – boleto – entrada
Fahrkarte – pasaje – billete
Fahrstuhl – elevador – ascensor
Führerschein – licencia – permiso de conducir
Klo – escusado – servicio
Locken – rulos – rizos
mieten – rentar – alquilar
Ohrring – arete – pendiente
Schlafzimmer – recámara – dormitorio
Strohhalm – carrizo – paja
wegwerfen – botar – tirar

Typisch panamaische Begriffe

alboroto	Chaos
barrio brujo	Slum
gallego (m)	Spanier (abwertend)

cholo	Bauer
pelao	Junge
petate (m)	geflochtene Palmwedel bzw. daraus gefertigte Schlafstätte
capitaleño	(jemand) aus Panama-Stadt
colonense	(jemand) aus Colón
cholito	(jemand) aus dem Landesinneren
chiricano	(jemand) aus Chiriquí
kuna	(jemand) von den San-Blas-Inseln
chocóe	(jemand) aus Darién

Wörter und Sätze, die weiterhelfen

Estoy buscando un restaurante.
Ich suche ein Restaurant.
Estoy buscando la parada de buses.
Ich suche die Bushaltestelle.

un médico	ein Arzt
la embajada	die Botschaft
el camión	der Bus
el aeropuerto	der Flughafen
el consulado	das Konsulat
el hospital	das Krankenhaus
la policía	die Polizei
un almacén	ein Geschäft
un taxi	ein Taxi
un teléfono	ein Telefon

¿Hay ...? – Gibt es ...?
¿Hay café? – Gibt es Kaffee?
¿Hay un hotel aquí? – Gibt es hier ein Hotel?

Sí, hay. No, no hay.
Ja, gibt es. Nein, gibt es nicht.

¿Dónde hay ...? – Wo gibt es ...?
¿Dónde hay una farmacia?
Wo gibt es eine Apotheke?
¿Dónde hay un banco? – Wo gibt es eine Bank?

¿Dónde está ...? – Wo ist ...?
Fragt man nach etwas Bestimmtem, verwendet man nicht hay (gibt es?), sondern está (ist):
¿Dónde está el Hotel Continental?
Wo ist das Hotel Continental?
¿Dónde está la estación de buses?
Wo ist der Busbahnhof?
¿Dónde está el correo? – Wo ist die Post?

a la izquierda	(nach) links
acá, aquí	hier
allá, allí	dort
cerca	nah
recto	geradeaus
cruce (m)	Kreuzung
a la derecha	(nach) rechts
por acá	hierhin
por allá	dorthin
lejos	weit
hacia atrás	zurück
semáforo	Ampel

¿Tiene Usted ...? – Haben Sie ...?
¿Tiene Usted un cuarto libre?
Haben Sie ein freies Zimmer?
¿Tiene Usted un mapa de Los Santos?
Haben Sie einen Stadtplan von Los Santos?

Diese Wendung ist dann angemessen, wenn man gezielt nach etwas fragen will. Die Antworten können z. B. lauten:
Sí, lo tenemos. Ja, haben wir.
No, no lo tengo. Nein, habe ich nicht.

Quiero ... / Quisiera ... – Ich möchte ...
Will man einen Wunsch ausdrücken, benutzt man quiero (ich will) oder höflicher quisiera = ich möchte), das wie das deutsche „ich hätte gern" verwendet wird.

Quiero tomar un taxi.
Ich möchte ein Taxi nehmen.
Quisiera otro cuarto.
Ich hätte gern ein anderes Zimmer.

¿Cuánto cuesta …? – Wieviel kostet …?
¿Cuánto cuesta un pasaje?
Wieviel kostet eine Fahrkarte?

Wichtige Adjektive

bueno – gut / malo – schlecht
grande – groß / chico – klein
largo – lang / corto – kurz
bajo – niedrig / alto – hoch
mucho – viel / poco – wenig
rápido – schnell / lento – langsam
claro – hell / oscuro – dunkel
frío – kalt / caliente – heiß
limpio – sauber / sucio – schmutzig
suave – weich / duro – hart
viejo – alt / nuevo – neu; joven – jung
feliz – glücklich / triste – traurig
bonito/lindo – hübsch / feo – hässlich
trabajador – fleißig / flojo – faul
pobre – arm / rico – reich
inteligente – klug / alelado/tonto – dumm
barato – billig / caro – teuer
fácil – einfach / difícil – schwierig
liviano – leicht / pesado – schwer
mojado – nass / seco – trocken
correcto – richtig / falso – falsch
lleno – voll / vacío – leer

Farben

blanco – weiß
azul – blau
amarillo – gelb
verde – grün
naranja – orange
chocolate – braun
rojo/colorado – rot
negro – schwarz
lila/morado – lila
gris – grau

Wichtige Verben

anfangen	comenzar
antworten	contestar
arbeiten	trabajar
baden	bañarse
besitzen, haben	tener
besuchen	visitar
bezahlen	pagar, cancelar
bitten	pedir
bleiben	quedarse
brauchen	necesitar
bringen	traer
danken	agradecer
dauern	tardar, durar
einladen	invitar
eintreten	entrar
erzählen	contar
fahren (Auto)	manejar
finden	encontrar
fliegen	volar
fotografieren	tomar una foto
geben	entregar
gehen	andar, caminar
glauben	creer
grüßen	saludar
halten (etwas)	sostener
helfen	ayudar
hören	oír, escuchar
informieren	informar
kaufen	comprar
kennen	conocer
kommen	llegar
kosten	costar
küssen	besar
laufen, rennen	correr
lächeln	sonreír
leben, wohnen	vivir

legen, stellen	poner
lernen	aprender
lesen	leer
lieben	querer, amar
machen, tun	hacer
nehmen	tomar, coger
öffnen	abrir
rauchen	fumar
rufen, schreien	llamar, gritar
sagen	decir
schicken	mandar, enviar
schlafen	dormir
schreiben	escribir
sehen	ver, mirar
sprechen	hablar
suchen	buscar
telefonieren	llamar por teléfono
verstehen	comprender, entender
versuchen (zu)	tratar (de)
warten	esperar

Sein & Haben

Dem deutschen Hilfsverb „sein" entsprechen im Spanischen zwei Verben: ser und estar.

	ser (sein) / **estar** (sein)
ich	soy / estoy
du	eres / estás
er, sie, Sie	es / está
wir	somos / estamos
ihr	son / están
sie/Sie (Mz)	son / están

Für die Unterscheidung von *ser* und *estar* prägt man sich am besten folgende Faustregeln ein: Mit dem Verb *ser* werden unabänderliche oder charakteristische Wesenszüge bezeichnet, z.B. Nationalität, Religion, Beruf, Herkunft, Charakter- bzw. wesensmäßige Eigenschaften, Farben.

Soy alemán / alemana.
Ich bin Deutscher / Deutsche.

La mesa es pequeña.
Der Tisch ist klein.

Estar dagegen drückt einen vorübergehenden oder veränderlichen Zustand aus, z.B. Ortsangaben, Befinden, Stimmung.

Él está en el baño. Er ist im Bad.
Estamos cansados. Wir sind müde.

Das deutsche Verb „haben" hat im Spanischen ebenfalls zwei Entsprechungen: *tener* bedeutet „haben" im Sinne von „besitzen", ist also kein Hilfsverb. Zur Bildung der zusammengesetzten Vergangenheitsformen wird ausschließlich *haber* verwendet.

Von *haber* existiert in der 3. Person Einzahl außerdem noch die – sehr häufig gebrauchte – unpersönliche Sonderform *hay* (es gibt).

	tener (haben, besitzen) / **haber** (Hilfsverb: haben)
ich	tengo / he
du	tienes / has
er, sie, Sie	tiene / ha
wir	tenemos / hemos
ihr	tienen / han
sie/Sie (Mz)	tienen / han

Die unpersönliche Form *hay* tritt zudem in dem wichtigen Ausdruck *hay que* (man muss) auf:

Hay que pelar el ojo.
Man muss aufpassen.
Hay que levantarse temprano.
Man muss früh aufstehen.

Müssen, können & wollen

Mit **deber** (müssen, sollen, dürfen) wird zumeist eine Notwendigkeit bezeichnet, die sich aus einer moralischen Verpflichtung ergibt.

Debemos apoyar este plan.
Wir müssen diesen Plan unterstützen.
No debes hacerlo.
Du darfst das nicht tun.

Wichtig: deber als Vollverb bedeutet „schulden, (jemandem etwas) schuldig sein":

¿Qué le debo? – Was schulde ich Ihnen?

Mit **poder** wird eine Möglichkeit oder Fähigkeit ausgedrückt, die von äußeren Umständen, vom Willen oder von einer Erlaubnis abhängt.

Mit **saber** (können, wissen) hingegen bezeichnet man eine erlernte oder angeborene Fähigkeit.

¡No puedo más!
Ich kann nicht mehr!
¡Aquí no se puede fumar!
Man darf hier nicht rauchen!
Todos saben nadar.
Alle können schwimmen.

Möchte man einen Willen oder Wunsch ausdrücken, verwendet man das Verb **querer** (wollen). Bei einem höflich geäußerten Wunsch benutzt man statt *quiero* (ich will) die Konjunktivform *quisiera* (ich möchte / ich würde gern).

Queremos ir a la playa.
Wir wollen zum Strand gehen.
Quisiera ver algunos cuartos.
Ich würde gern einige Zimmer sehen.

Als Vollverb bedeutet querer „lieben":
Te quiero. Ich liebe dich.

Mit *tener que* (müssen) wird eine Notwendigkeit bzw. ein äußerer Zwang angezeigt.

Tengo que ir al médico.
Ich muss zum Arzt.

Fragewörter

¿qué?	was?
¿cómo?	wie?
¿adónde?	wohin?
¿por qué?	warum?
¿cuál?	welche(r)?
¿cuánto?	wieviel?
¿cuántos? (m)	wie viele?
¿cuántas? (w)	wie viele?
¿quién?	wer?
¿dónde?	wo?
¿de dónde?	woher?
¿para qué?	wofür?/für was?
¿(desde) cuándo?	(seit) wann?
¿cuánto tiempo?	wie lange?

Etliche Fragewörter sind mit Bindewörtern identisch. Um sie von diesen zu unterscheiden, werden Fragewörter mit einem Akzent geschrieben, Bindewörter nicht, z.B. ¿cuándo? (wann?), aber cuando (wenn, als).

¿Hola, cómo le va? – Hallo, wie geht es Ihnen?
¿Cuánto vale esta cartera?
Wieviel kostet diese Tasche?
¿Cuándo llega el bus?
Wann kommt der Bus an?
¿Cómo te llamas? – Wie heißt du?
¿Quién es? – Wer ist das?
¿Qué es eso? – Was ist das?
¿Dónde vives? – Wo wohnst du?

Bindewörter

Aus der Vielzahl der Bindewörter, die Sätze oder Satzteile verknüpfen, seien hier die wichtigsten genannt:

y / o	und / oder
pero	aber
aunque	obwohl

sino	sondern
sin embargo	jedoch
porque	weil
si	wenn, falls; ob
cuando	wenn, als; sobald
como	wie; da
que	dass; welche(-r, -s)

Die Funktionen von que sind besonders vielfältig. Es übernimmt die Bedeutung des deutschen „dass", tritt aber auch als Relativpronomen „welche(-r, -s)" oder als Vergleichspartikel „als" im Vergleichssatz auf:

Dice que viene pronto.
Er/sie sagt, dass er/sie bald komme.

Zahlen & Zählen

0	cero
1	uno, un, una
2	dos
3	tres
4	cuatro
5	cinco
6	seis
7	siete
8	ocho
9	nueve
10	diez
11	once
12	doce
13	trece
14	catorce
15	quince
16	dieciséis
17	diecisiete
18	dieciocho
19	diecinueve
20	veinte
30	treinta
40	cuarenta
50	cincuenta
60	sesenta
70	setenta
80	ochenta
90	noventa

Im Gegensatz zum Deutschen stellt man die Einer den Zehnern nach, diese wiederum den Hunderten usw. Nur zwischen Zehner und Einer wird y (und) geschoben. Ausnahmen sind lediglich die zusammengesetzten Zahlen von 21 bis 29.

21	veintiuno
22	veintidós
23	veintitrés
31	treinta y uno / ún, una -un /-una
32	treinta y dos
33	treinta y tres
74	setenta y cuatro
85	ochenta y cinco
96	noventa y seis
100	cien (ciento)
900	novecientos / -as
1000	mil
2000	dos mil
3000	tres mil
10.000	diez mil

una hora	eine Stunde
media hora	halbe Stunde

medio	halb
la mitad	die Hälfte
un tercio	ein Drittel
un cuarto	ein Viertel

Zeit & Datum

Allgemeine Zeitangaben

hoy	heute
mañana	morgen

pasado mañana	übermorgen
ayer	gestern
anoche	gestern abend
anteayer	vorgestern
por la mañana	morgens
al mediodía	mittags
por la tarde	nachmittags
por la noche	abends / nachts
diariamente	täglich
(más) temprano	früh(er)
(más) tarde	spät(er)
antes	vorher
después	nachher
ya	schon
ya no	nicht mehr
todavía	noch
todavía no	noch nicht
ahora	jetzt
de inmediato / en seguida	sofort, gleich
pronto	bald
luego, entonces	dann
a veces / de vez en cuando	manchmal
muchas veces	oft
siempre	immer
nunca	nie

Uhrzeit

Zur Angabe der Uhrzeit wird das Verb *ser* (sein) benutzt. Die Stunde wird immer mit dem bestimmten Artikel genannt; da *hora* (Stunde) ein weibliches Hauptwort ist, werden jeweils die weiblichen Formen gewählt.

¿Qué hora es? – Wie spät ist es?
Es la una. – Es ist ein Uhr.
Son las dos. – Es ist zwei Uhr.
… de la mañana – … morgens
… de la tarde – … nachmittags
… de la noche – … abends/nachts

Es mediodía. – Es ist 12 Uhr mittags.
Es medianoche. – Es ist Mitternacht.
Son las dos y pico. – Es ist kurz nach zwei Uhr.

¿A qué hora vienes?
Um wieviel Uhr kommst du?
A las cinco. – Um fünf.

Wochentage

lunes	Montag
martes	Dienstag
miércoles	Mittwoch
jueves	Donnerstag
viernes	Freitag
sábado	Samstag
domingo	Sonntag
día feriado	Feiertag

Monate

enero	Januar
febrero	Februar
marzo	März
abril	April
mayo	Mai
junio	Juni
julio	Juli
agosto	August
septiembre	September
octubre	Oktober
noviembre	November
diciembre	Dezember

Begrüßen & Verabschieden

¡Buen(os) día(s)! – Guten Tag!
¡Buenas tardes! – Guten Tag! (nachmittags)
¡Buenas noches! – Guten Abend!, Gute Nacht!
¡Hola! / ¡Hola, mopri! – Hallo! / Hallo, Kumpel!
¿Qué tal? – Wie geht's?
Muy bien, gracias, ¿y tú?
Danke, sehr gut, und dir?
¿Qué tal mopri / bróder? – Wie geht's, Mann?

Mopri hat eigentlich keine Bedeutung. Es entstand beim Versuch, das Wort *primo* (Cousin) rückwärts auszusprechen, was den Panamaern nicht ganz gelang und zu *mopri* wurde.

In Panama gebraucht man oft das englische „Bye" gefolgt vom Vornamen: Bye, José. / Bye, Ana María.

Bitten, Wünschen, Danken

¡Por favor! – Bitte!
¿Me permite? – Gestatten Sie?
Con permiso. – Gestatten Sie?
¿Se puede? – Darf ich?
¿Es posible ...? – Ist es möglich, ...?

¡Feliz cumpleaños! – Alles Gute zum Geburtstag!
¡Feliz Navidad! – Fröhliche Weihnachten!
¡Feliz Año nuevo! – Frohes Neues Jahr!

¡Muchas gracias! – Vielen Dank!

Auf *gracias* antwortet man nie mit *por favor,* sondern mit *de nada,* keine Ursache!

Sich entschuldigen

¡Perdón! ¡Disculpa! – Pardon! Entschuldige!
¡Disculpe! Lo siento.
Entschuldigen Sie! Tut mir leid.
No importa. – Macht nichts.

Zustimmen

¡Sí! – Ja!
¡Claro que sí! – Natürlich!/Sicher!
¡Por supuesto! – Selbstverständlich!
¡Así mismo! – Genau so!
¡Exactamente! – Genau!
¡Es verdad! – Das ist wahr!
¡Cómo no! – Auf jeden Fall!
¡Buena idea! – Gute Idee!
¡Está bien! – Ist gut!/In Ordnung!

Estoy de acuerdo. Tienes razón.
Ich bin einverstanden. Du hast recht.

Sí, me parece bien. – Ja, das ist sehr gut.

Sí, con mucho gusto. – Ja, gerne.

Ablehnen

No, gracias. – Nein, danke.
Creo que no. – Ich glaube nicht.

Umgangssprachlich ist:
¡Ni loco/loca! – Ich bin doch nicht verrückt!

Überrascht sein

¡No me digas! ¿De verdad?
Was du nicht sagst! Wirklich?
¡Ay, Dios mío! ¡Increíble!
Mein Gott! Unglaublich!
¡No puede ser! – Das kann nicht (wahr) sein!
¡Caramba! – Donnerwetter

Das erste Gespräch

¡Hola fula/fulo! – Hallo, Blonde/Blonder!
¿De dónde eres? – Woher bist du?
Soy alemán, alemana.
Ich bin Deutscher, Deutsche.
Soy austríaco, -a / suizo, -a.
Ich bin Österreicher, -in / Schweizer, -in.
Soy de Berlín / Viena / Berna.
Ich komme aus Berlin / Wien / Bern.
Hablo un poquito de español.
Ich spreche ein bisschen Spanisch.

No mucho. – Nicht viel.
¿Cómo te llamas? – Wie heißt du?
Me llamo Luis, y tú? – Ich heiße Luis, und du?
Me llamo Jürgen. – Ich heiße Jürgen.
Le/te gusta Panamá? – Gefällt Ihnen/dir Panama?
Me gusta mucho, pero hace demasiado calor.
Es gefällt mir sehr gut, aber es ist sehr heiß.
¿Cuántos años tienes? – Wie alt bist du?
Tengo treinta, y tú?
Ich bin dreißig Jahre alt, und du?

Familie

padre	Vater
madre	Mutter
hijo/hija	Sohn/Tochter
hermano/hermana	Bruder/Schwester
primo/prima	Cousin/Cousine
abuelo/abuela	Opa/Oma
sobrino/sobrina	Neffe/Nichte
cuñado/cuñada	Schwager/Schwägerin
nieto/nieta	Enkel/Enkelin
esposo/esposa	Ehemann/Ehefrau

Orientierung & Verkehr

loma	Hügel
cerro, montaña	Berg
pico	Gipfel
riachuelo	Bach
río	Fluss
lago	See
bahía	Bucht
quebrada	Wasserfall
volcán	Vulkan
selva	Urwald
jungla	Dschungel
campo	Feld

recto	geradeaus
(a la) izquierda	(nach) links
(a la) derecha	(nach) rechts
aquí/acá	hier
allá/allí	dort
cerca	nah
lejos	weit
semáforo	Ampel
cruce	Kreuzung

bus (m) / chiva	Bus
ruta	(Bus-)Linie
parada de buses	Bushaltestelle
ida y vuelta	hin und zurück

¿Qué ruta es esta?– Welche Buslinie ist das?
¿Tengo que cambiar de bus?
Muss ich umsteigen?
¿A cuánto sale hasta Via Argentina?
Wieviel macht das bis zur Via Argentina?
¿Cuatro dólares/balboas? – Vier Dollar/Balboas?

Pare aquí, por favor. – Bitte halten Sie hier an.

gasolinería	Tankstelle
gasolina	Benzin
diesel	Diesel
llanta	Autoreifen
batería	Batterie

Unterkunft

hotel	Hotel
hospedaje	Unterkunft
cabaña	Hütte, Ferienhäuschen
carpa, tienda	Zelt
acampar	zelten
cuarto / habitación (w)	Zimmer
habitación sencilla	Einzelzimmer
habitación doble	Doppelzimmer
habitación triple	Dreierzimmer
baño	Bad
ducha	Dusche
pluma	Wasserhahn
cama	Bett

sábana	Bettlaken
llave (w)	Schlüssel

¿Cuánto cuesta una habitación doble por noche?
Wieviel kostet ein Doppelzimmer pro Nacht?
¿Podría ver la habitación, por favor?
Könnte ich bitte das Zimmer sehen?
Nos queremos quedar tres noches.
Wir wollen drei Nächte bleiben.

Falta ... – Es fehlt ...
Necesito un(a) ... – Ich brauche ein(e) ...
... no sirve. – ... funktioniert nicht.

toalla	Handtuch
jabón (m)	Seife
papel higiénico	Toilettenpapier
gancho	Kleiderbügel
almohada	Kopfkissen
mosquitero	Moskitonetz
pluma	Wasserhahn
escusado	Toilette
luz (w)	Licht
ventilador (m)	Ventilator
aire acondicionado	Klimaanlage

Essen & Trinken

restaurante	Restaurant
carta, menú	Speisekarte
comida	Essen
desayuno	Frühstück
almuerzo, lonch	Mittagessen
cena	Abendessen
merienda	Snack
plato	Teller, Gericht
vaso	Glas
copa	Weinglas
cubierto	Besteck
cuchillo	Messer
tenedor	Gabel
cuchara	Löffel
propina	Trinkgeld
entrada	Vorspeise
plato fuerte	Hauptgericht
asado, a la parrilla	gegrillt
frío	kalt
caliente	warm, heiß
bistec	Beefsteak
chuleta	Kotelett
carne (de res)	(Rind-)Fleisch
pollo	Huhn
almeja	Miesmuschel
atún, tuna	Thunfisch
calamares	Tintenfisch
camarón	Garnele
langosta	Languste
langostino	Riesengarnele
mariscos	Muscheln
trucha	Forelle
aguacate	Avocado
ajo	Knoblauch
cebolla	Zwiebel
frijoles	Bohnen
garbanzos	Kichererbsen
maíz	Mais
ñame	Süßkartoffel
papa	Kartoffel
tomate	Tomate
yuca	Maniok
mango	Mango
manzana	Apfel
melón	Melone
naranja	Orange
papaya	Papaya
sandía	Wassermelone

¡El pescado está muy rico!
Der Fisch schmeckt sehr gut!

La cuenta, por favor.
Die Rechnung, bitte.

¿Acepta tarjeta de crédito?
Nehmen Sie Kreditkarten?

Literaturtipps

Leider ist in den Buchhandlungen und im Internet nicht viel Literatur über Panama zu finden. Zudem sind viele alte Bücher vergriffen.

- *Le Carré, John:* **Der Schneider von Panama.** Amüsanter Spionagethriller. Heyne-Verlag.
- *Zencey, Eric:* **Die Panama-Affäre.** Ein Thriller über den Skandal in Frankreich über das Scheitern der Franzosen bei der Bau des Panamakanals. DTV.
- *Olowaili, Antje:* **Schwester der Sonne.** Lesenswerter Reisebericht über die Kunas in Panama. Die Autorin verbrachte ein Jahr bei den Kunas auf den San-Blas-Inseln. Helmer-Verlag.
- *Maritza López:* **Kauderwelsch Spanisch für Panama – Wort für Wort** (mit AusspracheTrainer).

Die beliebten Sprachführer aus der Buchreihe Kauderwelsch haben sich auf Reisen tausendfach bewährt. Der Vokabeltrainer funktioniert ohne das Wörterbuch und kann auf allen CD-Playern eingesetzt werden.

- *Hegen, Hannes:* **Die Digedags in Panama.** Comics. Buchverlag Junge Welt.
- *Janosch:* **Oh wie schön ist Panama.** Lustiges Kinderbuch über die Abenteuer von Bär und Tiger auf ihrer Traumreise nach Panama. Beltz-Verlag.

Papaya Tours
leidenschaftlich reisen
Ihr Spezialist für
Panama
Kleingruppenreisen bis 15 Teilnehmer
Maßgeschneiderte Reisen ab 1 Person
Persönliche und umfassende Beratung
Nachhaltiges Reisen
Natur & Kultur aktiv erleben
www.papayatours.de
+49 (0) 221 35 55 770

Register

A

Abkürzungen 13
Achuerdub 274
Achutupo 274
Adressen 330
Aerial Tram 80
Affen 377
Afro-antillianos 450
Afro-coloniales 285
Agrarbereich 438
Agua-Clara-Schleuse 106, 109, 117
Aguadulce 153
Air Panamá 353
Alajuela-See 85
Albrook 54, 55
Almirante 241
Alto Quiel 225
Altos de Güera 187
Amador, Manuel 41
Ameisenbären 378
Amphibien 380
Analphabetenrate 480
ANAM 387
ANCON 387
Andreve, Guillermo 466
Anreise 12, 54, 294, 339
Apartamiento 348
Apotheken 324
Archipel von Bocas del Toro 365
Archipiélago de las Perlas 74, 369
Architektur 159, 463
Arco Oriental del Norte 368
Arco Oriental del Sur 369
Area Nacional de Recreo 391
Art déco 465
Asiaten 451
Atalaya 197
ATM (Geldautomat) 13, 322
Aufforstungen 375
Auslandskrankenversicherung 354
Ausreise 307
Ausreisebestimmungen 305
Ausreisegenehmigung 307
Ausreisekarte 307
Ausrüstung 299, 300
Autofahren 301
Autovermieter 353
Avenida Balboa 26, 50
Azuero (Halbinsel) 156, 368

B

Bahía de Almirante 241
Bahía de Portobelo 119
Bahía de San Cristóbal 119
Bahn 354
Bajo Monos 223
Bajo Quiel 225
Balboa 13, 321
Balboa, Vasco Núñez de 400
Balladares, Ernesto Pérez 432
Balneario La Cascada 215
Balneario Majagua 215
Baluarte del Mano de la Tigre 39
Bambito 231
Banane 237, 240, 260, 261
Banken 439
Bargeld 321
Barockstil 464
Barrio Bolívar 211
Barsukum 271
Barú 227
Basílica Menor de
San Miguel Arcángel 197
Bastimentos 256
Baumsteigerfrösche 381
Baustile 463
Bayano 281
Bayano-Becken 370
Bekleidung 304

Benzin 303
Berge 361
Bergwald 374
Bezahlung 309
Bidlack-Mallarino-Treaty 414
Bier 315
Bildungswesen 478
Billigflagge 441
Biosphärenreservate 234
Boca Chica 209
Boca de Cupe 289
Boca de Sábalo 289
Boca del Drago 253
Bocas del Toro 243
Bokota 456
Bolívar, Simón 170, 412
Boote 352
Boquete 216
Bosque Protector 391
Botschaften 305
Brandrodung 387
Briefe 330
Bromelien 288
Bruttoinlandsprodukt 438
Bucaró 188
Bullarengue 475
Burica (Halbinsel) 237, 367
Bus 299, 349
Busfahrplan 351

C

Cabaña 348
Cable & Wireless (Telefon) 345
Caldera 215
Calobre 199
Calzada de Amador 41
Cambutal 189
Camino de Cruces 79
Camino de Oleoducto 78
Camino de Plantación 80
Camino Real 82, 85, 88, 406
Camping 348
Cañas 184
Canopy 144, 223, 341
Carneval Acuático 147
Carretera Interamericana 158, 301
Carta Vieja 214
Cartí Sugdop 271
Casa de la Municipalidad 29
Casa de Quincha 159, 463
Casa Museo del
Banco Nacional de Panamá 53
Casco Viejo 29, 63
Catedral de Santiago 194
Cayo Zapatilla 1 251
Cayo Zapatilla 2 251
Centro de Orquidea 137
Cerro Ancón 41
Cerro Azul 83
Cerro Gaital 145
Cerro Pirre 289
Cerro Punta 225, 232
Ceviche 313
Cháchara 337
Cháchira 337
Changuinola 261
Chemoprophylaxe 484
Chiriquí 205
Chiriquí Grande 241
Chitré 164
Chocó 285, 457
Chorro El Macho 144
Chorro Las Mozas 144
Chucunaque-Becken 370
CIA 424
Cimarrónes 409
Cinta Costera 26
Ciudad de Panamá 20
Coclesito 151
Cocolí-Schleuse 105
Colón 114
Comarca de San Blas 266
Comida criolla 314
Comida típica 311

Comunidad Wounaan Laurel 283
Concepción 236
Congo-Tänze 475
Costa Abajo 117
Costa Arriba 119
Costa Rica 261, 297
Coto-Streit 206
Criollos 411
Cristo Negro de Portobelo 122
Cruce de Mono 289
Cueva de Murciélagos 256
Culebra-Durchstich 102, 105
Cumbia 477

D

Darién-Dschungel 369
Darién-Nationalpark 278, 287
Darién-Provinz 17, 278
Darién-Trek 278
David 209
Dávilla, Pedrarias 403
Debitkarte 13, 321
Devisen 305
Dia de la Bandera 395
Dialekt 342
Diebstahl 333
Dienstleistungen 439
Diplomatische Vertretungen 305
Divisa 158
Dolphin Bay 259
Dominikanerkloster Santo Domingo 38
Drake, Francis 408
Drogen 333

E

Ecoturismo 389
Einkaufen 309
Einreisebehörde 307
Einreisebestimmungen 12, 305
Einreisekarte 305
Einwohner 449
Eisenbahn 354
El Agallito 172
El Caño 151
El Copé 150
El Hato del Volcán 230
El Hornito 241
El Limón 78
El Montuoso 173
El Níspero 137
El Porvenir 274
El Puerto 175
El Punto 477
El Real 285
El Rompio 172
Elektrizität 310
Emberá-Indios 82
Empanada 312
Encomienda 404, 449
Endara, Guillermo 429
Englisch 343, 489
Entfernungen 352
Erdöl 241
Erholung 338
Erholungsgebiete 391
Esmeralda de Azuero 185
Espinoza, Gaspar de 158
Essen 12, 311
Euro 13, 321
Exekutive 433
Exportdefizit 441
Exportgüter 438
Expositionsprophylaxe 484

F

Fähren 242, 352
Farallón 146
Farmacia 324
Faultiere 379
Fauna 377

Feiertage 316, 318
Felszeichnungen
(präkolumbische) 136, 143
Feria 319
Feria de Comida 312
Fernsehen 437
Feste 179, 316, 318
Festival Acuático 160
Festival de La Mejorana 174
Festival de La Pollera 179
Fiestas Patronales 316
Fisch 313
Fische 383
Flechtwerk 471
Fledermäuse 252, 256
Flora 371
Flugbuchung 296
Fluggesellschaften 54
Flughafen 12, 54, 55
Flugpreise 296
Flugverbindungen 54, 55
Flugzeug 54, 352
Flüsse 361
Fort San Lorenzo 118
Fotografieren 17, 320
Frauen 320, 459
Freihandelshafen 114
Freizeitparks 41
Fremdenverkehrsamt 14, 324
Frühstück 311
Fuente de Soda 314
Führerschein 303

G

Galerien 53
Gatún-Damm 102
Gatún-Plan 99
Gatún-Schleusen 117
Gatún-See 361
Geheimdienst 425
Geld 13, 321, 335
Geldautomat (ATM) 13, 322
General Omar Torrijos Airport 54
Geografie 360
Gesellschaft 393
Gesundheit 13, 323, 480, 484
Getränke 315
Glasperlenschmuck 471
Glossar 486
Gold 192, 200, 338, 467, 468
Goldschmiedekunst 467
Goldschmuck 338
Golf 341
Golfo de San Miguel 290
Gorgona 134
Greifvögel 386
Grenzorte 297
Grenzverkehr 297
Großkolumbianische Republik 412
Guabito 263, 297
Guaníco Abajo 188
Guararé 174
Guaymí-Indios 259, 455
Gürteltiere 378

H

Hacienda El Níspero 137
Halbinsel Azuero 368
Halbinsel Burica 237, 367
Halbinsel Soná 367
Handy 345
Hängematte 338
Harpyie 81, 468
Hausbau (traditioneller) 159
Haustiere 306
Hay-Bunau-Varilla-Vertrag 417
Herrera, Thomás 166
Hirscharten 379
Historisches Museum Panama 51
Hochseefischen 341
Höhenkrankheit 229
Hojaldre 312

Holz 471
Holzschnitzkunst 465
Holzskulpturen 337
Hook Island 274
Horconcitos 209
Hospital Point 255
Hostels 348
Hotels 16, 348
Hühnervögel 386
Hygiene 324

I

Iglesia de La Merced 32
Iglesia de San Atanasio de Los Santos 171
Iglesia de San José 38
Iglesia de Santa Librada 177
Iglesia de Santo Domingo de Guzmán 160
Impfpass 334
Indígenas 458
Industrie 441
Informationsstellen 14, 324
Insekten 380
Inseln 361
Interamericana 130
Interior 128
Internet 345, 346
Isla Achuerdub 274
Isla Achutupo 274
Isla Barro Colorado 84
Isla Bastimentos 256
Isla Boca Brava 209
Isla Cañas 184
Isla Caranero 254
Isla Colón 243
Isla Contadora 74
Isla Culebra 41
Isla de Coiba 203
Isla El Porvenir 274
Isla Grande 123
Isla Iguana 182
Isla Kuanidup 274
Isla Mamey 122
Isla Nalunega 274
Isla Narasgandup Bipi 274
Isla San Cristóbal 259
Isla Solarte 255
Isla Taboga 72
Isla Ukuptupu 274
Isla Wailidup 274
Isla Wichubualá 274
Isla Yandup 274
Istmo Central de Panamá 360

J

Jaguar 81
Jaqué 290
Janosch 326
Judikative 434

K

Kaffee(touren) 222, 227
Kakao 242
Kanal 439
Kanalbauprojekt 415
Kanalbetrieb 106
Kanaldurchfahrten 109
Kanallotse 109
Kanalmuseum 52
Kanal-Vertrag 417
Karneval 115, 125, 147, 174, 179, 180, 207
Katholische Kirche 462
Kaziken 158
Keramik 338, 469
Kinder 459
Kitesurfen 133
Kleidung 14, 304
Klima 14, 370

Klimazonen 371
Klöppelspitzen 470
Kolibris 385
Kolonialarchitektur 147
Kolumbien 297
Kolumbus, Christoph 399
Konsulate 305
Korbwaren 338
Krankenhäuser 481
Krankheitsfall 335
Kreditkarte 322
Kreuzfahrtschiffe 271, 290, 299
Kriminalität 332
Kuanidup 274
Küche 312, 314
Kultur 151, 166, 187, 203, 398, 447
Kuna-Indios 267, 454
Kuna Yala 268
Kunstförderung 473
Kunsthandwerk 137, 166, 206, 336, 467
Kurierdienste 331

L

La Aduana 122
La Angostura 187
La Arena 166
La Cascada 215
La Curacha 477
La Guaira 123
La Palma 290
La Pintada 136
Lagartero 202
Lago Bayano 281
Laguna de La Yeguada 199
Landenge Zentralpanamas 360
Landschaften 360
Längsflöte 474
Las Lajas 207
Las Nubes 235
Las Sabanas 151
Las Tablas 177, 180
Las Trancas 177
Las Uvas 136
Legislative 434
Leguane 174, 183
Lehmbauten 463
Leitungswasser 324
Lesseps, Ferdinand de 94
Lewis, Roberto 472
Limón 151
Literatur 465
Literaturtipps 499
Llano Grande 174
Llanura Central 366
Llanura Chiricana 207, 367
Los Bailes de los Congos 125
Los Lanitos 136
Los Pozos 236
Los Santos 168

M

Mai-Pole-Tanz 475
Malaria 484
Malerei 472
Mangrovenwälder 376
Margarita de Chepo 282
Marine Traffic Control Center 109
Medien 357, 437
Meeresfrüchte 313
Meeresschildkröten 184
Mejorana 477
Menschenhandel 408
Mercado Artesanal de Herrera 166
Mesoindianische Periode 396
Metetí 283
Metro de Panamá 27
Metrobusse 28
Mietwagen 14, 353
Militär 434
Mirador La Roca 226
Miraflores-Schleuse 93, 109
Miraflores-See 103

Mischlinge 448
Mittagessen 312
Mobiltelefon 345
Modernismo 465
Mola 272, 336, 470
Monagre 172
Monroe-Doktrin 413
Monumento 50
Monumento Natural 391
Morgan, Henry 177
Moscoso, Mireya 432
Mossack Fonseca & Co. 43
Mulatten 449
Münzfernsprecher 346
Muschelhorn 474
Museen 320
Museo Afro-Antillano de Panamá 51
Museo de Arte Colonial Religioso 52
Museo de Arte Contemporáneo 53
Museo de Ciencias Naturales 52
Museo de El Valle 136
Museo de Historia de Panamá 51
Museo de la Biodiversiadad 41
Museo de la Nacionalidad 170
Museo del Canal Interoceánico de Panamá 52
Museo Manuel F. Zárate 175
Museo Mi Pueblito 50
Museum Belisario Porras 179
Museum der religiös-kolonialen Kunst 52
Museum für Gegenwartskunst 53
Musik 185, 474

N

Nachrichten 437
Nagetiere 379
Nalunega 274
Narasgandup Bipi 274
Nasenbären 378
Natá 152
Nationalblume 395
Nationalfahne 395
Nationalgericht 314
Nationalhymne 395
Nationalparks 130, 150, 161, 203, 227, 234, 278, 390
Nationaltracht 176
Nationalvogel 395
Nationalwappen 395
Nativismo 466
Naturglauben 460
Naturkundemuseum 52
Naturparks 173
Naturschutz 184, 387
Naturschutzgebiete 16, 276, 388, 390
Naturschwimmbecken 144
Nebelwald 132, 150, 374
Neoindianische Periode 396
Ngäbe-Indios 241, 255, 259
Nigga Cantule 271
Nombre de Dios 123
Noriega, Manuel Antonio 422, 424, 430
Notfall-Pass 334
Notfall-Tipps 334
Nuevo Tonosí 119
Nusagandí 276

O

Öffnungszeiten 328, 391
Ökotourismus 276, 389
Operation Just Cause 430
Orchideen 137, 232, 374
Orientierung 329
Osten 265

P

Pakete 331
Palacio Presidencial 34
Paläoindianische Periode 394

PA.NA.MA. 387
Panama (Landesdaten) 14
Panama Papers 439
Panamá Viejo 43
Panamahut 186, 338
Panamakanal 117
Panamakanal-Kommission 42
Panamericana 130, 301
Panflöte 474
Pannen 303
Papageien 383
Papelón 477
Paraíso 78
Paredes, General 422
Parita 160
Parken 302
Parque Internacional La Amistad 234
Parque Municipal
y Jardín Botánico Summit 76
Parque Nacional 390
Parque Nacional Altos de Campana 130
Parque Nacional Darién 287
Parque Nacional El Copé 150
Parque Nacional Isla de Coiba 203
Parque Nacional Sarigua 161
Parque Nacional Cerro Hoya 189
Parque Nacional Chagres 81
Parque Nacional Marino
Isla Bastimentos 251, 259
Parque Nacional Marítimo
Golfo de Chiriquí 209
Parque Nacional Portobelo 119
Parque Nacional Soberanía 78
Parque Nacional Volcán Barú 227
Partido Panameñista
Auténtico (PPA) 418
Paseo 477
Paseo de las Bóvedas 37
Paso Canao 297
Paso Canoas 236
Pazifikküste 290
Pedasí 182
Pedro-Miguel-Schleuse 109
Península de Azuero 156, 368
Península de Gigante 85
Penonomé 147
Pension 347
Pesé 174
Petroglyphen 396
Picados 314
Pidgin-Englisch 343
Piedra Pintada 143
Piraten 406
Playa Bella Vista 175
Playa Blanca 146
Playa Bluff 253
Playa Bonita 72
Playa Bucaró 188
Playa Cambutal 189
Playa Corona 145
Playa Coronado 134
Playa El Agallito 172
Playa El Arenal 182
Playa El Istmito 253
Playa El Palmar 135
Playa El Puerto 175
Playa El Rompio 172
Playa Estrellas 253
Playa Farallón 146
Playa Gorgona 134
Playa Guaníco Abajo 188
Playa La Barqueta 214
Playa La Cabaña 254
Playa La Minera 188
Playa La Reina 197
Playa Lagartero 202
Playa Las Lajas 207
Playa Monagre 172
Playa Paki 253
Playa Piedra Careta 189
Playa Río Mar 135
Playa Santa Catalina 200
Playa Santa Clara 145
Playa Venao 183
Playa Wizard 256
Playón Chico 274

Plaza Bolívar 37
Plaza de Francia 37
Plaza de la Indepedencia 32
Plaza Santa Ana 29
Poesie 467
Politik 433, 436
Polizei 434
Porras, Belisario 179
Portobelo 85, 89, 119, 120
Post 330
Pozos Termales 137
Prachtfregattvögel 183
Präklassische Periode 396
Preise 296, 309, 323, 347, 351
Presse 437
Prostitution 333
Protestantismus 460
Provinz Bocas del Toro 239
Provinz Chiriquí 204
Provinz Darién 17, 278
Provinz Veraguas 192
Provinzen 434
Puente de Las Américas 39
Puerto Armuelles 237
Puerto Lara 283
Puerto Lindo 119
Punta Chame 133

Q

Quebrada Bejucal 199
Quebrada de Piedras 208
Querflöte 474
Quetzal 225
Quiel 225

R

Radio 437
Rafting 341
Rancho Frío 289
Raubkatzen 377
Raubtiere 378
Red Frog Beach 256
Reedereien 299
Refugio de Vida Silvestre 391
Refugio de Vida Silvestre Ciénega de las Macanas 160
Refugio de Vida Silvestre Isla Iguana 183
Refugio de Vida Silvestre Peñón de la Honda 173
Regenwald 278, 372
Regenzeit 332, 370
Regierungsform 433
Reigentänze 474
Reisedauer 15
Reisedokumente 12, 305
Reisegepäckversicherung 356
Reisekosten 15, 323
Reisepass 305
Reiserücktrittsversicherung 355
Reiseveranstalter 331
Reisezeit 15, 332
Religion 460
Remedios 207
Remón-Eisenhower-Vertrag 418
Reptilien 382
Requerimiento 404
Reserva Forestal 391
Reserva Forestal El Montuoso 173
Reserva Forestal La Tronosa 189
Reserva Hidrológica 391
Residencial 347
Restaurants 13, 314
Río Antón 144
Río Balsas 289
Río Boquerón 87
Río Chagres 81, 83
Río Chucunaque 370
Río Cupe 289
Río Oeste Arriba 242
Río Tuira 289
Ropa Vieja 314

Routenplanung 15
Ruinas de la Compañía de Jesús 38
Rum 215, 316
Rumfabrik Carta Vieja 214
Rundfunk 437

S

Sabanita 119
Salagar-Wyse-Vertrag 94
Saloma 185
Salto Cerro del Indio 143
Salto del Mero 177
Salto El Sapo 143
San Blas (Inseln) 266, 267
San Carlos 135
San Francisco 199
San Isidro 43
San Juan 151
San Juan Bautista 166
San Lorenzo (Fort) 118
San Ramón 225
Sancocho de Gallina 314
Santa Catalina 200
Santa Clara 145
Santa Fé 200
Santa María 160
Santeña 477
Santiago 194
Santo Domingo (Dominikanerkloster) 38
Sapibenega 274
Sarigua 161
Säugetiere 377
Savanne 374
Schildkröten 188, 259, 383
Schlangen 137
Schleusen 99, 103
Schleusenbetrieb 106
Schlucht der Affen 223
Schmetterlinge 380
Schnorcheln 339
Schule 478
Schutzwald 391
Seen 361
Seeweg 299
Seifensteinschnitzerei 471
Sender 437
Sendero El Charco 80
Sendero Los Quetzales 225, 233
Serpentario 137
Serranía de Majé 369
Serranía de San Blas 267
Serranía del Tabasará 150
Sicherheit 16, 28, 332
Sixaola 263, 297
Sklaverei 404, 410
Soná (Halbinsel) 367
Souvenirs 336
Spanglish 343, 489
Spanien 411
Spanier 278, 402
Spanisch 342, 489
Spezialitäten 313
Sport 16, 338
Sprache 17, 342
Sprachhilfe 302, 306, 344, 489
Sprachschulen 343
Staat 393, 433
Staatssymbole 395
Stadtbusse (Panama-Stadt) 28
Station Cerro Pirre 289
Station de Balsas 289
Steinschnitzereien 338
Strände 17, 123, 133, 134, 145, 172, 183, 197, 203, 214
Straßen 301, 329
Strassnig, Christian 85, 88
Stromsperren 310
Stromerzeugung 281
Studentenunruhen 419
Summit (Botanischer Garten) 76
Supermärkte 309
Surfen 133, 135, 197, 200, 341

T

Tageszeitungen 437
Tagua-Figuren 337
Tanz 125, 474
Tarjeta de Desembarque 307
Tarjeta de Embarque 305
Tauchclubs 120
Tauchen 339
Taxi 353
Teatro Nacional 37
Telefon 345
Telefonnummern 345
Templo Bahá'í 43
Tennis 341
Teribe 457
Teufelsmasken 338, 471
Textilien 470
Thermalquellen 215
Tiere 228, 287
Tierkopfmasken 471
Tierreservate 173, 183, 184
Tierschutzgebiet 160
Tocumen 54
Toiletten 324
Tonosí 185
Töpferei 166
Torrijos, Omar 420
Tortillas 311
Touren 331
Tourismus 270, 442
Touristensteuer 271
Touristentaxi 353
Tracht 176, 338
Traditionen 166
Trampen 354
Transístmica 301
Transit 54
Trekking 304, 338, 339
Trinken 12, 311
Trockenzeit 332, 370
Trogons 384
Trommeln 474
Tukane 384
Tule 267
Turtle Beach 256

U

Überfall 333
Uhrzeit 346
Ukuptupu 274
Umhängetaschen 471
Umweltschutz 387
Unfälle 303
United Fruit Company 206
Universitäten 480
Unterkunft 16, 347
Unterkunftskategorien 347
US-Dollar 13, 321
US-Invasion 428

V

Valle Abajo 241
Varela, Juan Carlos 433
Vegetation 364
Venao 183
Veraguas 192
Verfassung 433
Verhalten 320
Verkehr 301
Verkehrsmittel 299, 349
Verkehrsschilder 302
Verlust (Dokumente, Geld) 335
Versicherungen 354
Versorgung 16
Verwaltung 434
Vögel 153, 160, 177, 183, 188, 228, 230, 281, 383, 385
Volcán 229
Volcancito 226
Vorwahlen 345
Vulkane 227

W

Währung 13, 321
Wailidup 274
Waldreservate 391
Waldschutzgebiet Fortuna 241
Wale 203
Wallfahrt 197
Wandern 151, 223, 226, 233, 276, 338
Warndreieck 303
Wasser 17, 315, 324
Wasservögel 385
Wechselkurse 322
Wechselstuben 322
Wein 316
Weißschulterkapuzineraffe 132
Weiterreise 12, 54, 294
Wichubualá 274
Wirtschaft 438

Y/Z

Yandup 274
Yaviza 283
Yeguada-Nationalpark 199, 200
Zárate, Manuel F. 175
Zärtliche Diktatur 420
Zeitungen 357, 437
Zeitverschiebung 346
Zentrale Karibikküste 111
Zentrale Pazifikküste 127
Zentralkordillere 362
Zimmer 16
Zoll 12, 305
Zona Libre 114
Zuckerrohr 153, 215
Zug 354

Die Autoren

Volker Alsen lebt und arbeitet seit 1989 in Lateinamerika. In verschiedenen Ländern der Region hat er sich einen Namen als Pionier und Kenner der abgelegensten Regionen gemacht. 2009 ist er mit seiner Familie aus Venezuela nach Costa Rica gezogen, wo er seine Touren und Reisen startet. Er hat Reiseführer zu Venezuela, Panama, Costa Rica und Chile veröffentlicht und betreibt in Santa Ana, Costa Rica, ein kleines Hotel (www.posadanena.com) und eine Reiseagentur (www.alautentico.com) für Individualreisende.

Das niederländisch-österreichische Duo **Linda O'Bryan** und **Hans Zaglitsch** zieht es seit den 1980er Jahren immer wieder nach Zentral- und Südamerika, wo *Lindas* Wurzeln liegen. Mit ihren Publikationen versuchen sie, ihre Liebe und Faszination für das temperamentvolle, abwechslungs- und kontrastreiche Lateinamerika auf andere Reisende zu übertragen. Panama ist eines der Länder, in das sie sich verliebt haben, was schließlich zu diesem Buch führte.

Wir bitten um Ihre Mithilfe

Dieser Reiseführer ist gespickt mit unzähligen Adressen, Preisen, Tipps und Infos. Nur vor Ort kann überprüft werden, was noch stimmt, was sich verändert hat, ob Preise gestiegen oder gefallen sind, ob ein Hotel, ein Restaurant immer noch empfehlenswert ist oder nicht, ob ein Ziel noch erreichbar ist oder nicht, ob es eine lohnende Alternative gibt usw.

Unsere Autoren sind zwar stetig unterwegs und erstellen ca. alle zwei Jahre eine komplette Aktualisierung, aber auf die Mithilfe von Reisenden können sie nicht verzichten.

Darum: Schreiben Sie uns, was sich geändert hat, was besser sein könnte, was gestrichen bzw. ergänzt werden soll. Nur so bleibt dieses Buch immer aktuell und zuverlässig. Wenn sich die Infos direkt auf das Buch beziehen, würde uns eine Seitenangabe die Arbeit sehr erleichtern. Gut verwertbare Informationen belohnt wir mit einem Sprachführer Ihrer Wahl aus der über 220 Bände umfassenden Reihe „Kauderwelsch". Bitte schreiben Sie an:

Reise Know-How Verlag
Peter Rump GmbH | Postfach 140666 | 33626 Bielefeld
oder per E-Mail an: info@reise-know-how.de

Danke!